新版

現代ロシア語文法

城田 俊

СОВРЕМЕННЫЙ
РУССКИЙ
ЯЗЫК

東洋書店新社

まえがき

　どんな外国語でもそれなりにむずかしい。なかでもロシア語は日本人にとり学び初めがとくにむずかしい。日本語からはとうてい考えられないような多岐にわたる語形変化が，動詞のみならず，名詞・代名詞・形容詞などに見られるからである。

　ロシア語の学習書も教室での授業もこのむずかしさがあたかもないかのように振舞ってはならないし，それを一足飛びに飛び越える魔法のような手段があるかのような幻想を学び手に抱かせてもならない。多岐にわたる語形変化をしっかり把握しなければロシア語の習得はおぼつかないという事態は厳然としてあり，すりぬける方法はないのである。

　ただ，このむずかしさをことさら言いたてることもまたない。意志を持つ普通の人なら日々の作業で一つひとつ簡単に乗り越えていけるものなのである。

　本書は，目的と意志を持つ普通のおとなのために書かれたロシア語マスターのための本格的実用参考書である。

　本書は，自分を含めて人のひよわさにおもねることをせず，文法的事実を一つひとつていねいに記し，例文もなるべく内容あるものを選んでつくった。

　著者が特に留意したのは平易かつ整理されたかたちで事柄を簡潔に述べることである。また，個々の事柄を断片化せず有機的・体系的にまとめあげることである。読者は，本書を読破することにより，体系的ロシア語の知識を身につけられると信じたい。

　本書はロシア語を初めて学ばれる方をまず対象とする。しかし，すでに学ばれている方をこばむものではない。本書はロシア語の読解・作文・文法の知識の整理をめざす人が必要とする基本的事項を網羅しており，熟読すれば，文法はもちろん会話・通訳・翻訳能力の準備まで十全と考えてよいと思われる。

　あとは実際のロシア語をどれだけ読み・聞き，書き・話す練習を積むかにかかっているが，その自立的勉強の過程で読者が抱くであろう数々の疑問にも答えられるだけの内容を本書に盛り込んだつもりである。そのため情報量が多く

なり，一見重い感じを与えるかもしれないが，その重さを避ける読み方はいくらでもあるのでそれを使って頂きたい（「本書の利用法」参照）。

　本書のもとになった『現代ロシア語文法』の初版が刊行されてからすでに20余年が経過する．その間，幸いにも広汎な読者に恵まれ，6刷を重ね，改訂新版が発刊されてからも，2回刷りを改めた．本書は，短期に2刷を印行しながら，版元東洋書店の廃業に伴い入手困難となった『現代ロシア語文法』（改訂新版）を読者の要望に応えて，装い新たに復刊するものである．刷りを重ね，版を改めてきたとはいえ，本書には改善の余地がまだまだ多く残されているに違いない．読者の好意あるご指摘，ご教示が得られ，本書をより良いものにする機会が今後も与えられることを切に願う次第である．

2016年3月1日

城田　　俊

本書の構成

　全くロシア語を知らない人が高度の読解力・作文力・会話力の基礎を習得することを目的に本書は編まれた。

　1．やさしい事項をまず述べ，それをもとにして次の段階にのぼるよう配慮して記述を進めた。

　2．一事項・一項目を原則とした。

　3．一項目は次のような構成をとるのを基本とした。

　(1)　頭初に，マスターすべき必要事項を可能な限り，また，意味がある限り，図式・図表化し，ビジュアルに提示した。

　(2)　必要事項を具体的に示す《**例文**》《**語例**》を適当数掲げた。

　(3)　例文等で用いられる新しい単語は，**単語**の欄で解説した。

　(4)　必要事項を《**基本**》の欄に簡潔に記した。

　(5)　その内容を図表や例文との関連で解説した。その欄を《**説明**》と呼ぶ。

　(6)　必要な場合《**類例**》をおぎなった。

　(7)　注意事項を《**注意**》の欄に重要な順に列挙した。

　(8)　必要事項に関連する事柄をより広く・深くきわめたい方のために《**参考**》の欄をもうけた。

　(9)　会話や通訳に際し役に立つコロキュアルな表現に読者の関心を誘うため，《**発展**》の欄を用意した（ただし，30課以後では，《**注意**》《**参考**》で書き切れなかった複文に関するやゝ詳しい解説のために欄を用いる）。

　(10)　最後に**練習問題**を付した（解答およびヒントは巻末）。

　(11)　以上の各欄は必要に応じ順序を変え，必要のない場合は適宜省略した。

　4．本書は，「第1部　発音編」，「第2部　文法編」の二部よりなる。

　5．第1部は5課に分かれ，日本人が陥りやすい誤りに配慮しつつ，母音・子音やそのつらなりの発音の仕方および発音とつづり字との関係を詳細に解説した。

　6．第2部は33課に分かれ，文法およびそれに関連する語彙・読解・作文・会話作法の諸要項を解説した。30課以後は複文解釈の必要事項の学習に当てた。

本書の利用法

1．ロシア語のアウトラインをまずつかもうとする方は，図式・図表を参考にしつつ，《例文》《基本》《説明》を読まれれば十分である。

2．より綿密な文法知識を身につけようとする方は《注意》の欄もあわせて読まれることを望む。

3．ロシア語・ロシア文法の本格的習得・研究をこころざす方，また，ロシア語教育にたずさわろうとする方は《参考》《発展》の欄も読んで頂きたい。

4．一般読者は数詞の変化に当てられた第2部第27課まで読破すれば，今後の自立的勉強のための十分な知識が獲得できる。上級文法の範囲に入る第28課以後は勉強の進展に従い適宜参照されるだけで足りる。

5．滑らかなロシア語を書いたり話したりすることを望まれる方はコロケーション（連語法）の重要部分に触れる第28課もあわせ読まれることを希望する。コロケーションはいかなる学習書・文法書・教科書もいまだ解説を試みなかった領域である。読者はそこで今後の勉強の指針の一部を把握されるであろう。

6．通訳・翻訳能力の向上を目指し，その実務に精通せんとする方は単文の基本的構造や種類，複文の構成法をある程度詳細に解説した29課以後も読まれることを希望する。

7．すでにロシア語を学ばれ，学んだ知識を整理し，体系づけようとする方は第2部第1課から読み始める必要はない。目次や索引により，必要な個所を見つけ，ひろい読みし，勉強されることをすすめたい。どこから読まれてもかまわない。ただ，☞を活用して頂きたい。

8．☞はどこどこを参照せよの意味であり，参照個所は基本的にはページで示すことにする。文法知識は，教え方・学び方によっては断片的になりがちである。☞を活用することにより，知識は有機的・体系的に結びつき，確実に読者のものとなり，応用力は倍加される。

9．**練習問題**は読解に関するもの（いわゆる和訳）と表現に関するもの（いわゆる露訳）に大別される。解答（巻末）は複数あり得るものの中のひとつを

記したにすぎない。

10. 各課の末尾や図表との関係でやむをえず形成された余白の一部に，意味・用法や連語法（コロケーション）からまとめた単語帳の断片を掲げたが，その課の内容に必ずしも直接関係するわけではない。外国語習得の究極は語彙の問題に行きつく。そこに至るためのヒントとして活用頂けたら幸いである。

11. 本書は，文法事項をできる限り体系的・網羅的に述べているので，参照文法（レフェレンス・グラマー）の役を兼ねることができる。索引を縦横に利用すれば，文法辞典として十分役立つと思われる。そのため詳細な索引を付した。

目　　次

まえがき
本書の構成
本書の利用法

第 1 部　　発音編

第 1 課　アルファベット　母音の発音
　Ⅰ　アルファベット ………………………………………………　2
　Ⅱ　アクセント ……………………………………………………　3
　Ⅲ　発音しやすい母音としにくい母音 …………………………　4
　Ⅳ　発音しやすい母音 ……………………………………………　4
　Ⅴ　発音しにくい母音 ……………………………………………　5

第 2 課　基本的子音の発音
　Ⅰ　発音しやすい子音としにくい子音 …………………………　7
　Ⅱ　発音しやすい子音 ……………………………………………　8
　Ⅲ　発音しにくい子音 ……………………………………………　11

第 3 課　硬子音と軟子音
　Ⅰ　軟母音字 ………………………………………………………　15
　Ⅱ　軟子音 …………………………………………………………　16
　Ⅲ　硬子音 …………………………………………………………　17
　Ⅳ　硬子音に対応する軟子音 ……………………………………　17
　Ⅴ　軟子音を表わすつづり ………………………………………　17
　Ⅵ　発音しやすい軟子音としにくい軟子音 ……………………　19
　Ⅶ　発音しやすい軟子音 …………………………………………　20
　Ⅷ　発音しにくい軟子音 …………………………………………　21
　Ⅸ　硬子音だけの子音，軟子音だけの子音 ……………………　24
　Ⅹ　硬音符ъの役割 ………………………………………………　25

目次

第4課　アクセントのない母音（字）の発音　筆記体
 Ⅰ　やさしい無アクセント母音とむずかしい無アクセント母音 …………………………………………………………… 26
 Ⅱ　やさしい無アクセント母音 ………………………………… 26
 Ⅲ　むずかしい無アクセント母音 ……………………………… 27
 Ⅳ　筆記体 ………………………………………………………… 31

第5課　子音の同化
 Ⅰ　無声子音と有声子音 ………………………………………… 33
 Ⅱ　無声化 ………………………………………………………… 33
 Ⅲ　有声化 ………………………………………………………… 35
 Ⅳ　軟子音化 ……………………………………………………… 36
 Ⅴ　副アクセント ………………………………………………… 37
 Ⅵ　子音の特別のつらなりの発音 ……………………………… 38
 Ⅶ　子音の連続，子音で終わる語 ……………………………… 39
 Ⅷ　無アクセント母音のきちんとした発音 …………………… 40

第2部　文法編

第1課　文とイントネーション
 Ⅰ　断定文 ………………………………………………………… 44
 Ⅱ　疑問代名詞 кто? что? ……………………………………… 46
 Ⅲ　存在文 ………………………………………………………… 48
 Ⅳ　疑問副詞 где? ………………………………………………… 50
 Ⅴ　疑問文と答え，否定文 ……………………………………… 52
 Ⅵ　イントネーション …………………………………………… 53

第2課　名詞・代名詞
 Ⅰ　名詞の性 ……………………………………………………… 55
 Ⅱ　単数と複数 …………………………………………………… 57
 Ⅲ　人称代名詞 …………………………………………………… 58

vii

Ⅳ　名詞のかわりに用いられる三人称代名詞 …………… 60
第3課　形容詞・形容詞的代名詞
　　　Ⅰ　所有代名詞 ……………………………………………… 62
　　　Ⅱ　形容詞の性と数 ………………………………………… 65
　　　Ⅲ　指示代名詞 этот・тот ………………………………… 68
　　　Ⅳ　疑問代名詞 который？ ………………………………… 70
第4課　形容詞の短語尾　名詞の格
　　　Ⅰ　形容詞の短語尾 ………………………………………… 72
　　　Ⅱ　形容詞長語尾と短語尾の用法 ………………………… 73
　　　Ⅲ　格 ………………………………………………………… 77
　　　Ⅳ　前置格 …………………………………………………… 77
第5課　動詞の現在（1）
　　　Ⅰ　第1変化 ………………………………………………… 81
　　　Ⅱ　第2変化 ………………………………………………… 84
第6課　動詞の現在（2）
　　　Ⅰ　-овать 変化 …………………………………………… 88
　　　Ⅱ　第1変化の歯音変化 …………………………………… 90
　　　Ⅲ　第1変化の唇音変化 …………………………………… 91
　　　Ⅳ　第2変化の歯音変化 …………………………………… 92
　　　Ⅴ　第2変化の唇音変化 …………………………………… 94
　　　Ⅵ　現在変化 —まとめ …………………………………… 96
　　　Ⅶ　命令形 …………………………………………………… 97
第7課　動詞の過去
　　　Ⅰ　быть の過去 …………………………………………… 100
　　　Ⅱ　形容詞短語尾の過去 …………………………………… 102
　　　Ⅲ　動詞の過去 ……………………………………………… 103
　　　Ⅳ　быть の未来 …………………………………………… 105
　　　Ⅴ　副詞 ……………………………………………………… 107
第8課　名詞の格変化（単数）

　　　　　　　　　　　　　　　　　　　　　　　　　目　次

　　　Ⅰ　活動体・不活動体 …………………………………109
　　　Ⅱ　男性変化 ……………………………………………110
　　　　1. 硬変化 ……………………………………………110
　　　　2. 軟変化 ……………………………………………112
　　　Ⅲ　ロシア語の学び方 …………………………………113
　　　Ⅳ　中性変化 ……………………………………………115
　　　Ⅴ　女性変化 ……………………………………………116
　　　Ⅵ　-ьで終わる女性名詞の変化 ………………………118

第9課　格の用法（1）
　　　Ⅰ　主格の用法 …………………………………………120
　　　Ⅱ　所有・所属を示す生格 ……………………………121
　　　Ⅲ　「ある・ない」を表わす есть と нет …………123
　　　Ⅳ　存在の否定生格（不在の生格）……………………124
　　　Ⅴ　生格と結びつく前置詞 ……………………………126
　　　Ⅵ　名詞単数生格のかたち ―まとめ…………………129
　　　Ⅶ　間接目的を示す与格 ………………………………130
　　　Ⅷ　与格と結びつく前置詞 ……………………………131
　　　Ⅸ　名詞単数与格のかたち ―まとめ…………………134

第10課　格の用法（2）
　　　Ⅰ　直接目的を示す対格 ………………………………135
　　　Ⅱ　в/на＋A（前置格）と в/на＋A（対格）……………137
　　　Ⅲ　対格と結びつく前置詞 ……………………………139
　　　Ⅳ　名詞単数対格のかたち ―まとめ…………………142
　　　Ⅴ　手段を示す造格 ……………………………………143
　　　Ⅵ　造格と結びつく前置詞 ……………………………145
　　　Ⅶ　名詞単数造格のかたち ―まとめ…………………148
　　　Ⅷ　第2前置格 …………………………………………149

第11課　動詞の類別　不定形の用法
　　　Ⅰ　定動詞・不定動詞 …………………………………151

ix

Ⅱ　-ся 動詞 ……………………………………………… 155
　　Ⅲ　動詞と不定形の結びつき ………………………… 159
　　Ⅳ　хотéть と мочь …………………………………… 161
　　Ⅴ　接続詞 что ………………………………………… 163
　　Ⅵ　дóлжен ……………………………………………… 165
　　Ⅶ　疑問代名詞・副詞＋不定形 ……………………… 167

第12課　アスペクト（体）
　　Ⅰ　不完了体と完了体 ………………………………… 169
　　Ⅱ　不完了体・完了体の意味のアウトライン ……… 171
　　Ⅲ　アスペクト（体）と時制 ………………………… 173
　　Ⅳ　現在（不完了体） ………………………………… 174
　　Ⅴ　不完了体過去と完了体過去 ……………………… 177
　　Ⅵ　不完了体未来と完了体未来 ……………………… 182

第13課　名詞の格変化（複数）
　　Ⅰ　男性変化 …………………………………………… 187
　　　　1. 硬変化 …………………………………………… 187
　　　　2. 軟変化 …………………………………………… 188
　　Ⅱ　中性変化 …………………………………………… 190
　　Ⅲ　女性変化 …………………………………………… 192
　　Ⅳ　-ь で終わる女性名詞の変化 …………………… 195
　　Ⅴ　不規則な複数 ……………………………………… 196
　　Ⅵ　-мя で終わる中性名詞の変化 ………………… 199

第14課　格の用法（3）　名詞複数のかたち―まとめ
　　Ⅰ　数量生格 …………………………………………… 200
　　Ⅱ　部分生格 …………………………………………… 202
　　Ⅲ　第2生格 …………………………………………… 204
　　Ⅳ　複数主格・生格・対格のかたち ―まとめ ……… 206
　　Ⅴ　複数与格・造格・前置格のかたち ―まとめ …… 208
　　Ⅵ　複数のみの名詞 …………………………………… 210

目　　次

　　　　Ⅶ　不変化名詞 ································212
　　　　Ⅷ　что・кто の変化 ·························215
第15課　人称代名詞の変化と用法
　　　　Ⅰ　人称代名詞の変化 ··························219
　　　　　1．一・二人称 ·····························219
　　　　　2．三人称 ·································220
　　　　Ⅱ　所有構文 ································222
　　　　　1．肯定の場合 ·····························222
　　　　　2．否定の場合 ·····························225
　　　　Ⅲ　ну́жно・мо́жно ··························227
　　　　Ⅳ　述語副詞として用いられる形容詞短語尾中性 ·······230
　　　　Ⅴ　人称代名詞のかたち ―まとめ ················235
　　　　Ⅵ　再帰代名詞 себя́ ··························240
第16課　形容詞の変化
　　　　Ⅰ　硬変化 ··································244
　　　　Ⅱ　軟変化 ··································248
　　　　Ⅲ　混合変化 ································251
　　　　　1．-г・-к・-х 語幹 ······················251
　　　　　2．-ж・-ч・-ш・-щ 語幹 ··················254
　　　　Ⅳ　性質生格 ································259
　　　　Ⅴ　形容詞のかたちを持つ名詞 ····················260
第17課　数詞（1）　数の表現
　　　　Ⅰ　個数詞（1～199）························265
　　　　　1．基本個数詞 ·····························265
　　　　　2．合成個数詞 ·····························266
　　　　Ⅱ　個数詞と名詞の結びつき ·····················267
　　　　Ⅲ　順序数詞（1～99）·······················270
　　　　　1．基本順序数詞 ···························270
　　　　　2．合成順序数詞 ···························273

xi

Ⅳ　所有代名詞の変化 ································· 274
　　　　1. мой・твой ···································· 274
　　　　2. наш・ваш ···································· 277

第18課　数詞（2）　さまざまな数量表現
　　　Ⅰ　年齢の表現 ······································· 281
　　　Ⅱ　時刻の表現 ······································· 283
　　　　1. 個数詞による方法 ······························ 283
　　　　2. 順序数詞による方法 ···························· 284
　　　Ⅲ　日づけの表現 ···································· 288
　　　Ⅳ　個数詞（200 以上） ····························· 290
　　　Ⅴ　値段の表現 ······································· 292
　　　Ⅵ　順序数詞（200 以上） ··························· 293
　　　Ⅶ　年・月・日の表現 ······························· 294
　　　Ⅷ　集合数詞 ··· 296

第19課　さまざまな代名詞の変化と用法
　　　Ⅰ　再帰所有代名詞 свой ···························· 299
　　　Ⅱ　指示代名詞 ······································· 302
　　　　1. этот ·· 302
　　　　2. тот ··· 304
　　　Ⅲ　весь ·· 309
　　　Ⅳ　сам ·· 312

第20課　不定代名詞・副詞　否定代名詞・副詞
　　　Ⅰ　-то による不定代名詞・副詞 ···················· 316
　　　Ⅱ　-нибудь による不定代名詞・副詞 ··············· 318
　　　Ⅲ　ко̀е-что́・ко̀е-кто́ ······························· 320
　　　Ⅳ　ни による否定代名詞・副詞 ····················· 321
　　　Ⅴ　не́ による否定代名詞・副詞 ····················· 325

第21課　比較級
　　　Ⅰ　原級・比較級・最上級 ··························· 329

xii

目　次

　　Ⅱ　более による比較級 ……………………………………329
　　　1. 長語尾 ………………………………………………330
　　　2. 短語尾 ………………………………………………332
　　Ⅲ　語幹＋ -ee・-e による比較級 …………………………334
　　　1. -ee …………………………………………………334
　　　2. -e ……………………………………………………336
　　Ⅳ　比較の対象の表現 ………………………………………339
　　　1. чем による方法 ……………………………………339
　　　2. 生格による方法 ……………………………………340
　　Ⅴ　3つの比較級を比べる …………………………………341
　　Ⅵ　比較級の強め・やわらげ ………………………………342
　　　1. 強め …………………………………………………342
　　　2. やわらげ ……………………………………………343
　　Ⅶ　比較の差 …………………………………………………345
　　Ⅷ　-ee・-e による比較級の修飾的用法 …………………346
　　Ⅸ　比較級をともなう表現 …………………………………347

第22課　最上級
　　Ⅰ　самый による最上級 ……………………………………349
　　Ⅱ　наиболее による最上級 ………………………………350
　　Ⅲ　-ейший・-айший による最上級 ………………………352
　　Ⅳ　-ee・-e による比較級＋ всего/всех ……………………355
　　Ⅴ　3つの最上級を比べる …………………………………357
　　Ⅵ　比較の対象の表現 ………………………………………357
　　Ⅶ　最上級の強め ……………………………………………358
　　　1. наи- ＋ -ейший・айший による最上級 ……………358
　　　2. самый ＋ -ейший・-айший による最上級 …………359

第23課　仮定法　命令とさそいかけ
　　Ⅰ　仮定法 ……………………………………………………360
　　Ⅱ　条件が語結合で示される場合 …………………………362

xiii

	III	願望	364
	IV	命令形とアスペクト（体）	366
	V	勧誘形	370
	VI	いわゆる三人称の命令形	373
第24課	関係代名詞・副詞		
	I	関係代名詞 кото́рый	375
	II	кото́рый の格	376
	III	関係代名詞 како́й	380
	IV	関係代名詞 кто	381
	V	関係代名詞 что	383
	VI	関係代名詞 чей	385
	VII	関係副詞 где・куда́・отку́да	386
	VIII	関係副詞 когда́	388
第25課	副動詞		
	I	不完了体副動詞	390
	II	完了体副動詞	394
第26課	形動詞		
	I	能動と被動，現在と過去	399
	II	能動形動詞現在	400
	III	能動形動詞過去	404
	IV	被動形動詞現在	408
	V	被動形動詞過去	411
	VI	被動形動詞過去の短語尾	415
	VII	形動詞のかたちを持つ形容詞・名詞	420
第27課	数詞の変化		
	I	оди́н	425
	II	два・три・четы́ре	427
	III	пять から два́дцать・три́дцать	429
	IV	пятьдеся́т など	431

	Ⅴ	со́рок・девяно́сто・сто ……………………………431
	Ⅵ	две́сти など ……………………………………………432
	Ⅶ	ты́сяча 以上 …………………………………………433

第28課　重要な動詞・副詞　慣用的結びつき
　　Ⅰ　無人称動詞 ……………………………………………435
　　Ⅱ　述語副詞 ―まとめ……………………………………440
　　Ⅲ　名詞を動詞化する動詞 ………………………………445
　　Ⅳ　機能発揮動詞 …………………………………………448
　　Ⅴ　生成動詞 ………………………………………………451
　　Ⅵ　強調語 …………………………………………………456

第29課　文の構造・種類
　　Ⅰ　быть と явля́ться …………………………………461
　　Ⅱ　был（-о, -а, -и）＋主格／造格 …………………463
　　Ⅲ　転化・発現を示すстать・оказа́тьсяなどとともに用いられる造格 …………………………………………465
　　Ⅳ　全体と部分（象は鼻が長い）…………………………467
　　Ⅴ　不活動体を主語とする構文 …………………………468
　　Ⅵ　無人称文 ………………………………………………471
　　Ⅶ　不定人称文 ……………………………………………473
　　Ⅷ　一般人称文 ……………………………………………476
　　Ⅸ　単文と複文，並列複文と従属複文 …………………479

第30課　並列複文
　　Ⅰ　並べる並列複文（и ―「そして」, да ―「その上」）……481
　　Ⅱ　選ぶ並列複文（то ―「ある時は」, и́ли ―「または」）…486
　　Ⅲ　対比する並列複文（a ―「が」, но ―「それに反して」）…490

第31課　従属複文（1）
　　Ⅰ　内容説明の従属文を持つ複文 ………………………494
　　　1. что ― 伝達，認識，気持・感情の内容 ……………494
　　　2. то, что ― то の内容 ………………………………500

　　　　3. чтòбы ― 要求の内容 ……………………………………504
　　　　4. как ― 知覚の内容 ……………………………………508
　　　Ⅱ　目的の従属文を持つ複文（чтòбы ―「するために」）…513
第32課　従属複文（2）
　　　Ⅰ　時の従属文を持つ複文 ………………………………………518
　　　　1. когдá ― 事柄の発生時 ………………………………518
　　　　2. покá ― 事柄の時間的規模 …………………………527
　　　Ⅱ　条件の従属文を持つ複文 ……………………………………535
　　　　1. éсли ― 現実的条件 …………………………………535
　　　　2. éсли бы ― 非現実的条件 ……………………………541
　　　Ⅲ　譲歩の従属文を持つ複文（хотя́ ―「とはいえ」）………544
第33課　従属複文（3）
　　　Ⅰ　様態の従属文を持つ複文 ……………………………………548
　　　　1. так, как ― 様態の規定 ……………………………548
　　　　2. так, что ― 結果・効果による様態の描出 …………551
　　　　3. так, что ― 結果・効果による様態の強調 …………552
　　　　4. стóлько, скóлько ― 同量・同程度 …………………556
　　　Ⅱ　原因・理由の従属文を持つ複文
　　　　　（потомý что・та́к как ―「なぜならば」）………………557
　　　Ⅲ　帰結の従属文を持つ複文（та́к что ―「それゆえ」）……565

練習問題解答 ……………………………………………………………568
参考文献 …………………………………………………………………649
あとがき …………………………………………………………………651
索　　引 …………………………………………………………………652

第1部　発音編

第1課

アルファベット　母音の発音

I　アルファベット

第1表　アルファベット

活字体		筆記体		名称	活字体		筆記体		名称
А	а	𝒜	𝑎	[á]	Р	р	𝒫	𝑝	[ér]
Б	б	𝓑	𝑏	[bé]	С	с	𝒞	𝑐	[és]
В	в	𝓑	𝑣	[vé]	Т	т	𝒯	𝑚	[té]
Г	г	𝒢	𝑔	[gé]	У	у	𝒰	𝑦	[ú]
Д	д	𝒟	𝑑	[dé]	Ф	ф	𝒻	𝜑	[éf]
Е	е	ℰ	𝑒	[jé]	Х	х	𝒳	𝑥	[xá]
Ё	ё	Ё	ё	[jó]	Ц	ц	𝒰	𝑐	[t͡sé]
Ж	ж	𝒥	𝓍	[ʒé]	Ч	ч	𝒞	𝑐	[t͡ʃ'é]
З	з	𝒵	𝑧	[zé]	Ш	ш	𝒲	𝑤	[ʃá]
И	и	𝒰	𝑢	[í]	Щ	щ	𝒲	𝑤	[ʃʃ'á]
Й	й	𝒰̆	𝑢̆	[ìkrátkəjə]	Ъ	ъ		𝑏	[t'v'órdɪj | tv'órdɪj znák]
К	к	𝒦	𝑘	[ká]	Ы	ы		𝑦	[í]
Л	л	ℒ	𝑙	[él' | él]	Ь	ь		𝑏	[m'áxk'ɪj znák]
М	м	ℳ	𝑚	[ém]	Э	э	𝒢	𝑒	[é]
Н	н	𝒩	𝑛	[én]	Ю	ю	𝒥𝒪	𝑦𝑜	[jú]
О	о	𝒪	𝑜	[ó]	Я	я	𝒥	𝑦	[já]
П	п	𝒫	𝑝	[pé]					

2

第 1 課　アルファベット　母音の発音

《基本》
1) 全 33 文字のアルファベット（áзбука アーズブカ）をおぼえよう。
2) 名称をおぼえたら，次に活字体のかたちを書いておぼえる。

《説明》
辞典をひくためにもアルファベットは暗記していなければならない。

《注意》
1) Б б（ベー）と В в（ヴェー）の区別に注意。
2) Л л の名称はエールでもエーリでもよいが，Р р（エール）との区別のためにエーリをすすめる。
3) Й й（イー・クラートカヤ《И》 кра́ткое）とは「短い И」の意味。
4) ъ（チヴョールドゥイ・ズナーク）とは「硬音符」，ь（ミャーヒキー・ズナーク）とは「軟音符」の意。両者とも記号。使い方は，ъ に関しては☞p.25，ь に関しては☞p.17 以下。

《参考》
Ее, Ёё を同一の文字と考えると 32 文字。

II　アクセント

ко́мната ［kómnətə］ コームナタ　部屋

《基本》
アクセントのある母音は強く，長めに発音する。

《語例》
рабо́та ［rabótə］ ラボータ　労働，кни́га ［kn'ígə］ クニーガ　本，я́ма ［jámə］ ヤーマ　穴

《説明》
1) アクセントは単語に 1 つある。
2) アクセントは必ず母音におかれる。

《注意》
アクセントは母音字の上に ´ をふることで示される。

第1部　発音編

《参考》
小説や新聞，雑誌，論文などでは普通アクセント記号はふられていない。単語ごとにどこにアクセントがあるかおぼえていかなければならない。

III　発音しやすい母音としにくい母音

第2表　やさしい母音とむずかしい母音

	母音	発音の方法	文字
A. 発音しやすい母音	1 [á]	「ア」と同じ	а
	2 [é]	「エ」と同じ	э・е
	3 [í]	「イ」と同じ	и
B. 発音しにくい母音	1 [ó]	口笛を吹くときのように唇を丸め，前につき出し「オ」という	о
	2 [ú]	舌を奥へ引き，[ó]と同じく唇を丸め，前につき出し「ウ」という	у
	3 [ɨ́]	舌の奥を盛り上げ，舌の先を立てぎみにして「イ」という	ы

《基本》
日本人にとって，A. 発音しやすいものと，B. 発音しにくいものとがある（第2表）。Bの発音には常に注意をおこたってはならない。以下AをIVでBをVで解説する。

IV　発音しやすい母音

1. [á]

「ア」と同じ発音。
Áнна [ánnə] アーンナ（女性の名），áзбука [ázbukə] アーズブカ　ア

第1課　アルファベット　母音の発音

ルファベット，да [dá] ダー　はい，там [tám] ターム　あそこ

《注意》

1つの母音しかない単語ではその母音に必ずアクセントがおかれる。よって表記されないが，おぎなって発音する。

2. [é]

「エ」と同じ発音。

это [étə] エータ　これ，центр [tséntr] ツェーントル　中心，жечь [ʒétʃ'] ジェーチ　焼く，жест [ʒést] ジェースト　ジェスチャー

3. [í]

「イ」と同じ発音。

и [í] イー　そして，ива [ívə] イーヴァ　やなぎ，пить [p'ít'] ピーチ　飲む，лить [l'ít'] リーチ　そそぐ

V　発音しにくい母音

1. [ó]

口笛を吹くときのように唇を丸め，前につき出して「オ」という。

он [ón] オーン　彼，около [ókələ] オーカラ　まわりに

前に子音があったらその子音も唇を丸めて発音することが大切。

мост [móst] モースト　橋，кот [kót] コート　雄猫，дом [dóm] ドーム　家

《注意》

[mʷost] ムォースト，[kʷot] クォートのように短いウが聞きとれるぐらいに発音する。

2. [ú]

舌をのどの奥へひきぎみにし，[ó] と同じように唇を強く丸め，前につき出して「ウ」という。

5

第1部　発音編

ум [úm] ウーム　知恵, паук [paúk] パウーク　クモ
前に子音があったらその子音も唇を丸めて発音する。
иду́ [ɪdú] イドゥー　行く, тут [tút] トゥート　ここに, суп [súp] スープ　スープ

《注意》
とくに [ó] と [ú] では日本人の発音上の欠陥が出やすいので注意。

3. [ɨ]

「イ」に近い「ウ」の音。「イ」と同じくらいに口の開きを狭くし，舌の奥を盛り上げ，舌の先をやや立てるような気持ちで発音する。「ウ」といって，いそいで「イ」を発音し，「ウ」と「イ」を一体化させる心持ちで発音する。あるいは，舌をスプーンのようなかたちにして「イ」と発音する。

ты [tɨ́] トゥィ　お前, дым [dɨ́m] ドゥィム　煙

《注意》
唇を使って発音される子音のあとでははっきりと「ウィ」のように聞こえる。

мы [mɨ́] ムィ　我々, вы [vɨ́] ヴィ　あなたがた

第2課

基本的子音の発音

I 発音しやすい子音としにくい子音

第3表 やさしい子音とむずかしい子音

		無声	有声	発 音 の 方 法	文字
A. 発音しやすい子音	1	p	b	「パ，バ」の頭の子音	п б
	2	t	d	「タ，ダ」の頭の子音	т д
	3	k	g	「カ，ガ」の頭の子音	к г
	4	s		「サ」の頭の子音	с
	5		m	「マ」の頭の子音	м
	6		n	「ナ」の頭の子音	н
	7	ts		「ツ」の頭の子音	ц
	8	tʃ'		「チャ」の頭の子音	ч
	9		j	「ヤ」の頭の子音	йなど
B. 発音しにくい子音	1		r	まき舌のr	р
	2		l	舌先をたて前歯のつけ根につけて「ル」という	л
	3	f	v	英語の [f] [v] と同じ	ф в
	4	x		kの口がまえで摩擦音を出す	х
	5	ʃ	ʒ	舌全体を引きぎみにし，舌先をたて，舌の後部も盛り上げて発音する	ш ж
	6	ʃ':		舌全体を盛り上げやや引きぎみで「シ」という。長い子音	щ
	7		z	c [s] にただ声を加えるだけ	з

《基本》

母音と同じく，A. 発音しやすいものと，B. しにくいものとがある。

《説明》

第1部　発音編

　Aは日本語にもだいたい同じ子音があるので母音の前にある場合，発音はそう困難ではない。しかし，他の子音の前にあったり，語末にあったりすると簡単には発音できない。したがって練習が必要。

　Bは日本語の中になかったり，あっても発音しにくがる人がいるもの。この中でもある程度やさしいものと非常にむずかしいものとがある。とくに注意して発音しなければならないのは4以下であり，最もむずかしいのは人にもよるが5と7と思われる。Bは母音の前でもむずかしいから，他の位置ではよけい注意が必要。以下，AをⅡで，BをⅢで解説し，練習する。

《注意》

　以下説明する各項の＊は他の子音の前にあるか，語末にある語例である。短い「ウ」をそえて発音してはならない。純粋な子音を発音することに心がけよう。

Ⅱ　発音しやすい子音

1. [p] [b]

　[p]は「パ，プ，ペ，ポ」の頭の子音。

　па́па [pа́pə] パーパ　パパ，па́ра [pа́rə] パーラ　一対，пот [pót] ポート　汗

　＊ па́пка [pа́pkə] パープカ　ファイル，план [plа́n] プラーン　計画，стоп [stóp] ストープ　止まれ

　[b]はそれに声を加えた有声子音。「バ，ブ，ベ，ボ」の頭の子音と同じ。

　ба́бушка [bа́buʃkə] バーブシカ　おばあさん，бас [bа́s] バース　バス（男性低音），бу́ква [búkvə] ブークヴァ　文字

　＊ брат [brа́t] ブラート　兄弟，каблу́к [kablúk] カブルーク　かかと

2. [t] [d]

　[t]は「タ，テ，ト」の頭の子音。

так [ták] タ―ク そのように, то [tó] ト― それ, ты [tí] トゥィ お前

＊тот [tót] ト―ト その, тут [tút] トゥ―ト そこに, мост [móst] モ―スト 橋

[d] はそれに声を加えた有声子音。「ダ, デ, ド」の頭の子音と同じ。

дача [dátʃə] ダーチャ 別荘, дома [dómə] ド―マ 家で, дуэт [duét] ドゥエート デュエット

＊два [dvá] ドゥヴァ― 2, дракон [drakón] ドゥラコ―ン 龍, драма [drámə] ドゥラ―マ ドラマ

3. [k] [g]

[k] は「カ, ク, ケ, コ」の頭の子音。

карта [kártə] カールタ 地図, кот [kót] コ―ト 雄猫, куда [kudá] クダ― どこへ?

＊кто [któ] クト― 誰?, кукла [kúklə] ク―クラ 人形, как [kák] カ―ク どう?, блок [blók] ブロ―ク ブロック

[g] はそれに声を加えた有声子音。(語頭の) ガの頭の子音に同じ。

гадать [gadát'] ガタ―チ 占う, голос [góləs] ゴ―ラス 声, губа [gubá] グバ― 唇

＊гнуть [gnút'] グヌ―チ 曲げる, глухо [glúxə] グル―ハ にぶく, грамм [grám] グラ―ム グラム

4. [s]

「サ, ス, セ, ソ」の頭の子音。

сам [sám] サ―ム 自分自身, сом [sóm] ソ―ム なまず, усы [usí] ウスィ 口ひげ

＊сто [stó] スト― 100, тост [tóst] ト―スト 乾杯, нас [nás] ナ―ス われわれを

5. [m]

「マ, ム, メ, モ」の頭の子音。

мать [mát'] マ―チ 母, мой [mój] モ―イ 私の, мыть [mít'] ムィ

9

第1部　発音編

チ　洗う

　＊мгла [mglá] ムグラー　もや，сам [sám] サーム　自分自身，дом [dóm] ドーム　家

6. [n]

「ナ，ヌ，ネ，ノ」の頭の子音。

нас [nás] ナース　われわれを，нос [nós] ノース　鼻，набáт [nabát] ナバート　警鐘

　＊語末や子音の前にある場合，「ン」と発音してはならない。軽い「ヌ」のつもりで舌の先を上の前歯のつけ根あたりにつけ，はっきり [n] という子音を発音する。

вон [vón] 外へ，сон [són] 夢，тон [tón] 調子，бáнка [bánkə] びん，рáнга [ráŋgə] ＜ ранг 等級

7. [ts]

「ツ」の頭の子音。

царь [tsár'] ツァーリ　皇帝，цыгáн [tsɪgán] ツィガーン　ロマ（ジプシー），центр [tséntr] ツェーントル　中央

　＊цвет [tsv'ét] ツヴィエート　色，дворéц [dvar'éts] ドヴァリェーツ　宮殿，конéц [kanéts] カニェーツ　終わり

8. [tʃ']

「チャ，チ，チュ，チェ，チョ」の頭の子音。

час [tʃ'ás] チャース　時，чай [tʃ'áj] チャーイ　茶，чáйка [tʃ'ájkə] チャーイカ　かもめ，хочу́ [xatʃ'ú] ハチュー　（私は）〜したい

　＊член [tʃ'l'én] チリェーン　メンバー，ткач [tkátʃ'] トゥカーチ　織物を織る人，плач [plátʃ'] プラーチ　泣き声

9. [j]

「ヤ，ユ，ヨ」の頭の子音。

я [já] ヤー　私，Ю́ра [júrə] ユーラ（名），ёлка [jólkə] ヨールカ　モミの木，пьéса [p'jésə] ピィイェーサ　戯曲

　＊май [máj] マーイ　五月，сарáй [saráj] サラーイ　納屋，край [kráj] クラーイ

クラーイ　端

III　発音しにくい 子音

1. [r]

　いわゆるまき舌の「ル」の頭の子音。上に向かって立てぎみにした舌を声を伴った呼気で前下にはじく。舌を震わせるため，舌に力を入れないように保つことが大切。

　рак [rák] ラーク　ガン, рот [rót] ロート　口, рукá [ruká] ルカー 腕

　＊ ртуть [rtút'] ルトゥーチ　水銀, сестрá [s'ıstrá] スィストゥラー 姉妹, сáхар [sáxər] サーハル　砂糖

　《参考》

　すぐできる人とすぐにはできない人に分かれる。できない人はできる人について何度も練習しよう。

2. [l]

　舌の先を立てるようにして上の前歯のつけ根につけ，舌の両側のすきまから「ウ」と「ル」を同時に出すような音。

　лáмпа [lámpə] ラーンパ　ランプ, лук [lúk] たまねぎ, блок [blók] ブローク　ブロック

　＊ стол [stól] ストール　机, волк [vólk] ヴォールク　狼, писáл [p'ısál] ピサール　書いた

　《注意》

　1) フランス語，ドイツ語，一部英語の [l] と同じと思ってはならない。舌の前部をしっかり立てて後部を盛り上げ，舌の中部を下にさげる。つまり舌をスプーンのようなかたちにすることが大切。

　2) 日本人には [r] と [l] の発音ができないというわけではない。ちょっとした練習でできるようになる。困難なのは両者を聞き分けることである。しかし，心を平静にし耳をすませて全神経を集中させると両者の

第1部　発音編

違いが聞きとれる。次の例のように [r] か [l] かで意味が違ってくるので，くれぐれも注意しよう。

  брат [brát]　兄弟 －　блат [blát]　コネ
  ром [róm]　ラム酒 － лом [lóm]　かなてこ
  воро́та [varótə]　門 － боло́то [balótə]　沼

3. [f] [v]

英語などで習った子音。[f] は下唇の裏に上の前歯を軽く触れ，そのすきまから「フ」と強い息を吹き出して発音する。

  фон [fón] フォーン　背景, факульте́т [fəkul't'ét] ファクリチェート 学部, факт [fákt] ファークト　事実
  ＊ флот [flót] フロート　艦隊, фра́за [frázə] フラーザ　フレーズ
  [v] は [f] に声を加えた有声子音。
  вот [vót] ヴォート　ほら, вас [vás] ヴァース　あなたを, вода́ [vadá] ヴァダー　水
  ＊ внук [vnúk] ヴヌーク　孫, вдали́ [vdal'í] ヴダリー　遠くに, вре́мя [vr'ém'ə] ヴリェーミャ　時間

《注意》
1) 普通 [ɸɯtsɯː] の [ɸ] を [f] のかわりに発音しないこと。
2) [v] と [b] の区別に注意。
  врать [vrát'] ヴラーチ　うそをつく － брать [brát'] ブラーチ　取る
  вла́га [vlágə] ヴラーガ　水分 － бла́го [blágə] ブラーガ　幸福

4. [x]

咳払いに似た音。舌全体を後ろに引き，舌の奥を口蓋の後部に向かって盛り上げ，そこにできる狭めを通して声を伴わない呼気を押し出して発音する。

  хорошо́ [xərafó] ハラショー　よい, хор [xór] ホール　合唱, хурма́ [xurmá] フルマー　柿
  ＊ хло́пок [xlópək] 綿, бу́хта [búxtə] ブーフタ　入江, слух [slúx] スルーフ　聴覚

12

第2課　基本的子音の発音

《注意》

「ハ」の頭の子音 [h] を発音してはならない。子音の前や [ú] [u] の前にある [x] を [ɸ] のように発音してはならない。

хватит [xvát'ɪt]　たくさんだ，худой [xudój]　悪い

もちろん，[f] と混同してもならない。

5. [ʃ] [ʒ]

舌の先を口蓋に向かって立てるようにし，口蓋の前部（前口蓋）で狭めをつくる。それと同時に舌の奥も口蓋の後部に向けて持ち上げ，舌の先と舌の奥の中間はくぼむようなかたちにする。つまり，舌をスプーン状にする。こうしてできた二重の狭めに声を伴わない呼気を通して摩擦音を出すのが [ʃ]。

шар [ʃár]　シャール　球，шум [ʃúm]　シューム　騒音，шёпот [ʃópət]　ショーパト　ささやき声

＊ школа [ʃkólə]　シコーラ　学校，шрам [ʃrám]　シラーム　刀傷，наш [náʃ]　ナーシ　われわれの

《注意》

日本語の「シ，シャ，シュ，ショ」の頭の子音や英語の ship [ʃɪp] などの [ʃ] を持ち込んではならない。[ʃ] は舌をスプーン状にするため，口腔の共鳴室が拡大し，こもった音色になることに注意。

[ʒ] は [ʃ] に声を加えた有声子音。

журнал [ʒurnál]　ジュルナール　雑誌，жажда [ʒáʒdə]　ジャージダ　渇き，жить [ʒɨt']　ジーチ　生きる（и を [ɨ] と発音する。☞p.24）

＊ ждать [ʒdát']　ジダーチ　待つ，важный [váʒnɨj]　ヴァージヌイ　重要な，жгучий [ʒgútʃ'ɪj]　ジグーチー　焼けつくような

《注意》

「ジ，ジャ，ジュ，ジョ」の頭の子音に似せて発音してはならない。[ʃ...] と発音しながらそれに声を加えることによって得られるものであることを銘記しよう。

6. [ʂ'ː ʐ'ː]

第1部　発音編

［ʃ］に「短いイ」の音色を加え，長めに発音する。舌が盛り上がって発音されるため［ʃ］よりやや明るく鋭い音となる。

щи［ʃʲʃʲí］シシー　キャベツスープ，о́бщий［ópʃʲʃʲɪj］オープシシー一般的な，щу́ка［ʃʲʃʲúkə］シシューカ　カワカマス，плащ［pláʃʲʃʲ］プラーシシ　レインコート，вещь［v'éʃʲʃʲ］ヴィエーシシ　物，борщ［bórʃʲʃʲ］ボールシシ　ボルシチ

《注意》

ш［ʃ］とщ［ʃʲʃʲ］の区別に気をつけよう。間違えると意味がとり違えられる。

прошу́［praʃú］どうぞ － прощу́［praʃʲʃʲú］（私は）許す

шёлк［ʃólk］絹 － щёлк［ʃʲʃʲólk］ぱちんと弾くこと

《参考》

щを［ʃʲtʃʲ］と発音してもよいが，［ʃʲʃʲ］をすすめる。

7. ［z］

［s］に声を加えただけの子音。つまり，歯のところでつくられる有声摩擦音。

зал［zál］ザール　広間，зонт［zónt］ゾーント　かさ，зо́на［zónə］ゾーナ　地帯

＊знак［znák］ズナーク　しるし，звук［zvúk］ズヴーク　音，зло［zló］ズロー　悪

《注意》

「ザ，ズ，ゼ，ゾ」の頭の子音は普通破擦音の［dz］であるため，日本人には純粋の摩擦の［z］を出すのがきわめて困難。［s…］と発音しながらそれに声を加えるという練習を繰り返そう。舌の先を歯の根元につけないよう努めるのがこつ。

《参考》

ロシア人に日本語の「ザ，ズ，ゼ，ゾ」を文字で書かせるとдза, дзу, дзе, дзоのように書く。зと「ザ，ズ」などの頭の子音がいかに違うものであるか，これでわかる。

第 3 課

硬子音と軟子音

I 軟母音字

第 4 表　軟母音字

音　声	文　字
[j] + [a]	я
[j] + [u]	ю
[j] + [e]	e
[j] + [o]	ё

第 5 表　硬母音字・軟母音字の対応

硬母音字	a[a]	y[u]	э[e]	o[o]	ы[i]
軟母音字	я[ja]	ю[ju]	e[je]	ё[jo]	и[i]

《基本》

я, ю, e, ё という文字は語頭や母音字のあとにある場合，[j] という子音と [a] [u] [e] [o] という母音の結合を示す（第4表）。

《語例》

я：я́ма [jámə] ヤーマ　穴, струя́ [strujá] ストゥルヤー　流れ；ю：ю́мор [júmər] ユーマル　ユーモア, пою́ [pajú] パユー　（私は）歌う；e：есть [jés't'] イェースチ　食べる, зае́хать [zajéxət'] ザイェーハチ　立ち寄る；ё：ёлка [jólkə] ヨールカ　モミの木, наём [najóm] ナヨーム　雇用

《説明》

1) この 4 つの文字は 1 文字ながら上記のような用い方がなされると 2 つの音を表現している。

2) この 4 つに и を加えたものを軟母音字と呼ぶ。それに対し, a, y, э,

15

第 1 部　発音編

о, ы は 1 文字であり，1 母音を示している。これらを硬母音字と呼ぶ。軟母音字は硬母音字と対応して存在する（第 5 表）。

《注意》

1）硬母音・軟母音というのはあくまで文字の名前。こういう音があるかのように誤って解説する文法書や教科書があり，そう思い込んでいる人がいるが誤り。

2）ёには必ずアクセントがある。

《参考》

日本人はとくに е をよく読み誤る。Ельцын という政治家を新聞などはエリツィンと書き，それに従って人はそう発音するが，ロシア人ははっきりと前に [j] を置き [jél'tsɪn] イェーリツィンと発音する。Éва という女性名も同様 [jévə] イェーヴァ。エヴァではない。

練習問題 1

次の単語を発音しなさい。

я [já] 私, змея [zm'ɪjá] ヘビ, юный [júnɪj] 若い, смеются [sm'ɪjútstsə]（彼らは）笑う, éду [jédu]（私は）行く, поéхать [pajéxət'] 出かける, ёмкий [jómk'ɪj] たくさんはいる, поёшь [pajóʃ]（お前は）歌う

II　軟子音

《基本》

舌が口蓋に向かって盛り上がって発音される子音を軟子音という。

《説明》

1）и [i] を発音するとき，舌は口蓋に対し盛り上がる。ч [tʃ'] や щ [ʃ'ʃ'] を発音するときもやはり舌は口蓋に向かって盛り上がる。とくに й [j] での舌の盛り上がりは著しい。よって，ч, щ, й は軟子音である。

2）（舌が口蓋に向かって盛り上がって発音されるため）軟子音には「短いイ」のような音色がある。

III　硬子音

《基本》

舌が口蓋に向かってとくに盛り上がることなく発音される子音を硬子音という。

《例》

[p] п，[b] б，[t] т，[d] д，[m] м，[f] ф，[v] в，[s] с，[z] з，[n] н

《説明》

これまで学んできた子音のうちч [tʃ'], щ [ʃ'ʃ'], й [j] を除くすべての子音は舌が口蓋に向かって盛り上がることなく発音される。よって硬子音である。

IV　硬子音に対応する軟子音

《基本》

舌を口蓋に向かって盛り上げることにより，硬子音に「短いイ」の音色をつけ加えることができる。そうすると硬子音に対応する軟子音が得られる。

[p] → [p'], [b] → [b'], [t] → [t'], [d] → [d'], [m] → [m']

《参考》

多くの軟子音は硬子音に対応して存在する。

V　軟子音を表わすつづり

《基本》

1)　子音字に軟音符 ь をつけることによって，
2)　子音字のあとに軟母音字を後続させることによって，示される。

《語例》

第 1 部　発音編

1)　путь [pút'] 道，пья́ный [p'jánɨj] 酔った，тюрьма́ [t'ur'má] 刑務所

2)　пя́тый [p'átɨj] 第 5 の，ню́хать [n'úxət'] かぐ，нет [n'ét] いいえ，нёс [n'ós] 持っていった

《説明》

1)　ьは記号であり独立した音を示すものではない。

2)　子音字のあとに軟母音字があったら，その子音字を軟子音に発音し，ただちにそれぞれの母音を発音する。[j] を入れる必要はない。

《注意》

1)　発音記号の右肩に ' をうつことによって軟子音は示される。☞上掲発音記号。

2)　軟母音字 я, ю, е, ё には 2 つのはたらきがあることになる。①語頭や母音字のあとでは [j] ＋母音（я [ja]），②子音字のあとでは軟子音＋母音（пя [p'a]）。

3)　иという軟母音字は，①語頭や母音字のあとに書かれていても前に[j] を発音する必要はない。

их [íx]　彼等の，крои́ть [kraít']　裁断する

②子音字の後では，軟子音＋母音 [i] であることは他の軟母音字とかわらない。

пить [p'ít']　飲む，бить [b'ít']　打つ，носи́ [nas'í]　持っていけ（носи́ть「運ぶ」の命令形）

《参考》

軟子音＋母音は，たとえば，ньа, ньу, ньэ, ньо と書いてもよいはずだが，こうすると 3 文字になってしまう。2 文字で書くために軟母音字が用いられる。これはロシア語の正書法のきまり。

18

第3課　硬子音と軟子音

VI　発音しやすい軟子音としにくい軟子音

第6表　やさしい軟子音とむずかしい軟子音

		無声	有声	発音の方法	文字
A. 発音しやすい軟子音	1	p'	b'	「ピャ、ビャ」の頭の子音	п/б + 軟母音字；пь, бь
	2	k'	g'	「キ、ギ」の頭の子音	ки, ги；ке, ге
	3		m'	「ミャ」の頭の子頭	м + 軟母音字；мь
	4		n'	「ニャ」の頭の子音	н + 軟母音字；нь
B. 発音しにくい軟子音	1		r'	舌を口蓋に盛り上げて発音し｛r l f v x t d s z｝に「短いイ」の音色を加える	р + 軟母音字；рь
	2		l'		л + 軟母音字；ль
	3	f'	v'		ф/в + 軟母音字；фь, вь
	4	x'			хи
	5	t'	d'		т/д + 軟母音字；ть, дь
	6	s'	z'		с/з + 軟母音字；сь, зь

《基本》

　軟子音にも，A. 発音しやすいものもあれば，B. 発音しにくいものもある（第6表）。

《説明》

　Aは日本語にも似るものがあるので母音の前にある場合，発音はさほど困難ではない。しかし，他の子音の前にあったり，語末にあったりすると簡単にはいかない。

　Bのうち1から4までは，対応する硬子音が発音できれば，それを軟子音として発音することにそう困難は感じない。最もむずかしいのは5と6である。以下，AをVIIで，BをVIIIで解説し，練習する。

《注意》

　以下説明する各項の*は他の子音の前にあるか語末にあるかする例である。「短いイ」の音色を持つとはいえ，実際に「短いイ」という母音をそえて発音してはならない。純粋な子音として発音するように心がけなけれ

19

第1部　発音編

ばならないのは硬子音の場合と同様である。

VII　発音しやすい軟子音

1.　[p'] [b']

[p'] は「ピャ, ピュ, ピョ, ピ」の頭の子音。

пя́тый [p'átɪj] 5番目の, пюпи́тр [p'up'ítr] 譜面台, Пе́тя [p'ét'ə]（男の子の名）, пёс [p'ós] おす犬, пить [p'ít'] 飲む

＊ копьё [kap'jó] 槍, степь [s't'ép'] 草原, цепь [tsép'] くさり

[b'] はそれに声を加えた有声子音。「ビャ, ビュ, ビョ, ビ」の頭の子音。

тебя́ [t'ɪb'á] お前を, бюст [b'úst] 胸像, бёдра [b'ódra] 股, бить [b'ít'] 打つ

2.　[k'] [g']

[k'] は「キャ, キュ, キョ, キ」の頭の子音。

ткя [tk'á] 織りながら, ткёт [tk'ót]（彼は）織る, кит [k'ít] 鯨

[g'] はそれに声を加えた有声子音。「ギャ, ギュ, ギョ, ギ」の頭の子音。

ги́бкий [g'ípk'ɪj] 弾力のある

3.　[m']

「ミャ, ミュ, ミョ, ミ」の頭の子音。

мяч [m'át͡ʃ'] ボール, мёд [m'ót] 蜜, мель [m'él'] 浅瀬, мир [m'ír] 平和

＊ скамья́ [skam'já] ベンチ, семь [s'ém'] 7, во́семь [vós'ɪm'] 8

4.　[n']

「ニャ, ニュ, ニョ, ニ」の頭の子音。

ня́ня [n'án'ə] 乳母, маню́ [man'ú]（私は）招く, нёс [n'ós] 持っていった, нить [n'ít'] 糸

＊ де́ньги [d'én'g'ɪ] お金, день [d'én'] 日, тень [t'én'] 影

20

第 3 課　硬子音と軟子音

VIII　発音しにくい軟子音

1.　[r']

　[r] に「短いイ」の音色を加えて発音する。舌を盛り上げて舌をリズミカルに震わせる。

　ряд [r'át] 列，говорю́ [gəvar'ú]（私は）話す，рёв [r'óf] ほえ声，ре́зать [r'ézət'] 切る，ритм [r'ítm] リズム

　＊ тюрьма́ [t'ur'má] 刑務所，слова́рь [slavár'] 辞書

2.　[l']

　舌を盛り上げながら，舌の先を上の前歯の裏および歯ぐきにつけ，声を伴った呼気を舌の両側からぬく。

　ля́гу [l'águ]（私は）横になる，Лю́ба [l'úbə]（女性名），лень [l'én'] 怠け心，лёд [l'ót] 氷，лить [l'ít'] そそぐ

　＊ ма́льчик [mál'tʃ'ɪk] 少年，мете́ль [m'ɪt'él'] 吹雪

《注意》

　[r] と [l] の区別と同じように [r'] と [l'] の区別にも注意しなければならない。

　речь [r'étʃ'] ことば － лечь [l'étʃ'] 寝る

　рис [r'ís] 米 － лис [l'ís]（лиса́「きつね」の格変化の一形）

3.　[f'] [v']

　[f'] は舌を盛り上げながら，上の前歯に下唇裏側を軽く触れて，そのすきまから声を加えない呼気を強く吹き出して発音する。

　графя́ [graf'á] 罫（けい）を引きながら，Фёдор [f'ódər]（男性名），фе́ска [f'éskə] トルコ帽，фи́кус [f'íkus] いちじく

　＊ кровь [król'f'] 血（☞ p.34, 35）。

　[v'] はそれに声を加えた有声子音。舌を盛り上げることにより，[v] に「短いイ」の音色を加えて発音する。

　вя́нуть [v'ánut'] しおれる，вёдра [v'ódrə]（ведро́「バケツ」の複数），вещь [v'éʃʃ'] 物，ви́лка [v'ílkə] フォーク

第1部　発音編

《注意》

[v] と [b] の区別と同じく [v'] と [b'] の区別にも注意しよう。

развить [razv'ı́t'] 育成する − разбить [razb'ı́t'] 割る

4. [x']

舌を盛り上げることにより，[x] に「短いイ」の音色を加えて発音する。舌を盛り上げて「ヒ」の音を出してみよう。しかし，日本語の「ヒ」の頭の子音 [ç] とは違い，もっと口の奥で発音することに心がける。

хитрый [x'ı́trɨj] ずるい，хилый [x'ı́lɨj] ひ弱な

5. [t'] [d']

[t'] は，舌を盛り上げ，舌の先を下の前歯につく程度に前に出し，上の前歯の裏や歯ぐきでしっかり閉鎖をつくり，声を加えない呼気で閉鎖を急速にやぶることによって得られる。

тётя [t'ót'ə] おばさん，тюрьма [t'ur'má] 刑務所，тихий [t'ı́x'ɪj] 静かな

＊ тьма [t'má] 暗闇，читать [tʃ'ɪtát'] 読む

《注意》

日本語のチの頭の子音とは全く違う。[tʃ'] と [t'] の区別に心がける。

тесто [t'éstə] 練粉 − честь [tʃ'és't'] 名誉

мять [m'át'] もむ − мяч [m'átʃ'] ボール

врать [vrát'] うそをつく − врач [vrátʃ'] 医者

затем [zat'ém] それから − зачем [zatʃ'ém] 何のために

[d'] は [t'] に声を加えただけの子音。舌を盛り上げ，舌の先を下の前歯につくように前に出し，上の前歯の裏や歯ぐきのところで閉鎖をつくり，声を伴う呼気でそれをつきやぶるようにして発音する。

дядя [d'ád'ə] おじさん，дюжина [d'úʒɨnə] 1ダース，идёшь [ɪd'óʃ]（お前は）行く，день [d'én'] 日，родители [rad'ı́t'ɪl'ɪ] 両親

＊ свадьба [svád'bə] 結婚式，судья [sud'já] 判事，судьба [sud'bá] 運命

《注意》

22

第 3 課　硬子音と軟子音

「ジャ，ジュ，ジョ，ジ」の頭の子音と同じように発音してはならない。[d'] はあくまで [t'] の有声子音として発音する。

6. [s'] [z']

[s'] は，舌を盛り上げることにより，[s] に「短いイ」の音色を加えて発音する。舌を盛り上げつつ舌の先を上の前歯の裏や歯ぐきに近づけ，その狭めから声を伴わない呼気を出して発音する。

ся́ду [s'ádu]（私は）すわる，сюда́ [s'udá] こちらへ，сёстры [s'óstrɪ] 姉妹たち (сестра́「姉妹」の複数)，си́ний [s'ín'ɪj] 青い

＊снег [s'n'ék] 雪，здесь [z'd'és'] ここに

《注意》

「シャ，ショ，シュ，シ」の頭の子音と同じように発音してはならない。もっと舌の先を前に出して発音する。[ʃ] ш との区別にも心がけよう。

сесть [s'és't'] すわる － шесть [ʃés't'] 6

си́ла [s'ílə] 力 － ши́ло [ʃílə] 大針

[z'] は [s'] に声を加えた有声子音。舌を盛り上げながら，舌の先を上の前歯の裏および歯ぐきに近づけ，その狭めから声を伴う呼気を出して発音する。

взять [vz'át'] 取る，озёр [az'ór] (о́зеро「湖」の格変化の一形)，газе́та [gaz'étə] 新聞，рези́на [r'ɪz'ínə] ゴム

《注意》

1) [z'] を「ジャ，ジュ，ジョ，ジ」の頭の子音と同じように発音してはならない。また，[d'] とも区別して発音しなければならない。ましてや，[ʒ] と混同してはならない。

Ди́ма [d'ímə]（男性名）－ зима́ [z'imá] 冬 － режи́м [r'ɪʒím] 体制

дя́дя [d'ád'ə] おじさん － зять [z'át'] 娘の夫 － жать [ʒát'] にぎる

2) ここで軟子音の発音に関する全般的注意を述べておく。

(1) 唇で発音する軟子音。пь, бь, фь, вь, мь など唇で発音される軟子音が [a] [o] [u] [e] のような母音の前にあるとき，[j] という短い渡りの音が日本語におけるものよりよく聞きとれる。たとえば пя́тый

23

第1部　発音編

は [pʲátʲɪ] ピャートゥィ，пёс は [p'ʲós] ピョースのように聞こえる。

(2) [e] の前の軟子音。子音字+e というつづりの発音に注意しなければならない。日本人のくせで пе, ме, се... などを「ペ，メ，セ」に近づけて発音してはいけない。あくまで [p'e] [m'e] [s'e] …など，子音は軟子音として発音しなければならない。é が語頭にあっても [é] と発音してはいけない。[jé] であることはすでに記した。

IX 硬子音だけの子音，軟子音だけの子音

第7表　硬子音だけの子音と軟子音だけの子音

	文字	音声	発音上の注意
A. 硬子音のみ	ш	[ʃ]	e, ë, и があとに書かれても硬子音として発音する
	ж	[ʒ]	
	ц	[ts]	
B. 軟子音のみ	ч	[tʃ']	a, o, y があとに書かれても軟子音として発音する
	щ	[ʃ'ʃ']	
	й など	[j]	

《基本》

大部分の硬子音は軟子音と対応している。しかし，A. 硬子音だけの子音，B. 軟子音だけの子音がある（第7表）。

《説明》

1) A は対応する軟子音を持たない。あとに軟母音字 e, ë, и が書かれていても硬子音として発音する。и は [ɨ]（アクセントがある場合），[ɨ]（アクセントがない場合）と発音する。

шесть [ʃésʲt'] 6, жест [ʒést] ジェスチャー，центр [tséntr] センター，шёлк [ʃólk] 絹，жёлтый [ʒóltɨj] 黄色い，шить [ʃɨt'] 縫う，жить [ʒɨt'] 生きる，цирк [tsɨrk] サーカス，широкий [ʃɨrók'ɪj] 広い，живот [ʒɨvót] 腹，цитата [tsɨtátə] 引用文

24

第3課　硬子音と軟子音

2)　в は対応する硬子音を持たない。あとに硬母音字 a, o, y が書かれても軟子音として発音する。

чай [tʃ'áj] お茶，харчó [xartʃ'ó] 羊肉のスープ，чýдо [tʃ'údə] 奇跡，ищý [ɪʃ'ʃ'ú]（私は）さがす

《注意》

A・B のあとに ь（ミャーヒキー・ズナーク）が書かれていても前の子音の音価に影響はない。A は硬子音のまま，B は当然軟子音のまま（-ь は文法上の記号にすぎない。後述）。

мышь [míʃ] はつかねずみ，ночь [nótʃ'] 夜，вещь [v'éʃ'ʃ'] 物

X　硬音符 ъ の役割

《基本》

硬音符 ъ は子音と軟母音字の間に書かれ，軟母音字が [j] を保存して発音されることを示す。

《語例》

объя́ть [abját'] 抱く，съёмка [sjómkə] 撮影，съесть [sjés't'] 食べつくす，дизъю́нкция [d'ɪzjúnktsɨjə] 分離

《説明》

なお，статья́ [stat'já] 論文，пьёт [p'jót]（彼は）飲む　のような軟音符 ь も ъ と同じ役割を果たす。

Кóля [kól'ə]（男性名）— кóлья [kól'jə]　棒杭

полёт [pal'ót] 飛行 — польёт [pal'jót]　彼は注ぐ

練習問題 2

次の語を発音しなさい。

объём [abjóm] 容積，объéкт [abjékt] 対象，пья́ный [p'jánɨj] 酔った，льёт [l'jót]（彼は）注ぐ，пьéса [p'jésə] 戯曲，пью [p'jú]（私は）飲む，премье́р [pr'ɪm'jér] 首相

25

第4課

アクセントのない母音(字)の発音　筆記体

I　やさしい無アクセント母音とむずかしい無アクセント母音

《基本》

1)　アクセントのない母音を無アクセント母音という。

2)　無アクセント母音のむずかしさは，発音の仕方もさることながら，つづり字と発音の対応（つまりアクセントのない母音字の読み方）の複雑さにある。

3)　対応が単純なものと複雑なものとがある。単純なものを A. やさしい無アクセント母音，複雑なものを B. むずかしい無アクセント母音と呼び，それぞれ II, III で解説し，練習する。

II　やさしい無アクセント母音

1. у, ю

アクセントのない у, ю が示す母音の発音はアクセントのある ý, ю́ とほとんど変わらない。ただし，少し短く弱めに発音する。

① ум [úm] 知恵, всюду [fs'údu] いたる所に　② уда́р [udár] 打撃, юла́ [julá] こま, кула́к [kulák] げんこつ, журна́л [ʒurnál] 雑誌, тюрьма́ [t'ur'má] 刑務所　③ пулемёт [pul'ɪm'ót] 機関銃, ключево́й [kl'utʃ'ɪvój] 鍵の　④ вы́куп [víkup] 身受け, вы́шутить [víʃut'ɪt'] からかう, вы́ключить [víkl'utʃ'ɪt'] スイッチを切る

《注意》

語例の①はアクセントがある場合，②はアクセントの直前，③はアクセ

第4課　アクセントのない母音(字)の発音　筆記体

ント直前より前，④はアクセントのあとにある場合。以下同様。

2. ы

アクセントのないыが示す母音の発音はアクセントのあるыより少しゆるんだかたちで，短く弱めに発音する。

《注意》

そのような母音を発音記号では [ɨ] で示す。

① сын [sɨ́n] 息子，цы́почки [tsɨ́pətʃ'k'ɨ] つまさき　② дымо́к [dɨmók] かすかな煙の流れ，цыга́н [tsɨgán] ロマ（ジプシー）　③ пылесо́с [pɨl'ɨsós] クリーナー　④ о́пыт [ópɨt] 経験，сестри́цын [s'ɨstr'ítsɨn] 妹の

《参考》

アクセントのない ы は日本人の耳にはエのように聞こえる。дымо́к はデモーク，цыга́н はツェガーン，пылесо́с はペリソースと発音するとよい。

3. э

アクセントのないэが示す母音の発音はアクセントのあるэとあまり変わらない。ただし，少し短くゆるんだかたちで発音する。

① э́тот [étət] この，сэр [sér] サー　② экра́н [ekrán] スクリーン，аэро́б [aerób] 好気性細菌　③ отэкзаменова́ть [ategzəm'ɨnavát'] 試験し終わる　④ лю́эс [l'úes] 梅毒

III　むずかしい無アクセント母音

1. а と о

第8表　а と о の発音

文字	③直前より前	②直前	①アクセント	④後
а	[ə]	[a]	[á]	[ə]
о			[ó]	

アクセント直前では a, o ともに [a]，それより前，およびアクセントの後では [ə] と発音される（第8表）。

第 1 部　発音編

① там [tám] あそこ, том [tóm] 巻　② рабо́та [rabótə] 労働, вода́ [vadá] 水, окно́ [aknó] 窓　③ пальцево́й [pəl'tsɨvój] 指の, города́ [gəradá] 都市（複）, позолоти́ть [pəzəlat'ít'] 金メッキする　④ вы́ставка [vístəfkə] 展覧会, го́род [górət] 都市, ко́локол [kóləkəl] 鐘

《注意》

1）［a］は［á］からアクセントをとったもの。［ə］は弱まった「ア」,「ウ」に近づいた「ア」のような音色を持つ。唇にも舌にも力を入れず, 自然のままに口をあまり開けずに発音する。英語の affair [əfɛ́ə] などの［ə］とだいたい同じ。

2）アクセントから遠くとも語頭にある а も о も（［ə］ではなく）［a］と発音する。

адвока́т [advakát] 弁護士, острова́ [astravá] 島々（о́стров「島」の複数）

《参考》

アクセントがない場合, а と о の音声は一致するとおぼえておこう。

練習問題 3

発音しなさい。

1）アクセント直前の а と о

страна́　国, карти́на　絵, спаси́бо　ありがとう, слова́рь　辞書, Москва́　モスクワ, нога́　足, доска́　板, она́　彼女, окно́　窓

2）その他の位置の а と о

э́то　これ, напра́во　右に, ко́мната　部屋, сло́во　言葉, ка́рта　地図, ле́то　夏, доктора́　医者たち（до́ктор「医者」の複数）, шокола́д　チョコレート, простота́　簡潔さ

3）語頭の а と о

агрономи́ческий　農学の, опозда́ть　遅れる

28

第4課　アクセントのない母音(字)の発音　筆記体

2. и, е, я

[ɪ] と発音する (ただし, я は語尾では [ə]。☞注意4)。

вино́ [v'ɪnó] ワイン, вено́к [v'ɪnók] 花輪, вяза́ть [v'ɪzát'] 編む, лиса́ [l'ɪsá] キツネ, леса́ [l'ɪsá] 森 (複), лягу́шка [l'ɪgúʃkə] カエル, мину́та [m'ɪnútə] 分, меня́ть [m'ɪn'át'] 変換する, мясно́й [m'ɪsnój] 肉の

《注意》

1) [ɪ] は [e] にやや近寄った [i]「イ」。ややゆるんだ [i] といってもよい。

2) е, я は語頭や母音字などの後ろでは [j] + [ɪ]。

едва́ [jɪdvá] やっと, езда́ [jɪzdá] 旅行, язы́к [jɪzɨ́k] 言語, янва́рь [jɪnvár'] 1月, Маяко́вский [məjɪkófsk'ɪj] マヤコフスキー (現在のロシア人の発音に則して書けばマイコーフスキー), Есе́нин [jɪs'én'ɪn] エセーニン (同じくイスェーニン)

3) ч, щ の後ろのアクセントのない а も [ɪ] と発音する (ただし, 語尾では [ə])。

часы́ [tʃ'ɪsɨ́] 時計, щади́ть [ʃ'ʃ'ɪd'ít'] 許す, часово́й [tʃ'ɪsavój] 時計の, пощажена́ [pəʃ'ʃ'ɪʒɪná] 許された, вы́чалить [vɨ́tʃ'ɪl'ɪt'] とも綱をとく, пло́щадь [plóʃ'ʃ'ɪt'] 広場

語尾の例：зада́чам [zadátʃ'əm] (зада́ча「課題」の格変化の一形), това́рища [tavár'ɪʃ'ʃ'ə] 同僚の

4) 語尾の я は [ə]。

ка́пля [kápl'ə] 1滴, ды́ня [dín'ə] メロン, и́мя [ím'ə] 名前, жи́телям [ʒít'ɪl'əm] (жи́тель「住民」の格変化の一形)

5) 語尾の е は [ə] あるいは [ɪ]。

мо́ре [mór'ə] 海 (主格), на мо́ре [mór'ɪ] 海で (前置格), по́ле [pól'ə] 野原 (主格), на по́ле [pól'ɪ] 野原で (前置格) (この問題はむずかしいのであまり気にせず先に進もう。詳しくは☞p.116)。

《参考》

лиса́「キツネ」も леса́「森」(複) も сиде́ть「すわる」も седе́ть「白髪

第1部　発音編

になる」も普通区別されない。同じく［l'ısá］［s'ıd'ét']である。区別する発音体系もあるが，区別は非常にむずかしい。

練習問題 4

発音しなさい。

1) е（［ɪ］ないし［jɪ］と発音する）

весна́　春, меня́　私を, щека́　ほお, кероси́н　灯油, се́вер　北, земля́　大地, сестра́　姉妹, далеко́　遠い, ещё　まだ, есте́ственно　自然に

2) я（［ɪ］ないし［jɪ］と発音する。語尾では［ə］）

пятачо́к　5カペイカ, яйцо́　たまご, ше́я　くび, дя́дя　おじさん, тётя　おばさん, неде́ля　週

第4課　アクセントのない母音(字)の発音　筆記体

IV　筆記体

第9表　筆記体

А	Б	В	Г	Д	Е	Ё	Ж
а	б	в	г	д	е	ё	ж

З	И	Й	К	Л	М	Н	О
з	и	й	к	л	м	н	о

П	Р	С	Т	У	Ф	Х	Ц
п	р	с	т	у	ф	х	ц

Ч	Ш	Щ			Э	Ю	Я
ч	ш	щ	ъ	ы	ь	э	ю	я

31

第1部　発音編

《基本》

筆記体には運筆に順序がある（第9表）。

《注意》

1）　*г, л, ч, м, и* をいいかげんに書くと読み間違えられる。

2）　*л, м, я* の書き始めの丸めをおとさず書く。

3）　д を ∂ と書いてもよい。

4）　т を *т̄*, ш を *ш̱* と書くことがある。両者が区別しにくいと思われるときに使える。

《参考》

1）　第9表に掲げた筆記体より装飾的丸めがややひかえめの書体もある。

2）　習字帳を求めよう。『新ロシア語習字帳』（株式会社　日ソ），『ロシア語習字ノート』（ナウカ出版）など，手頃なものが出版されている。

―― 正書法の規則 ――

　г・к・х；ж・ч・ш・щ のあとには ы・ю・я を書かず，かわりに и・у・а を書く。

　＊ц のあとでは ю・я を書かず，у・а を書く（語尾では ы，語中では и が基本。цыга́н「ジプシー」，цыплёнок「ひよこ」など例外に注意）。

第5課

子音の同化

I　無声子音と有声子音

第10表　無声子音と有声子音

無声子音	п	ф	т	с	ш	к	ц	ч	щ	х
	[p]	[f]	[t]	[s]	[ʃ]	[k]	[ts]	[tʃ']	[ʃʃ']	[x]
有声子音	б	в	д	з	ж	г				
	[b]	[v]	[d]	[z]	[ʒ]	[g]				

《基本》

無声子音の多くは有声子音に対応して存在する（第10表）。

《説明》

ц, ч, щ, х は無声子音。対応する有声子音を持たない。対応を持つものは対応の様子をおぼえよう。

《参考》

無声子音を発音しそれに声を加えれば対応の有声子音が得られる。

II　無声化

1. 語末は無声

《基本》

語末の有声子音（字）は対応の無声子音として発音する。有声子音（字）の後に ь があっても同様。

《語例》

第1部　発音編

б［p］：зуб［zúp］　歯，дуб［dúp］　かし

бь［p'］：дробь［dróp'］　分数，голубь［gólup'］　ハト

в［f］：ров［róf］　溝，прав［práf］＜правый　正しい

вь［f'］：кровь［króf'］　血，любовь［l'ubóf'］　愛

д［t］：сад［sát］　庭，народ［narót］　民衆

дь［t'］：лебедь［l'éb'ıt'］　白鳥，медь［m'ét'］　銅

з［s］：глаз［glás］　眼，мороз［marós］　厳しい寒さ

зь［s'］：грязь［gr'ás'］　よごれ，связь［sv'ás'］　連絡

ж［ʃ］：муж［múʃ］　夫，нож［nóʃ］　ナイフ

жь［ʃ］：рожь［róʃ］　ライ麦，нарежь［nar'éʃ］　切り刻め（нарезать「切り刻む」の命令形）

г［k］：друг［drúk］　友，снег［s'n'ék］　雪

《注意》

1) жьのьはжの音価を変えない（☞p.25）ためжと同じく［ʃ］と発音し，結局шと同じになる。

練習問題5

発音しなさい。

хлеб　パン，слов（слово「ことば」の格変化の一形），сядь　すわれ（сесть「すわる」の命令形），груз　重量，слезь　降りろ（слезть「降りる」の命令形），вдруг　突然，клуб　クラブ，Киев　キーイフ（キエフ），завод　工場，остров　島，гнев　怒り，каприз　きまぐれ

2. 無声子音の前の有声子音は無声
《基本》
　無声子音の前の有声子音（字）は無声子音として発音される。有声子音（字）の後にьがあっても同様。
《語例》
б［p］：робко［rópkə］　おずおず，общий［ópʃ'ʃ'ıj］　一般的な

34

第 5 課　子音の同化

в [f]：вкус [fkús]　味, за́втра [záftrə]　あす

вь [f']：гото́вьте [gatóf't'ɪ]　用意しなさい（гото́вить「用意する」の命令形）, отпра́вьте [atpráf't'ɪ]　送りなさい（отпра́вить「送る」の命令形）

д [t]：ло́дка [lótkə]　ボート, ре́дко [r'étkə]　稀に

дь [t']：ся́дьте [s'át't'ɪ]　すわりなさい（сесть「すわる」の命令形）, ре́дька [r'ét'kə]　大根

з [s]：ре́зко [r'éskə]　激しく, ни́зко [n'ískə]　低く

зь [s']：ку́зька [kús'kə]　キンコガネムシ

ж [ʃ]：ло́жка [lóʃkə]　スプーン, но́жка [nóʃkə]　足

жь [ʃ]：нама́жьте [namáʃt'ɪ]　塗りなさい（нама́зать「塗る」の命令形）

г [k]：лёгший [l'ókʃɨj]　横たわる

《注意》
前置詞は名詞とひと続きに発音され, 無声化はこの場合にもおこる。
в саду́ [fsadú]　庭で, из ко́мнаты [iskómnətɪ]　部屋の中から

練習問題 6

発音しなさい。

Нахо́дка　ナホトカ, во́дка　ウオッカ, Хаба́ровск　ハバロフスク, ска́зка　おはなし, ры́бка　お魚, кру́жка　ジョッキ, изб（изба́「農家」の格変化の一形）, трезв ＜ тре́звый　しらふの, звёзд（звезда́「星」の格変化の一形）

III　有声化

《基本》
в を除く有声子音の前の無声子音（字）は有声子音として発音する。無声子音（字）の後ろに ь があっても同様。

《語例》

35

第1部　発音編

ф［v］：афга́нцы［avgántsɨ］　アフガニスタン人

т［d］：отдыха́ть［addɨxát'］　休む，отгада́ть［adgadát'］　解く

ть［d'］：молотьба́［məlad'bá］　脱穀

с［z］：сбор［zbór］　集めること，сде́лать［z'd'élət］　しあげる

сь［z'］：про́сьба［próz'bə］　お願い，косьба́［kaz'bá］　草刈り

ш［ʒ］：волшба́［valʒbá］　魔法

к［g］：та́кже［tágʒə］　もまた，вокза́л［vagzál］　駅

《注意》

1) в の前では無声子音（字）はそのまま無声子音として発音する。
бу́ква［búkvə］　文字，свой［svój］　自分の，хвост［xvóst］　尾

2) 前置詞＋名詞などでも有声化はおこる。
с до́чкой［zdótʃ'kəj］　娘と一緒に，к бра́ту［gbrátu］　兄のほうへ

練習問題7

発音しなさい。

отда́ть　返す，сгоре́ть　燃えつきる，би́тва　会戦，цвет　色，экза́мен　試験

IV　軟子音化

《基本》

歯軟子音の前の歯子音は軟子音として発音される。

《説明》

舌の先と歯とによって発音される子音を歯子音という。т［t］，д［d］，с［s］，з［z］，н［n］，л［l］，ц［ts］は歯子音である。舌を口蓋に向かって盛り上げることにより「短いイ」の音色がつけ加えられた歯子音を歯軟子音という。

《語例》

спу́тник［spút'n'ɪk］　スプートニク，пусти́ть［pus't'ít']　放す，здесь

[z'd'és'] ここ, снег [s'n'ék] 雪, пе́нсия [p'én's'ıja] 年金, стра́нник [strán'n'ık] 遍歴者

練習問題8
発音しなさい。
стена́　壁, отде́л　部局, отня́ть　奪う, стяну́ть　しめる, боле́знь　病気, ба́нтик　リボン, кандида́т　候補者

V　副アクセント

《基本》
1) 単語はアクセントを１つもち, １つアクセントがあれば１語と考えればよいと述べた（☞p.3）が, ２つのアクセントをもつ, ないし, もち得る語がある。

2) そのうちより強い一方を主アクセント, 他方を副アクセントと呼ぶ。

《語例》
машѝнострое́ние　機械工業, сѐльскохозя́йственный　農業の, ру̀сско-япо́нский слова́рь　露和辞典

《注意》
副アクセントは（`）で示される。

《参考》
1) 副アクセントは主アクセントの前にある。
2) 副アクセントをもつ語は主に合成語である。
3) о̀коло「…のまわりに」のような前置詞も副アクセントをもつ。
Сядь о̀коло меня́. 私のそばにすわりなさい。
4) 複雑な感じを与えるので, ここでは特に表記しなかったが, 関係代名詞もよく副アクセントをもって発音される。
5) 人称代名詞, 所有代名詞, 指示代名詞など, 代名詞も副アクセント

第 1 部　発音編

をもって発音されることがしばしばある（☞p.220, 275, 306）。

　6）複文をつくる接続詞（☞第 30-33 課）で複数の母音を持つものは副アクセントをもって発音されることがある。

и́ли あるいは，когда́ …時に，бу́дто あたかも，сло́вно まるで，е́сли もし，что̀бы …するために

VI　子音の特別のつらなりの発音

第 11 表　子音の特別のつらなりの発音

つづり字	発　音	例
сш зш	[ʃʃ]	сшить [ʃʃitʲ]　縫い合わす без ша́пки [bʲɪʃʃápkʲɪ]　無帽で
сж зж	[ʒʒ]	сжать [ʒʒátʲ]　握る разжéчь [raʒʒétʃʲ]　燃え立たせる
сч зч жч	[ʃʲʃʲ]	сча́стье [ʃʲʃʲásʲtʲjə]　幸福 изво́зчик [ɪzvóʃʲʃʲɪk]　御者 мужчи́на [muʃʲʃʲínə]　男
тс дс	[ts]	де́тство [dʲétstvə]　幼年時代 городско́й [gəratskój]　都市の
стн здн	[sn] [zn]	изве́стный [ɪzvʲésnɨj]　有名な по́здно [póznə]　遅く

《基本》

第 11 表のような子音のつらなりの発音にも気をつけよう。

《注意》

　1）ч を [ʃ] と発音する語がある。коне́чно [kanʲéʃnə] もちろん，что [ʃtó] 何，ску́чный [skúʃnɨj] 退屈な

　2）г を [x] と発音する語がある。мя́гко [mʲáxkə] やわらかく，легко́

38

[l'ıxkó] やさしく，мягче [m'áxtʃ'ı] よりやわらかく，легче [l'éxtʃ'ı] よりやさしく

3) г を [v] と発音するものがある。его [jıvó] 彼の，сегодня [s'ıvód'n'ə] きょう（形容詞・代名詞・数詞の変化形でもこのような発音がなされる）

《参考》

зж, жж, жд を [ʒ'ʒ'] と発音する語がある。ただし，[ʒʒ] でもよい。езжу [jeʒ'ʒ'u]（[jéʒʒu]）（私は）乗って行く，дрожжи [dróʒ'ʒ'ı]（[dróʒʒɨ]）イースト，дождя [daʒ'ʒ'á]（[daʒʒá] [daʒd'á]）（дождь「雨」の格変化の一形）

VII 子音の連続，子音で終わる語

第12表 子音の連続，子音で終わる語

(1)	но [nó] しかし	вы [vɨ] あなた
(2)	сто [stó] 100	три [tr'í] 3
(3)	мгла [mglá] かすみ	мзда [mzdá] 報酬
(4)	всплеск [fspl'ésk] ばちゃんという音	литаврщик [l'ıtávrʃ'ʃ'ık] ティンパニスト
(5)	тот [tót] その	час [tʃ'ás] 時間
(6)	мост [móst] 橋	кость [kós't'] 骨

《基本》

1) ロシア語には子音の連続が語頭，語中，語末を問わず存在する。

2) 子音連続は子音連続として発音しなければならない。子音間に短いウ [ɯ]（オ [o], イ [i]）のような母音を入れてはならない。

3) 子音で終る語もある。末尾に上記のような短い母音を添えて発音してはいけない。

《説明》

39

第1部　発音編

1)　(1)は語頭に1子音のみ，(2)は語頭に2子音，(3)は語頭に3子音の連続のある例。

2)　(4)は語頭ないし語中に4子音が連続する例。

3)　(5)および(4)の литáврщик は語末に1子音がある例。(6)および(4)の всплеск は語末に2子音が並ぶ例。

《注意》

1)　(1)に掲げた子音+母音で構成される語，および，子音+母音+子音+母音．．．のような並びの語（яма [jámə] 穴，рабóта [rabótə] 仕事）は日本語にもあるので発音はむずかしくない。

2)　(2)を [sᵚtó] [tᵚr'i]，(3)を [mᵚgᵚlá] [mᵚzᵚdá] と発音しない。

3)　(5)を [totᵒ] [tʃ'ásᵚ]，(6)を [mosᵚtᵒ] [kós'it'i] と発音しない。

4)　(4)を [fᵘsᵚpᵚl'ésᵚkᵚ]，[l'ɪtávᵚrᵚʃ'ʃ'ɪk] と発音しない。

《参考》

第12表に掲げた語のうち литáврщик を除くと全ては1音節語である。литáврщик は3音節語。рабóта も同様3音節語。

練習問題 9

第12表にある単語を，子音の連続に注意しつつ，発音記号に従いきちんと発音してみよう。

VIII　無アクセント母音のきちんとした発音

《基本》

無アクセント母音 [u] [ə] [ɪ] をきちんと発音しなければならない。

《説明》

1)　[ə] や [ɪ] を「曖昧母音」と呼ぶ人がいるが，この語に惑わされてはいけない。[ə] [ɪ] は，発音時の調音器官の緊張は強くないとしても，かたちにゆれがあったり，不明確に発音されるわけではない。明確な姿をもつ母音である。

第5課　子音の同化

2）［u］も同様である。脱落させていいというものではない。☞《注意》。

《注意》

日本語（特に共通語）では無声子音にはさまれる位置でのウ［ɯ］とイ［i］は無声母音として発音される（［ɯ̥］［i̥］と表記される）。話し言葉では消失することがある。

好き［sɯ̥k'i］～［sk'i］、草［kɯ̥sa］～［ksa］；機会［k'i̥kai］～［k'kai］、資格［ʃ'i̥kakɯ］～［ʃ'kakɯ］

この「くせ」をロシア語に持ち込んではならない。

кусо́к［kusók］「一片」を［kʷsók］［ksok］と発音しがちになることがある。極力これは避けなければならない。

同様の例をあげる。

сукно́［sukno］ラシヤ（［sʷknó］［sknó］は誤り）、супру́га［suprúgə］妻（［sʷprúgə］［sprúgə］は誤り）。

この傾向が高じて、худо́й［xudój］「やせた」を［xdój］、друго́й［drugój］「ほかの」を［drgój］と発音するようなことがおこるが、あるべき子音［u］を消失させていて、ロシア人には理解できなくなる。

《参考》

正確な発音を心掛けるには正確に綴字を憶えることをすすめたい。綴字をもとにすれば子音間に［u］があるかないかはすぐ判定できるし、［r］［l］の混同も避けることができる。дура́к［durák］ばか ― дра́ка［drákə］殴り合い

練習問題 10

第4課 II、III にあげた単語全てを再度発音しよう。

第2部　文法編

第1課

文とイントネーション

```
A   B.  —  A は B だ
```

I 断定文

《例文》

(1) Это книга. これは本だ。

(2) Вашингтон — столица США. ワシントンはアメリカ合衆国の首都である。

単語 это これ は, книга 本　(2) столица 首都, США [ʃʃá]（☞ p.38）あるいは [seʃeá] アメリカ合衆国

《基本》

「A（主語）はB（述語）だ」というかたちの断定文は，Aを示す語とBを示す語を並べればよい。

《説明》

(1)では это が主語，книга が述語。(2)では Вашингтон が主語，столица США が述語。(2)のように主語も述語も名詞である場合，間に —（тире）を書く。это は指示代名詞。話し手のまわりのあらゆるもの（モノ，コト，ヒト，動物）をさすことができる。

《注意》

1)　(1), (2) の数字は例文の番号を示す（以下同様）。

2) イントネーションについては☞p.53。

《参考》

「A は B だ」のような，主語と述語を結びつける語は英語では be 動詞である。be 動詞に相当するロシア語は быть だが，быть は「現在形」で普通省略される（ゼロによって表わされる）。こう考えれば例文のような文が成り立つ理由がわかる。

練習問題 11

1) 次の文の意味をいいなさい。

 (1) Э́то ко́мната.

 (2) Э́то стол.

 (3) Э́то стул.

 (4) Э́то студе́нт.

 (5) Э́то студе́нтка.

 (6) Мой брат — студе́нт.

 (7) Мой оте́ц — врач.

 (8) Ста́рший брат — мой учи́тель.

 (9) Вре́мя — де́ньги.

 単語 (1) ко́мната 部屋 (2) стол 机 (3) стул いす (4) студе́нт 学生 (5) студе́нтка 女子学生 (6) мой 私の，брат 兄弟 (brother に相当) (7) оте́ц 父，врач 医者 (8) ста́рший 年上の，ста́рший брат 兄，учи́тель 先生 (9) вре́мя 時，де́ньги お金

2) ロシア語で表わしなさい。

 (1) これは机です。

 (2) これはいすです。

 (3) これは雑誌です。

 (4) これは犬です。

 (5) これは猫です。

 (6) この人は先生です。

第 2 部　文法編

(7) この人は技師です。

(8) イヴァーン・イヴァーナヴィチ (Ива́н Ива́нович) はロシア人です。

(9) リェーナ (Ле́на) はロシア人（女性）です。

(10) 岡田さん (Окада-сан) は技師です。

(11) 高木さん (Такаги-сан) は私の先生です。

単語　(3) 雑誌 журна́л　(4) 犬 соба́ка　(5) 猫 ко́шка　(7) 技師 инжене́р　(8) ロシア人 ру́сский　(9) (女性の) ロシア人 ру́сская

II　疑問代名詞　кто? что?

$$\left.\begin{array}{l}\text{Кто}\\ \text{Что}\end{array}\right\} A? \longrightarrow A は \left\{\begin{array}{l}誰\\ 何\end{array}\right\} か?$$

《例文》

(1) — Кто э́то?「この方はどなたですか」

— Э́то Ива́н Ива́нович.「この方はイヴァーン・イヴァーナヴィチさんです」

(2) — Кто он?「彼は何をする人ですか」

— Он преподава́тель.「彼は教師です」

(3) — Что э́то?「これは何ですか」

— Э́то кни́га.「これは本です」

単語　(1) кто? 誰か，どういう人か，何をする人か　(2) преподава́тель 教師，он 彼　(3) что? 何か

《基本》

кто, что のような疑問代名詞によって疑問文をつくることができる。

《説明》

кто は例文(1)のように人の名前をたずねることも，例文(2)のように職

第1課　文とイントネーション

業・仕事をきくこともできる。что は例文(3)のようにものに関する質問に用いる。

《注意》

1) что は［ʃtó］と発音する（☞p.38）。
2) イントネーションについては☞p.53。

《参考》

1) 語順を変え，— Это кто?「誰ですか，この方は」，— Это что?「何ですか，これは」ともいえる。
2) кто は動物に関しても用いられる。この点，日本語の「誰」と異なる。

— Кто это?「これは何ですか」— Это соба́ка.「これは犬です」

3) учи́тель, преподава́тель はだいたい同義。ただし，преподава́тель は職業としての「教師」の意。

練習問題 12

1) 意味をいいなさい。
   (1) — Кто э́то? — Э́то Андре́й. — А Андре́й кто? — Он преподава́тель.
   (2) — Что э́то? — Э́то слова́рь.

   単語　(1) а ところで　(2) слова́рь 辞書

2) ロシア語で表わしなさい。
   (1) 「この人はどなたですか」「(この人は)ニーナ(Ни́на)です」「彼女は何をしている人ですか」「彼女は女子学生です」
   (2) 「これは何ですか」「これは机といすです」

   単語　(1) 彼女 она́　(2) と и

47

第2部　文法編

III　存在文

> A（場所を示す副詞）　B（名詞・代名詞）．
> 　　—AにBがいる／ある

《例文》

(1)　Здесь Алёша и Люба.　ここにアリョーシャとリューバがいます。

(2)　Здесь книга и журнал.　ここに本と雑誌があります。

(3)　Там Иван Иванович и Анна Ивановна.　あそこにイヴァーン・イヴァーナヴィチさんとアーンナ・イヴァーナヴナさんがいます。

(4)　Там стол и стул.　あそこに机といすがあります。

単語　(1) здесь ここに, и と, そして（英語の and にあたる）(3) там あそこに

《基本》

場所を示す語（副詞）と，存在するものを示す名詞を並べることにより「どこどこに何々がいる／ある」という意味を表わすことができる。

《説明》

1)　здесь は話し手の近く，там はそれ以外の場所をさす。

2)　「いる／ある」の区別はせず，ものに関しても生きものに関しても表現できる。

《注意》

1)　語順を変え，Алёша и Люба здесь.「アリョーシャとリューバはここにいます」Книга и журнал там.「本と雑誌はあそこにあります」ともいえる。

2)　быть は断定を表わす「だ」の意味と存在を表わす「いる／ある」の意味があるが，存在の意味でも現在形において省略され得る（ゼロで表わされる）。

第１課　文とイントネーション

《参考》

1) 普通，家庭内や友人の間では相手を名(и́мя)だけで呼ぶ。ロシアでは，古くから伝わるある程度限られた名から選んで命名されるのが普通なので，名の数はさほど多くない。名には必ず愛称がある。たとえば，Ива́н の愛称は Ва́ня，А́нна の愛称は А́ня である。

2) ロシア語で丁寧さを表わす基本は вы を用いること(☞p.59) とともに，名(и́мя)と父称(о́тчество)を使うことにある。

そのことは，профе́ссор Ивано́в「イヴァノーフ教授」とか до́ктор Андре́ев「アンドリェーイフ博士」などの称号を用いる以上に重要である。知らない場合は事前に聞いておくという配慮があってもよいくらいである。ただし，使用に当たっては年齢に要注意。あまり若い人，とくに女性に（地位を考慮せずに）用いるといやみになることがある。

3) 父称は，父親の名に，息子の場合 -ович, -евич, 娘の場合 -овна, -евна をつけてつくる（-й で終わる場合，-й をとって -евич, -евна)。

Ива́н + ович = Ива́нович　　Ива́н + овна = Ива́новна

Серге́й + евич = Серге́евич　　Серге́й + евна = Серге́евна

《発展》

1) Ива́н Ива́нович, А́нна Ива́новна は例文に記したカタカナ書きのように実際には聞こえない。[ɪvʲán ɪvántʃʲ][ánnə(ɪ)vánnə] 程度に聞こえる。一般の語とやや異なり，著しい短縮化の傾向を持つ。

2) 日本語で「先生」とか「部長」などの呼び掛けに当たるのは и́мя и о́тчество である。

3) ロシア人は姓(苗字)で普通呼び合わない。До́брое у́тро, господи́н Ивано́в.「おはようございます。イヴァノーフさん」などと聞こえたら，外国人との会話。Э́то госпожа́ Ивано́ва.「イヴァノーヴァさんです」などと紹介するのは外国人に対しての時。

練習問題 13

1) 意味をいいなさい。

第2部　文法編

(1) Здесь кни́га.

(2) Там журна́л.

(3) Здесь кни́га и журна́л.

(4) Здесь Влади́мир и Валенти́на. Влади́мир — студе́нт, а Валенти́на — аспира́нтка.

(5) Оте́ц до́ма.

(6) — Кто впереди́? — Впереди́ Ива́н и Ни́на.

(7) — Что э́то? — Э́то слова́рь. — А что ря́дом? — Э́то кни́га.

単語　(4) а が、では（и に近いが、軽い対比の意がある）、аспира́нтка 女子大学院生（аспира́нт 大学院生）　(5) до́ма 家に（いる／ある）　(6) впереди́ 前の方に（いる／ある）　(7) ря́дом ごく近くに、並んで（いる／ある）

2) ロシア語で表わしなさい。

(1) ここに犬がいます。

(2) ここに猫がいます。

(3) ここに犬と猫がいます。

(4) あそこに大学があります。

(5) あそこに学校があります。

(6) あそこに大学と公園があります。

(7) 母は家にいます。

単語　(4) 大学 университе́т　(5) 学校 шко́ла　(6) 公園 парк　(7) 母 мать

IV　疑問副詞 где?

> Где А? — А はどこにいる／あるか

第1課　文とイントネーション

《例文》

(1) — Где Иван Иванович?「イヴァーン・イヴァーナヴィチさんはどこにいますか」

— Он там.「あそこにいます」

(2) — Где Анна Ивановна?「アーンナ・イヴァーナヴナさんはどこにいますか」

— Она тоже там.「やはりあそこにいます」

単語　(1) где? どこにいる／あるか，он 彼　(2) она 彼女，тоже もまた，やはり

《説明》

где は存在の場所をたずねる。

《参考》

疑問代名詞・副詞が問うことに直接答える語は文末におくのが普通の語順である。

— Где стол?　— Стол здесь.　— Что это?　— Это стол.

練習問題 14

1) 意味をいいなさい。

(1) — Где Владимир? — Он там.

(2) — Где Валентина? — Она здесь.

(3) — Где книга?　— Книга рядом.

(4) — Где Москва и Ташкент? — Москва здесь, а Ташкент там.

2) ロシア語で表わしなさい。

(1)「イヴァーンはどこにいますか」「ここにいます」

(2)「アーンナはどこにいますか」「あそこにいます」

(3)「大学はどこにありますか」「ここにあります」

(4)「学校はどこにありますか」「あそこにあります」

51

第 2 部　文法編

V　疑問文と答え，否定文

> Да, э́то А.　　— はい，これは A だ
> Нет, э́то не А.　— いいえ，これは A ではない

《例文》
(1)　— Э́то кни́га?「これは本ですか」
　　 — Да, э́то кни́га.「はい，本です」
(2)　— Э́то кни́га?「これは本ですか」
　　 — Нет, э́то не кни́га, а журна́л.「いいえ，これは本ではなく，雑誌です」

《基本》
1)　イントネーションだけで平叙文を疑問文にすることができる。ただし，この場合，疑問の中心がおかれる語のアクセント母音を急上昇させる（☞ p.54）。

　　Э́то кни́га. これは本です。→ Э́то кни́га? これは本ですか。
　　Она́ студе́нтка. 彼女は女子学生です。→ Она́ студе́нтка? 彼女は女子学生ですか。

2)　肯定の答えは да「はい」，否定の答えは нет「いいえ」。
3)　否定されるべき語の前に не をおけば，否定文がつくられる。
　　Э́то стол. これは机です。→ Э́то не стол. これは机ではありません。
　　Э́то студе́нт. この人は学生です。→ Э́то не студе́нт. この人は学生ではありません。

練習問題 15

1)　イントネーションに注意しながら発音し，意味をいいなさい。

第1課　文とイントネーション

(1) — Э́то стул? — Да, э́то стул.
(2) — Э́то гита́ра? — Нет, э́то не гита́ра.
(3) — Э́то Ива́н? — Нет, э́то не Ива́н, а Влади́мир.
(4) — Он ру́сский? — Нет, он украи́нец.

単語　(2) гита́ра　ギター　(4) украи́нец　ウクライナ人

2) ロシア語で表わし，イントネーションに注意して発音しなさい。
(1) 「これは大学ですか」「はい，大学です」
(2) 「これは川ですか」「いいえ，川ではありません」
(3) 「彼は学生ですか」「いいえ，学生ではありません。サラリーマンです」
(4) 「作家のアクーニンさんは日本人ですか」「いいえ，ロシア人です」

単語　(2) 川 река́　(3) サラリーマン слу́жащий　(4) 作家 писа́тель, 日本人 япо́нец, япо́нка（女性），ロシア人 ру́сский, ру́сская（女性）

VI　イントネーション

《例文》

(1) Э́то кни́га. これは本です。

(2) Са́ша и Ма́ша там. サーシャとマーシャはあそこにいます。

(3) Кто э́то? この人はどなたですか。

(4) Где кни́га? どこに本がありますか？

(5) Э́то кни́га? これは本ですか？

53

第2部　文法編

(6)　Журна́л здесь? 雑誌はここですか？

《基本》
1)　平叙文では文末で下降する（例文(1)(2)）。
2)　疑問代名詞・疑問副詞に導かれる疑問文は同じく下降する。ただし，アクセント母音はやや強められる（例文(3)(4)）。
3)　疑問代名詞，疑問副詞に導かれない疑問文は疑問の中心がおかれる語のアクセント母音で急上昇する（例文(5)(6)）。このような急速な上昇はロシア語の特徴である。

《参考》
(1)(2)のような文末で下降するイントネーションを第1型（Ик-1），(3)(4)のような下降するが強さを持つイントネーションを第2型（Ик-2），(5)(6)のような急上昇するイントネーションを第3型（Ик-3）という。これ以外に尻上がりになる第4型（Ик-4）と台形になる第5型（Ик-5）がある。参考までにそれらの音調の動きのパターンをp.424にあげておく。

練習問題 16
　上掲のイントネーションの3つの型を考慮しながら，IからVまでの例文を声に出して読んでみよう。

第2課

名詞・代名詞

I 名詞の性

第13表　性の見分け方

	①	②	③
男性名詞	子音字	-й	-ь
女性名詞	-а	-я	-ь
中性名詞	-о	-е	-мя

《基本》
1) 名詞には男性名詞，女性名詞，中性名詞の3つの類分けがある。
2) 性の見分け方は第13表による。

《説明》
男性名詞：①子音字に終わるもの，②-йで終わるもの，③-ьで終わるものの一部。

女性名詞：①-аで終わるもの，②-яで終わるもの，③-ьで終わるものの一部。

中性名詞：①-оで終わるもの，②-еで終わるもの，③-мяで終わるもの。

《語例》
男性名詞：① студéнт 学生，стол 机，гóрод 都市，кошмáр 悪夢
② герóй 英雄，музéй 博物館，санатóрий 保養所
③ портфéль カバン，преподавáтель 教師，словáрь 辞書

55

第 2 部　文法編

女性名詞：① ко́мната 部屋, беда́ 災難, кни́га 本, студе́нтка 女子学生
② неде́ля 週, тётя おばさん, организа́ция 組織
③ дверь ドア, жизнь 生活, трость ステッキ

中性名詞：① ме́сто 場所, сло́во ことば, иску́сство [ɪskústvə] 芸術
② мо́ре 海, по́ле 野原, 畑, со́лнце [sóntsə] 太陽, собра́ние 集会
③ вре́мя 時間, и́мя 名, зна́мя 旗

《注意》

1) -ь で終わる場合, 男性か女性かは不明。知らない場合は辞書をひく。

2) -а, -я で終わっていても男の人を表わすものは男性名詞。
ю́ноша 青年, де́душка おじいさん, дя́дя おじさん, Алёша（Алексе́й の愛称）, Ва́ня（Ива́н の愛称）

《参考》

1) мете́ль「吹雪」など少数の例外を除き -тель で終わっていたら男性名詞（преподава́тель 教師, писа́тель 作家）, гость「客」を除き -ость なら女性名詞（но́вость ニュース, ю́ность 青春）。

2) -о, -е で終わっていても男性名詞であるものが少数ある。воронко́ 黒馬, подмасте́рье 弟子。

練習問題 17

次の名詞の性をいいなさい。

(1) исто́рия 歴史　(2) газе́та 新聞　(3) друг 友　(4) зда́ние 建物　(5) де́рево 木　(6) сестра́ 姉妹　(7) ле́то 夏　(8) весна́ 春　(9) зима́ 冬　(10) о́сень 秋　(11) дочь 娘　(12) англича́нин 英国人　(13) америка́нец アメリカ人　(14) америка́нка 女性のアメリカ人　(15) Ми́ша（Михаи́л の愛称）　(16) дверь ドア　(17) окно́ 窓　(18) трамва́й 市電　(19) карто́фель ジャガイモ　(20) дождь 雨　(21) слова́рь 辞書　(22) молоко́ 牛乳　(23) свида́ние デート　(24) земля́ 大地　(25) пла́тье ワンピース　(26) мать 母　(27) чепуха́ たわごと　(28) ерунда́ ばかげたこと　(29) положе́ние 状態　(30) се́мя 種

第 2 課　名詞・代名詞

II　単数と複数

第 14 表　名詞の単数と複数

	単数	複数	硬/軟	複数語尾
男性	студе́нт	студе́нты	硬	-ы
女性	ко́мната	ко́мнаты		
男性	музе́й	музе́и	軟	-и
	портфе́ль	портфе́ли		
女性	неде́ля	неде́ли		
	тетра́дь	тетра́ди		
中性	ме́сто	места́	硬	-а
	мо́ре	моря́	軟	-я

《基本》
名詞の単数と複数は語尾によって表現される（第14表）。
《説明》
普通の子音字および -а で終わるものは -ы，-й・-ь・-я で終わるものは -и，-о で終わるものは -а，-е で終わるものは -я。
《注意》
1）-г（а）・-к（а）・-х（а）；-ж（а）・-ч（а）・-ш（а）・-щ（а）に終わる男性名詞・女性名詞の複数は -и。

фило́лог 文学・語学研究者 → фило́логи, кни́га 本 → кни́ги, язы́к 言語 → языки́, студе́нтка 女子学生 → студе́нтки, врач 医者 → врачи́, зада́ча 課題 → зада́чи, каранда́ш 鉛筆 → карандаши́, кры́ша 屋根 → кры́ши, това́рищ 同僚 → това́рищи, тёща しゅうとめ → тёщи

2）アクセントが変わるものがある。
стол 机 → столы́, ме́сто 場所 → места́, по́ле 野原 → поля́, сестра́ 姉妹 → сёстры

3）第14表中，硬・軟は，硬母音字・軟母音字の意味と考えておいて

57

第２部　文法編

いただきたい（硬変化・軟変化についてはのちに学ぶ）。
《発展》
　ロシア語は英語同様，数にやかましいことばである。それに対し，日本語ではあまり数を気にしない。「ここに学生がいる」という文をロシア語に訳す場合，学生が１人なのか２人以上なのかがわからなければ訳せない。Здесь студéнт.「ここに（１人の）学生がいる」Здесь студéнты.「ここに学生たちがいる」。名詞の数には常に注意を払う必要がある。

練習問題 18

　次の名詞の複数形をつくりなさい。
　⑴ журнáл　⑵ сестрá 姉妹　⑶ слóво ことば　⑷ столи́ца 首都　⑸ автомоби́ль 車　⑹ тётя おばさん　⑺ университéт 総合大学　⑻ институ́т 単科大学　⑼ гитáра ギター　⑽ земля́ 大地　⑾ здáние 建物　⑿ пóле 野原　⒀ учени́к 生徒　⒁ оши́бка 誤り

III　人称代名詞

第 15 表　人称代名詞

	単　数		複　数	
一人称	я	私，僕	мы	私たち
二人称	ты	君，お前	вы	君たち，あなた方，あなた
三人称	он онá онó	彼（それ） 彼女（それ） それ	они́	彼ら，彼女ら（それら）

《基本》
第 15 表に従い人称代名詞をおぼえよう。
《例文》

第 2 課　名詞・代名詞

(1) Я студе́нт.　　　私は学生です。
(2) Я студе́нтка.　　私は女子学生です。
(3) Ты студе́нт.　　　君は学生です。
(4) Ты студе́нтка.　　君は女子学生です。
(5) Он студе́нт.　　　彼は学生です。
(6) Она́ студе́нтка.　　彼女は女子学生です。
(7) Мы студе́нты.　　私たちは学生です。
(8) Вы студе́нты.　　君たち（あなた方）は学生です。
(9) Они́ студе́нты.　　彼らは学生です。

《説明》

男であろうと女であろうと，「私」といおうと「俺」といおうと話し手を示す語は я，聞き手は ты。ただし，ты は親しい間柄でのみ用いられ，相手に対して丁寧さを表わしたい場合は 1 人のときでも вы を用いる。

— Вы студе́нт?「あなたは学生ですか」
— Да, я студе́нт.「はい，私は学生です」

《注意》

1) もちろん，例文(8)のように вы には ты の複数の意もある。よって вы には「君たち」「あなた方」「あなた」の意がある。

2) я は文頭以外は小文字で書く。

《参考》

ты は家庭内や学生間，恋人，友人など親しく遠慮のいらない間柄で用いられる。親しくなるとすぐ ты が用いられる傾向があるが，年齢のひらきを含め，はっきり目上である人に対しては用いてはならない。

《発展》

ты で呼び合う間柄 (на ты と略称) で使う語や言い回しは，вы を用いる間柄 (на вы) のそれとは異なることがある。例えば，Здра́вствуйте (, Ива́н Ива́нович). は на вы の挨拶で「今日は」。Приве́т (, Ива́н). Здоро́во. は на ты の挨拶 (Здоро́во は на ты でも男性間) で，「やあ」といった感じ。

59

第 2 部　文法編

練習問題 19

1)　意味をいいなさい。

(1)　— Ты студе́нт? — Нет, я не студе́нт, а преподава́тель.

(2)　— Он профе́ссор? — Да, он профе́ссор.

(3)　— Она́ ру́сская? — Нет, она́ грузи́нка.

(4)　— Вы инжене́р? — Нет, я врач.

(5)　— Когда́ ты до́ма? — У́тром и ве́чером я всегда́ до́ма.

単語　(3) грузи́нка グルジアの女性（グルジア人は грузи́н） (5) когда́? いつ，у́тром 朝方，ве́чером 夕方，всегда́ いつも

2)　ロシア語で表わしなさい。

(1)　私は小説家です。

(2)　「あなたはロシア人ですか」「いいえ，ロシア人ではありません。日本人です」

(3)　「君は学生ですか」「いいえ，学生ではありません。私は大学院生です」

(4)　彼は教師です。

(5)　彼女は女子学生です。

(6)　私たちは技師です。

(7)　君たちは大学院生です。

(8)　彼らは教師です。

単語　(3) 大学院生 аспира́нт，аспира́нтка（女性の）

Ⅳ　名詞のかわりに用いられる三人称代名詞

《例文》

(1)　— Где журна́л?「雑誌はどこですか」
　　　— Вот он.「ほら，ここにあります」

(2)　— Где дверь?「ドアはどこですか」
　　　— Вот она́.「ほら，ここにあります」

(3) — Где здáние?「建物はどこですか」
　　— Вот онó.「ほら，ここにあります」
(4) — Где гитáры?「ギター（複）はどこですか」
　　— Вот они́.「ほら，ここにあります」

《基本》

он はあらゆる男性名詞，онá はあらゆる女性名詞，онó はあらゆる中性名詞，они́ はあらゆる複数名詞を受ける（かわりに用いる）ことができる。

《説明》

繰り返しを避け，(1) の журнáл（男）は он で，(2) の дверь（女）は онá で，(3) の здáние（中）は онó で，(4) の гитáры（複）は они́ で受ける。

練習問題 20

例に従い，空欄に三人称代名詞を入れなさい。

例：：Где журнáл? Вот (он).

(1) Где музéй? Вот (　　　).
(2) Где стол? Вот (　　　).
(3) Где студéнт? Вот (　　　).
(4) Где дя́дя? Вот (　　　).
(5) Где кóмната? Вот (　　　).
(6) Где маши́на? Вот (　　　).
(7) Где тётя? Вот (　　　).
(8) Где дéрево? Вот (　　　).
(9) Где рáдио? Вот (　　　).
(10) Где знáмя? Вот (　　　).
(11) Где студéнты? Вот (　　　).
(12) Где портфéли? Вот (　　　).
(13) Где кни́ги? Вот (　　　).
(14) Где карандаши́? Вот (　　　).

単語 (6) маши́на 車　(9) рáдио ラジオ

第 3 課

形容詞・形容詞的代名詞

I 所有代名詞

第 16 表　所有代名詞と чей の性・数

人称代名詞	所有代名詞				意 味
	男性形	女性形	中性形	複数形	
я	мой	моя́	моё	мои́	私の
ты	твой	твоя́	твоё	твои́	君の
он・оно́	его́				彼の・それの
она́	её				彼女の・それの
мы	наш	на́ша	на́ше	на́ши	我々の
вы	ваш	ва́ша	ва́ше	ва́ши	君らの・あなた(方)の
они́	их				彼らの
кто?	чей?	чья?	чьё?	чьи?	誰の？

《例文》

(1) ― Чей э́то журна́л?「これは誰の雑誌ですか」
　　― Э́то мой журна́л.「私の雑誌です」

(2) ― Чья э́то кни́га?「これは誰の本ですか」
　　― Э́то моя́ кни́га.「私の本です」

(3) ― Чьё э́то ме́сто?「これは誰の席ですか」
　　― Э́то моё ме́сто.「私の席です」

(4) ― Чьи э́то журна́лы (кни́ги, места́)?「これは誰の雑誌（本，席）ですか」

第 3 課　形容詞・形容詞的代名詞

— Э́то мои́ журна́лы (кни́ги, места́).「私の雑誌（本，席）です」

《基本》

1) 3人称の所有代名詞（его́ [jivó]，её，их）は無変化だが，それ以外は修飾する名詞の性と数に応じてかたちを変える（第 16 表）。

2) 所有，所属に関する質問は чей?「誰の？」によって表わされる。同じく性，数によってかたちを変える（第 16 表）。

《説明》

(1)の чей, мой は журна́л（男）に，(2)の чья, моя́ は кни́га（女）に，(3)の чьё, моё は ме́сто（中）に，(4)の чьи, мои́ は журна́лы（複），кни́ги（複），места́（複）にかかるため，それぞれかたちを変える。

《注意》

1) 複数においては性の区別はない。

твой журна́л, твоя́ кни́га, твоё ме́сто → твои́ журна́лы, твои́ кни́ги, твои́ места́

наш журна́л, на́ша кни́га, на́ше ме́сто → на́ши журна́лы, на́ши кни́ги, на́ши места́

ваш журна́л, ва́ша кни́га, ва́ше ме́сто → ва́ши журна́лы, ва́ши кни́ги, ва́ши места́

2) ваш は вы に対応しており，「君たちの」「あなた方の」「あなたの」という意味があり得る。いずれであるかは文脈でさだめる。

3) его́ [jivó]，её，их はいかなる名詞に結びついてもかたちを変えない。

его́ журна́л, его́ кни́га, его́ ме́сто → его́ журна́лы, его́ кни́ги, его́ места́
её журна́л, её кни́га, её ме́сто → её журна́лы, её кни́ги, её места́
их журна́л, их кни́га, их ме́сто → их журна́лы, их кни́ги, их места́

《発展》

次の言い方をおぼえよう。

　Э́то моё де́ло. これは私のやることだ（私が好きにやる）。

　Э́то не моё де́ло. これは私のやることではない（関係ない）。

第 2 部　文法編

Это твоё дело. これはお前のやることだ（私の知ったことではない）。
Это не твоё дело. お前の知ったことではない（よけいなことだ）。

練習問題 21

1) 意味をいいなさい。
    (1) — Чей это дом? — Это ваш дом.
    (2) — Чья это ручка? — Это его ручка.
    (3) — Чьё это платье? — Это её платье.
    (4) — Чьи это гитары? — Это их гитары.
    (5) — Кто это? — Это Иван, мой друг. — А кто рядом? — Рядом его сестра Нина.
    (6) Это моя невеста Сакура.
    単語　(2) ручка ペン　(3) платье 服，ワンピース　(6) невеста (女の) 婚約者，花嫁

2) ロシア語で表わしなさい。
    (1) 「この女の子は君の妹ですか」「はい，私の妹です」
    (2) （これは）私の兄の哲夫です。こちらは私の(女の)友達の花子です。
    (3) 「イヴァーン・イヴァーナヴィチさん，あなたのカバンはどこにありますか」「あそこにあります」
    (4) 「ニーナ，君のハンドバッグはどこにあるの」「私のハンドバッグはここよ」
    (5) こちらは私の婚約者の正夫です。
    単語　(1) この эта，女の子 девочка　(2) 女の友達 подруга　(3) カバン портфель (男)　(4) ハンドバッグ сумка　(5) (男の) 婚約者 жених

第３課　形容詞・形容詞的代名詞

II　形容詞の性と数

第17表　形容詞の性・数

	アクセント	男性形	女性形	中性形	複数形
硬変化	A. アクセント語幹	но́вый	но́вая	но́вое	но́вые
	B. アクセント語尾	молодо́й	молода́я	молодо́е	молоды́е
軟変化	(アクセント語幹)	си́ний	си́няя	си́нее	си́ние

《例文》

(1) — Како́й э́то журна́л?「これはどんな雑誌ですか」
    — Э́то но́вый журна́л.「これは新しい雑誌です」

(2) — Кака́я сего́дня пого́да?「きょうはどんな天気ですか」
    — Сего́дня хоро́шая пого́да.「きょうはよい天気です」

(3) — Како́е э́то пла́тье?「これはどんなワンピースですか」
    — Э́то мо́дное пла́тье.「これは今はやりのワンピースです」

(4) — Каки́е здесь дома́?「ここにはどんな家がありますか」
    — Здесь но́вые дома́.「ここには新しい家があります」

単語　но́вый 新しい, молодо́й 若い, си́ний 青い　(1) како́й どんな　(2) сего́дня [s'ɪvód'n'ə] きょう, пого́да 天気, хоро́ший よい　(3) мо́дный 流行の　(4) дома́ 家々（дом「家」の複数形。☞ p.197）

《基本》

形容詞は修飾する名詞の性と数によってかたちを変える（第17表）。

《説明》

1)　語尾 -ый (-о́й), -ая, -ое, -ые をとるものを硬変化形容詞, -ий, -яя, -ее, -ие をとるものを軟変化形容詞という。

2)　硬変化形容詞には, A. アクセント語幹のものと, B. 語尾のものとがある。Aの男性形は -ый, Bのそれは -о́й。軟変化形容詞ではアクセントは必ず語幹にある。

65

第2部　文法編

3) -ый（-ой）, -ое, -ая, -ые, -ий, -ее, -яя, -ие のような語尾を長語尾と呼ぶ。

《注意》

1) 語幹が г・к・х, ж・ч・ш・щ で終わるものは硬変化と軟変化がまざる語尾をとる（A はアクセント語幹，B はアクセント語尾。B だと複数形のみ軟変化語尾となる）（第18表）。

2) このような変化を混合変化という。

第18表　形容詞の混合変化

語幹末子音	アクセント	男性形	女性形	中性形	複数形
г・к・х	A. アクセント語幹	япóнский 日本の	япóнская	япóнское	япóнские
	B. アクセント語尾	плохóй 悪い	плохáя	плохóе	плохи́е
ж・ч ш・щ	A. アクセント語幹	хорóший よい	хорóшая	хорóшее	хорóшие
	B. アクセント語尾	большóй 大きい	большáя	большóе	больши́е

《参考》

1) какóй?「どんな」は плохóй と同じ変化をする。

2) какóй? と同義のものとして что за? があるが，これは関係する名詞の性・数に関係なく用いることができる。

— Что э́то за дом?「これは何の建物ですか」（=Какóй э́то дом?)

— Э́то гостúница.「これはホテルです」

— Что э́то за кóмната?「これは何の部屋ですか」（=Какáя э́то кóмната?).

— Э́то аудитóрия.「これは教室です」

— Что э́то за кóмнаты?「これは何の部屋（複）ですか」（=Какúе э́то кóмнаты?).

— Э́то аудитóрии.「これは教室です」

Э́то は上掲のとおり，что と за の間におくのが基本。

3) какóй は感嘆文をつくるのにも用いられる。

第3課　形容詞・形容詞的代名詞

— Кака́я неожи́данность! 誰かと思ったら（しばらく会わなかった知人と出会った時のあいさつ）。

— Како́е сча́стье! 何と幸運なことでしょう。

《発展》

次の言い方をおぼえよう。

(1) Хоро́шая иде́я! それはよい考えだ。

(2) Кака́я ра́зница? どんな違いがあるのですか？同じですよ（違いなんてありませんよ。反語）。

(3) Како́й у́жас! ひどいな。

(4) Кака́я неприя́тность! いやだねえ。

(5) Кака́я встре́ча! 誰かと思ったら（Кака́я неожи́данность! と同じ）。

(6) Э́то друго́й вопро́с. それは別の話だ。

(7) Риск — благоро́дное де́ло. 危険をおかすことは尊いことである（「男は度胸」に近い表現）。

単語　(1) иде́я 考え，アイデア　(2) ра́зница 差　(3) у́жас 恐怖　(4) неприя́тность 不快　(5) встре́ча 出会い　(6) друго́й 他の，вопро́с 質問，問題　(7) риск 危険，リスク，благоро́дный 気高い，де́ло 事

練習問題 22

1) 意味をいいなさい。

(1) — Како́й э́то каранда́ш? — Э́то чёрный каранда́ш.

(2) — Кака́я э́то ру́чка? — Э́то кра́сная ру́чка.

(3) — Каранда́ш си́ний? — Нет, каранда́ш не си́ний. Каранда́ш кра́сный.

(4) — Како́й сего́дня день? — Сего́дня суббо́та.

(5) — Како́й э́то журна́л? — Э́то де́тский журна́л.

(6) — Како́е э́то пла́тье? — Э́то си́нее пла́тье.

(7) — Где мои́ зи́мние костю́мы? — Они́ там.

第 2 部　文法編

(8) — Он здесь лишний.

単語 (1) чёрный 黒い (2) красный 赤い (4) день 日（男）, суббота 土曜日 (5) детский [-tsk-] 子供（用）の (7) зимний 冬の, костюм スーツ, 衣服 (8) лишний 余計な, 邪魔な

2)　ロシア語で表わしなさい。

(1)「これはノートですか」「いいえ，ノートではありません。本です」「本（の色）は赤ですか」「いいえ，本は赤くありません。黒です」
(2)「これはどんな（何の）辞典ですか」「露和辞典です」
(3)「今日はどんな天気ですか」「今日は曇りです」
(4)「今日は何曜日ですか」「今日は日曜日です」
(5)「これはどんな建物ですか」「新しい建物です」
(6)「これはどんな服（костюмы）ですか」「夏服です」
(7) 豆腐はとても栄養のある食物です。
(8)「この教会はロシア正教の教会ですか」「いいえ，ロシア正教の教会ではありません。カトリックの教会です」
(9) 彼はひかえめな人です。

単語 (1) ノート тетрадь（女）(2) 露和辞典 русско-японский словарь (3) 曇りの пасмурный（どんより曇った）(4) 日曜日 воскресенье (6) 夏の летний (7) 豆腐 тофу, 栄養のある питательный, 食べ物 пища (8) 教会 церковь（女）, ロシア正教の православный, カトリックの католический (9) ひかえめな скромный, 人 человек

III　指示代名詞 этот・тот

第 19 表　指示代名詞 этот・тот の性・数

男性形	女性形	中性形	複数形
этот	эта	это	эти
тот	та	то	те

68

第3課　形容詞・形容詞的代名詞

《例文》
(1)　э́тот журна́л この雑誌 — тот журна́л あの雑誌
(2)　э́та кни́га この本 — та кни́га あの本
(3)　э́то ме́сто この場所 — то ме́сто あの場所
(4)　э́ти журна́лы これらの雑誌 — те журна́лы あれらの雑誌

《基本》
1)　э́тот は話し手に近いもの（近称），тот はそれに相対するものを示す（遠称）。
2)　両者とも関係する名詞の性・数によってかたちを変える（第19表）。

《説明》
日本語は「これ」（話し手の勢力範囲にある），「それ」（中間），「あれ」（話し手の勢力範囲を越える）の3区分だが，ロシア語は2区分である。

《参考》
весь「全体，あらゆる」でも性・数によってかたちを変える。весь（男性形），вся（女性形），всё（中性形），все（複数形）。
весь университе́т 大学全体，вся ко́мната 部屋全体，部屋じゅう，всё зда́ние 建物全体，все университе́ты　すべての大学。

練習問題23

1)　例にならい，э́тот と тот，хоро́ший と плохо́й を適当なかたちに変えてそれぞれの（　）内に入れ，できあがった文の意味をいいなさい。
例：—（Э́тот）стол（хоро́ший）и́ли（плохо́й）? — Он（хоро́ший）.
(1)　—（　）ко́мната（　　）и́ли（　　）? — Она́（　　）.
(2)　—（　）пла́тье（　　）и́ли（　　）? — Оно́（　　）.
(3)　—（　）слова́рь（　　）и́ли（　　）? — Он（　　）.
(4)　—（　）ко́мнаты（　　）и́ли（　　）? — Они́（　　）.

2)　意味をいいなさい。

第 2 部　文法編

(1) — Скажи́те, пожа́луйста, э́то францу́зские су́мки? — Да, францу́зские.

— А те су́мки то́же францу́зские? — Нет, япо́нские.

(2) — Ива́н, тот каранда́ш твой? — Нет, не мой. — А где твой каранда́ш?

— Мой каранда́ш здесь.

(3) Э́тот англича́нин — Том Ба́ртон, а э́та англича́нка — Ма́ги А́ткинс.

単語　(1) скажи́те 教えてください, пожа́луйста [paʒálɪstə] どうか, どうぞ, скажи́те, пожа́луйста 教えてください(丁寧にものをたずねるときの決まったいい方), францу́зский [-úsk'-] フランスの　(3) англича́нка イギリスの女性

IV　疑問代名詞 кото́рый?

第 20 表　кото́рый の性・数

男性形	女性形	中性形	複数形
кото́рый	кото́рая	кото́рое	кото́рые

《例文》

(1) **Кото́рый** журна́л: тот и́ли э́тот?
どちらの雑誌ですか。あちらのですか, こちらのですか。

(2) **Кото́рая** кни́га: та и́ли э́та?
どちらの本ですか。あちらのですか, こちらのですか。

(3) **Кото́рое** письмо́: то и́ли э́то?
どちらの手紙ですか。あちらのですか, こちらのですか。

(4) **Кото́рые** кни́ги: те и́ли э́ти?
どちらの本（複数）ですか。あちらのですか, こちらのですか。

第 3 課　形容詞・形容詞的代名詞

《基本》

который は「どの，どちらの」という疑問を表わす。

《説明》

который は形容詞硬変化（p.65）と同じ変化（第 20 表）。

練習問題 24

1) 意味をいいなさい。

(1) — Скажи́те, пожа́луйста, кото́рый портфе́ль но́вый: тот и́ли э́тот?
— Портфе́ль спра́ва но́вый.

(2) — Ива́н, кото́рая маши́на твоя́? — Та маши́на напро́тив моя́.

(3) — А́нна, кото́рое пла́тье но́вое: то и́ли э́то? — То пла́тье сле́ва но́вое.

(4) — Ни́на, кото́рые очки́ твои́: э́ти и́ли те? — Мои́ очки́ спра́ва. — А сле́ва чьи очки́? — Сле́ва твои́ очки́.

単語　(1) спра́ва 右にある　(2) сле́ва 左にある　(3) напро́тив 向こう側にある　(4) очки́ めがね（複数のみの名詞）

2) ロシア語で表わしなさい。

(1)「どちらの本が面白いのか教えてください。あれですか，それともこれですか」「左にある本が面白いですよ」

(2)「どちらの雑誌が面白いか教えてください。あれですか，それともこれですか」「右にある雑誌が面白いですよ」

(3)「どちらのハンドバッグがフランス製ですか。こちらのですか，それともそちらのですか」「右にあるハンドバッグがフランス製です」

(4)「どちらのワンピースが日本製ですか。こちらのですか，それともそちらのですか」「左にあるワンピースが日本製です」

単語　(1) интере́сный 面白い

第 4 課

形容詞の短語尾　名詞の格

I　形容詞の短語尾

第 21 表　形容詞の短語尾

男性形	女性形	中性形	複数形
ゼロ	-a	-o	-ы

《例文》

(1)　Э́тот дом краси́в. この家は美しい。

(2)　Э́та ко́мната краси́ва. この部屋は美しい。

(3)　Э́то зда́ние краси́во. この建物は美しい。

(4)　Э́ти ко́мнаты краси́вы. この部屋（複数）は美しい。

《基本》

1)　形容詞には長語尾以外に短語尾という語尾がある。

2)　短語尾は語幹（長語尾をとった部分）に第 21 表に示す語尾をつけてつくる。

《語例》

長語尾	短・男	短・女	短・中	短・複
но́вый	нов	нова́	но́во	но́вы
молодо́й	мо́лод	молода́	мо́лодо	мо́лоды

《注意》

1)　語幹が г・к・х，ж・ч・ш・щ で終わる場合，複数は и。

第4課　形容詞の短語尾　名詞の格

плохо́й — плох, плоха́, пло́хо, пло́хи

хоро́ший — хоро́ш, хороша́, хорошо́, хороши́

2) 語幹末に子音が2つ（以上）並ぶ場合，男性短語尾で最後の子音の前にоまたはeを入れることが多い（この種の母音を出没母音と呼ぶ）。

о：　по́лный いっぱいの — по́лон, полна́, полно́, полны́

　　　кре́пкий 強い — кре́пок, крепка́, кре́пко, кре́пки

е：　интере́сный 面白い — интере́сен, интере́сна, интере́сно, интере́сны

　　　удо́бный 便利な — удо́бен, удо́бна, удо́бно, удо́бны

　語幹末子音直前にьまたはйがある場合，еに変える。

го́рький にがい — го́рек, горька́, го́рько, го́рьки

споко́йный 穏やかな — споко́ен, споко́йна, споко́йно, споко́йны

《参考》
　短語尾形成にあたってのアクセントの移動には4つのタイプがある。

①語幹不動：интере́сный — интере́сен, интере́сна, интере́сно, интере́сны

②男性形を除き語尾に移動：хоро́ший — хоро́ш, хороша́, хорошо́, хороши́

③女性形のみ語尾に移動：плохо́й — плох, плоха́, пло́хо, пло́хи

④女性形，複数形で語尾に移動：просто́й 簡単な — прост, проста́, про́сто, просты́

II　形容詞長語尾と短語尾の用法

修飾的用法	Э́то краси́вый дом. これは美しい家だ。	— 長語尾のみ	1)
述語的用法	Э́тот дом краси́вый. この家は美しい。	— 長語尾	2)
	Э́тот дом краси́в. この家は美しい。	— 短語尾	3)

《例文》
1) 修飾的用法（長語尾のみ）

第 2 部　文法編

　　(1)　Э́то интере́сный расска́з. これは面白いお話しだ。

　　(2)　Э́то интере́сная но́вость. これは面白いニュースだ。

　　(3)　Э́то интере́сное сообще́ние. これは面白い知らせだ。

　　(4)　Э́то интере́сные расска́зы. これは面白いお話し（複数）だ。

2)　述語的用法（長語尾）

　　(1)　Э́тот расска́з интере́сный. このお話しは面白い。

　　(2)　Э́та но́вость интере́сная. このニュースは面白い。

　　(3)　Э́то сообще́ние интере́сное. この知らせは面白い。

　　(4)　Э́ти расска́зы интере́сные. このお話し（複数）は面白い。

3)　述語的用法（短語尾）

　　(1)　Э́тот расска́з интере́сен. このお話しは面白い。

　　(2)　Э́та но́вость интере́сна. このニュースは面白い。

　　(3)　Э́то сообще́ние интере́сно. この知らせは面白い。

　　(4)　Э́ти расска́зы интере́сны. このお話し（複数）は面白い。

《基本》

長語尾には修飾的用法と述語的用法がある。短語尾には述語的用法しかない。

《説明》

表中 2) と 3) の Э́тот дом は主語、2) の краси́вый も 3) の краси́в もともに述語。1) の краси́вый は дом を修飾する修飾語。主語は э́то（述語は краси́вый дом）。

《注意》

2) と 3) は同義（意味の差はない）と考えておこう。同義ならどちらを用いてもよいことになるが、微妙な意味や文体の差があるといわれる。

《参考》

1)　形容詞には、①性質形容詞と②関連形容詞の区別がある。①はものやことの性質を示す形容詞である。краси́вый, молодо́й, интере́сный など。②はものやことに関連することを示す形容詞である。осе́нний 秋の＜о́сень 秋, япо́нский 日本の＜Япо́ния 日本, вчера́шний 昨日の＜вчера́ 昨

第4課　形容詞の短語尾　名詞の格

日 など。

性質形容詞には長語尾，短語尾があるが，関連形容詞には長語尾しかない。

2) Наша река { (a) споко́йная. ここの川は穏やかな川だ。（長語尾）
                (b) споко́йна. ここの川は（今）穏やかだ。（短語尾）

長語尾は恒常的性質を，短語尾は一時的性質を表わす。また，長語尾は話しことば，短語尾は書きことばでよく用いられる（どちらを使ってよいか迷う場合，長語尾のほうがまず無難である）。

3) вы が単数の相手を指し，それが主語の時，述語が形容詞短語尾の場合は複数形となり，男・女を区別しないが，長語尾の場合は単数形となり，男・女を区別する。

　　　Вы винова́ты. あなたが悪い。

　　　Вы здесь ли́шний. あなたはここでは邪魔だ（男性）。

　　　Вы здесь ли́шняя.（女性）。

《発展》

次の言い方をおぼえよう。

　(1) — Как ва́ша ма́ма?「お母さんはお元気ですか」— Спаси́бо, она́ жива́ и здоро́ва.「ありがとう。元気です」

　(2) Ты о́чень любе́зен. よくしてくれてありがとう。Вы о́чень любе́зны. ご好意感謝します。

　(3) — Ты свобо́ден сего́дня?「今日あいている？」— Да, я свобо́ден.「あいている」

　(4) Бу́дьте здоро́вы. お体を大切にしてください（ご機嫌よう）。

　(5) Мир те́сен. 世間は狭い（ことわざ）。

　(6) Но́чью все ко́шки се́ры. 夜となればどんな猫も灰色（ことわざ）。

　単語　(1) живо́й 生きている，здоро́вый 健康である，жив и здоро́в（男性形）病気せず健康である　(2) любе́зный 親切な　(3) свобо́дный 自由な　(4) будь(те) あれ（быть の命令形。☞p.97。）

75

第2部　文法編

Будь здоро́в(а). Бу́дьте здоро́вы. は，くしゃみをした人に言うあいさつとしても使われる。それに対しては Спаси́бо. と答えればよい。　　(5) те́сный 狭い，мир 世界，世間　(6) но́чью 夜（副詞。☞p.107），ко́шка 猫，се́рый 灰色の（ことわざは「闇夜に烏，雪に鷺」に近い）

練習問題 25

1)　意味を言いなさい。

(1)　Э́тот журна́л интере́сен.
(2)　Э́ти журна́лы интере́сны.
(3)　Э́та кни́га интере́сна.
(4)　Э́то о́зеро краси́во.
(5)　Э́та оде́жда стара́.
(6)　Ива́н сейча́с за́нят.
(7)　А́нна сейча́с занята́.
(8)　Ива́н и А́нна сейча́с за́няты.
(9)　Я свобо́ден.
(10)　Я свобо́дна.
(11)　Ты свобо́ден.
(12)　Ты свобо́дна.
(13)　Они́ свобо́дны.
(14)　Он симпати́чен.
(15)　Она́ симпати́чна.
(16)　Они́ симпати́чны.
(17)　Ива́н бо́лен.
(18)　А́нна больна́.
(19)　Ива́н и А́нна больны́.
(20)　Мы уже́ знако́мы.
(21)　Она́ бере́менна.

単語　(4) о́зеро 湖　(5) оде́жда 服，ста́рый 老いた，古い　(6) за́нятый 忙しい，用がある　(9) свобо́дный 自由な，ひまである（ここでの短語尾の意味は「ひまである」。反義語 за́нят, занята́, за́нято, за́няты 忙しい）　(14) симпати́чный 感じがよい　(17) больно́й 病気の（短語尾は「病気だ」)　(20) знако́мый 知り合いの　(21) бере́менный 妊娠している，…を宿している

2)　Я согла́сен.「私は賛成です」といういい方をおぼえ，я のかわりに次の主語を入れ，意味をいいなさい（出没母音に注意。согла́сен, согла́сна, согла́сны）。

(1) Я（女性の話し手）　(2) Ты（男性）　(3) Ты（女性）　(4) Вы（1人の人でも必ず複数形を用いる）　(5) Мы　(6) Он　(7) Она́　(8) Они́

第4課　形容詞の短語尾　名詞の格

III　格

第22表　格

| 主　格 | 生　格 | 与　格 | 対　格 | 造　格 | 前置格 |

《基本》

1)　名詞は文の中での用いられ方によってかたちを変える。それを格変化という。

2)　6つの格がある（第22表）。

3)　ロシア語の格と日本語の格助詞は用法上似るところがある。

主格－「が」, 生格－「の」, 与格－「に」, 対格－「を」, 造格－「で, によって」。

《説明》

それぞれの格の用法はおいおい学ぶことにする。手始めに次項で前置格を解説する。

IV　前置格

第23表　名詞単数前置格

	単・主	単・前	単・前語尾
男性	стака́н	в стака́не	-е
	музе́й	в музе́е	
	портфе́ль	в портфе́ле	
中性	о́зеро	в о́зере	
	мо́ре	в мо́ре	
女性₁*	ко́мната	в ко́мнате	
	неде́ля	в неде́ле	
女性₂*	тетра́дь	в тетра́ди	-и

*女性₁とは, -а, -я で終わる名詞, 女性₂とは -ь で終わる女性名詞

第 2 部　文法編

《基本》

1)　前置格は特定の前置詞とともに用いられる格である。в「の中で」，на「の上で」はそのような前置詞の例。

2)　単数前置格は格語尾 -e をとる。ただし，-ь で終わる女性名詞では -и。

《説明》

子音字で終わる名詞では -e をつける。-й・-ь（男性名詞），-о・-е（中性名詞），-а・-я（女性名詞）で終わるものはそれらの文字をとって，-e をつける（第 23 表）。-ь で終わる女性名詞は -ь をとって -и をつける。

《例文》

(1)　В магази́не хоро́шее вино́. 店にはよいワインがある。

(2)　— Что сейча́с в университе́те?「今，大学では何をやっていますか」

　　　— В университе́те студе́нческий ве́чер.「大学では学生のパーティーをやっています」

(3)　— Кто сейча́с в музе́е?「今，博物館には誰がいますか」

　　　— Ива́н.「イヴァーンです」

(4)　В мо́ре ра́зные ры́бы. 海にはいろいろな魚（複数）がいる。

(5)　На вы́ставке замеча́тельные карти́ны. 展覧会にはすばらしい絵（複数）がある。

(6)　В гости́нице большо́й зал. そのホテルには大きなホールがある。

(7)　— Где А́нна? — Она́ в шко́ле.「アーンナはどこにいますか」「学校です」

(8)　На пло́щади большо́й и краси́вый фонта́н. 広場には大きな美しい噴水がある。

　単語　(1) магази́н 店　(2) студе́нческий 学生の　(4) ра́зный いろいろの　(5) вы́ставка 展覧会, замеча́тельный すばらしい　(6) гости́ница ホテル　(8) пло́щадь 広場, фонта́н 噴水

第4課　形容詞の短語尾　名詞の格

《注意》

原形が -ий, -ие, -ия で終わるものの語尾は -и となる。

санато́рий → в санато́рии　保養所で

собра́ние → на собра́нии　集会で

Япо́ния → в Япо́нии　日本で

《参考》

1)　前置格と結びつく в は「の中で」, на は「の上で」を表わす。

— Где письмо́？ 手紙はどこにありますか。

— Оно́ в столе́. 机（の引き出し）の中にあります。

— Оно́ на столе́. 机の上にあります。

ただし, 名詞によっては в を用いるのか, на を用いるのかきまっているものがあるので, 個々の名詞についておぼえていく必要がある。

в университе́те 大学で, на факульте́те 学部で, в шко́ле 学校で, на по́чте 郵便局で, в магази́не 店で, на заво́де 工場で, в Евро́пе ヨーロッパで, на се́вере 北で（в факульте́те, в по́чте などは誤り）。

2)　前置格と結びつくその他の前置詞。о「について」, при「に属する, の前で, の際に」

《発展》

次の言い方をおぼえよう。

　(1)　Как в ска́зке. すばらしい（うそみたい（な話し）だ）。

　(2)　Она́ в положе́нии.（Она́ бере́менна. の婉曲な言い方。☞p.76）。

　(3)　Он в восто́рге. 彼は大喜びだ。

　(4)　Она́ в отча́янии. 彼女はやけになっている。

　単語　(1) ска́зка おとぎ話　(2) положе́ние 状態, бере́менная 妊娠している　(3) восто́рг 歓喜　(4) отча́яние 絶望

練習問題 26

1)　Я сейча́с в Москве́. 「私は今モスクワにいます」という文をおぼえ, Москва́ のかわりに次の語を適当に変化させて入れ, 意味をいいなさい。

79

第 2 部　文法編

Росси́я ロシア，Япо́ния 日本，А́нглия イギリス，Аме́рика アメリカ，Кита́й 中国，Пари́ж パリ，Ло́ндон ロンドン，Рим ローマ，Сиби́рь シベリア（女性 2），универма́г デパート，санато́рий 保養所

2)　Он сейча́с на ле́кции.「彼は今講義にでています」という文をおぼえ，ле́кция のかわりに次の語を適当に変化させて入れ，意味をいいなさい。

факульте́т 学部，заво́д 工場，по́чта 郵便局，конце́рт コンサート，за́пад 西，самолёт 飛行機，у́лица 通り，собра́ние 集会，вы́ставка 展覧会，Украи́на ウクライナ

3)　ロシア語で表わしなさい。

(1)「辞書はどこにありますか」「それ（辞書）は机の上にあります」「じゃ，本も机の上ですか」「いいえ，それ（本）は机の上ではありません。それ（本）は机の中にあります」

(2)「ペンはどこにありますか」「それ（ペン）はポケットの中です」

単語　(2) ポケット карма́н

第5課

動詞の現在(1)

I 第1変化

第 24 表　第 1 変化

人称（単）	動詞のかたち	人称（複）	動詞のかたち
я	обе́даю	мы	обе́даем
ты	обе́даешь	вы	обе́даете
он・она́	обе́дает	они́	обе́дают

《例文》

(1) — Кто обе́дает в рестора́не?「誰がレストランで昼食を食べているのですか」

(2) — В рестора́не обе́дает Ива́н Ива́нович.「レストランで昼食を食べているのはイヴァーン・イヴァーナヴィチです」

(3) А́нна Ива́новна то́же обе́дает там.「アンナ・イヴァーナヴナもまたそこで昼食を食べています」

(4) Они́ всегда́ обе́дают вме́сте.「2人はいつも一緒に昼食を食べます」

(5) — А ты не обе́даешь в рестора́не?「君はレストランで昼食を食べないのですか」

(6) — Нет, я не обе́даю там. Лю́ба и я обе́даем до́ма.「いいえ，私はそこでは昼食を食べません。リューバと私は家で昼食を食べます」

単語　(1) обе́дать 昼食を食べる，рестора́н レストラン　(4) вме́сте 一緒に

81

第2部　文法編

《基本》
動詞の現在は，人称によってかたちを変える（第24表）。

《説明》
1)　共通部分 обеда- を現在語幹，異なる部分 -ю, -ешь, -ет, -ем, -ете, -ют を人称語尾という。各語形を現在変化形という。

2)　人称語尾が -ю, -ешь, -ет, -ем, -ете, -ют となる変化を第1変化と呼ぶ。

3)　第1変化に属する動詞は原形（辞書に見出し語としてのせるかたち。不定形のこと）末の -ть を除き，上記の語尾をつければ，それぞれのかたちが得られる。

《注意》
1)　丁寧さを表わす場合，1人の人に対しても вы が用いられるが，вы が用いられる限り語尾は当然 -ете（複数二人称）。

Вы всегда́ обе́даете в рестора́не? いつもレストランで昼食をお食べになるのですか。

2)　кто は主語となる時，単数三人称男性として扱われる（例文(1)）。

3)　обе́дать の変化を第24表に従って何度もとなえ，口をついて出てくるようにおぼえること。それを怠るとロシア語のマスターに時間がかかることになる。以下同様なので今後繰り返さないが，変化表は必ず暗記するよう努めよう。

《参考》
1)　辞典で変化形が書かれていなかったら，第1変化をする。

2)　アクセントは原形に一致し，移動しない。

《発展》
次の言い方をおぼえよう。

　(1)　Я уважа́ю ва́ше мне́ние. ご意見は尊重いたします。

　(2)　Я возража́ю. 反対です。

　(3)　Я не возража́ю. 反対しません。

　(4)　Бог зна́ет. わからないよ（神のみぞ知る）。

　(5)　Быва́ет. よくあることです。

第 5 課　動詞の現在 (1)

単語　(1) уважáть 尊敬する，мнéние 意見　(2) возражáть 反対する　(4) знать 知っている　(5) бывáть 起こる，時々ある

練習問題 27

1) 次の動詞の現在変化をいいなさい。

(1) гуля́ть 散歩する　(2) рабо́тать 働く　(3) отдыха́ть 休息する　(4) за́втракать 朝食をとる　(5) де́лать する　(6) у́жинать 夕食をとる　(7) отвеча́ть 答える　(8) чита́ть 読む　(9) изуча́ть 研究する

2) 意味をいいなさい。

(1) — Где твой отéц? — Он сейчáс дóма. — А где твоя́ мать? — Онá тóже дóма. — Что они́ дéлают? — Они́ слу́шают рáдио.

(2) Кáждый год мои́ роди́тели отдыхáют на ю́ге.

(3) — Вы игрáете на скри́пке? — Да, я игрáю на скри́пке.

(4) — Ты зáвтракаешь в буфéте? — Да, я зáвтракаю в буфéте.

(5) — А́нна, где ты рабóтаешь сейчáс? — Я рабóтаю в универмáге.

(6) — Вы не знáете, где здесь ресторáн? — Ресторáн недалекó. Вон там.

(7) — Вы изучáете япóнский язы́к? — Да, я изучáю япóнский язы́к.

単語　(1) сейчáс 今，слу́шать 聴く　(2) кáждый それぞれ，год 年，кáждый год 毎年，роди́тели 両親，юг 南，南部地方　(3) игрáть на A (前置格）(A を）演奏する，弾く，скри́пка バイオリン　(4) буфéт ビュッフェ，軽食堂　(6) знать 知る，недалекó 遠くないところに（ある），вон ほらあそこに（здесь「ここ」と там「あそこ」が対応するように，вот「ほらここに」と вон は対応する）　(7) язы́к 言語

3) ロシア語で表わしなさい。

(1) 私は会社に勤めています。

(2) 私の父は銀行に勤めています。

(3) 私の妻は勤めていません。彼女は主婦です。

83

第 2 部　文法編

(4) 多くの学生はアルバイトをやっています。

単語　(1) 会社 фи́рма, компа́ния, предприя́тие　(2) 銀行 банк　(3) 主婦 дома́шняя хозя́йка, домохозя́йка　(4) 多くの学生 мно́гие студе́нты，アルバイトをする подраба́тывать

II　第 2 変化

第 25 表　第 2 変化

人称（単）	動詞のかたち	人称（複）	動詞のかたち
я	говорю́	мы	говори́м
ты	говори́шь	вы	говори́те
он*	говори́т	они́	говоря́т

*он・она́・оно́ に対する変化形は同じ。代表として он のみ記す。以下同様。

《例文》

(1) — Ты говори́шь по-ру́сски?「君はロシア語を話せる？」

(2) — Да, я говорю́ по-ру́сски.「うん，話せる」

(3) — Твой оте́ц то́же говори́т по-ру́сски?「お父さんもロシア語話せるの？」

(4) — Да, он говори́т по-ру́сски.「うん，話せるよ」

(5) — До́ма вы ча́сто говори́те по-ру́сски?「家でしょっちゅうロシア語で話しているの？」

(6) — Да, мы ча́сто говори́м по-ру́сски.「うん，しょっちゅうロシア語で話しているよ」

(7) — Сачико и Кэн хорошо́ говоря́т по-ру́сски?「サチコとケンはロシア語が上手かい？」

(8) — Да, непло́хо.「うん，なかなかなものだよ」

単語　(5) ча́сто しばしば　(7) хорошо́ 上手に　(8) непло́хо 悪くなく

《基本》

現在変化には第 1 変化と第 2 変化がある。ここでは第 2 変化を学ぶ（第

84

25表)。

《説明》

1) 現在語幹は говор-，語尾は -ю, -ишь, -ит, -им, -ите, -ят。

2) 第2変化に属する動詞は原形末の母音+-ть を除き，上記の語尾をつければ，それぞれのかたちが得られる。

《注意》

1) 現在語幹末に ж, ч, ш, щ がある場合，я（単・一）に対する語尾は -у，они（複・三）に対する語尾は -ат。

лежа́ть　横たわる → лежу́, лежи́шь, лежи́т, лежи́м, лежи́те, лежа́т

слы́шать　聞こえる → слы́шу, слы́шишь, слы́шит, слы́шим, слы́шите, слы́шат

зна́чить　意味する → зна́чу, зна́чишь, зна́чит, зна́чим, зна́чите, зна́чат

《参考》

1) 辞典で，たとえば，говори́ть には -рю, -ришь, と記してある。このような表記のある動詞は第2変化である。ここでは必要な場合（II）と表記する。例：слы́шать (II)。

2) アクセントには2つの場合がある。

(1) 原形と一致し移動がない。

говори́ть, стоя́ть 立っている → стою́, стои́шь, стои́т, стои́м, стои́те, стоя́т

(2) я（単・一）のみ原形と一致，他は1つ前の母音に移る。

смотре́ть 見る → смотрю́, смо́тришь, смо́трит, смо́трим, смо́трите, смо́трят

3) 第1変化と第2変化の語尾（第26表）。

第 26 表　第 1 変化と第 2 変化の語尾

	я	ты	он	мы	вы	они
第1変化	-ю	-ешь	-ет	-ем	-ете	-ют
第2変化	-ю	-ишь	-ит	-им	-ите	-ят

第2部　文法編

《発展》

1)　по-ру́сски, по-япо́нски は「ロシア語で」，「日本語で」という意味を表わす副詞。日本語では「ロシア語を話す」「日本語を話す」というが，ロシア語ではこのような意味を говори́ть по-ру́сски, говори́ть по-япо́нски と表現する。

говори́ть по-англи́йски 英語を話す。

говори́ть по-францу́зски フランス語を話す。

говори́ть по-неме́цки ドイツ語を話す。

чита́ть「読む」，понима́ть「わかる」，писа́ть「書く」もこのような副詞と結びついて用いられる。

Я чита́ю по-ру́сски. ロシア語が読める。

Ты понима́ешь по-япо́нски? 日本語がわかる？

次の言い方もおぼえておこう。

Как э́то по-ру́сски? ロシア語で何といいますか。

2)　знать「知っている」，изуча́ть「研究する」などは ру́сский язы́к, япо́нский язы́к と結びつく。

Я зна́ю ру́сский язы́к. 私はロシア語を知っている。

Брат изуча́ет япо́нский язы́к. 弟（ないし兄）は日本語を勉強している。

練習問題 28

1)　次の動詞の現在変化を書きなさい。

　(1) кури́ть (II) たばこをすう（アクセント移動）(2) стро́ить (II) 建てる　(3) ве́рить (II) 信じる　(4) учи́ть (II) 教える（アクセント移動）(5) молча́ть (II) 黙っている　(6) спеши́ть (II) 急ぐ　(7) держа́ть (II) 持つ（アクセント移動）

2)　意味を言いなさい。

　　(1)　— Как пожива́ете? — Спаси́бо, хорошо́. А вы? — И я то́же непло́хо.
　　　　— Пожа́луйста, вот сигаре́ты. Я зна́ю, вы ку́рите. — Да, немно́го курю́, спаси́бо.

第 5 課　動詞の現在 (1)

(2) — Ты понима́ешь по-япо́нски?　— Да, я изуча́ю япо́нский язы́к. А ты говори́шь по-ру́сски?　— Нет, я не говорю́ по-ру́сски. Но моя́ сестра́ Ханако изуча́ет ру́сский язы́к. Она́ хорошо́ понима́ет и говори́т по-ру́сски.

単語　(1) пожива́ть 暮らす, Как вы поживаете? ごきげんいかがですか, сигаре́та たばこ, немно́го 少し, спаси́бо ありがとう, А вы? じゃ、あなたは？（アクセントは尻上りになる。☞ p.424, 第 4 型）

第6課

動詞の現在(2)

I -овать 変化

第27表　-овать 変化

я	рису́ю	мы	рису́ем
ты	рису́ешь	вы	рису́ете
он	рису́ет	они́	рису́ют

《例文》

(1) — Ива́н Ива́нович, что вы рису́ете? — Я рису́ю парк.「イヴァーン・イヴァーナヴィチさん，何を絵にかいているのですか」「公園をかいているのです」

(2) Ча́сто она́ рису́ет в воображе́нии свой дом и родны́е места́. 彼女はしょっちゅう自分の家や故郷の地を心に思い浮かべる。

(3) Мы сейча́с путеше́ствуем по Кюсю. 私たちは今九州を旅行中です。

単語 (1) рисова́ть 絵にかく，描く，парк 公園，Ива́н Ива́нович (☞p.49) (2) воображе́ние 想像，рисова́ть в воображе́нии 思い描く，思い浮かべる，свой 自分の，родно́й 自分の生まれた，места́ (ме́сто「場所」の複数) (3) путеше́ствовать 旅行する，по に沿って（по は与格と結びつく，Кюсю は不変化）

《基本》

原形が -овать で終わる動詞は，-овать をとり，-у を付し，その後ろに第1変化語尾をつける（第27表）。

第6課　動詞の現在(2)

《説明》

語尾は第1変化だが，特殊性があるので第1特殊変化の1つに数えられる。

《語例》

организова́ть 組織する，волнова́ть 心配させる，плани́ровать 計画する，чу́вствовать [tʃ'ústv-] 感じる

《参考》

1) танцева́ть「ダンスをする」のような -евать で終わる動詞も同じ変化をする。танцу́ю, танцу́ешь, танцу́ет, танцу́ем, танцу́ете, танцу́ют

2) дава́ть「与える」の変化もやや似ているのでここでおぼえておこう。даю́, даёшь, даёт, даём, даёте, даю́т。встава́ть「起きる」, узнава́ть「知る」，など，-ставать, -знавать によってつくられる動詞も同じ変化をする。узнаю́, узнаёшь, узнаёт, узнаём, узнаёте, узнаю́т

дава́ть に接頭辞がついて派生される動詞もこのような変化をする。продава́ть「売る」— продаю́, продаёшь (これらを -авать 動詞と仮に呼ぶ。アクセントは語尾にあり，-ёшь, -ёт, -ём, -ёте などёに注意)

練習問題 29

1) 意味をいいなさい。

(1) Её брат хорошо́ рису́ет.

(2) — Как вы себя́ чу́вствуете? — Я чу́вствую себя́ хорошо́.

(3) А́ня танцу́ет вальс.

(4) Студе́нты танцу́ют ве́село.

単語 (2) чу́вствовать себя́ хорошо́ 気分がいい　(3) вальс ワルツ　(4) ве́село (< весёлый) 楽しそうに

2) 次の動詞の変化を書きなさい。

(1) чу́вствовать　(2) конкури́ровать 競争する　(3) путеше́ствовать 旅行する　(4) ночева́ть 泊まる

II　第1変化の歯音変化

第28表　писа́ть「書く」の変化

я	пишу́	мы	пи́шем
ты	пи́шешь	вы	пи́шете
он	пи́шет	они́	пи́шут

《例文》

(1) — Что ты пи́шешь, Ива́н?「何を書いているの，イヴァーン」
　　— Я пишу́ письмо́.「僕は手紙を書いている」

(2) О́льга чита́ет, а И́горь пи́шет. オーリガは読み，イーガリは書いている。

(3) Ка́ждый день мы чита́ем, говори́м, и пи́шем по-ру́сски. 毎日私たちはロシア語を読み，話し，書いている。

単語　(1) письмо́ 手紙

《基本》

原形の -ть の前の母音をとって変化する第1変化の動詞があるが，母音をとったあとに歯音 с, з, т, д, ст がある場合，第29表のような子音に変え，第1変化語尾をつける。ただし，単数一人称 (я) は -у，複数三人称 (они́) は -ут。

第29表　歯音の交替

с	з	д	т	ст
ш	ж	ч	ч	щ

《説明》

-овать 変化と同じく第1変化の中の特殊変化。

《語例》

с → ш　　писа́ть　書く（第28表）
з → ж　　ма́зать 塗る — ма́жу, ма́жешь, ма́жет, ма́жем, ма́жете, ма́жут

д → ж	глода́ть かじる — гложу́, гло́жешь, гло́жет, гло́жем, гло́жете, гло́жут
т → ч	пря́тать 隠す — пря́чу, пря́чешь, пря́чет, пря́чем, пря́чете, пря́чут
т → щ	клевета́ть 中傷する — клевещу́, клеве́щешь, клеве́щет, клеве́щем, клеве́щете, клеве́щут
ст → щ	свиста́ть 口笛を吹く — свищу́, сви́щешь, сви́щет, сви́щем, сви́щете, сви́щут

《参考》

法則的なおぼえ方が苦手な人は，頻度の高い писа́ть の変化を記憶し，これに類する変化をする動詞があることを認識しておけばよい。

練習問題 30

1) 意味をいいなさい。

　(1) Он ре́жет хлеб.

　(2) Я ча́сто пря́чу ключ в я́щике.

　(3) А́нна вя́жет сви́тер.

　単語 　(1) ре́зать 切る，хлеб パン　(2) ключ 鍵，я́щик 箱

　　　　　(3) вяза́ть 編む，сви́тер セーター

2) 次の動詞の変化をいいなさい。　(1) писа́ть　(2) ма́зать　(3) вяза́ть

III　第 1 変化の唇音変化

第 30 表　колеба́ть「ゆらす」の変化

я	колéблю	мы	колéблем
ты	колéблешь	вы	колéблете
он	колéблет	они́	колéблют

第2部　文法編

《例文》

(1) Я сы́плю соль в суп. 私はスープに塩をふりかける。

(2) Ты дре́млешь над кни́гой. 君は本を読んでいるうちにうとうとしている。

(3) Ве́тер коле́блет сосно́вые ве́тки. 風は松の小枝をゆらゆらゆする。

単語　(1) сы́пать 振りまく，соль 塩，суп スープ，в+суп（対格）スープの中へ（詳しくは☞p.138）(2) дрема́ть まどろむ，над А（造格）Аの上で（☞p.145）(3) ве́тер 風，колеба́ть ゆらす，ゆする，сосно́вый 松の（＜сосна́ 松），ве́тка 小枝

《基本》

原形の -ть の前の母音をとって変化する第1変化の動詞があるが，母音をとったあとに唇音（б, п, м）がある場合，л を加え，その後ろに第1変化語尾をつける（第30表）。

《説明》

第2変化にも対応するものがある（☞p.94）のでこのような変化の存在をまず第1変化の中で確認しておこう。

《語例》

сы́пать 振りまく → сы́плю, сы́плешь, сы́плет, сы́плем, сы́плете, сы́плют

дрема́ть まどろむ → дремлю́, дре́млешь, дре́млет, дре́млем, дре́млете, дре́млют

IV　第2変化の歯音変化

第31表　носи́ть「運ぶ」の変化

я	ношу́	мы	но́сим
ты	но́сишь	вы	но́сите
он	но́сит	они́	но́сят

第 6 課　動詞の現在(2)

《例文》

(1)　Я ношу́ портфе́ль в руке́. 私は手にカバンを持っている。

(2)　— Ты шу́тишь? — Нет, я не шучу́. Я говорю́ серьёзно.「じょうだんでしょ?」「いいや，じょうだんではない。真面目に言っているんだよ」

(3)　— Что вы че́ртите? — Я черчу́ план до́ма.「何の図を描いているのですか」「私は家の（見取）図を描いているところです」

単語　(1) носи́ть 持ち運ぶ，着用している，рука́ 手　(2) шути́ть じょうだんを言う，серьёзно（＜ серьёзный）真面目に　(3) черти́ть 図を描く，план 計画，設計図，до́ма 家の

《基本》

第２変化をする動詞のうち，現在語幹が歯音 (с, з, т, д, ст) に終わるものは単・一に限り，第 29 表に表示する子音に変え，語尾 -у をつける。

《説明》

単・一以外は普通の第２変化と変わらない。

《語例》

с → ш　　носи́ть（手で）運ぶ，持つ（第 31 表）

з → ж　　вози́ть（車などで）運ぶ — вожу́, во́зишь, во́зит, во́зим, во́зите, во́зят

д → ж　　ходи́ть 歩く，歩きまわる — хожу́, хо́дишь, хо́дит, хо́дим, хо́дите, хо́дят

　　　　　сиде́ть すわる — сижу́, сиди́шь, сиди́т, сиди́м, сиди́те, сидя́т

т → ч　　лете́ть 飛んで行く — лечу́, лети́шь, лети́т, лети́м, лети́те, летя́т

т → щ　　возврати́ть 返す — возвращу́, возврати́шь, возврати́т, возврати́м, возврати́те, возвратя́т

ст → щ　　чи́стить きれいにする — чи́щу, чи́стишь, чи́стит, чи́стим, чи́стите, чи́стят

《参考》

動詞変化は基本的に単・一と単・二のかたちを知ればいかなる変化に属するかがわかる。よってそれ以外は辞書などの記述で省略される。

第 2 部　文法編

《発展》

次の言い方をおぼえよう。

Она́ сиди́т на дие́те. 彼女はダイエットをしている。

> **単語**　дие́та [d'ιétə] ダイエット，сиде́ть на дие́те ダイエットをする

練習問題 31

1) 意味をいいなさい。

   (1) — Что сего́дня де́лают студе́нты? — Они́ сего́дня перево́дят. — Как перево́дит А́ня? — Она́ перево́дит ме́дленно. — Она́ перево́дит пра́вильно? — Да, пра́вильно. — Ты то́же перево́дишь? — Нет, я не перевожу́. Я внима́тельно слу́шаю.

   (2) Я шучу́, коне́чно.

   > **単語**　(1) переводи́ть 翻訳する，通訳する，訳す，ме́дленно（< ме́дленный）ゆっくり，пра́вильно（< пра́вильный）正しく，внима́тельно（< внима́тельный）注意深く　(2) коне́чно [kan'éʃnə] もちろん

2) 次の動詞の変化をいいなさい。

   (1) проси́ть 頼む　(2) води́ть 連れて行く　(3) ходи́ть 歩きまわる

V　第 2 変化の唇音変化

第 32 表　люби́ть「愛する」の変化

я	люблю́	мы	лю́бим
ты	лю́бишь	вы	лю́бите
он	лю́бит	они́	лю́бят

《例文》

— Вы лю́бите спорт? — Да, я люблю́ спорт. 「スポーツがお好きですか」「はい，スポーツが好きです」

第 6 課　動詞の現在(2)

単語　люби́ть 愛する, спорт スポーツ

《基本》

第2変化をする動詞のうち，現在語幹が唇音（п, б, ф, в, м）に終わるものは単・一に限りлを付し，語尾 -ю をつける。

《説明》

単・一以外は普通の第2変化と変わらない。

《語例》

купи́ть	買う	— куплю́, ку́пишь,...
гото́вить	用意する, 料理する	— гото́влю, гото́вишь,...
корми́ть	食べさせる	— кормлю́, ко́рмишь,...
спать	眠る	— сплю, спишь,...

練習問題 32

1)　意味をいいなさい。

 (1) Он спит на дива́не в ко́мнате.
 (2) Це́лый ме́сяц мы живём в пала́тке, обе́д гото́вим на костре́.

　単語　(1) дива́н 長椅子　(2) це́лый 完全な, ме́сяц 1カ月, це́лый ме́сяц まる1カ月, жить 生活する（現在変化は живу́, живёшь, живёт, живём, живёте, живу́т という特殊なもの。このままおぼえる), пала́тка テント, обе́д 昼食, костёр たきび（на костре́ はその前置格。ё が落ちることについては後に学ぶ。☞ p.110)

2)　次の動詞の変化をいいなさい。

 (1) терпе́ть 耐える　(2) спать 眠る　(3) гото́вить 準備する　(4) лови́ть つかまえる

VI　現在変化—まとめ

```
          ┌ 規範変化    читáть
          │            ┌ -овать 変化  рисовáть
第１変化 ┤            │ 歯音変化     писáть
          └ 特殊変化 ┤ 唇音変化     колебáть
                       │ ⋮
                       └

          ┌ 規範変化    говорúть
          │            ┌ 歯音変化     носúть
第２変化 ┤            │ 唇音変化     любúть
          └ 特殊変化 ┤ ⋮
                       └
```

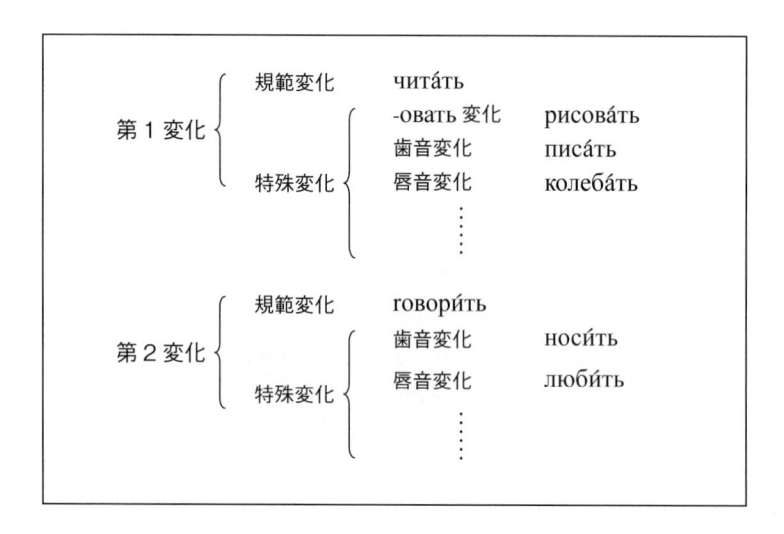

《説明》

　現在変化は第１変化と第２変化しかない。この変化をおさえておけば大部分の動詞を変化させることができる。しかし，基本的には第１・第２変化に属すのだが，変化形の一部で規範的なものと異なるものがある。これを特殊変化という。

《注意》

1) 規範，特殊以外に不規則変化がある。
2) 不規則変化は個々の動詞それぞれについておぼえていくほかない。今後，それぞれの項目や 単語 の所でそのつど不規則変化動詞の変化を記していくことにする。
3) 不規則変化動詞には使用頻度の高いものが多い。

《参考》

　動詞の現在は①目前で進行する動作，②反復・習慣的動作，③能力，④一般的真理・性質を表わす。詳しくは第12課で学ぶ。

第 6 課　動詞の現在 (2)

VII 命令形

第 33 表　命令形のつくり方

		現在語幹末	アクセント	命令形	例
(1)		母音		現在語幹 + й (те)	чита́ · ешь — чита́й(те)
(2)	(a)	子音	語尾	現在語幹 + и (те)	говор · и́шь — говори́(те)
	(b)		語幹	現在語幹 + ь (те)	ве́р · ишь — ве́рь(те)

《例文》

(1) **Чита́йте**, пожа́луйста, да́льше. 続けて読んでください。

(2) (a) Ва́ня! **Говори́**, пожа́луйста, не так бы́стро. ヴァーニャ（イヴァーンの愛称）そんなに早くしゃべるなよ。

(b) **Забу́дьте** об э́том. Э́то был дурно́й сон. そのことは忘れなさい（忘れたほうがいいですよ）。悪い夢だったのです。

単語　(1) да́льше 先へ進んで　(2) так そのように（не так は not so）, бы́стро （< бы́стрый）早く, забы́ть (забу́ду, забу́дешь) 忘れる, об э́том それについて（前置詞 о「について」は э́тот の前で об となる。э́том は э́то の前置格, 詳しくは後に学ぶ。☞p.302), дурно́й 悪い, сон 夢

《基本》

1) 命令形は，現在語幹が母音で終わっていたら，-й を付してつくる。

2) 子音で終わっていたら，(a) 現在単数一人称でアクセントが語尾のものは -и を付し，(b) 語幹にあるものは -ь を付してつくる。

3) 以上は ты に対する命令形である。

4) вы に対する命令形はその後ろに -те をつける。

ты に対する命令形：чита́й, говори́, верь
вы に対する命令形：чита́йте, говори́те, ве́рьте

第2部　文法編

《説明》

現在語幹とは現在変化の単数二人称から語尾 -ешь, -ишь を取ったかたちと考えればよい。

《語例》

		原形（不定形）	現在変化 単数一人称	現在変化 単数二人称	命令形	意味
(1)		рабо́тать	рабо́таю	рабо́таешь	рабо́тай(те)	働け
		рисова́ть	рису́ю	рису́ешь	рису́й(те)	描け
(2)	(a)	смотре́ть	смотрю́	смо́тришь	смотри́(те)	見ろ
		писа́ть	пишу́	пи́шешь	пиши́(те)	書け
	(b)	гото́вить	гото́влю	гото́вишь	гото́вь(те)	用意しろ
		ре́зать	ре́жу	ре́жешь	ре́жь(те)	切れ

《類例》

(1) Чита́йте, пожа́луйста, ме́дленно. ゆっくり読んでください。

(2) Пиши́те, пожа́луйста, письмо́. 手紙を書いてください。

(3) Покажи́те, пожа́луйста, ваш па́спорт. パスポートを見せてください。

単語　3) показа́ть（покажу́, пока́жешь）見せる，па́спорт パスポート

《注意》

1) 命令形のアクセントは単数一人称と同じ位置。ただし，стоя́ть (стою́, стои́шь) などでは сто́й(те)。

2) 語幹が子音で終わっていても，語幹末で子音が重なる場合，アクセントが語幹にあっても，(-ь ではなく) -и を付す。例えば，по́мнить (по́мню, по́мнишь)「おぼえている」の命令形は по́мни(те)。

3) 不規則な命令形がある。

дава́ть「与える」は даю́, даёшь, ... даю́т と変化するが，命令形は дава́й(те)。

98

-знавáть, -ставáть も同様。узнавáй(те)「調べてください」, вставáй(те)「起きなさい」。

дать「与える」は дам, дашь, даст, дадúм, дадúте, дадýт と変化するが，命令形は дáй(те)。

不規則な命令形があるものに関しては今後 **単語** のところで注記する。

《参考》

1) 日本語では純粋の命令形は日常生活ではあまり使われないが，ロシア語の命令形は日常的によく用いられる。時と場面にもよるが，пожáлуйста をつけて用いると言葉遣いに品位がでる。

2) здрáвствуй [zdrástvuj]「やあ，元気」(ты の間柄), здрáвствуйте「今日は」(вы の間柄) は здрáвствовать [zdrástvəvət']「健康である」という動詞の命令形を起源とするあいさつ。同一人物に同一日内に出会ったら，Ещё раз здрáвствуй(те) と言えばよい。

練習問題 33

1) 次の動詞から ты および вы に対する命令形をつくりなさい。
  (1) стоя́ть 立っている (2) идти́ (идý, идёшь) 行く (3) курúть たばこをすう (4) слýшать 聴く (5) нестú 手で持って行く (6) сесть (ся́ду, ся́дешь) すわる

2) 意味をいいなさい。
 (1) Идúте вперёд.
 (2) Повéсьте пальтó.
 (3) Не курúте так мнóго!
 (4) Не говорúте грóмко! Все рабóтают.

  単語 (1) вперёд 前へ (2) повéсить (повéшу, повéсишь) かける，ぶらさげる，пальтó コート，オーバー (4) грóмко (< грóмкий) 大声で，все 皆

第7課

動詞の過去

I быть の過去

第34表　быть の過去

男性形	女性形	中性形	複数形
был	былá	бы́ло	бы́ли

《例文》

(1) — Ивáн был здесь? — Да, он был здесь.「イヴァーンはここにいましたか」「はい、いました」

(2) — Áнна былá здесь? — Да, онá былá здесь.「アーンナはここにいましたか」「はい、いました」

(3) — Письмó бы́ло здесь? — Да, онó бы́ло здесь.「手紙はここにありましたか」「はい、ありました」

(4) — Ивáн и Áнна бы́ли там? — Да, они́ бы́ли там.「イヴァーンとアーンナはあそこにいましたか」「はい、いました」

《基本》

быть「いる、ある、…だ」（☞p.45, 48）の過去は第34表のようなかたちを持つ。

《説明》

主語が、男性名詞なら男性形〔(1)〕、女性名詞なら女性形〔(2)〕、中性名詞なら中性形〔(3)〕、複数なら複数形〔(4)〕を用いなければならない。以上のように性・数によって быть の過去はかたちを変えるが、人称による変化はない。

第 7 課　動詞の過去

《注意》

1) быть の現在はゼロによって表わされ得る（☞p.45）が，過去は必ず上記のようなかたちをとらなければならない。

2) я「私」, ты「お前」が主語のとき，男であれば男性形，女であれば女性形。

Я был там. 僕はあそこにいた（話し手は男性）。

Я былá там. わたしはあそこにいたわ（話し手は女性）。

Ты был там. 君はあそこにいた（相手は男性）。

Ты былá там. あなたはあそこにいた（相手は女性）。

3) вы はいかなる場合でも複数形。

Вы бы́ли там. 君たち（あなた方，あなた）はあそこにいた。

4) 否定形のアクセントに注意。

нé был, не былá, нé было, нé были

《参考》

1) 「であった」の意とともに「いた，あった」，また，「行ってきた，行ったことがある（来たことがある）」などの意があるので，文脈に応じて訳し分ける。

Вчерá я был в теáтре. きのう私は劇場に行きました。

Рáньше я был в Москвé. 私は以前モスクワに行ったことがある。

2) 「これは」を表わす э́то が主語となる場合，述語となる名詞に性・数を一致させる。

Э́то был мой отéц. それは私の父であった。

Э́то былá моя́ мать. それは私の母であった。

Э́то бы́ли мой роди́тели. それは私の両親であった。

3) 過去の語尾と形容詞の短語尾（☞p.72）との類似に目を向けよう。

練習問題 34

1) 意味をいいなさい。

　(1)　— Какóй день был вчерá? — Вчерá был понедéльник.

(2) — Где вы бы́ли вчера́? — Вчера́ я была́ в То́кио.

(3) — А́нна была́ до́ма? — Нет, не была́.

(4) — Ива́н был до́ма? — Нет, не́ был.

2) ロシア語で表わしなさい。

(1) 昨日私の父は家にいました。

(2) 「きのうは何曜日でしたか」「日曜日でした」

(3) 「昨日はどんな天気でしたか」「よい天気でした」

II　形容詞短語尾の過去

第35表　形容詞短語尾の過去

現　在	過　去
краси́в	был краси́в
краси́ва	была́ краси́ва
краси́во	бы́ло краси́во
краси́вы	бы́ли краси́вы

《例文》

(1) Вчера́ Ива́н **был свобо́ден.** きのうイヴァーンはひまだった。

(2) Вчера́ А́нна **была́ свобо́дна.** きのうアーンナはひまだった。

(3) Ме́сто **бы́ло свобо́дно.** 席はあいていた。

(4) Вчера́ Ива́н и А́нна **бы́ли свобо́дны.** きのうイヴァーンとアーンナはひまだった。

《基本》

述語として用いられる形容詞に過去の意味を与えるには быть の過去形を添える。

《説明》

主語が男性名詞なら быть の過去形も形容詞もともに男性形〔(1)〕，女性名詞ならともに女性形〔(2)〕，中性名詞ならともに中性形〔(3)〕，複数ならともに複数形〔(4)〕を用いる。

第 7 課　動詞の過去

《注意》
ここでは短語尾を扱ったが，長語尾であっても原則として同じ。

練習問題 35

1) 意味をいいなさい。

(1) Позавчера́ я был за́нят.

(2) Позавчера́ ты была́ занята́.

(3) Позавчера́ он был за́нят.

(4) Позавчера́ вы бы́ли за́няты.

(5) Позавчера́ они́ бы́ли за́няты.

(6) Вчера́ бы́ло воскресе́нье, и мы бы́ли свобо́дны.

　単語　(1) позавчера́ 一昨日　(6) и そして ((6)のように …, и … と用いられる場合,「そのため」,「その結果」の意味になる)。

2) 次の文を過去の意味にしなさい。

(1) Я согла́сен.　　(5) Он симпати́чен.

(2) Я согла́сна.　　(6) Они́ симпати́чны.

(3) Мы согла́сны.　(7) Э́то зда́ние краси́во.

(4) Она́ симпати́чна.　(8) Учи́тель стар.

III　動詞の過去

第 36 表　動詞の過去

原形（不定形）	чита́ть	говори́ть	писа́ть	рисова́ть
男性形	чита́л	говори́л	писа́л	рисова́л
女性形	чита́ла	говори́ла	писа́ла	рисова́ла
中性形	чита́ло	говори́ло	писа́ло	рисова́ло
複数形	чита́ли	говори́ли	писа́ли	рисова́ли

《例文》

103

第 2 部　文法編

　(1)　Брат чита́л журна́л. 兄は雑誌を読んでいた。

　(2)　Сестра́ чита́ла журна́л. 姉（妹）は雑誌を読んでいた。

　(3)　Брат и сестра́ чита́ли журна́л. 兄と姉は雑誌を読んでいた。

《基本》

過去形は原形（不定形—辞書に見出し語として採用されているかたち）の -ть をとり，-л, -ла, -ло, -ли を付してつくる（第 36 表）。

《説明》

主語が，男性名詞なら男性形〔(1)〕，女性名詞なら女性形〔(2)〕，中性名詞なら中性形，複数なら複数形〔(3)〕を用いる。быть の過去と同じ。

《注意》

1)　я「私」，ты「お前」が主語のとき，男であれば男性形，女であれば女性形であるのも быть の過去に同じ。

Я чита́л журна́л. Ты чита́л журна́л.

Я чита́ла журна́л. Ты чита́ла журна́л.

　2)　вы に関しても быть に準ずる（1 人の人に対して用いられても複数形のかたち）。

Вы чита́ли журна́л. (Вы чита́л... や Вы чита́ла... は誤り)。

《参考》

原形が -ти や -чь で終わるものは不規則な過去形を持つ。

идти́　行く— шёл, шла, шло, шли

мочь　できる— мог, могла́, могло́, могли́

　動詞が不規則な過去形を持つ場合，今後 **単語** のところで注記していくことにする。

練習問題 36

　1)　意味をいいなさい。

　　(1)　— Где рабо́тал ваш оте́ц? — Он рабо́тал в шко́ле.

　　(2)　— Что вы де́лали вчера́ ве́чером? — Я смотре́л телеви́зор.

　　(3)　Его́ роди́тели ра́ньше жи́ли здесь.

(4) Вчера́ шёл дождь. Де́ти игра́ли до́ма.

単語 (1) шко́ла 学校 (2) телеви́зор テレビ, вчера́ ве́чером ゆうべ（副詞を二つ重ねていう。сего́дня у́тром「今朝」も同様）(3) жить 住む, 生活する（現在変化は☞p.95）(4) дождь 雨, идёт дождь 雨が降る, де́ти 子供たち, игра́ть 遊ぶ

2) 次の動詞の過去形をつくりなさい。

(1) петь 歌を歌う (2) изуча́ть 研究する, 勉強する (3) обе́дать 昼食をとる (4) лежа́ть 横になっている, ある (5) организова́ть 組織する (6) стро́ить 建てる

3) ロシア語で表わしなさい。

(1) 私たちは昨日レストランで昼食をとった。
(2) 彼は大学でロシア語を勉強した。
(3) 私はきのう長編小説『戦争と平和』を読んだ。

単語 (3) 長編小説 рома́н, 『戦争と平和』《Война́ и мир》

IV　быть の未来

第 37 表　быть の未来

я	бу́ду	мы	бу́дем
ты	бу́дешь	вы	бу́дете
он	бу́дет	они́	бу́дут

《例文》

(1) — Сего́дня суббо́та. За́втра бу́дет воскресе́нье.「きょうは土曜日です。明日は日曜日です」

(2) — За́втра ты бу́дешь до́ма? — Нет, я не бу́ду до́ма. Я бу́ду в библиоте́ке. Ско́ро бу́дет экза́мен по матема́тике.「君はあす家にいるかい」「いや，僕は家にはいない。図書館に行く。もうすぐ数学の試験があるのだ」

第 2 部　文法編

(3) — Где вы бу́дете по́сле экза́мена? — Мы бу́дем в рестора́не.
「試験が終わったら君たちはどこへ行きますか」「レストランに行きます」

単語　(2) библиоте́ка 図書館, матема́тика 数学, ско́ро すぐに, 間もなく, по A（与格）A に関する（後で詳しく学ぶ。☞p.131, 132), экза́мен 試験　(3) по́сле A（生格）A のあとに（後で詳しく学ぶ。☞p.127）

《基本》

1) быть を現在変化させると未来の意味になる（第 37 表）。
2) 「未来」とはコトが発話時の後に行われることを示す。

《説明》

быть は「いる, ある」の意のみならず,「行く, 来る, 着く」の意味がある。(1)の За́втра бу́дет воскресе́нье. や(2)の Ско́ро бу́дет экза́мен по матема́тике. などでは「ある」の意味の未来であるが, (2)の Я бу́ду в библиоте́ке. や(3)は「行く」の意味の未来である。быть の過去形の意味については☞p.100。

《注意》

1) 「行く, 来る, 着く」の意味であってもあくまで存在を示す動詞なので, в/на A（前置格）をとる〔(2)(3)〕。
2) быть の命令形は規則通り, будь(те)。Будь здоро́в. Бу́дьте здоро́вы.（☞p.75）。

練習問題 37

意味をいいなさい。

(1) Ско́ро мы бу́дем в Москве́.

(2) Я бу́ду в университе́те сего́дня ве́чером.

(3) Наш конце́рт бу́дет о́чень интере́сный.

(4) За́втра бу́дет хоро́шая пого́да.

(5) Бу́дет дождь.

(6)　Их сва́дьба бу́дет в гости́нице《Москва́》.

単語　(5) дождь 雨　(6) сва́дьба 結婚式，結婚披露宴，гости́ница ホテル

V　副　詞

《例文》

　(1)　— Как рабо́тает Ива́н? — Он рабо́тает **хорошо́**.「イヴァーンの仕事ぶりはいかがですか」「よく働いていますよ」

　(2)　— Как рабо́тает А́нна? — Она́ рабо́тает **пло́хо**.「アーンナの仕事ぶりはどうですか」「よくありませんね」

《基本》
形容詞短語尾中性形は副詞としても用いられる。

《説明》
(1)の хорошо́ は хоро́ший の，(2)の пло́хо は плохо́й の短語尾中性形とかたちの上で同じ。ただし，副詞として用いられている。副詞は原則的に変化することがない。

《参考》
次のような副詞もおぼえておこう。

1)　時を表わす副詞：(1) у́тром 朝（＜ у́тро 朝 − 名詞），днём 昼（＜ день），ве́чером 夕方（＜ ве́чер），но́чью 夜（＜ ночь）　(2) сего́дня, вчера́, позавчера́, за́втра　(3) снача́ла はじめに，пото́м 後に，ра́ньше 以前

2)　場所を表わす副詞：(1) здесь ここに，там あそこに，сюда́ こちらへ，туда́ あちらへ　(2) спра́ва 右に，сле́ва 左に，ря́дом 隣に，впереди́ 前に，сза́ди 後ろに，後ろから，напро́тив 反対側に，обра́тно もとの場所へ

3)　形容詞の最後の -й を落としてつくる副詞：факти́чески 事実上（＜ факти́ческий 事実の），челове́чески 人間的に（＜ челове́ческий 人間らしい）

107

第 2 部　文法編

4) 形容詞に по- をつけ，最後の -й を落としてつくる副詞：по-рýсски ロシア風に，ロシア語で，по-япóнски 日本風に，日本語で。☞p.86。

5) 形容詞に по- をつけ、男（中）性与格の語尾をとる副詞（по-рáзному いろいろに ＜ рáзный いろいろの）については☞p.263。

練習問題 38

1) 意味をいいなさい。

    (1) — Сáша, когдá ты смóтришь телевúзор? — Я смотрю́ телевúзор вéчером.

    (2) — Натáша, когдá ты дéлаешь урóки? — Я дéлаю урóки днём. — А что ты дéлаешь вéчером? — Вéчером я рису́ю.

    (3) Мúша говорúт по-англúйски неплóхо.

    (4) — Как вы живёте? — Спасúбо, Áнна, я живу́ хорошó, а вы?

    (5) Óчень вку́сно. Вы хорошó готóвите.

    単語 (2) урóк 授業，宿題，дéлать урóки 宿題をやる　(4) жить（☞p.95)　(5) óчень とても，вку́сно（＜ вку́сный おいしい）

2) ロシア語で表わしなさい。

    (1) 「アーンナがロシア語を話す様子はどうですか（いかに話すか）」「彼女は上手にロシア語を話します」

    (2) 「イヴァーンがロシア語を書く様子はどうですか（いかに書くか）」「彼はゆっくりですが，きちんとそして美しく書きます」

    (3) 「あなたはダンスが上手ですね」「ありがとう」

    (4) 「モスクワは長いのですか（あなたはモスクワで長くおくらしですか）」「はい，長くくらしています」

    単語 (2) ゆっくり мéдленно（＜ мéдленный），きちんと аккурáтно（＜ аккурáтный），美しく красúво（＜ красúвый）　(3) ありがとう спасúбо　(4) 長く давнó（ずっと前から）

第8課

名詞の格変化(単数)

I 活動体・不活動体

第38表 活動体・不活動体

活動体 (人・動物)	студе́нт 学生　геро́й ヒーロー　преподава́тель 先生 ры́ба 魚　тётя おばさん　ло́шадь 馬
不活動体 (それ以外)	стака́н コップ　трамва́й 市電　словарь 辞書　сло́во ことば　мо́ре 海　ко́мната 部屋　неде́ля 週

《基本》
人・動物を表わす名詞を活動体名詞，それ以外を不活動体名詞という。
《注意》
1) 生物・無生物の区別と異なる。植物は原則的に不活動体。
2) наро́д「人民」, а́рмия「軍隊」など集合体を示す名詞は不活動体。
《参考》
日本語の「いる／ある」の区別は活動体・不活動体の区別にある程度似る。

練習問題 39
次の名詞は活動体か，不活動体か。活動体なら活，不活動体なら不と( )内に書きなさい。

(1) брат (　　)　　(5) А́нна (　　)
(2) оте́ц (　　)　　(6) Ива́н (　　)
(3) го́род (　　)　　(7) авто́бус (　　)
(4) журна́л (　　)　　(8) трамва́й (　　)

109

第 2 部　文法編

　　(9)　кни́га（　　　）　　　(12)　де́рево（　　　）
　　(10)　тетра́дь（　　　）　　(13)　студе́нтка（　　　）
　　(11)　со́лнце [sóntsə]（　　　）(14)　инжене́р（　　　）

II　男性変化

1. 硬変化

第 39 表　男性硬変化

	不活動体	活動体	語尾
主　格	стака́н	студе́нт	ゼロ
生　格	стака́на	студе́нта	-а
与　格	стака́ну	студе́нту	-у
対　格	стака́н	студе́нта	ゼロ /-а
造　格	стака́ном	студе́нтом	-ом
前置格	стака́не	студе́нте	-е

《基本》

子音で終わる男性名詞は第 39 表のような格変化をする。стака́н コップ（不活動体），студе́нт 学生（活動体）を例に表示する。

《説明》

1)　このような変化を男性硬変化という。

2)　不活動体名詞の対格の語尾は主格に一致し，活動体名詞のそれは生格に一致する。

《注意》

1)　主格（原形）で語末の子音の前に о, е, ё がある場合，生格以下でそれらを落とすものが多くある（そのような母音を出没母音という）。

лоб ひたい，　лба, лбу, лоб, лбом, лбе

поря́док 秩序，　поря́дка, поря́дку, поря́док, поря́дком, поря́дке

ве́тер 風，　ве́тра, ве́тру, ве́тер, ве́тром, ве́тре

第8課　名詞の格変化（単数）

осёл ロバ，ослá, ослý, ослá, ослóм, ослé

2) 原形が，-ц・-ж・-ч・-ш・-щ で終わるものの造格は，アクセントがなければ -ем。

ме́сяц 月，ме́сяца, ме́сяцу, ме́сяц, ме́сяцем, ме́сяце

това́рищ 同僚，това́рища, това́рищу, това́рища, това́рищем, това́рище

語尾にアクセントがくれば -о́м。

оте́ц 父，отца́,... отцо́м,...

каранда́ш エンピツ，карандаша́,... карандашо́м,...

《参考》

生格以下でアクセントが語尾に移るものがある。

стол 机，стола́, столу́, стол, столо́м, столе́

кит 鯨，кита́, киту́, кита́, кито́м, ките́

《発展》

次の言い方をおぼえよう。

(1) Всё в поря́дке. 万事順調です。

(2) Всё бу́дет в поря́дке. 万事うまく行きます。

(3) С прие́здом. 無事のご到着おめでとうございます（乗物でやって来た人を歓迎していうことば）。

単語　(3) прие́зд 到着

練習問題 40

活動体・不活動体の区別に注意して，次の名詞の変化をいいなさい。

(1) заво́д 工場　(2) парк 公園　(3) журна́л 雑誌（以上アクセントの移動なし）　(4) гриб きのこ　(5) бык 雄牛　(6) кот 雄猫（以上アクセント語尾へ移動）　(7) принц 王子（アクセントの移動なし）　(8) нож ナイフ　(9) мяч ボール（以上アクセント語尾へ移動）　(10) сон 夢　(11) рот 口　(12) песо́к 砂　(13) посо́л 大使（以上アクセント語尾へ移動，出没母音に注意）　(14) не́мец ドイツ人（アクセントの移動なし，出没母音に注意）

111

2. 軟変化

第 40 表　男性軟変化

	原形末尾が -й	原形末尾が -ь
主　格	музе́й	портфе́ль
生　格	музе́я	портфе́ля
与　格	музе́ю	портфе́лю
対　格	музе́й	портфе́ль
造　格	музе́ем	портфе́лем
前置格	музе́е	портфе́ле

《基本》

-й, -ь で終わる男性名詞は第 40 表のように変化する。музе́й「博物館」, портфе́ль「カバン」を例に表示する。

《説明》

1) このような変化を男性軟変化という。

2) 不活動体の対格は主格に一致し（第 40 表），活動体のそれは生格に一致することは硬変化と変わらない。

геро́й 英雄, геро́я, геро́ю, **геро́я**, геро́ем, геро́е

прия́тель 友人, прия́теля, прия́телю, **прия́теля**, прия́телем, прия́теле

《注意》

1) アクセントが語尾にある場合，造格は -ём。

слова́рь 辞書, словаря́, словарю́, слова́рь, **словарём**, словаре́

2) 出没母音を持つものがある。

ого́нь 火, огня́, огню́, ого́нь, огнём, огне́

де́нь 日, дня, дню, день, днём, дне

3) -ий で終わるものの前置格は -и（このことはすでに述べた（☞p.79）が，再度確認しておこう）。

санато́рий 保養所, санато́рия, санато́рию,... (в) санато́рии

ге́ний 天才, ге́ния, ге́нию,... (в) ге́нии

第 8 課　名詞の格変化（単数）

《参考》

1）生格以下の格でアクセントが語尾に移るものがある。
рубль ルーブル，рубля́, рублю́, рубль, рублём, рубле́

2）硬変化の語尾の頭には硬母音字，軟変化の語尾の頭には対応する軟母音字がある（第 41 表）。

第 41 表　硬変化語尾と軟変化語尾

	主格	生格	与格	対格	造格	前置格
硬変化語尾	ゼロ	-а	-у	主ないし生	-ом	-е
軟変化語尾	-й/-ь	-я	-ю		-ем	

練習問題 41

活動体・不活動体の区別に注意して，次の名詞の変化をいいなさい。

(1) трамва́й 市電　(2) слой 層　(3) сара́й 物置き　(4) слу́чай 場合　(5) жи́тель 住民　(6) преподава́тель 教師　(7) автомоби́ль 車（以上アクセントの移動なし）(8) дождь 雨 [doʃʃ]　(9) календа́рь カレンダー　(10) кора́бль 船　(11) янва́рь 1 月　(12) царь 皇帝（以上アクセント語尾へ移動）(13) у́голь 炭　(14) но́готь つめ（以上出没母音に注意）(15) алюми́ний アルミニウム　(16) жре́бий くじ　(17) Дми́трий ドミートリー（男性名）（以上 -ий で終わることに注意）

III　ロシア語の学び方

《基本》

単語とともに変化表をおぼえる。

《説明》

いかなる外国語も短期間にマスターすることはむずかしいが，短期間に基礎を学べたらそれにこしたことはない。そんな希望を持って本書を学ばれる方にぜひすすめたい方法がある。それは p.81 や p.110 に掲げたよう

113

第2部　文法編

な変化表をおぼえ込むことである。暗記することである。暗記を軽く見てはいけない。その上でテキストを実際に読み，文中の名詞，代名詞，動詞などがいかなる語形にたっているかを正しく定め，文の意味をとっていけるようにすることである。語形がいかなるものであるかを定めることができなければ文意を正しくつかむことができない。このとき唯一頼れるのが頭の中にある変化表である。

　記憶していなくとも，変化表を座右においておき，単語を辞書でひきながら，その変化表をくっていけば文意はとれるという人がいるかもしれない。たしかにそうだ。しかし，変化表をくるだけで大変な時間が浪費される。ある程度テキストを読めるが，結局時間がかかりすぎていやになってしまう。これこそロシア語の勉強をおっくうにさせる元凶である。

　筆者の四半世紀余にわたる経験では，ロシア語をマスターするかしないかは変化表を暗記するかしないかにかかっているといって過言ではないように思われる。

　この方法は工夫がないし，面倒な方法だと思われる方もおられよう。しかし，短い時間を活かすのにはこの方法がやはり一番簡単だと思われる。

《注意》

　一部おぼえており，一部忘れているという状態でもかまわない。テキストを読み進める過程で変化表は頭の中でどんどん修復され，完全化されていく。

《参考》

　茶飲み話程度の話をするというなら，場面場面に応じたセンテンスをおぼえ，器用にそれを発していけばよい。しかし，せっかく学ぶのだから，新聞や文献が読め，内容ある話ができ，しっかりしたロシア語で手紙ぐらい書きたいものだ。

IV 中性変化

第42表　中性変化

	硬変化	軟変化
主　格	мéсто	мóре
生　格	мéста	мóря
与　格	мéсту	мóрю
対　格	мéсто	мóре
造　格	мéстом	мóрем
前置格	мéсте	мóре

《基本》
-о, -е で終わる名詞は第42表のように変化する。мéсто「場所」, мóре「海」を例に表示する。

《説明》
1)　このような変化を中性変化という（-о で終わるものの変化は中性硬変化, -е で終わるものの変化は中性軟変化）。
2)　男性変化と異なるのは主格と対格の -о, -е のみである。
3)　中性名詞の対格は主格に一致する。

《注意》
1)　原形が -це・-же・-че・-ше・-ще で終わるものの生格, 与格はそれぞれ -а, -у。

сóлнце 太陽, сóлнца, сóлнцу, сóлнце, сóлнцем, сóлнце

жилúще 住居, жилúща, жилúщу, жилúще, жилúщем, жилúще

2)　-ие で終わるものの前置格は -ии（☞p.79）。

здáние 建物, здáния, здáнию,..., (в) здáнии

свидáние デート, свидáния, свидáнию,... (на) свидáнии

《参考》
1)　中性名詞に活動体がないわけではない。существó「生き物」,

115

чудо́вище「怪物」。これらの対格も主格に一致する。

2) 単数でアクセントの移動がある中性名詞はない。

3) アクセントが語尾にない限り，主格と生格は発音上区別されない。вещество́ [-о́] 物質 вещества́ [-а́]　сло́во [-ə] ことば слова́ [-ə]

　このことは軟変化でも同様である。мо́ре [mór'ə]（モーレ・モーリェという発音は正しくない。モーリャが実際の発音に近い）。発音上は мо́ря [mór'ə] と同じ。前置格はアクセントがない場合 [ɪ] と発音され，主格の音とは異なる。на мо́ре [mór'ɪ]。

練習問題 42

次の名詞の変化をいいなさい。

(1) о́зеро 湖　(2) пра́вило 規則　(3) вещество́ 物質　(4) вино́ ワイン　(5) ме́сто 席　(6) по́ле 野原，畑　(7) го́ре 悲しみ　(8) созна́ние 意識　(9) свида́ние デート　(10) объясне́ние 説明　(11) чудо́вище 怪物　(12) сокро́вище 宝物　(13) со́лнце 太陽

V　女性変化

第 43 表　女性変化

	硬変化	軟変化
主　格	ко́мната	неде́ля
生　格	ко́мнаты	неде́ли
与　格	ко́мнате	неде́ле
対　格	ко́мнату	неде́лю
造　格	ко́мнатой	неде́лей
前置格	ко́мнате	неде́ле

《基本》

-а, -я で終わる名詞は第 43 表のように変化する。ко́мната「部屋」，неде́ля「週」を例に表示する。

第8課　名詞の格変化（単数）

《説明》

1) このような変化を女性変化という（-а で終わるものの変化は女性硬変化, -я で終わるものの変化は女性軟変化）。

2) 活動体・不活動体にかかわらず対格は -у, -ю である。

сестра́ 姉妹 — сестру́　　шко́ла 学校 — шко́лу

тётя おばさん — тётю　　земля́ 大地 — зе́млю

《注意》

1) 原形が -га, -ка, -ха で終わるものの生格は -и。

студе́нтка 女子学生 — студе́нтки　стару́ха 老女 — стару́хи

2) -жа, -ча, -ша, -ща で終わるものの生格は -и。アクセントが語幹にある場合, 造格は -ей（語尾にある場合 -о́й）。

зада́ча 課題 — зада́чи（生）, зада́чей（造）

душа́ 魂 — души́（生）, душо́й（造）

3) -ца で終わるものの造格はアクセントが語幹にある場合, -ей（語尾にある場合 -о́й）。

табли́ца 表 — табли́цей　овца́ 羊 — овцо́й

4) 造格には -ою（硬変化）, -ею（軟変化）という語尾もある。

ко́мната — ко́мнатою, неде́ля — неде́лею。普通用いられるのは表示した -ой, -ей。

5) 軟変化の造格でアクセントが語尾の場合, -ёй。

заря́ あさやけ — заре́й

6) -ия で終わるものの与格, 前置格は生格と同じく -ии。

исто́рия 歴史, исто́рии, исто́рии, исто́рию, исто́рией, исто́рии

7) たとえ男性名詞であっても -а, -я で終わっていればこの変化。

де́душка おじいさん, де́душки, де́душке, де́душку, де́душкой, де́душке

《参考》

アクセントが対格で語幹に移動するものがある。

зима́ 冬, зимы́, зиме́, зи́му, зимо́й, зиме́

第2部　文法編

головá 頭, головы́, головé, гóлову, головóй, головé
земля́ 大地, земли́, землé, зéмлю, землёй, землé

練習問題 43

次の名詞の変化をいいなさい。

(1) жéнщина 女　(2) шкóла 学校　(3) ры́ба 魚　(4) звездá 星　(5) женá 妻（以上アクセント移動なし）(6) горá 山　(7) стенá 壁　(8) средá 水曜日（以上対格におけるアクセントの移動に注意）(9) герои́ня 女主人公　(10) пýля 弾丸（以上軟変化に注意）(11) ли́ния 線　(12) áрмия 軍　(13) стáнция 駅（以上 -ия で終わることに注意）(14) учени́ца 女生徒　(15) ýлица 通り　(16) волчи́ца めすの狼（以上 -ца で終わり，アクセント語幹に注意）(17) тýча 黒雲（-ча で終わり，アクセント語幹に注意）(18) свечá ろうそく（アクセント語尾に注意）

VI　-ь で終わる女性名詞の変化

第44表　-ь で終わる女性名詞の変化

主　格	тетрáдь
生　格	тетрáди
与　格	тетрáди
対　格	тетрáдь
造　格	тетрáдью
前置格	тетрáди

《基本》

-ь で終わる女性名詞は第44表のように変化する。тетрáдь「ノート」を例に表示する。

第 8 課　名詞の格変化（単数）

《説明》

1) 主（対）・造・それ以外, の3つのかたちしかなく，語尾は -ь, -и, -и, -ь, -ью, -и (-и が多く出てくるので и 変化と呼ぶ文法書もある)。

2) 活動体・不活動体にかかわらず対格は主格に等しい。

сельдь にしん — сельдь 　　　лань 鹿 — лань

《注意》

出没母音を持つものがある（造格に注意）。

любо́вь 愛, любви́, любви́, любо́вь, любо́вью, любви́

ложь うそ, лжи, лжи, ложь, ло́жью, лжи

《参考》

-ость/-есть に終わる抽象名詞はすべてこの変化をする（-ость/-есть は形容詞から名詞をつくる）。

национа́льность 民族, 民族性（＜ национа́льный 民族の）

но́вость ニュース（＜ но́вый 新しい）

све́жесть 新鮮さ（＜ све́жий 新鮮な）

3) мать「母」, дочь「娘」もこの変化に属する。ただし，主格（それに等しい対格）を除き語幹は ма́тер-, до́чер-。

мать, ма́тери, ма́тери, мать, ма́терью, ма́тери

дочь, до́чери, до́чери, дочь, до́черью, до́чери

4) путь「道」は男性名詞であるが，и 変化と基本的に同じ変化をする唯一の語である。ただし，造格は -ём。

путь, пути́, пути́, путь, путём, пути́

練習問題 44

次の名詞の変化をいいなさい。

(1) дверь ドア　(2) промы́шленность 工業　(3) о́бласть 領域　(4) вещь 物

第 9 課

格の用法 (1)

I 主格の用法

《例文》
(1) Брат живёт в Москве. 兄はモスクワに住んでいる。
(2) Мой брат — преподаватель. 私の兄は先生です。
(3) Брат! 兄さん！

《基本》
主格は文の主語や述語となる。名詞そのものを示し，呼びかけや看板に用いられる。

《説明》
(1)(2) の брат は文の主語，(2) の преподаватель は述語，(3) は呼びかけ。

《発展》
1) Чепуха!「たわごとだ」，Ерунда!「下らん，ナンセンス」，Кошмар!「ひどい，大変だ」，Вздор!「ばかばかしい」，Неправда!「事実ではない」，Ложь!「うそだ」など，人との対応や独り言で感情を込めて用いられる名詞も主格である。Красота!「すばらしい」などはほめる場合に用いるが，多くは否定的感情を表わすので使用には要注意。特に Ложь などは日本語の「うっそー」とはかけはなれた強い意味を持つ。

2) Молодой человек（男），Девушка（女）は，「あのちょっとすみません」という感じで，何かを尋ねたり，注意したりする場合に用いられる呼びかけ。男女は区別されるが，年令はあまり考慮されずに用いられるので，呼びかけられた時，自分のことと思わないでいてはいけないし，喜ぶ

必要もない。

II 所有・所属を示す生格

$$\boxed{\text{A 名詞＋B 名詞（生格） ― B の A}}$$

《例文》

(1) — Чей э́то портфе́ль? — Э́то портфе́ль бра́та.「誰のカバンですか」「兄のカバンです」

(2) — Чья э́то кни́га? — Э́то кни́га сестры́.「誰の本ですか」「姉の本です」

(3) Э́тот большо́й дом — зда́ние институ́та. この大きな建物は研究所の建物です。

《基本》
所有，所属，関係を示す「の」にあたる意を表わす。

《説明》
所有，所属，関係の意味はいくらでも細かく分けられる。日本語の「父の本」が「父の所有する本」の意にも「父の書いた本」の意になるのと同様である。

《注意》
このような修飾する生格は修飾される名詞の後におくのが原則。

《参考》

1) バス停を остано́вка（「停留所」）авто́буса（「バス」の生格）というが，авто́бусная остано́вка も正しい。このように形容詞は名詞生格と同じ意味を表わすことがある。しかし，意味が違う場合が多いので一般化してはならない。

у́лица го́рода 町の通り　cf. городска́я у́лица 都会風の通り

第 2 部　文法編

2)「医者の兄」は日本語では「医者をしている兄」の意になることがあるが，брат до́ктора はそのような意には決してならない。あくまで「医者が持つ兄」の意である。

練習問題 45

1) Э́то кни́га сестры́. という文をおぼえ，сестра́ のかわりに次の語を入れ，かつ文全体の意味をいいなさい。

(1) студе́нт (2) врач (3) оте́ц (4) профе́ссор (5) посо́л (6) Ива́н (7) Михаи́л (8) Влади́мир (9) Алекса́ндр（以上の4つは男性名）(10) преподава́тель (11) прия́тель (12) Дми́трий (13) Алексе́й（以上2つは男性名）(14) жена́ (15) де́душка (16) ба́бушка (17) студе́нтка (18) учени́ца (19) тётя (20) А́нна (21) Елизаве́та（以上2つは女性名）(22) Ва́ня（Ива́н の愛称）(23) А́ня（主に А́нна の愛称）(24) Алёша（Алексе́й の愛称）(25) Са́ша（Алекса́ндр, Алекса́ндра の愛称）(26) Воло́дя（Влади́мир の愛称）

2) Э́то центр го́рода.「これは町の中心です」という文をおぼえ，го́род のかわりに次の語を入れ，かつ，文全体の意味をいいなさい。

(1) Москва́ (2) Са̀нкт-Петербу́рг (3) Ки́ев (4) Нью-Йо́рк (5) Пари́ж (6) Ло́ндон

3)　ロシア語で表わしなさい。

(1)「これは誰のいすですか」「これはアーンナのいすです」

(2)「これは誰のカバンですか」「先生のカバンです」

(3)「これは誰の本ですか」「これはヴァーニヤの本です」

(4)「これは誰のコートですか」「これは学生のコートです」

(5)「これは誰の雑誌（複数）ですか」「これはアリクサーンドルの雑誌です」

(6) これは妹の友達です。

(7) この方はサカローフ（Соколо́в）技師の奥さんです。

単語　(6) 友達 друг（男），女友達は подру́га

III 「ある・ない」を表わす есть と нет

$$\boxed{\text{есть —ある\qquad нет —ない}}$$

《例文》

(1) — На столе́ есть слова́рь? — Да, есть.「机の上に辞書がありますか」「はい，あります」

(2) — На столе́ есть кни́га? — Нет, нет кни́ги.「机の上に本がありますか」「いいえ，本はありません」

《基本》

1) 存在するものは主格にたつ。
2) 存在することをはっきり表わす場合，есть を用いる。
3) нет は存在しないことを表わす。

《説明》

1) есть は быть の現在形。「である」の意では普通ゼロで示される（☞ p.45）が，「ある」の意では省略されずに用いられる。нет はその否定形（つまり現在形の否定形）。

2) кни́ги〔(2)〕という生格のかたちについては次項で説明する。

《注意》

「いいえ」という返事の нет とは意味が違う。「存在しない」「ない」を意味する。

Да「はい」– Нет「いいえ」，есть「ある」– нет「ない」。

《参考》

есть の過去は был, была́, бы́ло, бы́ли。 нет の過去については次項で学ぶ。

《発展》

話しことばでは нéту という語が用いられるが，意味は нет「ない」と同じ。

第 2 部　文法編

— На столе́ есть слова́рь? — Нет, не́ту.「机の上に辞書がありますか」「いいえ，ありません」

IV　存在の否定生格（不在の生格）

```
есть
был (-о, -а́, -и)    ｝＋ A（名詞主格） — A が ｛ある
                                         あった

нет
не́ было             ｝＋ A（名詞生格） — A が ｛ない
                                         なかった
```

《例文》

(1)　— В ко́мнате есть шкаф? — Нет, в ко́мнате шка́фа нет.「部屋に戸棚がありますか」「いいえ，部屋に戸棚はありません」

(2)　— Газе́та в портфе́ле? — Нет, газе́ты там нет.「新聞はカバンの中ですか」「いいえ，新聞はカバンにはありません」

(3)　— В магази́не есть молоко́? — Нет, в магази́не молока́ нет.「店に牛乳がありますか」「いいえ，店に牛乳はありません」

(4)　— В ко́мнате был шкаф? — Нет, в ко́мнате шка́фа не́ было.「部屋に戸棚がありましたか」「いいえ，部屋に戸棚はありませんでした」

(5)　— Газе́та была́ в портфе́ле? — Нет, газе́ты там не́ было.「新聞はカバンの中でしたか」「いいえ，新聞はカバンにはありませんでした」

(6)　— В магази́не бы́ло молоко́? — Нет, в магази́не молока́ не́ было.「店に牛乳がありましたか」「いいえ，店に牛乳はありませんでした」

単語　(1)　шкаф 戸棚

《基本》

存在するものを示す名詞は主格，存在が否定されるものを示す名詞は生格に立つ。

第9課　格の用法(1)

《説明》

存在を示す文（肯定文）で主格におかれる名詞は，その存在が否定される否定文で生格になる。上記例文(1)から(3)までは現在，(4)から(6)までは過去。

《注意》

1) 過去の肯定文では быть の過去形は主語（主格）の性・数に合わせてかたちを変える。否定文では必ず нé было ＋ А（名詞生格）。

2) 煩雑になるので表中に記さなかったが，未来でも同様のことがおこり，肯定文では быть の未来形は主語（主格）に合わせて бу́дет（主語が複数なら бу́дут）。

　　Бу́дет ли за́втра дождь? あすは雨かしら。

否定文では не бу́дет ＋ А（名詞生格）。

　　Вероя́тно, дождя́ не бу́дет. 降らないんじゃない。

《参考》

主語は必ず主格に立っていなければならない。生格に立つものは主語たり得ない。存在を示す肯定文では主語があるが，不在を示す否定文では主語がない。このような文を無人称文という。無人称文については後に詳しく学ぶ（☞p.471，472）。

練習問題 46

1) 意味をいいなさい。

(1) Здесь есть журна́л. Здесь нет журна́ла. Здесь был журна́л. Здесь нé было журна́ла. Здесь бу́дет журна́л. Здесь не бу́дет журна́ла.

(2) В портфе́ле есть слова́рь. В портфе́ле нет словаря́. В портфе́ле был слова́рь. В портфе́ле нé было словаря́. В портфе́ле бу́дет слова́рь. В портфе́ле не бу́дет словаря́.

(3) В ко́мнате есть зе́ркало. В ко́мнате нет зе́ркала. В ко́мнате бы́ло зе́ркало. В ко́мнате нé было зе́ркала. В ко́мнате бу́дет зе́ркало. В ко́мнате не бу́дет зе́ркала.

第2部　文法編

単語　(3)　зе́ркало　鏡

2)　ロシア語で表わしなさい。

(1)　イヴァーンは家にいません。イヴァーンは家にいませんでした。

(2)　町には大学はありません。町には大学はありませんでした。町には大学がなくなるでしょう。

(3)　机の中には鉛筆はありません。机の中には鉛筆はありませんでした。机の中では鉛筆はなくなるでしょう。

V　生格と結びつく前置詞

у		Aのところに
из		A（の中）から
с		A（の上）から
от	＋A（生格）－	A（の地点）から
до		Aまで
без		Aなしに
для		Aのために
о́коло		Aのそばに
посреди́		Aのまん中に

《例文》

(1)　У Ива́на за́втра день рожде́ния. あすはイヴァーンの誕生日です。

(2)　— Отку́да вы прие́хали? — Я прие́хал из Япо́нии.「あなたはどこから来たのですか」「私は日本から来ました」

(3)　— Ты живёшь далеко́ от це́нтра? — Нет, я живу́ недалеко́ от це́нтра.「君は都心から遠く離れたところに住んでいますか」「いいえ、私は都心の近くに住んでいます」

(4) — До теа́тра《Кабуки》ещё далеко́? — Нет, о́чень бли́зко.「歌舞伎座までまだ遠いですか」「いいえ，すぐそこです」

(5) Он рабо́тает **без о́тдыха**. 彼は休みなしに働いています。

(6) Я купи́л пода́рок **для сестры́**. 私は妹のためにプレゼントを買いました。

(7) Оди́н стол **у стены́**, **о̀коло окна́**, а друго́й **посреди́**（**посереди́не**）**ко́мнаты**. 1つのテーブルは窓のそばの壁際にありますが，もう1つのテーブルは部屋のまん中にあります。

単語 (1) рожде́ние 誕生 (2) прие́хать 到着する，отку́да どこから (3) далеко́ 遠くに，жить 住む（現在変化は☞p.95），центр 中心 (4) теа́тр 劇場，ещё まだ，бли́зкий 近い (5) о́тдых 休息，без о́тдыха ぶっ続けに (6) купи́ть 買う，пода́рок 贈り物 (7) оди́н 1つの，друго́й 他の（оди́нと対応して用いられる）

《基本》
前置詞には生格と結びついて用いられるものが多数ある。

《説明》
表示し，例文をあげたのはその一部にすぎない。по̀слеもその1つ。今，これらをしっかりおぼえよう。

《注意》
(7)のように「ある」ということより，ある場所が問題になっているような場合，естьは用いない。

《発展》
次の言い方をおぼえよう。

(1) До свида́ния. さようなら。
(2) До встре́чи. じゃまた会いましょう。
(3) Э́то сувени́р из Росси́и. これはロシアのおみやげです。

単語 (1) свида́ние 会見 (2) встре́ча 出会い (3) сувени́р 記念品，おみやげ

第 2 部　文法編

練習問題 47

1) 意味をいいなさい。

    (1) А́ня живёт у дя́ди.

    (2) А́нна Ива́новна живёт о́коло вокза́ла.

    (3) Студе́нты выхо́дят из аудито́рии.

    (4) Неда́вно я получи́ла письмо́ от колле́ги из Япо́нии.

    (5) Он гуля́ет без ша́пки.

    (6) Э́то я де́лаю то́лько для бра́та.

    (7) Посреди́ ко́мнаты стои́т стол.

    (8) А́нна гото́вит для Ива́на ра́зные угоще́ния.

    (9) Я студе́нт из Япо́нии.

    (10) Све́жий во́здух поле́зен для здоро́вья.

    単語　(2) вокза́л 駅（ターミナルとなるような大きな駅）　(3) выходи́ть 出る，аудито́рия 大教室，講義室　(4) неда́вно 最近，получи́ть 受け取る，колле́га 同僚，仕事仲間（男なら男性名詞，女なら女性名詞）　(5) ша́пка（毛皮の）帽子　(6) то́лько ただ　(8) угоще́ние ごちそう　(10) све́жий 新鮮な，во́здух 空気，поле́зный, -зен, -зна 有益な，здоро́вье 健康

2) ロシア語で表わしなさい。

(1) 「あなたはどちらからいらっしゃいましたか」「私はロシアから来ました」

(2) 私はロシアの留学生です。

(3) 「市の中心部までまだ遠いですか」「いいえ，とても近いです」

(4) 私達は弟にプレゼントを買いました。

VI　名詞単数生格のかたち—まとめ

第 45 表　名詞単数生格

	単・主	単・生	単・生語尾	
男　性	студе́нт	студе́нта	硬	-а
中　性	ме́сто	ме́ста		
男　性	музе́й	музе́я	軟	-я
	портфе́ль	портфе́ля		
中　性	мо́ре	мо́ря		
女　性₁	ко́мната	ко́мнаты	硬	-ы
	неде́ля	неде́ли	軟	-и
女　性₂	тетра́дь	тетра́ди		

《基本》

単数生格のかたちを第 45 表により確認しよう。

《説明》

男性・中性が -а, -я, 女性が -ы, -и。中性・女性の単・生は複・主（☞ p.57, 第 14 表）と語尾が同じであるのが原則。ただし，アクセントには差があるものがある。

окно́ 窓 → окна́（単・生），о́кна（複・主）

стена́ 壁 → стены́（単・生），сте́ны（複・主）

《注意》

1) -ц・-ж・-ч・-ш・-щ+е で終わる中性名詞では -а。

   блю́дце 小皿 → блю́дца　　жили́ще 住居 → жили́ща

2) -г・-к・-х; -ж・-ч・-ш・-щ+а で終わる名詞では -и。

   кни́га 本 → кни́ги　　студе́нтка 女子学生 → студе́нтки

   кры́ша 屋根 → кры́ши　　зада́ча 課題 → зада́чи

3) 今まで，所有生格，否定生格，および前置詞とともに用いられる生格という 3 つの用法を学んだが，生格にはまだまだたくさんの用法がある。それらはおいおい学ぶことにする。

Ⅶ　間接目的を示す与格

《例文》

(1) Я ча́сто даю́ студе́нту кни́ги. 私はしょっちゅう学生に本（複数）をあげる。

(2) Я пишу́ письмо́ бра́ту. 私は弟に手紙を書いている。

(3) Он чита́ет письмо́ жене́. 彼は手紙を妻に読んであげている。

(4) Я посыла́ю кни́ги сестре́. 私は妹に本を送っている。

(5) Я помога́ю отцу́ в рабо́те. 私は父の仕事の手助けをしている。

単語　(1) дава́ть 与える　(даю́, даёшь,... даю́т)　(4) посыла́ть 送る　(5) помога́ть 援助する，手助けをする

《基本》

与格はものや動作の「受け手」を示す。

《説明》

日本語の「に」に似る。

《類例》

(1) купи́ть сы́ну велосипе́д　息子に自転車を買ってやる

(2) показа́ть контролёру биле́т　検札係に切符を見せる

(3) переда́ть А́нне запи́ску　メモをアーンナに渡す

(4) подари́ть студе́нту кни́гу　本を学生にあげる

(5) расска́зывать бра́ту　弟に話す

(6) объясня́ть сы́ну　息子に説明する

(7) отвеча́ть преподава́телю　先生に答える

《注意》

私たちの語感にそぐわない与格支配の動詞もある（たとえば помога́ть 援助する）が，そのままおぼえざるを得ない。

《参考》

Я посыла́ю кни́гу тёте.「私はおばに本を送る」とはいうが，Я посыла́ю

сы́на тёте. とは普通いわない。

Я посыла́ю сы́на к тёте. 「息子をおばのところに送り届ける」が正しい。「ひと」が対象で「送り出す」「送り届ける」「やる」の意では к + A（与格）。

練習問題 48

1) 意味をいいなさい。

   (1) Мать даёт ребёнку лека́рство.
   (2) А́ня пи́шет письмо́ дире́ктору магази́на.
   (3) Оте́ц регуля́рно посыла́ет сы́ну де́ньги.
   (4) Вчера́ я купи́л сы́ну маши́ну.
   (5) Я показа́л сестре́ письмо́ бра́та.
   (6) А́нна принесла́ журна́л Ива́ну.

   単語 (1) ребёнок 子供, 赤ちゃん, лека́рство 薬 (2) дире́ктор 責任者, 長 (3) регуля́рно 定期的に, де́ньги お金 (6) принести́ 持って行く, 持って来る（принесу́, принесёшь, ... принесу́т；過去 принёс, принесла́, принесло́, принесли́）

2) ロシア語で表わしなさい。

   (1) 私たちはしょっちゅう父に手紙を書いています。
   (2) 兄は姉に雑誌を読んであげています。
   (3) 私はアーンナに本を送ってあげます。
   (4) きのうアーンナはイヴァーンに本を買ってあげました。

VIII 与格と結びつく前置詞

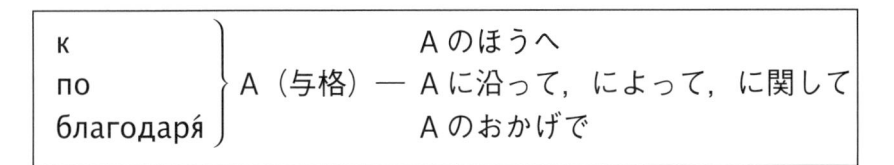

к		Aのほうへ
по	A（与格） —	Aに沿って, によって, に関して
благодаря́		Aのおかげで

第 2 部　文法編

《例文》
(1)　Я е́ду в дере́вню к дру́гу. 私は村に住む友人のところへ行く。
(2)　Он подхо́дит к де́душке. 彼はおじいさんに近づいていく。
(3)　Мы гуля́ли по лесопа́рку. 私たちは森林公園を散歩した。
(4)　Я посыла́ю письмо́ по по́чте. 私は郵便で手紙を出しています。
(5)　Благодаря́ по́мощи бра́та я успе́шно зако́нчил рабо́ту. 兄の手助けのおかげで私は仕事をうまくしあげた。

単語　(1) е́хать（乗物で）行く（е́ду, е́дешь, е́дет, е́дем, е́дете, е́дут），дере́вня 村（дере́вню は女性名詞 дере́вня の対格。в と結びつき「村に向かって」の意。☞p.137）　(2) подходи́ть 近寄る　(3) лесопа́рк 森林公園　(4) по́чта 郵便局，郵便　(5) успе́шно (<успе́шный) 首尾よく，по́мощь（女）援助，зако́нчить 終了する，рабо́та 仕事（рабо́ту は女性名詞 рабо́та の対格。☞p.135, 136）

《基本》
与格と結びつく前置詞として к, по, благодаря́ その他がある。

《説明》
前置詞にはいろいろな意味がある。例文をあげたものはその一部にすぎない。

《注意》
前置詞の個々の意味は辞書をひけば出てくるので，文法の問題と考えないでよいわけだが，高頻度で出てくるので基本的意味・用法は身につけておかなければならない。

《参考》
前置詞は普通アクセントを持たず次にくる語とひと続きに発音される（☞p.35）が，アクセントを持つ前置詞もなくはない（благодаря́）。また，副アクセント（☞p.37）を持つものもある。о̀коло（☞p.37, 126），по̀сле, мѐжду（☞p.145）

第9課　格の用法(1)

《発展》

次の言い方，表現をおぼえよう。

(1) по мнéнию врачá 医者の意見では

(2) по óчереди 順番で，順番に

(3) к сожалéнию 残念ながら

(4) к удивлéнию 驚いたことに

(5) к счáстью 幸いにも

(6) Кто вы по национáльности? 民族はどちらですか（さまざまな民族が混住する大国ロシアであり得る質問。☞練習問題 49(8)。）

練習問題 49

1) 意味をいいなさい。

(1) Лóдка пристáла к бéрегу.

(2) Лётчик ведёт самолёт к гóроду.

(3) Я идý к дóктору.

(4) Я шёл по ýлице.

(5) Тýча пó небу идёт. Бóчка пó морю плывёт…, (Пушкин)

(6) Они́ изучáют рýсский язы́к по учéбнику профéссора Лóмтева.

(7) Благодаря́ Áнне Ивáн купи́л хорóший гáлстук.

(8) По национáльности я калмы́к.

単語 (1) лóдка ボート，пристáть 付着する，着く，бéрег 岸　(2) лётчик [l'ótʃ'tʃ'ɪk] 飛行士，вести́ 導いて行く・来る，操縦する（変化は☞p.141）　(3) идти́ (歩いて) 行く (идý, идёшь, идёт, идём, идёте, идýт; 過去 шёл, шла, шло, шли)　(5) тýча 黒雲，нéбо 空 (пó небу のようなアクセントの移動に注意)，бóчка 樽，мóре 海 (пó морю のようなアクセントの移動に注意)，плыть 泳ぐ，ただよう (плывý, плывёшь, плывёт, плывём, плывёте, плывýт; 過去 плыл, плылá, плы́ло, плы́ли)　(6) учéбник 教科書　(7) гáлстук ネクタイ　(8) калмы́к カルムイク人（カス

133

第2部　文法編

ピ海北岸に住む民族）

2) ロシア語で表わしなさい。
   (1) 私たちは川岸を（に沿って）散歩した。
   (2) 私は今兄のところに行くところです。
   (3) 私たちはフランスを旅行した。
   (4) 父の手助けのおかげで私は仕事をうまくやりとげた。

   単語　(1) 川岸 бе́рег реки́　(4) 仕事をやりとげる зако́нчить рабо́ту

IX　名詞単数与格のかたち―まとめ

第46表　名詞単数与格

	単・主	単・与	単・与語尾	
男　性	стака́н	стака́ну	硬	-у
中　性	ме́сто	ме́сту		
男　性	музе́й	музе́ю	軟	-ю
	портфе́ль	портфе́лю		
中　性	мо́ре	мо́рю		
女　性₁	ко́мната	ко́мнате	軟	-е
	неде́ля	неде́ле		
女　性₂	тетра́дь	тетра́ди		-и

《基本》

単数与格のかたちを第46表により確認しよう。

《説明》

男性・中性が -у, -ю，女性₁が硬変化・軟変化にかかわらず，前置格と同じ -е，女性₂も前置格と同じく -и。

《注意》

-ия で終わるものの与格は -ии（ここにも前置格と一致するという原則がつらぬかれている）。

第 10 課

格の用法 (2)

I　直接目的を示す対格

《例文》

(1)　Я читáю журнáл. 私は雑誌を読んでいる。

(2)　Я читáю письмó. 私は手紙を読んでいる。

(3)　Я читáю газéту. 私は新聞を読んでいる。

(4)　Я читáю тетрáдь. 私はノートを読んでいる。

(5)　Онá знáет рýсский языќ. 彼女はロシア語を知っている。

(6)　Онá знáет профéссора Ивáнова и егó женý. 彼女はイヴァノーフ教授と彼の妻を知っている。

《基本》

対格は直接目的語を示す。

《説明》

1)　日本語の「を」に似る。

2)　対格をとる動詞を他動詞と呼ぶ。

《注意》

日本人の語感に合わない対格使用があるが，そのような用法にも注意を向けよう。

благодарúть 感謝する：Я благодарю́ врачá. 医者に感謝する。

встрéтить 出会う：Вчерá я совершéнно случáйно встрéтил на остановке автóбуса однокýрсника. きのう私はバス停で同級生に全く偶然に出会った。

第 2 部　文法編

ви́деть 会う，見る：Вчера́ я ви́дел А́ню на у́лице. きのう私は街でアーニャに会った。

угости́ть ごちそうする（例文は p.143）。

《類例》

(1) В расска́зе писа́тель то́чно и я́рко рису́ет карти́ну бо́я. 小説の中で作家は正確にかつ鮮明に戦闘の場面を描いている。

(2) Э́тот пиани́ст прекра́сно чу́вствует Шопе́на. このピアニストはショパンをすばらしくよく理解している（ショパンをすばらしくよく感じている）。

(3) Мы организу́ем в шко́ле се́кцию волейбо́ла. 私たちは学校でバレー部を設立しているところだ。

(4) Андре́й но́сит зелёный га́лстук. アンドリェーイは緑色のネクタイをしている。

(5) Автома́т пра́вильно выдаёт сда́чу. 自動販売機は正確にお釣りを出す。

> **単語**　(1) то́чно (< то́чный) 正確に，я́рко (< я́ркий) 鮮明に，карти́на 絵，場面，бой 戦闘　(2) пиани́ст ピアニスト，прекра́сно (< прекра́сный) すばらしく（よく）　(3) се́кция セクション，部，волейбо́л バレーボール　(4) носи́ть 手で運ぶ（衣服を示す語とともに用いると「身につけている」「着ている」），зелёный 緑色の　(5) автома́т 自動販売機，пра́вильно 正確に，выдава́ть 出す（выдаю́, выдаёшь），сда́ча 釣り銭

練習問題 50

1) 意味をいいなさい

(1) Мы слу́шали ле́кцию профе́ссора Петро́ва.

(2) Мы лю́бим весну́.

(3) Мать лю́бит сы́на.

第10課　格の用法(2)

(4) Люблю́ твой стро́гий, стро́йный вид... (Пу́шкин)

(5) Её брат хорошо́ рису́ет, о́чень то́нко чу́вствует цвет.

(6) А́ня но́сит блу́зку.

単語　(1) ле́кция 講義，講演　(4) стро́гий 厳しい，しっかりした，端正な，стро́йный かたちのよい，すらりとした，вид 姿　(5) то́нко (＜ то́нкий) 鋭敏に，せんさいに，цвет 色，色彩　(6) блу́зка　ブラウス

2) ロシア語で表わしなさい。

(1) 私たちはノートを買いました。

(2) 大工は家を建てています。

(3) 姉は本を読んでいます。

(4) 私達は学校で英語を勉強しています。

単語　(2) 大工 пло́тник　(4) 英語 англи́йский язы́к

II　в/на+A（前置格）と в/на+A（対格）

$$
\text{в/на} + \begin{cases} \text{A（前置格）} - \text{A（の中，の上）で} \\ \text{A（対　格）} - \text{A（の中，の上）へ} \end{cases}
$$

《例文》

(1) — Мой па́па — инжене́р. Он рабо́тает **на заво́де**. Сейча́с он идёт **на заво́д**.「お父さんは技師です。工場で働いています。今工場へ（歩いて）行くところです」

(2) — Моя́ ма́ма — врач. Она́ рабо́тает **в поликли́нике**. Сейча́с она́ е́дет **в поликли́нику**.「お母さんはお医者さんです。診療所で働いています。今診療所に（乗物で）行くところです」

単語　(2) поликли́ника 診療所

《基本》

第2部　文法編

в/на+A（前置格）は一定の場所内における存在（ないしその範囲内でのうごき）を示し，в/на+A（対格）はうごきの方向を示す。

《説明》

明確な事柄なので説明の要はないであろう。ここで，「Aから」の表現をつけ加えておきたい。「Aから」は из/с+A（生格）が用いられる。3者を一括しておぼえるのが得策であろう。

1) в+A（対格），в+A（前置格），из+A（生格）

Утром студе́нты прихо́дят в чита́льню. 朝学生たちは図書室にやって来る。

Они́ разгова́ривают в чита́льне. 彼らは図書室でおしゃべりをする。

Они́ ухо́дят из чита́льни ве́чером. 彼らは夕方図書室から出て行く。

2) на+A（対格），на+A（前置格），с+A（生格）

Я кладу́ кни́гу на по́лку. 私は棚（の上）へ本をおく。（класть おく，кладу́, кладёшь）

Кни́га лежи́т на по́лке. 本は棚にある（横たわっている）。

Я беру́ кни́гу с по́лки. 私は棚から本を取る。（брать 取る，беру́, берёшь）

《注意》

「から」を示す前置詞は в が用いられるものに対しては из，на が用いられるものに対しては с が使われる。поликли́ника, чита́льня は в が用いられるから，「から」の意では из。заво́д, по́лка は на が用いられるから с を使う。

《参考》

1) 「（人のところ）に居る」は у+A（生格），「（人のところ）へ行く」は к+A（与格），「（人のところ）から行く」は от+A（生格）。

Он живёт у отца́. 彼は父と同居している。

Он идёт к отцу́. 彼は父のところへ行く。

Он идёт от отца́. 彼は父のところから来る。

2) в+A（対格）は時を示す場合もある。

第 10 課　格の用法(2)

Собрáние бы́ло в срéду, в час. 集会は水曜日 1 時にあった（час は「1 時間」および「1 時」の意がある）。☞p.284，289。

練習問題 51
1)　意味をいいなさい。

Мой брат идёт в университéт, а я на завóд. Он изучáет рýсский язы́к в университéте, а я рабóтаю на завóде. Вéчером он прихóдит из университéта, а я прихожý с завóда.

2)　ロシア語で表わしなさい。
(1)　本は机の上にある（横たわっている）。
(2)　私は机の上に本をおく。
(3)　私は机の上から本を取る。
(4)　「あなたはどこで働いていますか」「私は研究所で働いています」
(5)　「あなたの姉さんはどこへ行くのですか」「彼女は映画館へ行くのです」
(6)　私はお店に行くところです。
(7)　アーンナはお店で働いています。

単語　(4) 研究所（исслéдовательский）институ́т　(5) どこへ　кудá, 映画館 кинотеáтр（кинó も可。ただし，話しことば）(6) 店 магази́н

III　対格と結びつく前置詞

в (во)		A（の中）へ
на		A（の上）へ
под	A（対格） —	Aの下へ
за		Aの向こうへ，のために
через		Aを通して

139

第 2 部　文法編

《例文》

(1) Кто поста́вил э́тот я́щик под стол？このケースを机の下においたのは誰ですか。

(2) Он пое́хал за́ реку. 彼は川向こうへ出かけた。

Предлага́ю тост за хозя́йку до́ма. 奥さんのために乾杯しましょう。

(3) Брат пе́редал отцу́ запи́ску через сестру́. 兄は姉を通してメモを父に渡した。

単語　(1) поста́вить おく　(2) предлага́ть 提案する，тост 乾杯，хозя́йка 主婦

《基本》

対格と結びつく前置詞には в, на, под, за, через その他がある。

《説明》

в, на については p.137 以下で学んだ。ここでは(1)に под，(2)に за，(3)に через の例文を掲げる。

《注意》

1)　за には「に対して」という意味もある。

Спаси́бо за комплиме́нт. お上手言ってくださりありがとう。

2)　через には「の後に」という意味もある。

Он пришёл через час. 彼は 1 時間後に来た。

3)　アクセントが前置詞に移る場合がある〔(2)〕。

《参考》

対格と結びつく前置詞にはこれ以外に про「について」，сквозь「を通して」などがある。

練習問題 52

意味をいいなさい。

(1) Положи́те тетра́дь за шкаф.

(2) Мы е́дем за Во́лгу.

第 10 課　格の用法(2)

(3)　Мы е́дем за́ го́род.
(4)　Кто поста́вил карти́ну под стол?
(5)　Солда́ты бесшу́мно прошли́ через лес.
(6)　Трамва́й идёт туда́ через пло́щадь.
(7)　Я перешёл через у́лицу.
(8)　Мы постро́или мост через ре́ку.
(9)　Мы вели́ бесе́ду через перево́дчика.
(10)　— Вы прекра́сно рису́ете. — Спаси́бо за комплиме́нт.
(11)　Все доро́ги веду́т в Рим.

単語　(1) положи́ть おく　(3) за́ го́род 郊外へ　(5) солда́т 兵士, бесшу́мно (< бесшу́мный) 音もなく, пройти́ 通過する (пройду́, пройдёшь, пройдёт, пройдём, пройдёте, пройду́т; 過去 прошёл, прошла́, прошло́, прошли́), лес 森　(7) перейти́ 横切る (перейду́, перейдёшь, перейдёт, перейдём, перейдёте, перейду́т; 過去 перешёл, перешла́, перешло́, перешли́)　(8) постро́ить 建設する, мост 橋　(9) вести́ 導く, 連れて行く (веду́, ведёшь, ведёт, ведём, ведёте, веду́т. -д- が現われることに注意。過去 вёл, вела́, вело́, вели́), бесе́да 話し合い, 対談, вести́ бесе́ду 話し合いを行う, перево́дчик [pʼɪrʼɪˈvótʃʼtʃʼɪk] 通訳　(10) прекра́сно (< прекра́сный) すばらしくよく, комплиме́нт お上手, お世辞　(11) доро́га 道, вести́ в A (対格)（道が）A に通じる, Рим ローマ

141

Ⅳ 名詞単数対格のかたち―まとめ

第47表　名詞単数対格

		単・主	単・対	単・対語尾	
男　性	不活動体	стака́н	стака́н	=単・主	
		музе́й	музе́й		
		портфе́ль	портфе́ль		
中　性		окно́	окно́		
		мо́ре	мо́ре		
女　性₂		тетра́дь	тетра́дь		
男　性	活動体	студе́нт	студе́нта	=単・生	
		геро́й	геро́я		
		преподава́тель	преподава́теля		
女　性₁		ко́мната	ко́мнату	硬	-у
		неде́ля	неде́лю	軟	-ю

《**基本**》

-а, -я で終わる名詞のみが特別の対格語尾 -у, -ю を持つ。他の名詞の対格は主格か生格に一致する。

1)　主格に一致するもの
　　男性不活動体名詞　стол 机
　　中性名詞　окно́ 窓, чудо́вище 怪物
　　-ь で終わる女性名詞　тетра́дь ノート, ло́шадь 馬
2)　生格に一致するもの
　　男性活動体名詞　студе́нт 学生 — студе́нта

142

第10課　格の用法(2)

V　手段を示す造格

《例文》

(1) Я писа́л письмо́ **карандашо́м**. 私は鉛筆で手紙を書いた。

(2) Я вытира́ю стекло́ **тря́пкой**. 私はぞうきんでガラスをふいている。

(3) Ма́ма ре́жет колбасу́ **ножо́м**. お母さんはソーセージを包丁で切っている。

(4) Он прие́хал **авто́бусом**. 彼はバスで来た。

【単語】　(2) вытира́ть ふく, стекло́ ガラス, тря́пка ぞうきん　(3) ре́зать 切る (ре́жу, ре́жешь), нож ナイフ

《基本》
造格は道具, 手段を示す。

《説明》
日本語の「で, によって, を使って」に似る。

《類例》

(1) Я откры́л дверь **ключо́м**. 鍵でドアを開けた。

(2) Я угости́л бра́та **обе́дом**. 弟に昼食をごちそうした。(бра́та は対格)

(3) В после́днее вре́мя э́тот худо́жник мно́го пи́шет **ма́слом**. 最近この画家は多く油絵をかいている (油彩でかいている)。

(4) Она́ прие́хала **по́ездом**. 彼女は列車で来た。

【単語】　(1) откры́ть 開ける (откро́ю, откро́ешь)　(2) угости́ть ごちそうする (угощу́, угости́шь)　(3) после́дний 最近の, в после́днее вре́мя 最近, худо́жник 芸術家, 画家, ма́сло 油　(4) по́езд 列車

《参考》
1)　《例文》(4)《類例》(4)のような用法は公共の交通機関に限る。

2)　造格には道具, 手段の意以外に「として」というように状態を示したり,「に（なる）」のように転化の結果を示すことがある。

143

第 2 部　文法編

(1) Я инженéр. Я рабóтаю инженéром на завóде. 私は技師だ。工場で技師として働いている。

(2) Он стал инженéром. 彼は技師になった（стать「なる」。詳しくは☞p.465 以下）。

練習問題 53

1) 意味をいいなさい

(1) Я ем рис лóжкой.

(2) Я пишý письмó рýчкой.

(3) Мáма стирáет бельё мы́лом.

(4) Я рублю́ дéрево топорóм.

(5) Худóжник бы́стро нарисовáл перóм на ли́сте картóна прóфиль дéвушки.

(6) Онá стáла врачóм.

単語 (1) есть 食べる（ем, ешь, ест, еди́м, еди́те, едя́т），рис 米，ご飯，лóжка スプーン　(3) стирáть 洗濯する，бельё 下着，мы́ло 石けん　(4) руби́ть 切る（рублю́, рýбишь），топóр 斧　(5) нарисовáть 書きあげる，лист 1 枚の紙，картóн 厚紙，лист картóна 厚紙の 1 枚，прóфиль（男）横顔，перó ペン，дéвушка 年若い女性　(6) стать A（造格）A になる

2) ロシア語で表わしなさい。

(1) 父は鉛筆でメモをとっている。

(2) 母はぞうきんで床をふいている。

(3) 姉は包丁でパンを切っている。

(4) 私はクリーナーで部屋を掃除した。

(5) 彼は先生をしている。

単語 (2) 床 пол　(3) パン хлеб　(4) クリーナー，電気掃除機 пылесóс，掃除する очи́стить

第 10 課　格の用法(2)

VI　造格と結びつく前置詞

| с
перед
над
под
за
мèжду } А（造格）— | Ａと一緒に，Ａつきの
Ａの前で（に）
Ａの上で（に）
Ａの下で（に），のもとで（に）
Ａの向こうで（に）
Ａ（とＢ）の間で（に） |

《例文》

(1) Я приéхал сюдá **с семьёй**. 私は家族と一緒に到着した。

(2) Крéсло стои́т **перед столóм**. ひじかけ椅子はテーブルの前にある。

(3) Самолёт летáет **над гóродом**. 飛行機は町の上空を飛んでいる。

(4) Я́щик стои́т **под столóм**. ケースはテーブルの下にある。

(5) Моя́ сестрá живёт в дерéвне **за рекóй**. 私の姉は川の向こうの村に住んでいる。

(6) Стол стои́т **мèжду окнóм и шкáфом**. 机は窓と棚の間にある。

単語　(1) семья́ 家族　(2) крéсло ひじかけ椅子　(3) летáть 飛びまわる　(5) дерéвня 村

《基本》

造格と結びつく前置詞には，с, перед, над, под, за, мèжду などがある。ここであげた意味は代表的なもの。

《注意》

1) с の「つきの」の意の例文。

Он купи́л там мáленький дом **с сáдом**. 彼はそこで庭つきの小さな家を買った。

145

2) перед には時間的に「前」の意もある。

Я принимáю э́то лекáрство перед у́жином. 私は夕食の前にこの薬を飲む。

Он приéхал в Москвý перед револю́цией. 彼は革命前にモスクワにやって来た。

3) рабóтать над кни́гой は「本を執筆する，本の執筆に取り組む」を意味する。同様に рабóтать над карти́ной は「絵を制作する，絵の制作に取り組む」の意味となる。

Он рабóтает над плáном. 彼はプラン作成に取り組んでいる。

4) под Москвóй は「モスクワ近郊」，под Ки́евом は「キエフ近郊」の意味。

Он живёт под Москвóй. 彼はモスクワ近郊に住んでいる。

под руковóдством A（生格）は「Aの指導のもとに」という意味になる。

Я пишý диссертáцию под руковóдством профéссора Лóмтева. 私はロームチフ教授の指導のもとに博士論文を書いている。

5) сидéть за столóм は普通「食卓（テーブル）についている」の意で用いられる。

《参考》

1) под+A（造格），под+A（対格）（☞p.139），из-под+A（生格）；за+A（造格），за+A（対格）（☞p.139），из-за+A（生格）は в/на+A（前置格），в/на+A（対格），из/с+A（生格）（☞p.138）と同様の関係にある。

Я́щик стои́т под столóм. ケースはテーブルの下にある。

Кто постáвил э́тот я́щик под стол？ このケースをテーブルの下においたのは誰だ？

Я берý я́щик из-под столá. 私はテーブルの下からケースを片づける。

Моя́ сестрá живёт в дерéвне за рекóй. 姉は川向こうの村に住んでいる。

Онá поéхала зá реку. 彼女は川向こうへ出かけた。

Онá приéхала из-за реки́ тóлько вéчером. 彼女はやっと夕方になって

第 10 課　格の用法(2)

川向こうから帰ってきた（到着した）。

　2) 場所を示す副詞にも同様の関係がある。☞単語帳(1)（p.168）。

練習問題 54

1)　意味をいいなさい。

(1)　Он рабо́тает с бра́том.

(2)　Я чита́ю по-ру́сски то́лько с по́мощью словаря́.

(3)　Э́та ко́мната с балко́ном, а та — без балко́на.

(4)　На стене́, над по́лкой — часы́.

(5)　Кре́сло стои́т мѐжду столо́м и шка́фом.

(6)　Я люблю́ чай с лимо́ном.

(7)　А́нна спо́рила с Ива́ном.

単語　(2) по́мощь 助け　(3) балко́н バルコニー　(4) по́лка 棚　(6) чай お茶，лимо́н レモン　(7) спо́рить 議論する，спо́рить с A（造格）A を相手に議論をする。

2)　ロシア語で表わしなさい。

(1)　父は兄と一緒に研究所で働いている。

(2)　私たちは先生と話をした。

(3)　私は興味を持って講義を聞いた。

(4)　私たちはテーブルについていた。

(5)　私は郊外に住んでいる。

(6)　私は郊外へ行く。

(7)　飛行機は森の上を飛んでいる。

(8)　学生たちは木陰に（木の下に）すわっていた。

(9)　テーブルは窓とベッドの間にある。

単語　(3) 興味 интере́с　(4) テーブルについている сиде́ть за столо́м　(5) 郊外に за́ го́родом　(6) 郊外へ за́ го́род，☞p.141　(9) ベッド посте́ль（女）（寝具を含めてのもの）

Ⅶ 名詞単数造格のかたち―まとめ

第 48 表　名詞単数造格

	単・主	単・造	単・造語尾	
男　性	стака́н	стака́ном	硬	-ом
中　性	ме́сто	ме́стом		
男　性	музе́й	музе́ем	軟	-ем
	портфе́ль	портфе́лем		
中　性	мо́ре	мо́рем		
女　性₁	ко́мната	ко́мнатой	硬	-ой
	неде́ля	неде́лей	軟	-ей
女　性₂	тетра́дь	тетра́дью	軟	-ью

《基本》

単数造格のかたちを第 48 表により確認しよう。

《説明》

男性・中性が -ом, -ем, 女性₁ が -ой, -ей, 女性₂ が -ью。

《注意》

1)　男性・中性の，語幹が -ц・-ж・-ч・-ш・-щ で終わるもののうち，アクセントが語幹にある場合，-ем。

男性名詞：ме́сяц 月 → ме́сяцем　душ シャワー → ду́шем　това́рищ 同僚 → това́рищем

中性名詞：блю́дце 小皿 → блю́дцем

2)　女性の，語幹が -ц・-ж・-ч・-ш・-щ で終わるもののうち，アクセントが語幹にある場合，-ей。

у́лица 通り → у́лицей　кры́ша 屋根 → кры́шей

第10課　格の用法(2)

VIII　第２前置格

```
一部の男性名詞 { -e     — 前置格
                -ý/-ю — 第２前置格 }
```

《例文》

(1)　В порту́ стои́т большо́й кора́бль. 港には大きな船が停泊している。

(2)　Они́ живу́т на берегу́ Во́лги. 彼らはボルガの河岸に住んでいる。

(3)　На краю́ обры́ва росло́ высо́кое де́рево. 崖の端には丈の高い木がはえていた。

(4)　— Где вы купи́ли газе́ты? — В кио́ске на углу́.「どこで新聞を買いましたか」「角のキオスクでです」

単語　(1) кора́бль 船, порт 港　(2) бе́рег 岸　(3) край 端, обры́в 崖, расти́ 育つ, 伸びる (расту́, растёшь；過去 рос, росла́, росло́, росли́), высо́кий 高い　(4) кио́ск キオスク, у́гол 角, 隅 (угла́, углу́,...)

《基本》

男性名詞の中には前置詞 в, на に結びつき，場所（ないし時）を示す場合，前置格で -ý, -ю́ という語尾をとるものがある。

《類語》

сад 庭 → в саду́, лес 森 → в лесу́, лёд 氷 → во (на) льду, снег 雪 → в (на) снегу́, мост 橋 → на мосту́, год 年 → в году́

《説明》

1)　このようなかたちを第２前置格と呼ぶ。

2)　第２前置格を持つのは少数の男性名詞。しかし，よく用いられる語に第２前置格があるので，おぼえておかなければならない。たとえば，(1)の в порту́ を в по́рте としたら誤りとなる。

149

第２部　文法編

《注意》

場所や時を示さない場合，普通の前置格 -e 。

о ле́се, о по́рте.

《参考》

第２前置格を持つ語例をもう少し掲げておく。

пруд 池 → в (на) пруду́, шкаф 戸棚 → в (на) шкафу́, рот 口 → во рту́, пот 汗 → в поту́ (「汗をかく」の意), Крым クリミヤ → в Крыму́, Дон ドン河 → на Дону́.

練習問題 55

1) 意味をいいなさい

   (1) Они́ стоя́ли на мосту́.

   (2) Студе́нты ночева́ли в лесу́.

   (3) Мы игра́ли в волейбо́л в саду́.

   (4) А́нна поскользну́лась на льду́.

   (5) А́нна вся в поту́.

   単語　(2) ночева́ть 夜をすごす　(3) волейбо́л バレーボール，игра́ть в А〔スポーツの種目名（対格）〕Аの競技をする　(4) поскользну́ться すべって転ぶ　(5) вся ＜ весь (☞p.69)

2) ロシア語で表わしなさい。

   (1) 私たちは森の中を（で）散歩した。

   (2) 庭には大きな木がある。

   (3) イヴァーンは全身汗びっしょりだ。

第11課

動詞の類別　不定形の用法

I　定動詞・不定動詞

第49表　定動詞・不定動詞 (1)

定　動　詞	不　定　動　詞
идти́　歩いて行く・来る	ходи́ть　歩く，歩きまわる・往復する
бежа́ть　走って行く・来る	бе́гать　走る，走りまわる・往復する
е́хать　乗って行く・来る	е́здить　乗る，乗りまわる・往復する
лете́ть　飛んで行く・来る	лета́ть　飛ぶ，飛びまわる・往復する
нести́　持って行く・来る	носи́ть　持ち運ぶ・着用している
вести́　連れて行く・来る	води́ть　連れて歩く，歩きまわる・往復する
везти́　運んで行く・来る	вози́ть　運ぶ，運びまわる・往復する

《例文》

(1) (a) — Куда́ ты **идёшь**? — Я **иду́** в шко́лу. (b) — Ты уже́ **хо́дишь** в шко́лу? Я уже́ давно́ **хожу́** в шко́лу. (a)「どこへ行くの？」「学校へ行くのよ」(b)「もう学校に通っているのかい？」「もうずっと前から学校に通っているのよ」

(2) (a) — Что э́то ты **несёшь**? — **Несу́** свои́ кни́ги. Тяжело́? — Ниско́лько не тяжело́. (b) Я всегда́ **ношу́** кни́ги. (a)「（いったい）何を持って行くの？」「自分の本よ」「重たいかい？」「少しも重たくないわ」(b)私はいつも本を持ち歩いているわ〔持って（学校に）通っている〕」

(3) (a) Пти́цы **летя́т** на юг. (b) Пти́цы **лета́ют** под де́ревом. (a)鳥が南へと飛んで行く。(b)鳥は木の下で飛びまわっている。

151

第 2 部　文法編

単語　(1) давно́ 昔に，以前から，уже́ давно́ もうずっと前から　(2) тяжело́ 重い（＜ тяжёлый 重い），ниско́лько ぜんぜん　(3) пти́ца 鳥

《基本》

1)　移動を示す動詞には定動詞・不定動詞の区別がある（第 49 表）。

2)　定動詞は一定方向に向かっていく移動動作を表わし，不定動詞は往復・反復を含め，それ以外の移動動作を表わす。

《説明》

すでに идти́（p.99, 133），ходи́ть（p.93），лете́ть p.93），лета́ть（p.145），е́хать（p.132），вести́（p.141），вози́ть（p.93），носи́ть（p.93, 136）などの場所替え（移動）を示す動詞を学んだが，これら動詞が示す意味上のニュアンスを一括してここでまとめることにする。

(1)(a)の идти́ は目的地である学校に向かって（まっすぐ）歩いて行くことを，(1)(b)の ходи́ть は学校に通っているという往復運動を表わす。(2)(a)の нести́ は（学校という）目的地へ手で持って行くことを，(2)(b)の носи́ть は手で持って往復していることを表わす。(3)(a)の лете́ть は鳥の群が南へ（まっすぐ）飛んで行くことを，(3)(b)の лета́ть は鳥が木の下で飛びまわっていることを表わす。

《注意》

1)　不規則な変化をするものが多い。

　(1)　идти́ → иду́, идёшь,... ; 過去 шёл, шла, шло, шли

　(2)　бежа́ть → бегу́, бежи́шь,... бегу́т

　(3)　е́хать → е́ду, е́дешь,...

　(4)　вести́ → веду́, ведёшь,... ; 過去 вёл, вела́,...

　(5)　нести́ → несу́, несёшь,... ; 過去 нёс, несла́,...

　(6)　везти́ → везу́, везёшь,... ; 過去 вёз, везла́,...

2)　идти́ の過去形 шёл, шла, шли は日本語の「行った」とは異なる。「行くところだった」の感じ。「行った」は был, была́, бы́ли とか ходи́л, ходи́ла, ходи́ли で表現できる。

第11課　動詞の類別　不定形の用法

Вчера́ я был (была́) в университе́те. と Вчера́ я ходи́л (ходи́ла) в университе́т. は共に「きのう私は大学へ行った」の意。Зимо́й я был (была́) в Токио. は「冬に私は東京に行って来た」の意。「行って帰って来て今ここにいる」という背景で用いられる。

《参考》
1) носи́ть には「身につけている」という意があるが，これも方向が考えられない不定動詞だから出てくる意味である。用例は☞p.136, 137。
2) ходи́ть（不定動詞）は「流行する」の意で用いられることがある。
Сейча́с хо́дит грипп. 今インフルエンザがはやっている。
3) 第49表以外に次のような定動詞・不定動詞の対がある（第50表）。

第50表　定動詞・不定動詞 (2)

定動詞		不定動詞	
брести́	ぶらぶら行く・来る	броди́ть	ぶらつく
гнать	追って行く・来る	гоня́ть	追いまわす
плыть	泳ぎ（流れ）行く・来る	пла́вать	流れる，泳ぐ，ただよう
лезть	這い上がる・下りる	ла́зить	這って上がり下りする
ползти́	這って行く・来る	по́лзать	這う，這いまわる
тащи́ть	引いて行く・来る	таска́ть	引く，引きまわす

4) (2)(a) э́то は что の意を強めるために添えられている。

練習問題56
1) 第49表に出てくる定・不定動詞の対をしっかりおぼえておこう。表を見ずに，次の動詞は定動詞か不定動詞かをいってみよう。
ходи́ть, идти́, бежа́ть, бе́гать, вести́, води́ть, лета́ть, лете́ть
2) 意味をいいなさい
(1) Сейча́с самолёт лети́т на восто́к.
(2) Самолёт регуля́рно лета́ет.

第 2 部　文法編

   (3) Самолёты летают над Москвой.
   (4) Я живу далеко и каждый день езжу в университет на автобусе. Но сегодня я еду на машине.
   (5) Дети бегают во дворе.
   (6) Сюда бежит мальчик.
   (7) Анна носит очки.
   > **単語**　(1) восток 東　(4) автобус バス　(5) двор 中庭（前置詞 в が во になることに注意），дети 子供たち（単数は ребёнок）　(6) мальчик 少年　(7) очки 眼鏡

3) ロシア語で表わしなさい
   (1) 「どこへ行くのですか」「私は診療所へ行くところです」
   (2) Таня は学校に通っている。
   (3) 私はしょっちゅう図書館へ（乗物で）行きます。
   (4) アーンナはオペラが好きで，オペラ劇場によく行きます。
   (5) イヴァーンは背広を着ています。
   > **単語**　(4) オペラ опера，よく часто（しばしば），オペラ劇場 оперный театр　(5) 背広 пиджак

第 11 課　動詞の類別　不定形の用法

II -ся 動詞

第 51 表　-ся 動詞の変化

		занима́ться 従事する		учи́ться 学ぶ	
		単数	複数	単数	複数
現在	1	занима́юсь	занима́емся	учу́сь	у́чимся
	2	занима́ешься	занима́етесь	у́чишься	у́читесь
	3	занима́ется	занима́ются	у́чится	у́чатся
過去	男	занима́лся		учи́лся	
	女	занима́лась	занима́лись	учи́лась	учи́лись
	中	занима́лось		учи́лось	
命令		занима́йся	занима́йтесь	учи́сь	учи́тесь

《例文》

(1) Сейча́с я **занима́юсь**. Я изуча́ю ру́сский язы́к. 私は今勉強している。ロシア語を学んでいるのだ。

(2) Ты **наслажда́ешься** жи́знью. 君は人生を楽しんでいる。

(3) Мы начина́ем уро́к. Уро́к **начина́ется**. Сейча́с мы конча́ем уро́к. Сейча́с уро́к **конча́ется**. 私たちは授業を始めている。授業は始まりつつある。今私たちは授業を終わろうとしている。今授業は終わりかけている。

(4) Мы **нахо́димся** на верши́не горы́. 私たちは山頂にいる。

(5) Вы **наде́етесь** на успе́х. あなたは成功を期待している。

(6) В шко́ле А́ня и Бо́ря **у́чатся** о́чень хорошо́. 学校ではアーニャとボーリャはとてもよく勉強する。

単語 (5) успе́х 成功（その他の単語は本文中で説明する）

《基本》

1) -ся のついた動詞をかりに -ся 動詞と呼ぶ。
2) -ся 動詞は第 51 表のように変化する。

第 2 部　文法編

3)　-ся 動詞は，例外を除き，対格の補語をとることがない。

《説明》

1)　-ся をとって，動詞を変化させ，その後ろに -ся をつければよい。ただし，末尾に母音があったら -ся は -сь にする。занима́юсь, занима́етесь; занима́лся, занима́лась, занима́лось, занима́лись; занима́йтесь; учи́сь, учи́тесь.

2)　たとえ意味的には他動詞であっても対格の補語をとらない。

занима́ться матема́тикой　　数学の勉強をする。
наслажда́ться жи́знью　　人生を楽しむ。
наде́яться на успе́х　　成功を期待する。

《注意》

1)　-ться, -тся は区別なく [tstsə] と発音する。

2)　-ся のない動詞と -ся 動詞には，意味的関係が(1)密接なものと(2)離れるものとがある。

《参考》

1)　-ся のない動詞と -ся を持つ動詞の意味的関係。

(1)　密接なもの（能動と受身，他動と自動，その他の関係として理解できるもの）。

начина́ть 始める — начина́ться 始められる・始まる(3)
конча́ть 終える — конча́ться 終わる(3)
продолжа́ть 続ける — продолжа́ться 続く
писа́ть 書く — писа́ться 書かれる，書ける
одева́ть 着せる — одева́ться 着る
возвраща́ть かえす — возвраща́ться かえる
беспоко́ить 心配させる — беспоко́иться 心配する
волнова́ть 気をもませる — волнова́ться 気をもむ
обижа́ть 侮辱する — обижа́ться 侮辱に感じる
ви́деть 見る，面会する — ви́деться （互いに）出会う

(2)　離れるもの。

第11課　動詞の類別　不定形の用法

занима́ть 占める ── занима́ться 従事する，勉強する(1)
находи́ть 見つける ── находи́ться ある，存在する(4)
стесня́ть 圧迫する ── стесня́ться 恥ずかしい，照れくさい，遠慮する

（3）-ся のつかない対応の動詞のないもの。

наде́яться 期待する(5)　　боя́ться こわがる，こわい
смея́ться 笑う

2)　動詞の支配について日本人の語感に合わないものもあるが，各動詞についておぼえていく必要がある。

занима́ться + A（造格）─　A に従事する，A を勉強する
по́льзоваться + A（造格）─　A を使う，利用する
наслажда́ться + A（造格）─　A を楽しむ
увлека́ться + A（造格）─　A に熱中する，凝る
боя́ться + A（生格）─　A がこわい
учи́ть + A（対格）B（与格）─　A に B を教える
учи́ться + A（与格）─　A を学ぶ。
наде́яться + на A（対格）─　A を期待する
жени́ться + на A（前置格）─　（男性が）A（女性）と結婚する

《発展》

1)　-ся 動詞を含む次の言い方をおぼえよう。

（1）── Вы рабо́таете или у́читесь?「お勤めですか，それとも勉強中ですか」
── Я рабо́таю.「勤めを持っています」
── Я учу́сь.「学生です」

（2）Давно́ не ви́делись. お久し振りですね（出会った時のあいさつの1つ）。

（3）── Почему́ вы смеётесь?「なぜ笑っているのですか（何がおかしいのですか）」── Про́сто так.「ただなんとなく」

2)　次のような -ся 動詞の否定命令形は会話でよく用いられるので使えるようにしておこう。

157

第２部　文法編

(1) Не стесня́йтесь. 遠慮しないでください。

(2) Не беспоко́йтесь. ご心配には及びません。

(3) Не волну́йтесь, всё бу́дет в поря́дке. ご心配なく。全てうまくいきますから。

(4) Не обижа́йтесь. 気を悪くしないでください。

練習問題 57

1) 意味をいいなさい。

(1) — Как пи́шется ва́ша фами́лия по-ру́сски? —Моя́ фами́лия пи́шется по-ру́сски Фукуда.

(2) Э́та кни́га ма́ло чита́ется.

(3) В институ́те изуча́ются англи́йский и други́е языки́.

(4) Ле́кция начина́ется в шесть часо́в.

(5) Моя́ сестра́ всегда́ одева́ется ме́дленно.

(6) По́сле рабо́ты мы возвраща́лись домо́й и отдыха́ли.

(7) Я доби́лся успе́ха в жи́зни.

(8) Бо́ря, усе́рдно занима́йся физкульту́рой.

(9) Пожа́луйста, сади́тесь за стол.

(10) Ива́н жени́лся на А́нне.

(11) Как до́лго продолжа́ется дождли́вый сезо́н?

(12) Как называ́ется э́тот инструме́нт?

単語　(1) фами́лия 姓　(2) ма́ло 少し，少なく（мно́го の反義語）(4) в шесть часо́в 6時に　(6) возвраща́ться домо́й 家に帰る (7) доби́ться+A（生格）A を（苦労して）得る　(8) усе́рдно 一生懸命（< усе́рдный 勤勉な）(9) сади́ться すわる，席につく，сади́ться за стол テーブル（多く食卓）につく（сесть と сади́ться との関係については☞p.170）(11) дождли́вый 雨の多い，сезо́н シーズン，季節　(12) называ́ться 名付けられる，…と呼ばれる，инструме́нт 用具，道具

第 11 課　動詞の類別　不定形の用法

2) ロシア語で表わしなさい
　(1)　学生たちは大学でロシア語を学習している（изуча́ть を用いる）。
大学ではロシア語が学ばれている（изуча́ться を用いる）。
　(2)　私たちは今広場にいる（находи́ться を用いる）。
　(3)　「あなたの会社はどこにありますか」「渋谷にあります」
　(4)　この曲は今も人気があります。

単語　(3)　渋谷に на Сибу́я，в райо́не Сибу́я　(4)　曲 му́зыка，今も и сейча́с，人気がある по́льзоваться популя́рностью

III　動詞と不定形の結びつき

```
А（動詞）＋ В（不定形）── ВすることをАする
```

《例文》

Я мно́го чита́ю. Я о́чень **люблю́ чита́ть**. Тепе́рь я хорошо́ понима́ю по-ру́сски. Я **начина́ю понима́ть** да́же стихи́. 私はたくさん読書する。私は読むことが好きだ。もうロシア語がよくわかる。詩さえもわかり始めている。

単語　стих 詩の一行，韻文，стихи́（作品としての）詩

《基本》
　1)　不定形 инфинити́в (p.82) は多く（母音＋）-ть で終わる。чита́ть「読む」，говори́ть「話す」など。しかし，-ти とか -чь で終わるものも若干ある。идти́「行く」，нести́「運ぶ」，мочь「できる」，бере́чь「大切にする」など。
　2)　不定形は動詞の意味そのものを純粋に表わす。
　3)　不定形は他の動詞と結びつき，その動詞の意味を展開させることができる。

159

第 2 部　文法編

《説明》

直訳すると，люблю́ чита́ть「(私は) 読むことを愛する」，начина́ю понима́ть は「理解することを始めている」。

《注意》

1) すべての動詞が不定形と結びつくわけではない。たとえば，гуля́ть「散歩する」などは不定形と結びついて用いられることは普通ない。結びつくのは люби́ть とか начина́ть などの一定の動詞である。

《参考》

конча́ть「終わる」，продолжа́ть「続ける」，учи́ться「学ぶ」，собира́ться「するつもりである」も不定形と結びつく。

Я конча́ю рабо́тать. 私は仕事を終わろうとしている。

Това́рищ продолжа́ет рабо́тать в конто́ре. 同僚はオフィスで働き続けている。

А́нна учи́лась пла́вать в бассе́йне《Москва́》. アーンナは『モスクワ』という名のプールで水泳を習った。

Я собира́юсь встреча́ть Ива́на на вокза́ле. 私はイヴァーンを駅で出迎えるつもりだ。

хоте́ть「したい」，мочь「できる」については次項で説明する。

練習問題 58

1)　意味をいいなさい。

(1)　— Ты лю́бишь спорт?— Да, я люблю́ игра́ть в футбо́л. — А я люблю́ пла́вать и бе́гать.

(2)　Он начина́ет говори́ть по-ру́сски.

(3)　Учи́сь владе́ть собо́й.

(4)　— Где ты собира́ешься отдыха́ть ле́том? — Я собира́юсь отдыха́ть на мо́ре.

単語　(1) футбо́л サッカー, игра́ть в А〔スポーツの種目名 (対格)〕A をする (競技する) (игра́ть на А〔楽器名 (前置格)〕A を

160

第 11 課　動詞の類別　不定形の用法

ひく）(3) владе́ть собо́й 自分を抑制する，自制する　(4) отды-ха́ть 休む，休暇をすごす，на мо́ре 海辺で，海岸で（船の上ではないことに注意）

2)　ロシア語で表わしなさい。
(1)　私は朝仕事をするのが好きだ。
(2)　兄は夕方読書をするのが好きだ。
(3)　学生達は歌を歌うのが好きだ。
(4)　妹は大学でロシア語の勉強を始めている。

単語　(3)　歌を歌う　петь

IV　хоте́ть と мочь

$$\left.\begin{array}{l}\text{хоте́ть}\\ \text{мочь}\end{array}\right\} + \text{А（不定形）} — \begin{array}{l}\text{А…したい}\\ \text{А…できる}\end{array}$$

《例文》

(1)　— Вы хоти́те изуча́ть ру́сский язы́к? — Да, я о́чень хочу́ изуча́ть ру́сский язы́к.「ロシア語を勉強したいですか」「はい，心からそう思っています」

(2)　Я могу́ свобо́дно говори́ть по-ру́сски, но ещё не могу́ пра́вильно произноси́ть не́которые зву́ки. 私はロシア語をよどみなく話せますが，まだ二，三の音声を正しく発音することができません。

単語　(2)　свобо́дно 自由に（< свобо́дный 自由な），пра́вильно 正しく（< пра́вильный　正しい），произноси́ть 発音する，не́который ある，一部の，звук 音，音声，単音

《基本》
хоте́ть と мочь も不定形と結びついて用いられる（変化は第 52 表）。

161

第2部　文法編

第52表　хоте́ть と мочь の変化

		хоте́ть　欲する		мочь　できる	
		単数	複数	単数	複数
現在	1	хочу́	хоти́м	могу́	мо́жем
	2	хо́чешь	хоти́те	мо́жешь	мо́жете
	3	хо́чет	хотя́т	мо́жет	мо́гут
過去	男	хоте́л		мог	
	女	хоте́ла	хоте́ли	могла́	могли́
	中	хоте́ло		могло́	

《説明》

хоте́ть は現在・単数で語幹末 ч，第1変化語尾。複数で語幹末 т，第2変化語尾。мочь は単・一，複・三で語幹末 г，その他で ж。語尾は第1変化。過去の男性形で л がないが，他ではあることに注意。不規則変化としてまとめておこう。

《類例》

(1) — Хо́чешь смотре́ть э́тот фильм? — Нет, не хочу́.「この映画見たい？」「いいや見たくない」

(2) — Вы мо́жете прие́хать в университе́т сего́дня? — Да, могу́. Я могу́ прие́хать в университе́т сего́дня у́тром.「今日大学に来られますか」「ええ，行けます。朝なら大学に行けます」

単語　(1) смотре́ть（注意して）見る, фильм 映画, сего́дня у́тром 今朝（副詞を重ねていうことに注意）

《参考》

修得能力に関してとくに述べるときは уме́ть ＋ A（不定形）を用いる。Я не уме́ю игра́ть на скри́пке, но моя́ сестра́ уме́ет.　バイオリンを私はひけませんが，妹はひけます。

第 11 課　動詞の類別　不定形の用法

練習問題 59

1) 意味をいいなさい
   (1) — Она́ не хо́чет идти́ в теа́тр сего́дня. А вы хоти́те? — Да, я хочу́.
   (2) Они́ хотя́т жить в дере́вне.
   (3) Студе́нты хотя́т изуча́ть англи́йский язы́к по уче́бнику профе́ссора Ямадзаки.
   (4) Я не хочу́ танцева́ть сего́дня.
   (5) Для уточне́ния я хочу́ спроси́ть.
   (6) Моя́ сестра́ мо́жет танцева́ть.
   (7) — Вы уме́ете пла́вать? — Да, я уме́ю.

   単語　(1) теа́тр 劇場　(5) уточне́ние 確認

2) ロシア語で表わしなさい。
   (1) 学生たちはフランス語を学びたいと言っています。
   (2) 私は辞書を使えばロシア語が読めます（読むことができる）。
   (3) 父はロシア語が話せます。
   (4) 「車の運転できますか」「はい，できます」
   (5) 「シャツにアイロンかけられる？」「うん，かけられる」

   単語　(2) 辞書を使えば то́лько с по́мощью словаря́　(4) 車を運転する води́ть маши́ну　(5) A にアイロンをかける утю́жить A（対格），シャツ руба́шка

V　接続詞 что

говори́ть писа́ть ду́мать	, что B（文） — B と	話す 書く 考える

《例文》

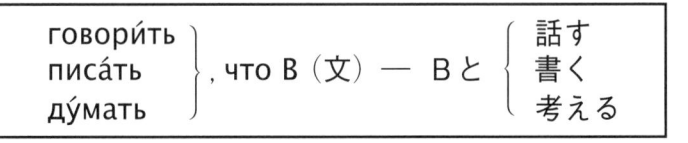

163

第 2 部　文法編

(1) (a) — Что он говори́т? (b) — Он говори́т, что Ива́н Ива́нович живёт здесь. (a)「彼は何と言っていますか」(b)「彼は，イヴァーン・イヴァーナヴィチはここに住んでいると言っています」

(2) (a) — Что они́ говоря́т? (b) — Они́ говоря́т, что в общежи́тии живу́т иностра́нные студе́нты. (a)「彼らは何と言っているのですか」(b)「彼らは，学生寮には外国人留学生が住んでいると言っています」

単語　(2) общежи́тие 寮, 寄宿舎, иностра́нный 外国の

《基本》

1) говори́ть 話す, писа́ть 書く, ду́мать 考える, などを述語とする前半部が主文。

2) что 以後の後半部が従属文。

3) 従属文の文頭に立ち，それを主文に結びつける что は接続詞。

4) 主文と従属文は合わさって，従属複文をつくる。

《説明》

1) 主文は伝達，認識を表わす述語を持つ。

2) 従属文は伝達・認識の内容を表わす。

3) 接続詞 что は，英語の that に当たる。日本語の引用の「と」に近い（詳しくは☞p.494, 495）。

《注意》

1) 接続詞の что(b) にはアクセントがない。[ʃtə] と発音する。疑問代名詞の что(a) にはアクセントがある。[ʃtó] と発音する。

2) 従属複文とは何か，今は常識で理解される程度に考えておいていただきたい。詳しくは第 29 課で学ぶ。

《類例》

(1) Я зна́ю, что вы чита́ете рома́н《Война́ и мир》. あなたが『戦争と平和』を読んでいることを私は知っています。

(2) Оте́ц пи́шет, что он чита́ет рома́н《Война́ и мир》. 『戦争と平和』を読んでいると父は手紙に書いている。

《参考》

第 11 課　動詞の類別　不定形の用法

主文の動詞の例を 2・3 挙げる。

(1) 伝達の動詞（говори́ть, писа́ть の類）расска́зывать 物語る, сообща́ть 通知する, передава́ть 伝える

(2) 認識・思考の動詞（ду́мать の類）знать 知っている, понима́ть わかる, ви́деть 見る, слы́шать 聞く

練習問題 60

1) 意味をいいなさい

　(1) Я зна́ю, что она́ больна́.

　(2) Ма́ша пи́шет, что вы пра́вы.

　(3) Я ду́маю, что оте́ц бо́лен.

　(4) Я ви́жу, что ты прав.

　(5) Я слы́шал, что он давно́ уе́хал.

　単語　(1) бо́лен（形容詞短語尾）病気である（女性形 больна́, 複数形 больны́）(2) прав, права́, пра́во, пра́вы 正しい　(5) уе́хать 出発する, 帰る

2) ロシア語で表わしなさい。

　(1) 彼女がレストランで働いていることを私は知っている。

　(2) 「アーンナは何といっているのですか」「あす学校では授業がないといっています」

　(3) あすはとてもよい天気になると私たちは思います。

　(4) お前がもう学校に通っているとは知らなかった。

　単語　(2) 授業 заня́тие

VI до́лжен

```
до́лжен ＋ A (不定形) ─ ┌ (1)  A しなければならない
                      └ (2)  A するに違いない
```

165

第2部　文法編

《例文》

(1) Сейча́с шесть часо́в. Я до́лжен уходи́ть. Вы то́же должны́ уходи́ть. 今6時です。私は帰らなければなりません。あなたもやはり帰らなければなりません。

(2) Я зна́ю, что Хана́ко давно́ изуча́ет ру́сский язы́к. Тепе́рь она́ должна́ хорошо́ знать ру́сский язы́к. Вы то́же должны́ хорошо́ знать ру́сский язы́к. 花子が以前からロシア語を勉強していることを私は知っています。今や彼女はロシア語をよく知っているに違いありません。あなたもやはりロシア語をよく知っているに違いありません。

単語　(1) шесть часо́в 6時, уходи́ть 去る, 出発する

《基本》

до́лжен (должна́, должно́, должны́) も不定形と結びつき, (1)「А しなければならない」, (2)「А するに違いない」という意味を表わす。

《説明》

1) どちらの意味かはコンテキストで定めるほかない。

2) (1)の Я до́лжен の場合, я は男性。女性の場合は Я должна́。ты に関しても同様, ты до́лжен (男性), ты должна́ (女性)。

練習問題61

1) 意味をいいなさい。

(1) Вы должны́ написа́ть отцу́ письмо́ сего́дня.

(2) Я до́лжен (должна́) чита́ть рефера́т студе́нта.

(3) Мой муж до́лжен прие́хать в шесть часо́в.

単語　(1) написа́ть (手紙を) 書き上げる, 出す　(2) рефера́т レポート　(3) муж 夫, в шесть часо́в 6時に

2) ロシア語で表わしなさい。

(1) 私が謝らなければならない。

(2) 君はすぐに家に帰らなければならない。

(3) 会議は今日あるはずだ。

第11課　動詞の類別　不定形の用法

単語　(1) 謝る извини́ться　(2) すぐに неме́дленно，家に帰る возврати́ться домо́й　(3) 会議 собра́ние，ある быть

VII　疑問代名詞・副詞＋不定形

```
что  ⎫
как  ⎬ ＋ A（不定形）？ — ⎧ 何を A すべきか？
где  ⎭                    ⎨ いかに A すべきか？
                          ⎩ どこで A すべきか？
```

《例文》

— Как прое́хать в центр го́рода? — В центр го́рода мо́жно прое́хать и на авто́бусе, и на тролле́йбусе.「町の中心（中心街）へはどう行ったらよいのでしょうか」「町の中心へはバスでもトロリーバスでも行けます」

単語　прое́хать（乗物で，どこどこへ）行く（徒歩の場合は пройти́），тролле́йбус トロリーバス（道路上の架線から電力をえて，モーターで走行する電車。車体はバスに似る）

《基本》

不定形は что, как, где などの疑問代名詞・副詞と結びつき「～すべきか？」という疑問文をつくる。

《説明》

Как прое́хать? は「どう行くべきか，どう行ったらいいか」という意味。

《類例》

Как писа́ть? どう書いたらいいのか（どう書くべきか）?

Где писа́ть? どこで書いたらいいのか（どこで書くべきか）?

Что де́лать? どうしたらよいのか（何をなすべきか）?

Что отве́тить? 何と返事をしたらよいのか（何と答えるべきか）?

Куда́ е́хать? どこへ行くのですか（どこへ行くべきか）?(タクシーの運転手の質問の１つ)

第 2 部　文法編

《注意》

主体の表現方法については☞p.229。

練習問題 62

意味をいいなさい。

(1) ― Как доéхать до теáтра?　― Садúтесь на э́тот автóбус и выходúте на остановке《Театрáльная плóщадь》.

(2) Как найтú ýлицу Гéрцена?

(3) Я не знáю, как отвéтить.

単語　(1) доéхать（乗物で）到着する，выходúть 出る，降りる，остановка 停留所　(2) найтú 見つける

♣ 単語帳（1）

"で・へ・から"の関係にたつ場所の副詞

здесь ここで	― сюдá ここへ	― отсю́да ここから
там あそこで	― тудá あそこへ	― оттýда あそこから
где どこで	― кудá どこへ	― откýда どこから

第 12 課

アスペクト(体)

I 不完了体と完了体

第 53 表 不完了体と完了体

		不完了体	完了体	意　味
(1)	尾部が違う	решáть изучáть	решить изучить	問題を解く・答えを出す 学ぶ・習得する
(2)	頭部が違う	дéлать писáть	сдéлать написáть	する・しあげる 書く・書きあげる
(3)	全体が違う	говорить брать	сказáть взять	話す・口に出す 取る・手にする

《基本》

1) ほとんどの動詞は不完了体と完了体という2つのかたちを持つ。

2) 2つのかたちの違いは，(1)尾部の違いとして現れるもの，(2)頭部の違いとして現れるもの，(3)全体が異なるものとがある（第53表）。

《説明》

(1)では母音だけが違うものを例に掲げたが，перепи́сывать — переписáть「書き直す」やдавáть — дать「与える」のようなものもこれに属する。
(2)では不完了体は接頭辞がなく，完了体は接頭辞を持つ。(3)はほんの少数しかない。(2)もあまり多くない。圧倒的に多いのは(1)の類である。

《類例》

(1) измеря́ть — изме́рить 計る　　принимáть — приня́ть（薬などを）飲む

(2) читáть — прочитáть 読む　　ви́деть — уви́деть 会う

169

(3) возвращáть — вернýть 返す　садúться — сесть すわる

《注意》

1) 今後，動詞をおぼえる場合は必ず2つのかたちをおぼえること。たとえば изучáть だけを記憶するのは不十分で，изучúть も一緒におぼえなければならない。

2) 今後，2つのかたちがある場合は不完了体を先に，完了体を後に書く。（不完）は不完了体，（完）は完了体を表わす。

例：умирáть（不完）・умерéть（完）死ぬ

3) 不完了体・完了体を表わす名称としてアスペクト（体）という用語を用いる。

《参考》

1) アスペクトとは動作の流れの姿を表わす文法上の用語である。日本文法でも最近この用語がよく用いられるようになった。

2) 定動詞・不定動詞はすべて不完了体であるが，定動詞が接頭辞をとると完了体となり，同じ接頭辞を不定動詞がとると対応の不完了体が形成される（派生した動詞は定・不定の区別はなく，ただ，アスペクトの区別だけとなる）。

不完了体　　完了体

уходúть — уйтú 去る（идтú は接頭辞がつくと -йтú）

выходúть — вы́йти 出る（接頭辞 вы- は完了体の場合必ずアクセントを持ち вы́-, идтú は -йти）

улетáть — улетéть 飛び去る

прилетáть — прилетéть 飛来する

приносúть — принестú 持ち来る

уносúть — унестú 持ち去る

проводúть — провестú（時を）すごす

переводúть — перевестú 翻訳する

ただし，éздить, бéгать は不完了体形成にはそのまま使えず -езжáть, -бегáть が代用される。

第 12 課　アスペクト（体）

приезжа́ть — прие́хать（乗物で）来る
выезжа́ть — вы́ехать（乗物で）出発する
прибега́ть — прибежа́ть 走り寄る
убега́ть — убежа́ть 逃げる

II　不完了体・完了体の意味のアウトライン

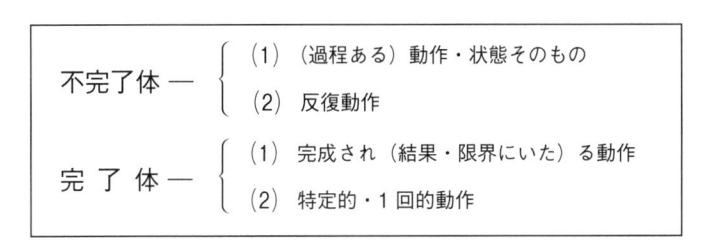

```
不完了体 ─┬ (1)（過程ある）動作・状態そのもの
          └ (2) 反復動作
完了体   ─┬ (1) 完成され（結果・限界にいた）る動作
          └ (2) 特定的・1回的動作
```

《例文》

(1) Я люблю́ **реша́ть** тру́дные зада́чи. 私はむずかしい問題を解いていくのが好きだ。

(2) Я хочу́ **реши́ть** тру́дные зада́чи. 私はむずかしい問題を解きたい（の答を出したい）。

(3) Ты до́лжен **принима́ть** лека́рство ка́ждый день в одно́ и то же вре́мя. あなたは毎日、同じ時刻に薬を飲まなければいけない。

(4) Ты до́лжен **приня́ть** э́то лека́рство сейча́с же. あなたはこの薬を今すぐ飲まなければいけない。

> **単語**　(1)(2) реша́ть・реши́ть（問題を）解く, тру́дный むずかしい
> (3) принима́ть・приня́ть（приму́, при́мешь,... при́мут）（薬を）飲む, оди́н и тот же 同一の, в одно́ и то же вре́мя 同じ時刻に　(4) сейча́с же 今すぐに

《説明》

(1)の реша́ть は「問題を解いていく」という長い過程を含む行為そのものを表わすが, (2)の реши́ть は「問題を解き答を出す」という結果の達成

171

第2部　文法編

が念頭にある表現。(3)の принима́ть は「毎日飲む」という反復的動作を示す。(4)の приня́ть は「今すぐに，この薬を飲む」という特定化された動作を表わす。

《類例》

（1）　Я люблю́ изуча́ть иностра́нные языки́. 私は外国語を勉強するのが好きだ（動作そのもの）。

（2）　Я хочу́ хорошо́ изучи́ть ру́сский язы́к. 私はロシア語をとことん勉強したいと思う（限界にいたる動作）。

（3）　Вы должны́ измеря́ть температу́ру регуля́рно. あなたは規則正しく体温を計っていかなければならない（反復的動作）。

（4）　Вы должны́ изме́рить температу́ру. あなたは体温を計らなければならない（特定的・1回的動作）。

単語　(3)(4) измеря́ть・изме́рить 計る，температу́ра 温度，体温

《注意》

1）　日本人には不完了体・完了体では語義がやや異なるように感じられる場合が多い。

изуча́ть「研究する，学ぶ，勉強する」— изучи́ть「研究しつくす，学びとおす，学びつくす，すみからすみまで知る」

писа́ть「書く，書いていく」— написа́ть「書き上げる」

сдава́ть「試験を受ける」— сдать「試験を通る，受かる」

しかし，ロシア人にとり不完了体・完了体の一対は1つの動詞の2つのかたち（フォーム）としてとらえられている。

2）　ただし，「語義がやや異なる」という感覚を大切にしなければならない。2つのアスペクト（体）のさまざまなニュアンスを語彙的手段を用いて訳し分けていく必要がある。

3）　翻訳には間違いがつきものであるとしても，ロシア文学の翻訳などにはアスペクトの訳し間違いがとくに多々見出される。ひとえに，露和辞典がロシア人のためのロシア語辞典と同じく，不完了体・完了体を並べて掲げ，それに同一の訳語を与えているためであろう。今後，そのような訳

語をそのままあてはめず，不完了体・完了体でそれぞれひとひねりする工夫をしていかなければならない。

《参考》

1) 反復・習慣を表わす用法での不完了体は ка́ждый день「毎日」〔(3)〕, регуля́рно「規則正しく」〔類例(3)〕, всегда́「いつも」, ча́сто「しょっちゅう」, иногда́「時々」などという反復や回数を表わす副詞とともに用いられることがある（常にそうであるわけではない）。

2) 不完了体・完了体の意味はここでまとめたものだけではない。ただし，以上のまとめ方は，今後の勉強の手掛り・足掛りに役立つ。

3) 日本語に関してアスペクトが問題にされるのは，普通の動詞のかたちに対するテ形＋イルのかたちの対立である。

書く — 書いている（継続），死ぬ — 死んでいる（完了）。

ロシア語のアスペクトと重なるところがあるが，同じではない。

III アスペクト（体）と時制

第54表 アスペクト（体）と時制

	現 在	過 去	未 来
不完了体	изуча́ю	изуча́л	бу́ду изуча́ть
完 了 体		изучи́л	изучу́

《基本》

1) 不完了体は「現在」「過去」「未来」の3つの時制を持つ。
2) 完了体は「過去」「未来」の2つの時制を持つ（第54表）。

《説明》

1) （不完了体）現在—不完了体を現在変化させる： изуча́ю, изуча́ешь, изуча́ет, изуча́ем, изуча́ете, изуча́ют「研究している，学習している」。

2) 不完了体過去—不完了体から過去形をつくる：изуча́л, изуча́ла,

изуча́ло, изуча́ли「研究した，研究していた，学習した，学習していた」。

3) 不完了体未来—быть の未来（☞p.105）と不完了体不定形の結合による：бу́ду изуча́ть, бу́дешь изуча́ть, бу́дет изуча́ть, бу́дем изуча́ть, бу́дете изуча́ть, бу́дут изуча́ть「研究する（だろう），研究していく（だろう），学習する（だろう），学習していく（だろう）」。

4) 完了体過去—完了体から過去形をつくる：изучи́л, изучи́ла, изучи́ло, изучи́ли「研究しつくした，覚え込んだ，とことん学んだ」。

5) 完了体未来—完了体を現在変化させると未来の意味になる：изучу́, изу́чишь, изу́чит, изу́чим, изу́чите, изу́чат「研究しつくす，覚え込む，とことん学ぶ」。

《注意》

以上でわかるとおり，現在は不完了体のみによって表わされ，過去と未来には不完了体過去，完了体過去，不完了体未来，完了体未来のそれぞれ2形がある。2形がある場合，意味の差に注意しなければならない（次項以下で解説する）。

《参考》

不完了体未来は合成未来，完了体未来は単純未来と呼ぶことがある。

IV 現在（不完了体）

現在（不完了体）— (1) 発話時と同時進行する動作
(2) 反復される動作
(3) 能力
(4) 一般的真理・性質

《例文》

(1) Тепе́рь я **изуча́ю** ру́сский язы́к. 今，私はロシア語を勉強している（進行中の動作）。

第12課　アスペクト（体）

　(2)　Ка́ждый день я изуча́ю ру́сский язы́к. 私は毎日ロシア語を勉強している（反復）。

　(3)　Он уже́ хорошо́ говори́т по-ру́сски. 彼はもう上手にロシア語が話せる（能力）。

　(4)　Пти́ца лета́ет, ры́ба пла́вает, соба́ки бе́гают, лю́ди же хо́дят, бе́гают, пла́вают и да́же лета́ют. 鳥は飛ぶもの，魚は泳ぐもの，犬は走るもの。だが，人間はといえば，歩きもすれば走りもし，泳ぎもし，飛びさえもする（一般的真理・性質）。

　単語　(4) лю́ди же 人はといえば，да́же 〜さえ

《基本》
1)　現在は不完了体によって示される。
2)　（不完了体）現在は(1)発話時と同時に進行するうごき，(2)反復されたり習慣的である動作，(3)能力，(4)一般的真理や性質を表わす。

《類例》
　(1)　Мы сиди́м весь день в кла́ссе и реша́ем зада́чи. 私たちは一日中教室にいて問題を解いている（進行中の動作）。

　(2)　— Каки́е ле́кции вы посеща́ете? — Я посеща́ю ле́кции по литерату́ре. 「どんな講義に出ていますか」「文学の講義に出ています」（反復）。

　(3)　Э́тот ма́льчик уже́ чита́ет и пи́шет. この子はもう読み書きができる（能力）。

　(4)　Зо́лото не ржаве́ет. 金はさびないものだ（一般的真理・性質）。

　単語　(2) посеща́ть・посети́ть 訪ねる，出席する　(4) зо́лото 金，ржаве́ть さびる（ржа́веть もある）

《注意》
Он умира́ет. といったら，彼はまだ死んでいない。「正に死なんとしている，死にそうである，瀕死の状態である」という意味。

《参考》
1)　過去の事実を生き生きと述べるために現在が用いられることがある。

第 2 部　文法編

　Вчера́ я был у това́рища. **Сиди́м** мы, **разгова́риваем**, вдруг **слы́шим — кто́-то стучи́тся...**　昨日友人宅に行った。すわって話をしていると突然ドアにノックの音がする…（стуча́ться（стучу́сь, стучи́шься）「ドアをノックする」）。このような用法を「歴史的現在」という。今目撃しているかのような感じを与える。

　2）　現在すでにきまっており予定の一部と考えられる未来の動作に関しても現在が用いられる。

　По́сле обе́да мы **идём** в музе́й. 昼食後博物館に行くことにしてあります。

練習問題 63

1）　意味をいいなさい。

　（1）　— Что вы де́лаете? — Рису́ю мост.

　（2）　— Что вы де́лаете ка́ждый день?　— Хожу́ в теа́тры, посеща́ю музе́и и вы́ставки.

　（3）　Он хорошо́ пла́вает.

　（4）　А́нна сейча́с одева́ется.

　（5）　У молодёжи популя́рностью по́льзуются дискоте́ки.

　　単語　（5）молодёжь（女）若者（集合名詞），дискоте́ка ディスコクラブ，популя́рность 人気，по́льзоваться популя́рностью 人気を博する（☞p.157）

2）　ロシア語で表わしなさい。

　（1）　私の兄は今本を書いている（執筆中である）。

　（2）　私たちはロシアの新聞（複）や雑誌（複）を受け取っています。

　（3）　アーンナは上手に英語が話せます。

　（4）　「あなたはひまな時には何をしますか」「私は本を読んだりテレビを観たり，時には買い物をしたりします」

　（5）　リューバは今着替えの最中だ。

　　単語　（2）受け取る получа́ть・получи́ть　（4）ひまな時に в сво-

176

第12課　アスペクト（体）

бо́дное вре́мя，時には иногда́，買い物をする ходи́ть в магази́н

(5) 着替える переодева́ться・переоде́ться

V　不完了体過去と完了体過去

```
不完了体過去 ─ ┬ (1) 継続された動作
              ├ (2) 反復された動作
              └ (3) （現在と切れている）事柄の有無の確認

完了体過去  ─ ┬ (1) 完成され，結果に至った動作
              ├ (2) 結果の現在への残存
              └ (3) 過去の特定の出来事の叙述
```

《例文》

(1) (a) Вчера́ мы це́лый день реша́ли зада́чи，(b) но реши́ли то́лько одну́. (a) きのう私たちは一日中問題を解いていたが，(b) 解き終えた（答えを出した）のはたった1つだ。

(2) (a) Я обы́чно встава́л в 6（шесть）часо́в，умыва́лся，одева́лся，за́втракал и шёл на ле́кцию. 私はいつも6時に起き，顔を洗い，服を着て，朝食をとり，そして講義に出かけた。

(b) Сего́дня я встал в 6（шесть）часо́в，умы́лся，оде́лся，поза́втракал и пошёл на ле́кцию. 今日私は6時に起き，顔を洗い，服を着，朝食をとり，講義に出かけた。

(3) (a) — Сего́дня у́тром ты писа́л пи́сьма? — Да, писа́л, (b) но не написа́л все. (a) 「今朝手紙を書くこと（を）した？」「うん，するにはしたが，(b) 全部は書き上げられなかった」

(4) (a) Я открыва́л окно́. 窓を開けるには開けた。

(b) Я откры́л окно́. 窓を開けた（今も開いている）。

単語 (1) це́лый день 一日中，одна́ 1つ（одну́ はその対格） (2)

177

вставáть（встаю́, встаёшь）・встать（встáну, встáнешь）起きる, умывáться・умы́ться（умо́юсь, умо́ешься）顔（手・足）を洗う, одевáться・одéться（одéнусь, одéнешься）服を着る, пойти́（完）（пойду́, пойдёшь,... пойду́т; 過去 пошёл, пошлá）出発する, 歩き出す, зáвтракать・позáвтракать 朝食をとる　(4) открывáть・откры́ть（変化は☞p.143）開ける

《基本》

1)　不完了体過去は, (1) 継続された動作, (2) 反復された動作, (3)（現在と切れている）事柄の有無の確認を主に表わす。

2)　完了体過去は, (1) 完成され, 結果に至った動作, (2) 結果の現在への残存を表わし, (3) 過去の特定の（1回限りの）出来事の叙述を表わす。

《説明》

1)　(a) の решáли（不完）は継続された動作そのものを表わし, 結果（答えを出す）が達成されたかどうかには触れていない。よって「問題に取り組んだ」と訳すこともできる。(b) の реши́ли（完）は結果に至ったことを表わしている。「答えを出した」と訳せるのはそのため。

2)　(a) の不完了体過去は反復的・習慣的行為を表わす。обы́чно, чáсто, кáждый день などの語があるとよく不完了体が用いられる。(b) の完了体過去は今朝という過去の一時点における特定の（1回限りともいえる）出来事を単に描写・叙述している。

3)　(a) の писáл（不完）は「手紙を書くという行為」があったかどうかをたずね, かつ, 答えている。事柄の有無の確認を行っているのである。(b) の не написáл（完）は「（全部は）書き上げられなかった」の意で, 動作の完成・結果の達成に視点をおいての表現。

4)　(a) の открывáл（不完）は事柄の有無の確認的意味ではあるが, 言外には「窓は今は閉まっている」ことが含意され, 事柄は現在に連らならず切れていることが示される。(b) откры́л（完）は「（窓を）開け, 今も開いている」の意で, 結果が現在へ残存し, 事柄は今に連らなっていることを表わす。

第12課　アスペクト（体）

《類例》

(1) (a) Вчера́ он писа́л весь день. 彼は昨日一日中書いていた（継続された動作）。Он писа́л ка́ждый день. 彼は毎日書いていた（反復された動作）。

(b) Он написа́л э́то письмо́ сего́дня у́тром. 彼がこの手紙を書きあげたのは今朝であった（結果に至った動作，ひいては，結果の残存）。Ива́н вчера́ написа́л А́нне. イヴァーンは昨日アーンナに手紙を書いた（過去の特定の出来事の叙述）。

(2) (a) До войны́ он ча́сто получа́л пи́сьма от дру́га. 戦前には彼は友達からしょっちゅう手紙を受け取っていた（反復された動作）。

(b) Ива́н, наконе́ц, получи́л отве́т из Москвы́. イヴァーンはやっとモスクワから返事を受け取った（過去の特定の出来事の叙述）。

(3) (a) Кто́-то приходи́л. 誰か訪ねて来た（がもう帰った）（現在と切れている事柄の表現）。

(b) Кто́-то пришёл. 誰かが来ている（結果の現在への残存）。

単語　(2) наконе́ц ついに，やっと　(3) кто́-то 誰か，приходи́ть・прийти́ [pr'ɪt't'í]（приду́, придёшь ; 過去 пришёл, пришла́）（歩いて）来る，着く

《注意》

1) Я два ра́за прочита́л э́тот расска́з и хорошо́ зна́ю его́ содержа́ние. 私は2回もこの小説を読んだので内容はよく知っている。

прочита́л は完了体であるが два ра́за「2回」という副詞句と結びついている。このような場合，反復的動作を一つのまとまりとしてとらえ，結果に言及するかまえとなる。

2) 否定とアスペクト（体）の関係。

(a) Я не чита́л рома́на «Война́ и мир». 『戦争と平和』は読んだことがない。

(b) Я ещё не прочита́л рома́на «Война́ и мир». 『戦争と平和』をまだ読み終えていない。

第 2 部　文法編

不完了体過去の否定は事柄がなかったことを示す。それに対し，完了体過去は動作が完了されなかったことを表わし，限定された意味となる。

《参考》

結果に至り，結果が現在へ残るという意味での完了体過去は（不完了体）現在と混ざって1文章中に用いられることがよくある。

Óсень. Лес опустéл（完・過）. Вéтер качáет（現）верхýшки деревьев. Лúстья пожелтéли（完・過）и пáдают（現）. 秋。森は淋しくなった（淋しくなっている）。風は木々のこずえをゆらしている。葉は黄ばみ，地面へと落ちてゆく。

単語　пустéть・опустéть 空になる，качáть（不完）ゆらす，верхýшка 頂上，дéрево（複дерéвья）木，лист（複лúстья）葉，желтéть・пожелтéть 黄色になる，пáдать・упáсть 落ちる

《発展》

1) (1)　Я немнóго опьянéла. 私すこし酔っちゃった。

　　(2)　Я простудúлся. かぜをひきました。

　　(3)　Вы загорéли. 日焼けしましたね。

　　(4)　Вы немнóжко похудéли. ちょっとおやせになりましたね。

以上のような会話表現における完了体過去は現在の状態について述べるものである。以下の否定文も同様，現在の状態を尋ねている。

Вы не проголодáлись? おなかすいていませんか。

Вы не устáли? 疲れていませんか。

2)　来て，今いる場合，完了体過去。

Я приéхал в Токио в командирóвку. 私は出張で東京に来ました。

来て，帰り，今いない場合不完了体過去。

В прóшлом годý в Япóнию приезжáла рýсская футбóльная комáнда. 去年，ロシアのサッカーチームが日本にやって来た。

3)　動詞（A）の示す動作の遂行後に発生する結果や状態を明確に示す異なる動詞（B）が存在することは断るまでもない。

A. Я встáл（встáла）. 私は立ち上がった。—— B. Я стою́. 私は立っている。

第12課　アスペクト（体）

A. Я сел (се́ла) за стол. 私はテーブルについた。— B. Я сижу́ за столо́м. 私はテーブルについている。

A. Я научи́лся（научи́лась）пла́вать. 私は泳ぎを覚えた。— B. Я уме́ю пла́вать. 私は泳ぐことができる。

このような対応は体（アスペクト）という文法の問題ではない。単語としておぼえていくほかない（☞単語帳（２），p.186）。

練習問題 64

1) 意味をいいなさい。

(1) (a) Ле́том я мно́го чита́л, писа́л диссерта́цию. (b) Ле́том я прочита́л рома́н «Война́ и мир», написа́л диссерта́цию.

(2) (a) Я изуча́л ру́сский язы́к. (b) Я хорошо́ изучи́л её хара́ктер.

(3) [Козло́в] снача́ла в семина́рии, пото́м в гимна́зии и до́ма — изучи́л гре́ческий и лати́нский языки́. (Гончаров)

(4) (a) Он умира́л. (b) Он у́мер.

(5) (a) Я сдава́л экза́мен. (b) Я сдал экза́мен.

(6) Я потеря́л ключ от кварти́ры.

(7) — Договори́лись? — Да, договори́лись.

単語　(1) диссерта́ция 学位論文　(2) хара́ктер 性質　(3) семина́рия 神学校, гимна́зия 中学校, гре́ческий ギリシアの, лати́нский ラテン語の　(4) умира́ть・умере́ть（умру́, умрёшь；過去 у́мер, умерла́）死にかけている・死ぬ　(5) сдава́ть (сдаю́, сдаёшь)・сдать (сдам, сдашь, сдаст, сдади́м, сдади́те, сдаду́т)（экза́мен）(試験を) 受ける・(試験に) 受かる　(6) теря́ть・потеря́ть なくす, 落とす, ключ 鍵, кварти́ра 住居, マンションの一区画, ключ от кварти́ры 家の鍵　(7) догова́риваться・договори́ться (合意に達するために) 話し合う, 合意に達しかけている・(話し合って) 合意に達する

第2部　文法編

2）ロシア語で表わしなさい。

(1) 私は昨日先生に手紙を書いた（出した）。
(2) 私たちは毎日キオスクで新聞を買うことにしていた。
(3) 私たちがこの雑誌を買ったのは昨晩のことである。
(4) 毎日彼は新聞（複数）を読んでいた。
(5) 彼はこの雑誌を読み通した。
(6) 私はお金をなくしてしまった。
(7) トーカリフは日本国籍を取得した。

単語　(2) キオスク киоск, 毎日 ка́ждый день, 買う покупа́ть・купи́ть　(6) お金 де́ньги　(7) 国籍 гражда́нство, 日本の япо́нский, 取得する получа́ть・получи́ть, トーカリフ То́карев

VI　不完了体未来と完了体未来

不完了体未来	(1) 未来における動作の存在 (2) 未来における反復・継続的動作の存在 (3) 予定とかこれから着手する動作
完了体未来	(1) 個別的動作が未来において起こること (2) 個別的動作が未来において完成され，結果に至ること (3) 可能（不可能）

《例文》

(1) (a) За́втра я бу́ду писа́ть пи́сьма. あした（になったら）手紙（複数）を書くことにします。

(b) За́втра я напишу́ э́то письмо́. あしたこの手紙を書きあげます。

(2) (a) Ле́том я бу́ду приезжа́ть к Ива́ну Ива́новичу ка́ждый день, а сейча́с не могу́ : я о́чень за́нят. 夏になったらイヴァーン・イヴァーナヴィチのお宅に毎日お邪魔しますが，今はできません。とても忙しいの

第12課　アスペクト（体）

です。

　　　(b) Завтра я приеду к Ивану Ивановичу. あしたイヴァーン・イヴァーナヴィチのお宅にお邪魔します。

　(3)　(a) Подождите, я сейчас буду одеваться. ちょっと待ってください。これから着替え（服を着ること）に取りかかりますから。

　　　(b) Подождите, сейчас оденусь. ちょっと待ってください。着替えはすぐすみますから。

　(4)　Только он ответит на этот вопрос. 彼だけがこの問題に答えられる。

単語　(2) летом 夏 に，приезжать・приехать (приеду, приедешь) 到着する，занятый (занят, занята, занято) 忙しい　(3) подождать（完）しばらく待つ（命令形 подождите）　(4) отвечать・ответить (отвечу, ответишь) на A（対格）A に対して答える

《基本》

1)　不完了体未来は，(1)未来における動作そのものの存在，(2)未来における反復・継続的動作の存在，(3)予定とか今後着手する動作を表わす。

2)　完了体未来は，(1)個別的動作が未来において起こることを単に示す用法もあるが，よく，(2)個別的動作が完成され，結果に至ることに視点をあてた表現をつくる。また，(3)可能（不可能）を表わす用法もある。

《説明》

1) (1)　(a) の буду писать は単に未来において（手紙を）書くという行為をすることを示すにすぎない。それに対し，(b) の напишу は未来において書くという行為が完成され，結果に至ることを示し，手紙ができあがることが念頭にある表現。書き上げるという決意と見てもよい。

2) (2)　(a) の буду приезжать は каждый день でわかるよう，未来における動作の反復を示す。(b)は単に個別的動作（1回限りの動作）が未来において行なわれることを示す。

3) (3)　(a) の буду одеваться では着替えはまだ始まっていないとみてよ

第 2 部　文法編

い。これから着替えが始まるのである。このように不完了体未来は現在の動作と切れている未来の動作を示すのに用いられる。それに対し完了体未来は現在の動作と連続する未来の動作をよく表わす。(b) の оде́нусь では着替えはすでに始まっており，着替えの最中である。すぐに着替えは終わることが期待できよう。

4) (4) の完了体未来 отве́тит は可能性を表わす。То́лько он мо́жет отве́тить на э́тот вопро́с. と書き換えることができる。

《類例》

(1) (a) Сего́дня я бу́ду всё вре́мя сиде́ть до́ма и реша́ть зада́чи. 今日私はずっと家にいて問題に取組もうと思う（未来における継続的動作）。

(b) Не зна́ю то́лько, ско́лько решу́ я из них. ただ，そのうちのいくつを解けるかわからない（個別的動作の未来における完成。可能性のニュアンスあり）。

(2) (a) За́втра я бу́ду чита́ть до́ма. 明日私は家で読書をするつもりだ（未来における動作の存在）。

(b) За́втра я прочита́ю рома́н 《Война́ и мир》. 明日（こそ）『戦争と平和』を読み上げる（個別的動作の未来における完成）。

(3) (a) Лю́ба бу́дет реша́ть зада́чи. リューバはこれから問題に取りかかる（予定・着手）。

(b) Лю́ба реши́т э́ти зада́чи. リューバは（なら）これらの問題が解ける（可能性）。

単語　(1)　всё вре́мя ずっと，из них そのうち（них は зада́чи「問題」（複数）を受ける они́ の生格。前置詞 из の後で н をつける。詳しくは☞p.221）。

《注意》

1) 不完了体未来と完了体未来の(1)の意味（☞p.182）では両者の内容はあまり変わらないが，不完了体未来が(1)，完了体未来が(3)の意であるような場合，両者の内容はかけはなれてくる。

第12課　アスペクト（体）

Он не бу́дет сдава́ть экза́мен. 試験を受け（に行か）ない。

Он не сдаст экза́мен. 試験に受からない。

2)　完了体未来にはまだいろいろな意味，用法があるが，ここで記したものをまずしっかりおぼえよう。

《参考》

1)　完了体未来はよく用いられるが，不完了体未来の使用頻度はさほど高くない。

2)　完了体が「現在変化」すると主に未来の意味になるのは，完了体が完成される動作を示すためである。そのような動作は発話時と同時に進行することは示しにくく，未来の意味が出てきてしまう（日本語でもおこることなので理解はむずかしくないだろう。「もう死ぬ」の「死ぬ」は未来の意である）。

3)　ここでいう完了体未来を完了体現在と呼ぶ文法書もある。

《発展》

次の言い方をおぼえよう。

Посмо́трим. まあ，見てみましょうか（どうかな）。

練習問題 65

1)　意味をいいなさい。

(1)　Что вы бу́дете зака́зывать?

(2)　Вы бу́дете пить чай и́ли ко́фе?

(3)　Он бу́дет исправля́ть твои́ оши́бки.

(4)　Ищу́ каранда́ш, ника́к не найду́.

(5)　Пое́ду сего́дня в Москву́.

(6)　Он бу́дет изуча́ть ру́сский язы́к.

(7)　Он изу́чит осо́бенности её хара́ктера.

単語　(1) зака́зывать・заказа́ть（закажу́, зака́жешь）注文する　(2) пить（不完）（пью, пьёшь,... пьют; 命令 пей(те)）飲む，чай お

185

茶, ко́фе（男）コーヒー　(3) исправля́ть・испра́вить（испра́влю, испра́вишь）正しくする, なおす　(4) находи́ть・найти́（найду́, найдёшь；過去 нашёл, нашла́）見つける, иска́ть（不完）（ищу́, и́щешь,... и́щут）探す, ника́к どうしても　(5) пое́хать（完）（пое́ду, пое́дешь）出かける, 出発する　(7) осо́бенность 特色

2) ロシア語で表わしなさい。
  (1) この問題に対し私は答えられない。
  (2) きょう私たちは日本に向かって出発します。
  (3) 「あすの昼飯はレストランでする ?」「うん, そうするよ」

♣ 単語帳（2）
動作動詞と結果・状態動詞

A. 動作動詞		B. 結果・状態動詞	
покупа́ть・купи́ть	買う	име́ть	所有している
научи́ться（完）	覚える	уме́ть	できる
узнава́ть・узна́ть	知ろうとする　知る	знать	知っている
встава́ть・встать	立ち上がる	стоя́ть	立っている
сади́ться・сесть	すわる	сиде́ть	すわっている
ложи́ться・лечь	横になる	лежа́ть	横たわっている

第 13 課

名詞の格変化(複数)

I 男性変化

1. 硬変化

第 55 表　男性硬変化（複数）

		不活動体	活動体	語尾
単数	主格	стака́н	студе́нт	ゼロ
複数	主格	стака́ны	студе́нты	-ы
	生格	стака́нов	студе́нтов	-ов
	与格	стака́нам	студе́нтам	-ам
	対格	стака́ны	студе́нтов	主または生
	造格	стака́нами	студе́нтами	-ами
	前置格	стака́нах	студе́нтах	-ах

《基本》

子音で終わる男性名詞の複数は第 55 表のような格変化をする（単数は☞第 39 表, p.110）。

《説明》

不活動体名詞の対格の語尾は主格に一致し，活動体のそれは生格に一致すること，これは単数の場合と同じ。

《参考》

単数において男性・中性変化と女性変化では語尾が非常に違うが，複数になると変化は大体同じになる〔違いがあるのは複・主と複・生（それに等しい複・対）のみである〕。第 55 表の男性硬変化を確実におぼえよう。

2. 軟変化

第56表　男性軟変化（複数）

単　数	主　格	музе́й	-й	портфе́ль	-ь
複　数	主　格	музе́и	-и	портфе́ли	-и
	生　格	музе́ев	-ев	портфе́лей	-ей
	与　格	музе́ям	-ям	портфе́лям	-ям
	対　格	музе́и	-и	портфе́ли	-и
	造　格	музе́ями	-ями	портфе́лями	-ями
	前置格	музе́ях	-ях	портфе́лях	-ях

《基本》

-й, -ь で終わる男性名詞の複数は第56表のような格変化をする（単数は☞第40表，p.112）。

《説明》

1) 不活動体の対格は主格に一致し，活動体のそれは生格に一致するのは硬変化と変わらない。

　　活動体の例：геро́и 英雄，геро́ев, геро́ям, геро́ев, …

　　　　　　　　прия́тели 友人，прия́телей, прия́телям, прия́телей, …

2) 単・主（原形）が -й で終わるものの生格は -ев，-ь で終わるものの生格は -ей。他はすべて同じ。

《注意》

1) -г・-к・-х で終わる名詞の複・主は -и（☞p.57，他は硬変化語尾）。

язы́к 言語— языки́, языко́в, языка́м, …

фило́лог 文学，語学研究者— фило́логи, фило́логов, фило́логам, …

2) -ж・-ч・-ш・-щ で終わる名詞の複・主は -и（☞p.57），複・生は -ей（他は硬変化語尾）。

врач 医者 — врачи́, враче́й, врача́м, …

каранда́ш 鉛筆— карандаши́, карандаше́й, карандаша́м, …

това́рищ 同僚— това́рищи, това́рищей, това́рищам, …

第13課　名詞の格変化（複数）

3) -цで終わる名詞の複・生はアクセントがなければ -ев（他は硬変化語尾）。

ме́сяц 月— ме́сяцы, ме́сяцев, ме́сяцам,…

しかし，アクセントがあれば -ов。

оте́ц 父— отцы́, отцо́в, отца́м,…

《参考》

アクセントが移動するタイプには，(1)すべて語尾にくるものと，(2)複・主を除き語尾にくるものとがある。

(1) стол 机— столы́, столо́в, стола́м, столы́, стола́ми, стола́х

(2) гость 客— го́сти, госте́й, гостя́м, госте́й, гостя́ми, гостя́х

練習問題 66

1) 次の名詞の格変化を単数・複数にわたっていいなさい。

(1) стол 机（全変化にわたりアクセント語尾。ただし，ゼロ語尾の語形はアクセント語幹）

(2) гость 客（単数はアクセント語幹）

(3) конь 馬（単数はゼロ語尾（主格）を除きアクセント語尾，複数は гость と同じ）

(4) писа́тель 作家

(5) учени́к 生徒（ゼロ語尾の語形を除き，全変化にわたりアクセント語尾）

(6) това́рищ 同僚，仲間

(7) коне́ц 終り（е は出没母音。ゼロ語尾の語形を除き，全変化にわたりアクセント語尾）

(8) ме́сяц 月

2) 意味をいいなさい。

(1) Как до́лго продолжа́ется сезо́н дожде́й?

(2) Прино́сим благода́рность посети́телям за внима́ние.

単語　(1) до́лго 長く，продолжа́ться（不完）続く，сезо́н дожде́й

第 2 部　文法編

雨期　(2) приноси́ть・принести́ 持って来る, благода́рность 感謝, приноси́ть благода́рность 感謝を表わす, посети́тель 訪問者, внима́ние 注目, 配慮

II　中性変化

第 57 表　中性変化（複数）

		硬変化	軟変化
単　数	主　格	ме́сто	мо́ре
複　数	主　格	места́	моря́
	生　格	мест	море́й
	与　格	места́м	моря́м
	対　格	места́	моря́
	造　格	места́ми	моря́ми
	前置格	места́х	моря́х

《基本》

-о, -е で終わる名詞の複数は第 57 表のような格変化をする（単数は☞第 42 表, p.115）。

《説明》

男性複数変化と異なるのは, 硬変化において, 複・主の -а, 複・生のゼロ, 軟変化において, 複・主の -я のみ。

《注意》

1)　語幹末に 2 子音が並ぶとき, 複・生で出没母音 о, е が現われることが多い。

окно́ 窓— о́кна, о́кон, о́кнам,...

число́ 数— чи́сла, чи́сел, чи́слам,...

-ь がある場合は必ず е となる。

письмо́ 手紙— пи́сьма, пи́сем, пи́сьмам,...

第13課　名詞の格変化（複数）

2)　-ие で終わるものの複・生は -ий。

здание 建物— зданий　　знание 知識— знаний

3)　原形が -це・-же・-че・-ше・-ще で終わるものは，アクセントが語尾にない場合，単・主 -е，単・造 -ем を除き，すべて硬変化の語尾をとる（つまり，複数は硬変化）。

се́рдце　心臓— се́рдца, се́рдцу, се́рдце, се́рдцем, се́рдце；
　　　　　　　　сердца́, серде́ц, сердца́м, сердца́, сердца́ми, сердца́х

жили́ще　住居— жили́ща, жили́щу, жили́ще, жили́щем, жили́ще；
　　　　　　　　жили́ща, жили́щ, жили́щам, жили́ща, жили́щами, жили́щах

《参考》
単・複でアクセントが違うものがある

ме́сто 場所— места́　　сло́во ことば— слова́　　о́зеро 湖— озёра

練習問題 67

1)　次の名詞の格変化を単数・複数にわたっていいなさい。

　(1)　сло́во ことば（複数はゼロ語尾の語形を除きアクセント語尾）

　(2)　по́ле 野原，畑（複数はアクセント語尾）

　(3)　село́ 村（複数 сёла, сёл,...）

　(4)　созна́ние 意識

　(5)　кре́сло 長いす（複・生で出没母音 e）

　(6)　стекло́ ガラス（複数は стёкла，複・生で出没母音 o。стёкол）

　(7)　кольцо́ 指輪（複数はアクセント語幹，複・生で出没母音 e）

2)　意味をいいなさい。

　(1)　— Как иду́т ва́ши дела́?— Спаси́бо, Ива́н Ива́нович, прекра́сно.

　(2)　А́нна прогу́ливает заня́тия.

　　単語　(1) де́ло 事，仕事　(2) прогу́ливать・прогуля́ть さぼる，заня́тия 授業

第 2 部　文法編

III　女性変化

第58表　女性変化（複数）

		硬変化	軟変化
単数	主　格	кóмната	недéля
複数	主　格	кóмнаты	недéли
	生　格	кóмнат	недéль
	与　格	кóмнатам	недéлям
	対　格	кóмнаты	недéли
	造　格	кóмнатами	недéлями
	前置格	кóмнатах	недéлях

《基本》

-a, -я で終わる名詞の複数は第58表のように変化する（単数は☞第43表，p.116）。

《説明》

1)　与格 -ам（硬変化）・-ям（軟変化），造格 -ами（硬変化）・-ями（軟変化），前置格 -ах（硬変化）・-ях（軟変化）は男性・中性と変わらない。違いがあるのは，主格（それに等しい対格）-ы（硬変化）・-и（軟変化），生格（それに等しい対格）ゼロ（硬変化），-ь（軟変化）だけである。

2)　女性名詞の単・対は常に -у, -ю であり活動体・不活動体の区別を考慮する必要がないが，複数において，対格は活動体では生格に，不活動体では主格に一致し（第58表），2者の区別を考慮する必要が生じる。例えば，корóва「雌牛」，геройня「ヒロイン」の複数の変化は次の通り。

корóвы, корóв, корóвам, **корóв**, корóвами, корóвах

геройни, геройнь, геройням, **геройнь**, геройнями, геройнях

《注意》

1)　原形が，-га・-ка・-ха ; -жа・-ча・-ша・-ща で終わるものの複・主は -и（☞p.57）。

第 13 課　名詞の格変化（複数）

кни́га 本 — кни́ги　　　　студе́нтка 女子学生 — студе́нтки

зада́ча 課題 — зада́чи　　кры́ша 屋根 — кры́ши

2)　複・生で -ей をとるものがある。

до́ля 部分 → доле́й　　дя́дя おじさん（男性名詞）→ дя́дей

свеча́ ろうそく → свече́й（ただし зада́ча は зада́ч）

ю́ноша 若者 → ю́ношей.

3)　複・生でゼロ語尾や -ь をとるに当たり，語幹末に2子音が並ぶとき，出没母音 о, ё, е が現われる。

студе́нтка 女子学生 → студе́нток　　оши́бка 間違い → оши́бок

сестра́ 姉妹 → сестёр　　руба́шка シャツ → руба́шек

дере́вня 村 → дереве́нь

ь や й があれば е となる。

судьба́ 運命 → су́деб　　тюрьма́ 牢獄 → тю́рем

тро́йка トロイカ → тро́ек

4)　-ия に終わるものの複・生は -ий。

фами́лия 姓 → фами́лий　　ста́нция 駅 → ста́нций

5)　-ья に終わるものの複・生は -ей。

статья́ 論文 → стате́й　　семья́ 家族 → семе́й

《参考》

1)　単・主で語尾にアクセントのある名詞のうち，複数で，(1)全て語幹に移るものと，(2)複・主においてのみ移るものがある。

　(1)　страна́ 国，страны́, стране́,... ; стра́ны, стран, стра́нам,...

　(2)　река́ 川，реки́, реке́,... ; ре́ки, рек, река́м,...（本来語尾にアクセントがあるのだが，複・生 рек はゼロ語尾のため，仕方なく語幹にアクセントがおかれると考えておこう）。

2)　軟変化の複・生 -ь は綴り字上では変化語尾のように見えるが，単に先行子音が軟子音であることを示す記号にすぎず，音声的にはゼロ語尾である。

неде́ля [nʼɪdʼélʼə] – неде́ль [nʼɪdʼélʼ]

193

第 2 部　文法編

3) 中性変化でも，単数においては活動体・不活動体の区別を考慮する必要はないが，複数になるとその区別が必要となる。

лицо́ 人（本来は「顔」），лица́, лицу́, лицо́,... ; ли́ца, лиц, ли́цам, **лиц**,... (-о, -е で終わる名詞中活動体名詞は少数にすぎないので，あまり気にする必要はない。しかし，複数ではすべての名詞にわたって活動体・不活動体の区別が必要であることはおぼえておいてよい）。

練習問題 68

1) 次の名詞の格変化を単・複にわたっていいなさい。

　(1)　студе́нтка　　女子学生

　(2)　кры́ша　　　屋根

　(3)　тётя　　　　おばさん

　(4)　дере́вня　　　村

　(5)　судьба́　　　運命

　(6)　фами́лия　　姓

　(7)　голова́　　　頭

2) 意味をいいなさい。

　(1)　А́нна пошла́ за поку́пкам в универса́м.

　(2)　Це́ны на това́ры бы́стро расту́т.

　(3)　На у́лице большо́е движе́ние маши́н.

> **単語**　(1) поку́пка 買うこと，買ったもの，買物，универса́м スーパー　(2) цена́ 値段，това́р 商品，цена́ на това́ры 商品の値段，расти́ (расту́, растёшь ; 過去 рос, росла́) 成長する，増大する　(3) движе́ние 動き，運動，маши́на 自動車，車

194

IV -ь で終わる女性名詞の変化

第59表 -ь で終わる女性名詞の変化（複数）

単 数	主 格	тетра́дь
複 数	主 格	тетра́ди
	生 格	тетра́дей
	与 格	тетра́дям
	対 格	тетра́ди
	造 格	тетра́дями
	前置格	тетра́дях

《基本》

-ь で終わる女性名詞の複数は第59表のように変化する（単数は☞第44表, p.118）。

《説明》

1) 女性軟変化と同じ。ただし，複・生は -ей。

2) 不活動体の対格は主格に等しく（第59表），活動体の対格は生格に等しい。

лань 鹿— ла́ни, ла́ней, ла́ням, **ла́ней**,...

сельдь ニシン— се́льди, сельде́й, сельдя́м, **сельде́й**,...

《注意》

-жь・-чь・-шь・-щь で終わるものの複・与，複・造，複・前はそれぞれ -ам, -ами, -ах。

вещь もの— ве́щи, веще́й, **веща́м**, ве́щи, **веща́ми**, **веща́х**

《参考》

1) 複数で主格（等しい対格も）を除きアクセント語尾のものがある。

но́вость ニュース, но́вости, но́вости,...; но́вости, новосте́й, новостя́м, но́вости, новостя́ми, новостя́х

2) мать「母」, дочь「娘」の複数の語幹は，単・主（対）を除く語形

第 2 部　文法編

同様（☞p.119），матер-, дочери-。

матери, матерей, матерям, матерей, матерями, матерях

дочери, дочерей, дочерям, дочерей, **дочерьми**, дочерях

3) путь（男）「道」の複数もこの変化（単数は☞p.119）。

練習問題 69

次の名詞の格変化を単・複にわたっていいなさい。

(1) дверь ドア（複数で主，それに等しい対を除きアクセント語尾）

(2) область 領域（複数で主，それに等しい対を除きアクセント語尾）

(3) ложь 嘘（出没母音に注意）

(4) мышь はつかねずみ（複数で主を除きアクセント語尾）

(5) мать 母

(6) путь（男）道

V　不規則な複数

第 60 表　不規則な複数

			単数	複数					
			主格	主格	生格	与格	対格	造格	前置格
男性名詞	A	硬	город	города	городов	городам	=主	городами	городах
		軟	учитель	учителя	учителей	учителям	=生	учителями	учителях
	B	(a)	брат	братья	братьев	братьям	=主	братьями	братьях
		(b)	друг	друзья	друзей	друзьям	=主	друзьями	друзьях
中性		(c)	дерево	деревья	деревьев	деревьям	=主	деревьями	деревьях

《基本》

不規則な複数を持つ男性名詞，中性名詞がある（第 60 表）。

《説明》

1)　A 類は複・主（それに等しい対）で -á, -я をとるもの（他は通常の

196

第13課　名詞の格変化（複数）

複数語尾），B類は複数で語幹に変化がおこるもの。

2) B類中，生格が，(a) -ев をとるものと，(b)（語幹の -ь を消去し）-ей をとるものがある。

《類例》

A類　бе́рег 岸— берега́, берего́в, берега́м,...　　до́ктор 博士— доктора́, докторо́в, доктора́м,...

дом 家— дома́, домо́в, дома́м,...

B類　男性名詞　(a)　стул 椅子— сту́лья, сту́льев, сту́льям,...

лист 葉— ли́стья, ли́стьев, ли́стьям,...

ко́лос 穂— коло́сья, коло́сьев, коло́сьям,...

(b)　муж 夫— мужья́, муже́й, мужья́м,...

сын 息子— сыновья́, сынове́й, сыновья́м,...

中性名詞　(a)　перо́ 羽毛— пе́рья, пе́рьев, пе́рьям,...

крыло́ 羽根— кры́лья, кры́льев, кры́льям,...

《注意》

1) дире́ктор「所長」は普通 директора́ が用いられるが，дире́кторы もある。

2) учи́тель「先導者・先覚者」の意味では複・主で語尾 -и をとる。

《参考》

1) 複・主で特殊な語尾 -á, -я́ をとる A類の名詞の例をもう少しあげておく。

а́дрес 住所, 挨拶, бок 側面, борт 舷側, ве́ер 扇, ве́ксель 小切手, ве́чер 夕, глаз 目, го́лос 声, же́мчуг 真珠, ко́локол 鐘, край 地方, ку́пол 円屋根, луг 草原, ма́стер 職長, 親方, но́мер ナンバー, 部屋, о́браз 聖像, о́рден 勲章, о́стров 島, па́рус 帆, па́спорт パスポート, по́вар 料理人, по́езд 列車, по́яс 帯, про́пуск 通行証, профе́ссор 教授, снег 雪, сорт 品種

2) -а́нин, -я́нин で終わり身分や国籍を表わす名詞は，複数で -ин を落とし次のように変化する（単数は男性硬変化）。

197

第2部　文法編

англича́нин イギリス人 — англича́не, англича́н, англича́нам, англича́н, англича́нами, англича́нах

крестья́нин 農夫 — крестья́не, крестья́н, крестья́нам, крестья́н, крестья́нами, крестья́нах

3) хозя́ин「主人」の複数は хозя́ева（хозя́ев, хозя́евам,...）, болга́рин「ブルガリア人」の複数は болга́ры（болга́р, болга́рам,...）。

4) -онок, -ёнок に終わり，動物の「仔」を表わす名詞の複数は -а́та, -я́та となる。

телёнок 仔牛 — теля́та, теля́т, теля́там,..

5) друг の複・生 друзе́й の -ей は実はゼロ語尾で末尾子音 -й，出没母音 е であるが，詳しい説明はここでは省く。

練習問題 70

1)　次の名詞の格変化を単・複にわたっていいなさい。

(1)　друг 友達

(2)　профе́ссор（複・主 -а́）教授

(3)　граждани́н 市民，そこの方（警官などの市民に向かっての呼び掛けに用いられる）（англича́нин と同じ。ただしアクセントが移動する。гра́ждане, гра́ждан,...）

(4)　стул いす

2)　意味をいいなさい。

(1)　Па́дают жёлтые ли́стья с дере́вьев.

(2)　Оте́ц писа́л о его́ бра́тьях.

(3)　Мои́ сыновья́ живу́т в Москве́.

(4)　Друзья́ познаю́тся в беде́.

(5)　В Москве́ мы встре́тились с друзья́ми.

(6)　Поезда́ прихо́дят по расписа́нию.

　単語　(1) па́дать（不完）落ちる，жёлтый 黄色の　(4) познава́ться (-наю́сь, -наёшься)・позна́ться 知られる，わかる，беда́ 不幸，

第 13 課　名詞の格変化（複数）

в беде́ 不幸に出会った時　(6) расписа́ние 時刻表

VI　-мя で終わる中性名詞の変化

第 61 表　-мя で終わる中性名詞の変化

	単　数	複　数
主　格	и́мя	имена́
生　格	и́мени	имён
与　格	и́мени	имена́м
対　格	и́мя	имена́
造　格	и́менем	имена́ми
前置格	и́мени	имена́х

《基本》

-мя で終わる中性名詞は第 61 表のように変化する。

《説明》

単・主（それに等しい単・対）以外は語幹が -ен に終わる。

《注意》

このような変化を行なうのは約 10 個にすぎない。主なものをあげる。
вре́мя 時，пле́мя 種族，се́мя 種（複・生 семя́н），зна́мя 旗（複 знамёна, знамён, знамёнам,...）

《参考》

単数において，主（＝対）・造・それ以外が区別され，生・与・前のかたちが一致する。これは -ь で終わる女性名詞（мать, дочь を含む），путь（☞p.119）にも認められることである。

練習問題 71

次の名詞の格変化を単・複にわたっていいなさい。

(1)　вре́мя

(2)　зна́мя

199

第 14 課

格の用法(3) 名詞複数のかたち — まとめ

I 数量生格

$$\left.\begin{array}{l}\text{скóлько, нéсколько,}\\ \text{мнóго, мáло,}\cdots\end{array}\right\} + \text{А（生格）}$$

《例文》

(1) — Скóлько **студéнтов** в зáле? — Там сейчáс мнóго **студéнтов**.「ホールにどのくらいの学生がいますか」「今，そこにはたくさんの学生がいます」

(2) Нéсколько **студéнтов** здесь: Смирнóв, Иванóв и другúе. 数人の学生がここにいます。スミルノーフ，イヴァノーフや他の学生です。

(3) В читáльне сейчáс мáло **студéнток**. 図書室には今女子学生は少ししかいません。

(4) Тетрáди и бумáга в ящиках. В ящике Ивáна **тетрáдей** мнóго, но бумáги мáло; мнóго **бумáги** в ящике Áнны. ノートと紙はケースの中にあります。イヴァーンのケースにはノートがたくさんはいっていますが，紙は少ししかはいっていません。アーンナのケースにはたくさんの紙がはいっています。

単語 (1) скóлько いくつ，мнóго たくさん (2) нéсколько いくらかの (3) мáло 少しの (4) бумáга 紙

《基本》
数量を表わす語は生格と結びつく。

200

第14課　格の用法(3)　名詞複数のかたち―まとめ

《説明》

可算名詞（数えられるものを表わす名詞。例：книга 本，студéнт 学生）では複・生。非可算名詞（数えられないものを表わす名詞。вода「水」，бумáга「紙」）では単・生。

《注意》

нéсколько「いくつかの」は必ず複・生と結びつく。

нéсколько книг 数冊の本

нéсколько студéнтов 数人の学生

《参考》

1)　次のような数量関連の名詞もおぼえておこう。

большинствó студéнтов 学生の大部分　мáсса дел たくさんの仕事

また，бутылка винá「ワイン1本」，стакáн воды「水1杯」のような結びつきもよく用いられる。

2)　здесь, там, сейчáс などの副詞は скóлько と名詞生格の間におかれるのが普通の語順である。

Скóлько здесь студéнтов? ここには何人の学生がいますか。

Скóлько там книг? あそこには何冊の本がありますか。

《発展》

次の言い方をおぼえよう。

Скóлько лет, скóлько зим! お久し振りですね。

単語　лéто 夏，зима 冬　лет は，また，год の複・生。☞p.282

練習問題 72

1)　意味をいいなさい。

(1)　— Скóлько книг на пóлке? — Там мнóго книг.

(2)　В аудитóрии сейчáс мáло студéнтов.

(3)　Официáнтка принеслá стакáн сóка.

(4)　Мать купила бутылку молокá.

(5)　Скóлько часóв в день вы рабóтаете?

第 2 部　文法編

単語　(1) по́лка 棚　(3) официа́нтка ウェイトレス，приноси́ть・принести́（принесу́, принесёшь,... принесу́т；過去 принёс, принесла́）持ってくる，сок ジュース　(4) буты́лка ビン，ボトル　(5) час 時間，в день 一日で

2)　ロシア語で表わしなさい。

(1)　学校に先生はどのくらいいますか。学校に先生は少ししかいません。

(2)　図書館にはたくさんの雑誌があります。

(3)　ウェイターはワインのボトルを（1 本）持ってきた。

(4)　京都には名所がたくさんあります。

単語　(4)　名所 достопримеча́тельность

II　部分生格

飲食・授受・売買などを表わす他動詞 ｝ + 物質名詞（生格） ―	動作が（対象全体でなく）一部分にわたる

《例文》

(1)　Я вы́пил молока́. 牛乳をごくんと飲んだ。

(2)　Сестра́ попроси́ла де́нег у бра́та. 姉は兄に金を（借して）くれと頼んだ。

(3)　Мать купи́ла мя́са и муки́. 母は肉と小麦粉を買った。

単語　(1) выпива́ть・вы́пить 飲みほす　(2) проси́ть・попроси́ть 頼む，求める　(3) мя́со 肉，мука́ 小麦粉

《基本》

飲食・授受・売買などを表わす他動詞は名詞の生格と結びつくことがある。その場合，動作は対象全体にわたるのではなく，一部分，一定量に及

第14課　格の用法(3)　名詞複数のかたち—まとめ

ぶことを表わす。

《説明》

(1)ではコップなどに少しついで飲む。(2)は少し（借して）くれというニュアンス。(3)は肉を切り分け，小麦粉をはかり分けてもらって買うという事柄の背景を理解しよう。

《注意》

1) Передáйте ｛ (a) хлеб. パン皿をとってください。
　　　　　　　　(b) хлéба. パンをとってください。

パン皿の上に切ったパンが盛られているとする。(a)（対格）が用いられたらパン皿ごと，(b)（生格）が用いられたらパン切れをとって渡すと原則的に考えてよい（передáйте は передáть「渡す」の命令形）。

2) 部分生格が用いられるのは，普通，物質名詞。たくさんあるコップの中から1つとってくれという場合，Дáйте стакáна. とはいわず Дáйте стакáн. でよい（дáйте は дать の命令形）。

《参考》

部分生格がよく用いられるのは次のような動詞の完了体である。

飲食：есть（ем, ешь, ест, едúм, едúте, едя́т；過去 ел, éла, éли. 命令 ешь）食べる，съесть 食べきる，пить 飲む，вы́пить 飲みほす

授受：давáть（命令 давáй）・дать（命令 дай）与える，брать・взять 取る，просúть・попросúть 頼む

売買・その他：покупáть・купúть 買う，нарезáть・нарéзать 切り分ける，прибавля́ть・прибáвить たす，приносúть・принестú 持ってくる

練習問題 73

1) 意味をいいなさい。

　(1) Я хочý пить. Дáйте воды́.

　(2) Он поéл хлéба и ушёл.

　(3) Принесúте дров.

　　単語 (1) водá 水　(2) поéсть 少し食べる　(3) приносúть・принестú

203

第 2 部 文法編

持ってくる，дровá（複数のみの名詞）薪

2) ロシア語で表わしなさい。

(1) 私たちはワインを（少し）飲んだ。

(2) パンを（少し）ください。

(3) 牛乳と肉と塩を（少し）買いなさい。

III 第 2 生格

```
一部の男性名詞 ┌──── -а/-я   ── 生格
              └──── -у/-ю   ── 第 2 生格
```

《例文》

(1) В клу́бе собрало́сь мно́го наро́ду. クラブに人がたくさん集まった。

(2) Да́йте, пожа́луйста, килогра́мм песку́. お砂糖を 1 キロください。

(3) Мать купи́ла ча́ю, са́хару и ри́су. 母はお茶とお砂糖とお米を買った。

単語 (1) клуб クラブ，собира́ться・собра́ться (соберу́сь, соберёшься,... соберу́тся) 集まる (2) килогра́мм [-m] キログラム，песо́к 砂，グラニュー糖，こな砂糖（са́харный песо́к ともいう） (3) са́хар 砂糖

《基本》

男性名詞の中には単数生格の語尾が通常の -а/-я とならんで -у/-ю となるものがある。このかたちは部分生格・数量生格および熟語・慣用句などで用いられる。

《類語》

мёд 蜜 ── килогра́мм мёду 蜜 1 キロ

шёлк 絹 ── купи́ть шёлку 絹を（切ってもらって）買う

第14課　格の用法(3)　名詞複数のかたち—まとめ

пе́рец こしょう — купи́ть пе́рцу こしょうを買う

бензи́н ガソリン — ма́ло бензи́ну 少ないガソリン

《説明》

1)　(1)(2)は数量生格，(3)は部分生格での用法。

2)　このようなかたちを第2生格と呼ぶ。

《注意》

1)　(3)を Мать купи́ла ча́я, са́хара и ри́са. といってもおかしくないといわれる。また，現代の若者には ма́ло бензи́ну より，ма́ло бензи́на のほうの許容度が高いことも記しておく。

2)　Мать купи́ла чай, са́хар и рис. のような対格による表現も現在行なわれる。

《参考》

1)　慣用表現や熟語・成句で用いられる例を掲げる（アクセントに注意）。

без конца́ и без кра́ю はてしがない : Леса́ без конца́ и без кра́ю. 森ははてしなく広がる。

бе́з году неде́ля ごく最近，ごく短期間 : Живёт здесь бе́з году неде́ля, а уже́ со все́ми пересо́рился. ちょっと住んだだけなのに，もう，皆とけんかしてしまった。

побеле́ть со стра́ху 恐しさのあまりまっさおになる : Я побеле́л (побеле́ла) со стра́ху. 私は恐ろしくてまっさおになった。

потеря́ть и́з виду 見失う : О́чень ско́ро я потеря́л(потеря́ла) маши́ну и́з виду. すぐに私は車を見失ってしまった。

2)　Мно́го наро́ду. は乗り物や会場が「混んでいる」の意でも使える。

3)　部分生格・否定生格・数量生格などは文法上の意味の名前。第2前置格・第2生格というのは文法上のかたちの名前。

IV 複数主格・生格・対格のかたち―まとめ

第62表　名詞複数主格・生格・対格

			単数	複数		対格
			主格	主格語尾	生格語尾	
男性	硬	不活	стакáн	-ы	-ов	=主
		活	студéнт			=生
	軟	不活	музéй	-и	-ев	=主
		活	герóй			=生
		不活	портфéль		-ей	=主
		活	приятель			=生
中性	硬	不活	слóво	-а	ゼロ	=主
		活	лицó			=生
	軟	不活	мóре	-я	-ей	=主
		活	создáние		(и)й（音声的にはゼロ）	=生
女性1	硬	不活	кóмната	-ы	ゼロ	=主
		活	корóва			=生
	軟	不活	недéля	-и	-ь（音声的にはゼロ）	=主
		活	героúня			=生
女性2		不活	тетрáдь		-ей	=主
		活	лань			=生

《例文》

1)　主格・生格

(1)　Студéнты сейчáс в зáле, а в аудитóриях студéнтов нет. 学生達は今ホールにいて，教室にはいない。

(2)　На столé есть ящики. Э́то — ящики для пúсем и газéт. 机の上にケース（複）がある。これらは手紙（複）と新聞（複）を入れるためのケースである。

2)　対格

(1)　(a) А́нна понимáет стихú Пýшкина. アーンナはプーシキンの詩

第14課　格の用法(3)　名詞複数のかたち―まとめ

がわかる。

　　　(b) Наши профессорá понимáют **студéнтов**. 私たちの教授たちは学生を理解している（学生のいうことがわかる）。

　(2)　(a) Мой брат хорошó знáет **книги** о Пýшкине. 兄はプーシキンに関する本をよく知っている。

　　　(b) Мой брат хорошó знáет **студéнток** университéта. 兄は大学の女子学生たちをよく知っている。

《基本》

1)　複・生は，(1) -ь で終わるものを除き男性変化は -ов（硬変化），-ев（軟変化），(2) -ь で終わる男性軟変化および中性軟変化，女性$_2$変化では -ей，(3)中性・女性$_1$硬変化はゼロ，(4)女性$_1$軟変化は -ь。

2)　複・対は，すべての名詞にわたり，不活動体は複・主に等しく，活動体は複・生に等しい。

3)　複・主については☞p.57。

《説明》

複・生は -ов, -ев, -ей, ゼロ, -ь という多様な語尾がある。第62表に従い，原形（単・主）との関係を確認しておこう。

《注意》

1)　-г・-к・-х；-ж・-ч・-ш・-щ および -ц で語幹が終わる場合の複・主, 複・生のかたちを復習しておこう。☞p.188（男性変化），p.191（中性変化），p.192（女性$_1$変化）。

2)　-ие, -ия で終わる名詞の複・生は -ий であることも再確認しておこう。☞p.191（中性変化），p.193（女性変化）。

3)　複・生のゼロ語尾や -ь がついた場合の出没母音についても復習しておこう。☞p.190（中性変化），p.193（女性$_1$変化）。

4)　不規則な複数については，☞p.196以下。

《参考》

　《例文》1) (1)は現在であるが，過去と未来ではどうなるか，ここで確認したい。

第 2 部　文法編

過去：Студе́нты бы́ли в за́ле, а в аудито́риях студе́нтов не́ было. 学生たちはホールにおり，教室にはいなかった（студе́нтов не бы́ли は誤り）。

未来：Студе́нты бу́дут в за́ле, а в аудито́риях студе́нтов не бу́дет. 学生たちはホールに行き，教室にはいないことになる（×студе́нтов не бу́дут）。

V　複数与格・造格・前置格のかたち―まとめ

第 63 表　名詞複数与格・造格・前置格

		単・主	複・与語尾	複・造語尾	複・前語尾
硬変化	男	стака́н	-ам	-ами	-ах
	中	ме́сто			
	女	ко́мната			
軟変化	男	музе́й	-ям	-ями	-ях
		портфе́ль			
	中	мо́ре			
	女₁	неде́ля			
	女₂	тетра́дь			

《例文》

1)　与格

（1）　По глаза́м ви́жу, что ты говори́шь непра́вду. お前がうそをついていることは（両）目を見ればわかる。

（2）　Я посыла́ю э́то письмо́ това́рищам по университе́ту. 私はこの手紙を大学での友達に送るつもりだ。

（3）　Э́тот врач принима́ет по среда́м и пя́тницам. この医者は毎週水曜と金曜に診療している。

2)　造格

（1）　Япо́нцы, кита́йцы и коре́йцы едя́т рис па́лочками. 日本人，中国人，および韓国（朝鮮）人は箸を使ってご飯を食べる。

208

第14課　格の用法(3)　名詞複数のかたち―まとめ

(2) Áнна укрáсила гóлову **цветáми**. アーンナは頭に花をさして飾った。

(3) Перед **экзáменами** Ивáн кáждый день мнóго занимáется и всё врéмя сидит в читáльне. イヴァーンは試験の前には毎日猛勉強し，ずっと図書室にこもる。

3) 前置格

(1) Э́то слóво употребля́ется тóлько в **кни́гах**. このことばは書物の中でしか使われない。

(2) Мы говори́ли тóлько о **студéнтах** и **преподавáтелях** университéта. 私たちは大学の学生と講師についてしか話さなかった。

(3) Шкóльники éхали на **автóбусах**. 生徒たちはバスに乗って行った。

単語 1) глаз（複・主 глазá, 複・生 глаз, 複・与 глазáм,...）目，по +A（与格）A に従って，A によれば，ви́деть 見る，わかる，непрáвда うそ（прáвда 真実），принимáть・приня́ть 受け入れる，診療する　2) китáец（китáйца, китáйцу,... と変化。е は й に交替する出没母音）中国人，корéец（корéйца, корéйцу,...）韓国人，朝鮮人，пáлочка（пáлочки）箸，украшáть・укрáсить 飾る，цветáми（цветóк の複・造。☞p.210）3) употребля́ться・употреби́ться 用いられる，преподавáтель 教師，（大学では）講師，шкóльник 生徒

《基本》
硬変化名詞では -ам, -ами, -ах，軟変化名詞では -ям, -ями, -ях。

《説明》

1) 与格

　(1) глаз → глазáм

　(2) товáрищ 同僚 → товáрищам

　(3) средá → срéдам, пя́тница → пя́тницам

2) 造格

第 2 部　文法編

　　(1)　па́лочка → па́лочками

　　(2)　цвето́к → цвета́ми（☞参考），экза́мен → экза́менами

　3)　前置格

　　(1)　кни́га → кни́гах

　　(2)　студе́нт → студе́нтах, преподава́тель → преподава́телях

　　(3)　авто́бус → авто́бусах

《参考》

цвето́к「花」の複数は -о́к をとり，複数の語尾をつける。цветы́, цвето́в, цвета́м, ...（単数は цвето́к, цветка́, цветку́,...）

練習問題 74

意味をいいなさい。

　(1)　Сейча́с япо́нцы ре́дко хо́дят в кимо́но ; обы́чно то́лько по пра́здникам.

　(2)　Биле́ты продаю́тся в автома́тах.

　　単語　(1) ре́дко たまに，пра́здник 祭日，кимо́но 着物，☞ p.213　(2) продава́ться (-даю́сь, -даёшься)・прода́ться (-да́мся, -да́шься, -да́стся, -дади́мся, -дади́тесь, -даду́тся ; -да́йся ; 過去 -да́лся/-дался́, -дала́сь, -дало́сь/-дало́сь) 売る，売られる，автома́т 自動販売機

VI　複数のみの名詞

《例文》

　(1)　Начали́сь ле́тние кани́кулы. 夏休みが始まった。

　(2)　Я люблю́ вече́рние су́мерки. 私はたそがれ時が大好きだ。

　(3)　Я купи́л кра́сные черни́ла. 赤インクを買った。

　　単語　(1) кани́кулы 休暇, ле́тний 夏の　(2) су́мерки たそがれ, вече́рний 夕方の, 晩方の　(3) черни́ла インク

第14課　格の用法(3)　名詞複数のかたち―まとめ

《基本》
1)　単数形がなく，複数形のみを用いる名詞がある。
2)　文法上の性はなく，修飾する形容詞などは常に複数形を用いる。

《説明》
たとえ1つ，あるいは，1個であっても文法上複数として扱われる。
Я купи́л да́мские часы́. 私は婦人用の時計を買った。

《類語》
1)　2つの部分よりなるもの：но́жницы はさみ，очки́ めがね，брю́ки ズボン，коньки́ スケート，лы́жи スキー，са́ни そり，воро́та 門
2)　その他：де́ньги お金，дрова́ 薪，дро́жжи [dróʒʒɪ] イースト，духи́ 香水，кани́кулы (1)，су́мерки (2)，су́тки 一昼夜，часы́ 時計，черни́ла (3)

《注意》
1)　変化も当然複数変化である。生格のかたちには注意しよう。
　(1)　-овをとるもの：часы́, часо́в, часа́м,… ; очки́, очко́в, очка́м,… ; духи́, духо́в, духа́м,…
　(2)　ゼロとなるもの：де́ньги, де́нег, деньга́м,… ; су́тки, су́ток, су́ткам,… ; черни́ла, черни́л, черни́лам,…
　(3)　-ейをとるもの：са́ни, сане́й, саня́м,… ; дро́жжи, дрожже́й, дрожжа́м,…

《参考》
1)　роди́тели (роди́телей) は「両親」(роди́тель は「父親」。ただし，普通，あまり用いられない)。
2)　вы́боры は「選挙」という意味では複数のみの名詞 (вы́бор は「選択」)。
3)　о́вощи (овоще́й) 「野菜」も普通複数で用いられる。
4)　これら名詞で1個をとくに表わしたい場合，одни́ を用いる。
одни́ но́жницы ハサミ一丁，одни́ часы́ 時計一個

第 2 部　文法編

練習問題 75

1) 次の名詞の変化をいいなさい。

　(1) часы́

　(2) роди́тели

　(3) де́ньги

2) 意味をいいなさい。

　(1) За учёбу пла́тят роди́тели.

　(2) — Как вы отдыха́ете ле́том? — Я отдыха́ю в дере́вне с роди́телями.

　(3) Я люблю́ ката́ться на лы́жах.

　(4) А́нна лю́бит ката́ться на конька́х.

　単語　(1) учёба 勉学　(2) отдыха́ть・отдохну́ть 休む，休暇をすごす，дере́вня 村，田舎　(3) ката́ться すべる

3) ロシア語で表わしなさい。

　(1) 私は婦人ものの時計が買いたい。

　(2) 冬休みが始まった。

　(3) 私は両親とくらしている。

　単語　(1) 婦人ものの，女性用の да́мский

VII　不変化名詞

外国語起源で -о, -е, -и, -у, -ю で終わる名詞 ｝— 変化しない

《例文》

　(1) Вот кафе́. А́нна и Ива́н сейча́с в кафе́. ここにカフェがあります。アーンナとイヴァーンは今カフェにいます。

　(2) Конце́рт трансли́ровался по ра́дио и телеви́дению. コンサート

第14課　格の用法(3)　名詞複数のかたち―まとめ

はラジオとテレビで中継された。

(3) Вòзле двере́й кино́ стоя́ла больша́я фане́рная афи́ша. 映画館のドアのそばには大きな立て看板が立っていた。

(4) Мы се́ли за сто́лик и попроси́ли у официа́нта меню́. 私たちはテーブルにつき、ウェイターにメニューを頼んだ。

単語　(1) кафе́ カフェ, スナック　(2) телеви́дение テレビ放送, трансли́роваться（不完）中継される　(3) вòзле A（生格）Aのかたわらに, фане́рный ベニヤ板の, パネルの, афи́ша ポスター, кино́ 映画館（= кинотеа́тр）　(4) сто́лик 小さなテーブル, официа́нт ウェイター（ウェイトレスは официа́нтка）, меню́ メニュー

《基本》

1) 外国語起源で、-o, -e, -и, -у, -ю などで終わる名詞の多くは格変化をしない。

2) 不変化の不活動体名詞は普通中性である。

《説明》

(1)の (в) кафе́ は前置格, (2)の (по) ра́дио は与格, (3)の кино́ は生格, (4)の меню́ は対格。しかし、みな原形（単・主）に同じ。

《語例》

(1) -o で終わるもの：метро́ 地下鉄（の駅）, кино́〔(3)〕, пальто́ コート, ра́дио〔(2)〕, кимоно́ 着物（☞ p.210）

(2) -e で終わるもの：кафе́ カフェ〔(1)〕, ко́фе コーヒー, шоссе́ 街道, резюме́ レジュメ

(3) その他：кенгуру́ カンガルー, меню́〔(4)〕, интервью́ インタービュー, такси́ タクシー

《注意》

1) 外国語起源かどうかわからなければ、-е, -о, -и で終わる名詞は「変化する・しない」を判断することができない（по́ле, сло́во, де́ньги などは変化する）。しかし、原形が -у, -ю で終わるものは必ず無変化。

213

2) кóфе は男性を正則とする。Я обы́чно покупа́ю колумби́йский кóфе в зёрнах. 私は普通豆のまま（豆のかたちでひかずに）コロンビア・コーヒーを買う。

《参考》

1) 活動体は普通その実際上の性に従う。атташé [-t-] 大使館員, конферансьé 司会者

2) 母音字で終わる外国人の姓, -у, -ю, -и, -е, -о で終わる外国の地名も無変化を原則とする。Салье́ри サリエリ（Мо́царт は男性であるなら変化する）, Ямадзаки 山崎, Гюго́ (ビクトル) ユーゴー, Баку́ バクー, То́кио 東京, Кюсю 九州, Чика́го シカゴ

練習問題 76

1) 意味をいいなさい。

  (1) — Како́е э́то кафе́? — Э́то но́вое кафе́.

  (2) — Где студе́нты? — Они́ сейча́с в кафе́.

  (3) Да́йте, пожа́луйста, ча́шку кóфе.

  (4) Мы прие́хали в университе́т на такси́.

  (5) Он гуля́ет без пальто́.

  【単語】 (3) ча́шка カップ

2) ロシア語で表わしなさい。

  (1) 「学生たちはどこにいますか」「学生たちは今映画館にいます」（映画館は кино́ を用いること）

  (2) メニューをください。

  (3) 「地下鉄でそこへ行けますか」「ええ, 行けます」（скажи́те, пожа́луйста を用いてきく）

  【単語】 (3) 地下鉄 метро́

第14課　格の用法(3)　名詞複数のかたち―まとめ

VIII　что・кто の変化

第64表　что・кто の変化

主格	что	кто
生格	чего*1	кого*2
与格	чему	кому
対格	что	кого*2
造格	чем	кем
前置格	чём	ком

*1 [tʃ'ivó]　*2 [kavó]

《例文》

(1)　主格　(a) Что привело́ вас сюда́? 何のご用でいらっしゃいましたか。

(b) Кто мо́жет отве́тить на э́тот вопро́с? 誰かこの質問に答えられる人はいませんか。

(2)　生格　(a) Для чего́ э́то? これは（いったい）何のためですか。

(b) У кого́ есть слова́рь? 誰が辞書を持っていますか。

(3)　与格　(a) Чему́ ты ра́дуешься? 何がうれしいのですか。

(b) Кому́ э́то письмо́? これは誰にあてた手紙ですか。

(4)　対格　(a) На что жа́луетесь? どこが悪いのですか（何を訴えているのですか）。

(b) Кого́ он лю́бит? 彼は誰が好きなのですか。

(5)　造格　(a) Чем могу́ быть поле́зен? 何のご用でしょうか。

(b) Кем вы ему́ прихо́дитесь? 彼とのご関係は？（彼に対しあなたは何にあたるのですか）。

(6)　前置格　(a) О чём вы ду́маете? 何について考えていますか。

(b) О ком он ду́мает? 誰について彼は考えているのですか。

単語　(1) приводи́ть・привести́（приведу́, приведёшь；過去 привёл,

215

привела）連れて来る，вопрóс 質問，問題　(3) рáдоваться（不完）A（与格）A に対して喜ぶ　(4) жáловаться（不完）на A（対格）A に関して，A について訴える，不平をいう　(5) полéзный（短語尾 полéзен, полéзна）ためになる，приходи́ться（不完）A（与格）B（造格）A に対して B にあたる

《基本》

что, кто は第 64 表のような格のかたちを持つ。

《説明》

1）　что は不活動体に関して用いられ，対格は主格に等しい。кто は活動体に関して用いられ，対格は生格に等しい。

2）　例文の説明を加える。

(1) (a)は官庁，企業で面会人に対する最初の質問。Вы по какóму дéлу? ともきく。(b)は教室などでの先生の生徒への問いかけに用いられる。Кто хóчет отвéтить? ともいう。

(2) (a)は何でそんなことをするのか，というような目前の行為に対する非難にもよく用いられる。

(4) (a)は医者が容体をきく時の決まり文句。

(5) (a)は用事をたずさえて来る人への質問。年上（目上）から年下（目下）のものに対して用いる場合が多い。полéзен は полéзный の短語尾男性。直訳すると「何によって役に立つことができるか」。(b)は第 3 者と相手の関係を尋ねる時に用いる。話しことばでの用法。この造格は Я рабóтаю инженéром.（☞p.144）の造格に同じ。

《注意》

кто は常に男性・単数扱いである。

Кто из дéвушек э́то заяви́л? 女の子の誰がそう言ったのか。

что は常に中性・単数として扱う。

Что случи́лось? 何が起こったのか。

第 14 課　格の用法(3)　名詞複数のかたち―まとめ

《参考》

что, кто は不活動体・活動体の区別を考慮した動詞などの支配を表わすために用いられる。辞書にはたとえば，учи́ть *кого чему́*「教える」と記されるが，これは活動体対格（教えられる人）と不活動体与格（教えられる科目）を支配することを示す。

Я учу́ Ната́шу япо́нскому языку́. 私はナターシャに日本語を教えている。

учи́ться *чему́*「学ぶ」と記されるが，これは不活動体与格（学ぶ科目）を支配することを示す。

Мы у́чимся япо́нскому языку́. 私たちは日本語を学んでいます。

《発展》

что, кто を含む次の言い方をおぼえよう。

(1)　Что э́то тако́е? いったい何ですか。

(2)　Что за боле́знь у неё? 彼女はどんな病気なのですか。

(3)　Что э́то зна́чит? どういうことですか。

(4)　Чем занима́етесь? 何をしているのですか（非難にも用いられる）。

(5)　В чём де́ло? どうなっているのですか（状況が判然としない時の質問。同等か目下のものに向って使う）。

(6)　О чём вы говори́те? 何をおっしゃいますか（違いますよ）。

(7)　Кто зна́ет. そんなこと誰もわかりませんよ。

(8)　Кто у телефо́на? どなたですか（電話で相手に）。

(9)　Кому́ вы звони́те? どちらにおかけですか（間違い電話に対し）。

(10)　Кого́ (я) ви́жу! 誰かと思ったら（出会いに際して言う）。

(11)　Кем вы рабо́таете? お仕事は何ですか（☞p.144）。

単語　(2) боле́знь（女）病気　(3) зна́чить（不完）意味する

練習問題 77

1)　意味をいいなさい。

(1)　Чем изве́стен э́тот го́род?

(2)　— Чем вы увлека́етесь? — Я увлека́юсь компью́тером.

第2部　文法編

(3) — Кому́ вы пи́шете письмо́? — Я пишу́ отцу́.

単語　(1) изве́стный [ɪzv'ésnɨj] (-тен, -тна [-sn-]) 知られている

(2) увлека́ться・увле́чься A（造格）A に熱中する（☞ p.157），компью́тер コンピュータ

2) ロシア語で表わしなさい。

(1) 「誰に会いたいのですか」「イヴァノーフ Ивано́в 教授に会いたいのです」

(2) 「誰と一緒に働いていますか」「学生たちと一緒に働いています」

(3) 「誰についてあなたは話していますか」「イヴァーン Ива́н の先生について話しています」

(4) 「何について考えていますか」「ロシアの運命について考えています」

(5) 「何を使って手紙を書いていますか」「ペンを使って書いています」

(6) 「サーシャは何に凝っているのですか」「彼は切手収集に凝っています」

単語　(3) A について　о A（前置格）（о は а, и, у, э, о に始まる語の前で об となることに注意）(4) 運命 судьба́　(6) 切手 ма́рка（複・生 ма́рок），収集 собира́ние

第 15 課

人称代名詞の変化と用法

I 人称代名詞の変化

1. 一・二人称

第 65 表　人称代名詞（一・二人称）の変化

	単数 一人称	単数 二人称	複数 一人称	複数 二人称
主格	я	ты	мы	вы
生格	меня	тебя	нас	вас
与格	мне	тебе	нам	вам
対格	меня	тебя	нас	вас
造格	мной*1	тобой*2	нами	вами
前置格	мне	тебе	нас	вас

*1 мно́ю もある　　*2 тобо́ю もある

《基本》

人称代名詞（一・二人称）は第65表のような格のかたちを持つ。

《説明》

名詞とはまったく異なる変化。このまま唱えておぼえよう。

《注意》

1) 生格 меня, тебя, нас, вас は名詞と異なり，所有を示さない。所有代名詞 мой, твой, наш, ваш（☞p.62）を用いる：мой брат（× брат меня），твоя́ сестра́（× сестра́ тебя），наш журна́л（× журна́л нас）（× は誤用例）。

2) 前置詞のかたちに注意：ко мне（× к мне），со мной（× с мной），

передо мной（× перед мной），надо мной（× над мной），обо мне（× о мне）．

《参考》

1) 人称代名詞は副アクセントをもって発音されることがある。

На вокза́ле меня́ встре́тили друзья́．友達が駅で私を出迎えてくれた。

2) я, ты の造格には мно́ю, тобо́ю というかたちもある。おぼえるのは мной, тобо́й でよい。

練習問題 78

я・ты，мы・вы の格変化をいいなさい。

2. 三人称

第 66 表　人称代名詞（三人称）の変化

	単　数			複　数
	男　性	中　性	女　性	
主　格	он	оно́	она́	они́
生　格	его́[*1]		её	их
与　格	ему́		ей	им
対　格	его́[*1]		её	их
造　格	им		ей[*2]	и́ми
前置格	нём		ней	них

[*1] [jɪvó]　　[*2] е́ю もある。

《基本》

人称代名詞（三人称）は第 66 表のような格のかたちを持つ。

《説明》

1) 男性 он，中性 оно́ の主格以外のかたちはまったく等しい。

2) 人称代名詞全体に通じることだが，対格は必ず生格に等しい。оно́ も同様 его́ となる。

3) 後で学ぶ形容詞と似た変化である。

第 15 課　人称代名詞の変化と用法

《注意》
1)　生格 егó, её, их と三人称の所有代名詞とはかたちが一致する。
егó отéц, егó мать, егó родѝтели
её брат, её сестрá, её брáтья
их сын, их дочь, их сыновья́（☞p.63）

2)　人称代名詞は前置詞と結びつく場合，н を前につける。

　生　格　у негó, у неё, у них
　与　格　к немý, к ней, к ним
　対　格　через негó, через неё, через них
　造　格　с ним, с ней, с нѝми
　前置詞　о нём, о ней, о них

3)　所有代名詞と人称代名詞（三人称）とを区別しなければならない。

(1) ┌ (a)　У негó есть машѝна. 彼には車がある。（人称代名詞）
　　└ (b)　У егó брáта есть машѝна. 彼の兄には車がある。（所有代名詞）

(2) ┌ (a)　Я не могý жить без неё. 彼女なしに生きられない。（人称代名詞）
　　└ (b)　Я не могý жить без её пóмощи. 彼女の援助なしには生きられない。（所有代名詞）

《参考》
онá の造格に éю というかたちもあるが，普通は ей が用いられる。ただし，与格と区別が必要な場合，書きことばでは éю の使用がすすめられる。

　Я не бýду éю писáть.「それを使っては書かない」（éю は рýчка などを受ける онá の造格）という文を Я не бýду ей писáть. とすると「彼女には手紙を書かない」の意にとられる恐れがある。

練習問題 79
он, онá, онѝ の格変化をいいなさい。

第２部　文法編

II　所有構文

1. 肯定の場合

> у + A（生格）+ B（主格）— A は B を持っている

《例文》
（1）У меня́ есть велосипе́д. 私には自転車がある。
（2）У тебя́ есть маши́на. お前には車がある。
（3）У него́ есть де́ньги. 彼にはお金がある。

《基本》
所有の表現は，所有する人を у + 生格，所有するものを主格におく。

《説明》
1）構文上，велосипе́д (1)，маши́на (2)，де́ньги (3) が主語。日本語にもこのような所有の表現があるので理解はたやすい。

2）現在の場合，普通は есть を用いる。過去の場合は был (-á, -о, -и)，未来の場合は бу́дет・бу́дут。類例としてこれらの例を掲げる。

《類例》
1）過去
（1）У меня́ был велосипе́д. 私には自転車があった。
（2）У тебя́ была́ маши́на. お前には車があった。
（3）У него́ бы́ли де́ньги. 彼にはお金があった。

2）未来
（1）У меня́ бу́дет велосипе́д. 私は自転車が持てる（あることになる）。
（2）У тебя́ бу́дет маши́на. お前は車が持てる。
（3）У него́ бу́дут де́ньги. 彼にはお金ができる。

第15課　人称代名詞の変化と用法

《注意》

1)　ものの存在が前提となって話が進み，どんなものとか，いくつあるかというようなことが問題になる場合，есть は用いない。

— Какая у тебя книга? — У меня детская книга.「持ってるのはどんな本？」「子供向けの本さ」

— Сколько у вас книг? — У меня много книг.「持っている本はどのくらいですか」「たくさんです」

《参考》

1)　からだの特徴，性質，病気などについて述べる場合も，普通 есть を用いない。

У неё голубые глаза. 彼女は空色の目をしている。

У него доброе сердце. 彼には温かい心がある（彼は温かい人です）。

У мамы грипп. お母さんはインフルエンザにかかっている。

2)　иметь「持つ」について。

(a)　У него есть машина.

(b)　Он имеет машину.

(a)と(b)は同じ意味だが，日常的表現は (a)。иметь は иметь отношение (значение, право...)「関係（意味，権利，...）を持つ」など書きことば的表現をつくるが，日常の言語生活の中ではあまり活発に用いられない。(a)の表現に習熟しよう。

3)　(a)　У него есть синий галстук. 彼は（タンスなどに）青いネクタイを持っている。

(b)　У него синий галстук. 彼は青いネクタイをしめている。

(a)と(b)で微妙な意味の差が生じることがある。文脈に注意して意味をとらえていこう。

《発展》

次の言い方をおぼえよう。

(1)　У меня кашель (насморк). 咳（鼻水）がでます。

(2)　— У вас нормальный стул? — Нет, у меня понос.「お通じは普通

223

第2部　文法編

ですか」「下痢をしています」

(3)　У вас ангина (температу́ра, восполе́ние). 扁桃腺がはれています（熱があります。炎症をおこしています）。

(4)　У неё тяжёлое похме́лье. 彼女はひどい二日酔だ。

(5)　У меня́ к вам про́сьба. お願いがあるのですが（何か頼むときの前置きのきまり文句）。

(6)　У меня́ к тебе́ вопро́с. 君に質問があるんだが（何か尋ねる時の前置きの一つ）。

> **単語**　(1) ка́шель（男）咳, на́сморк 鼻風邪　(2) норма́льный 普通の, 正常な　(2) стул 便通, поно́с 下痢　(3) анги́на 扁桃腺炎, температу́ра 熱, восполе́ние 炎症　(4) тяжёлый 重い, ひどい (похме́лье の強調語。☞p.457) похме́лье 二日酔　(5) про́сьба 頼み, お願い　(6) вопро́с 質問

練習問題 80

1)　У меня́ есть велосипе́д. という文をおぼえ、меня́ のかわりに次の人称代名詞を適当に変化させていれ、意味をいいなさい。ты, он, она́, мы, вы, они́.

2)　意味をいいなさい。

(1)　У Ива́на есть сестра́.

(2)　У него́ есть брат.

(3)　У меня́ есть у́дочка.

(4)　У него́ был краси́вый костю́м.

(5)　У неё была́ францу́зская су́мка.

(6)　— Кака́я ко́мната у Ива́на Ива́новича? — У Ива́на Ива́новича ма́ленькая, но све́тлая и удо́бная ко́мната.

(7)　У вас есть де́вушка?

(8)　— Како́й у него́ хара́ктер? — Он скро́мный челове́к.

(9)　У вас бле́дное лицо́.

第15課　人称代名詞の変化と用法

(10)　У него смуглое лицо.

(11)　У вас есть удостоверение личности?

単語　(3) удочка 釣道具　(5) французский フランスの　(6) маленький 小さな，светлый 明るい，удобный 具合のよい，使い勝手のよい　(7) девушка 年若い女性（恋人 любимая девушка の意にもなる）(8) характер 性質，скромный 謙虚な，ひかえめな　(9) бледный 土気色の　(10) смуглый 浅黒い（лицо などに使う。чёрный は волос「髪」，глаза「目」などに用いる）。(11) удостоверение 証明書，личность 個人，人格

3)　ロシア語で表わしなさい。
 (1)　私には妹がいる。
 (2)　お前はロシアの雑誌を持っている。
 (3)　彼は新しいスーツを持っている。
 (4)　彼女はよい辞書を持っていた。
 (5)　恋人いる？
 (6)　私はやけどをしています。
 (7)　センスがいいね。

単語　(5) 恋人 (любимая) девушка（男性の恋人は любимый。любовница, любовник は「愛人」の意で，大変な誤りになる）(6) やけど ожог　(7) センス вкус（趣味）

2. 否定の場合

```
у + A (生格) + нет + B (生格) ── AはBを持っていない
```

《例文》
 (1)　У меня нет велосипеда. 私には自転車がない。
 (2)　У тебя нет машины. お前には車がない。

225

第 2 部　文法編

　　(3)　У негó нет **дéнег**. 彼にはお金がない。

《基本》

所有の否定の表現は，基本的には同様の構文をとるが，述語は нет。否定されるものは生格（☞p.124）となる。

《説明》

1)　主語がなくなることに注目しよう。☞p.125。

2)　нет は時制としては現在。過去の場合は нé было，未来の場合は не бýдет。類例としてこれらの例をあげる。

《類例》

1)　過去

　　(1)　У меня́ нé было велосипéда. 私には自転車がなかった。

　　(2)　У тебя́ нé было маши́ны. お前には車がなかった。

　　(3)　У негó нé было дéнег. 彼にはお金がなかった。

2)　未来

　　(1)　У меня́ не бýдет велосипéда. 私には自転車がなくなる。

　　(2)　У тебя́ не бýдет маши́ны. お前には車がなくなる。

　　(3)　У негó не бýдет дéнег. 彼にはお金がなくなる。

《注意》

以下の対比例の意味の差に注意しよう。

　　(1)　(a)　У меня́ нет велосипéда. 私には自転車がない。

　　　　(b)　Велосипéд не у меня́, а у негó. 自転車があるのは私ではない。彼だ（自転車は私ではなく，彼のところにある）。

　　(2)　(a)　Вчерá её нé было в теáтре. きのう彼女は劇場にいなかった。

　　　　(b)　Вчерá онá не былá в теáтре. きのう彼女は劇場に行かなかった。

　　(3)　(a)　Зáвтра егó не бýдет в университéте. あす彼は大学にいない。

　　　　(b)　Зáвтра он не бýдет в университéте. あす彼は大学に行かない。

第15課　人称代名詞の変化と用法

練習問題81

1) 意味をいいなさい。

   (1) У Áнны нет сестры́.

   (2) У неё нет бра́та.

   (3) У Ива́на нет словаря́.

   (4) У него́ нет ру́чки.

   (5) У них не́ было кварти́р.

   (6) За́втра у нас не бу́дет заня́тий.

   (7) Здесь не́ было стола́.

   (8) Стол был не здесь, а там.

   単語 (5) кварти́ра フラット，住居，マンション（の一区画），заня́тие 授業

2) ロシア語で表わしなさい。

   (1) 彼女は自転車を持っていない。

   (2) 彼には両親がない。

   (3) 私は辞書を持っていない。

   (4) 私たちは辞書（複）を持っていなかった。

   (5) 私は食欲がない。

   単語 (5) 食欲 аппети́т

III　ну́жно・мо́жно

$$A(与格) + \begin{Bmatrix} (a) & ну́жно \\ (b) & мо́жно \end{Bmatrix} + B(不定形) \longrightarrow \begin{array}{l} (a) \ AはBする必要がある \\ (b) \ AはBできる・していい \end{array}$$

《例文》

(1) Мне ну́жно ви́деть профе́ссора Ивано́ва ; где он сейча́с? 私はイ

227

第 2 部　文法編

ヴァノーフ教授に会う必要があるのです。教授は今どこにいますか。

　(2)　Сейча́с шесть часо́в. Нам ну́жно уходи́ть. 今 6 時です。私たちは帰らなければなりません。

　(3)　— Здесь мо́жно кури́ть? — Нет, здесь кури́ть нельзя́. Кури́ть мо́жно то́лько в коридо́ре.「ここでタバコをすっていいですか」「いいえ，ここではタバコをすってはいけません。タバコをすっていいのは廊下でだけです」。

単語　(3) коридо́р 廊下

《基本》

1)　不定形（B）と結びつき，ну́жно は B する必要がある，B しなければならない，мо́жно は B することができる・していい，нельзя́ は B してはいけない・できない，という意味を表わす。

2)　動作の主体（A）を表現したい場合，与格にたてる。

《説明》

1)　例文(1)の мне，(2)の нам は動作の主体を表わす。(3)では一般的な可能と禁止の意のため，動作の主体は特に表現されない。

2)　このような主格にたつ主語のない文を無人称文という。無人称文については後に第 29 課Ⅵにおいて詳しく学ぶ。

3)　無人称文をつくる述語の一つに述語副詞がある。述語副詞の多くは -o で終わっている：ну́жно, мо́жно。нельзя́ のようなものは例外的。述語副詞については次項（Ⅳ）および第 28 課Ⅱにおいて詳しく学ぶ。

《注意》

1)　до́лжен, должна́, должны́ も不定形と結びつくが，主語を必要とする人称文をつくる（☞p.166, 442）。

2)　нельзя́ ＋ B（不完了体不定形）の場合は「B してはいけない」という禁止の意。нельзя́ ＋ B（完了体不定形）の場合は「B できない」という不可能の意。

第 15 課　人称代名詞の変化と用法

Нельзя ｛ (a)　открыва́ть（不完）
　　　　 (b)　откры́ть（完）｝ окно́.
(a) 窓を開けてはいけない。
(b) 窓は開けられない。

3) 疑問代名詞・副詞＋不定形による疑問文（☞p.167）も無人称文である。このような無人称文においても主体を表現する場合は，当然与格にたてなければならない。

Что мне（нам）де́лать? 私（我々）は何をしたらよいのか？

Куда́ ему́（им）е́хать? 彼（彼ら）はどこへ行ったらよいのか？

《参考》

1)　人の部屋に入るとき，疑問のイントネーションで　Мо́жно? といえば「入っていいですか」，店などで棚やウィンドーの中の品をさして Мо́жно? といえば「見せてもらえますか」の意となる。войти́「入る」や посмотре́ть「見る」が略されていると考えられる。

2)　на́до は ну́жно とほぼ同義で用いられる。

На́до посла́ть письмо́. 手紙を出さなければならない。

《発展》

次の言い方をおぼえよう。

（1）Где мо́жно помы́ть ру́ки? 手はどこで洗えますか（Где туале́т? より上品な尋ね方）。

（2）Где мо́жно обменя́ть де́ньги? どこで両替ができますか。

（3）— Мо́жно ли мне уйти́? — Да, пожа́луйста.「帰ってもいいですか」「どうぞ」

（4）Вам на́до обрати́ться к врачу́. お医者さんに見てもらわなくては。

単語　（1）помы́ть（完）(口) 洗う　（2）обме́нивать・обменя́ть（外貨と）交換する　（3）уходи́ть・уйти́ 去る，帰る　（4）обраща́ться・обрати́ться к A（与格）A に相談する，頼る

練習問題 82

1)　意味をいいなさい。

（1）Здесь мо́жно кури́ть?

229

(2) Мне мо́жно кури́ть?

(3) Э́то ну́жно знать.

(4) Вам э́то ну́жно знать.

(5) Мне ну́жно поговори́ть с ней по телефо́ну.

(6) Тебе́ на́до бу́дет договори́ться с ним.

(7) Мне на́до позвони́ть домо́й.

(8) Нельзя́ входи́ть в ко́мнату.

(9) Нельзя́ войти́ в ко́мнату.

単語 (5) по телефо́ну 電話で, поговори́ть（完）少し話す (6) догова́риваться・договори́ться с A（造格）Aと話し合う, 話しをつける, звони́ть・позвони́ть 電話をかける, домо́й 家へ
(8) входи́ть・войти́ в A（対）Aにはいる.

2) ロシア語で表わしなさい。

(1) ここで本を読んでもいいですか。

(2) ここで私は働く必要がある。

(3) 君は手紙を書かなければいけない。

(4) あなたは真実を知らなければならない。

(5) 彼女はあんなにたくさんタバコをすってはいけない。

(6) 「ここで写真を撮ってもいいですか」「いいえ、いけません」

単語 (4) 真実 пра́вда (5) たくさん мно́го, あんなに так (6) 写真をとる фотографи́ровать（不完）

IV 述語副詞として用いられる形容詞短語尾中性

| 形容詞短語尾中性 ― 述語副詞になる |

《例文》

(1) Для меня́ э́то о́чень удо́бный автóбус. 私にとりこれはとても便

第 15 課　人称代名詞の変化と用法

(2) Этот автобус *мне* óчень **удóбен**, потомý что он подвóзит меня прямо к дóму. このバスは，家の間近まで運んでいってくれるので，私にとってとても便利です。

(3) *Мне* óчень **удóбно** éхать отсюда на этом автóбусе. ここからこのバスに乗って行くのが私にはとても便利なのです。

単語　(1) *для* A（生格）A にとって，A には，удóбный（短語尾 удóбен, удóбна, удóбно, удóбны）便利な　(2) потомý что なぜならば，подвозить・подвезти (-везý, -везёшь；過去 -вёз, -везла)（乗物で）連れて行く，прямо < прямóй まっすぐの，(3) éхать на этом автóбусе このバスに乗って行く（этом は этот の前置格）

《基本》
1)　形容詞短語尾中性は述語副詞として用いられる。そのうちのあるものは，нáдо・мóжно と同じく不定形と結びついて用いられる〔例文(3)〕。
2)　形容詞が表わす状態を感じる主体は与格にたつ〔例文(2)〕。
3)　*для* A（生格）もそれに近い意味を表わす〔例文(1)〕。
4)　述語副詞として用いられる場合でも，それが表わす状態を感じる主体は与格に立つ〔例文(3)〕。

《説明》
1)　(1)の удóбный は形容詞長語尾。автóбус を修飾するので男性形に立つ。
2)　(2)の удóбен は形容詞短語尾男性。(Этот) автóбус を主語とし，その述語として働く。男性形となるのは автóбус が男性であり，それに支配されているため。
3)　(3)の удóбно は удóбный という形容詞の短語尾中性形が述語副詞として用いられているもの。éхать という不定形に結びつき，「乗っていくことは便利である」という意味を表わす。
4)　(1) (2)は主格主語のある人称文であるが，(3)は主格主語のない無人

231

第 2 部　文法編

称文である。

《類例》

(1) Это очень трудная лекция. これはとてもむずかしい講義である (трудная は形容詞長語尾。лекция を修飾するため女性形主格)。

(2) Нам эта лекция очень трудна. この講義は私達にはとてもむずかしい (трудна は形容詞短語尾。述語用法。主語が лекция のため女性形。主格主語のある人称文)。

(3) Трудно понимать такие стихи. このような詩を理解するのはむずかしい (трудно は述語副詞。понимать という不定形と結びついて用いられる。かたちとしては形容詞短語尾中性形と一致する。ないし，それが述語副詞として用いられている。主格主語のない無人称文)。

(4) Мы можем выдать вам нужную сумму. 私達はあなたに必要な金額を支給できます (нужную は形容詞長語尾。сумму を修飾するため女性形対格。☞ p. 245)。

(5) Я вам нужен (нужна)? 私がいる必要がありますか (нужен，ないし，нужна は形容詞短語尾で述語用法。主語が Я のため男性形ないし女性形となる。主格主語のある人称文)。

Мне нужна ваша помощь. ご援助が必要です (同様に，主語が ваша помощь のため女性形)。

На это нужны деньги. それには金が要る (同様に，主語が деньги のため複数形)。

(6) Вам нужно торопиться. お急ぎにならなければなりません (нужно は前項で記したように述語副詞。торопиться という不定形に結びついて用いられる。かたちとしては нужный という形容詞の短語尾中性形と一致する。主格主語のない無人称文。辞書では нужный という形容詞と，нужно という述語副詞は異なる語としてそれぞれが独自の見出しのもとに記載されるが，かたちからしても意味からしても両者の文法的関係は明瞭である)。

232

第15課　人称代名詞の変化と用法

《注意》
1) 《例文》(2)の прямо は подвозит にかかる単なる副詞。
2) 《例文》(3),《類例》(3)(6)は現在。過去にするには было を用いる。

Нам было трудно понимать такие стихи. このような詩を理解するのは私達にはむずかしかった。

Вам нужно было торопиться. お急ぎになる必要がありました。

3) 天候・気分・状態を表わす形容詞の短語尾中性形は述語副詞としてよく用いられる。

(1) Сегодня холодно. 今日は寒い（< холодный 寒い）。

(2) Вчера было прохладно. 昨日は涼しかった（< прохладный 涼しい）。

(3) Завтра будет очень жарко. 明日はとても暑くなる（< жаркий 暑い）。

(4) Мне было приятно. 私には気持がよかった（< приятный 気持よい）。

(5) Здесь очень грязно. ここはとても不衛生だ（< грязный 不衛生な）。

述語副詞についてはさらに詳しく第28課Ⅱにおいて学ぶ。

《参考》
以下の対比例では意味の差はたいしてない。

(1) Эта комната { (a) мне мала. (b) мала для меня.

この部屋は(a)私に〔(b)私にとって〕は狭すぎる。

(2) Такой текст { (a) ему (b) для него } очень труден.

このような本文は(a)彼に〔(b)彼にとって〕は非常にむずかしい。

《発展》
次の言い方をおぼえよう。

(1) — Познакомьтесь. Это Иван, а это Ханако. — Очень приятно с

233

第2部 文法編

ва́ми познако́миться.「ご紹介します。こちらはイヴァーン，こちらは花子です」「はじめまして，よろしく」

(2) С ва́ми прия́тно разгова́ривать. お話しができとても嬉しいです。

(3) Сего́дня хоро́шая пого́да, но за́втра бу́дет о́блачно (па́смурно). 本日は晴天です。しかし明日は曇りです。

単語 (1) знако́миться・познако́миться 知り合いになる，о́чень прия́тно с ва́ми познако́миться. はじめまして，よろしく（初対面のあいさつ。с ва́ми познако́миться を略してもよい），а（接続詞）その一方で (2) разгова́ривать（不完）話しをする (3) о́блачный 曇りの，па́смурный どんよりした曇りの，но（接続詞）しかし

練習問題83

1) 意味をいいなさい。

(1) С ва́ми прия́тно рабо́тать.

(2) Не зева́йте, э́то не прили́чно.

(3) Здесь удо́бно рабо́тать.

(4) Э́тот писа́тель нам хорошо́ знако́м.

(5) Ва́ша ле́кция им о́чень интере́сна.

(6) Я до́лжен был пое́хать в университе́т, потому́ что мне ну́жно бы́ло ви́деть профе́ссора Ивано́ва.

単語 (2) зева́ть・зевну́ть あくびする，прили́чно ＜ прили́чный 礼儀正しい。

2) ロシア語で表わしなさい。

(1) 私には列車で行くのが都合がよい。

(2) 私達には彼女の手紙を理解するのはむずかしい。

(3) あなたと一緒に仕事ができてとても楽しかった。

(4) このような小さな椅子は息子にはとても便利だ。

(5) あなたの論文は私にはとても面白い。

第15課　人称代名詞の変化と用法

単語　(1) 列車 по́езд　(4) 息子 сын　(5) 論文 статья́

V　人称代名詞のかたち―まとめ

《例文》

1)　対格

(1)　— Ты понима́ешь меня́? — Да, я тебя́ хорошо́ понима́ю.「私のいうことがわかる？」「うん、よくわかるよ」

(2)　Ива́н лю́бит А́нну. А́нна то́же лю́бит его́. イヴァーンはアーンナを愛している。アーンナも彼を愛している。

(3)　Там студе́нтка. Ты её зна́ешь? あそこに女子学生がいる。彼女を知っている？

(4)　Я люблю́ вас. Но вы меня́ не лю́бите. 私はあなたを愛しています。しかしあなたは私（のこと）が嫌いです。

(5)　Она́ хо́чет ви́деть нас. 彼女は私たちに会いたがっている。

(6)　Э́ти кни́ги о́чень нужны́ мне. Спаси́бо тебе́ за них. これらの本は私にはとても必要なものだ。これらを（くれて、あるいは、借してくれて）ありがとう。

2)　造格

(1)　Вы сиди́те передо мной. あなたは私の前にすわっている。

(2)　Ты хорошо́ занима́ешься. Учи́тель дово́лен тобо́й. お前はよく勉強する。先生はお前に満足して（喜んで）いる。

(3)　Я незнако́м с ним. 私は彼と面識がない。

(4)　Я ча́сто ви́делся с ней там. あそこで私はしばしば彼女と会った。

(5)　Он рабо́тает с на́ми. 彼は私たちと一緒に働いている。

(6)　Мы с ва́ми шли по у́лице. 私とあなたは通りを歩いていった。

(7)　Перед до́мом расту́т дере́вья. Ме́жду ни́ми стои́т скаме́йка. 家の前には木が数本はえている。その間にベンチがある。

3)　前置格

235

第 2 部　文法編

　　(1)　А́нна сказа́ла, что вы вчера́ спра́шивали обо мне́. あなたはきのう私のことを尋ねていたとアーンナが言いました。

　　(2)　Он говори́л мне о тебе́. 彼は私にお前のことを話した。

　　(3)　Напра́во стол, на нём ла́мпа. 右に机がある。机の上には電気スタンドがある。

　　(4)　Нале́во по́лка, на ней кни́га и слова́рь. 左に棚がある。棚の上には本と辞書がある。

　　(5)　Он всегда́ ду́мает о нас. 彼はいつも私たちのことを考えている。

　　(6)　Я всегда́ ду́маю о вас. 私はいつもあなたのことを考えている。

　　(7)　Вот шкафы́. В них кни́ги и газе́ты. 戸棚（複）があります。その中には本と新聞が入っています。

単語 1) (6) спаси́бо A（与格）за B（対格）　Bに対してAにありがとうという　2) (2) дово́льный (дово́лен, дово́льна, дово́льно) A（造格）　Aに満足している　(3) незнако́мый (-ко́м, -а) с A（造格）　Aとなじみのない，Aを知らない　(4) ви́деться с A（造格）Aに会う，面会する　(7) скаме́йка ベンチ　3) (1) спра́шивать・спроси́ть о A（前置格）　Aについて尋ねる　(3) напра́во 右側に，ла́мпа 照明器具　(4) нале́во 左側に，по́лка 棚

《説明》

1)　人称代名詞の主格は第2課以下さまざまな例文で学んできたし、生格と与格はこの課のⅡ・Ⅲ・Ⅳで調べてきた。ここでは対格（＝生格）、造格，前置格のかたちを確認しておこう。

2)　спаси́бо「ありがとう」〔例文1) (6)〕では礼をいう相手（A）は与格，感謝の対象（B）は за B（対格）。

Спаси́бо вам за по́мощь 手助けしてくださりありがとうございます。

3)　мы с ва́ми〔例文2) (6)〕は я и вы の意。☞《注意》。

《注意》

　мы с тобо́й は я и ты，мы с ва́ми〔例文2) (6)〕は я и вы，мы с ним は я и он，мы с ни́ми は я и они́ の意。я с тобо́й，я с ва́ми，я с ним，я

第15課　人称代名詞の変化と用法

с ни́ми とはあまりいわない。

《参考》

（1）　У нас в Росси́и рабо́тают пока́ о́чень немно́гие. 我が国ロシアでは非常に少しの人しか今のところ働いていない。

（2）　У нас в Япо́нии морско́й кли́мат, и вла́жность высо́кая. 日本は海洋性気候で湿度が高い。

мы は話し手の属する集団を表わす。それに対応する вы は聞き手の属する集団を表わす。ロシア人が日本人に у нас といったら「ロシアでは」、у вас といったら「日本では」の意となることがある。その反対も同様。наш・ваш も同様。

на́ша страна́　我が国，ва́ша страна́　あなたのお国

《発展》

人称代名詞の変化形を含む次の言い方をおぼえよう。

（1）　Мне в го́лову пришла́ хоро́шая иде́я. いいことを思いつきました。

（2）　Он ко мне хорошо́ отно́сится. 彼は私によくしてくれます。(以上，я の与格)

（3）　Прости́те меня́ за неуда́чное выраже́ние. 言い方が悪かったですね。お許しください。

（4）　Пожа́луйста, вы́слушайте меня́ до конца́. どうか最後まで聞いてください。(以上，я の対格)

（5）　Со мной（вы）не пропадёте. 私がついていますから大丈夫です。(я の造格)

（6）　Могу́ ли я помо́чь вам? お手伝いしましょうか（お役に立てますか）。

（7）　Я вам не помеша́ю? お邪魔ではありませんか。

（8）　Мо́жно присоедини́ться к вам? お仲間に入れていただいていいですか（談笑の輪に入ろうとする折の前置き）。

（9）　Как вам не сты́дно! よく恥ずかしくないですね（軽いたしなめとしても使える）。

237

第2部　文法編

(10)　Тебе́ (Вам) приве́т от Ямада-сан. 山田さんがよろしくと言っていた（言っていました）。（以上 вы, ты の与格）

(11)　— Алло́, мо́жно попроси́ть Ива́на Ива́новича?「もしもし，イヴァーンさんいらっしゃいますか」— Я вас слу́шаю.「はい，私です」— Э́то говори́т Масао. Я сейча́с в Москве́.「正夫です。今モスクワに来ています」。（вы の対格）

(12)　Мы с ва́ми рове́сники (рове́сницы). 私達はおない年です。（вы の造格）

(13)　Я мно́го слы́шал(а) о вас. お噂はかねがね聞き及んでいます。（вы の前置格）

単語　(5) пропада́ть・пропа́сть (-паду́, -падёшь；過去 -па́л, -ла) 破滅する　(8) присоединя́ться・присоедини́ться к А (与格) А の仲間入りをする　(9) сты́дный 恥ずかしい　(12) рове́сник, рове́сница おない年

練習問題 84

1)　かっこ内の人称代名詞を適当な形に改め，全文の意味をいいなさい。

(1)　— Вы (я) понима́ете? — Да, я (вы) хорошо́ понима́ю.

(2)　Оте́ц се́рдится на (ты). Что ты сде́лала?

(3)　Я всегда́ ду́маю о (ты).

(4)　Я писа́л (он) о (она́).

(5)　Ты разгова́ривал с (они́).

(6)　Я хорошо́ зна́ю (они́).

(7)　Когда́ у (вы) начина́ются ле́тние кани́кулы?

(8)　Мы идём к (вы).

(9)　На берегу́ реки́ стоя́ло большо́е де́рево. Мы отдохну́ли под (оно́).

(10)　За́втра в клу́бе бу́дет ле́кция. По́сле (она́) бу́дет конце́рт.

単語　(2) серди́ться・рассерди́ться на А (対格) А に対して怒る,

第15課　人称代名詞の変化と用法

де́лать・сде́лать する　(9) большо́й 大きな，отдыха́ть・отдохну́ть 休息する，*под* A（造格）Aの下で　(10) *по́сле* A（生格）Aの後で

2) 意味をいいなさい。

(1) Мы с ним друзья́.

(2) Я вам сочу́вствую.

(3) Я тебе́ зави́дую.

(4) Я ви́дел её во сне.

(5) Я вас провожу́ в аэропо́рт.

(6) Мо́жно ли мне взять э́то?

(7) — Что у вас боли́т? — У меня́ боли́т желу́док.

(8) У нас о́чень стро́го с нарко́тиками.

(9) Э́ти ту́фли тебе́ велики́.

(10) Э́ти боти́нки мне малы́.

単語　(2) сочу́вствовать 〔-ústv-〕 A（与格）Aに同情する　(3) зави́довать A（与格）Aをうらやむ，Aがうらやましい　(4) сон 夢（во сне のように，в が во になることに注意）　(5) провожа́ть・проводи́ть 見送りに行く　(6) брать・взять 持って行く，取る　(7) желу́док 胃　(8) стро́гий 厳しい，*с* A（造格）Aに対して，нарко́тик《口》麻薬中毒者　(9) ту́фли（くるぶしより下までの）浅い靴，パンプス，вели́кий 大きい（短語尾はよく「大きすぎる」の意になる）　(10) ма́лый 小さい（短語尾 мал, мала́ は「小さすぎる」），боти́нки（くるぶしまで隠れる）靴

3) ロシア語で表わしなさい。

(1) 私達と一緒におじいさんが住んでいます。

(2) 君と別れたくない。

(3) 私は君に昼食をごちそうします。

(4) 私は彼とはよくつきあっています。

(5) 私は彼女と同学年です。

第２部　文法編

単語　(1) おじいさん дédушка　(2) Aと別れる расставáться [-s-l-ss-]・расстáться [-s-l-ss-] с A（造格）　(3) 昼食 обéд（ロシアでは обéд が一日の主な食事。朝食は зáвтрак，夕食は ýжин），AをBにごちそうする угощáть・угостúть A（造格）B（対格）　(4) Aとつきあう общáться（不完）с A（造格），よく чáсто（しばしば）　(5) 同学年 однокýрсник

VI　再帰代名詞 себя́

第67表　再帰代名詞の変化

主　格	生　格	与　格	対　格	造　格	前置格
―	себя́	себé	себя́	собóй*	себé

* собóю もある。

《例文》

(1) 生格　Я дéлал всё э́то для себя́. これはみな自分のためにやった。

(2) 与格　Когдá мне скýчно, я расскáзываю себé анекдóты. 退屈なとき，自分に笑い話を語ってきかせる。

(3) 対格　— Как вы себя́ чýвствуете? — Я себя́ чýвствую хорошó. 「ごきげんいかがですか」「元気です」

(4) 造格　Онá довóльна собóй. 彼女は自分に満足している。

(5) 前置詞　Онá всегдá дýмает о себé. 彼女はいつも自分のことを考えている。

単語　(2) скýчный [skúʃnɨj] 退屈な，анекдóт 笑い話，ひとくち話

《基本》
1) 再帰代名詞は ты に等しい変化をするが主格はない。
2) 動作がその動作主に向けられることを表わす。
3) いかなる人称・性・数であってもよい。

第 15 課　人称代名詞の変化と用法

《説明》
1)　主格がないのは，常に補語として用いられるためである。
2)　例文の説明の要はなかろう。(3)は直訳すると「あなたはいかに自分を感じるか」。

《注意》
1)　以下の例文において(a)と(b)では意味が違うことに注意しよう。

Он говори́л { (a)　о себе́.
             (b)　о нём.

(a)彼は自分について話した。(b)彼は彼（他の誰か）について話した。

2)　主語が一・二人称の場合，себя́ を用いる。

(1)　Я говорю́ { обо мне. （×）
                 о себе́. （○）

(2)　Ты говори́шь { о тебе́. （×）
                    о себе́. （○）

《参考》
1)　次のような慣用的用法もある。
(1)　К себе́「引く」 От себя́「押す」（ドアの表示）。
(2)　найти́ рабо́ту по себе́ 自分に合った仕事を見つける。
(3)　Мне не по себе́. 気持ちがあまりよくない。
(4)　говори́ть про себя́ ひとりごとを言う。
(5)　у себя́ 自分の家／部屋／居場所に。Вы у себя́? （お部屋に）いらっしゃいますか。
(6)　Ничего́ себе́! これは驚いた，あきれた。

2)　(a) 他動詞 + себя́ と (b) -ся 動詞は似た表現をつくるが，(a) は意志的・意図的，(b) は自然的・無意志的動作。

(1) { (a)　сде́рживать себя́ 自分をおさえる
     (b)　сде́рживаться 我慢する

(2) { (a)　утоми́ть себя́ 自分を疲れさす
     (b)　утоми́ться 疲れる

第 2 部　文法編

《発展》

次の言い方をおぼえよう。

(1)　Береги́те себя́. お大事に（お体に気をつけてください）。

(2)　Береги́тесь карма́нных воро́в. スリにご用心。

(3)　Я хочу́ привести́ себя́ в поря́док. お化粧を直したいのですが。

単語　(1) бере́чь（-регу́, -режёшь,...,-регу́т；命令 -реги́；過去 берёг, берегла́, -ло́）（不完）大事にする，守る　(2) бере́чься А（生格）А に用心する，注意する，карма́нный ポケット，вор 泥棒　(3) приводи́ть・привести́ 導く，поря́док 秩序，整頓

練習問題 85

1)　Он не щади́л себя́ на рабо́те.「彼は骨身をおしまず働いた」（仕事において自分をだし惜しみしなかった）という文をおぼえ，主語 он を次の語に変え，意味をそれぞれいいなさい。я, ты, она́, мы, вы, они́.

単語　щади́ть だし惜しみをする

2)　意味をいいなさい。

(1)　Она́ иногда́ ненави́дит себя́.

(2)　Он сли́шком мно́го говори́т о себе́.

(3)　Вы не похо́жи на себя́.

(4)　Ты дово́лен собо́й?

(5)　Вы всегда́ ду́маете то́лько о себе́.

(6)　Он счита́ет себя́ геро́ем.

(7)　Андре́й слома́л себе́ но́гу.

単語　(1) ненави́деть（不完）憎む　(2) сли́шком あまりにも　(3) похо́жий на А（対格）А に似ている　(6) счита́ть（不完）А（対格）В（造格）А を В と考える　(7) лома́ть・слома́ть 折る，нога́ 足

3)　ロシア語で表わしなさい。

(1)　「体の調子はどう」「具合がよくない」

第15課　人称代名詞の変化と用法

(2) 彼は自分のためにやった。
(3) 「傘を持ってきましたか」「いいえ，もってきませんでした」
(4) 私はどれもこれもみんな自分のために買ったのだ。

単語　(1) よくない пло́хо　(3) 傘 зо́нтик, 持ってくる взять（完）（取る）。

♣ 単語帳（3）
意志動詞と無意志動詞

意志動詞		無意志動詞	
слу́шать	聞く	слы́шать	聞こえる
смотре́ть	見る	ви́деть	見える
показа́ть	見せる	вы́глядеть	見える
продолжа́ть	続ける	продолжа́ться	続く
рабо́тать	働く	рабо́таться	仕事に気が乗る
люби́ть	愛する	нра́виться	気に入る

第16課

形容詞の変化

I　硬変化

第68表　硬変化形容詞長語尾の変化

	男性	中性	女性	複数
主格	но́вый	но́вое	но́вая	но́вые
生格	но́вого*1		но́вой	но́вых
与格	но́вому		но́вой	но́вым
対格	主または生	но́вое	но́вую	主または生
造格	но́вым		но́вой*2	но́выми
前置格	но́вом		но́вой	но́вых

*1 [nóvəvə]　*2 но́вою もある。

《例文》

1)　男性

(1)　主格　Вот иностра́нный студе́нт.　ほらここに外国人学生がいる。

(2)　生格　Здесь нет иностра́нного студе́нта.　ここには外国人学生はいない

(3)　与格　Я написа́л письмо́ иностра́нному студе́нту.　私は外国人学生に手紙を書いた。

(4)　対格　(a)　不活動体　Он чита́ет иностра́нный журна́л.　彼は外国の雑誌を読んでいる。

　　　　　　　　(b)　活動体　Я ви́дел иностра́нного студе́нта.　私は外国人学生に会った。

第 16 課　形容詞の変化

　（5）　造格　Я рабо́таю с иностра́нным студе́нтом.　私は外国人学生と一緒に働いている。

　（6）　前置格　Я говорю́ об иностра́нном студе́нте.　私は外国人学生について話している。

2）　中性

　（1）　主格　Сейча́с в порту́ стои́т иностра́нное су́дно.　今，港に外国船が停泊している。

　（2）　対格　Наш заво́д заказа́л иностра́нное обору́дование.　私たちの工場は外国製の設備を発注した。

3）　女性

　（1）　主格　Вот иностра́нная студе́нтка.　ほらここに外国人の女子学生がいる。

　（2）　生格　Здесь нет иностра́нной студе́нтки.　ここには外国人の女子学生はいない。

　（3）　与格　Я написа́л письмо́ иностра́нной студе́нтке.　私は外国人の女子学生に手紙を書いた。

　（4）　対格　（a）不活動体　Он чита́ет иностра́нную кни́гу.　彼は外国の書物を読んでいる。

　　　　　　　（b）活動体　Он ви́дел иностра́нную студе́нтку.　彼は外国人の女子学生に会った。

　（5）　造格　Я рабо́таю с иностра́нной студе́нткой.　私は外国人の女子学生と一緒に働いている。

　（6）　前置格　Я говорю́ об иностра́нной студе́нтке.　私は外国人の女子学生について話している。

4）　複数

　（1）　主格　Иностра́нные тури́сты знако́мились с достопримеча́тельностями го́рода.　外国人観光客は町の名所を見学していた。

　（2）　生格　У вас есть уче́бники иностра́нных языко́в？（お店に）外国語の教科書がありますか。

245

第 2 部　文法編

　　　(3)　与格　У нас скóро бýдет экзáмен по инострáнным языкáм.　私たちのところではもうすぐ（諸）外国語の試験がある。

　　　(4)　対格　(a)　不活動体　Мой друг коллекционúрует инострáнные монéты.　私の友人は外国のコインを収集している。

　　　　　　　　(b)　活動体　Я знáю инострáнных студéнтов.　私は外国人学生を知っている。

　　　(5)　造格　Я рабóтаю с инострáнными студéнтами.　私は外国人学生と一緒に働いている。

　　　(6)　前置格　Я слýшаю рàдиопередáчи на инострáнных языкáх.　私は外国語のラジオ放送を聞いている。

　単語　2)　(1) сýдно（複 судá, судóв, судáм,...）船（一般に大型船舶の意。前出の корáбль は主に海洋の大型船舶・軍艦をさす），
　　　　(2) оборýдование 設備　4) (1) турúст 観光客，旅行者，знакóмиться・ознакóмиться с A（造格）A を見学する，достопримечáтельность 名所　(4) коллекционúровать（不完）収集する，монéта コイン　(6) рàдиопередáча ラジオ放送

《基本》

1)　硬変化形容詞（☞ p.65）は第 68 表のような性・数・格の変化をする。

2)　中性形の対格〔(2)の(2)〕は主格〔(2)の(1)〕に一致する。主・対以外は男性形と同じかたち。

3)　男性と複数の対格は，不活動体名詞を修飾する場合は主格に，活動体名詞を修飾する場合は生格に一致する〔(1)の(4), 4)の(4)〕。

《説明》

形容詞自身が性・数や活動体・不活動体の区別を持つわけではない。修飾する名詞によって決定される。

《注意》

молодóй「若い」, любóй「好みの」のようにアクセントが語尾にあるものの男性主格およびそれに等しい対格の語尾は -óй。その他は同じ。

第 16 課　形容詞の変化

молодо́й, молодо́го[məladóvə], молодо́му,... ; молодо́е, молодо́го, моло-до́му,... ; молода́я, молодо́й, молодо́й,... ; молоды́е, молоды́х, молоды́м,...

《参考》

1) 女・造には -ою (но́вою) という語尾もある。おぼえるのは表示した -ой。

2) アクセントは原形 (男・主) と同じ位置。

練習問題 86

1) краси́вый「美しい」, любо́й「好みの」の全変化をいいなさい。

2) かっこ内の形容詞を適当なかたちに改め, 全文の意味をいいなさい。

(1) Я живу́ в (но́вый) до́ме.

(2) Мы чита́ем (но́вый) кни́гу.

(3) Весна́. Я́ркое со́лнце. Мы отдыха́ем под (тени́стый) де́ревом.

(4) На (зелёный) лугу́ расцвели́ цветы́.

(5) По́сле (дождли́вый) пого́ды наступи́ли я́сные дни.

(6) Маши́ны е́дут по (ро́вный) доро́ге.

(7) Молодёжь возвраща́ется с рабо́ты с (весёлый) пе́снями.

(8) Я пишу́ (твёрдый) карандашо́м.

単語 (3) я́ркий 明るい, 鮮明な, тени́стый 影の多い　(4) луг (第 2 前置格 на лугу́) 草原, расцвета́ть・расцвести́ (расцвету́, расцветёшь ; 過去 расцвёл, -цвела́) 花が咲き出す　(5) дождли́вый 雨の多い, наступа́ть・наступи́ть (時期が) 来る　(6) ро́вный 平らな, доро́га 道　(7) молодёжь (女) 若者たち, рабо́та 仕事, 労働, пе́сня 歌, весёлый 楽しげな　(8) твёрдый 固い

247

II 軟変化

第 69 表　軟変化形容詞長語尾の変化

	男性	中性	女性	複数
主格	синий	синее	синяя	синие
生格	синего*¹		синей	синих
与格	синему		синей	синим
対格	主または生 | синее		синюю	主または生
造格	синим		синей*²	синими
前置格	синем		синей	синих

*¹ [s'ín'ɪvə]　*² синею もある。

《例文》

(1) Это после́дний ве́чер в Москве́. モスクワも今宵限りだ（男性・主格）。

(2) Ра́нняя пти́чка носо́к прочища́ет, по́здняя глаза́ продира́ет. 早く起きる鳥はくちばしをこすって磨くが, 遅く起きる鳥は眼をあけるだけ（女性・主格）。

(3) Вече́рние авто́бусные экску́рсии по́льзуются популя́рностью. 夜間バスツアーが人気です（複数・主格）。

(4) Без вне́шней торго́вли япо́нцы не мо́гут жить. 貿易なしに日本人は生きていけない（女性・生格）。

(5) Февра́ль и март для студе́нтов — вре́мя весе́нних кани́кул, а для абитурие́нтов — сезо́н вступи́тельных экза́менов. 2月・3月は大学生にとっては春休みに当るが, 受験生にとっては入学試験の季節である（複数・生格）。

(6) Япо́нская промы́шленность бы́стро развива́лась благодаря́ вне́шней торго́вле. 日本の工業は貿易のおかげで急速に発達していった（女性・与格）。

第 16 課　形容詞の変化

(7)　Вы читáли егó **послéднюю** статью? あの人の最近の論文を読みましたか（女性・対格）。

(8)　Мой брат занимáется **внéшней** торгóвлей. 私の兄は貿易の仕事をしている（女性・造格）。

(9)　Вы мóжете поéхать **послéдним** пóездом в шесть часóв. あなたは6時の最終列車で行けますよ（男性・造格）。

(10)　Лéтом на **Дáльнем** Востóке обúльно идýт дождú. 夏, 極東では豪雨がある（男性・前置格）。

単語　(1) послéдний 最後の, 最近の　(2) носóк くちばし, прочищáть・прочúстить 掃除する, продирáть・продрáть あける　(3) популярность 人気　(4) внéшний 外の, торгóвля 商業　(5) феврáль 2月, март 3月, весéнний 春の, абитуриéнт 大学入学志望者, 受験生, вступúтельный 入学の　(6) промышленность 工業, развивáться・развúться (-зовьюсь, -зовьёшься) 発達する　(10) дáльний 遠い, Дáльний Востóк 極東, обúльный たくさんの, идёт дождь 雨が降る〔идýт дождú（複）は雨の量の多さの強調〕。

《基本》

1)　軟変化形容詞（☞p.65）は第69表のような性・数・格の変化をする。

2)　その他の事項や説明に関しては硬変化と全く同じである。

《説明》

1)　внéшняя торгóвля「外国貿易」が単・主（原形）。(4)は без の支配で生格, (6)は благодаря の支配で与格, (8)は занимáться の支配で造格。(1)は послéдний (вéчер) の主格, (7)は послéдняя (статья) の対格, (9)は послéдний (пóезд) の造格。(10)は Дáльний (Востóк) の前置格（на に注意）。

2)　(2)は「早起きは三文の徳」に近い諺。

《注意》

第2部　文法編

軟変化形容詞のアクセントは常に語幹にあり，移動しない。
《参考》
女・造に -ею (си́нею) という語尾もある。おぼえるのは表示した -ей。

練習問題 87

1) после́дний「最後の，最新の」の全変化を書きなさい。
2) かっこ内の形容詞を適当なかたちに改め，全文の意味をいいなさい。

(1) На поля́х идёт рабо́та с (ра́нний) утра́ до (по́здний) ве́чера.
(2) Все ра́дуются (тёплый) (осе́нний) со́лнцу.
(3) Он чита́ет (вчера́шний) газе́ту.
(4) Во (вчера́шний) газе́тах писа́ли об (изве́стный) скрипача́х.
(5) Я учу́сь на (вече́рний) отделе́нии политехни́ческого институ́та.

単語　(1) ра́нний 早い，по́здний [-z'n'-] 遅い　(2) все 皆，すべての人，тёплый あたたかい，ра́доваться A（与格）(A に出会い) うれしくなる，喜ぶ　(4) изве́стный [-sn-] 有名な，скрипа́ч バイオリニスト，писа́ли 書かれていた（☞p.473）(5) отделе́ние 部，вече́рнее отделе́ние 夜間部，политехни́ческий институ́т 工業（工科）大学

III 混合変化

1. -г・-к・-х 語幹

第70表　-г・-к・-х 語幹の形容詞長語尾の変化

	男性	中性	女性	複数
主格	русский	русское	русская	русские
生格	русского[*1]		русской	русских
与格	русскому		русской	русским
対格	主または生	русское	русскую	主または生
造格	русским		русской[*2]	русскими
前置格	русском		русской	русских

[*1] [rúskəvə]　[*2] русскою もある。

《例文》

(1) — Она́ зна́ет ру́сский язы́к? — Нет, она́ не зна́ет ру́сского языка́.「彼女はロシア語を知っていますか」「いいえ、ロシア語を知りません」（不活動体男性・対格；男性・生格）。

(2) Значи́тельная часть ру́сских городо́в возни́кла и вы́росла на речны́х путя́х. ロシアの諸都市のかなりの部分は水路によって発生し成長した（複数・生格）。

(3) За́втра бу́дет экза́мен по ру́сскому языку́. あすロシア語の試験がある（男性・与格）。

(4) Ива́н лю́бит ходи́ть по букинисти́ческим магази́нам. イヴァーンは古本屋めぐりが好きだ（複数・与格）。

(5) Мы изуча́ем ру́сскую литерату́ру. 私達はロシア文学を勉強している（女性・対格）。

(6) Она́ у́чит ру́сских студе́нтов. 彼女はロシア人の学生を教えている（活動体複数・対格）。

(7) А́нна говори́т с лёгким заика́нием. アーンナは少しどもる（中性・造格）。

第2部　文法編

(8) Моя́ дочь живёт в студе́нческом общежи́тии. 私の娘は学生寮にはいっている（中性・前置格）。

(9) Роль рек в челове́ческой жи́зни всегда́ была́ о́чень велика́. 人間の生活における河川の役割は常に非常に大きかった（女性・前置格）。

単語　(2) значи́тельный 相当な, часть 部分, значи́тельная часть かなりの部分, возника́ть・возни́кнуть（過 возни́к, возникла́）生じる, выраста́ть・вы́расти (-расту́, -растёшь；過 -рос, -росла́) 成長する, речно́й 河川の, путь 道（☞p.119, 196）　(3) по А（与格）Аに関する　(4) букинисти́ческий 古本の　(7) лёгкий [-x'k'-] 軽い, заика́ние 吃り　(8) общежи́тие 寮　(9) роль（女）役割, челове́ческий 人間の, вели́кий 大きい

《基本》

男性主格とそれに等しい対格 (-ий), 男性・中性造格 (-им), 複数全変化が軟変化語尾, それ以外は硬変化語尾（第70表）。

《説明》

1)　(1)の ру́сского языка́ は ру́сский язы́к の生格。他動詞の否定もまた生格となることが多い。ただし, 対格も用いられる。つまり, Нет, она́ не зна́ет ру́сский язы́к. も正しい。(2)は ру́сские (города́) の生格（< ру́сский го́род）。(3)は по によって与格。экза́мен по А（与格）「Аの試験」というまとまりでおぼえておこう。(5)は изуча́ть「研究する」の支配で対格。(6)は учи́ть「教える」の支配で（複数）対格。

2)　(4)は по によって（複数）与格。(7)は с によって造格。(8)(9)は в によって前置格。

《注意》

плохо́й「悪い」のようにアクセントが語尾にあるものの男性主格（対格）は硬変化語尾となる。つまり, 男性・中性造格および複数を除き硬変化語尾となる。

《参考》

1)　形容詞的疑問代名詞 како́й「どんな」は плохо́й と同じ変化。

第16課　形容詞の変化

какóй, какóго [kakóvə], какóму, какóй/какóго, каки́м, какóм；какóе, какóго, какóму, какóе, каки́м, какóм；кака́я, какóй, какóй, каку́ю, какóй（какóю）, какóй；каки́е, каки́х, каки́м, каки́е/каки́х, каки́ми, каки́х

《発展》

次のような質問の仕方もおぼえておこう。

(1)　Какóй прогнóз погóды на завтра? あすの予報はどうですか（男性・主格）。

(2)　Кака́я у вас специа́льность? ご専門は何ですか（女性・主格）。

(3)　Каки́е у вас прете́нзии? どんなクレームですか（複数・主格）。

(4)　Какóе у вас впечатле́ние от фи́льма? 映画のご感想は？（中性・主格）。

(5)　Из каки́х мест к нам? どこから来たのですか（話しことば）（複数・生格）。

(6)　К каки́м результа́там э́то приведёт? これはどういう結果になるんでしょうかね（複数・与格）。

(7)　За каку́ю кома́нду вы боле́ете? どのチームのファンですか（女性・対格）。

(8)　Каки́м о́бразом э́то де́йствует? これはどう動きますか（男性・造格）。

(9)　В какóм райо́не вы живёте? 何区にお住まいですか（男性・前置格）。

(10)　В каки́х усло́виях вы согла́сны сотру́дничать? どんな条件ならご協力いただけますか（複数・前置格）。

単語　(1) прогнóз 予測，予報　(2) специа́льность 専門　(3) прете́нзия [-t'é-|-té-] 苦情，クレーム　(4) впечатле́ние от А（生格）（Ａから受けた）印象　(6) результа́т 結果　(7) боле́ть（不完）за А（対格）Ａのファンだ　(8) о́браз かたち，каки́м о́бразом? どういう仕方で？, де́йствовать 動く，活動する　(9) райо́н 地域，区域，区　(10) усло́вие 条件，сотру́дничать（不完）

第2部　文法編

c A（造格）Aと協力する，共同で仕事をする

練習問題 88

1) япóнский「日本の」，сухóй「乾いた」の変化をいいなさい。
2) かっこ内の形容詞を適当なかたちに改め，全文の意味をいいなさい。

(1) Лéтом бы́ло мнóго（жáркий）дней.

(2) Моя́ сестрá перевелá（интерéсный）статью́ с（япóнский）языкá на рýсский.

(3) Я читáю（нóвый）（рýсский）кни́гу.

(4) （Нóвый）（рýсский）книг здесь нет.

(5) — Он ýчит（япóнский）студéнтов. — Чемý он их ýчит? — Он ýчит（рýсский）языкý.

(6) Я посылáю кни́ги（мáленький）брáту и（мáленький）сестрé.

(7) Он говори́т о（послéдний）（францýзский）фи́льмах.

(8) — На（какóй）языкé э́та кни́га? — Э́та кни́га на（рýсский）языкé.

単語　(2) переводи́ть・перевести́（переведý, переведёшь；過去 перевёл, перевелá）翻訳する　(6) посылáть・послáть（пошлю́, пошлёшь；命令 пошли́）送る

2. -ж・-ч・-ш・-щ 語幹

第71表　-ж・-ч・-ш・-щ　語幹の形容詞長語尾の変化

	男性	中性	女性	複数
主格	хорóший	хорóшее	хорóшая	хорóшие
生格	хорóшего*1		хорóшей	хорóших
与格	хорóшему		хорóшей	хорóшим
対格	主または生 | хорóшее		хорóшую	主または生
造格	хорóшим		хорóшей*2	хорóшими
前置格	хорóшем		хорóшей	хорóших

*1 [xaróʃəvə]　*2 хорóшею もある。

254

第16課　形容詞の変化

《例文》

(1) На Кра́йнем Се́вере нет **настоя́щего** ле́та. 極北は夏らしい夏を持たない（中性・生格）。

(2) Она́ — де́вушка из **хоро́шей** семьи́. 彼女は良家の娘だ（女性・生格）。

(3) Я купи́л ку́клу **мла́дшей** сестре́. 私は人形を妹に買った（女性・与格）。

(4) Я съел **хоро́шую** по́рцию моро́женого. 私はアイスクリームをたっぷり食べた（女性・対格）。

(5) Я давно́ не ви́делся со **ста́ршим** бра́том. 私はずっと兄と会っていない（男性・造格）。

(6) Го́род Атами изве́стен **горя́чими** исто́чниками. 熱海は温泉で有名だ（複数・造格）。

(7) Ка́пли дождя́ блестя́т на **све́жей** зе́лени. 雨のしずくはみずみずしい緑の上で輝いている（女性・前置格）。

単語 (1) кра́йний 端の, 一番遠い, Кра́йний Се́вер 極北地方（北極圏), настоя́щий 本当の　(3) ку́кла 人形, мла́дший より若い, мла́дшая сестра́ 妹　(4) съеда́ть・съесть (съем, съешь) 食べる（食べ切る), по́рция （食べ物の）一人前, хоро́шая по́рция 相当な量, моро́женое アイスクリーム（中性名詞。形容詞変化を行う。☞p.260, 261)　(5) ста́рший より年上の, ста́рший брат 兄　(6) изве́стный А (造格) Ａで有名な, горя́чий исто́чник 温泉　(7) ка́пля 水滴, しずく, блесте́ть (блещу́, блести́шь)（不完）輝く, зе́лень（女）植物

《基本》
女性主格の (-ая), 女性対格 (-ую) を除き, 軟変化語尾（第71表）。

《説明》

(1)は настоя́щее (ле́то)（中）の生格（存在の否定生格については☞p.124)。(2)は хоро́шая (семья́)（女）の生格。из の支配による。(3)

255

第 2 部　文法編

мла́дшая（сестра́）（女）の与格。купи́л の間接目的補語。(4)は хоро́шая
（по́рция）（女）の対格。съел は他動詞で対格を支配する。(5)は ста́рший
（брат）（男）の造格。с の支配による。(6)は горя́чие（исто́чники）の造格。
(7)は све́жая（зе́лень）（女）の前置格。

《注意》

большо́й「大きな」のようにアクセントが語尾にあるものは男性・中性
造格および複数を除き硬変化。つまり，плохо́й の類と同じ。

большо́й, большо́го [bal'ʃóvə], большо́му, большо́й/большо́го, больши́м,
большо́м；большо́е, большо́го, большо́му, большо́е, больши́м, большо́м；
больша́я, большо́й, большо́й, большу́ю, большо́й (большо́ю), большо́й；
больши́е, больши́х, больши́м, больши́е/больши́х, больши́ми, больши́х

練習問題 89

1) похо́жий「似ている」, чужо́й「他人の」の全変化を書きなさい。
2) かっこ内の形容詞を適当なかたちに改め，全文の意味をいいなさい。

(1) На у́лице есть (большо́й) (хоро́ший) рестора́н, а здесь (большо́й) (хоро́ший) рестора́на нет.

(2) На пло́щади есть (большо́й) (хоро́ший) гости́ница, а здесь (большо́й) (хоро́ший) гости́ницы нет.

(3) На пло́щади (но́вый) (большо́й) дома́.

(4) Собра́ние бу́дет в (большо́й) за́ле.

(5) Ле́кция бу́дет в (большо́й) аудито́рии.

(6) В (но́вый) (большо́й) дома́х (хоро́ший) кварти́ры.

(7) Я чита́л его́ письмо́ с (большо́й) удово́льствием.

(8) На Украи́не рабо́тает нема́ло (большо́й) (а́томный) электроста́нций.

単語　(7) удово́льствие 満足　(8) а́томный 原子力の, электроста́нция 発電所, Украи́на ウクライナ

第 16 課　形容詞の変化

3) 意味をいいなさい。

(1) Я в буквáльном смы́сле слóва нахожу́сь в трýдном положéнии.

(2) В нéкотором смы́сле слóва Ивáн успéшно закóнчил рабóту.

(3) Подáйте предложéние в пи́сьменном ви́де.

(4) Сýмма достáточно велика́ для покýпки персонáльного компью́тера.

(5) Поздравля́ю вас с Нóвым гóдом!

(6) Дороги́е друзья́! Разреши́те познакóмить вас с сегóдняшним гóстем, профéссор Масукава. Как вы знáете, профéссор Масукава — извéстный лауреáт Нóбелевской прéмии.

(7) Какáя у вас зарплáта?

(8) В какóм кружкé ты занимáешься?

(9) Мáша чáсто нóсит тýфли на высóких каблукáх.

(10) У Масао хорóшие оцéнки по рýсскому языкý.

(11) В япóнских домáх вы должны́ снимáть óбувь.

(12) Гóрод Нагоя отличáется от други́х городóв своеобрáзным очаровáнием.

単語　(1) буквáльный 文字通りの, смысл 意味, положéние 状態　(2) нéкоторый ある, успéшный 上首尾の　(3) предложéние 提案, подавáть・подáть 提出する, пи́сьменный 書かれた, 文書による　(4) сýмма 金額, достáточный 十分な, вели́кий 大きい, покýпка 買うこと, 購入, персонáльный 個人用の, компью́тер [-te-] コンピュータ　(5) поздравля́ть・поздрáвить А (対格) с В (造格) В に際し А にお祝いを言う, 祝う　(6) разрешáть・разреши́ть А (不定形) А することを許可する, знакóмить・познакóмить А (対格) с В (造格) А に В を紹介する, сегóдняшний 本日の, гость (男) 客, лауреáт 受賞者, Нóбелевская прéмия ノーベル賞　(7) зарплáта 給料　(8) кружóк サークル　(9) высóкий 高い, каблýк (靴の) かかと,

257

第 2 部　文法編

туфли на высо́ких каблука́х ハイヒール　(10) оце́нка по A（与格）Aの成績，評点　(11) снима́ть・снять 脱ぐ，とる，о́бувь 履物　(12) отлича́ться・отличи́ться A（造格）от B（生格）AをもってBとは異なる，AをもってBより優れる，своеобра́зный 独特の，очарова́ние 魅力

4)　ロシア語で表わしなさい。
(1)　これは身の回りの品です。
(2)　私は現金で支払いたい。
(3)　私達は超過勤務が多い。
(4)　私の息子は私立大学で勉強している。
(5)　彼女の娘は国立大学で勉強している。
(6)　彼の弟は経済学部で勉強しています。
(7)　私は貿易関係で働きたい。
(8)　アーンナはラジオでニュースを聞いている。
(9)　花子はロシア語の試験に合格しなかった。
(10)　選挙で私は自民党に票を投じた。

単語　(1) 品 вещь（女），身の回りの ли́чное по́льзование（個人的使用）　(2) 現金 нали́чные де́ньги，支払う плати́ть・заплати́ть　(3) 超過勤務 сверхуро́чная рабо́та　(4) 大学 университе́т（в を使う），私立の ча́стный [-sn-]　(5) 娘 дочь，国立の госуда́рственный　(6) 学部 факульте́т（на を使う），経済学の экономи́ческий　(7)（Aの）関係で в о́бласти A（生格）　(8) ニュース после́дние изве́стия　(10) 選挙で на вы́борах（вы́боры についてはp.211），自民党 Либера́льно-демократи́ческая па́ртия，（A に）票を投じる голосова́ть・проголосова́ть за A（対格）

第16課　形容詞の変化

IV　性質生格

《例文》

（1）　В комнату вошёл мужчина **высокого роста**. 部屋に背の高い男が入ってきた。

（2）　Он **высокого роста**. 彼は背が高い。

（3）　Он специалист **высокой квалификации**. 彼は一流の専門家である。

（4）　Он **крепкого телосложения**. 彼は体格ががっちりしている。

単語　（1）рост 背（丈），身長，мужчина 男性，男　（3）квалификация 技能熟練度，специалист 専門家　（4）телосложение 体格

《基本》

1）　形容詞（生格）+名詞（生格）は性質の修飾語として他の名詞を修飾することができる〔(1), (3)〕。

2）　そのような結合は述語としても用いられる〔(2), (4)〕。

《説明》

1）　このような生格の用法は形容詞の機能に似ており〔たとえば(2)は Он высок ростом. で言い換えられる〕，性質生格と呼ばれる。

2）　(1)で высокого роста は мужчина を，(3)で высокой квалификации は специалист を修飾している。(2)で высокого роста は，(4)で крепкого телосложения はそれぞれ述語。

《参考》

形容詞をともなわなくても性質生格的用法はみとめられる。

человек **дела** 実務のよくできる人（=деловой человек）

слова **мудрости** 英知あることば（=мудрые слова）

練習問題 90

意味をいいなさい。

（1）　Она женщина средних лет.

259

第 2 部　文法編

(2)　Меня́ встре́тил челове́к сре́днего во́зраста.

(3)　Э́то фа́ктор большо́го значе́ния.

(4)　У меня́ есть кни́га большо́й ре́дкости.

単語　(1) сре́дний 中間の，中頃の，лета́（複）年月，年齢　(2) во́зраст 年齢　(3) фа́ктор 要因，значе́ние 意義，意味　(4) ре́дкость 珍しいもの，珍品

V　形容詞のかたちを持つ名詞

《語例》

1)　人を表わすもの：ру́сский ロシア人，ру́сская ロシアの女性，ру́сские ロシア人たち，знако́мый 知り合い，знако́мая 知り合いの女性，знако́мые 知り合いの人々，рабо́чий 労働者，рабо́чие 労働者達，мно́гие 多くの人々

2)　事物を表わすもの：столо́вая 食堂，парикма́херская 理容店，美容院，запята́я コンマ，моро́женое アイスクリーム，премиа́льные ボーナス

《基本》

形容詞のかたちをした名詞がある。形容詞と同じ変化をする。

《例文》

(1)　И како́й же ру́сский не лю́бит бы́строй езды́? どんなロシア人がスピード（速い走行）が嫌いだというのだ。

(2)　Я о́чень полюби́л ру́сских,... Э́то лю́ди, спосо́бные на грандио́зные дела́. 私はロシア人が大好きになった。…ロシア人は壮大なことができる人たちである。

(3)　Он пита́ется в столо́вой. 彼は食堂で食事をしている。

(4)　ста́вить запяту́ю コンマを打つ。

(5)　Мы получа́ем премиа́льные раз в год. 私達は年1回ボーナスをもらいます。

単語　(1) бы́стрый 速い，езда́ 乗り物で行くこと　(2) полюби́ть

（完）好きになる，愛し始める，люди 人々（単数は челове́к），спосо́бный на А（対格）Аができる，грандио́зный 壮大な，де́ло 事，仕事，事業　(3) пита́ться 食事をとる　(4) ста́вить・поста́вить おく，すえる　(5) раз 1回，в год 1年に

《説明》

(1)の ру́сский は単・主，「ロシア人というものは」の意。(2)の ру́сских は複・対（＝複・生）。(1)の ру́сский より具体的。「ロシア人たちは」の意。(3)の столо́вой は столо́вая「食堂」の単・前。(4)の запяту́ю は単・対。ста́вить の支配による。(5) премиа́льные は「複数のみの名詞」（☞p.210）。対格。получа́ть の支配による。

《注意》

1)　В выходны́е дни мы помога́ем **престаре́лым**. 休日になると私達はお年寄り達の世話をする。

Бережёного бог бережёт. 用心深いものは神に守られる（用心にけがなし）。

上の文中で太字体で示した語は，「高齢の」（престаре́лый），「用心深い」（бережёный）という意の形容詞としてのみ辞書に記載される。だが，文中での役割から見れば明らかに「高齢者」「用心深い人」という意味の名詞である。このようなことは（特に，人の意味において）よくおこる。形容詞であるか，名詞として使われているか，用法から判断する必要がある。

2)　рабо́чий の女性形は用いない方がいい。рабо́тница が無難。

《参考》

1)　中性形は「もの・こと」という抽象的意味を持つ。

хоро́шее よいこと，すぐれているところ。мно́гое 多くのこと。непоня́тное 不可解なこと。но́вое в лингви́стике 言語学の新成果，新知見。

2)　ロシア人の姓の変化。

(1)　-ый, -ой, -кий, -ко́й で終わる姓は形容詞と同じ変化。

Вчера́ мы смотре́ли пье́су **Толсто́го** 《Власть тьмы》. 昨日私たちはタ

第2部　文法編

ルストーイ（トルストイ）の戯曲『闇の力』を見ました。

Чéхов писáл письмó Толстóму. チェーハフ（チェーホフ）はタルストーイに手紙を書いた。

Я читáю Толстóго. 私はタルストーイ（の作品）を読んでいる。

Толстóй 家の女性は妻を含めて Толстáя。

Толсты́е はタルストーイ夫妻・兄弟・タルストーイ家の人々。

(2) -ов/-ев, -ин /-ын で終わる姓は第72表のような，名詞と形容詞が混合したような格変化をする〔男性の造 (-ым)；女性の生・与・造・前 (-ой)；複数の生 (-ых)，与 (-ым)，対 (-ых)，造 (-ыми)，前 (-ых)は形容詞の語尾。その他は名詞の語尾に一致〕。

第72表　姓の変化

	男	女	複
主　格	Иванóв	Иванóва	Иванóвы
生　格	Иванóва	Иванóвой	Иванóвых
与　格	Иванóву	Иванóвой	Иванóвым
対　格	Иванóва	Иванóву	Иванóвых
造　格	Иванóвым	Иванóвой	Иванóвыми
前置格	Иванóве	Иванóвой	Иванóвых

(3) Я́кобсон, Розентáль, Шостакóвич のように子音字（ь を含む）で終わるものは，男の姓である場合は男性名詞として変化する。女の姓の場合は変化しない。

(4) -ко, -енко に終わるウクライナ人の姓は不変化が普通。

(5) 同じ姓でもアクセントが異なる人がいる。例えば，Иванóв, Я́кобсон を名乗る人もいれば，Ивáнов, Якобсóн を名乗る人もいる。アクセントがわからない時には，姓名辞典をひく必要があるが，最終的には当人に聞くほかないような場合がある。

《発展》

1) あまり出現頻度は高くないが，活動体名詞から派生し「その種類全般に特有な」という意を表わす所有形容詞という一群の形容詞がある。

262

第16課　形容詞の変化

念のため во́лчий「狼の」を例にその変化を記しておく（第73表）。

第73表　所有形容詞の変化

	男性	中性	女性	複数
主格	во́лчий	во́лчье	во́лчья	во́лчьи
生格	во́лчьего		во́лчьей	во́лчьих
与格	во́лчьему		во́лчьей	во́лчьим
対格	主ないし生	во́лчье	во́лчью	主ないし主
造格	во́лчьим		во́лчьей (-ею)	во́лчьими
前置格	во́лчьем		во́лчьей	во́лчьих

Слы́шен был ⎰ (a)　вой волко́в.
　　　　　　⎱ (b)　во́лчий вой.（話しことば）　狼の吠え声が聞こえた。

(a)はより具体的。(b)は「狼のような吠え声」の意にもなる。話し言葉。

2)　所有形容詞には -ов・-ев, -ин を原形（男・主）とする類もある。-ов・-ев は第72表の姓の変化と同じ変化をする〔ただし、中性、たとえば отцо́во（主・対）を加えなければならない。また、不活動体・活動体の区別も考慮する必要がある〕。

отцо́вы слова́《口》父の言葉，ке́сарево сече́ние 帝王切開，тёткина ко́мната おばさんの部屋

3)　次のような形容詞の造語接辞をおぼえておくと役に立つ。

-ви́дный, -обра́зный …状の，…の形をした：сердцеви́дный ハート型の，шарови́дный 球状の，яйцеви́дный 卵形の；дугообра́зный 弓形の，кругообра́зный 輪状の，наукообра́зный 学問めかした

-ова́тый …がかった，…っぽい：чернова́тый 黒っぽい，дорогова́тый （値段が）高めの

4)　по- と形容詞の男（中）性与格語尾でつくられる副詞がある：по-друго́му 他の方法で，по-но́вому 新しいやり方で，по-ста́рому 古いままで，по-сво́ему 自己流で，それなりに

Скажи́те по-друго́му. 別の言い方をしてください（Скажи́те други́ми

263

第2部　文法編

словáми. と同じ）。

練習問題 91

1)　意味をいいなさい。

(1)　На свéте существýет мнóго непоня́тного.

(2)　Больнáя началá ходи́ть. Онá скóро вы́здоровеет.

(3)　В зáле бы́ло нéсколько пар новобрáчных.

(4)　У нас мнóгие лю́бят смотрéть по телеви́зору спорти́вные соревновáния.

> **単語**　(1) существовáть（不完）存在する　(2) больнóй 病人, 患者, выздорáвливать・вы́здороветь 全快する　(3) пáра 組, ペア, новобрáчные 新婚夫婦（「複数のみの名詞」☞p.210）　(4) соревновáние 試合

2)　ロシア語で表わしなさい。

(1)　彼女にはよいところがたくさんある。

(2)　彼は私の知り合いです。

(3)　私はろうあ者の手伝いをしており，手話を勉強しています。

(4)　私は美容院に行って来たい。

> **単語**　(2) 知り合い знакóмый（прия́тель「友達」, друг「親友」とは異なる）　(3) 手話 дактилолóгия, язы́к жéстов, áзбука жéстов, 勉強する изучáть（不完）, ろうあ者 глухонемóй　(4) 行って来る сходи́ть（完）

第17課

数詞(1) 数の表現

I 個数詞 (1 〜 199)

1. 基本個数詞

第74表 基本個数詞（100まで）

1〜10		11〜19		20〜100	
1	оди́н	11	оди́ннадцать	20	два́дцать
2	два	12	двена́дцать	30	три́дцать
3	три	13	трина́дцать	40	со́рок
4	четы́ре	14	четы́рнадцать	50	пятьдеся́т
5	пять	15	пятна́дцать	60	шестьдеся́т
6	шесть	16	шестна́дцать	70	се́мьдесят
7	семь	17	семна́дцать	80	во́семьдесят
8	во́семь	18	восемна́дцать	90	девяно́сто
9	де́вять	19	девятна́дцать	100	сто
10	де́сять				

《基本》

1から100までの基本個数詞をまずおぼえよう。

《説明》

1) 11から19までは -надцать を共通に持つ。

2) со́рок, девяно́сто, сто を除くと，20から100までの基本個数詞は -дцать, -десят によって構成される。

《注意》

1) оди́н と два には性のかたちがある。оди́н（男），одна́（女），одно́

第 2 部　文法編

(中)；два (男・中)，две (女)。

　　оди́н студе́нт, одна́ студе́нтка, одно́ ме́сто

　　два студе́нта, два ме́ста, две студе́нтки

　　(名詞が単・生となることについては☞p.267 以下)。

　2)　оди́н は普通よく省略される。

　　Да́йте, пожа́луйста, стака́н воды́. 水を一杯ください。

《参考》

　1)　оди́н にはまた одни́ という複数のかたちがある．用法の 1 つとして「複数のみの名詞」(☞p.210 以下)と用いられることがあげられる。

　　одни́ часы́　時計 1 個，одни́ са́ни　そり 1 台

　2)　ゼロは ноль。

練習問題 92

　1)　1 から 19 まで暗唱しなさい。

　2)　10, 20, 30……という順で 100 まで暗唱しなさい。

2. 合成個数詞

第 75 表　合成個数詞 (199 まで)

21	два́дцать оди́н	31	три́дцать оди́н
22	два́дцать два	42	со́рок два
23	два́дцать три	53	пятьдеся́т три
24	два́дцать четы́ре	85	во́семьдесят пять
25	два́дцать пять	136	сто три́дцать шесть
28	два́дцать во́семь	167	сто шестьдеся́т семь
29	два́дцать де́вять	199	сто девяно́сто де́вять

《基本》

基本個数詞以外は合成によってつくられる。例として第 75 表を掲げる。

《注意》

11 ～ 19 は合成ではなく基本 (単一) 個数詞である。

第 17 課　数詞(1)　数の表現

練習問題 93

1) 次の数詞はいくつかいいなさい。

три́дцать шесть, со́рок оди́н, пятьдеся́т де́вять, шестьдеся́т во́семь, во́семьдесят семь, девяно́сто три, сто оди́ннадцать

2) ロシア語の数詞にしなさい。

19, 22, 35, 46, 112, 124, 158, 197

II　個数詞と名詞の結びつき

第 76 表　個数詞と結びつく名詞の数と格

	数詞	名詞
1)	1	単・主
2)	2・3・4	単・生
3)	5 以上の基本個数詞	複・生
4)	合成個数詞	末位の個数詞に従う

《結合例》

(1) оди́н студе́нт 1 人の学生　одна́ студе́нтка 1 人の女子学生　одно́ ме́сто 1 つの席

(2) два/три/четы́ре студе́нта 2・3・4 人の学生
　　две/три/четы́ре студе́нтки 2・3・4 人の女子学生
　　два/три/четы́ре ме́ста 2・3・4 つの席

(3) пять/шесть/семь … студе́нтов 5・6・7…人の学生
　　пять/шесть/семь … студе́нток 5・6・7…人の女子学生
　　пять/шесть/семь … мест 5・6・7…つの席

(4) (a) два́дцать оди́н студе́нт 21 人の学生　пятьдеся́т одна́ студе́нтка 51 人の女子学生　со́рок одно́ ме́сто 41 の席

　　(b) шестьдеся́т два студе́нта 62 人の学生　во́семьдесят четы́ре

267

第 2 部　文法編

студе́нтки 84 人の女子学生　се́мьдесят три ме́ста 73 の席

　　　　（c）　девяно́сто пять студе́нтов 95 人の学生　сто девяно́сто де́вять студе́нток 199 人の女子学生　сто двена́дцать мест 112 の席

《基本》

1)　оди́н（одна́, одно́）と結びつく名詞は単・主〔(1)〕。

2)　два（две），три, четы́ре と結びつく名詞は単・生〔(2)〕。

3)　пять 以上の基本個数詞と結びつく名詞は複・生〔(3)〕。

4)　合成個数詞と結びつく名詞は末位の基本個数詞の支配に従う〔(4)〕。

《注意》

11 ～ 20 は基本個数詞であり，5 以上と考えられ，複・生と結びつく〔(4)(c)〕。

《参考》

1)　形容詞と個数詞の結合は次の規則に従う。

　（1）　оди́н（одна́,одно́）は単・主

　оди́н но́вый студе́нт　1 人の新しい学生

　одна́ но́вая студе́нтка　1 人の新しい女子学生

　одно́ но́вое ме́сто　1 つの新しい席

　（2）　два（две）以上は複・生。

　два（три/четы́ре）но́вых студе́нта/ме́ста 2（3 / 4）人の新しい学生，2 つ（3 つ / 4 つ）の新しい席

　пять（шесть/се́мьдесят во́семь）но́вых студе́нтов/студе́нток/мест 5（6 / 78）人の新しい学生／女子学生，5 つ（6 つ / 78）の新しい席

　（3）　修飾する名詞が女性名詞であり，個数詞が две, три, четы́ре の場合，複・主を用いてもよい。

　две（три/четы́ре）но́вых/но́вые кни́ги 2（3 / 4）冊の新しい本

2)　раз「度・回」（回数を数える助数詞），челове́к「人」（人数を数える助数詞）の複・生は単・主と同形。

оди́н раз 1 回，четы́ре раза 4 回，пять раз 5 回

один челове́к 1 人，три челове́ка 3 人，пять челове́к 5 人

268

第 17 課　数詞(1)　数の表現

助数詞については☞単語帳（4）（p.280）。

3）"個数詞＋名詞"の語順を逆転させ，"名詞＋個数詞"の順にすると，「だいたい，約」という意を表わすことができる。

три́дцать студе́нтов　30人の学生　→　студе́нтов три́дцать　約30人の学生

со́рок лет　40歳　→　лет со́рок　40歳ぐらい

　　前置詞をともなう場合，数詞に前置詞を添えたまま倒置する。

в шесть часо́в　6時に　→　часо́в в шесть　6時ごろに

через два часа́　2時間後に　→　часа́ через два　約2時間後に

練習問題 94

1）意味をいいなさい。

　（1）На столе́ есть две кни́ги.

　（2）Я смотре́л пье́су Че́хова ≪Три сестры́≫.

　（3）В апре́ле 30 дней, а в ма́е 31 день.

　（4）В ко́мнате оди́н дива́н, оди́н шкаф и оди́н стол, а там два дива́на, три шка́фа и четы́ре стола́ : два больши́х и два ма́леньких.

　（5）Я получа́ю премиа́льные три ра́за в год.

　（6）Уро́к ру́сского языка́ быва́ет шесть раз в неде́лю.

　（7）— Кака́я температу́ра сего́дня?　— Сего́дня пятна́дцать гра́дусов тепла́.

　（8）— Кака́я у вас семья́?　— У нас в семье́ пять челове́к : оте́ц, мать, брат, сестра́ и я.

　（9）— Ско́лько у вас мест багажа́?　— У нас всего́ четы́ре ме́ста багажа́.

　単語　（2）пье́са 戯曲　（7）температу́ра 温度，гра́дус 度，тепло́ 0度以上，プラス　（9）бага́ж 手荷物，ме́сто（手荷物などをかぞえる助数詞），всего́ [fsʼɪvó] 全部で

2）ロシア語で表わしなさい。

第 2 部　文法編

(1)　1本の鉛筆，2本の鉛筆，3本の鉛筆，4本の鉛筆，5本の鉛筆，13本の鉛筆，20本の鉛筆，21本の鉛筆，32本の鉛筆，35本の鉛筆

(2)　1分，2分，3分，4分，5分，6分，14分，20分，41分，42分，44分，46分

(3)　私は2台の車を持っている。

(4)　私の兄は125ルーブル持っている。

(5)　教室には163人の学生がいる。

(6)　一日3回食後にこの薬をのみなさい。

(7)　アパート（マンション）には大きな部屋が4つあります。

(8)　「今日の気温は何度ですか」「今日はマイナス5度です」

単語　(4) 私の мой（生格は моего），ルーブル рубль（男）(6) 薬 лека́рство，食後 по́сле еды́　(7) アパート（マンション）кварти́ра　(8) マイナス моро́з

III　順序数詞（1～99）

1. 基本順序数詞

第77表　基本順序数詞（100-й まで）

1～10		11～19		20～100	
1-й	пе́рвый	11-й	оди́ннадцатый	20-й	двадца́тый
2-й	второ́й	12-й	двена́дцатый	30-й	тридца́тый
3-й	тре́тий	13-й	трина́дцатый	40-й	сороково́й
4-й	четвёртый	14-й	четы́рнадцатый	50-й	пятидеся́тый
5-й	пя́тый	15-й	пятна́дцатый	60-й	шестидеся́тый
6-й	шесто́й	16-й	шестна́дцатый	70-й	семидеся́тый
7-й	седьмо́й	17-й	семна́дцатый	80-й	восьмидеся́тый
8-й	восьмо́й	18-й	восемна́дцатый	90-й	девяно́стый
9-й	девя́тый	19-й	девятна́дцатый	100-й	со́тый
10-й	деся́тый				

第 17 課　数詞 (1)　数の表現

《例文》

(1) Áнна сейча́с в буфе́те на пя́том этаже́.　アンナは今5階にあるビュッフェにいます（男性・前置格）。

(2) Он прие́хал в пе́рвый раз в октябре́, а в сле́дующий раз он прие́дет в ноябре́.　彼は最初に来たのは10月だったが、次は11月にやって来る（男性・対格）。

単語　(1) эта́ж 階（пе́рвый эта́ж は日本と同様「1階」）　(2) раз 回, сле́дующий 次の

《基本》

1) 第1, 第2の…のような順序を示す順序数詞はかたちとしては形容詞と同じ。

2) 基本個数詞に対応する基本順序数詞をまずおぼえよう（第77表）。

《説明》

修飾する名詞の性・数・格によって変化し、変化は形容詞（硬変化）と全く変わらない。

《注意》

1) ただし、тре́тий だけはやや異なり、所有形容詞（第73表）と同じ変化をする（第78表）。

第78表　тре́тий の変化

	男性	中性	女性	複数
主格	тре́тий	тре́тье	тре́тья	тре́тьи
生格	тре́тьего[*1]		тре́тьей	тре́тьих
与格	тре́тьему		тре́тьей	тре́тьим
対格	主または生	тре́тье	тре́тью	主または生
造格	тре́тьим		тре́тьей[*2]	тре́тьими
前置格	тре́тьем		тре́тьей	тре́тьих

[*1] [tr'ét'jivə]　[*2] тре́тьею もある

第 2 部　文法編

Они́ живу́т в тре́тьем до́ме за библиоте́кой. 彼らは図書館の向こうの 3 番目の家に住んでいる。

2)　седьмо́й, восьмо́й の綴り字に注意。個数詞とかたちが離れている пе́рвый, второ́й, тре́тий, четвёртый なども要注意。

練習問題 95

1)　1 から 20 までの順序数詞をいいなさい。
2)　20 から 100 までの基本順序数詞を書きなさい。
3)　意味をいいなさい。

　（1）　Я учу́сь на тре́тьем ку́рсе отделе́ния ру́сского языка́ институ́та иностра́нных языко́в в То́кио.

　（2）　На пе́рвом и второ́м ку́рсах ка́ждый день быва́ют обяза́тельные предме́ты.

　（3）　— Кака́я у вас гру́ппа кро́ви? — У меня́ пе́рвая гру́ппа кро́ви.

　単語　（1) курс (大学の) 学年, отделе́ние 学科, институ́т 単科大学（現在「単科大学」でも университе́т を使う場合がある）
　　　　（2) обяза́тельный 必修の, предме́т 科目　（3) гру́ппа кро́ви 血液型, пе́рвая гру́ппа О 型（втора́я гру́ппа は A 型, тре́тья гру́ппа は B 型, четвёртая гру́ппа は AB 型）

4)　ロシア語で表わしなさい。
　（1）　彼は大学の二年生です。
　（2）　私は 9 階に住んでいます。
　（3）　アーンナは 8 列目に坐っています。
　（4）　イヴァーンはコンクールで一等賞をもらった。
　（5）　「あなたの血液型は？」「私は B 型です」

　単語　(2) 階 эта́ж　(3) 列 ряд (в を使う。第 2 前置格は в ряду́, ☞ p.149)　(4) コンクール ко́нкурс, もらう получа́ть・получи́ть, 賞 пре́мия

第 17 課　数詞 (1)　数の表現

2. 合成順序数詞

第 79 表　合成順序数詞（199-й まで）

21-й	двáдцать пéрвый
22-й	двáдцать вторóй
34-й	трúдцать четвёртый
45-й	сóрок пя́тый
114-й	сто четы́рнадцатый
197-й	сто девянóсто седьмóй

《基本》

合成個数詞を順序数詞にするには，末位の基本個数詞を順序数詞にすればよい。

《説明》

1) 末位以外は個数詞のまま。
2) 合成順序数詞は末位の順序数詞のみが変化。

練習問題 96

1) 次の順序数詞はいくつかいいなさい。

двáдцать трéтий, трúдцать пéрвый, девянóсто пя́тый, сто сóрок седьмóй, сто вóсемьдесят девя́тый

2) 次の数詞を順序数詞にしなさい。

77, 134, 148, 153, 199

第2部　文法編

IV　所有代名詞の変化

1. мой・твой

第80表　所有代名詞 мой の変化

	男 性	中 性	女 性	複 数
主　格	мой	моё	моя	мои
生　格	моего*1		моей	моих
与　格	моему		моей	моим
対　格	主または生	моё	мою	主または生
造　格	моим		моей*2	моими
前置格	моём		моей	моих

*1 [məjivó]　*2 моею もある

《例文》

(1) Я живу́ в дере́вне у моего́ дру́га. 私は田舎にいる友達のところで住んでいる（男性・生格）。

(2) Дверь мое́й ко́мнаты напро́тив две́ри его́ ко́мнаты. 私の部屋のドアは彼の部屋のドアの向かい側にある（女性・生格）。

(3) Я е́ду в дере́вню к моему́ дру́гу. 私は田舎にいる友達のところに行くところだ（男性・与格）。

(4) Я е́ду в дере́вню к мое́й подру́ге. 私は田舎にいる女友達のところに行くところだ（女性・与格）。

(5) Я посыла́ю э́то письмо́ мои́м друзья́м. 私はこの手紙を私の友達に送ろうとしている（複数・与格）。

(6) — Ты зна́ешь моего́ отца́? — Да, я хорошо́ зна́ю твоего́ отца́.「私の父を知っているのか？」「うん，君の父をよく知っている」（活動体男性・対格）。

(7) — Как вы пи́шете ва́шу фами́лию по-ру́сски? — Я пишу́ мою́ фами́лию Ока́да.「あなたの姓をロシア語でどう書きますか」「Окада と書きます」（女性・対格）。

274

第 17 課　数詞 (1)　数の表現

(8)　— В твоём кла́ссе преподава́тель же́нщина и́ли мужчи́на? — В моём кла́ссе же́нщина.「君のクラスの先生は女それとも男 ?」「私のクラスの先生は女だ」(男性・前置格)。

(9)　— Люба, в твое́й шко́ле хоро́шие преподава́тели?　— Есть хоро́шие преподава́тели, есть и не о́чень хоро́шие.「リューバ，君の学校にはよい先生がいる ?」「いい先生もいるし，とくにいいとはいえない先生もいるわよ」(女性・前置格)。

単語　(2)　*напро́тив* А (生格)(前置詞)　А の向かい側に

《基本》
1)　мой は第 80 表のように変化する。
2)　твой も同じように変化する。

《説明》
形容詞と同じく名詞を修飾する。

《注意》
1)　所有代名詞は副アクセントをもって発音されることがある。

Я е́ду в дере́вню к моѐй подру́ге.

2)　По-мо́ему, сего́дня бу́дет си́льный дождь.　私の考えでは今日は強い雨になる。

По моему́ мне́нию, не на́до его́ слу́шаться.　私の意見ではあの人の言うことをきく必要はない。

по-мо́ему は「私の考えでは」の意でアクセントに注意。по моему́ мне́нию「私の意見に従えば」のときはアクセントは普通の位置。

《参考》
чей も мой と同じように変化する。
чей (男) / чьё (中) [ʧʼjó], чьего́ [ʧʼjivó], чьему́, 主または生／чьё (中), чьи́м, чьём ; чья (女), чьей, чьей, чью, чьей (чье́ю), чьей ; чьи (複), чьих, чьим, 主または生, чьи́ми, чьих

第2部　文法編

練習問題 97

1) 次の結びつき全体の格変化を書きなさい。

мой брат, моя сестра, мои родители, твоё место, твоя мать, твои журналы

2) かっこ内の所有代名詞を適当に変化させ，意味をいいなさい。

(1) — Ты знаешь (мой) преподавателя? — Да, я знаю (твой) преподавателя.

(2) В (мой) квартире есть телефон.

(3) В (твой) кабинете разные журналы.

(4) Это словарь (мой) знакомого студента.

(5) У (твой) сестры есть интересные книги.

(6) У (мой) родителей есть очень старые персональные компьютеры.

単語　(3) кабинет 書斎　(6) персональный компьютер パソコン

3) 意味をいいなさい。

(1) Вы знаете моего племянника.

(2) Директор разговаривает с моим отцом.

(3) Остановимся у моих родителей.

(4) Привози же завтра твоего брата.

(5) Передай привет твоей сестре.

単語　(1) племянник 甥　(3) останавливаться・остановиться 泊まる, остановимся（一緒に）泊まろう（誘いかけについては☞p.370, 371）　(4) привозить・привезти（車で）連れてくる

4) ロシア語で表わしなさい。

(1) あなたは私の姪を知っている。

(2) お隣りの人は私の姉と話しをしている。

(3) アーンナは私のバッグを持っていってしまった。

(4) 私の弟のところに泊まろう。

(5) 君の両親によろしく。

単語　(1) 姪 племянница　(2) お隣りの人 сосед　(3) バッグ сумочка, 持っていく взять・брать

第 17 課　数詞 (1)　数の表現

2. наш・ваш

第 81 表　所有代名詞 наш の変化

	男 性	中 性	女 性	複 数
主　格	наш	на́ше	на́ша	на́ши
生　格	на́шего*1		на́шей	на́ших
与　格	на́шему		на́шей	на́шим
対　格	主または生 | на́ше		на́шу	主または生
造　格	на́шим		на́шей*2	на́шими
前置格	на́шем		на́шей	на́ших

*1 [ná∫əvə]　*2 на́шею もある

《例文》

(1) Наш но́мер напро́тив ва́шего. 私たちの部屋はあなたの部屋の向かい側にある（男性・主格，生格）。

(2) — Кому́ э́то письмо́? — Э́то письмо́ не вам, а ва́шему бра́ту.「この手紙は誰宛ですか」「この手紙はあなた宛ではありません。あなたのお兄さん宛です」（男性・与格）

(3) — Зна́ете ли вы на́шего учи́теля? — Да, я его́ зна́ю.「私たちの先生をご存知ですか」「はい，知っています」（活動体男性・対格）

(4) — Кого́ ждёте? — Мы ждём на́ших знако́мых англича́н. Они́ прие́хали в Санкт-Петербу́рг на зи́мние кани́кулы.「誰を待っているのですか」「私たちの知り合いの英国人たちを待っているのです。彼らはサンクトゥ・ピチルブールク（サンクト・ペテルブルグ）に冬休みを利用して来ているのです」（活動体複数・対格）

(5) — А́нна, где ты была́? — Я была́ в на́шей поликли́нике. — Ты нездоро́ва? — Здоро́ва. Я была́ там на консульта́ции.「アーンナ，どこへ行ってきたの？」「私たちの診療所に行ってきたの」「病気なの？」「ピンピンしているわ。健康相談に行ってきたのよ」（女性・前置格）

277

第 2 部　文法編

単語　(1) но́мер 部屋（ホテルなどの）　(5) нездоро́вый 病気の, консульта́ция 相談

《基本》

1) наш は第 81 表のように変化する。
2) ваш も наш と同じように変化する。

《注意》

三人称の所有代名詞は無変化である。

Я люблю́ его́ сестру́.　私は彼の妹がすきだ。

Я зна́ю её бра́та.　私は彼女の弟を知っている。

Я чита́ю их журна́л.　私は彼らの雑誌を読んでいる。

練習問題 98

1) 次の結びつき全体の格変化を書きなさい。

наш оте́ц, на́ше о́бщество（社会）, на́ша ко́мната, на́ши часы́; ваш дом, ва́ше письмо́, ва́ша рабо́та, ва́ши пи́сьма.

2) かっこ内の所有代名詞を適当に変化させ，意味をいいなさい。

(1)　— Ива́н Ива́нович, в（ваш）райо́не есть стадио́н? — Стадио́н есть, но он не о́чень бли́зко.

(2)　Он спра́шивает о（ваш）сестре́.

(3)　В（наш）ко́мнате вися́т карти́ны.

(4)　Маши́на（ваш）дя́ди стои́т на у́лице.

(5)　О́коло（наш）до́ма есть хоро́ший универма́г.

(6)　С удово́льствием вы́полним（ваш）про́сьбу.

単語　(1) стадио́н スタジアム, бли́зкий 近い　(3) висе́ть（不完）ぶら下がっている, つってある（つるしてある）　(5) о́коло 近くに（副アクセントについては☞p.37）　(6) выполня́ть・вы́полнить 遂行する, про́сьба 願い, 要請

3) 意味をいいなさい。

(1)　Да́йте, пожа́луйста, но́мер ва́шего дома́шнего телефо́на.

278

第 17 課　数詞 (1)　数の表現

(2) Подробно разъясните вашу позицию.

(3) По нашим стандартам это допустимо.

(4) С вашего разрешения я уеду.

(5) Результаты опыта совпали с вашими предположениями.

単語　(1) номер 番号，домашний 自宅の　(2) подробный 詳細な，разъяснять・разъяснить 説明する，позиция 態度，立場　(3) стандарт 基準，допустимый 許容しうる　(4) разрешение 許可，с вашего разрешения あなたのお許しを得て（何かしようとする場合の丁寧な挨拶のことば。если не возражаете と同じ）

(5) результат 結果，предположение 推測，совпадать・совпасть (-паду́, -падёшь, -падёт；過去 совпа́л, -ла) с А (造格) Ａと一致する

4)　ロシア語で表わしなさい。

(1) 私はあなたのご両親をよく存じております。

(2) ご両親によろしくお伝えください。

(3) 社長はあなたの提案に不満です。

(4) この辞書を拝借させていただきます。

(5) 私達の大学ではロシア人の先生が教えています。

単語　(3) 社長 президент（☞単語帳 (8)，p.434)，(Ａに) 不満な недовольный А (造格)，提案 предложение　(5) 教える преподавать (-даю́, -даёшь) (不完)

♣ 単語帳（4）
助　数　詞（数える時に添える語）

対象	助数詞	例
人数	человéк （複・生 человéк）	оди́н человéк 1人，три человéка 3人，пять человéк 5人
人数 （口語・公用語）	душá	Их бы́ло четы́ре души́. 彼等は4人だった　семья́ из пяти́ душ 5人家族
家畜数	головá	однá головá 1頭，три головы́ 3頭，стáдо в три́ста голóв 300頭の家畜
対になる ものの数	пáра	пáра чулóк 靴下1足，две пáры óбуви 履物2足，пять пар нóжниц はさみ5丁
年数・ 年齢	год （複・生 лет）	оди́н год 1年・1歳，два гóда 2年・2歳，Мне двáдцать лет. 私は20歳だ
物品数	шту́ка	однá шту́ка 1個，две шту́ки 2個，дéсять штук яи́ц たまご10個
荷物数	мéсто	однó мéсто（荷物）1個，два мéста（荷物）2個，пять мест багажá 手荷物5個
回数	раз （複・生 раз）	оди́н раз 1回，три рáза 3回，пять раз 5回
票数	гóлос	отдáть гóлос 1票を投じる，два гóлоса 2票，дéсять голосóв 10票

第 18 課

数詞(2)　さまざまな数量表現

I　年齢の表現

《例文》

(1)　— Ско́лько лет ва́шим де́тям?「あなたのお子さんたちは何歳ですか」

(2)　— Моему́ мла́дшему сы́ну Петру́ два́дцать лет, Серге́ю два́дцать оди́н год, а мое́й до́чери Любо́ви два́дцать два го́да.「下の息子のピョートゥルは20歳，スィルギェーイは21歳，娘のリュボーフィは22歳です」

(3)　— Мо́жно вас спроси́ть, ско́лько лет вам и ско́лько лет ва́шей жене́?「おたずねしてもよろしいでしょうか。あなたは何歳ですか。そして，あなたの奥さんは何歳ですか」

(4)　— Мне со́рок во́семь лет, а жене́ со́рок три го́да. Ей ско́ро бу́дет со́рок четы́ре го́да.「私は48歳で，妻は43歳です。彼女はもうすぐ44歳になります」

単語　(1) ско́лько лет А（与格）？ Aは何歳ですか，де́ти（де́ти, дете́й, де́тям, дете́й, детьми́, де́тях）子供たち　(2) дочь 娘（☞単数 p.119, 複数 p.196），Любо́вь 女性名（любо́вь「愛」は女性2変化でoは出没母音。☞p.119。女性名の場合は出没母音なし）　(3) мо́жно вас спроси́ть? 質問してもよいですか（丁寧な質問の仕方の１つ）。

《基本》

1)　年齢の主体は与格にたつ。

281

第2部　文法編

Мне（Тебе́, Ему́, Ей, Вам）два́дцать оди́н год. 私（お前, 彼, 彼女, あなた）は21歳です。

2)　年齢は Ско́лько вам（тебе́）лет? と尋ねる。

《説明》

(1)の ва́шим де́тям は ва́ши де́ти の与格。(2)の моему́ мла́дшему сы́ну Петру́ は мой мла́дший сын Пётр の，Серге́ю は Серге́й の，мое́й до́чери Любо́ви は моя́ дочь Любо́вь のそれぞれの与格。(3)の вам は вы の，ва́шей жене́ は ва́ша жена́ の与格。

《注意》

год「年・歳」（年数・年令の助数詞）の複・生は лет。

оди́н **год** 1歳　　два・три・четы́ре **го́да** 2・3・4歳　　пять **лет** 5歳
два́дцать во́семь **лет** 28歳

《参考》

1)　年齢を表現する場合，モノであっても与格にたつ。

Э́тому де́реву девяно́сто лет. この木の樹齢は90年。

2)　年齢の話題を不用意に持ち出すことは避けた方がよいが，基本パターンを心得ておくことは避けられない。

練習問題 99

1)　ここでは所有代名詞の与格が多数出てきた。第80・81表により，その与格のかたちを再確認しておこう。

2)　意味をいいなさい。

(1)　— Ско́лько вам лет? — Мне 29（два́дцать де́вять）лет.

(2)　Де́душке моего́ знако́мого девяно́сто во́семь лет, а ба́бушке девяно́сто два го́да.

(3)　А́нне бы́ло три го́да, когда́ мы сюда́ пересели́лись. Тепе́рь ей ско́ро бу́дет два́дцать шесть лет!

(4)　В э́том во́зрасте уже́ тяжело́ игра́ть в футбо́л.

単語　(2) ба́бушка おばあさん　(3) переселя́ться・пересели́ться 引っ

第 18 課　数詞 (2)　さまざまな数量表現

越す　(4) во́зраст 年齢, в во́зрасте 年齢で, (в) э́том э́тот の前置格 (☞ p.302), в э́том во́зрасте この年齢で（は）, тяжёлый 苦しい, 重い, футбо́л サッカー

3) ロシア語で表わしなさい。
(1) 「あなたのお母さんはおいくつですか」「私の母は 50 歳です」
(2) 私の妹はもうすぐ 22 歳になります。
(3) 「私たちの先生は何歳ですか」「彼はもうすぐ 56 歳になります」
(4) 彼は 45 歳ぐらいです（概数の表現については☞ p.269）。

II　時刻の表現

1. 個数詞による方法

何時　час		何分　мину́та	
(оди́н) час	1 時	одна́ мину́та	1 分
два часа́	2 時	две мину́ты	2 分
три часа́	3 時	три мину́ты	3 分
четы́ре часа́	4 時	четы́ре мину́ты	4 分
пять часо́в	5 時	пять мину́т	5 分
оди́ннадцать часо́в	11 時	оди́ннадцать мину́т	11 分
何　時　何　分			
(оди́н) час де́вять мину́т			1 時 9 分
два часа́ трина́дцать мину́т			2 時 13 分
три часа́ четы́рнадцать мину́т			3 時 14 分
двена́дцать часо́в пятна́дцать мину́т			12 時 15 分

《基本》

1)　「時」は час, 「分」は мину́та。ただし, 数詞と名詞の結合の規則 (☞ p.267) に注意。
2)　日本語と同じ発想でいえばよい。

第2部　文法編

《説明》

1) 12時間制が普通。

2) 1時は通常 оди́н をつけず час だけで表わされる。

《注意》

「何時に」というように副詞的に用いるには в + 対格にする。

в час 1時に　　в четы́ре часа́ 4時に

《参考》

1) 区別の必要がある場合，у́тро「朝（午前5時から11時まで）」，день「昼（12時から午後4時まで）」，ве́чер「晩（午後5時から11時まで）」，ночь「夜（夜中の12時から午前4時まで）」の生格をつける。

Я начина́ю рабо́тать в де́вять часо́в утра́. 9時始まりです（アクセントに注意）。

Мы всегда́ у́жинаем в во́семь часо́в ве́чера. 晩の8時にいつも夕食をとります。

До́чка прихо́дит из шко́лы в три часа́ дня. 娘は昼の3時に学校から帰ってきます。

Я просну́лась в два часа́ но́чи. 夜の2時に目が覚めたわ。

2) 交通機関，軍隊やそれにならったような場面では час と мину́та を略し，個数詞だけを並べて用いる（24時間制）。

3時17分　три семна́дцать

12時43分　двена́дцать со́рок три

21時58分　два́дцать оди́н пятьдеся́т во́семь

0時19分　ноль девятна́дцать

2. 順序数詞による方法

1)	пе́рвый час	12時過ぎ
	второ́й час	1時過ぎ
2)	де́сять мину́т тре́тьего	2時10分
	два́дцать мину́т четвёртого	3時20分

第18課　数詞(2)　さまざまな数量表現

3)	чéтверть пя́того	4時15分
	половина двенáдцатого	11時半

《基本》

1)　пéрвый час とは0時から1時までの，второ́й час は1時から2時までの，трéтий час は2時から3時までの，…двенáдцатый час は11時から12時までの，1時間を示す〔1〕）。

2)　「分」を前に出し，そのあとに上記の「時」を生格にたてると「第何時の何分」というかたちで時間と分を表わすことができる。чáса は普通省略される〔2〕）。

3)　чéтверть（4分の1）は15分，полови́на（2分の1）は半（30分）を表わす〔3〕）。

《説明》

1)　пéрвый час が12時から1時までとおぼえれば，あとは順序にそって自動的に定めることができる（順序数詞の「数」から1つ引くと記憶しておけばよい）。

2)　日常的にはこの表現がよく用いられる（個数詞による表現は，正確を期す場合以外，会話では避けた方がよい）。

《注意》

1)　副詞的に用いるためには в ＋対格にする（в を省略してもよい）。

(в) шесть мину́т девя́того　8時6分に

ただし，полови́на では в полови́не（前置格）にする。

в полови́не деся́того　9時半に

пéрвый час のような順序数詞だけのものは前置格にする。

в пéрвом часу́（第2前置格に注意）12時（0時）過ぎに

2)　「(〜の)時計では(によると)」は на часáх, по часáм が用いられる。

На мои́х (часáх) тепéрь чéтверть седьмо́го. 私の時計では6時15分です。

285

第 2 部　文法編

По моим часа́м два́дцать две мину́ты шесто́го. 私の時計によると 5 時 22 分です。

《参考》

1)　「～分前」は без によって示される（数詞は生格におかれる。数詞の変化は☞第 27 課）。

Сейча́с **без пяти́** шесть. 今 6 時 5 分前です。

Тепе́рь **без двадцати́** во́семь. 今 8 時 20 分前です。

この表現はこのままで副詞的に用いられる。

Он верну́лся **без че́тверти** три. 彼は 3 時 15 分前に帰ってきた。

2)　時刻に関する質問。

(1) ｛ (a) Кото́рый тепе́рь час?　　　今何時ですか？
　　 (b) Ско́лько сейча́с вре́мени?

(2) ｛ (a) В кото́ром часу́?　　　　　何時に？
　　 (b) Во ско́лько?

(1)の(a)(b)は同義。(2)の(a)は普通のいい方。(b)は話しことばで用いられる。

3)　大体の時間の表現。

(1)　順序数詞による　（☞p.285）

пе́рвый час　夜中の 12 時過ぎ

во второ́м часу́　1 時過ぎに

(2)　倒置による　（☞p.269）

часа́ два　2 時頃

часа́ в два　2 時頃に

練習問題 100

1)　意味をいいなさい。

(1)　— Де́вушка, ско́лько вре́мени? — Де́вять часо́в.

(2)　— Ско́лько на твои́х? — Полови́на седьмо́го.

(3)　Сейча́с ро́вно семь часо́в, е́сли то́лько мои́ часы́ иду́т пра́вильно.

第 18 課　数詞(2)　さまざまな数量表現

(4)　Мы проснýлись тóлько в деся́том часý.
(5)　Уже трéтий час. Мы с тобóй сиди́м и говори́м три часá.
(6)　Пóезд отправля́ется в девятнáдцать пятнáдцать.
(7)　Мои́ часы́ спешáт (отстаю́т) на 3 минýты.
(8)　Приходи́те ко мне часóв в дéсять утрá.
(9)　Пóезд отхóдит в три часá двенáдцать минýт (в три двенáдцать).
(10)　Самолёт прилетáет в двáдцать два часá сóрок пять минýт (в двáдцать два сóрок пять).

単語　(1) дéвушка（若い女性に対する呼びかけ。商店などでは相当の年齢の女性にまでこれで呼びかけられる。日本語には対応する呼びかけはない）　(3) рóвно ちょうど，éсли もし，éсли тóлько さえすれば，часы́ идýт 時計が動く　(4) просыпáться・проснýться 目がさめる　(6) отправля́ться・отпрáвиться 出発する　(7) спеши́ть（不完）（時計が）進む，отставáть (отстаю́, отстаёшь)・отстáть (отстáну, отстáнешь)（時計が）遅れる，на A（対格）A だけ　(9) отходи́ть・отойти́（列車などが）出発する

2)　ロシア語で表わしなさい。
(1)　「今君の時計では何時？」「私の時計では 7 時半だ」
(2)　「あなたの時計では今何時ですか」「私の時計では 3 時 15 分です」
(3)　きのう私は 10 時頃就寝しました。
(4)　芝居はちょうど 6 時に始まります。
(5)　4 時に私達のところに来てください。
(6)　「何時に私の所にいらっしゃいますか」「2 時 10 分に行きます」
(7)　私は 11 時 20 分に帰宅した。
(8)　今日私は 6 時半に起床した。
(9)　会合は 5 時 5 分前に終わった。
(10)　会議は 6 時半に始まる。

単語　(3) 就寝する ложи́ться・лечь (ля́гу, ля́жешь,..., ля́гут；過去

лёг, легла́）（4）芝居 спекта́кль（9）会合 собра́ние（10）会議 заседа́ние

III 日づけの表現

《例文》

— Како́е сего́дня число́? — Сего́дня два́дцать тре́тье сентября́.
「今日は何日ですか」「今日は9月23日です」

《基本》

日づけは順序数詞中性主格で示される。

《説明》

中性であるのは число́「日」に合わせるため。число́ は普通省略されるが，質問のときには現われる。月の名はあとから生格にして添える。

《例》

пятна́дцатое января́ 1月15日，восьмо́е ма́рта 3月8日，трина́дцатое ию́ня 6月13日，два́дцать четвёртое декабря́ 12月24日

《注意》

副詞的に用いるためには生格にする（前置詞はいらない）。

два́дцать девя́того января́ 1月29日に

восьмо́го ма́рта 3月8日に

— Когда́ (Како́го числа́) был экза́мен? — Экза́мен был деся́того февраля́.
「試験はいつ（何日に）ありましたか」「試験は2月10日にありました」

《参考》

1）～月を副詞的に用いるのは в+ 前置格。

— В како́м ме́сяце э́то случи́лось? — В ма́е.「何月にそれは起こったのですか」「5月（に）です」

В ию́не и в нача́ле ию́ля в Япо́нии ча́сто иду́т дожди́. 6月と7月初旬日本では雨が多い。

第 18 課　数詞(2)　さまざまな数量表現

сезо́н「シーズン」, семе́стр「学期」も同様 в+ 前置格。

в зи́мнем сезо́не 冬季に, в но́вом сезо́не 新シーズンに, в весе́ннем семе́стре 春学期に, в осе́ннем семе́стре 秋学期に

2)　週は на+ 前置格。

Я встре́тился с Тимофе́ем Петро́вичем **на про́шлой неде́ле**. ティモフェーイ・ピトローヴィチには先週会いました。

Уви́димся ка́к-нибудь **на сле́дующей неде́ле**. 来週適当な日に会おう。

《発展》

1)　曜日や日は в + 対格。

Я уе́ду в Москву́ **в э́ту сре́ду**. 今週水曜日にモスクワに発ちます (э́ту は э́та の対格)。

В понеде́льник начнётся фестива́ль францу́зских кинофи́льмов. フランス映画際は月曜日に始まります。

в пе́рвый день 第 1 日目に, в после́дний день 最終日に (в после́дние дни は「最近」), в друго́й день 他日に (на друго́й день は「翌日に」「на сле́дующий день)。

су́мерки「たそがれ時」, ночь「夜」, по́лночь「真夜中に」, моме́нт「時」, пери́од「時代」, вре́мя「時」も同様 в+ 対格。

Аппети́т прихо́дит **во вре́мя** еды́. 食欲は食べているうちに出てくる(食欲がないという人に食事をすすめる時などに用いる)。

Он прие́хал **в назна́ченное вре́мя**. 彼は指定された時間にやって来た。

ただし, вре́мя には注意すべき結合がある。

в ско́ром вре́мени じきに, まもなく, тем вре́менем その間に, そうするうちに

2)　ка́ждый がつくと対格のまま。

А́нна хо́дит в теа́тр **ка́ждую неде́лю** (**ка́ждый ме́сяц**). アーンナは毎週 (毎月) 芝居を見に行く。

Я занима́юсь ру́сским языко́м **ка́ждую пя́тницу**. 毎週金曜日にロシア語の勉強がある。

第 2 部　文法編

3) 何日から何日までは с + 生格 + по + 対格。

Вы́ставка откры́та с 2 (второ́го) по 17 (семна́дцатое) сентября́. 展覧会は 9 月 2 日から 17 日まで開かれている。

練習問題 101

1) 意味をいいなさい。

　(1)　— В како́м ме́сяце ты роди́лся? — В октябре́. — А како́го числа́? — Седьмо́го. — Зна́чит, седьмо́го октября́?

　(2)　Два́дцать пя́того ию́ля мы пое́дем на да́чу.

　(3)　Вчера́ бы́ло седьмо́е.

　(4)　Како́го числа́ бу́дет конце́рт? — Конце́рт бу́дет трина́дцатого.

　(5)　Уче́бный год у нас начина́ется в апре́ле и конча́ется в ма́рте.

　単語　(1) зна́чит つまり，зна́чить (不完) 意味する　(2) да́ча 別荘

2) ロシア語で表わしなさい。

　(1)　花子は 11 月 25 日に生まれた。

　(2)　アーンナは 5 月 15 日に日本に来る。

IV　個数詞（200 以上）

第 82 表　基本個数詞（200 以上）

200	две́сти	700	семьсо́т [sʼɪmsót]
300	три́ста	800	восемьсо́т [vəsʼɪmsót]
400	четы́реста	900	девятьсо́т [dʼɪvʼɪtssót]
500	пятьсо́т [pʼɪtssót]	1000	ты́сяча
600	шестьсо́т [ʃɪssót]		

《基本》

1) 200 から 1000 までの基本個数詞を第 82 表によっておぼえよう。

2) миллио́н (1 000 000) までは，これまでにおぼえた個数詞の合成

290

第18課　数詞(2)　さまざまな数量表現

による。

《説明》

1)　999 までの合成は説明の要はなかろう。

232　двести тридцать два　　　　363　триста шестьдесят три
475　четыреста семьдесят пять　　896　восемьсот девяносто шесть

2)　1000 を単位とした 2000 以上 100 万未満は тысяча と数詞の合成によってつくられる。そのとき тысяча は女性名詞の扱いになる。

2000　две тысячи　　　　　　　　3000　три тысячи
4000　четыре тысячи　　　　　　　5000　пять тысяч
10 000　десять тысяч　　　　　　　15 000　пятнадцать тысяч
21 000　двадцать одна тысяча　　　100 000　сто тысяч
436 000　четыреста тридцать шесть тысяч

《注意》

1)　тысяча の語尾に注意。тысячи（単・生）になるのは前に 2～4 があるため，тысяч（複・生）になるのは 5 以上があるため。

2)　одна, две という女性形にも注意。

двадцать одна тысяча, двадцать две тысячи

《参考》

1)　миллион（1 000 000）以上の合成数詞の例。

1 550 000　миллион пятьсот пятьдесят тысяч
2 200 000　два миллиона двести тысяч

2)　10 億は миллиард（または биллион），1 兆は триллион

練習問題 102

1)　次の数詞はいくつかいいなさい。

(1)　четыреста тринадцать
(2)　тысяча пятьсот сорок четыре
(3)　тысяча девятьсот девяносто восемь
(4)　две тысячи триста двенадцать

(5) двена́дцать ты́сяч восемьсо́т три́дцать оди́н

2) 次の数をロシア語でいいなさい。

(1) 236　(2) 512　(3) 1048　(4) 1966　(5) 2873　(6) 5937

V　値段の表現

《例文》

— Ско́лько э́то сто́ит? — Э́то сто́ит сто со́рок де́вять рубле́й.「これはいくらですか」「149 ルーブルです」

《基本》

値段を尋ねる場合は Ско́лько (э́то) сто́ит? を用いる。

《注意》

1) 複数名詞および часы́ のような複数のみの名詞では Ско́лько (они́) сто́ят?

2) копе́йка は 100 分の 1 ルーブル。

《参考》

1) сто́ит (сто́ят) を用いる場合，値段は対格にたつ。

— Ско́лько сто́ит э́та газе́та? — Она́ сто́ит пятьдеся́т одну́ копе́йку.

「この新聞はいくらしますか」「51 カペイカです」(оди́н の変化については☞p.425)

2) Почём + A (主格) (продаётся)? というのは売り手に対する話しことばでの尋ね方。

Почём капу́ста? キャベツいくら?

Какова́ сто́имость + A (生格)? というのは公式的なたずね方。

Какова́ сто́имость ме́ха? 毛皮の価格はどのようですか。

練習問題 103

1) 意味をいいなさい。

(1) — Ско́лько сто́ит э́та кни́га? — Она́ сто́ит три ты́сячи девятьсо́т

пятьдеся́т ие́н.

(2) — Ско́лько сто́ит э́тот фо̀тоаппара́т? — Пятьдеся́т две ты́сячи ие́н.

(3) Я взял (взяла́) в ба́нке в долг три миллио́на ие́н.

2) ロシア語で表わしなさい。

(1) 「この本はいくらですか」「371 ルーブルします」

(2) 「このズボン（брюки）はいくらしますか」「1895 ルーブルです」

VI 順序数詞 (200 以上)

第 83 表　基本順序数詞（200-й 以上）

200-й	двухсо́тый	700-й	семисо́тый
300-й	трёхсо́тый	800-й	восьмисо́тый
400-й	четырёхсо́тый	900-й	девятисо́тый
500-й	пятисо́тый	1000-й	ты́сячный
600-й	шестисо́тый		

《基本》

1) 200 以上の基本順序数詞は第 83 表の通りである。

2) 合成順序数詞は末位だけを順序数詞にする（それ以上は個数詞のまま）。

《語例》

(1) 543-й пятьсо́т со́рок тре́тий

(2) 1956-й ты́сяча девятьсо́т пятьдеся́т шесто́й

《注意》

基本順序数詞の下線を付して示した個所の文字には注意しよう（第 77・83 表）。

《参考》

1 000 000 は миллио́нный, 1 000 000 000 は миллиа́рдный.

第 2 部　文法編

練習問題 104

次の数をロシア語の順序数詞になおし，ノートに書きなさい。

(1) 254-й　(2) 489-й　(3) 895-й　(4) 1993-й　(5) 2011-й

VII　年・月・日の表現

《例文》

Л. Н. Толсто́й роди́лся два́дцать восьмо́го а́вгуста ты́сяча восемьсо́т два́дцать восьмо́го го́да (1828 г.) и у́мер седьмо́го ноября́ ты́сяча девятьсо́т деся́того го́да (1910 г.). タルストーイ（トルストイ）は 1828 年 8 月 28 日に生まれ，1910 年 11 月 7 日に死んだ。

> **単語**　роди́ться（完・不完）「生まれる」（完の場合 роди́лся́，および，роди́лся ともに可）。

《基本》

1)　год「年」は順序数詞で示される。

ты́сяча девятьсо́т девяно́сто тре́тий год 1993 年

две ты́сячи девя́тый год 2009 年

2)

副詞的に用いるためには в... году́（前置格）とする（году́ は第 2 前置格のかたち）。

Мой сын роди́лся в ты́сяча девятьсо́т девяно́сто пе́рвом году́. 私の息子は 1991 年に生まれた。

《説明》

「～年（год）～月（ме́сяц）～日（число́）に」という場合は，すべて生格になる。число́ の生格は副詞的の用法，その他の生格は修飾的用法。

— Когда́ вы роди́лись? — Я роди́лся трина́дцатого ию́ня ты́сяча девятьсо́т девяно́сто шесто́го го́да (1996 г.) .

「いつお生まれですか」「1996 年 6 月 13 日に生まれました」

《注意》

順序数詞とて，普通，数字で書かれる（読むのは順序数詞として読む）。

第 18 課　数詞(2)　さまざまな数量表現

《参考》

1)　век

век は「世紀」。19-й век は 19 世紀。副詞的に用いる場合は　в + ве́ке（前置格）。

— Когда́ произошло́ восста́ние Пугачёва? — В 18 (восемна́дцатом) ве́ке.
「プガチョーフの乱はいつ起こりましたか」「18 世紀です」

В 20 (двадца́том) ве́ке бы́ли две мировы́е во́йны. 20 世紀には世界大戦が 2 度あった。

2)　Л. Н. Толсто́й のような人名をエーリ・エーヌ・タルストーイと読まず，Лев Никола́евич Толсто́й と読むのが正式。

練習問題 105

1)　音読し，意味をいいなさい。

(1)　26-го апре́ля 1986-го го́да на Черно́быльской а́томной электроста́нции произошла́ ава́рия.

(2)　Пётр Вели́кий сконча́лся 8-го февраля́ 1725-го го́да.

(3)　Алекса́ндр Серге́евич Пу́шкин роди́лся в Москве́ 26-го ма́я 1799-го го́да.

(4)　— Вы како́го го́да рожде́ния? — 1974-го го́да.

　単語　(1) происходи́ть・произойти́ (произойду́, произойдёшь；過去 произошёл, произошла́) 起こる　(2) сконча́ться (完)《雅》永眠する　(4) рожде́ние 誕生, како́го го́да рожде́ния? 何年の生まれか

2)　ロシア語で表わしなさい。

(1)　「彼女はいつ生まれましたか」「彼女は 1972 年 11 月 30 日に生まれました」

(2)　「あなたはいつ生まれましたか」「8 月 10 日です」

(3)　去年この町は地震の被害を受けた。

第2部 文法編

単語 (3) 去年 прóшлый год, 被害を受ける пострадáть（完）, 地震 землетрясéние, 地震の（で）от землетрясéния

VIII 集合数詞

第84表 集合数詞

двóе	2人・2個	сéмеро	7人・7個
трóе	3人・3個	вóсьмеро	8人・8個
чéтверо	4人・4個	дéвятеро	9人・9個
пя́теро	5人・5個	дéсятеро	10人・10個
шéстеро	6人・6個		

《例文》

(1) У меня́ есть двóе часóв. 私は時計を2つ持っている。

(2) У меня́ трóе друзéй/три дрýга. 私には3人の親友がいる。

(3) Нас чéтверо. 私たちは4人だ。

《基本》

1) 集合数詞は10まで。

2) (1)複数のみの名詞〔(1)〕, (2) сын 息子, брат 兄弟, мáльчик 男の子, друг 友 などの男の人を表わす名詞〔(2)〕, (3)人称代名詞（複数）〔(3)〕とともに用いられる。

3) 結びつく名詞・代名詞は複・生となる。

《説明》

1) 複数のみの名詞（☞p.210），あるいは複数形を普通用いる名詞（сапогú ブーツ, чулкú ストッキング）において，2・3・4の数を表わす場合は，集合数詞を用いなければならない〔(1)〕。

Я éхал тудá двóе сýток. 私はそこへ2昼夜かけて行った。

5以上では個数詞の使用がより普通。

2) солдáт 兵士, гость 客, студéнт 学生 などの男の人を表わす名詞では個数詞を用いてもよい〔(2)〕。

У меня́ двóе сыновéй/два сы́на. 私には息子が2人いる。

296

第 18 課　数詞(2)　さまざまな数量表現

3)　結びつく名詞・代名詞は数を表わすため生格になると考えればよい。☞p.200 以下。

— Вас ско́лько? — Нас тро́е.「あなたたちは何人ですか」「私たちは3人です」

《注意》
1)　4から10までは -еро が共通。
2)　7あたりまでの使用が常識的。
3)　用法でわかるとおり，あまり「集合」の意はない。名称にまどわされないこと。

《参考》
1)　女の人を表わす名詞とは用いない。
　× пя́теро преподава́тельниц
2)　動物を表わす名詞と用いてはならない。
　× тро́е волко́в

《発展》
　国語辞典にも登録されているトロイカ（3頭立の馬車・そり。有力な三人の政治家，あるいは3カ国などを中心とする政治体制）のもとはロシア語の тро́йка。3の番号がついた交通機関の路線の呼び名，トランプの3点札，3人委員会，3つ揃いなど数字3がついたものを表わす名詞である。同系列をなして並ぶのは，дво́йка, тро́йка, четвёрка, пятёрка, шестёрка...
　2から少なくとも5まではよく出くわすのでおぼえておこう。ひとえに5点法の成績がこの語を使って表わされるからである。пятёрка（5点）は отли́чно（< отли́чный 非常によい），о́чень хорошо́ ともいい，「優」(A)に当たる。четвёрка（4点）は хорошо́ ともいい，「良」(B)，тро́йка（3点）は удовлетвори́тельно（< удовлетвори́тельный 満足のゆく）ともいい，「可」(C)に当たり，及第点を表わす。дво́йка（2点）は неудовлетвори́тельно ともいい，「不可」(D)に当たり，落第点を表わす。
　едини́ца（1点。кол）というのもある。

　Я получи́ла за дикта́нт дво́йку. 書き取りで不可をもらってしまったわ。

第2部　文法編

練習問題 106

意味をいいなさい。

(1) У неё двóе детéй.

(2) Мы прóбыли в Кѝеве трóе сýток.

(3) — Скóлько вас? — Нас пятеро.

(4) Было не страшно, потому что их было чéтверо, а нас было шéстеро.

(5) Одѝн с сóшкой, а сéмеро с лóжкой.

単語 (2) пробыть (-бýду, -бýдешь；過去 прóбыл｜пробы́л, -лá, прóбыло｜пробы́ло)（完）滞在する　(4) потому что なぜならば　(5) сóшка 犂（すき）, лóжка さじ, スプーン

♣ **単語帳（5）**
集　団　語（個別とまとまり）

個別			まとまり	
корáбль	船	—	флот	船団・艦隊
студéнт	学生	—	студéнчество	学生層
инструмéнт	器具	—	набóр	一式
почтóвая мáрка	切手	—	коллéкция	コレクション
волк	狼	—	стáя	群
лóшадь	馬	—	табýн	(馬の)群
рыба	魚	—	косяк	(魚の)群

第 19 課

さまざまな代名詞の変化と用法

I　再帰所有代名詞 свой

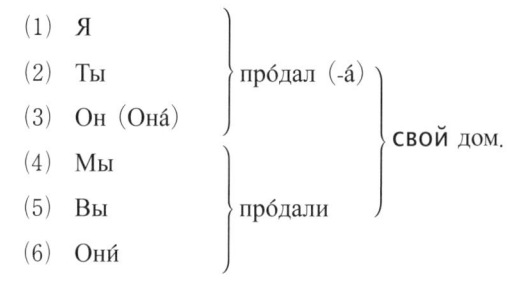

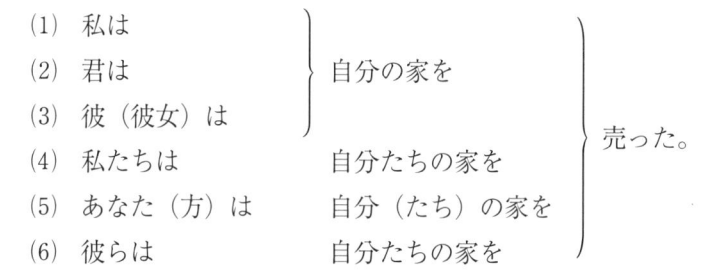

《例文》

(1) Я
(2) Ты   про́дал (-á)
(3) Он (Она́)   свой дом.
(4) Мы
(5) Вы   про́дали
(6) Они́

(1) 私は
(2) 君は   自分の家を
(3) 彼（彼女）は
(4) 私たちは   自分たちの家を   売った。
(5) あなた（方）は 自分（たち）の家を
(6) 彼らは   自分たちの家を

《基本》
1) свой は「自分自身の」という意を表わす。
2) いかなる人称・数であってもよい（☞例文）。
3) мой と同じように変化する。☞80 表, p.274。

《注意》
1) 三人称において，свой と его́, её, их では意味が異なる。

299

第2部　文法編

Он читáет { (a) свою́ / (b) егó } кни́гу.　(a) 彼は自分の本を読んでいる。
(b) 彼は（彼自身でない別の）彼の本を読んでいる。

2)　単数二人称では普通 свой を用いる。

Ты купи́ла своё пла́тье. お前は自分の服を買った（Ты купи́ла твоё пла́тье. とはあまりいわない）。

《参考》

1)　一人称および複数二人称では свой と мой, наш, ваш のどちらを用いてもよい。

　(1)　Я взял { свой / мой } портфе́ль и ушёл.　私は自分／私のカバンを手に取り、出ていった。

　(2)　Мы забы́ли { свой / наш } долг.　私たちは自分たち／私たちの義務を忘れている。

　(3)　Когда́ вы принесёте { свою́ / ва́шу } статью́?　いつご自分／あなたの論文を持ってきてくれるのですか。

2)　свой は「（他人のではなく）自分の」の意が強く、Переда́йте приве́т ва́шей жене́.「奥さんによろしく」がよく、свое́й жене́ は避けたほうがよい。

3)　свой は「親しい、身内の、味方の」という意もある。
Он у нас свой челове́к. 彼はここでは家族も同然です。

練習問題 107

1)　意味をいいなさい。

　(1)　Они́ чита́ют свои́ статьи́.

第19課　さまざまな代名詞の変化と用法

(2) Они читают их статьи.
(3) Это вы расска́зывайте до́ма, свое́й жене́, а не на собра́нии.
(4) — Андре́й Андре́евич, вы по́мните свои́х бы́вших ученико́в? — Да, коне́чно. Мой бы́вший учени́к Андре́ев тепе́рь изве́стный актёр, а Ники́тин — профе́ссор Моско́вского университе́та.
(5) А́нна занима́ется свои́м туале́том.
(6) Стара́йтесь рабо́тать по ме́ре свои́х возмо́жностей.
(7) Своё трать, а моего́ не тронь.

単語 (3) расска́зывать・рассказа́ть 物語る　(4) бы́вший 以前の，かつての，актёр 役者，俳優　(5) туале́т 身支度，お化粧（トイレではない）　(6) по ме́ре A（生格）A に従って，準じて，応じて，возмо́жность 可能性，能力　(7) своё 自分のもの，моё 私のもの（☞p.261），тра́тить (-а́чу, -а́тишь)・потра́тить 使う，тро́гать (-аю, -аешь)・тро́нуть (-ну, -нешь) さわる

2) ロシア語で表わしなさい。
(1) アーンナは自分の弟のことを話している。
(2) アーンナはあの人（女性）の弟のことを話している。
(3) 私は自分の本を持ってきます。
(4) イヴァーンは自分の妹のことが心配だ。
(5) 私は自分の父親を自慢に思う。

単語 (3) 持ってくる приноси́ть・принести́　(4)（A が）心配だ беспоко́иться（不完）о A（前置格）　(5)（A を）自慢に思う，誇りとする горди́ться（不完）A（造格）

第 2 部　文法編

II　指示代名詞

1. э́тот

第 85 表　指示代名詞 э́тот の変化

	男　性	中　性	女　性	複　数
主　格	э́тот	э́то	э́та	э́ти
生　格	э́того*1		э́той	э́тих
与　格	э́тому		э́той	э́тим
対　格	主または生	э́то	э́ту	主または生
造　格	э́тим		э́той*2	э́тими
前置格	э́том		э́той	э́тих

*1 [étəvə]　　*2 э́тою もある

《例文》

（1）　Э́того но́мера здесь нет : он в друго́м коридо́ре. その部屋はここにはありません。（ここことは）違う廊下にあります（男性・生格）。

（2）　Я никогда́ не забу́ду э́той ужа́сной но́чи. あの恐ろしい夜のことは絶対に忘れない（女性・生格）。

（3）　— Вы зна́ете э́ти но́вые кни́ги? — Нет, я э́тих книг не зна́ю.「これらの新刊書をご存知ですか」「いいえ，知りません」（不活動体複数・対格，生格）

（4）　Они́ изуча́ют ру́сский язы́к по э́тому уче́бнику. 彼らはこの教科書でロシア語を学んでいます（男性・与格）。

（5）　Мы идём по э́той у́лице к це́нтру го́рода. 私たちはこの通りに沿って（を通って）中心街へ行きます（女性・与格）。

（6）　На э́тот раз ты не прав. 今度は君の間違いだ（不活動体男性・対格）。

（7）　Вы не мо́жете мне показа́ть вот э́ту кра́сную кни́гу? この赤い本を私に見せてくれませんか（女性・対格）。

（8）　На э́ти часы́ полага́ться нельзя́. この時計をあてにしてはだめで

第19課　さまざまな代名詞の変化と用法

すよ（不活動体複数・対格）。

(9)　Я изучáю рýсский язы́к с э́тим студéнтом. 私はこの学生と一緒にロシア語を勉強している（男性・造格）。

(10)　Я изучáю рýсский язы́к с э́той студéнткой. 私はこの女子学生と一緒にロシア語を勉強している（女性・造格）。

(11)　Я изучáю рýсский язы́к с э́тими студéнтами. 私はこれらの学生たちと一緒にロシア語を勉強している（複数・造格）。

(12)　Я хорошó знáю рýсский язы́к. Я мнóго читáю на э́том языкé. 私はロシア語をよく知っている。この言語で（ロシア語で）たくさん読んでいる（男性・前置格）。

(13)　В зáле собрáние. Ивáн на э́том собрáнии. ホールでは集会が持たれている。イヴァーンはその集会に出ている（中性・前置格）。

(14)　Всё нáше общежи́тие сегóдня говори́т лишь об э́той свáдьбе. 今日寮全体でこの結婚式の話しでもちきりだ（女性・前置格）。

(15)　Кни́ги в э́тих шкафáх, а газéты в тех. 本はこれらの戸棚の中にありますが，新聞はあそこにある戸棚の中です（複数・前置格）。

単語　(2) ужáсный 恐ろしい，ночь 夜　(8) полагáться・положи́ться на А（対格）А を当てにする，信頼する，свáдьба 結婚式

《基本》

э́тот は第85表のように変化する。

《説明》

形容詞や人称代名詞によく似た変化で，すでになじみのもの。
例文に関し説明を加える。(1)は存在の否定生格だが，(2)と(3)の生格は他動詞の否定によって起こる生格。同様の例文はすでにいくつかあげた（☞ p.251, p.252, p.260）。(15)の тех は те（тот）の前置格。変化は次項で学ぶ。

《注意》

中性形 э́то は「そのこと，それ」というふうに，先行する事柄全体をさす場合がある。このとき э́то は修飾する名詞を持たず，それ自身，名詞のように用いられる。

Начина́ется весна́. Мы ра́дуемся э́тому. 春が近づいてきている。それがうれしい。

Пого́да была́ плоха́я. Из-за э́того мы не пое́хали за́ город. 天気が悪かった。それゆえハイキングには出かけなかった〔*из-за* A（生格）Aが原因で（多く悪いことに関して用いる）〕。

2. тот

第86表　指示代名詞 тот の変化

	男　性	中　性	女　性	複　数
主　格	тот	то	та	те
生　格	того́*1		той	тех
与　格	тому́		той	тем
対　格	主または生	то	ту	主または生
造　格	тем		той*2	те́ми
前置格	том		той	тех

*1 [tavó]　*2 тóю もある

《例文》

(1) — Чей э́то портфе́ль? — Э́то портфе́ль того́ студе́нта.「これは誰のカバンですか」「これはあの学生のカバンです」（男性・生格）

(2) В портфе́ле есть кни́ги, но той кни́ги в нём нет. カバンの中には本が数冊あります。しかし，あの本はカバンの中にはありません（女性・生格）。

(3) Мы с Петро́вым уже́ бы́ли у тех люде́й. 私とピトローフはこれらの人々をすでに訪ねている（複数・生格）。

(4) Я не ве́рю тому́ молодо́му челове́ку. 私はあの若者を信用していない（男性・与格）。

(5) Что вы сказа́ли той молодо́й же́нщине? あの若い女に何と言ったのですか（女性・与格）。

(6) Я зна́ю инжене́ра Соколо́ва, а та́кже того́ ста́рого инжене́ра Ива-

第 19 課　さまざまな代名詞の変化と用法

нóва. 私はサカローフ技師およびあの年をとったイヴァノーフ技師を知っています（活動体男性・対格）。

(7)　Дай мне э́ту кни́гу, а ту кни́гу оста́вь у себя́. この本は私にくれ。その本は（お前の）手もとに残しておけ（女性・対格）。

(8)　Дере́вня нахо́дится за тем ле́сом. 村はあの森の向こうにある（男性・造格）。

(9)　— Прости́те, универма́г в том зда́нии? — Ра́ньше универма́г был в том зда́нии, а тепе́рь там гости́ница.「すみませんが，デパートはあの建物の中にありますか」「以前はあの建物にありましたが，今はそこはホテルです」（中性・前置格）

(10)　— В кото́рой газе́те интере́сная статья́ : в той и́ли в э́той? — Статья́ об Украи́не? Она́ вот в э́той газе́те.「どちらの新聞に面白い論説があるのですか。あの新聞ですか，それともこの新聞ですか」「ウクライナについての論説ですか。それならこの新聞にあります」（女性・前置格）

単語　(6) та́кже もまた　(7) оста́вь 残せ（оста́вить「残す」の命令形）

《基本》

тот は第 86 表のように変化する。

《説明》

э́тот と異なるのは頭のэを除けば，(1) и のかわりに е が現われる（э́тим に対し тем, э́ти に対して те, э́тими に対し те́ми など），(2) アクセントが語尾にくる，点である。

(1)は所属を示す生格，(2)は存在の否定生格。в нём（он）は портфе́ль を受けている。(3)の Петро́вым は造格（☞ p.262）。ве́рить は与格を支配するため(4)は与格になる。(7) дай は дать「与える」, оста́вь は оста́вить「残す」の命令形。

《注意》

1)　普通名詞（例えば кни́га）が示す意味は辞書に書いてあるが，代名

第2部　文法編

詞が示す意味・内容は発話の状況の中におかれないとはっきりとはつかめない。例えば，日本語の「それを言ってはおしまいよ」「これは失礼」。

2)　発話の状況は日本語では「この，その，あの」の3分割，ロシア語では этот, тот の2分割。よって этот が「この」，тот が「その，あの」ときっちり対応するわけではない。1の《例文》(1)の этот は「その」にふさわしく，(2)の эта は「あの」に当てるべきものである。《発展》に掲げた言い方の中の это も，訳文でわかる通り，「それ」になったり「これ」になったりする。状況に飛び込んで意味をつかみ，日本語に移しかえるほかない。

3)　не тот (то, та) の意味に注意しよう。

Это не то. これじゃない（違うんだ）（期待が裏切られたとき，予期に反したときなどに用いる）。

Я взял не ту книгу. 間違った本を持ってきてしまった。

4)　тот же (самый) は「同じ，同一の」を意味する。

Я повторил ту же самую ошибку. 私は同じ誤りを繰り返してしまった。

Они жили в той же (самой) деревне между Москвой и Смоленском. 彼らはモスクワとスモレンスクの間にあるあの同じ村に住んでいた（же はアクセントがなく，前の語に続けて ［зə］ と発音）。

《参考》

1)　этот, тот は副アクセントをもって発音されることがある。

Этого человека я раньше не видел. この人とは前に会ったことはない。

2)　то にも名詞的用法がある。

Вопрос не в том. 問題はそこではない。

《発展》

1)　中性形 это は会話でよく用いられる。

　(1)　Что это значит? それはどういう意味ですか（主格）。

　(2)　Как вы смотрите на это? これについてどうお考えですか（対格）。

306

第 19 課　さまざまな代名詞の変化と用法

　(3)　Что вы подразумеваете под этим?（それで）何をおっしゃりたいのですか（造格）。

　(4)　Как вы думаете об этом? これについてはどうお考えですか。

　(5)　Я спрашиваю именно об этом. 私がききたいのはまさにそのことです。

　(6)　Я плохо разбираюсь в этом. そのことはよく知りません（以上、前置格）。

(2)(4)はほとんど同義。相手の意見を聞き出す時に用いる。Как вы относитесь к этому? や Какое у вас мнение по этому поводу? も使える。(1)(3)は相手の言わんとすることを，正確を期すため，確かめるために使う。(5)はこちらが言わんとすることを正確に相手に伝えるためのてだての一つ。(6)は Не знаю. と共に確答を回避する手段の一つ。

　単語　(1) значить（不完）意味する，表わす　(2) смотреть（不完）на А（対格）А を評価する，見る　(3) подразумевать（不完）под А（造格）А によって意味する　(5) спрашивать・спросить 質問する，именно 正に　(6) разбираться（不完）в А（前置格）А が分かる，А に通じる

　2)　日本人が会話にはさみがちな表現の一部は，то や это の変化形を持つ。

　しかも，その上，かてて加えて　к тому же（与格），при том / этом（前置格）；それでも，しかも　тем не менее（造格），при всём том（前置格），несмотря на это（対格）；それと共に，同時に　вместе с тем（造格）；というのは，要するに，実は　дело в том, что...（前置格）。☞ 第 31 課 I 2《発展》。

307

第 2 部　文法編

練習問題 108

1)　かっこ内の語を適当に変化させ，意味をいいなさい。

(1)　Мне ну́жно посове́товаться с ва́ми. Для (э́то) я пришёл сюда́.

(2)　Мы занима́емся ру́сским языко́м по (э́та) кни́ге.

(3)　Я ча́сто даю́ (э́тот) студе́нту свои́ кни́ги.

(4)　Я зна́ю об (э́тот) вопро́се.

(5)　В (э́тот) году́ у меня́ мно́го рабо́ты.

(6)　Профе́ссор Ивано́в рабо́тает в (э́тот) университе́те.

(7)　— Скажи́те, пожа́луйста, на (э́та) у́лице есть кни́жный магази́н?
　　　— Нет, кни́жный магази́н на (та) пло́щади впереди́.

(8)　Тетра́дь на (тот) столе́. Кни́га там же. Она́ на (тот) же столе́.

　単語　(1) сове́товаться・посове́товаться с A（造格）A と相談する，
　　　　(7) кни́жный 本（кни́га）の

2)　意味をいいなさい。

(1)　Университе́т нахо́дится на э́той стороне́ реки́, а центр го́рода — на той.

(2)　Вход с той стороны́ зда́ния.

(3)　На э́той неде́ле здесь все това́ры продаю́тся со ски́дкой.

(4)　— Как вы отно́ситесь к э́тому? — Я отношу́сь о́чень пессимисти́чески.

　単語　(1) сторона́ 側　(3) продава́ться・прода́ться 売られる，販売される，ски́дка 値下げ　(4) относи́ться・отнести́сь к A（与格） A に対してある態度をとる，пессимисти́чески [-s'-] 悲観的に（< пессимисти́ческий [-s'-] 悲観的な。☞p.107）

3)　ロシア語で表わしなさい。

(1)　私はこの本で英語を勉強している。

(2)　それについて考えるのはやめなさい。

(3)　このプロジェクトには大きな長所がある。

(4)　この店ではバーゲンセールをやっている。

第19課　さまざまな代名詞の変化と用法

(5) イヴァーンはこの問題を能率的な方法で解決した。

単語 (3) プロジェクト проéкт, 長所 преимýщество, ある имéться（имéется）（不完）(4) バーゲンセール распродáжа, …をやっている идти́（идёт）(5) 問題 задáча（課題）, 能率的な эффекти́вный, 方法 спóсоб

III　весь

第87表　定代名詞 весь の変化

	男性	中性	女性	複数
主格	весь	всё	вся	все
生格	всего́[*1]		всей	всех
与格	всемý		всей	всем
対格	主または生	всё	всю	主または生
造格	всем		всей[*2]	всéми
前置格	всём		всей	всех

[*1] [fs'ıvó]　[*2] всéю もある

《例文》

1) 単数

(1) Всё это óчень интерéсно. これはみなとても面白い（中性・主格）。

(2) Вся нáша семья́ живёт тепéрь вмéсте. 私たちの家族全員は今一緒に暮らしている（女性・主格）。

(3) Он занимáется в институ́те весь день. 彼は大学で一日中勉強している（不活動体男性・対格）。

(4) Он всё знáет. 彼は何でも知っている（中性・対格）。

(5) Вы мóжете жить у нас всё врéмя. 私共のところにずっと暮らしてくださってよいのですよ（中性・対格）。

(6) Я хорошó знáю всю егó семью́. 私は彼の家族全員をよく知って

309

第2部　文法編

いる（女性・対格）。

(7) Учи́тель дово́лен всем кла́ссом. 先生はクラス全体に対し満足している（男性・造格）。

(8) Что вы ду́маете обо всём э́том? これらのこと全てについてあなたはどう思われますか（中性・前置格）。

(9) Мать должна́ ду́мать обо всей семье́. 母は家族全体のことを考えなければならない（女性・前置格）。

2) 複数

(1) Оди́н за всех, все за одного́. 1人は全て（の人）のために，全て（の人）は1人のために（対格，主格）。

(2) Сего́дня я хочу́ написа́ть пи́сьма всем мои́м друзья́м. 今日私は友達皆に手紙を出したい（与格）。

(3) В оди́н день нельзя́ осмотре́ть весь го́род, все его́ у́лицы, пло́щади, зда́ния. 1日で町じゅうを，町の全ての通りや広場や建物を見物できるものではない（不活動体対格）。

(4) Я зна́ю всех профессоро́в на́шего университе́та. 私はわれわれの大学の教授全員を知っている（活動体対格）。

(5) Мой друг говори́т мне обо всех свои́х дела́х. 友は私に自分の全ての（いろいろな）事柄について私に話す（前置格）。

単語 2)(1) одного́ оди́н の生格・対格，за A（対格）A のために

《基本》

весь「全ての，全体の，全員の」は第87表のように変化する。

《説明》

用法は形容詞の修飾的用法と同じ。ただし，中性 всё は「全てのこと」〔1)(4)〕。複数 все は「全ての人，全てのもの」〔2)(1)〕という意を持ち，名詞的に用いられることがある。

《注意》

1) 単数と複数では日本人には違う単語ではないかと思われるほど，意

第 19 課　さまざまな代名詞の変化と用法

味が離れる。

весь университе́т 大学全体，大学じゅう → все университе́ты（в Япо́нии）（日本における）全ての（あらゆる）大学

всё общежи́тие 寮全体・寮じゅう → все общежи́тия 全ての（あらゆる）寮

вся семья́ 家族全体・全員 → все се́мьи 全ての（あらゆる）家庭

2)　前置詞 в は весь の前で во。

во всём до́ме 家じゅうで　　во всех клу́бах あらゆるクラブで

о は обо〔1)(8)(9)，2)(5)〕。

《参考》

1)　все「全員」とともに，везде́「至る所」，всю́ду（同），отовсю́ду「至る所から」，всегда́「いつも」もまとめておぼえておきたい。これらは多くの個別を一つにまとめる点で共通する。

2)　対格は時や道筋を表わし，副詞的に用いられることがある。1)(3)(5)はその例である。もう 1，2 例をあげておく。

Экскурса́нты всю доро́гу е́хали в своём ваго́не. ツアー参加者は借り切りの車両で全行程を旅行した。

Они́ приезжа́ют ка́ждую зи́му на три дня. 彼らは毎年冬に 3 日間（の予定で）やって来る。☞ p.289。

3)　весь を文法では定代名詞とか限定代名詞というが，その名称をおぼえてもあまり意味はない。ただ，「全ての，全体の，全部の，全員の」という意味を記憶しておけばよい。

練習問題 109

1)　весь を適当なかたちに変え，空所をうめ，文全体の意味をいいなさい。

(1)　Я не могу́ отве́тить на …… э́ти пи́сьма.

(2)　Мы хоти́м осмотре́ть …… за́лы музе́я.

(3)　…… на́ша семья́ живёт тепе́рь в То́кио.

第2部　文法編

(4) …… нужно прочесть мою статью.

(5) Во …… этих домах живут рабочие и служащие нашей компании.

単語 (1) отвечать・ответить на A　Aに答える，返事する　(2) осматривать・осмотреть 見物する，見学する，зал 広間，ホール　(4) прочесть　прочитать と同義。читать の完了体。読み通す，読みあげる　(5) служащий 勤め人，事務職員，ホワイトカラー（☞p.421），компания 会社

2) 意味をいいなさい。

(1) От всего сердца поздравляю вас с бракосочетанием.

(2) По всей стране пойдут дожди.

(3) Варвара Дмитриевна, по всей вероятности, ещё жива.

(4) Всё бывает.

(5) Всему своё время.

単語 (1) бракосочетание 結婚　(2) по A（与格）Aの表面で，上で，дожди　дождь の複数。規模の大きな雨などについて天気予報などで用いられる　(3) по всей вероятности 間違いなく（挿入語。☞p.393）　(4) всё 全てのこと（中性形の名詞的用法。☞p.261）。

IV　сам

第88表　定代名詞 сам の変化

	男性	中性	女性	複数
主格	сам	само	сама	сами
生格	самого[*1]		самой	самих
与格	самому		самой	самим
対格	主または生	само	саму	主または生
造格	самим		самой[*2]	самими
前置格	самом		самой	самих

[*1] [səmavó]　[*2] самою もある

第19課　さまざまな代名詞の変化と用法

《例文》

1) 主格

 (1)　Он пришёл сам.

 (2)　Она́ пришла́ сама́.

 (3)　Они́ пришли́ са́ми.

(1)彼／(2)彼女／(3)彼らは自分自身でやって来た。

2) 生格

Ещё нет { (1)　самого́ руководи́теля.
(2)　само́й руководи́тельницы.
(3)　сами́х руководи́телей. }

まだ，(1)リーダー／(2)女性リーダー／(3)リーダーたち自身が来ていない。

3) 与格

Я пе́редал письмо́ { (1)　самому́ руководи́телю.
(2)　само́й руководи́тельнице.
(3)　сами́м руководи́телям. }

私は，(1)リーダー／(2)女性リーダー／(3)リーダーたち自身に手紙を手渡した。

4) 対格

Я ви́дел { (1)　самого́ руководи́теля.
(2)　саму́ (самоё) руководи́тельницу.
(3)　сами́х руководи́телей. }

私は，(1)リーダー／(2)女性リーダー／(3)リーダーたち自身に会った。

5) 造格

Я говори́л с { (1)　сами́м руководи́телем.
(2)　само́й руководи́тельницей.
(3)　сами́ми руководи́телями. }

私は，(1)リーダー／(2)女性リーダー／(3)リーダーたち自身と話した。

6) 前置格

第2部　文法編

Мы говори́ли о ⎧ (1)　само́м руководи́теле.
　　　　　　　⎨ (2)　само́й руководи́тельнице.
　　　　　　　⎩ (3)　сами́х руководи́телях.

私たちは，(1)リーダー／(2)女性リーダー／(3)リーダーたち自身について話した。

単語　(2) руководи́тель リーダー，руководи́тельница 女性のリーダー

《基本》

1)　сам は第88表のように変化する。

2)　сам がさすものそのものが動作・状態に関わり，決して他のものではないことを表わす。

《説明》

語幹は сам-，語尾は э́тот に同じ（アクセントの位置に注意）。

《注意》

1)　女・対は самоё というかたちもある。これがより正則的とされるが，саму́ が広く用いられる。

2)　са́мый「まさにその」は形容詞と同じ変化（☞p.244）。сам とはアクセントで異なる（一部の語形では語尾も）。

Я встре́тил её перед са́мым отъе́здом. 私はちょうど出発しようとしている時に彼女に会った。

Пу́ля попа́ла в са́мое се́рдце. 弾丸はちょうど心臓に命中した。

тот же са́мый「同じ，同一の」については☞p.306。

練習問題 110

1)　意味をいいなさい。

　(1)　Мы са́ми не зна́ем.

　(2)　Они́ всё де́лают са́ми.

　(3)　Ещё нет его́ самого́.

　(4)　Я ви́дел их сами́х.

第19課　さまざまな代名詞の変化と用法

(5) Мы говори́ли о ней само́й.

(6) — Вы са́ми отку́да? — Я из Япо́нии.

2) ロシア語で表わしなさい。

(1) 私は自分でやりますよ。

(2) 私達は自分の手で何でもやるのです。

(3) 「あなたは自分で洗濯をなさるのですか」「はい、私は自分で洗濯をします。私には洗濯機があります」

(4) 私は彼女自身に手紙を手渡したのです。

(5) 私は彼自身と話しをしたのです。

単語　(1) 何でも всё　(3) 洗濯する стира́ть（不完），洗濯機 стира́льная маши́на，手渡す передава́ть（-даю́, -даёшь）・переда́ть（-да́м, -да́шь, -да́ст, -дади́м, -дади́те, -даду́т；過去 пе́редал｜переда́л, -ла́, пе́редало｜переда́ло, пе́редали｜переда́ли)

315

第 20 課

不定代名詞・副詞　　否定代名詞・副詞

I -то による不定代名詞・副詞

第 89 表　-то による不定代名詞・副詞

疑問代名詞・副詞	不定代名詞・副詞	意　　味
кто ?	кто́-то	誰かある人
что ?	что́-то	何かあること・物
како́й ?	како́й-то	ある（種の）
чей ?	че́й-то	誰かある人の
где ?	где́-то	どこかで
куда́ ?	куда́-то	どこかへ
когда́ ?	когда́-то	かつて，いつか
почему́ ?	почему́-то	なぜか

《例文》

(1) Вчера́ кто́-то был у вас. きのう（名は知りませんが）誰か訪ねてきました。

(2) Она́ что́-то сказа́ла, но я не по́нял. 彼女は何か言ったが，何のことか私にはわからなかった。

(3) Я где́-то уже́ встреча́л её. 彼女にはどこかで会ったことがある。

(4) Он куда́-то е́дет за́втра. 彼はあすどこかへ行く。

単語　(3) встреча́ть・встре́тить 出会う，出くわす

《基本》

疑問代名詞・副詞の後に -то をつけてつくる不定代名詞・副詞は，ものやことはたしかに存在するが，具体的に何であるか，話し手が明確に説明

第20課　不定代名詞・副詞　　否定代名詞・副詞

できない場合に用いる。

《説明》

(1)は誰かがきたことはたしかであるが，それが誰であるか話し手は言えない。(2)は彼女が何か言ったことはたしかであるが，話し手はそれがどういうことであるか言えない。(3)は会ったことはたしかだが，どこで会ったかが思い出せない。(4)は，どこかへ行くことははっきりしているが，どこへ行くかは知らない。

《注意》

不定代名詞は文中において変化するが，変化するのは疑問代名詞にあたる部分のみ。

Он с кем-то разговаривает. 彼は誰かと話している。

Она́ от кого́-то получи́ла письмо́. 彼女は誰かから手紙をもらった。

Они́ о чём-то ду́мают. 彼らは（何だかわからないが）何かを考えている。

Два́дцать проце́нтов студе́нтов получа́ет каку́ю-то стипе́ндию. 学生の20パーセントは何らかの奨学金をもらっている。

このことは後述の -нибудь による不定代名詞においても同じである。

練習問題 111

1)　意味をいいなさい。

(1)　Я ви́дел Ива́на: он стоя́л и с ке́м-то разгова́ривал.

(2)　Де́ти спо́рят о чём-то.

(3)　В э́той ко́мнате кто́-то кури́л.

(4)　Вам кто́-то звони́л.

(5)　Я услы́шал че́й-то го́лос за окно́м.

(6)　Она́ почему́-то молча́ла.

(7)　Мой брат сейча́с где́-то на ю́ге.

(8)　Сестра́ куда́-то ушла́.

　　単語　(2) спо́рить（不完）с A（造格）о B（前置格）AとBについ

第2部 文法編

て議論する，言い争う (5) услы́шать（完）聞こえる，耳にする (6) молча́ть（不完）黙っている

2) ロシア語で表わしなさい。
   (1) 彼は今日なぜかここへ来なかった。
   (2) 彼は日本語で私に何か言ったが，私にはわからなかった。
   (3) 誰かがドアをたたいている。
   (4) そのことについて私は（たしか）ある雑誌で読んだことがある。

   単語 (3) ドアをたたく стуча́ть（不完）（стучу́, стучи́шь）в дверь

II -нибудь による不定代名詞・副詞

第90表 -нибудь による不定代名詞・副詞

疑問代名詞・副詞	不定代名詞・副詞	意味
кто？	кто́-нибудь	（誰でもいい）誰か
что？	что́-нибудь	（何でもいい）何か
како́й？	како́й-нибудь	（どれでもいい）何らかの
чей？	че́й-нибудь	（誰でもいい）誰かの
где？	где́-нибудь	（どこでもいい）どこかで
куда́？	куда́-нибудь	（どこでもいい）どこかへ
когда́？	когда́-нибудь	（いつでもいい）いつか

《例文》

(1) Кто́-нибудь мне звони́л? (留守の間に)電話があったかしら？

(2) Скажи́ мне что́-нибудь. 何でもいいから何か言ってくれないか。

(3) Возьми́те каку́ю-нибудь кни́гу. どれでもいいから本を1冊持っていってください。

(4) Ле́том пое́ду куда́-нибудь на се́вер. 夏になったら北国のどこかへ行こうかな。

単語 (3) возьми́ 取れ（взять（完）(возьму́, возьмёшь)「取る」の命令形）

318

第20課　不定代名詞・副詞　　否定代名詞・副詞

《基本》

疑問代名詞・副詞の後に -нибудь をつけてつくる不定代名詞・副詞は，ものやことが具体的に何であるか，話し手が明確にできないだけでなく，その現実的存在も不明確である場合に用いる。

《説明》

たとえば，(1)では，電話をかけた人がいるかどうかも不明確である。(2)では何か言ってくれるかどうかも不明確である。

このような意味を持つため，疑問文〔(1)〕，命令文〔(2)，(3)〕，未来や仮定を示す文〔(4)〕によく用いられる。

《参考》

1)　対比例

(a) Он нашёл **какóй-то** вы́ход из положéния.
(b) Он найдёт **какóй-нибудь** вы́ход из положéния.

(a) ある打開策を見つけた（何であるか話し手にはわからないが，何らかの策が見つかった）。

(b) 何らかの打開策を見つける（だろう）（単なる予想。打開策があるかどうかも不明である）。

2) -либо による不定代名詞・副詞があるが，-нибудь によるものと同義と考えておこう。ただし，書きことば。

Возьми́те { (a) каку́ю-нибудь / (b) каку́ю-либо } кни́гу.

(a)(b) で意味の差はない。

練習問題 112

1)　意味をいいなさい。

(1) — Ктó-нибудь мне звони́л? — Да, ктó-то звони́л, но не сказáл своегó и́мени.

(2) Éсли ктó-нибудь бýдет звони́ть, скажи́те, что я вернýсь через час.

(3) Ты говори́л с кéм-нибудь об э́том?

(4) У вас есть для меня скóлько-нибудь врéмени?

> **単語** (4) скóлько-нибудь（いくらでもいい，とにかく）いくらか，少しでも（結びつく名詞は生格になることに注意）

2) ロシア語で表わしなさい。
(1) 私は今晩どこかへ出かけたい。
(2) 何か面白い話を聞かせてください。

III кòе-чтó・кòе-ктó

《例文》
(1) Я кòе-чтó принёс вам. あるものを持ってきてあげました。
(2) К нам кòе-ктó приходи́л. ある人が来ました。

《基本》
話し手には具体的に何であるか，誰であるかわかっているが，聞き手にぼかして言う場合に用いられる。

《説明》
自分が持ってきたものは何であるかわかっているのに，Я чтó-то принёс вам. とは普通言わない。(1)のように言う。来た人が誰であるかわかっている場合，К нам ктó-то приходи́л. とは普通言わない。(2)のように言う。

《注意》
1) 文法書や辞書には -то による不定代名詞・副詞の用法として「話し手が明確化したくない場合」をあげるものがあるが，そのような場合があるとしても，大部分は「話し手にわからない場合」である。кòе- によるもののほうが「話し手が明確化したくない場合」に用いられることに注意しよう。
2) 前置詞とともに用いられる場合，кòе は離され，前置詞の前にくる。
Кòе с чéм я не соглáсен. 私は二，三賛成できない点がある（с ＋造格）。
3) 副アクセントに注意。

《参考》

кòe-чтó は「二, 三のもの」немнóгие（нéкоторые）вéщи, кòe-ктó は「二, 三の人」немнóгие（нéкоторые）лю́ди の意で用いられることがある。

Об э́том я кòe-чтó знáю. それについては多少知っている。

Я хочу́ тебé кòe-чтó сказáть. 少し話したいことがある。

Я поговори́л кòe с кéм. 私は何人かの人と話した。

練習問題 113

意味をいいなさい。

(1) Я кòe-чтó знáю.

(2) Он чтó-то знáет.

(3) Я читáл кòe-чтó по э́тому вопрóсу.

(4) Мы встрéтили кòe-когó из знакóмых.

IV ни による否定代名詞・副詞

第91表　ни による否定代名詞・副詞

疑問代名詞・副詞	否定代名詞・副詞	意　　味
ктó ?	никтó	誰も……
чтó ?	ничтó	何も……
какóй ?	никакóй	どんな……でも……
чей ?	ничéй	誰の……でも
когдá ?	никогдá	決して, 一度も……
где ?	нигдé	どこでも……
куда́ ?	никудá	どこへも……
как ?	никáк	どうしても……

《例文》

(1) Никтó не знáет об э́том. これについては誰も知らない（主格）。

(2) Я никогó не ви́дел. 誰にも会わなかった（生格）。

(3) Я никомý не скажý об э́том. このことは誰にも言わない（与格）。

321

第 2 部　文法編

(4)　**Ничто́ не** могло́ его́ удиви́ть. 何も彼を驚かせることはできなかった（主格）。

(5)　**Я ничего́ не** зна́ю. 私は何も知らない（生格）。

(6)　**Я ничему́ не** удивля́юсь. 私は何に対しても驚かない（与格）。

(7)　**Никаки́е** препя́тствия **не** остано́вят на́шего движе́ния вперёд. いかなる障害もわれわれの運動の前進をとどめることはできない（複数主格）。

(8)　У меня́ **не́** было **никаки́х** дурны́х наме́рений. 悪気はぜんぜんなかった（複数生格）。

(9)　**Ничьи́** угро́зы нас **не** испуга́ют. 誰のおどしもわれわれを恐れさせるものではない（複数主格）。

(10)　Учи́ться **никогда́ не** по́здно. 学ぶのに遅すぎるということはない。

(11)　Её **нигде́ нет**. 彼女はどこにもいない。

(12)　**Никуда́** я **не** собира́юсь. どこへも行くつもりはない。

(13)　Он **ника́к не** мо́жет вы́учить табли́цу умноже́ния. 彼は九九がどうしてもおぼえられない。

単語　(4) удивля́ть・удиви́ть А（対格）А を驚かせる　(6) удивля́ться・удиви́ться А（与格）А に驚く　(7) препя́тствие [-tstv'-] じゃま，障害，остана́вливать・останови́ть 止める，движе́ние 運動，вперёд 前へ（行く）　(8) дурно́й 悪い，наме́рение 計画，意図　(9) угро́за 脅威，おどし，испуга́ть（完）А（対格）Аをおどす　(10) по́здно [-zn-] 遅い　(12) собира́ться・собра́ться（どこかへ行く）仕度をする，出かけようとする　(13) вы́учивать・вы́учить А（対格）Аをしっかりおぼえる，暗記する，табли́ца 表，умноже́ние 掛け算，табли́ца умноже́ния 九九の表

《基本》

1)　疑問代名詞・副詞の前に ни をつけてつくる否定代名詞・副詞は，не や нельзя́ と呼応して否定文をつくる。否定の意味を強めて示すのがこ

第20課　不定代名詞・副詞　　否定代名詞・副詞

の類の否定文の特徴である。

2)　не は省略しない。

《説明》

1)　никто́, ничто́ は名詞と同様，主語になることもあれば補語になることもある。

(1) (4)は主語となり，主格。(2) (5)は他動詞の否定による生格。(6)は удивля́ться の支配による与格。(3)は間接目的補語としての与格。

2)　никако́й, ниче́й は形容詞と同じく，修飾する名詞に性・数・格を一致させる。(7) (9)では主語たる препя́тствия, угро́зы を修飾するため複数主格。(8)において никако́й は否定生格たる наме́рений を修飾するため複数生格。

《注意》

前置詞とともに用いられるときは ни を疑問代名詞にあたる部分から離し，前置詞の前におく。

Я ни к кому́ не пойду́. 誰のところにも行かない（к + 与格）。

Все мои́ уси́лия ни к чему́ не привели́. 私の努力は何にもならなかった（к + 与格）。

Ру́сские ни во что не ве́рят. ロシア人たちは何も信じていないのだ（в + 対格）。

Ни в каки́х словаря́х э́того сло́ва нет. どんな辞書にもこの語は記載されていない（в + 複数前置格）。

《参考》

1)　ни оди́н も никако́й に近い意味を表わす。

Я э́того не ви́дел ни в одно́м магази́не. どんな店でも見つからなかった。

2)　ни + 名詞も ни оди́н と同じ意味（оди́н の省略として理解しておこう）。

Я не по́нял ни (одного́) сло́ва. 一言もわからなかった（оди́н の変化は☞p.425）。

323

3) все と никто́, ничто́ は反義で対応する。

Все зна́ют об э́том. そのことについては誰でも知っている。— Никто́ не зна́ет об э́том. そのことについては誰も知らない。

《発展》

ничто́ の変化形を含む，会話でよく用いられる次の言い方をおぼえよう。

(1) Ничего́ не поде́лаешь. どうしようもありません。

(2) Ничего́ осо́бенного. 何でもありません（例えば，Что с ва́ми случи́лось?「どうなさったのですか」に対する答え）。

(3) Ничего́ подо́бного. そんなこと絶対ありませんよ。

(4) Ни к чему́. 必要ありません。役に立たない。（Здесь ты ни к чему́. お前がここにいてもしかたがない）。

(5) Ни за что. 決してだめです。

(6) Ни в ко́ем слу́чае. 絶対だめです（ни в ко́ем は廃語 нико́й の в を伴っての前置格）。

練習問題 114

1) 意味をいいなさい。

(1) В за́ле никого́ не́ было.

(2) Ни у кого́ нет э́того журна́ла.

(3) Мы ещё ни с кем не знако́мы.

(4) Ничто́ её не интересу́ет.（不活動体主語については☞p.468 以下）

(5) Я его́ ни о чём не спра́шивал.

(6) Нам не ну́жно ниче́й по́мощи.

2) ロシア語で表わしなさい。

(1) 家には妹以外誰もいなかった。

(2) ここでは私は誰も知らない。

(3) 誰もこの本を持っているものはいなかった。

(4) 彼は何も知らない。

第20課　不定代名詞・副詞　　否定代名詞・副詞

(5)　私は誰にも何もたずねなかった。
(6)　私はどこへも行かない。
(7)　父は決して（никогда́）手紙（複）を書かない。
(8)　母は新聞（複）など読んだことがない。

V　не による否定代名詞・副詞

第92表　не による否定代名詞・副詞

疑問代名詞・副詞	否定代名詞・副詞		意　　味
кто？	не́кого	⎫	A すべき人がいない
что？	не́чего		A すべきものがない
когда́？	не́когда	⎬ +A（不定形）	A すべき時がない
где？	не́где		A すべき場所がない
куда́？	не́куда	⎭	A すべき場所がない

《例文》

(1)　Не́кого попроси́ть о по́мощи. 援助を頼める人がいない（ので頼めない）。
(2)　Не́кому расска́зывать. 話す相手がいない（ので話せない）。
(3)　Не́кем замени́ть. かわりの人がいない（のでかえられない）。
(4)　Мне не́чего де́лать. 私にはやることが何もない。どうにも仕方がない。
(5)　Мне не́чем вас пора́довать. あなたを喜ばせるようなものは私にはない。
(6)　Мне не́когда гуля́ть. 散歩するひまなどない。
(7)　Ему́ не́где переночева́ть. 彼には泊まれるところがない。
(8)　Мне не́куда идти́. 行く場所がない。

単語　(1) проси́ть・попроси́ть A（対格）о B（前置格）　A に B を頼む　(3) заменя́ть・замени́ть A（対格）B（造格）　A を B で置

き替える　(5) порáдовать（完）A（対格）　Aを少し喜ばせる

(7) переночевáть（完）泊まる。

《基本》

1)　不定形と結合し，無人称文をつくる。

2)　「Aする必要があるが，その対象たる人・物・時・所がなくて，できない」という意味を表わす。

《説明》

1)　話しことばでよく用いられる。

2)　(1)は　Никогó нельзя́ попроси́ть о пóмощи．「誰にも援助を頼めない」に意味上近いが，そういうと「頼む」という行為ができないということを示すだけになる。(1)はもっと中身が濃く，「頼みたいのだが頼める人がいないのでできない」ことを表わす。

3)　無人称文であるから主体は与格によって表わされる〔(4)〜(8)〕。

4)　нéкого, нéчего には主格はないが，他の格は文中での必要に応じて現われる。たとえば(2)の нéкому は расскáзывать の間接目的補語。(3)の造格は замени́ть A（対格）B（造格）「AをBで置き替える」という支配から起こる。(5)の造格は（喜ばせる）手段を表わす。

《注意》

1)　前置詞とともに用いられるときは，не を離し，前置詞の前におく。

Нé с кем пойти́．一緒に行ける人がいない（ので行けない）。

Нé к кому обрати́ться．頼める人がいない（ので頼めない）。

Нé о чем нам с вáми говори́ть．あなたと話すことなどない。

（ここでの нам（мы）の用法については☞p.236）。

Нé за что．どういたしまして（お礼に対して言うことば。пожáлуйста．と同義）。

2)　例文はすべて現在。過去にするには бы́ло，未来は бу́дет を用いる。

Нéкого бы́ло попроси́ть о пóмощи．援助を頼める人がいなかった。

Нéкого бу́дет попроси́ть о пóмощи．援助を頼める人がいなくなる。

第 20 課　不定代名詞・副詞　　否定代名詞・副詞

《参考》

1)　否定代名詞・副詞によってつくられる文は否定文である。それに対応する肯定文は есть によってつくられる。

Некого попросить. 頼める人がいない。— Есть кого попросить. 頼める人がいる。

Мне не о чем [néətʃ'əm] думать. 私には考えるべきことがない。— Мне есть о чём думать. 私には考えるべきことがある。

このような есть は強く発音し、省略してはならない。

2)　肯定文の主体は у А（生格）でも表わされる。

Мне есть кого любить. = У меня есть кого любить.

3)　нечего には「すべきでない（не надо），しないほうがよい」という無人称述語としての意味もある。

Нечего спешить. 急ぐ必要はない。

Нечего беспокоиться. 心配するにはおよばない。

4)　нечто は，何か物や事を表わす不定代名詞（中性）。

Нечто странное. 何か変なこと。

Нечто вроде А（生格）．А みたいなもの。

В темноте пробежало нечто вроде собаки. 暗闇の中で犬みたいなものが走り過ぎた。

Мы съели нечто вроде гамбургера. ハンバーガーみたいなものを食べた。

《発展》

会話でよく用いられるので使いこなせるようにしておこう。

Мне некогда проверить ваше предложение. 私にはご提案を検討する時間がないんです。

Нам не к кому обратиться с этой просьбой. 私達にはこれを頼める人がいないんです。

Здесь некуда поставить компьютер. ここにはコンピュータをおく余地はありませんよ。

第2部 文法編

練習問題 115

1) ни によるものと не によるものとの意味の差に注意しながら, (a) (b)を訳し分けなさい。

 (1) (a) Он ничего́ не сказа́л.

   (b) Ему́ не́чего бы́ло сказа́ть.

 (2) (a) Я никому́ не рассказа́л об э́том.

   (b) Мне не́кому бы́ло рассказа́ть об э́том.

2) 意味をいいなさい。

 (1) Мне не́кого спроси́ть.

 (2) Ей бы́ло не́чего чита́ть.

 (3) Мне не́ с кем посове́товаться.

 (4) В воскресе́нье мне не́чего бу́дет де́лать.

3) 否定と肯定の意味の差に注意しながら, (a) (b)を訳し分けなさい。

 (1) (a) Тогда́ мне не́кому бы́ло поручи́ть э́ту рабо́ту.

   (b) Тогда́ мне бы́ло кому́ поручи́ть э́ту рабо́ту.

 (2) (a) Нам бо́льше не́ о чем говори́ть.

   (b) Нам есть о чём говори́ть.

 (3) (a) Ива́ну не́ с кем дружи́ть.

   (b) Ива́ну бы́ло с кем дружи́ть.

 単語 (1) поруча́ть・поручи́ть A（対格）B（与格）　AをBに頼む, 任せる　(2) бо́льше これ以上（☞p.338）　(3) дружи́ть с A　（Aと）付き合う

4) ロシア語で表わしなさい。

 (1) 本を読むひまがない。

 (2) 本を読むひまがなかった。

 (3) その晩することがなかった。

 (4) 私達にはすわる場所がなかった。

 単語 (3) その晩 тот ве́чер, (Aを) する заня́ться・занима́ться A（造格）　(4) すわる сади́ться・сесть

328

第 21 課

比較級

I 原級・比較級・最上級

第 93 表　原級・比較級・最上級

性質形容詞	原　級	～な／だ（比較をしないかたち）
	比較級	～より～な／だ
	最上級	最も～な／だ

《基本》

1) 性質形容詞（☞p.75）には「～より～な／だ」という意味を表す比較級と「最も～な／だ」という意味を表す最上級とがある。

2) 比較の意味を持たないかたちを原級という。

《説明》

1) 形容詞には長語尾と短語尾がある。両者に比較級，最上級がある。

2) 比較級，最上級には бо́лее（比較級），са́мый（最上級）をつけてつくる合成形と，語幹に -ee, -e（比較級），-ейший・-айший（最上級）をつけてつくる単一形とがある。

II бо́лее による比較級

第 94 表　бо́лее による比較級

つくり方	語尾の長短	例
бо́лее + 1. 原級（長語尾）	長語尾比較級	бо́лее ва́жный（-ая, -ое, -ые）
бо́лее + 2. 原級（短語尾）	短語尾比較級	бо́лее ва́жен（важна́, ва́жно, ва́жны）

第2部　文法編

1. 長語尾

《例文》

(1) Э́то бо́лее ва́жный вопро́с. これはより重要な問題である。

(2) Зада́чу мо́жно реши́ть бо́лее просты́м спо́собом. 問題はさらに簡単な方法で解決可能である。

(3) Э́тот вопро́с бо́лее ва́жный. この問題はいっそう重要である。

単語　(1) ва́жный 重要な　(2) просто́й 簡単な，単純な，спо́соб 方法，手段

《基本》

原級（長語尾）の前に бо́лее をおくと，「～より～な／だ」という意味を表わす長語尾比較級がつくられる。

《語例》

бо́лее интере́сный より面白い（男），　бо́лее интере́сная（女）

бо́лее интере́сное（中），　бо́лее интере́сные（複）

бо́лее краси́вый より美しい（男），　бо́лее краси́вая（女）

бо́лее краси́вое（中），　бо́лее краси́вые（複）

《説明》

1) 長語尾であるため修飾的用法と述語的用法がある。例文(1)(2)は修飾的用法，(3)は述語的用法。

2) 長語尾比較級は格変化をする。(1)(3)は男性・主格，(2)は男性・造格である。格変化は形容詞と同じ。бо́лее ва́жный вопро́с を例に変化を表示する（第95表）。

第95表　бо́лее による比較級長語尾（男性）の格変化の例

主　格	бо́лее	ва́жный	вопро́с
生　格	бо́лее	ва́жного	вопро́са
与　格	бо́лее	ва́жному	вопро́су
対　格	бо́лее	ва́жный	вопро́с
造　格	бо́лее	ва́жным	вопро́сом
前置格	бо́лее	ва́жном	вопро́се

第 21 課　比較級

《注意》

1）　第 96 表に掲げる少数の形容詞には，-ший によってつくられる比較級長語尾があり，бо́лее によるかたちを普通用いない（重要語であり，反義関係の対を持つのでおぼえやすい）。

Э́то лу́чший (ху́дший) това́р. これはよりよい（悪い）品物である。

Бо́льшая часть студе́нтов на́шего ку́рса сейча́с на пра́ктике. 我々の学年の大部分の学生は現在実習に出ている。

第 96 表　-ший による比較級長語尾

	原　　　　級	比較級長語尾
①	большо́й・вели́кий　大きい ма́ленький・ма́лый　小さい	бо́льший　より大きい ме́ньший　より小さい
②	хоро́ший　よい плохо́й　悪い	лу́чший　よりよい ху́дший　より悪い
③	ста́рый　年とった молодо́й　若い	ста́рший　より年上の мла́дший　より年下の

＊③では原級と比較級では多少意味がずれる。ста́рший брат 兄，мла́дший брат 弟

2）　бо́лее によってつくられる比較級は書きことば的表現。学術文献，書類などで広く用いられる。

練習問題 116

意味をいいなさい。

(1)　Мне ну́жен бо́лее о́стрый нож.

(2)　Э́та температу́ра характе́рна для бо́лее ни́зких слоёв атмосфе́ры.

(3)　Э́тот вопро́с явля́ется бо́лее ва́жным.

(4)　Я никогда́ не чита́л бо́лее интере́сной кни́ги.

(5)　Мы останови́лись в бо́лее дорого́й гости́нице.

単語　(1) ну́жный (ну́жен, нужна́, ну́жно, нужны́) 必要な，о́стрый

331

第2部　文法編

鋭い，切れる　(2) хара́ктерный 特徴的な，ни́зкий 低い，слой 層，атмосфе́ра 大気（圏）　(3) явля́ться А（造格）А である（補語は造格になる。詳しくは☞p.461）　(5) остана́вливаться・останови́ться 止まる，泊まる

2.　短語尾
《例文》

(1) Сего́дняшний семина́р **бо́лее интере́сен**, чем вчера́шний. きょうのゼミは昨日のより面白い。

(2) Сего́дняшняя ле́кция **бо́лее интере́сна**, чем вчера́шняя. きょうの講義は昨日のより面白い。

(3) Сего́дняшнее зада́ние **бо́лее интере́сно**, чем вчера́шнее. きょうの問題は昨日のより面白い。

(4) Сего́дняшние ле́кции **бо́лее интере́сны**, чем вчера́шние. きょうの講義（複数）は昨日のより面白い。

単語　(1) семина́р ゼミ，演習，セミナー，чем 〜より（☞p.339 以下で詳しく学ぶ）　(2) зада́ние 課題，依頼

《基本》
原級（短語尾）の前に бо́лее をおくと，「〜より〜だ」という意味を表わす短語尾比較級がつくられる。

《語例》
бо́лее интере́сен より面白い（男），　бо́лее интере́сна（女）
бо́лее интере́сно（中），　　　　　　 бо́лее интере́сны（複）
бо́лее краси́в より美しい（男），　　 бо́лее краси́ва（女）
бо́лее краси́во（中），　　　　　　　 бо́лее краси́вы（複）

《説明》
1)　短語尾であるため述語として用いられる。
2)　主語に性・数を合わせる〔例文(1)〜(4)〕。

第 21 課　比較級

《注意》
書きことばで用いられる。

《参考》
原級（長語尾，短語尾）の前に méneeをおくと，бóлееとは反対の，程度の低さからみた比較級がつくられる。

1. 長語尾

(1) Э́то ме́нее типи́чный слу́чай. これはあまり典型的でない場合である（修飾的用法）。

(2) Э́тот слу́чай ме́нее типи́чный. この場合はあまり典型的ではない（述語的用法）。

2. 短語尾（述語的用法）

(1) В Япо́нии ме́нее жа́рко, чем я ду́мал. 思ったより日本は暑くない。

(2) Сестра́ ме́нее приле́жна, чем я. 妹は私よりなまけものだ（勤勉でない）。

日本語は「～より少なく～な／だ」という比較表現を用いないので，ме́нееは訳しにくいが，形容詞（副詞）を反義語に変えるか，否定の形にしてみるとよい。

練習問題 117

意味をいいなさい。

(1) Лёд зимо́й бо́лее кре́пок, чем весно́й.

(2) Постоя́нные кана́лы бо́лее удо́бны для ороше́ния.

単語　(1) лёд 氷，кре́пкий 強い，厚い　(2) постоя́нный 恒常的な，кана́л 運河，用水路，ороше́ние 灌漑(かんがい)

333

III 語幹＋ -ee・-e による比較級

1. -ee

第 97 表　-ee による比較級の例

原　級	比較級	短語尾女性形
интере́сный　面白い	интере́снее	интере́сна
краси́вый　美しい	краси́вее	краси́ва
но́вый　新しい	нове́е	нова́
холо́дный　寒い	холодне́е	холодна́

《例文》

(1) Э́та конфе́та вкусне́е. このキャンデイーのほうがおいしい。

(2) Его́ дом праве́е. 彼の家はもっと右にある。

(3) Земляни́ка здесь крупне́е. ここのオランダイチゴは（よそのより）大粒だ。

単語　(1) конфе́та お菓子，вку́сный おいしい　(2) пра́вый 右の
　　　　(3) земляни́ка オランダイチゴ，кру́пный 大きい

《基本》

1) 多くの性質形容詞は語幹に -ee を付加することによって比較級がつくられる。

2) このようにしてつくられる比較級は短語尾であり，普通，述語的に用いられる〔(1)～(3)〕。

《語例》

разбо́рчивый 読みやすい → разбо́рчивее　　тёплый 暖かい → тепле́е

《注意》

アクセントは短語尾女性形に一致する。

《参考》

1) 話しことばでは -ей というかたちも用いられる。
интере́сней, нове́й

第 21 課　比較級

2)　земляни́ка オランダイチゴと聞いてどんなイチゴか知る日本人は少ない。я́года の一種と言われてもピンとこない。我々がイチゴといっているのは клубни́ка に当たるが，これも я́года の一種である。я́года はこれらをまとめていうことばであるが，日本語にはこれに当たる適切な語は見当たらない。земляни́ка を含む я́года のような語を総称語という。総称語のいくつかを単語帳（7）であげる（☞p.398）。

練習問題 118

1)　次の形容詞から -ee によって比較級短語尾をつくりなさい。

　（1）　спосо́бный（спосо́бна）才能ある

　（2）　кра́сный（красна́）赤い

　（3）　бы́стрый（быстра́）速い

　（4）　я́сный（ясна́）明るい，晴れた

　（5）　све́тлый（светла́）明るい

　（6）　приве́тливый（приве́тлива）あいそのよい

2)　意味をいいなさい。

　（1）　Докла́д Ива́на был интере́сный, но докла́д А́нны был ещё интере́снее.

　（2）　В сравне́нии с ним я слабе́е.

　（3）　День ото дня стано́вится тепле́е.

　（4）　Поправля́йтесь скоре́е.

　（5）　Приезжа́йте к нам как мо́жно скоре́е.

単語　（1）докла́д 報告，ещё もっと，なおいっそう（☞p.343）（2）в сравне́нии с A（造格）A と比べて（по сравне́нию с A（造格）ともいう）（3）день ото дня 日一日と（с ка́ждым днём と同義）（4）поправля́ться・попра́виться 健康を回復する　（5）как мо́жно скоре́е できるだけ早く

2. -e

第 98 表　-e による比較級の例

	原　級	比較級	子音の交替
①	дорогóй　大切な	доро́же	г → ж
②	сухóй　かわいた	су́ше	х → ш
③	молодóй　若い	моло́же	д → ж
④	богáтый　金持の	бога́че	т → ч
⑤	густóй　濃い	гу́ще	ст → щ
⑥	лёгкий　軽い	ле́гче	к → ч
⑦	рéдкий　たまの	ре́же	дк → ж
⑧	корóткий　短い	коро́че	тк → ч
⑨	бли́зкий　近い	бли́же	зк → ж
⑩	тóнкий　薄い	то́ньше	нк → ньш

《例文》

(1) Онéгин, я тогдá **моло́же**, Я **лу́чше**, кáжется, былá. (Пушкин) アニェーギンさん，私はまだ若かったのです。もっときれいだったかもしれません。

(2) И вóздух станови́лся **сла́ще**, и дáли приве́тливее, и лю́ди миле́е, и жизнь **ле́гче**. 大気は甘く，とりまく景色はこころよく，人々は美しく，生きることも楽になっていった。

> **単語**　(1) лу́чше　хорóший の比較級（☞p.338），моло́же　молодóй の比較級（☞第 98 表）　(2) вóздух　空気，станови́ться・стать A（造格）A になる，даль（女）遠方，はるかな広がり，приве́тливый　あいそのよい，ми́лый　かわいい，美しい，сла́ще　сла́дкий「あまい」の比較級（☞p.338），ле́гче [l'éxtʃ'ɪ] лёгкий「軽い」の比較級（☞第 98 表）

《基本》

-e によって比較級がつくられるものでは語幹に子音の交替がおこる（第 98 表）。その他不規則につくられるものがある（☞p.338）。

第 21 課　比較級

《説明》

このタイプの比較級の数はあまり多くない（約 70）。頻度高く用いられるのでひとつひとつおぼえていこう。

《注意》

1）　アクセントは女性短語尾と普通一致せず，語幹にある（主に後から 2 音節目，第 98 表）。

2）　-ee・-e による比較級短語尾は書きことば，話しことばの別なく広く用いられる。

3）　-ee・-e による比較級短語尾は副詞としても用いられるが，これは副詞の比較級として理解しよう。

Я тепéрь ложýсь пóзже и встаю́ рáньше. 今はおそく床につくし，早く起きる。

Весно́й ты заходи́л ко мне ча́ще. 春にはもっとしばしば寄ってくれたじゃないか。

形容詞の比較級であるか，副詞の比較級であるかは，用法のみで区別される。

《参考》

1）　重要語の -e による比較級および -e による不規則なかたちの比較級の例をもう少しあげておく。

① стро́гий 厳しい → стро́же，туго́й きつい → ту́же

② ти́хий 静かな → ти́ше

③ твёрдый 固い → твёрже

④ круто́й 急な → кру́че

⑤ просто́й 単純な → про́ще，ча́стый しばしばの → ча́ще

⑥ ги́бкий 柔軟な → ги́бче，жа́ркий 暑い → жа́рче，кре́пкий 強い → кре́пче，мя́гкий 軟らかい → мя́гче [m'áxtʃʲɪ]，ре́зкий 激しい → ре́зче [r'éʃʃʲɪ]，я́ркий 鮮明な → я́рче，гро́мкий 大声の → гро́мче，жёсткий 厳しい → жёстче [ʒóʃʃʲɪ]

⑦ жи́дкий うすい → жи́же，гла́дкий 滑らかな → гла́же

⑧ коро́ткий 短い → коро́че（тк → ч の例は極めて少ない）

⑨ ни́зкий 低い → ни́же，у́зкий せまい → у́же

⑩ далёкий 遠い → да́льше，до́лгий 長い → до́льше，большо́й 大きい → бо́льше*，ра́нний 早い → ра́ньше，высо́кий 高い → вы́ше

⑪ その他　глубо́кий 深い → глу́бже，дешёвый 安い → деше́вле，сла́дкий 甘い ― сла́ще，широ́кий 広い ― ши́ре，по́здний 遅い ― по́зже

⑫ 異なる語幹からつくられるもの　ма́лый (ма́ленький) 小さい → ме́ньше，плохо́й 悪い → ху́же，хоро́ший よい → лу́чше

*бо́льше は副詞 мно́го「たくさん」の比較級としても用いられる。

2）　例文(1)で Я が大文字になっているのは韻文のため。

練習問題 119

1）　次の形容詞の -e による比較級短語尾をいいなさい（わからないときは辞書をひこう）。

(1) просто́й 簡単な　(2) большо́й 大きい　(3) ма́ленький 小さい　(4) высо́кий 高い　(5) по́здний 遅い　(6) широ́кий 広い

2）　意味をいいなさい。

(1)　Э́та кни́га доро́же.

(2)　Э́тот това́р лу́чше.

(3)　Э́то мя́со деше́вле.

(4)　Река́ в том ме́сте глу́бже.

(5)　Гро́мче, пожа́луйста, я не слы́шу.

(6)　Сего́дня вы вы́глядите лу́чше.

(7)　― Вы быва́ли ра́ньше в Росси́и? ― Нет, я прие́хал в пе́рвый раз.

(8)　Как вам изве́стно, мы реши́ли бо́льше не продолжа́ть э́ту рабо́ту.

(9)　А́нна рассказа́ла всё как нельзя́ лу́чше.

(10)　Своя́ руба́шка бли́же к те́лу.

(11)　Ум хорошо́, а два лу́чше.

単語　(5) слы́шать（不完）聞こえる　(6) вы́глядеть（不完）…に見

える　(7) ра́ньше 以前（＜ ра́нний，☞p.338)，в пе́рвый раз 初めて　(9) как нельзя́ лу́чше この上なくよく　(10) руба́шка シャツ，те́ло 身体　(11) ум 知恵

IV　比較の対象の表現

1．чем による方法
《例文》
(1)　Моя́ па́лка коро́че, **чем** твоя́. 私の杖はお前のより短い。

(2)　У Ва́ни кни́ги интере́снее, **чем** у Са́ши. ヴァーニヤの本はサーシャの本より面白い。

(3)　Наш учи́тель говори́т по-ру́сски лу́чше, **чем** по-англи́йски. 私たちの先生は英語よりロシア語をうまくしゃべる。

(4)　Лете́ть самолётом быстре́е, **чем** е́хать по́ездом. 列車で行くより飛行機で飛んだ方が速い。

(5)　Я узна́л, что я лу́чше, **чем** я ду́мал. 自分で思っていたより自分はいいのだということがわかった。

単語　(1) па́лка 棒，杖，ステッキ

《基本》
比較の対象を表わすには чем を用いる。この場合，対象の表現手段には限定がない。

《説明》
(1)は所有代名詞主格（名詞主格 па́лка の省略），(2)は前置詞＋名詞生格，(3)は副詞，(4)は不定形，(5)は文，が比較の対象になっている。

《注意》
чем の前には必ずコンマをおく。

《参考》
чем のかわりに не́жели が用いられることがあるが，文語調。
Де́лать что́-нибудь всё-таки лу́чше, **не́жели** ничего́ не де́лать. 手をこま

ぬいているより何かをしたほうがよい。

2. 生格による方法

《例文》

(1) Он ста́рше меня́. 私より年上だ。

(2) Я люблю́ мя́со бо́льше ры́бы. 魚より肉が好きだ。

(3) Я зна́ю об э́том лу́чше вас. それについてはあなたよりよく知っている。

(4) Вы вы́глядите моло́же свои́х лет. お年よりお若く見えます。

《基本》

比較の対象が名詞・代名詞の主語どうしの場合〔(1)〕，また，直接目的語どうしの場合〔(2)〕，比較の対象を生格にし，比較級の後に添える。副詞の比較級も比較の対象を生格におくことができる〔(3)(4)〕。

《説明》

-ее・-е によるものだけ。бо́лее による比較級では用いてはならない。Моя́ па́лка бо́лее коротка́ твое́й. は間違い。

《注意》

生格にならないものは чем を用いるほかない〔☞1 の(2)〜(5)〕。

練習問題 120

1) 意味をいいなさい。

(1) Дай мне бо́лее интере́сный журна́л, чем тот.

(2) У него́ бо́лее тру́дное зада́ние, чем у меня́.

(3) В э́том году́ я рабо́тал бо́льше, чем в про́шлом.

(4) Сего́дня пого́да ху́же, чем вчера́.

(5) Я зна́ю матема́тику лу́чше тебя́.

(6) Сего́дняшний спекта́кль интере́снее вчера́шнего.

(7) Де́душка говори́т, что ра́ньше ку́рица была́ и крупне́е, и вкусне́е.

(8) Литерату́рой он занима́ется с ещё бо́льшим интере́сом.

(9) Де́ло принима́ет лу́чший оборо́т, чем мо́жно бы́ло ожида́ть.

第 21 課　比較級

(10)　Лу́чше сини́ца в рука́х, чем жура́вль в не́бе.
(11)　Лу́чше по́здно, чем никогда́.
(12)　Ма́ленкое де́ло лу́чше большо́го безде́лья.

単語　(6) спекта́кль 芝居，だしもの　(7) ку́рица にわとり，кру́пный 大きい　(9) принима́ть・приня́ть 取る，受け取る，оборо́т 回転，進展，ожида́ть（不完）待ち受ける，期待する，予期する　(10) сини́ца シジュウカラ，жура́вль 鶴，не́бо 空　(12) безде́лье 無為，暇つぶし

2)　ロシア語で表わしなさい。
(1)　この花びんはあの花びんより美しい。
(2)　この学生はあの学生より能力がある。
(3)　この問題（зада́ча）はあの問題よりむずかしい。
(4)　このキャンディーはあのキャンディーよりおいしい。
(5)　私たちの先生は君たちの先生より若いし，きれいだ。
(6)　飛行機は列車よりも速い。
(7)　この本はあの本より面白い。
(8)　彼女は私より若い。

単語　(1) 花びん ва́за　(2) 能力がある，できる спосо́бный（有能である）。

V　3つの比較級を比べる

《例文》

Э́тот вопро́с { (a) бо́лее ва́жный. ── 合成比較級長語尾
              (b) бо́лее ва́жен.   ── 合成比較級短語尾
              (c) важне́е.   ── 単一比較級（短語尾） }

(a)　これがより重要な問題である。
(b)　この問題がより重要である。
(c)　この問題がもっと重要だ。

第2部　文法編

《基本》

述語として用いられる比較級には少なくとも3つあり得る。

(a) более + 原級（長語尾），(b) более + 原級（短語尾），(c) -ее・-е による比較級短語尾。

《説明》

1)　(a) は長語尾であり，性質を表わす。(b)，(c) は短語尾で，一時的性質を表わす（☞p.75）。(b) と (c) の意味上の差は特にない。

2)　(a), (b) はやや書きことば的である。よく用いられるのは (c)。

《注意》

1)　(a), (b) どちらがよいかが問われる場合，時間的限定を示す語があるなら (b) がよい。

В настоя́щий моме́нт э́тот вопро́с бо́лее ва́жен. 現時点においてこの問題がいっそう重要である。

2)　(b), (c) どちらがよいかが問われる場合，文体を考慮して決定する。(b) は書きことば的，(c) は文体的制限が少ない。一般的にいって (c) が無難である。Кавка́зские го́ры вы́ше, чем Ура́льские.「カフカース（コーカサス）の山々はウラールの山々より高い」がよく，Кавка́зские го́ры бо́лее высоки́, чем Ура́льские. は硬い。

《参考》

述語が文頭にくる場合，(b) がよく用いられる。

Бо́лее ва́жен вопро́с воспита́ния. より重要なのは教育の問題である。

VI　比較の強め・やわらげ

1. 強め

《例文》

(1) Весно́й ты заходи́л ко мне гора́здо ча́ще. 春にはずっとしばしば寄ってくれた。

(2) Он значи́тельно ста́рше меня́. 彼は私よりはるかに年上だ。

第 21 課　比較級

(3) Литература в этом отношении куда богаче. 文学はこの点においてずっと豊かだ。

(4) Эта книга ещё интереснее. この本の方がずっと面白い。

単語　(1) заходить・зайти к A（与格）（Aのところ）に立ち寄る

　　　　(3) отношение 関係, в этом отношении この点（関係）において

《基本》

比較級を強めるには очень を用いない。最もよく用いられるのは гораздо〔(1)〕。 значительно〔(2)〕は同義だが書きことば。куда〔(3)〕, ещё〔(4)〕は話しことば。

《参考》

1) これ以外に много, намного, далеко, несравненно, несравнимо（書きことば）などがある。

2) как можно лучше「できるだけよく」, как можно больше「できるだけ多く」といういい方もおぼえておこう。

2. やわらげ

《例文》

(1) Он немного моложе меня. 彼は私より少し若い。

(2) Вода должна быть чуть теплее. お湯は心持ち温めにする。

《基本》

やわらげは немного〔(1)〕, чуть〔(2)〕のほか несколько が用いられる。(1)は書きことば, (2)は話しことば。

《参考》

-ee・-e による比較級に接頭辞 по- をつけると比較の意をやわらげ「少し（だけ）」の意を表わす。

тише → потише もう少し静かに　　умнее → поумнее もう少し賢く

Приходите к нам почаще. もう少しちょくちょく来てください。

343

第2部　文法編

練習問題 121

1) 意味をいいなさい。

   (1) Трéбуются горáздо бóльшие усúлия.

   (2) Сегóдня ýтром значúтельно холоднéе.

   (3) Я рабóтаю сейчáс над диплóмной рабóтой и хочý поскорéе кóнчить её.

   (4) Больнóму стáло немнóго лýчше.

   (5) Я вас плóхо слýшу. Говорúте погрóмче.

   (6) — Аллó! Мóжно попросúть ÁннуИвáновну к телефóну? — Её нет дóма, позвонúте попóзже.

   単語 (1) трéбоваться（不完）要する，必要とする，усúлие 努力 (3) диплóм 卒業証書，диплóмная рабóта 卒業論文 (4) больнóй 病人 (6) звонúть・позвонúть 電話をかける

2) ロシア語で表わしなさい。

   (1) 彼女はあなたよりずっと若い。

   (2) アーンナはイヴァーンより少し若い。

   (3) サーシャはリューバよりずっと年上だ。

   (4) もう少しゆっくりお話しください。

   単語 (4) ゆっくりの мéдленный

第 21 課　比較級

VII　比較の差

《例文》

(1) Он на семь лет ста́рше меня́. 7歳（だけ）年上だ。

(2) Я пришёл на мину́ту ра́ньше вас. 1分早く来た。

(3) Он пятью́ года́ми ста́рше меня́. 5歳（だけ）年上だ。

(4) Они́ живу́т тремя́ этажа́ми вы́ше. ここより3階上に住んでいる。

単語　(3) пятью́　пять の造格（☞p.429）(4) тремя́　три の造格（☞p.427）

《基本》

比較の差を示すには，на＋対格〔(1)(2)〕，造格〔(3)(4)〕が用いられる。

《参考》

в＋数詞＋раз(а)＋比較級を用いると「〜倍（も）」という意味が表わされる。

в два ра́за бо́льше　2倍多い

в пять раз да́льше　5倍も遠い

練習問題 122

1)　意味をいいなさい。

(1) Я на два го́да ста́рше её. Она́ на два го́да моло́же меня́.

(2) Турге́нев был ста́рше Толсто́го на де́сять лет.

(3) Я в два ра́за ста́рше его́.

2)　ロシア語で表わしなさい。

(1) 姉は私より4歳年上です。

(2) 母は父より5歳若い。

(3) 正夫は彼女より2倍も年上だ。

第2部　文法編

VIII　-ee・-e による比較級の修飾的用法

《例文》

(1) Для э́тих слу́шателей нужна́ ле́кция содержа́тельнее. これら受講者にはより内容豊かな講義が必要だ。

(2) Не зна́ю го́рода лу́чше. こんなにきれいな町は見たことない。

(3) Он получи́л ко́мнату бо́льше мое́й. 彼は私のより大きな部屋をもらった。

単語　(1) слу́шатель 聞き手，聴講者，содержа́тельный 内容豊かな
(3) получа́ть・получи́ть 受け取る

《基本》

短語尾は述語的に用いるのを原則とするが，-ee・-e による比較級（短語尾）には修飾的用法がある。

《説明》

話しことばでよく用いられ，常に修飾する名詞の後におかれる。(1)では主格，(2)では（否定）生格，(3)では対格，の名詞を修飾しているが，かたちは変わらない。

《参考》

по- を持つもの（☞p.343）はこの用法でよく用いられる（話しことば）。Да́йте мне кни́гу поинтере́снее. もう少し面白い本を見せてください。Спой нам пе́сенку повеселе́е. もう少し楽しい歌を一つ歌ってくれ。

練習問題 123

意味をいいなさい。

(1) Нет ли у вас чего́-нибудь подеше́вле?

(2) Покажи́те что́-нибудь подеше́вле.

(3) Я ищу́ рабо́ту полегче́.

(4) Да́йте, пожа́луйста, ска́терть почи́ще.

(5) — Ты лю́бишь чай посла́ще, и́ли не о́чень сла́дкий? — Нет, я

346

люблю́ чай без са́хара.

単語 (2) пока́зывать・показа́ть 見せる (4) ска́терть（女）テーブルクロス

IX 比較級をともなう表現

```
1) всё + A(比較級) + (и + A(比較級)) ― ますますA～
2) чем + A(比較級), тем + B(比較級) ― Aであればある
                                        / すればするほ
                                        どBである/す
                                        る
```

《例文》

1) (1) Дни стано́вятся всё коро́че. 日はますます短くなる。

(2) Всё ме́ньше и ме́ньше птиц ста́ло прилета́ть на о́зеро. 湖に飛来する鳥はどんどん少なくなっていった。

2) (1) Чем бо́льше, тем лу́чше. 多ければ多いほどよい。

(2) Чем свобо́днее ум, тем бога́че челове́к. 考えが自由であればあるほど，人は豊かである。

(3) Чем да́льше в лес, тем бо́льше дров. 森の奥へ行けば行くほ
ど，薪《まき》は多くとれる。

単語 (3) дрова́ 薪

《説明》

1) はだんだんと程度が強まることを表わす。動詞は成長や増大の意味を持つものが用いられる。代表的なものは станови́ться・стать「なる」（不定形とも結びつく）。比較級は繰返さなくともよい〔1)(1)〕。

2) は「Aであればある/すればするほどBである/する」という意味を表わす構文〔2)(1)(2)(3)〕。

347

第 2 部　文法編

練習問題 124

1) 意味をいいなさい。

(1) Она́ мне всё бо́льше и бо́льше нра́вится.

(2) Мы тепе́рь всё ре́же и ре́же ви́димся.

(3) Ива́н занима́ется всё ме́ньше и ме́ньше.

(4) Чем веселе́е бы́ло вокру́г, тем грустне́е бы́ло нам.

(5) Чем бо́льше я тебя́ зна́ю, тем ме́ньше я тебя́ понима́ю.

単語 (1) нра́виться・понра́виться A（与格）Aの気に入る：Мне нра́вится Москва́. 私はモスクワが好きだ。(☞ p.470)　(4) вокру́г（副）まわりに，гру́стный [-sn-] かなしい

2) ロシア語で表わしなさい。

(1) 雨はますます激しく降る。

(2) イヴァーンの容態はどんどん悪くなっていった。

(3) 建物に近づけば近づくほど変な音が大きく聞こえてきた。

(4) ロシア語を勉強すればするほど夢中になる。

単語 (1) 雨が降る дождь идёт，激しく си́льно　(2) 容態が悪くなる станови́ться ху́же　(3) 聞こえる слы́шаться（不完），(Aに）近づく подходи́ть（不完）бли́зко к A（与格），変な стра́нный，音 звук　(4)（Aに）夢中になる увлека́ться・увле́чься A（造格）

348

第 22 課

最上級

I cа́мый による最上級

第 99 表　cа́мый による最上級

つくり方	語尾の長短	例
cа́мый ＋原級長語尾	長語尾最上級	cа́мый (-ая,-ое, -ые) ва́жный (-ая, -ое, -ые)

《例文》

(1) Во́лга cа́мая дли́нная река́ в Евро́пе. ヴォールガ河はヨーロッパで一番長い河だ。

(2) Э́то был для нас cа́мый тяжёлый год. その年はわれわれにとって最も苦しい年であった。

(3) Э́тот год был cа́мый тяжёлый в жи́зни Ива́на Ильича́. その年はイヴァーン・イリーチの生涯で最も苦しい年であった。

(4) Вы cа́мая краси́вая на све́те. あなたはこの世で一番美しい。

単語　(2) тяжёлый 重たい，苦しい　(4) свет 光，世界

《基本》

1) 原級長語尾の前に cа́мый (-ая, -ое, -ые) をおくと最上級ができる。
2) 「(他と比べて) 一番〜」という相対上の意味を主に表わす。

《語例》

cа́мый тяжёлый 最も苦しい (男)，　　cа́мая тяжёлая (女)
cа́мое тяжёлое (中)，　　　　　　　　cа́мые тяжёлые (複)

《説明》

1) 長語尾しかない。修飾的用法〔(1)(2)〕と述語的用法〔(3)(4)〕がある。

349

第2部　文法編

2) са́мый と形容詞の両方が性・数・格による変化をする。

《注意》

文体的制限はなく，話しことば，書きことばの区別なく用いられる。

練習問題 125

1) 意味をいいなさい。

　(1) Э́то са́мое большо́е зда́ние в на́шем го́роде.

　(2) Мы живём в са́мой интере́сной ча́сти э́того го́рода.

　(3) Байка́л — одно́ из са́мых глубо́ких озёр в ми́ре.

　(4) Она́ проща́лась с роди́телями в са́мых тро́гательных выраже́ниях.

　　単語　(4) проща́ться・прости́ться с А（造格）A に別れを告げる，
　　　　A と別れる，тро́гательный 感動的な，выраже́ние 表現，表情

2) ロシア語で表わしなさい。

　(1) この部屋は家じゅうで一番よい部屋だ。

　(2) このお菓子（複）が一番おいしい。

II　наибо́лее による最上級

第100表　наибо́лее による最上級

つくり方	語尾の長短	例
наибо́лее + { 1. 原級（長語尾）	長語尾最上級	наибо́лее ва́жный (-ая, -ое, -ые)
2. 原級（短語尾）	短語尾最上級	наибо́лее ва́жен (важна́, ва́жно, ва́жны)

《例文》

　(1) Из всех кри́тиков э́то был **наибо́лее гро́зный, де́ятельный, осведомлённый** в мелоча́х.（その男は）全批評家の中で最も恐ろしく，精力的で，全く些細なことまでよく知っている男であった。

　(2) Така́я фо́рма проведе́ния о́пыта **наибо́лее удо́бна** для первонача́льного ознакомле́ния с э́тим явле́нием.

第22課　最上級

このような実験のやり方がこの現象の入門段階での把握のためには最適である。

単語　(1) кри́тик 批評家, гро́зный 恐ろしい, де́ятельный 精力的な, осведомлённый 事情に通じている, ме́лочь（女）ささいなこと　(2) фо́рма 形式, о́пыт 実験, проведе́ние 実施, первонача́льный 最初の, 入門段階での, ознакомле́ние 把握, явле́ние 現象

《基本》
1) 原級の前に наибо́лее をおくと最上級がつくられる。
2) 原級が長語尾の場合は長語尾最上級〔(1)〕, 短語尾の場合は短語尾最上級〔(2)〕となる。
3) са́мый による最上級と意味は同じ。

《語例》
長語尾：наибо́лее подро́бный 最も詳細な（男）, наибо́лее подро́бная（女）, наибо́лее подро́бное（中）, наибо́лее подро́бные（複）

短語尾：наибо́лее подро́бен 最も詳細である（男）, наибо́лее подро́бна（女）, наибо́лее подро́бно（中）, наибо́лее подро́бны（複）

《説明》
1) 形容詞だけが変化する。
2) са́мый による最上級と異なる点は短語尾があることおよび文体に特殊性があることである。

《注意》
文語的であり, 論文などで用いられる。

《参考》
原級（長語尾, 短語尾）の前に наиме́нее をおくと, наибо́лее とは反対の, 程度の低さからみた最上級がつくられる。

наиме́нее прия́тный 最も不快な

наиме́нее есте́ственный 最も不自然な（自然でない）

наиме́нее спосо́бный 最も能力の劣る

Они́ предложи́ли **наиме́нее удо́бный** маршру́т. 彼らがすすめたのは最も不便なルートであった。

練習問題 126

1) 意味をいいなさい。
    (1) Э́то наибо́лее лёгкий спо́соб.
    (2) Он наибо́лее стара́тельный учени́к.
    (3) Она́ наибо́лее успе́шно спра́вилась с рабо́той.
    (4) В э́той статье́ он изложи́л свою́ иде́ю наибо́лее подро́бно.
    (5) Он наиме́нее подходя́щий челове́к.

    単語 (1) спо́соб 方法, 手段 (2) стара́тельный 勤勉な, 努力する (3) успе́шно 成功をおさめつつ, справля́ться・спра́виться с A (造格) A をやりこなす, 処理する (4) излага́ть・изложи́ть 述べる, 叙述する, иде́я 考え, 思想, подро́бный 詳細な (5) подходя́щий 適当な

2) ロシア語で表わしなさい。
    (1) これは最も面白い本である。
    (2) この課が最もむずかしい。

III -ейший・-а́йший による最上級

第 101 表 -ейший・-а́йший による最上級の例

	原 級		接 辞	最 上 級	子音の交替
1)	интере́сный но́вый	面白い 新しい	-ейший	интере́снейший нове́йший	ナ シ
2)	стро́гий вели́кий ти́хий бли́зкий	厳しい 大きい 静かな 近い	-а́йший	строжа́йший велича́йший тиша́йший ближа́йший	г → ж к → ч х → ш зк → ж

第22課　最上級

《例文》

(1) Это умнéйший, поря́дочнейший и тала́нтливейший челове́к. 非常に頭が切れ，生真面目かつ才能この上なく豊かな人だ。

(2) Я попа́л в глупе́йшее положе́ние. まったくばかげた立場に立たされてしまった。

(3) Мы тре́буем строжа́йшего наказа́ния для наруши́телей обще́ственного поря́дка. 社会秩序を乱す者には厳罰をもって臨むことを要求する。

単語　(1) у́мный 頭のよい，поря́дочный [-ʃn-|-tʃʼn-] 真面目な，きちんとした，тала́нтливый 才能豊かな　(2) глу́пый ばかな，ばかげた，положе́ние 状態，попада́ть・попа́сть (-паду́, -падёшь；過去 -па́л, -ла) в А（対格）(Aという状態に) おかれる，おちいる　(3) тре́бовать А（対格）または А（生格）Aを要求する，наказа́ние 処罰，наруши́тель 違反者，обще́ственный 社会の，поря́док 秩序

《基本》

1) 基本的には語幹に -ейший を付してつくる。

2) 語幹が г, к, х, で終わる場合，ж, ч, ш に変え，-айший を付す。бли́зкий, ни́зкий では зк を ж に変え，-айший を付す。

3) 原級の意味の程度を強調する。

《語例》

1) све́тлый 明るい → светле́йший, до́брый 善良な → добре́йший

2) ре́дкий 稀な → редча́йший [-ttʃʼ-], высо́кий 高い → высоча́йший

《説明》

いわゆる「絶対最上級」。話し手の感情が強く込められる。「きわめて，とびきり，この上なく」などの語を使って意味を考えるとよい。名詞に性・数・格を一致させ，修飾的に用いるのが基本。(1)は男性・主格，(2)は中性・対格，(3)は中性・生格（тре́бовать の支配による）。

《注意》

1) -ейший の場合，アクセントは短語尾女性形に一致する。

интере́снейший（интере́сна）, нове́йший（нова́）

 2）-а́йший では必ず -а́ にアクセントがある。

 3）書きことばで用いられる。

《参考》

 1）тя́жкий《詩・文》重々しい → тягча́йший, дорого́й 貴重な → дража́йший, коро́ткий 短い → кратча́йший では，語幹がやや異なる。

 2）вы́сший, лу́чший, ху́дший は比較級としても用いられる（☞第96表）が，最上級としても用いられる。

Хра́брость — вы́сшее ка́чество челове́ка. 勇敢さは人間の最高の資質である。

Са́ша лу́чший учени́к в кла́ссе. サーシャはクラスで一番の生徒だ。

Я останови́лся в ху́дшей гости́нице Москвы́. モスクワ一の悪いホテルに泊まった。

ただし，このかたちの最上級の用法は多く慣用的であり，使用は慎重でなければならない。たとえば，Эвере́ст（Джомолу́нгма）— са́мая высо́кая（высоча́йшая）гора́ ми́ра.「エベレストは世界最高峰」というが，вы́сшая гора́ とはいわない。

са́мый をつけて意味をさらに強めることもある。

Он са́мый лу́чший из э́тих студе́нтов. 彼はこれら学生の中で折紙付きの最良の学生である。

 3）このかたちの最上級は短語尾を持たないが，まれに -ейше, -а́йше が副詞として用いられることがある。

Поко́рнейше прошу́. どうかお願い申し上げます。

Строжа́йше запрещено́. 厳禁。

 4）「絶対最上級」であると記したが，用い方によっては「相対最上級」の意になることがある（☞p.358）。

第 22 課　最上級

練習問題 127

1)　意味をいいなさい。

(1)　Стадио́н в Лужника́х лу́чший и крупне́йший.

(2)　Э́то интере́снейшая мысль.

(3)　Пу́шкин — велича́йший ру́сский поэ́т.

(4)　Ближа́йший кни́жный магази́н нахо́дится у вокза́ла.

(5)　Пряма́я — кратча́йшее расстоя́ние мѐжду двумя́ то́чками.

(6)　Гора́ Фудзи высоча́йшая из всех гор в Япо́нии.

> **単語**　(1) Лужники́（モスクワの地名）, стадио́н スタジアム　(2) мысль 考え　(5) пряма́я 直線（形容詞のかたちをした名詞。☞p.260。↔ крива́я 曲線）, расстоя́ние 距離, двумя́ два の造格（☞p.427）

2)　ロシア語で表わしなさい。

(1)　バイカル湖は世界最深の湖である。

(2)　彼らは私にこの上なくばかげた質問を発した。

(3)　一番近い地下鉄の駅はどこですか。

> **単語**　(1) バイカル Байка́л　(2) ばかげた глу́пый, 質問を発する задава́ть・зада́ть вопро́с　(3) 地下鉄 метро́, 駅 ста́нция

IV　-ее・-е による比較級＋ всего́/всех

《例文》

(1)　Чу́вство до́лга в тебе́ **сильне́е всего́**. 君は義務感が何よりも強い。

(2)　Ты **бо́льше всего́** лю́бишь труд. 仕事が一番好きなのだね。

(3)　Он **вы́ше всех**. 彼が一番背が高い。

(4)　Э́тот вопро́с **важне́е всех** други́х. これがどの問題より重要だ。

> **単語**　(1) чу́вство 感じ, 感覚, долг 義務,　(2) труд 労働, 働くこと

355

第 2 部　文法編

《基本》

1) -ее・-е による比較級 + всего/всех は「一番～だ」というかたちで最上級の意味を事実上表わす。

2) всего は比較の対象がより抽象的。この世の「何ものよりも」〔(1)(2)〕。всех はより具体的。「誰よりも」〔(3)〕,「話題の事物一切より」〔(4)〕。

《説明》

普通，述語的に用いられる〔(1)(3)(4)〕。ただし，(2)は副詞的用法。

《注意》

文体上の制限なく，話しことばでも書きことばでも用いられる。

《参考》

всех は「誰よりも」の意であると記す文法書もあるが，必ずしもそうではない。

練習問題 128

1) 意味をいいなさい。

    (1) Э́тот друг мне доро́же всех.

    (2) Ты всегда́ рабо́таешь бо́льше всех.

    (3) Э́та конфе́та вкусне́е всех конфе́т.

    (4) Бо́льше всего́ люблю́ рабо́тать.

    (5) Э́то лу́чше всего́.

2) ロシア語で表わしなさい。

    (1) この友が彼には誰よりも大切である。

    (2) 彼は誰よりもよくできる。

    (3) 彼はどんな学生よりもよくできる。

    (4) 彼女は誰よりも美しい。

    (5) 私は枯山水が一番気に入りました。

    単語　(5) 枯山水（石の庭）сад камне́й（枯山水は竜安寺に限らず，他にたくさんあるので大文字にしない）

V　3つの最上級を比べる

《例文》

Этот вопрос
- (1) са́мый ва́жный.
- (2) наибо́лее ва́жен.
- (3) важне́е всех (всего́).

(1) これが最も重要な問題である。
(2) 当問題が最重要である。
(3) こちらの問題が一番重要だ。

《説明》

日常生活で最もよく耳にするのは(3)。とくに人に対する評価などではこのかたちがよく用いられる。

Он был приле́жнее всех. 彼が一番一生懸命勉強した。

それに対し，不活動体の評価を表わす場合には(1)がよく用いられる。

Э́тот я́щик са́мый тяжёлый. この箱が一番重い。

新聞，雑誌，学術文献などでよく使われるのは(2)。важне́йший など，-ейший・-айший によるかたちの使用頻度は劣る。

VI　比較の対象の表現

《例文》

О́зеро Байка́л — глубоча́йшее
- (1) из
- (2) среди́ } озёр
- (3) мѐжду озёрами
- (4) в ми́ре.
- (5) о́зеро ми́ра.

} ми́ра.

バイカール湖は世界で一番深い湖だ。

《基本》

比較の対象の表現には(1)の из（生格），(2)の среди́（生格），(3)の мѐжду（造格），その他が用いられる。

357

第 2 部　文法編

《説明》

その他として(4)の в + 場所名詞（前置格），(5)の場所名詞（生格）がある。все をつけると最上級の意がより明確化される。

глубоча́йшее из всех озёр ми́ра

《注意》

-ейший・-айший による最上級でもこのように比較の対象が明示されると「～の中で最も～」という相対最上級の意味になる（са́мое глубо́кое でももちろんよい）。

VII　最上級の強め

1.　наи- ＋ -ейший・-айший による最上級

《語例》

наисложне́йший вопро́с 難問中の難問。

наистрожа́йший прика́з 厳命中の厳命。

《基本》

-ейший・-айший による最上級に наи- をつけると最上級の意をさらに強める。

《注意》

1)　наи- は（[nəj] ではなく）[nə-ɪ] と 2 音節に発音。най- と書く誤りにも注意。

2)　論文・論説などの書きことばで用いられる。

《参考》

бо́льший, ме́ньший, лу́чший, ху́дший（☞第 96 表）また вы́сший にも наи- をつけ強調的最上級をつくることができる。

ただし，наибо́льший, наилу́чший などは са́мый большо́й, са́мый хоро́ший より硬い感じになることに注意しよう。

2. са́мый + -ейший・-а́йший による最上級

《語例》

са́мый ближа́йший путь 最も近いルート

са́мая кратча́йшая доро́га 最短ルート

са́мый старе́йший депута́т 最々長老議員

са́мый нужне́йший помо́щник 絶対不可欠の助手

《基本》

-ейший・-а́йший による最上級に са́мый をつけると最上級の意をさらに強める。

《説明》

文芸作品で使われ，書きことばという感じだが，現代の話しことばでも誇張表現として耳にする。

《参考》

次のような強調の仕方もある（最上級，原級は同じ形容詞）。

ближа́йший из бли́зких 身近なものの中で最も身近なもの

лу́чшие из лу́чших 極上の，絶佳の

第 23 課

仮定法　命令とさそいかけ

I　仮定法

第 102 表　仮定法のかたち（仮定形）

つくり方	例	
過去形 + бы	читáл бы	читáло бы
	читáла бы	читáли бы

《例文》

(1) Éсли бы он пришёл ко мне вчерá, мы бы обо всём договорúлись. 彼がきのう私のところに来てくれていたなら，すべてについて話しをつけておけたのだが。

(2) Éсли бы онá былá здесь, онá моглá бы нам оказáть большýю пóмощь. 彼女がここにいてくれたら，大いに助けてくれたはずだ。

単語　(1) éсли もし（条件を示す接続詞），договáриваться・договорúться о A（前置格）A について（話し合って）合意に達する
(2) окáзывать・оказáть 示す（пóмощь の動詞化動詞。☞ p.446）

《基本》

1)　仮定形は「過去形」+ бы によってつくられる。

2)　仮定形は過去〔(1)〕や現在〔(2)〕の事実に反する仮定を表わす。

3)　éсли で始まる前半の文は条件を設定する従属文。それを受ける後半の文は条件から導き出される帰結を表わす主文。両文共に仮定法が使われている。両者合わさって，非現実条件の従属文を持つ複文を構成する。☞ p.541。

第 23 課　仮定法　命令とさそいかけ

《説明》

(1)では「きのう彼は来ておらず，話しをつけておけなかった」という過去の事実，(2)では「彼女は今ここにおらず，助けてもらえない」という現在の事実がまずあり，条件を示す従属文も帰結を示す主文も，それら事実に反する仮定的事柄を述べる。

《注意》

1)　便宜的に「過去形」といったが，「過去」の意はなく，正しくは -л 形とでもいうべきものである。

2)　仮定形は性・数を語形で表わすが，人称は代名詞・名詞で表わすほかない。

я	был(á)	бы	мы	бы́ли	бы
ты	был(á)	бы	вы	бы́ли	бы
он	был	бы	они́	бы́ли	бы
она́	была́	бы			

3)　бы は必ず無アクセント。

4)　бы は母音で終わる語の後で б [р] となることがある。*Éсли б он пришёл....*

5)　仮定法の「法」ということばにとまどわれる方もおられるかもしれない。これは「述べ方」といった意味での文法用語 наклоне́ние, mood の訳語である。

話し手が心の中で考えた仮定として事柄を述べる語形を仮定法の語形（略して仮定形），命令として述べる語形を命令法の語形（命令形），そのような特定の意味をとくに示さず，事柄を事実として述べる語形を叙実法の語形という慣わしが文法にある。現在形，過去形，未来形といってきたものは叙実法の語形であり，чита́й(те) のような命令形は命令法の語形である。

第 2 部　文法編

練習問題 129

1) 意味をいいなさい。

(1) Если бы ты пришла́ вчера́, то ты бы заста́ла меня́ до́ма.

(2) Если бы не́ было так по́здно сейча́с, я бы пошёл к ней.

(3) Если бы я знал об э́том собы́тии, я бы тебе́ рассказа́л о нём.

(4) Если бы ты вчера́ сказа́л, что тебе́ нужны́ де́ньги, я бы тебе́ сего́дня их принёс.

> **単語** (1) заставать・застать A（対格）A を見つける, A に会う
> (3) событие 事件

2) ロシア語で表わしなさい。

(1) もしきのうよい天気だったなら, 私たちはハイキングに行ったのだが。

(2) もし今日ひまがあったら, 私は映画に行くのだが。

(3) たくさんお金があるのだったら, 働かなくともいいのだが。

> **単語** (2) ひまがある есть вре́мя, 映画に行く пойти́ в кинотеа́тр

II　条件が語結合で示される場合

《例文》

(1) <u>Без ва́шей по́мощи</u> мы **бы** не **вы́полнили** э́того зада́ния. ご援助なしにはこの仕事を私たちは完遂できませんでした。

(2) <u>При тако́м стро́гом режи́ме</u> мы **бы сэконо́мили** огро́мные су́ммы. このような厳しい規制をもうけておけば巨額の資金が節約できたに違いない。

(3) <u>На твоём ме́сте</u> я не **помо́г бы**. 私なら手伝ってあげるようなことはしない。

> **単語** (1) выполня́ть・вы́полнить 遂行する（зада́ние 課題, 任務, план プラン, програ́мма プログラム, прика́з 命令などの要求

第 23 課　仮定法　命令とさそいかけ

充足動詞。☞p.449 以下）　(2) режи́м 体制, 秩序, эконо́мить・сэконо́мить 節約する, огро́мный 巨大な, су́мма 金額

《基本》
1)　仮定法は単独でも用いられる。
2)　その一つに条件が文ではなく語結合によって示される場合がある。

《説明》
1)　I では条件を示す従属文でも，帰結を示す主文でも，共に仮定法が用いられる場合を示した。
II では仮定法が単独で用いられる例を示す。
2)　(1)では без ва́шей по́мощи「ご援助なしには」，(2)では при тако́м стро́гом режи́ме「このような厳しい規制があれば」，(3)では на твоём ме́сте「君の立場であれば」という名詞を中心とする語結合が条件を示し，その条件から導かれる帰結が述語動詞の仮定法のかたちで示される。
3)　例えば，(3) на твоём ме́сте は е́сли бы я был на твоём ме́сте と同じ意味である。

《参考》
1)　бы は伝達意図の中核をなす語の後ろに位置する。つまり，発話の意図によってその位置が定まる。
Я бы охо́тно пое́хал с ва́ми. 私でしたら喜んでおともさせていただきますけど。
Я охо́тно бы пое́хал с ва́ми. 私はもう喜んでご一緒させていただきますけど。
Я с ва́ми бы охо́тно пое́хал. あなたとでしたら喜んでご一緒させていただきますけど。
ただし，伝達意図の中核をなす語は主に動詞であるため бы はよく動詞の後ろに位置する。
2)　е́сли によって導かれる条件文では，I で見たように，е́сли の直後に бы がおかれる。

363

第 2 部　文法編

III　願望

《例文》

(1)　**Пришёл бы** он!　彼が来てくれたらなあ。

(2)　**Было бы** тепло!　暖かかったらなあ。

(3)　**Посидели бы** ещё!　もう少しいていただけたらありがたいのですが。

(4)　Ты бы уж лучше **помолчал**!　少し黙ったらどうだね。

単語　(3) посидеть（完）少しの間すわっている（不完了体に по- をつけると「しばらくの間～する」の意の完了体になる）　(4) помолчать（完）少しの間沈黙する

《基本》

1)　仮定法によって話し手の願望を表現することができる〔(1)(2)〕。

2)　仮定法を二人称（вы, ты）で使うと聞き手の自由意志にまかせるというニュアンスの勧誘・忠告・勧告（やわらげられた命令）を表わすことができる〔(3)(4)〕。

《注意》

1)　感情が強く込められている場合「!」をつける。イントネーションは第 5 型（☞ p.424）。

Если бы я знал!　知っていたらなあ。

2)　次のような例は話し手の聞き手に対する提案といえよう。

Мы бы не читали, а спали.　本など読んでいないで，ねたほうがいいのと違うかな。

《参考》

1)　願望や勧誘，勧告を表わす他の手段。

　(1)　不定形 + бы

　　Увидеть бы её!　彼女に会えたらなあ（願望）。

　　Отдохнуть бы тебе.　お前，ひとやすみしたほうがいいよ（勧告）。

364

第23課　仮定法　命令とさそいかけ

(тебе́ という与格は主体を示す与格。☞p.228)。

(2)　名詞（主格）＋ бы

Тишина́ бы! 静かであればなあ。

лишь, хоть, е́сли で強調されることがある。

Лишь бы тишина́! Хоть бы тишина́! Е́сли бы снег! 雪が降ってくれたらなあ。

(3)　命令形＋ бы

Будь бы тишина́! 静かさがあればなあ。

2)　強い願望を示す文や感嘆文に特徴的に現われる台型となる第5型のイントネーションについては p.424 に示したイントネーションの型を参照。イントネーションについて語りつくすことは本書の枠内ではやや無理かと思われる。拙著『ロシア語発音の基礎』（研究社）を参照いただければ幸いである。

《発展》

（英語でもそうだが）仮定形を持つ文は話しことばでしばしば用いられる。

Непло́хо бы вы́пить ча́шку ко́фе. コーヒー1杯飲むのも悪くないんじゃない。

Я хоте́л (хоте́ла) бы с ва́ми познако́миться. お知り合いになりたいのですが（自己紹介させていただきます）。

丁寧な言葉遣い，遠慮がちな物腰，断定を避ける慎み深い態度の表現としてこれに勝るものはないと言ってよいだろう。仮定形の使用の習熟は充実したロシア語マスターの鍵の一つである。少し語彙を増やした上で，第31課 I 3，II および第32課 II において重複を恐れず再度仮定形を持つ文の勉強を行うのはこのためである。

練習問題 130

1)　次の文のうち (b) は丁寧な願望や勧誘を表わしている。ニュアンスに気をつけながら，(a)(b) の意味をいいなさい。

第２部　文法編

 (1) (a) Мне хо́чется побесе́довать с ва́ми.

   (b) Мне хоте́лось бы побесе́довать с ва́ми.

 (2) (a) Я прошу́ вас зайти́ ко мне.

   (b) Я проси́л бы вас зайти́ ко мне.

 単語　побесе́довать しばらくの間談話する

2)　意味をいいなさい。

 (1)　Вы бы чего́-нибудь поку́шали!

 (2)　Зашли́ бы к нам!

 (3)　Коне́ц бы войне́!

 (4)　Лете́ть бы во́льной пти́цей от вас всех!

 (5)　Е́сли бы вы прие́хали, мы бы́ли бы о́чень ра́ды.

 単語　(1) поку́шать 少し食べる　(3) коне́ц 終わり，終結，войне́（与格）戦争に　(4) во́льный 自由な，放たれた

IV　命令形とアスペクト（体）

《例文》

 (1)　Пиши́ разбо́рчиво! 字を書くときはきれいに書きなさい。

 (2)　Напиши́ ему́ об э́том! 彼にこのことを知らせる手紙を出しておいてくれ。

《基本》

命令形も，不完了体と完了体で意味が異なる。

《説明》

(1)は不完了体命令形。反復・習慣的動作を命令する。(2)は完了体命令形。1回限りの具体的動作の実現を命令する。

《注意》

1)　(a)　Приходи́те ⎫
  (b)　Приди́те ⎬ ко мне в шесть часо́в.
       ⎭

  (a)　6時にいらっしゃってください。

第23課　仮定法　命令とさそいかけ

(b) 6時に来てください。

1回限りの具体的動作だから (b) が用いられると思われるかもしれないが，(a)(b) ともに用いられる。(a) ではやわらかで丁寧な感じ，(b) では調子がややきつい。

2)　ロシア人の家庭を訪れると заходи́те「お寄りください」，раздева́йтесь「コートをお脱ぎください」，приса́живайтесь「ちょっとおすわりください」など，不完了体命令形によくであう。丁寧な表現なのだ。しかし，不完了体命令形が丁寧であるとばかり思っていてはならない。官憲などにつかまった場合も不完了体命令形が激しい調子で使われることがあるという。

Вы́верните карма́ны! Ну, жи́во! Вывора́чивайте! ポケットを裏返せ。さあ早く。裏返せといっているんだ。

《参考》

1)　肯定命令が完了体であっても，それに対応する否定命令（禁止）はよく不完了体が用いられる。

(a) Подойди́те ко мне. ここに来てください。

(b) Не подходи́те ко мне. 私に近寄らないで。

2)　完了体の否定命令は好ましくないことへの警告がこめられる。

Не простуди́сь. 風邪をひいてはいけないよ。

3)　не на́до「だめだ，いけない」に結びつく不定形は不完了体がよく用いられる。

Не на́до ду́мать об э́том. そのこと考えちゃだめだ。

《発展》

次の命令形は会話などでよく用いられる。アスペクトに注意しつつ，意味・用法をおぼえよう。

(1)　Переста́ньте.
(2)　Бро́сьте.
(3)　Прекрати́те.

やめてください。いいかげんにしてください（相手の行為や発言をさえぎる時に用いる）。

367

(4) **Вообрази́те** ⎫
(5) **Предста́вьте** ⎬ ねえ，ちょっと，きいてください。ご存知か
(6) **Послу́шайте** ⎭ しら（相手の注意をこちらに向けさせる時に用いる）。

(7) **Останови́тесь** здесь. ここで止まってください（車やタクシーの中で）。

(8) — **Скажи́те**, пожа́луйста, как пройти́ на Кра́сную пло́щадь? — Иди́те пря́мо и поверни́те на сле́дующем углу́ напра́во.「『赤の広場』へはどう行ったらいいでしょうか」「まっすぐ行って，次の角を右に曲ってください」（道の尋ね方と答えの1つ）

(9) **Познако́мьтесь**. Э́то Юко, а э́то Ко́ля. ご紹介します。こちらは優子さん。こちらはコーリャ（紹介の仕方の1つ）。

(10) **Разреши́те** познако́мить вас с мои́м дру́гом. Э́то Андре́й Петро́вич, а э́то господи́н Ямамо́то. 私の友人を紹介させていただきます。アンドリェーイ・ピトローヴィチさんです。こちらは山本さんです（やや改まった紹介の仕方の1つ）。

(11) **Извини́те**, я оши́бся (оши́блась). すいません。間違いです（間違ったときの謝り方の1つ）。

(12) **Не волну́йтесь.** ⎫ 心配しなくてもいいですよ。大丈夫です
(13) **Не беспоко́йтесь.** ⎭ よ（相手を安心させたり，落着かせたりする時に用いる）。

(14) **Угоща́йтесь**. めしあがりください（食物をすすめる時に）。

単語 (1) перестава́ть・переста́ть (-ста́ну, -ста́нешь；命令 -ста́нь) やめる (2) броса́ть・бро́сить 投げる，やめる (3) прекраща́ть・прекрати́ть 中断する (4) вообража́ть・вообрази́ть 想像する (5) представля́ть・предста́вить 想像する，思い浮かべる (12) волнова́ться（不完）心配する (13) беспоко́иться（不完）不安に思う (14) угоща́ться・угости́ться（客に行って）ごちそうになる

第 23 課　仮定法　命令とさそいかけ

練習問題 131

1) (a)完了体・(b)不完了体に注意しつつ意味をいいなさい。
   - (1) (a) Пожа́луйста, возьми́те кни́ги и возврати́те их в библиоте́ку.
     - (b) Бери́те кни́ги всегда́ в э́той библиоте́ке. Всегда́ возвраща́йте кни́ги в срок.
   - (2) (a) Откро́йте окно́.
     - (b) Не открыва́йте окна́.
   - (3) (a) Не опозда́йте на по́езд.
     - (b) Не опа́здывайте на заня́тие.
   - (4) (a) Забу́дь, забу́дь мечта́ния свои́...
     - (b) Не забыва́йте нас.

   【単語】(1) возвраща́ть・возврати́ть 返す, 返却する, срок 期限　(3) опа́здывать・опозда́ть на A (Aに) 遅れる, 遅刻する　(4) мечта́ние 夢想

2) 意味をいいなさい。
   - (1) Обяза́тельно пришли́те пи́сьменный отве́т, ина́че мы не отпра́вим това́р.
   - (2) Застегни́те ремни́, и про́сим не кури́ть.
   - (3) Не покупа́йте. Здесь сли́шком до́рого.
   - (4) В слу́чае пожа́ра не по́льзуйтесь ли́фтом.
   - (5) Семь раз отме́рь, оди́н раз отре́жь.

   【単語】(1) обяза́тельно 必ず < обяза́тельный（強い命令や要請を表現するために使う。непреме́нно < непреме́нный「不可欠の」を用いてもよい), ина́че さもなければ, това́р 商品, 品物　(2) застёгивать・застегну́ть 締める, реме́нь（男）ベルト　(4) слу́чай 場合, пожа́р 火事, лифт エレベーター　(5) отме́ривать・отме́рить 測り分ける, отреза́ть・отре́зать 切り取る, раз 回（複・生 も раз）, ☞単語帳（4）p.280

V 勧誘形

第103表　勧誘形

完了体	不完了体
Напи́шем(те). （さあ）書き上げよう	Дава́й(те) писа́ть. （さあ）書くことにしよう
Споём(те). （さあ）1つ歌おう	Дава́й(те) петь. （さあ）歌っていこう

《例文》

(1) Ва́ня, послу́шай, **пойдём** домо́й. さあ、ヴァーニヤ、家に帰ろう。

(2) Ребя́та, послу́шайте, **пойдёмте** домо́й. さあ、みんな、家に帰ろう。

(3) А́нна Ива́новна, послу́шайте, **пойдёмте** домо́й. アーンナさん、さあ、家に帰りましょう。

(4) **Дава́й говори́ть** по-ру́сски. さあ、ロシア語で話すことにしよう。

(5) **Дава́йте говори́ть** по-ру́сски. さあ、ロシア語で話すことにしましょう。

単語　(1) послу́шай　послу́шать（完）「聞く」の命令形（「ねえ」のように聞き手の注意をひくための呼びかけに用いられる。）

(2) ребя́та（本来は ребёнок の複数だが、「おいみんな」という意味で呼びかけによく用いられる）

《基本》

1) 話し手が自分もするから聞き手もそうするように誘いかけるかたちを勧誘形という（第103表）。

2) 完了体勧誘形は現在変化の мы のかたちと一致する（ただし、мы とともには用いられない）〔(1)〕。

3) 不完了体勧誘形は不完了体不定形の前に дава́й をおいてつくる〔(4)〕。

第 23 課　仮定法　命令とさそいかけ

4)　以上は ты に対するかたちである。
5)　вы に対するかたちは完了体の場合，あとに те を付し〔(2)(3)〕，不完了体の場合，不定形の前に давáйте をおく〔(5)〕。

《説明》
1)　不完了体勧誘形は（過程ある）動作そのものを誘いかける〔(4)(5)〕。完了体勧誘形は具体的または1回的動作を呼びかける〔(1)(2)(3)〕。
2)　ты に対するかたちは ты の間柄の相手に呼びかける〔(1)(4)〕。вы に対するかたちは複数の相手に呼びかける〔(2)〕。もし，相手が1人なら丁寧な表現となる〔(3)(5)〕。

《注意》
1)　完了体では普通の勧誘形に давáй(те) を付してつくるかたちがある。

Давáй(те) пойдём.　さあ行こう（行きましょう）。
Давáй(те) напи́шем.　さあ書こう（書きましょう）。

このかたちは話しことばでよく用いられる。

2)　不完了体では бу́дем(те)，ないし，давáй(те) бу́дем を不定形の前におくかたちもある。

Бу́дем(те) писа́ть.　さあ書くことにしよう（しましょう）。
Давáй(те) бу́дем писа́ть.　さあ書くことにしよう（しましょう）。

《参考》
1)　定動詞（☞p.151 以下）は不完了体であるが，例外的に мы のかたちに一致する勧誘形をつくる。

Идём(те).　さあ行こう（行きましょう）。
Éдем(те).　さあ行こう（行きましょう）。

2)　Пошли́!（徒歩の場合）　｝　さあいこう。
　　Поéхали!（乗物の場合）　　 さあ出発。

上記の語は過去形であるが，誘いかけとしても，命令としても用いられる（ты に対しても вы に対しても用いることができる。日本語の「行った，行った」のような乱暴な語感はない）。

371

第２部　文法編

練習問題 132

1) 意味をいいなさい。

　(1) Гроза́! Побежи́м домо́й! Поскоре́е.

　(2) Ся́демте в такси́.

　(3) Бро́сим всю вражду́.

　(4) Дава́йте поговори́м о чём-нибудь бо́лее прия́тном.

　(5) — Не бу́дем спо́рить. — Да, не бу́дем.

　(6) Дава́йте перейдём к существу́ де́ла.

　(7) — Дава́йте познако́мимся, моя́ фами́лия Такаги. — О́чень прия́тно с ва́ми познако́миться.

　(8) Дава́йте постара́емся найти́ о́бщий язы́к путём перегово́ров.

単語　(1) гроза́ 雷雨, побежа́ть（完）走りだす, поскоре́е なるべく早く（ско́рый の比較級 скоре́е に по- がついたもの。☞p.343）(3) броса́ть・бро́сить 投げる, 捨てる, やめる, вражда́ 敵意 (4) поговори́ть（完）しばらく話をする, прия́тный 気持ちのよい, 楽しい (5) спо́рить（不完）議論をする, 論争する (6) переходи́ть・перейти́ к А（与格）А に移行する, существо́ 本質, 要点 (7) знако́миться・познако́миться с А（造格）А と知り合いになる (8) стара́ться・постара́ться А（不定形）А しようと努力する, о́бщий язы́к 共通のことば, путём…の方法で, перегово́р 話し合い

2) ロシア語で表わしなさい。

　(1) この映画を見よう。

　(2) ロシア語だけで話そう。

　(3) さあ, 仕事を始めよう。

　(4) さあ, 会議を始めましょう。

　(5) タクシーに乗ろう。

単語　(1) この映画 э́тот фильм (3) さあ ну (4) 会議 заседа́ние

372

第23課　仮定法　命令とさそいかけ

VI　いわゆる三人称の命令形

> пусть ＋ A（動詞現在・未来形（三人称））─ 〜にAさせろ，
> 　　　　　　　　　　　　　　　　　　　　　　させておけ

《例文》

（1）Пусть он придёт. 彼に来させろ。彼が来るなら来るでかまわない。

（2）Пусть они не опаздывают. 彼らが遅刻しないようにしてください。

《基本》

1）пусть と動詞の現在形，未来形の三人称単数〔(1)〕，複数〔(2)〕の結合はいわゆる「三人称の命令形」をつくる。

2）「〜にAさせろ。〜はAすべきである」など伝言的指示を示す。

3）「〜がAするならするでかまわない。Aさせておけ」など許容の意で用いられることもある。

《説明》

第三者の行為に関して話し手が聞き手に指示をあたえる構文と考えればよい。

(1)は Скажи(те), чтобы он пришёл.「彼に来るよういいなさい」と内容はさほど変わらない。чтобы については☞p.504 以下。

《注意》

пусть のかわりに пускай が用いられるのは話しことば。

《参考》

да ＋動詞現在・未来形（三人称）によって願望，祈願が表わされることがある。

Да здравствует Россия! ロシア万歳。

Да живёт он многие годы! 彼が長生きしますように。

これらはパターン化した硬い文語的表現であり，限られた言い回しの中

第 2 部　文法編

で用いられる。

練習問題 133

意味をいいなさい。

(1) Пусть он прочтёт ещё раз.

(2) Пусть Иван сам это сделает.

(3) Пусть приходит старость.

(4) Пусть никто не играет с огнём.

単語 (1) прочесть（完）(прочту, прочтёшь ; 命令 прочти ; 過去 прочёл, прочла) прочитать（читать の完了体）と同義　(2) делать・сделать する，行う　(3) старость 老年，高齢（期）(4) огонь（男）火（出没母音に注意）

♣ 単語帳 (6)
動詞をおぼえたら関連する名詞もおぼえよう

учить　教える
　— учитель 先生，преподаватель 教師
　— ученик 生徒
　— учебный предмет 教科

продавать　売る
　— продавец 売り手，お店の人
　— покупатель 買い手，お客
　— товар 商品，品物
　— цена 値段，стоимость 価格

читать лекцию　講義・講演する
　— лектор 講演者，講師
　— слушатель 聴衆
　— тема テーマ
　— содержание 内容

строить　建てる
　— плотник 大工，строитель 建築家
　— дом 家，здание 建物

第 24 課

関係代名詞・関係副詞

I 関係代名詞 кото́рый

《例文》

(1) Э́то был ма́льчик, кото́рый вчера́ показа́л мне доро́гу. その子は誰かと思うときのう道を教えてくれた男の子だった。

(2) Э́то была́ де́вочка, кото́рая вчера́ показа́ла мне доро́гу. その子は誰かと思うときのう道を教えてくれた女の子であった。

(3) Э́то бы́ли ма́льчики, кото́рые вчера́ показа́ли мне доро́гу. その子たちは誰かと思うときのう道を教えてくれた男の子たちであった。

(4) Пе́рвое чу́вство, кото́рое мы испыта́ли, бы́ло униже́ние. 私たちがまず感じたのは屈辱感であった。

単語 (1) пока́зывать・показа́ть 示す (4) испы́тывать・испыта́ть 感じる (чу́вство「感情」の動詞化動詞。☞ p.446), униже́ние 屈辱, 屈辱感

《基本》

1) 関係代名詞 кото́рый は主文の中の名詞, 代名詞を修飾するため従属文の頭におかれ, 従属文を主文に結びつける役割を持つ。役割は形容詞に相当する。

2) 修飾される主文中の語は, 先行詞と呼ばれる（文中の下線で示した語）。

3) кото́рый は従属文の中で先行詞と同じ意味を表わし, その代りをする。

第2部　文法編

4)　кото́рый は形容詞硬変化と同じ変化をし，その性と数は先行詞に一致する。

《説明》

1) кото́рый は人〔(1)～(3)〕，もの・こと〔(4)〕を問わず，あらゆるものを先行詞にできる（英語の who と which を兼ねる）。

2) кото́рый によってつくられる従属複文は2つの単文を1つにまとめるものである。たとえば(2)は次の2文をまとめている。

① Э́то была́ де́вочка. それは女の子であった。
② Де́вочка вчера́ показа́ла мне доро́гу. 女の子はきのう私に道を教えてくれた。

3) (1)では先行詞 ма́льчик が男性のため кото́рый，(2)では先行詞 де́вочка が女性のため кото́рая，(3)では先行詞 ма́льчики が複数のため кото́рые，(4)では先行詞 чу́вство が中性のため кото́рое。

《注意》

従属文の前には必ずコンマをおく。

II　кото́рый の格

《例文》

(1)　Сего́дня ко мне придёт друг,
- (a)　кото́рого я давно́ не ви́дел.
- (b)　кото́рому я обеща́л помо́чь.
- (c)　о кото́ром я тебе́ расска́зывал.
- (d)　с кото́рым я вме́сте учи́лся в шко́ле.

(a)　長く会わなかった友人が私のところに今日やって来る。
(b)　私が手伝うと約束した友人が私のところに今日やって来る。
(c)　お前にいろいろと話しておいた友人が私のところに今日やって来る。

　　　　　　　　　　　　　　　　　第24課　関係代名詞・関係副詞

(d)　学校で一緒に学んだ友人が私のところに今日やって来る。

(2)　Я уже́ прочита́л кни́гу, ⎰ (a)　кото́рую вы мне да́ли.
　　　　　　　　　　　　　　 ⎨ (b)　о кото́рой вы мне говори́ли.
　　　　　　　　　　　　　　 ⎩ (c)　с кото́рой вы мне сове́товали познако́миться.

(a)　いただいた本はもう読み終えました。
(b)　お話しくださった本はもう読み終えました。
(c)　読んでおくようにおすすめくださった本はもう読み終えました。

単語　(1) обеща́ть・пообеща́ть A（与格）B（不定形）Bすることを A に約束する, помога́ть・помо́чь (помогу́, помо́жешь,... помо́гут；命令 помоги́；過去 помо́г, помогла́）助ける, 援助する　(2) сове́товать・посове́товать A（与格）B（不定形）BするようにAにすすめる, アドバイスする, знако́миться・познако́миться с A（造格）A の知識を得る, 知る, 読む

《基本》

1) 格は кото́рый が従属文の中で果たす役割（主語, 目的語など）によって決まる。
2) 従属文の構造や意味的な必要から前置詞が前にくることがある〔(1)(c)(d), (2)(b)(c)〕。

《説明》

Ⅰ であげた例文の(1)〜(3)では кото́рый は従属文の主語の役を果たすため主格。(4)では目的語の役割を果たすため対格。

Ⅱ での(1)(a)は не ви́дел の目的語のため否定生格。(2)(a)は да́ли の目的語のため対格。(1)(b)は обеща́ть が約束する相手を与格に立てるため与格。(1)(c), (2)(b)は расска́зывать, говори́ть が話題を о＋前置格で表わすため前置格。(1)(d)は「一緒に」という意味を表わすため前置詞 с を用いるが, с が造格をとるため造格。(2)(c)では познако́миться с A（造格）という支配のため造格。

377

第 2 部　文法編

《注意》
　従属文は，下の例文(1)のように，主文の後ろにたてることも，また，例文(2)のように，主文の中に入れ込むこともできるが，先行詞の直後にくるのが原則〔(2)のように，従属文のあとに主文の残りが続くとき，従属文のあとにもコンマをうつ。従属文の前後はコンマに区切られることになる〕。

　(1)　Я верну́л в библиоте́ку кни́ги, кото́рые я уже́ прочита́л. 私は読み終えた本を図書館に返した。

　(2)　Кни́ги, кото́рые я уже́ прочита́л, я верну́л в библиоте́ку. 読み終えた本は図書館に返した。

《参考》
1)　上記の(1)(2)は全く同義。ただし，(1)では「読み終えた本」が新しい（重要な）情報を担うが，(2)ではあとにたつ「図書館に返した」ことが新しい（重要な）情報を伝える。

2)　従属文の構造によっては前置詞のみならず他の名詞が関係代名詞に先立つことがある。

　(1)　Я встре́тил челове́ка, лицо́ кото́рого показа́лось мне знако́мым. 見たような顔の人に出会った。

　(2)　Мы вошли́ в сад, все дере́вья кото́рого бы́ли в цвету́. 花盛りの庭に出た。

(1)(2)では лицо́, все дере́вья が主格にたち，кото́рый はその所属を定める語として生格にたつ。生格による修飾は被修飾語のあとにたつのが原則のため кото́рый はあとになる。

練習問題 134

1)　次のかっこ内に кото́рый を適当なかたちに直して入れ，文を完成させなさい。また，意味をいいなさい。

　(1)　Вот мой брат, (　　　　　) жил в Москве́.

　(2)　Я вам дам кни́гу, (　　　　　) вас интересу́ет.

　(3)　А́нна рабо́тает в компа́нии, (　　　　　　) произво́дит разли́чные

378

第 24 課　関係代名詞・関係副詞

электроприборы.

(4) Иван дома смотрит различные видеофильмы, (　　　　) он берёт напрокат в видеотеке.

(5) Моя сестра, (　　　　) сейчас нет дома, скоро придёт.

(6) Человек, о (　　　　) я вам много рассказывал, приедет ко мне завтра.

(7) Он читал журналы, в (　　　　) были очень интересные статьи.

単語　(2) интересовать A（対格）A に興味を持たせる．Его интересует история. 彼は歴史に興味を持っている．☞ p.468 以下
(3) компания 会社，производить・произвести 生産する，различный 色々な，электроприбор（家庭用）電気器具　(4) видеофильм ビデオ（の映画），напрокат（副詞）レンタルで，видеотека ビデオ店

2) 意味をいいなさい。

(1) Учёные вырастили пшеницу, которая даёт богатый урожай.

(2) Это — явление, причина которого до сих пор не вполне известна.

(3) Мы подъехали к станции, название которой показалось мне знакомым.

(4) Вошёл тот человек, которого я встретил утром на вокзале.

(5) Он имел именно тот ум, который нравится женщинам.

(6) Выразить то чувство, которое я испытывал в то время, очень трудно.

単語　(1) учёный 学者（形容詞のかたちを持つ名詞。☞ p.260，および単語帳(7)，p.398），выращивать・вырастить (-ращу, -растишь) 育て上げる，пшеница 小麦，урожай 収穫　(2) явление 現象，причина 原因，до сих пор 今まで，вполне 完全に，まったく　(3) подъезжать・подъехать к A（与格）A に近づく，乗りつける，станция（小さな）駅，название 名前，казаться・показаться A（与格）B（造格）A には B に見える，思える

(☞p.465 以下)　(5) ум 頭脳, нра́виться・понра́виться А（主格）В（与格）АがВの気に入る　(☞p.470)　(6) выража́ть・вы́разить 言い表わす, испы́тывать・испыта́ть 味わう, 感じる

3) ロシア語で表わしなさい。
(1) あそこにすわって本を読んでいる学生を私はよく知っている。
(2) きのう受け取った君の手紙を見て私はとてもうれしかった。
(3) きのう私たちは20年前に卒業した学校を訪れた。
(4) 長く会わなかった友人が今日東京にやって来る。
(5) 私たちがモスクワで住んでいたマンションは大変大きかった。

単語　(2) 私はうれしい обра́довать меня́（私を喜ばせる）　(3) 訪れる посеща́ть・посети́ть, 卒業する ока́нчивать・око́нчить, 前 тому́ наза́д　(5) マンション（の一区画）кварти́ра.

III　関係代名詞 како́й

《例文》

(1) Э́то был человек, кото́рого я встре́тил у́тром на вокза́ле. それは朝駅で会った人であった。

(2) Э́то был человек, како́го не ча́сто встре́тишь. それはまれにしか出会えないような人だった。

《基本》

1) како́й も кото́рый と用法は同じ。

2) кото́рый は先行詞が表わすものを特定化する〔(1)〕が, како́й は特性をあげ, 性格づける〔(2)〕。

《説明》

1) кото́рого〔(1)〕も, како́го〔(2)〕も встре́тить の目的語として用いられているので対格。(2)の встре́тишь は一般人称用法（☞p.476 以下）。

2) како́й が出てきたら, 「～（の）ような（そんな）～」「～（の）たぐいの（そんな）～」を補うかたちで意味を考えてみよう。

第24課　関係代名詞・関係副詞

《注意》

какóй は такóй..., какóй... のかたちでよく用いられ，「…ところの，…によく似る，…とまったく同じような」という意味を表わす。

Покажи́те мне таку́ю кни́гу, каку́ю вы вчера́ купи́ли. あなたが昨日買った本を見せてください。

Вошёл челове́к с тако́й тро́стью, кака́я была́ когда́-то у моего́ отца́. かつて父が持っていたのと同じようなステッキをかかえている男が入ってきた。

練習問題 135

意味をいいなさい。

(1)　Да́йте мне таку́ю кни́гу, каку́ю я проси́л.
(2)　Э́то была́ така́я ночь, како́й уже́ я никогда́ не вида́ла по́сле.
(3)　Таки́х словаре́й, каки́е вам нужны́, у нас нет.
(4)　Он и́менно тот челове́к, како́й мне ну́жен.
(5)　Мы никогда́ не ви́дели её тако́й, како́й она́ была́ вчера́.

　単語　(2) вида́ть（不完）（何回も）見る，経験する，по́сле（副）その後に

IV　関係代名詞 кто

《例文》

(1)　Тот, кто шёл впереди́, молча́л. 前を行くものは沈黙していた。
(2)　Пришёл тот, кого́ все жда́ли. 皆が待っていた人が来た。

　単語　(1) молча́ть（不完）黙っている

《基本》

1)　кто は原則的には生き物であるが，主に人に関して用いられ，よく тот を先行詞とする。

2)　格は кото́рый と同じく従属文の構造によって定まる。

381

第2部　文法編

《説明》

тот のあとにコンマを打ち，直後に кто をおくのが普通の語順。ただし，逆もある。

Кто хо́чет, тот добьётся. 欲するものはそれを得る。

《参考》

1)　先行詞は тот のみならず те（複）もある。

Те, кого́ мы вы́звали, пришли́. 呼び出したものたちは来た。

このように кто は先行詞の数によってかたちを変えることはない。

2)　ка́ждый, вся́кий, все, никто́, кто́-то なども кто の先行詞として用いられる。

Ка́ждый, кто приезжа́ет в Москву́, прихо́дит на Кра́сную пло́щадь. モスクワに来る人は誰でも赤の広場にやって来る。

Все, кто его́ знал, люби́ли его́. 彼を知るものは誰でも彼が好きだった。

все が先行詞でも кто は男性・単数扱いを正則とすることに注意（☞ p.216）。ただし，述語を зна́ли のように複数扱いにする文もなくはない。

3)　話しことばや詩などでは кто の先行詞として名詞が用いられることがある。

Спят бойцы́, кому́ досу́г. ひまさえあれば戦士は眠る。

練習問題 136

意味をいいなさい。

(1)　Творцо́м явля́ется тот, кто создаёт но́вую реа́льность.

(2)　Кто не ви́дел ки́евской о́сени, тот никогда́ не поймёт не́жной пре́лести э́тих часо́в.

(3)　Я не тот, за кого́ вы меня́ принима́ете.

(4)　Кто не рабо́тает, тот не ест.

(5)　Кто ра́но встаёт, тому́ бог даёт.

第 24 課　関係代名詞・関係副詞

(6) Не ошиба́ется тот, кто ничего́ не де́лает.

(7) Хорошо́ смеётся тот, кто смеётся после́дним.

単語　(1) творе́ц 創造者（出没母音に注意），явля́ться A（造格）A である（☞p.461），создава́ть・созда́ть 創造する，реа́льность 現実　(2) не́жный やさしい，пре́лесть（女）美しさ，魅力，ки́евский キーイフ（Ки́ев）の　(3) принима́ть・приня́ть A（対格）за B（対格）A を B とみなす，取り違える　(4) есть 食べる（☞p.144）(6) ошиба́ться・ошиби́ться 間違える　(7) после́дний 最後の

V　関係代名詞 что

《例文》

(1) Он не сво́дит глаз с того́, что лежи́т на столе́. 彼は机の上にあるものから目をはなさないでいる。

(2) То, что я при́нял за о́блако, оказа́лось густы́м тума́ном. 雲と思ったのは濃い霧であった。

単語　(1) своди́ть・свести́ A（対格）с B（生格）A を B からそらす　(2) принима́ть・приня́ть A（対格）за B（対格）A を B と勘違いする，とみなす，ока́зываться・оказа́ться A（造格）（調べてみると，実際は）A であることがわかる（☞p.465 以下），тума́н 霧，о́блако 雲

《基本》
кто が тот を先行詞にするのに対し，что は то を，普通，先行詞とする。
《説明》
(1)は主格で лежи́т の主語，(2)は対格で при́нял の目的語。
《注意》
...то, что... となるのが普通の語順。ただし，逆もある。

Что с во́зу упа́ло, то пропа́ло. 荷車から落ちたものは失くなったも同然

383

第2部　文法編

だ（ことわざ。во́зу は воз「荷馬車」の第2生格）。

《参考》

1)　то のみならず всё も что の先行詞としてよく用いられる。

Всё, что смогу́, я сде́лаю. できることは何でもします。

2)　名詞を先行詞にして что が用いられることがある（кото́рый の代用と考えればよいが，(1)主格と(2)対格しかない）。使用は稀（真似る必要はない）。

(1)　На крова́ти, что стоя́ла у две́ри, спа́ли две де́вочки. ドアのところにあるベッドに2人の女の子が眠っていた（стоя́ла となっているのは先行詞 крова́ть が女性であるため）。

(2)　В котле́тках, что подава́ли за за́втраком, бы́ло о́чень мно́го лу́ку. 朝食に出されるメンチカツにはやたらに玉ねぎが入っていた。

このように что は先行詞の性・数によってかたちを変えるということがない。

3)　что は不活動体を先行詞とするのが普通であるが，活動体に用いられる例もあるのでとまどわないようにしよう。

(1)　Где челове́к, что утрёт слёзы э́тих ни́щих? これら乞食の涙をぬぐう人はいずこにありや。

(2)　Я смотре́л на дереве́нских ребя́т, что бегу́т за по́ездом. 列車の後を追いかけて走っていく田舎の子供たちを眺めていた。

練習問題 137

1)　意味をいいなさい。

(1)　Нам ну́жно то, что обогаща́ет вну́тренний мир челове́ка.

(2)　Сде́лаем всё, что смо́жем.

(3)　Всё, что он рассказа́л, мы уже́ зна́ли.

(4)　Всё хорошо́, что хорошо́ конча́ется.

(5)　Что на уме́, то и на языке́.

(6)　Что бы́ло, то спы́ло.

第24課　関係代名詞・関係副詞

単語　(1) обогащáть・обогати́ть 富ませる，внýтренний 内的な　(6) сплывáть・сплыть こぼれ落ちる

2) かっこ内に кто または что を適当なかたちに変化させて入れなさい。また，意味をいいなさい。

(1) Мы всегдá понимáли всё, (　　　) он нам объясня́л.

(2) Всё, (　　　) я егó учи́л, он ужé забы́л.

(3) Мнóгое из тогó, (　　　) вы говори́те, вéрно.

(4) Всем, (　　　) ви́дел э́ту карти́ну, онá нрáвилась.

(5) Все, (　　　) мы встречáли на ýлице, шли в клуб на собрáние.

単語　(3) мнóгое 多くのこと（☞p.261），вéрный 正しい

VI　関係代名詞　чей

《例文》

(1) Я был рад уви́деть дрýга, чьи совéты мне бы́ли нужны́. 私は友に会えてうれしかった。彼の助言が必要だったのだ。

(2) Я был рад уви́деть дрýга, в чьих совéтах óчень нуждáлся. 私は友人に会えて嬉しかった。彼の助言を必要としていたのだ。

単語　(1) совéт 忠告，助言　(2) нуждáться в A（前置格）（人が）A を必要とする

《基本》

1) чей の先行詞は人。その人は чей が修飾する名詞の示すものの所有者，保持者，主体であることを表わす。

2) 性・数・格は先行詞に関係なく，修飾する名詞に一致する。

《説明》

(1)の чьи は複・主。修飾する совéты に一致する。先行詞の дрýга（単・男・対）に影響を受けない。(2)の чьих は複・前。修飾する совéтах に一致する。先行詞は дрýга で，совéты を行なう主体。

第2部　文法編

《注意》

чей は который の生格で言い換えることができる。(1)は Я был рад уви́деть дру́га, сове́ты кото́рого мне бы́ли нужны́. (2)は Я был рад уви́деть дру́га, в сове́тах кото́рого о́чень нужда́лся. と同じ意味である。

《参考》

現代では чей よりも который を使った上記のような文が多く用いられる。

練習問題 138

意味をいいなさい。

(1) Челове́к, чей а́дрес был на письме́, жил уже́ в друго́м ме́сте.

(2) Геро́и, чьи́ми по́двигами горди́тся вся страна́, наве́к оста́нутся в на́шей па́мяти.

> 単語　(1) а́дрес 住所　(2) по́двиг 功績, горди́ться (不完) А（造格）А を誇る, страна́ 国, наве́к 永遠に, па́мять（女）記憶, 思い出, остава́ться (остаю́сь, остаёшься ; 命令 остава́йся)・оста́ться (оста́нусь, оста́нешься ; 命令 оста́нься) 残る

VII　関係副詞 где・куда́・отку́да

《例文》

(1) В той ко́мнате, где де́ти спят, о́кна откры́ты на́стежь. 子供たちが寝ている部屋の窓は開け放されている。

(2) В том ме́сте, куда́ мы шли, всегда́ бы́ло мно́го рыб. 私たちが行く場所にはいつもたくさん魚がいた。

(3) Я сел у того́ окна́, отку́да видна́ была́ доро́га. 道路が見える窓のかたわらにすわった。

> 単語　(1) откры́ты 開けられている（откры́ть「開ける」の被動形動詞過去 откры́тый の短語尾複数。被動形動詞過去については第

第24課　関係代名詞・関係副詞

26課で学ぶ)，на́стежь（副）すっかり開け放して　(2) ви́дный（-ден, -дна́, -дно, -дны́）見える　(2) ры́ба 魚（複数は色々な種類の）

《基本》

1) где は存在場所，куда́ は到達場所，отку́да は出発場所を表わす関係副詞。

2) 先行詞は ко́мната〔(1)〕, ме́сто〔(2)〕, окно́〔(3)〕, лес「森」, дом「家」, сад「庭」, край「地方」など場所を示す名詞でなければならない。

《説明》

1) 先行詞の性・数・格に左右されない。

2) すべて кото́рый で言い換えられる。

　(1)　В той ко́мнате, в кото́рой де́ти спят, о́кна откры́ты на́стежь.

　(2)　В том ме́сте, к кото́рому мы шли, всегда́ бы́ло мно́го рыб.

　(3)　Я сел у того́ окна́, из кото́рого видна́ была́ доро́га.

《注意》

すべて先行詞が тот で指示された例文をあげたが，なくともよい（☞練習問題 139）。

《参考》

1) 先行詞が副詞 там, туда́ などである文もよくある。

　(1)　Будь там, где ты бо́льше ну́жен. もっと必要とされるところに行け（будь は быть の命令形）。

　(2)　Там, куда́ мы шли, нас жда́ли. 出向いた場所では私たちを待っていた。

　(3)　Там, отку́да слы́шались голоса́, бы́ло темно́. 人声が聞こえたあたりは暗かった。

2)　☞単語帳(1), p.168。

第 2 部　文法編

練習問題 139

1) 意味をいいなさい。

(1) Я прошёл мимо куста, где пел соловей.

(2) Недалеко от этой станции находится деревня, где я родился и вырос.

(3) Уйду туда, где никто меня не знает.

(4) Где счастье, там и радость.

(5) Где смелость, там и победа.

(6) Где тонко, там рвётся.

(7) Куда иголка, туда и нитка.

(8) Поезжай, куда хочешь.

(9) Весёлые крики и смех доносились оттуда, где играли дети.

(10) Мы решили пойти туда, откуда доносились звуки музыки.

(11) Он приехал оттуда, откуда и вы приехали.

　単語　(1) куст 低木, しげみ, соловей ナイチンゲール, ヨナキツグミ　(2) вырастать・вырасти（過 -рос, -росла）大きくなる　(5) смелость 勇気, победа 勝利　(6) рваться（不完）破れる, тонкий 薄い　(7) иголка 針, нитка 糸　(9) крик 叫び, смех 笑い声, доноситься・донестись 伝わる, 届く

2) ロシア語で表わしなさい。

(1) 近くに私がよく行く居心地のよいレストランがあります。

(2) 「私が今いるところは何という区ですか」「世田谷です」。

　単語　(1) 近くに недалеко отсюда, 居心地のよい уютный　(2) 区 район

VIII　関係副詞 когда

《例文》

(1) Я часто вспоминаю день, когда мы в первый раз встретились.

第 24 課　関係代名詞・関係副詞

初めて会った日のことを私はよく思い出す。

(2) Для негó наступи́ло врéмя, когдá так легкó пóртится харáктер. 非常に簡単に性格が悪くなる時期が彼に到来した。

単語　(1) вспоминáть・вспóмнить 思い出す, встречáться・встрéтиться с А（造格）А と出会う　(2) пóртиться（不完）悪くなる

《基本》

когдá は день〔(1)〕, врéмя〔(2)〕, порá「時」, перио́д「時期」など時に関係する名詞を先行詞とする関係副詞。

《説明》

1) 先行詞の性・数・格に左右されない。

2) すべて котóрый で言い換えられる。(1)は Я чáсто вспоминáю день, в котóрый... (2)は Для негó наступи́ло врéмя, в котóрое... と言い換えることができる。

《注意》

先行詞が тот で指示されるものもある。

В то лéто, когдá я éздил в Москвý, ýмер отéц. 私がモスクワに行ってきた夏，父が死んだ。

練習問題 140

意味をいいなさい。

(1) Я хорошó пóмню то ýтро, когдá я поки́нул роднóй дом.
(2) Э́то бы́ло веснóй тогó гóда, когдá началáсь войнá.
(3) Э́то был послéдний день, когдá я ви́дел сестрý.

単語　(1) пóмнить（不完）おぼえている, покидáть・поки́нуть А（対格）А から去る，А を見捨てる

第 25 課

副動詞

I 不完了体副動詞

```
動詞(不完)  ┌ -ж, -ч, -ш, -щ
           │ 以外の場合 + -я    ── 不完了体副動詞 ～しながら
現在語幹    │ -ж, -ч, -ш, -щ
           └ の場合      + -а
```

第 104 表　不完了体副動詞の例

不定形（不完了体）		現在語幹（複数3人称）	不完了体副動詞	
читáть	読む	читá(-ют)	читáя	読みながら
идти́	行く	ид(-у́т)	идя́	行きながら
говори́ть	話す	говор(-я́т)	говоря́	話しながら
спеши́ть	急ぐ	спеш(-а́т)	спеша́	急ぎながら
ложи́ться	寝る	лож(-а́т)ся	ложáсь	寝ながら

《例文》

(1)   (a) Я *сижу́* у окнá,
    (b) Я *сиде́л* у окнá,　　　} читáя кни́гу.
    (c) Я *бу́ду сиде́ть* у окнá,

(a) 本を読みながら私は窓辺にすわっている。
(b) 本を読みながら私は窓辺にすわっていた。
(c) 本を読みながら私は窓辺にすわっているであろう。

第 25 課　副動詞

(2)　Идя́ домо́й,
- (a)　он *встре́тил* своего́ учи́теля.
- (b)　она́ *встре́тила* своего́ учи́теля.
- (c)　они́ *встре́тили* своего́ учи́теля.

(a)　帰宅の途中で彼は自分の先生に会った。
(b)　帰宅の途中で彼女は自分の先生に会った。
(c)　帰宅の途中で彼らは自分たちの先生に会った。

《基本》
1)　不完了体副動詞は不完了体の現在語幹に -я/-а をつけてつくる。
2)　述語動詞の表わす動作と同時に(平行して)行なわれる動作を表わす。

《説明》
1)　かたちについて：(1)現在語幹とは，они́（複数三人称）に対するかたちから -ют/-ут, -ят/-ат をとったもの。(2)現在語幹が -ж, -ч, -ш, -щ で終っている場合 -а をつけ，それ以外の場合 -я をつける。(3) -ся 動詞の場合 -а, -я のあとに -сь をつける（第 104 表）。

2)　用法について：(1)述語動詞のいかなる時制にも〔(1)〕，いかなる人称・性・数に関しても〔(2)〕，用いられる。(2)表わす動作の主体は常に文の主語に同じである。

《注意》
1)　アクセントは単数一人称と同じ。

рисова́ть (рису́ю, рису́ешь) 描く → рису́я 描きながら
проси́ть (прошу́, про́сишь) 頼む → прося́ 頼みながら
люби́ть (люблю́, лю́бишь) 愛する → любя́ 愛しながら

2)　ただし，例外も相当ある（とくに第 2 変化動詞の状態を表わすものの中に）。

сиде́ть (сижу́, види́шь) すわっている → си́дя すわったまま
стоя́ть (стою́, стои́шь) 立っている → сто́я 立ったまま
молча́ть (молчу́, молчи́шь) 黙っている → мо́лча 黙ったまま

3)　дава́ть「与える」, встава́ть「起きる」など，-авать 動詞（☞ p.89）の複数三人称は даю́т, встаю́т だが，副動詞は дава́я, встава́я となる。

第 2 部　文法編

4)　быть の副動詞は бу́дучи。

5)　すべての不完了体動詞が副動詞のかたちを持っているわけではない。-чь で終わるもの（мочь, бере́чь「大切にする」），-нуть で終わりながら不完了体のもの（со́хнуть「かわく」, мёрзнуть「凍える」），また ждать, пить, слать「送る」, тере́ть,「こする」, писа́ть, ма́зать「塗る」, ре́зать「切る」, паха́ть「耕す」, петь「歌う」, бежа́ть, брать「取る」, пла́кать「泣く」などの動詞は副動詞をつくらない。

6)　副動詞とそれに付随する語は文末にも，文頭にも，また文中にもおき得る。

Учени́к отвеча́ет уро́к, **сто́я** у доски́. **Сто́я** у доски́, учени́к отвеча́ет уро́к. Учени́к, **сто́я** у доски́, отвеча́ет уро́к. 生徒は黒板のところに立って，答えている（отвеча́ть・отве́тить уро́к「口頭で答えをする」）。

7)　副動詞が用いられるのは主に書きことばである（このことは次に述べる完了体副動詞においても同じである）。

《参考》
同時に行なわれる動作を基本的に表わすものだが，文脈に応じて原因，条件，付帯的状況の意味にもなる。

Не **зна́я** его́ а́дреса, я не мог посла́ть ему́ кни́гу. 彼の住所を知らなかったので，私は彼に本を送れなかった（原因）。

Зна́я э́ти слова́, вы могли́ бы всё перевести́. この語を知っていたら，あなたは全部訳せたのに（条件）。

《発展》
1)　太字体で示したような副詞は不完了体副動詞を起源に持つ。

Он **мо́лча** рабо́тает. 黙々と働いている。

Он шёл **не спеша́**. ぶらぶら歩いていった。

Он **нехотя** пи́шет письмо́. いやいや手紙を書く。

2)　前置詞や前置詞に似た結合にも不完了体副動詞起源のものがある。

Благодаря́ хоро́шей пого́де мы прия́тно провели́ вре́мя. よい天気のおかげで楽しくすごせた。

第25課　副動詞

Оде́нусь **смотря́** по пого́де. お天気次第で適当な服装をします。

3)　смотря́＋疑問詞といういい方をおぼえよう。

смотря́ кто 人による, смотря́ где́ 場所によって, смотря́ когда́ 時によりけりだ, смотря́ как どうやるかによる。

— Ты лю́бишь гуля́ть? — **Смотря́ где́**.「散歩好きかい」「場所によるよ」

— Вы лю́бите конфе́ты? — **Смотря́ каки́е**.「お菓子好きですか」「物によります」

4)　говоря́ は数多くの挿入語をつくる。

вообще́ говоря́ 一般的に言えば, пря́мо говоря́ はっきり言うと, говоря́ по пра́вде 本当言うと, че́стно говоря́ 正直言うと, гру́бо говоря́ 乱暴な言い方ですが, говоря́ открове́нно 率直に言うと。その他練習問題141, 2) (6)(7)参照。

5)　挿入語とは, 自分が語る内容に対する話し手の気持ちや態度を示す手段の一つで, 文頭, 文中によく挿入される（文中の場合, コンマで分離される）。коне́чно「もちろん」, к сча́стью「幸い」, к сожале́нию「残念ながら」, к удивле́нию「驚いたことに」, по всей вероя́тности「間違いなく」などもその例である。

Тогда́, **к сча́стью**, А́нна была́ свобо́дна. 幸いにもその時アーンナは暇がありました。

Жена́, **к сожале́нию**, больна́. 残念ながら, 妻は病気です。

練習問題 141

1)　かっこ内の不定形を副動詞に改め, 文を完成させ意味をいいなさい。

(1)　(разгова́ривать) о на́шей ро́дине, мы до́лго сиде́ли в тёмном за́ле.

(2)　(ду́мать) о де́тстве, я всегда́ вспомина́ю ба́бушку.

(3)　(начина́ть) э́ту рабо́ту, он не ду́мал, что она́ бу́дет тако́й тру́дной.

(4)　Не (жела́ть) говори́ть об э́том, я замолча́л (замолча́ла).

単語　(1) ро́дина 祖国, тёмный 暗い　(2) де́тство 幼年時代, вспо-

第 2 部　文法編

минать・вспомнить 思い出す　(3) такой これほど，こんなに

(4) желать 望む，замолчать 黙り込む

2) 意味をいいなさい。

(1) Возвращаясь из школы, мы на улице встретили Ивана Ивановича.

(2) Завтра, возвращаясь с прогулки, я зайду к Ивану Ивановичу.

(3) Желая скорее уехать, он торопится кончить работу.

(4) Читая газету, я думаю о судьбах России.

(5) Имея много времени, мы решили пойти в университет пешком.

(6) Образно говоря, он был для нас лучом надежды.

(7) Между нами говоря, он просто дурак.

(8) Пользуясь этим случаем, я решил посмотреть ваш город.

単語　(2) прогулка 散歩　(3) торопиться（不完）急ぐ（спешить）

(6) образно говоря たとえて言えば，луч 光，надежда 希望

(7) между нами говоря ここだけの話だけど（говоря については ☞《発展》4) 5)）。

3) ロシア語で表わしなさい。

(1) アーンナは窓辺にすわって（すわったままで）新聞を読んでいた。

(2) 弟の手紙を読みながら，私は自分の両親のことを考えた。

(3) 祖国の運命について語り合いながら，ロシア人たちは暗いホールに長い間すわっていた。

II　完了体副動詞

動詞(完)過去語幹	母音の場合 + -в(-вши) 子音の場合 + -ши	— 完了体副動詞　～してから

第25課　副動詞

第105表　完了体副動詞の例

	不定形（完了体）		過去語幹(過去形)	完了体副動詞	
母音で終わるもの	изучи́ть	研究しつくす	изучи́(-л)	изучи́в	研究しつくしてから
	посла́ть	送り出す	посла́(-л)	посла́в	送り出してから
	верну́ть	かえす	верну́(-л)	верну́в	かえしてから
	купи́ть	買い取る	купи́(-л)	купи́в	買い取ってから
	получи́ть	受け取る	получи́(-л)	получи́в	受け取ってから
子音で終わるもの	вы́расти	大きくなる	вы́рос	вы́росши	大きくなってから
	помо́чь	助ける	помо́г	помо́гши	助けてから

《例文》

(1) Зако́нчив рабо́ту,　　(a) мы *отдыха́ем*.
　　　　　　　　　　　　(b) мы *отдыха́ли*（*отдохну́ли*）.
　　　　　　　　　　　　(c) мы *бу́дем отдыха́ть*（*отдохнём*）.

　(a) 仕事をすませたので，私たちは休憩している。（現在）
　(b) 仕事をすませてから，私たちは休憩した（一服した）。（過去）
　(c) 仕事をすませたら，私たちは休憩する（一服する）。（未来）

(2) Прочита́в газе́ту,　　(a) я *лёг*（*легла́*）спать.
　　　　　　　　　　　　(b) ты *лёг*（*легла́*）спать.
　　　　　　　　　　　　(c) они́ *легли́* спать.

　(a) 新聞を読み終えてから，私は床に入った。
　(b) 新聞を読み終えてから，お前は床に入った。
　(c) 新聞を読み終えてから，彼らは床に入った。

《基本》

1) 完了体副動詞は完了体過去語幹に -в（-вши），-ши をつけてつくる。過去語幹が母音で終われば -в（-вши），子音で終われば -ши。

2) 述語動詞の表わす動作に先立って完了した動作を表わす。

《説明》

1) かたちについて：(1)過去語幹とは，過去形の男性形から -л を除い

395

第2部　文法編

たもの。(2)男性形に -л がなく，他の子音で終わるものがあったら，過去語幹はその子音で終わる（第 105 表）。

2)　用法について：(1)述語動詞のいかなる時制にも〔(1)〕，いかなる人称・性・数に関しても〔(2)〕，用いられる。(2)動作の主体は常に文の主語に同じである。

《注意》

1)　過去語幹が母音で終わっていたら，-в の場合も，-вши の場合もあり得る。

изучи́ть → изучи́в/изучи́вши　посла́ть → посла́в/посла́вши

ただし，現代語で普通用いられるのは -в のほうである。

2)　-ся 動詞の場合，過去語幹が母音で終わっていたら，必ず -вшись，子音で終わっていたら，-шись。

верну́ться 帰る　　верну́лся → верну́вшись 帰ってから

сбере́чься 保存される　　сберёгся → сберёгшись 保存されてから

3)　アクセントは過去形男性と一致するのが普通（第 105 表）。

4)　不定形が -ти で終わるものは，完了体であっても，不完了体と同じく，現在語幹に -я をつけて副動詞をつくる。

уйти́ 去る　уйд(-у́т) → уйдя́ (уше́дши) 去ってから

войти́ 入る　войд(-у́т) → войдя́ (воше́дши) 入ってから

принести́ 持って来る　принес(-у́т) → принеся́ (принёсши) 持って来てから

перевести́ 翻訳する　перевед(-у́т) → переведя́ (переве́дши) 翻訳してから

расцвести́ 花が咲く　расцвет(-у́т) → расцветя́ (расцве́тши) 花が咲いてから

かっこ内のかたちもあるが，普通用いられるのは -я によるもの。

Войдя́ в ко́мнату, он откры́л окно́. 部屋に入って彼は窓を開けた。

《参考》

先立って完了した動作を基本的に表わすものだが，文脈に応じ，原因，

第 25 課　副動詞

条件，付帯的状況，譲歩などの意味にもなる。

Не получив ответа на своё письмо, я написал ему опять. 手紙を出したのに返事をもらえなかったので，私は再度彼に手紙を書いた（原因）。

Он сидел за столом, **подперев** голову. 彼はほおづえをついて，テーブルに向かってすわっていた（付帯的状況）。

Прожив долго в Москве, мы всё ещё не очень хорошо знаем этот город. 長年モスクワで暮らしてきたけど，私たちはまだこの都会をあまりよくは知らないのだ（譲歩）。

練習問題 142

1) かっこ内の不定形を副動詞に改め，文を完成させ意味をいいなさい。

　(1) (поужинать)，я поехал в театр.

　(2) (окончить) политехнический институт, мой брат будет инженером.

　(3) (прийти) домой, она увидела на столе письмо.

　(4) (уехать) из Токио уже вчера, я не мог вас посетить.

　単語　(2) оканчивать・окончить 終える，卒業する，политехнический 一般技術の，политехнический институт 工科大学

2) 意味をいいなさい。

　(1) Придя к нам, ты получишь новые японские еженедельники.

　(2) Профессор прекрасно читал лекции, останавливаясь на важных вопросах и освещая их, и, только объяснив всё, переходил к новой теме.

　(3) Вернувшись из-за границы, он продолжает свою педагогическую и научную деятельность.

　(4) Улыбнувшись, девушка пригласила нас сесть.

　単語　(1) еженедельник 週刊誌　(2) лекция 講義，читать лекции 講義する，останавливаться・остановиться とどまる，立ち止まる，освещать 光をあてる，解明する　(3) из-за границы 外

第2部　文法編

国から，педагоги́ческий 教育的な，нау́чный 科学的な，学問的な，де́ятельность 活動　(4) улыба́ться・улыбну́ться ほほえむ，にっこり笑う

3) ロシア語で表わしなさい。
  (1) 私はにっこり笑って，少年を招いた。
  (2) このニュースを知って，私はただちに父に電話した。
  (3) 仕事をすませてから，私は散歩に出かけた。

単語　ただちに сейча́с же

♣ 単語帳（7）
総称語（同類を一括することば）

同類のものの例		総称語
клубни́ка	イチゴ	
сморо́дина	スグリ	
мали́на	キイチゴ	я́годы イチゴ類
крыжо́вник	グーズベリー	
земляни́ка	オランダイチゴ	
мотоци́кл	オートバイ	
автомоби́ль	自動車	тра́нспортные сре́дства 交通手段
парохо́д	汽船	
лингви́ст	言語学者	
фи́зик	物理学者	учёные 学者
матема́тик	数学者	
лингви́стика	言語学	
фи́зика	物理学	нау́ка 学問
матема́тика	数学	
респу́блика	共和国	
короле́вство	王国	госуда́рство 国家
импе́рия	帝国	
больни́ца	病院	лече́бное учрежде́ние 医療機関
поликли́ника	診療所	

第 26 課

形動詞

I 能動と被動, 現在と過去

第 106 表　形動詞一覧

名　称		派生するアスペクト	特徴的かたち	
			長語尾	短語尾
能動形動詞	現在	不完了体	-щий	ナシ
	過去	不完了体 完了体	-вший, -ший	
被動形動詞	現在	不完了体	-мый	あまり用いられない
	過去	完了体	-нный, -тый	-н, -на, -но, -ны -т, -та, -то, -ты

《基本》

1) 動詞から派生し，形容詞と同じ働きをするかたちを形動詞と呼ぶ。
2) 形動詞には能動的動作を示す能動形動詞と受動（受け身）的動作を示す被動形動詞とがある。
3) それぞれに現在と過去がある（第106表）。

《説明》

1) 第106表は今おぼえる必要はない。ただ，(1)能動形動詞現在，(2)能動形動詞過去，(3)被動形動詞現在，(4)被動形動詞過去の4つのかたちがあることを確認しておこう。

第2部　文法編

2）本課のⅥまで学んだ後に再度振り返り，知識の整理に第106表を役立てよう。

《注意》

被動とは受動（受け身）の意味。受動形動詞といってよいわけだが，多くの文法書や代表的辞書において被動形動詞という用語が用いられているので，このまま使用する。

Ⅱ　能動形動詞現在

```
動詞（不完）複数三人称      + -щий  ─  能動形動詞現在
（の最後のтを取り）                  ～している（ところの）
```

第107表　能動形動詞現在の例

	不定形（不完了体）		単数一人称／複数三人称	能動形動詞現在	
第1変化動詞	де́лать	する	де́лают	де́лающий	している
	волнова́ть	波立たす	волну́ют	волну́ющий	波立たせている
	писа́ть	書く	пи́шут	пи́шущий	書いている
第2変化動詞	говори́ть	話す	говорю́, говоря́т	говоря́щий	話している
	ходи́ть	歩いて行く	хожу́, хо́дят	ходя́щий	歩いて行く
	держа́ть	持っている	держу́, де́ржат	держа́щий	持っている

《例文》

(1) Я зна́ю инжене́ра, рабо́тающего на э́том заво́де. 私はこの工場で働いている技師を知っている。

(2) Она́ получи́ла письмо́ от свое́й сестры́, живу́щей в Москве́. 彼女はモスクワに住んでいる自分の姉から手紙を受け取った。

(3) У нас есть не́сколько студе́нтов, хорошо́ говоря́щих по-ру́сски. 私たちのところにはロシア語を上手に話す学生が数人いる。

400

第 26 課　形動詞

《基本》

1) 能動形動詞現在（以下能形現と略称）は不完了体動詞の複数三人称の語尾の最後の -т を取りのぞき，-щий をつけてつくる。

2) 能形現は -ж, -ч, -ш, -щ 語幹の形容詞，たとえば хоро́ший（☞p.254）と同じ変化をする。

3) 述語が示す動作・状態に同時的・並行的な動作を表わすのが基本である。

《説明》

1) 第１変化に属する動詞は -ющий, -ущий, 第２変化に属する動詞は -ящий, -ащий となる（第 107 表）。

2) 形動詞は関係代名詞によって導かれる従属文にかわり得るものである。(1)は Я зна́ю инжене́ра, кото́рый рабо́тает на э́том заво́де. (2)は Она́ получи́ла письмо́ от свое́й сестры́, кото́рая живёт в Москве́. (3)は У нас есть не́сколько студе́нтов, кото́рые хорошо́ говоря́т по-ру́сски. で言い換えられる。

3) 形動詞の格は関係代名詞と異なり，修飾する名詞の格に一致する（性・数はもちろんである）。(1)では инжене́ра に一致し男性活動体対格，(2)では сестры́ に一致し女性生格，(3)では студе́нтов に一致し，複数生格となる。

4) 述語は現在・過去・未来いずれであってもよい。それに並行的な動作を能形現は表わす。

(1) Я говорю́ с това́рищем, рабо́тающим на на́шем заво́де. 私は工場で働いている仲間と話をしている。

(2) Я говори́л с това́рищем, рабо́тающим на на́шем заво́де. 私は（そのとき）工場で働いていた仲間と話をした。

(3) Я бу́ду говори́ть с това́рищем, рабо́тающим на на́шем заво́де. 私は工場で働く仲間と話をするつもりだ。

《注意》

1) -ся 動詞の場合は -щийся になる。ただし，-ся は母音のあとでも

第 2 部　文法編

-сь にならず，-ся のままである。

　　учи́ться 学ぶ → уча́щийся, уча́щаяся, уча́щиеся 学んでいるところの

　2)　アクセントは第 1 変化に属するものは複数三人称に，第 2 変化に属するものは単数一人称に一致するのが原則（第 107 表）。ただし，例外がなくもない。

　　люби́ть（люблю́）愛する → лю́бящий 愛しているところの
　　служи́ть（служу́）勤める → слу́жащий 勤めているところの

　3)　形動詞は，例文のように，修飾するもののあとにコンマを打ってすぐおく場合と，形容詞と同じように修飾するものの前におく場合とがある。後者の例をあげる。

Встре́ча Но́вого го́да — э́то волну́ющий и краси́вый пра́здник. 新年をむかえることはわくわくするようなすばらしいお祝い行事です。

Внача́ле подня́ли бока́лы за уходя́щий ста́рый год. 最初に去りゆく古い年のために乾杯がなされた。

　4)　能動形動詞が用いられるのは主に書きことばである（このことは次に述べる能動形動詞過去についても同じである）。

《参考》

　能形現は発話時と一致すると解釈できる場合もある。そのような場合，説明の 4) であげた例文(2)(3)は次のような意味にとらねばならない。

　　(2)　私は工場で（今）働いている仲間と話をした。
　　(3)　私は今工場で働いている仲間と話をするつもりだ。

練習問題 143

　1)　かっこ内の動詞を能形現の適当なかたちに改め，文を完成させ，意味をいいなさい。

　　(1)　Студе́нтка,（чита́ть）газе́ту у окна́, хорошо́ зна́ет италья́нский язы́к.
　　(2)　Вчера́ ко мне приходи́ли студе́нты,（изуча́ть）ру́сский язы́к.
　　(3)　Мы попроси́ли дя́дю, хорошо́（знать）францу́зский язы́к, пере-

402

вести́ нам э́ту статью́.

(4) Тури́сты побыва́ли на Кра́сной пло́щади, (находи́ться) в це́нтре Москвы́.

(5) Мы подошли́ к по́езду, (стоя́ть) на второ́м пути́.

単語 (4) побыва́ть（完）訪れてしばらく時をすごす (5) путь 道，線

2) 例にならい，次の関係代名詞による文を能形現による文に改めなさい。

例 Мы зна́ем инжене́ра, кото́рый рабо́тает здесь. → Мы зна́ем инжене́ра, рабо́тающего здесь.

(1) Я ча́сто пишу́ сестре́, кото́рая живёт в Москве́.

(2) Студе́нты, кото́рые жела́ют стать преподава́телями япо́нского языка́, должны́ хорошо́ знать англи́йский язы́к и оди́н из восто́чных языко́в.

(3) Така́я кни́га по грамма́тике нужна́ студе́нтам, кото́рые изуча́ют ру́сский язы́к.

(4) На́ша маши́на приближа́лась к зда́нию гости́ницы, кото́рая нахо́дится в це́нтре Москвы́.

(5) Сообщи́те э́то всем слу́шателям, кото́рые посеща́ют ку́рсы ру́сского языка́.

単語 (2) восто́чный 東の，東洋の，アジアの (3) грамма́тика [-m-] 文法 (4) кото́рая（先行詞が гости́ница であるため女性形。кото́рое とすると先行詞は зда́ние になる。双方共可），приближа́ться・прибли́зиться 近づく (5) слу́шатель 聴講者，курс コース

3) 次の能形現によってつくられる文を関係代名詞による文に改めなさい。

(1) Я зна́ю ма́ленького ма́льчика, хорошо́ игра́ющего на роя́ле.

(2) Мы ча́сто пи́шем сы́ну, живу́щему на Кавка́зе.

403

第2部　文法編

(3) Время идёт очень медленно для людей, ждущих доктора.

単語 (1) рояль（男）グランドピアノ

4) 意味をいいなさい。

(1) Для пассажиров, отправляющихся по самым популярным авиатрассам, цены тоже выросли.

(2) Выставки, рассказывающие о предупреждении несчастных случаев, всегда вызывают большой интерес.

単語 (1) пассажир 旅客, популярный 人気のある, авиатрасса [-ss-|-s-] 航空路　(2) предупреждение 予防, выставка 展示会, вызывать・вызвать 呼び起こす

III　能動形動詞過去

```
動詞(不完・完)  { 母音の場合 + -вший    能動形動詞過去
過去語幹        { 子音の場合 + -ший  ― 〜していた／
                                       した(ところの)
```

第108表　能動形動詞過去の例

	不定形(不完・完)	過去語幹(過去形)	能動形動詞過去
母音で終わるもの	[с]делать [по]просить [про]жить	[с]дела(-л) [по]проси(-л) [про]жи(-л)	[с]делавший [по]просивший [про]живший
子音で終わるもの	[при]нести [с]беречь [за]сохнуть	[при]нёс [с]берёг [за]сох	[при]нёсший [с]берёгший [за]сохший

《例文》

(1) Студент, **прочитавший** записку, вышел из аудитории. メモを読み終えた学生は教室から出ていった。

404

第 26 課　形動詞

(2)　В высшие учébные заведéния принимáются учáщиеся, **сдáвшие** экзáмен на аттестáт зрéлости. 大学には普通教育終了試験に受かった生徒が受け入れられる。

(3)　Он говорил об услóвиях жи́зни, **существовáвших** в э́то врéмя в его́ странé. 彼はそのとき自分の国に存在していた生活条件について話した。

単語　(2) вы́сшие учéбные заведéния 高等教育機関，大学，учáщий-ся 生徒（形動詞のかたちをした名詞。☞p.421），аттестáт 卒業証書，аттестáт зрéлости 普通教育終了証　(3) существовáть（不完）存在する

《基本》
1)　能動形動詞過去（能形過と略称）は，能形現とは異なり，不完了体からも，完了体からもつくられる。
2)　過去語幹（☞p.395）が母音で終わっていたら -вший を，子音で終わっていたら -ший をつける（第108表）。
3)　完了体能形過は述語によって示された動作・状態に先行する動作を表わし〔(1)(2)〕，不完了体能形過は過去の継続，反復的動作を普通示す〔(3)〕。

《説明》
1)　述語は現在・過去・未来いずれでもよい。(2)の述語動詞を принимáлись にすれば，「～試験に受かった生徒が受入れられた」。бу́дет принимáться にすれば「～試験に受かった生徒が受入れられることになろう」となる。
2)　хорóший と同じ変化をし，形容詞的に用いられ，関係代名詞によって導かれる従属文に変わり得ることは，能形現に同じ。(1)は Студéнт, котóрый прочитáл запи́ску,...，(2)は ...учáщиеся, котóрые сдáли экзáмен...，(3)は ...услóвиях жи́зни, котóрые существовáли... で言い換えられる。

《注意》
1)　-ся 動詞の場合は -шийся になる。母音のあとも -сь にならないことは能形現の -щийся と同じ。
2)　アクセントは過去語幹が母音で終わっているなら，不定形のそれと

405

第2部　文法編

一致する。子音で終わっているなら，-ший の直前にあるのが普通である（第108表）。

　3）идти（とそれに接頭辞のついたもの）の能形過は шéдший となる。

идти 行く → шéдший 行ったところの

прийти 到着する → пришéдший 到着したところの

　4）不定形が -сти で終わり，現在で -д- や -т- が現れる動詞では子音で終わるタイプになる。

[при]вести 連れてくる [при]веду́, [при]вёл — [при]ве́дший

[рас]цвести 咲く [рас]цвету́, [рас]цвёл — [рас]цве́тший

приобрести 得る приобрету́, приобрёл — приобре́тший

《参考》

　1）不完了体能形過は述語動詞が示す動作に先行する不完了体的動作を示すこともある。いずれであるかは文脈による。

Он говори́т（говори́л, бу́дет говори́ть）об усло́виях жи́зни, **существова́вших** когда́-то ра́ньше в свое́й стране́. 自分の国にかつて存在していた生活条件について彼は話している（話していた，話すであろう）。

　2）能動形動詞の格支配は動詞と変わらない。

Студе́нт занима́ется **ру́сским языко́м**. → студе́нт, занима́ющийся **ру́сским языко́м** ロシア語を勉強している学生（造格）

Президе́нт тре́бовал **выполне́ния** пла́на. → президе́нт, тре́бовавший **выполне́ния** пла́на 計画の遂行を求めていた社長（生格）

練習問題 144

　1）かっこ内の動詞を能形過の適当なかたちに改め，文を完成させ，意味をいいなさい。

　(1) Актёр,（игра́ть）роль Га́млета, о́чень тала́нтлив.

　(2) Студе́нтка,（прочита́ть）кни́гу, вы́шла из чита́льного за́ла.

　(3) Он заме́тил письмо́,（лежа́ть）на столе́.

　(4) Андре́й зна́ет журнали́стку,（написа́ть）э́ту статью́.

第26課　形動詞

(5) Я посла́л письмо́ дру́гу, (око́нчить) университе́т.

単語 (1) актёр 俳優，役者，тала́нтливый 才能のある，роль 役，игра́ть роль 役を演ずる　(4) журнали́стка 女性記者

2) 次の関係代名詞による文を能形過による文に改めなさい。

(1) Я встре́тил гру́ппу студе́нтов, кото́рые оживлённо спо́рили о чём-то друг с дру́гом.

(2) Докла́дчик, кото́рый вы́ступил вчера́ на съе́зде, я́сно изложи́л свою́ тео́рию.

(3) Студе́нты, кото́рые сда́ли экза́мен, перехо́дят на тре́тий курс.

(4) Царь Алексе́й Миха́йлович оста́вил ещё одного́ сы́на, кото́рый роди́лся в 1662 (ты́сяча шестьсо́т шестьдеся́т второ́м) году́.

(5) Студе́нты-иностра́нцы, кото́рые занима́лись япо́нским языко́м в Хироси́ме, уе́хали на ро́дину.

単語 (1) оживлённо 生き生きと，熱心に，друг (дру́га/дру́гу/с дру́гом/о дру́ге...) お互いに，お互いを (最初の друг は不変化で，アクセントなし。あとの друг は動詞の支配に応じ男性名詞として変化する。забы́ть друг дру́га お互いにお互いを忘れる，お互いに相手を忘れる)　(2) докла́дчик 報告者，выступа́ть・вы́ступить 発言する，意見を発表する，съезд 大会，излага́ть・изложи́ть 述べる，тео́рия 理論　(4) царь ロシア皇帝，оставля́ть・оста́вить 残す，одного́ оди́н「1」の対格 (＝生格。☞ p.425)　(5) студе́нт-иностра́нец（外国人）留学生 (иностра́нные студе́нты, студе́нты по обме́ну из други́х стран ともいう)

3) 次の能形過によってつくられる文を関係代名詞による文に改めなさい。

(1) Они́ реши́ли спроси́ть проезжа́вшего ми́мо их до́ма старика́.

(2) Сестра́ поздоро́валась с почтальо́ном, принёсшим письмо́ от бра́та.

(3) Профе́ссор похвали́л студе́нтов, написа́вших хоро́шие дипло́мные рабо́ты.

407

第2部　文法編

単語 (1) решáть・решить A（不定形）A しようと決心する，проезжáть・проéхать（乗物で）通りすぎる（☞p.170, 171），мимо A（生格）A のかたわらを，старик 老人　(2) здорóваться・поздорóваться с A（造格）A と挨拶を交わす，почтальóн [-l'jó-] 郵便配達人　(3) хвалить・похвалить ほめる，диплóмная рабóта 卒業論文

4) 意味をいいなさい。

(1) Студéнтка, решáющая задáчу, стоит у доски.

(2) Студéнтка, решáвшая задáчу, стоя́ла у доски и писáла.

(3) Студéнтка, решившая задáчу, сéла и стáла писáть.

(4) Он это обещáл умирáющему отцý.

(5) Студéнты, прочитáвшие газéты, остáвили их на столé.

(6) Дéти, боя́вшиеся самолёта, заплáкали.

単語 (3) стать A（不完了体不定形）A し始める　(6) боя́ться A（生格）A を恐れる，заплáкать（完）泣き出す

IV　被動形動詞現在

動詞（不完）複数一人称 + -ый ― 被動形動詞現在　〜されている（ところの）

第109表　被動形動詞現在の例

	不定形（不完了体）		複数一人称	被動形動詞現在	
第1変化動詞	читáть	読む	читáем	читáемый	読まれる
	решáть	解く	решáем	решáемый	解かれる

第26課　形動詞

第2変化動詞	люби́ть	愛する	лю́бим	люби́мый	愛される
	привози́ть	輸入する	приво́зим	привози́мый	輸入される

《例文》

（1） В не́бе показа́лся спу́тник, ви́димый просты́м гла́зом. 大空に肉眼でも見える人工衛星が現われた。

（2） Зада́ча, реша́емая студе́нткой, о́чень трудна́. 女子学生に解かれている問題は非常にむずかしい。

（3） На́ша библиоте́ка получа́ет мно́го газе́т, издава́емых в ра́зных стра́нах. 私たちの図書館はいろいろな国で出版されているたくさんの新聞をとっている。

単語　（1）пока́зываться・показа́ться 現われる，見える，спу́тник 人工衛星　（3）издава́ть・изда́ть 出版する

《基本》

1）被動形動詞現在（以下，被形現）は不完了体の他動詞の複数一人称の語尾に -ый をつけてつくる。

2）被形現は硬変化形容詞，たとえば но́вый と同じ変化（☞p.244）をする。

3）「～されている（ところの）」という受身的意味を示す。

《説明》

1）第1変化に属する動詞は -емый，第2変化に属する動詞は -имый となる（第109表）。

2）述語が示す動作・状態と平行的な受身的動作を表わす。

Зада́ча, реша́емая студе́нткой, была́ о́чень трудна́. 女子学生によって解かれていた問題はとてもむずかしかった〔(2)と比較せよ〕。

3）動作の主体は造格で示される。(1)の гла́зом，(2)の студе́нткой はその例である。

《注意》

1）дава́ть「与える」の мы に対する変化は даём だが，被形現は дава́емый。

409

第 2 部　文法編

接頭辞がついていても同じ。

продава́ть 売っている → продава́емый 売られている

издава́ть 出版する → издава́емый 出版されている

передава́ть 渡す → передава́емый 渡される

2)　被形現が用いられるのは書きことばである。

3)　アクセントは主に不定形に一致する。ただし，-ова́ть 動詞では -у́емый。

рисова́ть 描く → рису́емый 描かれている

《参考》

1)　被形現は能形現と意味上うらはらの関係になる。

студе́нтка, реша́ющая（能形現）зада́чу 問題をといている女子学生 — зада́ча, реша́емая（被形現）студе́нткой〔(2)〕。

2)　書きことばであっても，被動形動詞を用いた，たとえば Кни́га, чита́емая студе́нтом, о́чень интере́сна. より関係代名詞を用いた，Кни́га, кото́рую чита́ет студе́нт, о́чень интере́сна. のような構成をとる文が普通用いられる。

練習問題 145

1)　次の空所に適当な形動詞を選んで入れ，文を完成させ，意味をいいなさい。

(1)　(a)　Как прекра́сно мо́ре, ... луно́й!

(b)　Луна́, ... мо́ре, стои́т высоко́ над ним.（освеща́ющий, освеща́емый）

(2)　(a)　Сего́дня ду́ет си́льный ве́тер, ... ту́чи.

(b)　Ту́чи, ... ве́тром, покрыва́ют всё не́бо.（собира́ющий, собира́емый）

単語　(1) луна́ 月，освеща́ть・освети́ть 照らす　(2) дуть（風が）吹く，ту́ча 黒雲，雨雲，покрыва́ть・покры́ть おおう，не́бо 空，собира́ть・собра́ть 集める

2)　意味をいいなさい。

第 26 課　形動詞

(1) Мы не мо́жем согласи́ться с вноси́мым ва́ми предложе́нием.
(2) Кни́га... — э́то прика́з, передава́емый часовы́м, отправля́ющимся на о́тдых, часово́му, заступа́ющему его́ ме́сто. (Герцен)
(3) Он напи́шет статью́ о предме́те, изуча́емом все́ми ученика́ми.
(4) Э́то — де́вочка, люби́мая все́ми.

単語　(1) соглаша́ться・согласи́ться с A（造格）A に賛成する，предложе́ние 提案　(2) прика́з 命令，часово́й（形容詞のかたちをもつ名詞）歩哨（☞ p.260 以下），отправля́ться・отпра́виться 出発する，о́тдых 休息，заступа́ть・заступи́ть《旧・俗》A（対格）A に代ってある位置につく，代りをつとめる　(3) предме́т 学科目，(4) де́вочка 少女

V　被動形動詞過去

```
動詞（完）  ┌ + -нный        被動形動詞過去
過去語幹　  └ + -тый         ～された（ところの）
```

第 110 表　被動形動詞過去の例

-нный によるかたち		
不定形（完了体）	過去語幹／単数一人称	被動形動詞過去

	不定形（完了体）		過去語幹／単数一人称	被動形動詞過去	
-ать, -ять で終 わる	написа́ть	書く	написа́(-л)	напи́санный	書かれた
	посла́ть	送る	посла́(-л)	по́сланный	送られた
	нарисова́ть	描く	нарисова́(-л)	нарисо́ванный	描かれた
	потеря́ть	失う	потеря́(-л)	поте́рянный	失われた
-еть で終 わる	просмотре́ть	検査する	просмотр(-ю́)	просмо́тренный	検査された
	уви́деть	見る	уви́ж(-у)	уви́денный	見られた

411

第2部　文法編

	不定形		一人称単数	被動形動詞過去	
-ить で終 わる	постро́ить	建てる	постро́(-ю)	постро́енный	建てられた
	укра́сить	飾る	укра́ш(-у)	укра́шенный	飾られた
	получи́ть	受け取る	получ(-у́)	полу́ченный	受け取られた
	запрети́ть	禁止する	запрещ(-у́)	запрещённый	禁止された
	заплати́ть	支払う	заплач(-у́)	запла́ченный	支払われた
	купи́ть	買う	купл(-ю́)	ку́пленный	買われた
-ти で終 わる	принести́	持ちこむ	принес(-у́)	принесённый	持ちこまれた
	перевести́	訳す	перевед(-у́)	переведённый	訳された
	найти́	見つける	найд(-у́)	на́йденный	見つけられた
	приобрести́	獲得する	приобрет(-у́)	приобретённый	獲得された

-тый によるかたち				
不定形（完了体）		不定形の特徴	被動形動詞過去	
подчеркну́ть	強調する	-ну(-ть)	подчёркнутый	強調された
приня́ть	受け取る	-ня(-ть)	при́нятый	受け取られた
расколо́ть	打ち割る	-оло(-ть)	раско́лотый	打ち割られた
запере́ть	閉める	-ере(-ть)	за́пертый	閉められた
умы́ть	洗う	-мыть	умы́тый	洗われた
закры́ть	閉める	-рыть	закры́тый	閉められた
уби́ть	殺す	-бить	уби́тый	殺された
сшить	縫う	-шить	сши́тый	縫われた
прожи́ть	過ごす	-жить	про́житый	過ごされた

《例文》

(1) Я прочита́л статью́, напи́санную мои́м знако́мым. 私は知り合いによって書かれた論文を読んだ。

(2) Я ещё не получи́л по́сланных ва́ми книг. 私はあなたによって送られた本をまだ受け取っていない。

(3) Мы говори́ли о полу́ченном им письме́. 私たちは彼によって受け取られた手紙について話していた。

《基本》

1) 被動形動詞過去（以下，被形過）は，普通，完了体の他動詞からつくられる。

2) つくり方はやや複雑である。

第 26 課　形動詞

3)　硬変化形容詞，たとえば новый と同じ変化をする。
4)　「～された（ところの）」という受身的意味を示す。

《説明》

1)　-ать, -ять, -еть で終わる大部分の動詞は不定形の -ть をとり -нный を付す（第 110 表）。

2)　-ить に終わる（第 2 変化の多音節）動詞，および，-ти に終わる動詞は現在単数一人称に現われる子音を残し，それに -енный (-ённый) を付す（第 110 表）。

3)　-тый によってつくられるものの不定形の特徴は第 110 表にあげた。最初は個々におぼえていくようにしよう。

《注意》

1)　увидеть「目にする」などでは，不定形（過去形）の -д- が保存される。

увидеть（увижу）→ увиденный 目にされた

2)　-(д)ить で終わる動詞では，-ждённый となるものが多くある。

освободить 解放する（освобожу）→　освобождённый 解放された
наградить 表彰する（награжу）→　награждённый 表彰された

3)　-ать, -ять で終わる動詞では，アクセントが不定形の最後の母音にあれば，1 音節前に移る（第 110 表）。それ以外は不定形に一致する。

сформулировать 公式化する → сформулированный 公式化される

4)　-еть, -ить に終わる動詞では，アクセントは単数二人称と一致。

просмотреть（просмотришь）→ просмотренный
провозгласить 宣言する（провозгласишь）→ провозглашённый 宣言された（アクセントがある場合 -енный は -ённый になる）

5)　-ти に終わる動詞では，найденный などの例を除き -ённый（第 110 表）。

6)　-тый によるかたちでは，アクセントは多く過去男性形に一致する。

убить（убил）→ убитый

《参考》

413

第2部　文法編

1)　被形過は能形過と意味上うらはらの関係になる。

знако́мый, написа́вший（能形過）статью́論文を書いた知り合い ― статья́, напи́санная знако́мым〔(1)〕。

2)　-ся 動詞は他動詞ではないため，-ся 動詞の被動形動詞というものはあり得ない。

練習問題 146

1)　意味をいいなさい。

(1)　Брат принёс обе́щанную кни́гу.

(2)　Мы шли по ука́занной ва́ми доро́ге.

(3)　Де́ти съе́ли оста́вленный на столе́ обе́д.

(4)　Зада́ча, решённая студе́нткой, была́ о́чень трудна́.

(5)　Я то́лько что прочита́л кни́гу, переведённую с ру́сского на́шим профе́ссором.

(6)　Он услы́шал чей-то го́лос за закры́той две́рью.

(7)　Она́ спит с откры́тым окно́м.

> **単語**　(1) обеща́ть（不完・完）約束する（ここでは完了体として被形過を派生させている）　(2) ука́зывать・указа́ть 指し示す　(3) съеда́ть・съесть 食べる，оставля́ть・оста́вить 残す　(5) то́лько что たった今

2)　例にならい，次の被形過を持つ文を関係代名詞を持つ文に改めなさい。

例：Зада́ча, решённая студе́нткой, была́ о́чень трудна́. ― Зада́ча, кото́рую реши́ла студе́нтка, была́ о́чень трудна́.

(1)　Оте́ц принёс сестре́ слова́рь, ку́пленный им для неё в Москве́.

(2)　Де́вушка, встре́ченная на́ми на у́лице, показа́лась мне знако́мой.

(3)　Мы верну́ли в библиоте́ку все журна́лы, прочи́танные на́ми.

(4)　Я уви́дел на столе́ кни́гу, забы́тую мои́м знако́мым.

第 26 課　形動詞

VI　被動形動詞過去の短語尾

第 111 表　被動形動詞過去短語尾の例

長語尾	短語尾			
	男性	女性	中性	複数
полу́ченный 受け取られた	полу́чен	полу́чена	полу́чено	полу́чены
разрешённый* 許可された	разрешён	разрешена́	разрешено́	разрешены́
откры́тый 開かれた	откры́т	откры́та	откры́то	откры́ты

*-ённый に終わるものの短語尾ではアクセントは常に最後の母音。

《例文》

(1) Письмо́ полу́чено сего́дня. 手紙は今日（すでに）受け取られている。

(2) Письмо́ бы́ло полу́чено вчера́. 手紙は昨日受け取られた（受け取られていた）。

(3) Письмо́ бу́дет полу́чено за́втра. 手紙はあす受け取られるだろう（受け取られてしまうだろう）。

(4) Э́та кни́га ку́плена им. 本は彼によって買われた。

《基本》

1) 被動形動詞には能動形動詞と異なり，短語尾がある。被形現にも短語尾が認められるが，私たちが接する現在のロシア語ではあまり用いられない。重要なのは被形過の短語尾である。

2) 被形過の短語尾は長語尾の -ый (-ая, -ое, -ые) をとり，ゼロ，-а，-о, -ы を付すことによってつくられる。-нный の場合は -н- を 1 つおとす。つまり -н- は 1 つだけになる（第 111 表）。

3) これら短語尾は動詞 быть とともに受動的意味の述語をつくる。

《説明》

1) 現在はゼロ〔(1)〕，過去は был (-á, -о, -и)〔(2)〕，未来は бу́ду, бу́дешь,…

415

第2部　文法編

〔(3)〕をつけてつくる。

　2)　動作の主体は造格によって示される〔(4)〕。

《注意》

　1)　ロシア語の受動（受身）態は以上のように被形過の短語尾とбыть（ゼロを含む）によって構成される。

Дом постро́ен. 家は（もう）建てられてある。

Дом был постро́ен. 家は建てられた。

Дом бу́дет постро́ен. 家は建てられるであろう。

これがロシア語の受動（受身）態の文である。

これらはアスペクト（体）の観点からいえば完了体である（被形過は完了体からつくられる）。では，不完了体の受動態，少なくともそれにあたる意味はどのように表現されるのであろうか。

すでにふれたとおり，不完了体からつくられる被形現の短語尾はあまり用いられない。ここで動詞の接尾辞 -ся のことを思いおこしてほしい（☞ p.155）。不完了体はこの -ся を使って受動態にあたる意味を示すのである。

Дом стро́ится. 家は建てられている。

Дом стро́ился. 家は建てられていた。

Дом бу́дет стро́иться. 家は建てられていくだろう。

動作の主体を示すのは造格であることも変わらない。

Дом стро́ится *пло́тником*. 家は大工によって建てられている。

　2)　この -ся による不完了体動詞の受動の表現には制限がある。不活動体名詞が主語となり，三人称において用いられるが，その他の場合には避けられる。

　3)　ロシア語では они́ が省略され，対格補語に視点が集中しているかたちの文がよく用いられ，その用法の1つとして受動態（受身態）にとても近い意味が示されることについては ☞ p.474。

　4)　быть + 被形過（短語尾）による述語には，(a)状態的意味と，(b)動作的意味がある。

　　(1)　過去

第26課　形動詞

　(a)　Вчера́ вы́ставка была́ откры́та то́лько у́тром. 昨日展覧会は朝のうちだけ開かれていた（状態）。

　(b)　Наконе́ц, то́лько вчера́ вы́ставка была́ откры́та. ついに昨日展覧会は開会された（動作）。

(2)　現在

　(a)　Дом постро́ен из кирпича́. 家はレンガ造りである（状態）。

　(b)　Дом постро́ен в про́шлом году́. 家は去年建てられた（ものである）（動作）（過去の動作の結果の現存）。

(3)　未来

　(a)　Когда́ мы вернёмся, стол бу́дет накры́т. 帰ったときには食事の用意はできている（状態）。

　(b)　Сле́дующее совеща́ние бу́дет со́звано в ноябре́. 次の会議は11月に招集される（動作）。

5)　完了体には現在はないと記してきた。しかし，それは能動態に限ってのことである。受動態となると完了体にも未来・過去のみならず，上記のように現在があることになる。

　未来はいいとして，問題は完了体受動態の現在と過去の意味の差である。

　(1)　《Одиссе́я》 напи́сана Гоме́ром [-мé-] 『オデュッセイア』はホメロスによって書かれたものである（『オデュッセイア』の著者はホメロスである）（現在）。

　(2)　Кни́га была́ напи́сана в про́шлом году́. 本は昨年書き上げられた（過去）。

(1)と(2)の差は昔とか最近というような時間の差ではない。(1)「現在」は過去の動作によって生じた現在の状態とか結果の現存を示している。(2)「過去」は動作が発話以前において終了したことを表わしている。

6)　быть＋被形過による完了体受動態も多く書きことばで用いられ，文体的にはやはり硬さがある。

7)　Библиоте́ка откры́та ежедне́вно. 図書館は毎日開館されている。

417

第 2 部　文法編

上のような文における откры́та は，発生は，被形過（＜ откры́ть 開く）であるが，形容詞化していると考えたほうがよい。

《参考》

1)　被形現の短語尾は，現在，ほとんど使用されない。ただし，学術論文などで使用が見られることがある。

Статья́ была́ критику́ема рецензе́нтом. 論文は評者によって批判された（Статья́ критикова́лась рецензе́нтом. のタイプの文のほうがよく用いられる）。

2)　（無接頭辞）不完了体から -нный（-тый）によってつくられた被動形動詞過去の短語尾の使用は 18－19 世紀の文学作品に例が見られる。

О́бе（пье́сы）бы́ли о́чень хорошо́ и́граны．（Гоголь）2 つの戯曲は非常に立派に上演された。

現代語では О́бе（пье́сы）бы́ли о́чень хорошо́ сы́граны. と書かれるべきものである。

練習問題 147

1)　アスペクト（体）と時制に注意しながら次の文の意味をいいなさい。

　(1)　(a)　На окра́ине го́рода постро́ены но́вые дома́.

　　　(b)　На окра́ине го́рода бы́ли постро́ены но́вые дома́.

　　　(c)　На окра́ине го́рода бу́дут постро́ены но́вые дома́.

　(2)　(a)　Э́та кни́га издаётся не́сколько раз.

　　　(b)　Э́та кни́га издава́лась не́сколько раз.

　　　(c)　Э́та кни́га бу́дет издава́ться не́сколько раз.

　　　(d)　Э́та кни́га издаётся тем же изда́тельством.

　　単語　(1) окра́ина はずれ　(2) тот же 同じ（тот の変化は，☞p.304），изда́тельство 出版社

2)　意味をいいなさい。

　(1)　На како́м языке́ э́ти фра́зы на доске́ напи́саны?

　(2)　На кни́ге, на́йденной мое́й сестро́й вчера́ в па́рке, напи́сана фами́лия

第 26 課　形動詞

Ивано́в.

(3) На собра́нии бы́ло при́нято ва́жное реше́ние.

(4) При́няты необходи́мые ме́ры для профила́ктики эпиде́мии гри́ппа.

(5) Ле́кции профе́ссора Ло́мтева, прочи́танные в про́шлом году́ в университе́те, опублико́ваны в изда́тельстве 《Нау́ка》.

(6) Ваго́н перепо́лнен, но у них места́ заброни́рованы.

(7) Из чего пригото́влено э́то блю́до?

(8) Всё бу́дет сде́лано.

(9) Колёса приво́дятся в движе́ние водо́й.

(10) План равноме́рно выполня́лся.

(11) Прое́кт обсужда́лся мини́стром.

(12) Прое́кты финанси́руются госуда́рством.

(13) Произво́дится регистра́ция биле́тов и оформле́ние багажа́ пасса́жиров, вылета́ющих ре́йсом 142（сто со́рок два）по маршру́ту Москва́-Каза́нь.

(14) Объявля́ется поса́дка на рейс № 28（но́мер два́дцать во́семь）Ки́ев-Москва́.

単語　(1) фра́за 句, 文言, ことば　(3) принима́ть・приня́ть 採択する, реше́ние 決議　(4) необходи́мый 不可欠の, 必要な, ме́ра 処置, 対策, 手段, профила́ктика 予防, эпиде́мия（伝染病の）流行　(6) переполня́ть・перепо́лнить いっぱいにする, брони́ровать・заброни́ровать リザーブする, ваго́н 車両　(7) приготовля́ть および пригота́вливать・пригото́вить（пригото́влю, пригото́вишь）調理する, 作る, блю́до 料理　(9) колесо́ 車輪, приводи́ть・привести́ A（対格）в движе́ние A を動かす　(10) равноме́рный 一様の, 均質の, выполня́ть・вы́полнить 遂行する, 果たす　(11) прое́кт 設計, 原案, 計画, обсужда́ть・обсуди́ть 検討する　(12) финанси́ровать（不完・完）融資する　(13) производи́ть・произвести́ 行なう（о́пыт「実験」, ана́лиз「分析」,

第 2 部　文法編

ремо́нт「修理」, регистра́ция「登録」などの動詞化動詞。☞ p.445, 446), оформле́ние 手続き（を整えること）, бага́ж 手荷物, вылета́ть・вы́лететь（飛行機で）出発する, рейс 路線 ⑭ объявля́ть・объяви́ть 表明する, アナウンスする, поса́дка 搭乗

3) ロシア語で表わしなさい。
  (1) ドアは開いていた。
  (2) 手紙はやっと今朝書きあげられた（そして今ここにある）。
  (3) 私の家は去年建てられたものだ。
  (4) あなたの本は来年印刷されるでしょう。
  (5) この小説は 1850 年に書かれた。
  (6) 私は彼女の行動に驚かされた。
  (7) 日本でもプロサッカーのリーグが結成された。
  (8) （この）お城は 19 世紀の末に破壊された。
  (9) このお寺は 12 世紀に建造された。
  (10) この難問は日本の学者によって解決された。

  単語　(4) 来年 сле́дующий год, в сле́дующем году́, 印刷する напеча́тать　(6) 驚かす удивля́ть・удиви́ть（被形過 удивлённый）, 行動 поведе́ние　(7) リーグ ли́га, チーム кома́нда, サッカーの футбо́льный, プロの профессиона́льный, 結成する организова́ть（不完・完, 被形過 организо́ванный）　(8) お城 за́мок, 破壊する разруша́ть・разру́шить（被形過 разру́шенный）　(9) お寺 будди́йский храм　(10) 難問 тру́дный вопро́с

VII　形動詞のかたちを持つ形容詞・名詞

《語例》

1) 形容詞
  (1) **сле́дующий** год　来年

(2)　люби́мая де́вушка 愛するひと

　(3)　образо́ванный челове́к 教養ある人

2)　名詞

　(1)　бу́дущее 未来

　(2)　уча́щийся（男），уча́щаяся（女）学生・生徒

　(3)　обвиня́емый（男），обвиня́емая（女）被告

　(4)　заключённый（男），заключённая（女）囚人

《基本》

形動詞のかたちを持つ形容詞・名詞がある。

《説明》

現在，形容詞・名詞として用いられているが，発生としては形動詞。1)の(1)は сле́довать「後に続く」の能形現。(2)は люби́ть「愛する」の被形現。(3)は образова́ть「教育する」の被形過。

2)の(1)は быть「ある」の能形現・中性（☞ p.261）。(2)は учи́ться「学ぶ」の能形現。女性を表わす場合は女性形。(3)は обвиня́ть「起訴する」の被形現。女性を表わす場合は女性形。このあたりのロシア語の造語力はみごとである。(4)は заключи́ть「閉じこめる」の被形過。

《類語》

1)　бу́дущий год 来年（быть の能形現），блестя́щий успе́х かくかくたる成功（блесте́ть の能形現），неосяза́емая ра́зница ほんのわずかの差（не + осяза́ть の被形現），принуждённый смех わざとらしい笑い（прину́дить の被形過）。

2)　прису́тствующие 出席者（прису́тствовать の能形現・複数），слу́жащий 勤め人，サラリーマン（служи́ть の能形現），демобилизо́ванный 除隊者（демобилизова́ть（不完・完）の被形過），случи́вшееся 出来事（случи́ться の能形過）。

《注意》

подсуди́мый「被告」は被形現のかたちをしているが，(суди́ть はあるとしても) подсуди́ть という動詞があるわけではない。

第2部　文法編

《発展》

もとは被形過であるが，形容詞化し，その短語尾が述語として常用されるものが多数ある。

Сегодня магазин **закрыт**. 本日閉店 (закрыт, -а, -о, -ы ＜ закрытый 閉じられている ＜ закрыть 閉じる)。

Императорский дворец **расположен** в центре города. 皇居は都心にあります (расположен, -а, -о, -ы ＜ расположенный ある，存在する ＜ расположить おく)。

Я была глубоко **тронута** вашим гостеприимством. ご歓待くださり，大変感激しました (тронут, -а -о, -ы ＜ тронутый 感激している ＜ тронуть 感動させる)。

Анна со вкусом **одета**. アーンナは趣味のよい服装をしている (одет, -а, -о, -ы ＜ одетый 着ている ＜ одеть 着せる)。

Я **уверен**, что всё будет хорошо. 全てうまく行くと信じています (уверен, -а -о, -ы ＋, что …… と確信する ＜ уверенный 信じている ＜ уверить 信じ込ませる)。

У нас не **принято** давать на чай. この国ではチップを出す習慣はありません (принято ＋ А (不定形) Аすることになっている ＜ принятый 認められている ＜ принять とる，受け入れる)。

練習問題 **148**

1) 意味をいいなさい。

    (1) Я служащий.

    (2) Фукуда-сан у нас заведующий отделом рекламы.

    (3) Желающие есть?

    (4) В следующем веке вопрос загрязнения окружающей среды встанет ещё острее.

    (5) Курение вредно не только самому курящему, но и окружающим.

    (6) В этом магазине не оказалось подходящей детали.

第26課　形動詞

(7) Наш ве́чер начался́ с то́ста и ко́нчился пе́нием все́ми люби́мой пе́сни.

(8) У них телефо́н всегда́ за́нят.

(9) Она́ была́ разочаро́вана.

(10) Са́ша взволно́ван перед докла́дом.

(11) Стол накры́т. Прошу́ к столу́.

(12) Вход воспрещён.

(13) В япо́нской ва́нне не при́нято мы́ться.

単語　(2) заве́дующий А（造格）Аの主任，長 ＜ заве́довать А（造格）Аを運営・管理する（「長」を表わす語については☞単語帳（8），p.434）　(3) жела́ющий 希望者 ＜ жела́ть 望む　(4) загрязне́ние 汚染，окружа́ющий 周囲の ＜ окружа́ть 取り巻く，среда́ 環境，自然条件，встава́ть・вста́ть (вста́ну, вста́нешь) 起立する，現れる，おこる　(5) куре́ние 喫煙，вре́дный 有害である，куря́щий 喫煙者 ＜ кури́ть たばこをすう　(6) ока́зываться・оказа́ться ある，見つかる，подходя́щий 適合する，丁度よい，あう，дета́ль（女）部品　(7) ве́чер パーティー，тост 乾杯　(9) разочаро́ван, -ана, -ано, -аны ＜ разочаро́ванный がっかりした，失望した ＜ разочарова́ть がっかりさせる　(10) взволно́ван ＜ взволно́ванный 興奮している，落ち着きを失なっている ＜ взволнова́ть 興奮させる，心配させる　(12) вход 入場，入ること，воспрещён, -ена́, -ено́ ＜ воспрещённый 禁止された ＜ воспрети́ть 禁止する　(13) ва́нна 風呂，мы́ться（不完）体を洗う

2) ロシア語で表わしなさい。

(1) 私は公務員です。

(2) 「イヴァーン・イヴァーナヴィチさん，お好きな料理は何ですか」「焼いた肉が好物です」

(3) 私達をとてもあたたかく迎えて下さり，非常に感激しています。

(4) 「博物館は月曜日やっていますか」「はい，やっています」

423

第2部　文法編

(5) 今日，店は閉まっています。

(6) アーンナはいつも忙しい。

単語 (1) 国家の госуда́рственный (2) 料理 блю́до，焼いた жа́реный，肉 мя́со (3) あたたかく тепло́，迎える принима́ть・приня́ть (3) 非常に глубоко́ (тро́нутый などにかかる強調語。☞p.456)

イントネーションの型

第1型　Здесь живу́т мои́ роди́тели. 私の両親はここに住んでいます。

И мой брат здесь живёт. 私の兄もここに住んでいます。

Он уе́хал в институ́т. 彼は大学へ行きました。

第2型　Вы на како́м факульте́те у́читесь? 学部はどちらでしょうか。

Где вы рабо́таете? お勤めはどちらですか。

Где рабо́тает Никола́й? ニカラーイはどこに勤めているのでしょうか。

第3型　Вы бы́ли в кино́? 行きましたか，映画に。

Вы бы́ли в кино́? 映画ですか，行ったのは。

Вы бы́ли в кино́? あなたですか，映画に行ったのは。

第4型　Ва́ше и́мя? 名前は？

Во́зраст? 年齢は？

Факульте́т? 学部は？

第5型　Како́е у́тро! すばらしい朝だ。

Ско́лько он рабо́тает! 彼はすごく働く。

Замеча́тельный фильм! すばらしい映画だ。

第 27 課

数詞の変化

I один

第 112 表　один の変化

	単　数			複　数
	男　性	中　性	女　性	
主　格	оди́н	одно́	одна́	одни́
生　格	одного́*1		одно́й	одни́х
与　格	одному́		одно́й	одни́м
対　格	主または生	одно́	одну́	主または生
造　格	одни́м		одно́й*2	одни́ми
前置格	одно́м		одно́й	одни́х

*1 [adnavó]　*2 одно́ю もある。

《例文》

(1) Вчера́ мы це́лый день реша́ли зада́чи, но реши́ли то́лько одну́. 訳は☞p.177。

(2) Он ни одного́ ра́за не опозда́л на свида́ние. 彼は一度だってデートに遅れて来たことはない。

《基本》

один の変化は сам (☞p.312) と同じ（第 112 表）。

《注意》

один にはさまざまな意味，用法がある。

1)「ある」

425

第2部　文法編

Я тебе́ скажу́ по секре́ту одну́ но́вость. 内緒だけど，あるニュースを教えてあげる。

в оди́н прекра́сный день かつて，ある日。

одни́ ある人びと。

2)「一方の」(друго́й と呼応して)

Одни́ согла́сны, други́е нет. 賛成のものもいれば不賛成のものもいる。

3)「同じ」

Я живу́ в одно́м до́ме с ним. 私は彼と同じアパートに住んでいる。

4)「1人で，孤立して」

Она́ жила́ одна́. 彼女は1人で暮らしていた。

Они́ жи́ли одни́. 彼らは彼らだけで暮らしていた。

《参考》

複数のみの名詞に結びつくときは одни́ を用いる。

одни́ часы́ 時計1個

練習問題 149

1)　意味をいいなさい。

　(1)　В ва́шем кла́ссе я зна́ю одну́ о́чень краси́вую де́вушку.

　(2)　Мы говори́ли об одно́м хоро́шем до́кторе.

　(3)　Мы одного́ мне́ния с ва́ми.

　(4)　Одни́ ученики́ занима́лись, други́е безде́льничали.

　(5)　На э́той у́лице нет ни одного́ ста́рого до́ма.

　(6)　В одни́х шкафа́х но́вые кни́ги, а в други́х ста́рые.

　(7)　Мне на́до сходи́ть в одно́ ме́сто.

　(8)　Беда́ не прихо́дит одна́.

　(9)　Оди́н в по́ле не во́ин.

　(10)　Се́меро одного́ не ждут.

　単語　(3) мне́ние 意見　(4) безде́льничать (不完) ブラブラして遊んでいる　(5) ни (оди́н と結びつき否定の強調に用いられる)。

第27課　数詞の変化

Нет ни одного́ челове́ка. 誰一人としていない (☞p.323)　(7) сходи́ть(完)行って来る　(8) беда́ 災難, 不幸　(9) во́ин 戦士　(10) се́меро 7人 (☞p.296, 297)

2)　ロシア語で表わしなさい。
(1)　イヴァーンは家に一人でいた。
(2)　焼酎は日本の一種のウォッカです。
(3)　ホールには誰も残っていなかった。
(4)　私は彼と同じ会社に勤めた。
(5)　私は彼女と同じ学部で勉強している。

単語　(2) 焼酎 сётю, 一種の оди́н из ви́дов　(3) ホール зал, 残る остава́ться・оста́ться　(4) 勤める рабо́тать, 会社 фи́рма

II　два・три・четы́ре

第113表　два・три・четы́ре の変化

	2 男性・中性	2 女性	3	4
主格	два	две	три	четы́ре
生格	двух	двух	трёх	четырёх
与格	двум	двум	трём	четырём
対格	主または生	主または生	主または生	主または生
造格	двумя́	двумя́	тремя́	четырьмя́
前置格	двух	двух	трёх	четырёх

《基本》

1)　два は男性・中性, две は女性であるが, 主格(それに等しい対格)を除いて性の区別はない。

2)　три 以上では性の区別は全くない。

《注意》

2・3・4が名詞の単数生格と結びつくことはすでに学んだ。主格以外の

第 2 部　文法編

格では名詞の数・格と数詞の数・格は当然一致する。

Здесь есть два профéссора. ここに 2 人の教授がいる（主格。名詞は単・生）。

Вот дом моúх двух профессорóв. ほらここに私の 2 人の教授の家がある（生格）。

Я написáл двум профессорáм. 私は 2 人の教授に手紙を書いた（与格）。

Я вúдел двух профессорóв. 私は 2 人の教授に会った（対格）。

Я говорúл с двумя́ профессорáми. 私は 2 人の教授と話した（造格）。

Мы говорúли о двух профессорáх. 私は 2 人の教授について話した（前置格）。

不活動体ではこれら数詞の対格は主格と一致する。よって名詞のほうは単・生となる。

Я вúдел два дóма (две кнúги). 私は 2 軒の家（2 冊の本）を見た。

《参考》

「両方」を意味する óба（男性・中性），óбе（女性）も два, две 同様性の区別がある。主格およびそれに等しい対格で，結合する名詞は単・生，その他の格では複数形であることも，два, две に同じである。その変化を掲げる。男・中 óба, обóих, обóим, 主または生, обóими, обóих；女 óбе, обéих, обéим, 主または生, обéими, обéих。

練習問題 150

1)　次の各文において три は何格であるかをいいなさい。また，各文で три のかわりに два および четы́ре を入れなさい。

　　(1)　Это кнúга для трёх мáльчиков.

　　(2)　Кóля пúшет трём мáльчикам.

　　(3)　Я знáю трёх мáльчиков.

　　(4)　Мы бы́ли там с тремя́ мáльчиками.

　　(5)　Мы говорúм о трёх мáльчиках.

2) 意味をいいなさい。

(1) Я зна́ю два языка́: англи́йский и ру́сский.

(2) Я зна́ю здесь двух студе́нтов.

(3) Ста́рый друг лу́чше но́вых двух.

3) ロシア語で表わしなさい。

(1) 私はミルクを2リットル買った。

(2) 昨日昼飯の時私はビールを3本飲んだ。

(3) 私は4人の知り合いの女の子を招待した。

(4) 私は4カ月の予定で日本に来た。

単語 (1) リットル литр (2) 昼飯の時 за обе́дом, …本（ビン）буты́лка (3) 女の子 де́вушка, 知り合いの знако́мый (4) 4カ月の予定で на четы́ре ме́сяца

III пять から два́дцать・три́дцать

第114表　пять・двена́дцать・во́семь の変化

	5	12	8
主　格	пять	двена́дцать	во́семь
生　格	пяти́	двена́дцати	восьми́
与　格	пяти́	двена́дцати	восьми́
対　格	пять	двена́дцать	во́семь
造　格	пятью́	двена́дцатью	восьмью́
前置格	пяти́	двена́дцати	восьми́

《基本》

個数詞 5 пять から 20 два́дцать まで，および 30 три́дцать は -ь に終わる女性名詞の格変化と同じ。

《注意》

第 2 部　文法編

1)　5 から 10 де́сять まで，および 20 と 30 では主格（対格）以外アクセントは語尾。

2)　8 во́семь には出没母音があることに注意。

3)　5 以上の数詞が，1，2，3，4 に終わる合成数詞を除くと，名詞複数生格と結びつくことはすでに学んだ。これら数詞の対格は 2，3，4 などと異なり，活動体，不活動体の区別なく常に主格に等しい。

Вот пять столо́в (студе́нтов). ほらここにテーブルが 5 つある（学生が 5 人いる）（主格）。

Здесь нет пяти́ столо́в (студе́нтов). ここに 5 つのテーブルはない（5 人の学生はいない）（生格）。

Я подошёл к пяти́ стола́м (студе́нтам). 私は 5 つのテーブルに近づいた（5 人の学生に近づいた）（与格）。

Я ви́жу пять столо́в (студе́нтов). 私は 5 つのテーブルがあるのが見える（5 人の学生がいるのが見える）（対格）。

Что мне де́лать с пятью́ стола́ми (студе́нтами)? 私はこの 5 つのテーブルをどうしたらいいのだろう（この 5 人の学生をどうしたらいいのだろう）（造格）。

Мы говори́ли о пяти́ стола́х (студе́нтах). 私たちは 5 つのテーブルについて話した（5 人の学生について話した）（前置格）。

練習問題 151

次の各文において пять は何格であるかいいなさい。

(1)　Я не по́нял э́тих пяти́ строк.

(2)　Вот статьи́ на́ших пяти́ корреспонде́нтов.

(3)　Э́то тетра́ди мои́х пяти́ ученико́в.

(4)　Он учи́лся в шко́ле с э́тими пятью́ това́рищами.

(5)　Мой оте́ц провёл о́коло пяти́ лет в Сиби́ри.

単語　(1) строка́ 行　(2) корреспонде́нт [-r'-] 通信員，特派員

IV пятьдеся́т など

第 115 表　пятьдеся́т・се́мьдесят の変化

	50	70
主　格	пятьдеся́т	се́мьдесят
生　格	пяти́десяти	семи́десяти
与　格	пяти́десяти	семи́десяти
対　格	пятьдеся́т	се́мьдесят
造　格	пятью́десятью	семью́десятью
前置格	пяти́десяти	семи́десяти

《基本》

50 пятьдеся́т, 60 шестьдеся́т, 70 се́мьдесят, 80 во́семьдесят では各要素（50 であったら、5 と 10）がそれぞれ変化する（第 115 表）。

V со́рок・девяно́сто・сто

第 116 表　со́рок・сто の変化

	40	100
主　格	со́рок	сто
生　格	сорока́	ста
与　格	сорока́	ста
対　格	со́рок	сто
造　格	сорока́	ста
前置格	сорока́	ста

《基本》

40 со́рок, 90 девяно́сто, 100 сто の対格は常に主格に一致し、他の格はすべて -a（第 116 表）。

第 2 部　文法編

《説明》

ロシア語の中で最も単純な変化である。

《注意》

девяно́сто は文字では変化するが，発音上では区別されない。

《参考》

1)　合成数詞の格変化は各要素がそれぞれ変化する。たとえば「163 人の学生」を全部変化させると次のようになる。

　　主　格　сто шестьдеся́т три студе́нта
　　生　格　ста шести́десяти трёх студе́нтов
　　与　格　ста шести́десяти трём студе́нтам
　　対　格　сто шестьдеся́т три студе́нта
　　造　格　ста шестью́десятью тремя́ студе́нтами
　　前置格　ста шести́десяти трёх студе́нтах

合成数詞の最後にくる 2, 3, 4 は単独で用いられるときと異なり，活動体と結びつくときでも対格は常に主格と同じ。

VI　две́сти など

第 117 表　две́сти・три́ста・пятьсо́т の変化

	200	300	500
主　格	две́сти	три́ста	пятьсо́т
生　格	двухсо́т	трёхсо́т	пятисо́т
与　格	двумста́м	трёмста́м	пятиста́м
対　格	две́сти	три́ста	пятьсо́т
造　格	двумяста́ми	тремяста́ми	пятьюста́ми
前置格	двухста́х	трёхста́х	пятиста́х

《基本》

200 から 900 までの 100 単位の数詞の変化は 2 から 9 までの変化と 100

の変化の結合である。このとき сто は -о に終わる中性名詞として扱う（複・生は出没母音をとって сот となる。第117表）。пятьсóт [p'ıtssót] と発音。

Ⅶ ты́сяча 以上

《基本》

1) 1000 ты́сяча は女性名詞として変化。

2) 1000 単位で 2000 以上の数詞では各要素ごとに変化する（2000 であったら две と ты́сячи）。

3) 100万 миллиóн は男性名詞として変化。

《注意》

ここで記したもの以外の数詞は合成によってつくられ，各要素ごとに変化する。

《参考》

7232 ルーブルの全変化を記しておく。

主　格　семь ты́сяч двéсти три́дцать два рубля́

生　格　семи́ ты́сяч двухсóт тридцати́ двух рублéй

与　格　семи́ ты́сячам двумстáм тридцати́ двум рубля́м

対　格　семь ты́сяч двéсти три́дцать два рубля́

造　格　семью́ ты́сячами двумястáми тридцатью́ двумя́ рубля́ми

前置格　семи́ ты́сячах двухстáх тридцати́ двух рубля́х

練習問題 152

1) 意味をいいなさい。

（1）Не имéй сто рублéй, а имéй сто друзéй.

（2）Гóрод Камакура располóжен на расстоя́нии пяти́десяти киломéтров к ю́гу от Тóкио.

（3）Давáй закáжем двéсти грамм икры́.

第2部 文法編

(4) Дайте, пожалуйста, шестьсот грамм колбасы.

(5) Население города Токио составляет двенадцать миллионов человек.

単語 (2) расположен ある (☞p.422), расстояние 距離 (3) икра キャビア，イクラ，грамм グラム (複生は граммов. грамм を用いるのは話しことば) (4) колбаса サラミソーセージ (5) составлять (不完) 全部で…である，население 人口，住民

2) ロシア語で表わしなさい。

(1) この市の人口は 40 万です。

(2) わが社の社員の平均給与は年 590 万円です。

(3) この博物館には中国の彫刻が 100 体以上あります。

(4) このスタジアムは約 6000 人の観客を収容することができます。

単語 (1) 市 город (2) 社員 работник，平均 средний，給与 зарплата，年 в год (3) 彫刻 скульптура，中国の китайский，ある иметься (4) スタジアム стадион，観客 зритель，収容する вмещать・вместить

♣ 単語帳（8）

首長語（組織と"長"）

組織			"長"
университет	大学	— ректор	学長
факультет	学部	— декан	学部長
кафедра	講座	— заведующий кафедрой	講座主任
школа	小・中学校	— директор школы	（小・中学校）校長
больница	病院	— главный врач	病院長
компания	会社	— президент компании	社長
отдел	部・課	— начальник отдела, заведующий отделом	部長・課長

※日本語のように多く"長"をつければいいというわけにいかない。

第 28 課

重要な動詞・副詞　慣用的な結びつき

I　無人称動詞

（主語なし。主体あれば与格）＋無人称動詞（単数三人称・中性）

《例文》

(1) На дворе́ уже́ чуть **света́ло**. 外はもうかすかに明るくなっていた。

(2) Сего́дня мне хорошо́ **рабо́тается**. 今日は調子よく働ける。

(3) Мне о́чень **хоте́лось** спать. とてもねむたかった。

(4) Рабо́ту **сле́дует** зако́нчить к нача́лу ма́рта. 仕事は3月初旬までに終わらせなければならない。

(5) Мне **пришло́сь** заплати́ть сто рубле́й. 100ルーブル支払うはめになってしまった。

単語　(1) света́ть（不完）無人動　夜が明ける，чуть かすかに　(2) рабо́таться（不完）無人動　仕事がはかどる，（仕事の）のりがよい　(3) хоте́ться（不完）無人動　A（与格）＋ B（不定形）A は B したい　(4) сле́довать（不完）無人動　A（与格）＋ B（不定形）A は B する必要がある，A は B しなければならない　(5) приходи́ться・прийти́сь　無人動　A（与格）＋ B（不定形）A は B するほかない，A は余儀なく B する。

第 2 部　文法編

《基本》

　1)　無人称動詞は，主に，自然や生き物の状態を表わしたり，…する必要がある，…すべきである，…せねばならない，のような意味を表わす。

　2)　現在変化形では単数三人称，過去形では中性形で用いられるが，主格主語は存在しない。

　3)　主体を表現する場合は，与格に立てる。

《説明》

　1)　светáть は светáет「明けてくる」(現在形)，светáло「明けてきた」(過去形) という変化形で普通用いられる。

　2)　рабóтать「働く」に -ся がついてできた無人称動詞 рабóтаться は「仕事がはかどる」という状態を表わす。同様の例に спáться (спать「眠る」+ -ся) があり，「眠れる」と言う状態を表わす。両動詞とも рабóтается, спи́тся (現在形)，рабóталось, спалóсь (過去形) のかたちで用いられる。「仕事がはかどる」「眠れる」という状態を感じる主体は与格に立つ。(2)では мне。Нам не спи́тся. といったら「私達は (どうも) 眠れない」の意。

　3)　хотéть「欲しい」に -ся がついてできた無人称動詞 хотéться は「…したい気がする」という気持を表わす。хóчется, хотéлось の形でよく不定形と結びついて用いられる。気持を感じる人 (主体) は与格に立つ。(3)では мне。Хочý спать. は「眠りたい，寝たい」。Хóчется спать. は「ねむたい，ねむい」。

　4)　слéдовать は人称動詞として за А (造格) という支配を持ち，「А のあとについていく」という意味を持つ。Слéдуйте за мной.「私についてきなさい」。無人称動詞としては，不定形 (В) とよく結びつき「В する必要がある，В すべきである」という意味を表わす。слéдует, слéдовало のかたちで用いられ，主体は与格に立つ。Нам слéдует закóнчить рабóту к начáлу мáрта. 私達は 3 月初旬までに仕事を終わらせなければならない。

　5)　приходи́ться・прийти́сь は「А は В せざるを得ない」という意味を表わす無人称動詞。会話でよく用いられる。Вам придётся поговори́ть с ним зáвтра. あの人と明日話をしなければなりませんよ。

第28課　重要な動詞・副詞　慣用的な結びつき

《類例》

（1）Здесь прия́тно **па́хнет** сире́нью. ライラックのよい香りがただよう。

（2）А́нна опозда́ла на по́езд, а он как раз потерпе́л круше́ние. Ей **повезло́**. アーンナは列車に乗り遅れたが，その列車は事故にあった。アーンナは運がよかったのだ。

（3）У меня́ **ко́лет** в ноге́. 足がちくちく痛む。

（4）**Смерка́ется**. たそがれてくる。

（5）Здесь ле́гче **ды́шится**. ここの方が気持ちよく息ができる。

（6）Са́ше **удало́сь** получи́ть стипе́ндию. サーシャは奨学金をもらえるようになった。

> **単語**　（1）па́хнуть（不完）無人動　A（造格）Aのにおいがする，сире́нь（女）ライラック　（2）опа́здывать・опозда́ть на A（対格）Aに遅れる，как раз ちょうど，терпе́ть・потерпе́ть круше́ние 事故にあう　（3）коло́ть（колю́, ко́лешь）ちくちく刺す，無人動 ちくちく痛む，у меня́ については☞p.467　（4）смерка́ться（不完）無人動　日が暮れる　（5）дыша́ться（ды́шится）（不完）無人動　息ができる，ле́гче（☞p.336）　（6）удава́ться・уда́ться　無人動　A（与格）＋ B（不定形）AはBすることがうまくゆく，AはうまくBすることができる，получа́ть・получи́ть 受け取る，стипе́ндия 奨学金

《注意》

1）仮定法のかたちは用いられるが，命令形はない。**Хоте́лось бы спать**. できたら眠りたい。

2）人称動詞と無人称動詞が同じ形をしていても，意味にはっきりした違いがあれば異なる動詞とせざるをえない。

Ива́н **везёт** кни́ги учи́телю. イヴァーンは本を（車で）先生のところに運んでいく（везти́ は「運ぶ」という意味の定動詞。☞p.151 - 153）。

Ива́ну **везёт**. イヴァーンはついている（везти́ は「運がよい」という意

第2部　文法編

味の無人称動詞。話しことばでよく用いられる。完了体は повезти́）。

сле́довать については☞《説明》4）。

　上記2例のような場合は問題ないが，意味が同じか，非常によく似ていながら，用法だけが異なるものがある。

　(a)　Она́ мне надое́ла. あの女にはうんざりした。

　(b)　Мне надое́ло сиде́ть до́ма. 家にこもっているのにうんざりした。

　(a)は主語（она́）があり，動詞過去形はその主語に合わせて女性形をとり，人称動詞である。それに対し(b)は無人称動詞として使われている。しかし表わす意味は同じか非常に近い。《類例》(3)の коло́ть も同様の例となる。Суха́я трава́ ко́лет но́ги. 枯れ草で足がちくちくする。左の例の場合，ко́лет は суха́я трава́ という主語をもち，それに合わせて単数三人称に立つが，《類例》(3)では主語がなく無人称動詞として働く。このような場合，1つの動詞の2つの用法。1つは人称用法，もう1つは無人称用法であり，無人称用法で用いられた時，無人称動詞となると考えておこう。

　3）　辞書には 無人動 と表記される。ここでも必要に応じてこの表記を用いる。

　4）　無人称動詞と結びついて用いられる начина́ть・нача́ть「はじめる」，стать（完）「はじめる，…しだす」なども単数三人称，中性で用いられる。

　Как всегда́ на ю́ге начина́ет бы́стро темне́ть. 南ではいつもそうだが，早く暗くなりだす。

　Ста́ло тепле́ть. 暖かくなりだした。

　5）　無人称動詞の一部は不定形と結びついてよく用いられる。《例文》(3)(4)(5)，《類例》(6)で示した動詞は，このような用法で，会話などにおいて頻出するので，おぼえると便利。

《参考》

　1）　тошни́ть（不完）は 無人動 であるが，「…に吐き気を起こさせる」という意味の他動詞であり，対格をとり，その対格に立つのは吐き気を感じる人。

　Меня́ тошни́т. 私は吐き気がする。

第28課　重要な動詞・副詞　慣用的な結びつき

2)《説明》2) 3) で例示したように -ся がついて無人称動詞に転換する動詞がある。例をさらに追加する。

(1) (a) Дóктор разреши́л мне встать с посте́ли. ベッドから起きてもよいと医者から許可が出た。

(b) Здесь разреша́ется фотографи́ровать. ここでは写真撮影が許可されている。

(2) (a) Я вам рекоменду́ю прочéсть э́ту кни́гу. この本をお読みください。

(b) Здесь ночева́ть не рекоменду́ется. ここでキャンプをすることはご遠慮ください（すすめられない）。

練習問題 153

1) 意味をいいなさい

(1) Лéтом ра́но света́ет.

(2) Я лежа́л в посте́ли, но мне не спало́сь.

(3) Во́лны шумя́т.

(4) У меня́ шуми́т в уша́х.

(5) Вéтер ду́ет в лицó.

(6) Из щеле́й ду́ет.

　単語　(3) шумéть 騒ぐ, ざわめく　(4) 無人動 音がする, ýхо（複 ýши, ушéй, уша́м）耳, у меня́ については☞p.467　(5) дуть 吹く　(6) 無人動 風が吹く, щель（女）割れ目, 隙間

2) ロシア語で表わしなさい。

(1) バラのよい香りがする。

(2) 家でじっとしていられない。

(3) 私はおなかがぺこぺこだ。

(4) この論文はもっと詳しく書くべきだった。

(5) あなたは運がよかった。

　単語　(1) バラ рóза　(2) じっとしていられない не сиди́тся　(3) お

第2部　文法編

なかがぺこぺこだ стра́шно хо́чется есть　(4) 論文 статья́, 詳しい подро́бный

II　述語副詞―まとめ

（主語なし。主体あれば，与格）　＋　述語副詞

《例文》

(1)　Мне хо́лодно. 寒い。

(2)　Мне гру́стно расстава́ться с роди́телями. 両親と別れるのはつらい。

(3)　Как тебе́ не со́вестно! 君恥ずかしくないのか（よくそんなことができるね）。

(4)　Сты́дно лгать. うそをつくのは恥ずべきことだ。

(5)　Здесь мо́жно кури́ть. ここでたばこをすっていいです。

(6)　Мне на́до учи́ться. 私は勉強する必要がある。

(7)　Нельзя́ открыва́ть окно́. 窓を開けてはいけない。

(8)　В ко́мнате наку́рено, и не при́брано. 部屋はたばこくさく，散らかっている。

(9)　Пора́ уезжа́ть. 出発する時刻だ。

(10)　Мне жаль его́. 彼が可哀そうだ。

単語　(2) расстава́ться・расста́ться с А（造格）Аと別れる　(4) лгать うそをつく　(10) жаль А（対格）Аが可哀そうだ

《基本》

1)　述語副詞とは，無人称述語として用いられ，ものごとの状態や人の気分・感情を表す形容詞・副詞・名詞から派生した一群の語彙につけられた名称である。

440

第28課　重要な動詞・副詞　慣用的な結びつき

2)　主体があれば，与格で表現される。

3)　(1) 単独で，(2) 不定形に結びついて，(3) 接続詞 что と結びついて用いられる。

4)　かたちに変化がなく，使いやすい。一度おぼえると便利である。

《説明》

1)　(1) (3) (8) (10) は単独で用いられる例。それ以外は不定形と用いられる例。接続詞 что と結びついて用いられる例は☞p.495-498。

2)　(1) (2) (3) (6) (10) にある人称代名詞の与格（мне，тебé）は気分・感情を感じたり，なすべきことを引き受ける主体である。そのことはすでに第15課Ⅲ，Ⅳで学んだ。

3)　述語副詞の派生について説明を加える。

(1) 大部分は形容詞短語尾中性形と一致する：хóлодно「寒い」〔(1)〕＜ холóдный「寒い」；грýстно「悲しい」〔(2)〕＜ грýстный「悲しい」；сóвестно「良心がとがめる」〔(3)〕＜ сóвестный「良心的な」（意味がやや離れることに注意）；сты́дно「恥ずかしい」〔(4)〕＜ стыдный「きまりが悪い」（同じく，意味がやや離れる）。-o で終わるものの中でも，мóжно「できる」〔(5)〕, возмóжно「可能である」, нýжно「必要である」, нáдо「すべきである」〔(6)〕などは不定形と結びついてよく用いられ，特別のグループを形成する。かたちの上ではことなるが нельзя́「できない，いけない」〔(7)〕もこのグループに入る。

(2) 同じく -o で終わるが，被動形動詞短語尾中性形から転化したものがある。накýрено〔(8)〕は накури́ть（完）「（部屋などを）たばこの煙でいっぱいにする」という動詞の被動形動詞過去 накýренный の短語尾中性形とかたちの上で一致する。при́брано〔(8)〕は прибра́ть（完）「片付ける」という動詞の被動形動詞過去 при́бранный の短語尾中性形とかたちの上で一致する。同様の例をあげる。

Не при́нято возража́ть. 反対しないことになっている（при́нятый ＜ приня́ть（完）受け入れる）。

Мне не суждено́ бо́льше встре́титься с ней. 私はもうあの人とは会え

第 2 部　文法編

ない運命になっている（< суждённый < суди́ть（完）運命づける）。

　(3)　本来名詞ながら述語副詞として用いられるものがある。пора́〔(9)〕は「時期」という名詞でもある（пора́ に不完了体不定形が結びつくと発話時点において開始すべき動作を示す）。その他の例を掲げる。

Вре́мя е́хать. 出発する時間だ（< вре́мя「時」）。

Грех смея́ться над сла́быми. 弱い人達を笑いものにするのは間違っている（< грех「罪」）。

Лень учи́ть уро́ки. 勉強なんかめんどくさい（< лень「無気力状態」）。

Охо́та поговори́ть. 話しがしたい（< охо́та「やる気」）。

жаль〔(10)〕は例外で，現代語では名詞として普通用いられない。

《注意》

述語副詞はあくまで無人称述語として用いられるものをいう。以下のような人称的に用いられる形容詞短語尾を「述語副詞」に加えない方が文法上すっきりする。

Я гото́в идти́ за ва́ми всю́ду. あなたについてどこまでも行くつもりです（< гото́вый 用意ができている）。

Вы должны́ бу́дете встать пора́ньше. もう少し早く起きなければいけません（☞p.166）。

Я рад вас ви́деть. お目にかかれてうれしい（рад は短語尾形しか用いられない形容詞）。

Я наме́рен посети́ть Ива́на в больни́це. 入院中のイヴァーンを見舞うつもりだ（наме́рен, -а, -о　するつもりだ）。

《参考》

Ката́ться с го́рки — ве́село. (そりで) 急斜面を滑り降りるのは面白い。

ката́ться「滑り降りる」が主語，ве́село「面白い」が述語，よって上記の文は主語のある人称文ではないか，という質問がよくある。確かにそう説く学者もいる。そう説く学者でも語順を違えると (Ве́село ката́ться с го́рки.) 無人称文であることを認めざるを得ない。語順を変えても意味は同じである。文の構造の変更も特にない。やはり 2 文とも ве́село という述語副

442

第28課　重要な動詞・副詞　慣用的な結びつき

詞（無人称述語）によって構成される無人称文と考えた方が無難であろう。

《発展》

繰り返しになるが，整理の意味を込めて，述語副詞のロシア語活用上の意義を強調しておきたい。

(1) 会話での重要語句として単独でも用いられる。

Хорошо́. いいですよ。Хорошо́? いいですか。Интере́сно. 面白いですね。Интере́сно? 面白いですか。Серьёзно? それほんと？（うっそー）。次のような常用的な受け答えも述語副詞そのものである。Пра́вильно. おっしゃる通り。Ве́рно. То́чно. （2語とも）その通り。Непра́вильно. 違います。Возмо́жно. そうかもしれません。Невозмо́жно. 無理です。Мне безразли́чно どっちでもかまいません。

(2) 《例文》(3)で示したように，как と結びついて感嘆文を作るが，この種の文は会話で頻出する。

Как жа́рко! 暑いですね

Как тро́гательно! ほろりとさせられますね。

Как глу́по! 全くばかげている。

(3) 不定形と結びついて会話での常用語句の一部をなす。

О́чень прия́тно с ва́ми познако́миться. 初めましてよろしく（初対面の挨拶。мне は必要ない。О́чень рад(а) познако́миться. とほとんど同義。ただしこちらは人称文）。

Мне о́чень прия́тно бы́ло поговори́ть (разгова́ривать) с ва́ми. お話しできて大変楽しゅうございました（別れ際の挨拶の一つ。このとき мне がきいてくる）。

О́чень тру́дно бы́ло уговори́ть его́. あの人を説得するには骨が折れました。

Мне тру́дно поня́ть, что вы говори́те. 何をおっしゃっているのか見当もつきません。

Лу́чше не ду́мать об э́том. このことは考えない方がいいですよ〔хорошо́ の比較級 лу́чше は不定形と結びついて助言を示す。「…の方がいいで

第2部　文法編

すよ」」。

Мо́жно зада́ть вопро́с? 質問してもいいですか（☞p.228）。

(4) 接続詞 что（☞p.163）と結びついて従属複文をつくるものがある（☞p.498）。

Удиви́тельно, что Никола́й Петро́вич всё знал и молча́л. ニカラーイ・ピトローヴィチさんは熟知していたのに沈黙を守ったとは仰天ものだ。

Я́сно, что э́того не мо́жет быть. そんなことはまったくありえません。

(5) что́ と結びついて従属複文をつくることがある（☞第31課《注意》2) p.497。）

Интере́сно, что́ с ва́ми бу́дет. あなたはどうなるのかしら。

練習問題 154

1) 意味をいいなさい。

(1) Не на́до меша́ть ему́.

(2) Мо́жно присоедини́ться к вам?

(3) Вам необходи́мо запо́лнить анке́ту.

(4) Стра́шно слу́шать таку́ю траге́дию.

(5) Поня́тно, что э́того не мо́жет быть.

> **単語** (1) меша́ть・помеша́ть А（与格） Аの邪魔をする（не на́до の後の不定形は普通不完了体。☞p.367） (2) присоединя́ться・присоедини́ться к А（与格） Аに加わる、仲間に入れてもらう (3) заполня́ть・запо́лнить 満たす、記入する、анке́та 用紙、アンケート (4) траге́дия 悲劇、悲惨事、стра́шно 恐ろしい、身の毛がよだつ、

2) ロシア語で表わしなさい。

(1) 部屋の中は明るかった。

(2) お話しできますか。

(3) ここで写真をとってもいいですか。

(4) ただつっ立っていて、何もしないなんてばかげている。

444

(5) 家にいるのは退屈だ。

単語 (1) 明るい светло́ < све́тлый (4) ただ про́сто, つっ立っている стоя́ть, ばかげている глу́по < глу́пый (5) 家にいる сиде́ть до́ма

III 名詞を動詞化する動詞

第118表 1語動詞と動詞化動詞結合

1語動詞		動詞化動詞＋名詞
боро́ться	闘う	вести́ борьбу́
помога́ть	援助する	ока́зывать по́мощь
сове́товать	忠告する	дава́ть сове́ты
забо́титься	心配する	брать на себя́ забо́ту
интересова́ться	興味を持つ	проявля́ть интере́с
ненави́деть	憎む	пита́ть не́нависть
рассле́довать	全面的に調査する	производи́ть рассле́дование
уча́ствовать	参加する	принима́ть уча́стие

《例文》

(1) Сторо́нники тво́рческих ме́тодов обуче́ния **бо́рются** с догмати́змом и консервати́змом в шко́льном воспита́нии.

(2) Сторо́нники тво́рческих ме́тодов обуче́ния **веду́т я́ростную борьбу́** с догмати́змом и консервати́змом в шко́льном воспита́нии. 創造教育メソッド論者は学校教育における教条主義と保守主義に対し（敢然と）闘っている。

単語 сторо́нник 支持者, 同調者, тво́рческий 創造的な, ме́тод 方法, обуче́ние 教えること, я́ростный [-sn-] 荒々しい, すさまじい, борьба́ 闘い, догмати́зм 教条主義, консервати́зм 保守主義, воспита́ние 教育

第 2 部　文法編

《基本》

1)　第 118 表中，左欄の 1 語動詞と右欄の動詞と名詞の結合とはほとんど同義である。

2)　右欄の動詞には実質的意味はあまりなく，実質的意味は名詞が示している。この種の動詞は名詞を動詞のように働かせる役を果たす。

3)　このような動詞を動詞化動詞と呼ぶ。

《説明》

1 語動詞を使いがちになるが，動詞化動詞結合の使用にも習熟しよう。

《注意》

動詞化動詞は名詞を必ず対格にたてるわけではない。

мороз（主）стоит 厳寒になる，война（主）идёт 戦争が行なわれる，подвергать анализу（与）分析する

《参考》

1)　日本語にも動詞化動詞がある。決定する → 決定を下す。連絡する → 連絡をとる。沈黙する → 沈黙を守る。消火する → 消火に当たる。

2)　動詞化動詞は日露両語で対応するものもあるが（оказывать помощь → 援助を与える，питать ненависть → 憎しみを抱く），相当異なるものもある（делать вывод → 結論を出す，идёт дождь → 雨が降る）。一方に動詞化動詞があるのに他方にそれを欠くものもある（逮捕する → производить арест, арестовать，醜態を演ずる → вести себя безобразно）。

3)　日本語には「～（を）する」という非常に結合力に富む動詞化動詞がある。ロシア語にも делать・сделать「～（を）する」があり，шаг「一歩を踏みだす」，вывод「結論する」，оборот「回転する」，выбор「選択する」，зарядка「体操する」，массаж「マッサージする」，укол「注射する」，операция「手術する」，предложение「プロポーズする」などを動詞のように働かせる。

第 28 課　重要な動詞・副詞　慣用的な結びつき

練習問題 155

1) 意味をいいなさい。

(1) (a) Врач посове́товал больно́му перемени́ть кли́мат.

　　(b) Э́то Ива́н Ива́нович дал вам сове́т пое́хать на ле́то в дере́вню?

(2) (a) Алёша уме́л ду́мать обо всём колхо́зе, но не уме́л забо́титься о себе́. (Никола́ева)

　　(b) Все забо́ты о больно́м взяла́ на себя́ медици́нская сестра́.

(3) (a) Она́ ма́ло интересова́лась на́шей рабо́той.

　　(b) Она́ не проявля́ет никако́го интере́са к на́шей рабо́те.

(4) (a) За что ты его́ так ненави́дишь?

　　(b) За что ты пита́ешь таку́ю си́льную не́нависть к нему́?

(5) (a) Необходи́мо рассле́довать э́то де́ло.

　　(b) Необходи́мо произвести́ рассле́дование э́того де́ла.

(6) (a) Не так давно́ я уча́ствовал в испыта́тельном ре́йсе сверхзвуково́го пассажи́рского самолёта. (Песков)

　　(b) Он не принима́л уча́стия в серьёзных разгово́рах.

単語　(1) больно́й 病人（形容詞のかたちを持つ名詞, ☞ p.260, 261), переменя́ть・перемени́ть 変える, кли́мат 天候, 気候, сове́т 忠告　(2) колхо́з 集団農場（ソ連期にあった協同組合形式による生産手段を組合が所有する大農経営の農場）, забо́та 配慮, 気づかい, медици́нский 医療の, медици́нская сестра́ 女性の看護師　(5) необходи́мый 必要不可欠な, рассле́дование 調査　(6) испыта́тельный 試験の, 実験の, рейс フライト, 便, сверхзвуково́й 超音速の, пассажи́рский 旅客用の, серьёзный まじめな, разгово́р 会話

2) ロシア語で表わしなさい。

(1) アーンナは規則的に体操やストレッチをやっている。

(2) 規則的にマッサージをしなさい。

(3) イヴァーンはアーンナにプロポーズをした。

447

(4) 市内観光ツアーをしたいのですけど。

単語　(1) 規則的に регуля́рно ＜ регуля́рный，体操やストレッチ зара́дка　(4) 市内観光ツアー экску́рсия по го́роду, экску́рсия の動詞化動詞としては соверша́ть・соверши́ть, проводи́ть・провести́ などがある。

IV　機能発揮動詞

《例文》

(1)　*Пи́во* он **пил** *небольши́ми глотка́ми, как вино́.* 彼はビールをワインのようにちびりちびりと飲んだ

(2)　*Он так проголода́лся, что* **съел** *две таре́лки щей.* ひどく空腹だったのでキャベツスープを2皿もたいらげた。

(3)　*Я хочу́* **смотре́ть** *бале́т《Лебеди́ное о́зеро》.*『白鳥の湖』が観たい。

(4)　*Я хочу́* **слу́шать** *о́перу《Ива́н Суса́нин》.*『イワン・スサーニン』が観たい。

(5)　*Он* **наде́л** *пальто́/шля́пу/перча́тки/боти́нки.* 彼はコートを着た／帽子をかぶった／手袋をはめた／靴をはいた。

単語　(1) пи́во ビール，глото́к 一口，一飲み　(2) проголода́ться（完）腹が減る，A（так を含む文），что B（文） ― 非常に A なので，B するほどである。☞p.552 - 554　(3) Лебеди́ное о́зеро『白鳥の湖』（Чайко́вский チャイコーフスキー作曲のバレエ）　(4) Ива́н Суса́нин『イヴァーン・スサーニン』（Гли́нка グリーンカ作曲のオペラ）。

《基本》

人工物にはすべて機能がある。その機能を発揮させる意を示す動詞を機能発揮動詞という。

第 28 課　重要な動詞・副詞　慣用的な結びつき

《説明》

1)　ビール (пи́во) は飲む (пить) ものである〔(1)〕。飲んでこそビールである。スープも日本人には飲むものだが，ロシア人には食べる (есть) ものである〔(2)〕。

2)　バレエ бале́т は観る (смотре́ть) ものである。日本人は歌劇場にオペラ о́пера を観に行くが，ロシア人は聴き (слу́шать) に行く。

3)　日本語ではコートは「着」，帽子は「かぶり」，靴は「はき」，手袋は「はめる」といい分けるが，ロシア語では надева́ть・наде́ть 1 つでまにあってしまう。

4)　日本語では弦楽器は「弾く」，管楽器は「吹く」が普通だが，ロシア語では両者の区別なく игра́ть на A（前置格）が通常用いられる。

Я игра́ю на фле́йте в люби́тельском орке́стре. 私はアマチュア・オーケストラーでフルートを吹いています。

このように機能発揮動詞は日本語・ロシア語の各名詞できまっており，一致しないところがあるので気を配っていこう。

《注意》

Ле́на побежа́ла в правле́ние, чтóбы позвони́ть в больни́цу, но *телефо́н не рабо́тал*. (Николаева) 病院に電話しようとリェーナは本部に走り込んだが，電話は故障だった。

ロシア人で日本語がよくできる人の中にも「この電話は働いていません」と言う人がいる。ロシア語では，телефо́н, лифт, маши́на, мото́р, холоди́льник, телеви́зор, звоно́к, магнитофо́н などの機械・装置が機能していることを示す動詞は рабо́тать であり，それが直訳的に出てきたためである。一方，日本人は ×Э́тот лифт не дви́гается. などと言ってしまうことがある。

《参考》

一般に語義に要求が込められている名詞がある。про́сьба「お願い」，обеща́ние「約束」，прика́з「命令」，мечта́「夢想」，наде́жда「希望」，план「計画」… これらの要求を充足させることを示す動詞は各語で異なる。

第 2 部　文法編

Моя́ *мечта́* **сбы́лась**. 夢がかなった。

Не забу́дь **вы́полнить** своё *обеща́ние*. 約束を果たすことを忘れるな。

С удово́льствием **вы́полним** ва́шу *про́сьбу*. ☞p.278。

Мне хо́чется, что́бы ты **испо́лнила** мою́ ма́ленькую *про́сьбу*. ちょっとしたことなのだけどお願いきいてもらえないだろうか。

　機能を人工物の要求と考えれば、機能発揮動詞と要求充足動詞は同じものとなり、「充たし動詞」の名のもとに一括できる。今後「充たし動詞」にも注意を向けよう。

練習問題 156

意味をいいなさい。

(1)　Сего́дня А́ня наде́ла своё лу́чшее пла́тье.

(2)　У него́ была́ дальнозо́ркость, и он постоя́нно то снима́л, то надева́л очки́.

(3)　— Ты ещё сапо́г не наде́л! — с изумле́нием сказа́л Штольц.

(4)　Алёша наде́л ку́ртку.

(5)　Он ка́ждый день выходи́л поката́ться на лы́жах.

(6)　Мы плы́ли на теплохо́де 《Гру́зия》 в Оде́ссу.

(7)　Пое́дем на авто́бусе.

単語　(2) дальнозо́ркость 遠視，снима́ть・снять はずす，ぬぐ，то..., то... あるいは…あるいは…　(3) изумле́ние おどろき　(4) ку́ртка ジャンパー　(5) лы́жи スキー，ката́ться на лы́жах スキーで滑る，スキーをする，поката́ться（しばらくの間）滑る　(6) теплохо́д ディーゼル船

第28課　重要な動詞・副詞　慣用的な結びつき

V　生成動詞

第119表　つくる動詞とつくられるもの

生成動詞	つくられるもの
дéлать・сдéлать つくる	игрýшки おもちゃ，мéбель 家具
стрóить・пострóить 建てる，つくる	дом 家，здáние 建物
разбивáть・разбúть 築く，つくる	сад 庭，сквер 公園
открывáть・открьíть 開設する，つくる	шкóла 学校，музéй 博物館
вязáть・связáть 編む，つくる	свúтер セーター，чулкú ストッキング
вить・свить 縒る，なう	нить 糸，верёвка なわ
готóвить・приготóвить 用意する，つくる	зáвтрак 朝食，суп スープ
варúть・сварúть 炊く，煮る，つくる	кáша かゆ，суп スープ
организовáть（不完・完）組織する，つくる	кружóк サークル，сéкция 部
составлять・состáвить 構成する，つくる	предложéние センテンス，фрáза フレーズ

《例文》

(1) Пáпа, сдéлай мне корáблик. お父さん，お舟をつくって。

(2) В прóшлом годý в нáшем гóроде пострóили нóвое высóтное здáние. 去年我が町に新しい高層ビルが建てられた。

(3) Недáвно в сáмом цéнтре гóрода разбúли прекрáсный сквер. 最近町の真ん真ん中にきれいな公園がつくられた。

(4) И в нáшем гóроде собирáются открьíть нóвую шкóлу. 私達の町にも新しい学校がつくられるはこびとなった。

(5) Áня вяжет чулкú из шéрсти. アーニャは毛糸でソックスを編んでいる。

451

第2部　文法編

(6) [Егорушка] от нечего делать стал **вить** из шерсти *ниточки*. (Чехов) ［イゴールシカは］退屈まぎれに羊毛で細い糸を縒り始めた。

(7) Таня вставала на рассвете и **готовила** *завтрак*. (Кожевников) ターニャは夜明けと共に起床し，朝食をつくるのだった。

(8) Я сейчас **варю** *кашу* для вас. あなたのために今かゆをたいています。

(9) Мы решили **организовать** в нашей школе *секцию* волейбола. 我が校にバレーボール部をつくることにきめました。

(10) Вы неправильно **составили** *это предложение*. あなたがつくったこの文には誤りがあります（あなたは不正確にこの文をつくった）。

単語　(1) кораблик 小船，お舟（корабль の指小形）(2) высотный 高層の　(5) шерсть（女）羊毛　(6) от нечего делать することがないので，退屈まぎれに，ниточка 細い糸（нитка「糸」= нить の指小形）(7) рассвет 夜明け，日の出前

《基本》

1) 第119表中，右欄の名詞はつくられるもの。左欄の動詞は，広い意味で，それをつくり出す動作を示す。

2) つくられるものによって動詞が異なることに注目したい。

3) 左欄のような動詞を生成動詞と呼ぶ。

《説明》

1) делать・сделать は укол「注射」，гимнастика「体操」，предупреждение「警告」などと結びつく時，動詞化動詞（☞p.446）であるが，игрушки（кораблик〔(1)〕はその一つ），стол, полка などと結びつくと，生成動詞として働く。

2) дом, здание, канал「運河」, мост「橋」, дорога「道」, суда「船舶」などの生成動詞の代表が строить・построить。

3) разбивать・разбить の第一の意味は「たたき割る」であるが，сад, сквер, цветник「花壇」, клумба「（図形のかたちをした）花壇」と結びつく時，「つくる」を意味する。

第28課　重要な動詞・副詞　慣用的な結びつき

4)　открыва́ть・откры́ть の第一の意味は「開ける」であるが, шко́ла, музе́й, теа́тр, больни́ца「病院」などと結びつく時,「開設する, つくる」の意味になる。

5)　вяза́ть・связа́ть がつくり出すのは編んだもの。сви́тер などにはこの動詞をおぼえておかなければならない。

6)　вить・свить は ни́тка, верёвка「なわ」, вено́к「花輪」, гнездо́「巣」の生成動詞。訳の方にこそ注意がいる。ни́тка, нить の場合は「縒る」, верёвка の場合は「なう」, вено́к の場合は「つくる」, гнездо́ の場合は「かける」。

7)　гото́вить・пригото́вить は за́втрак, обе́д, у́жин, пе́рвое「スープ」, второ́е「メイン・ディシュ」, ко́фе, кокте́йль「カクテル」など食物・飲物の生成動詞。会話では完了体として сгото́вить がよく使われる。

8)　вари́ть・свари́ть は еда́「食物」, обе́д, борщ, суп, щи「キャベツ・スープ」, бульо́н「コンソメ」, ка́ша, ко́фе, варе́нье「ジャム」などの料理・食物をつくることを表わす。

9)　организова́ть は組織を「つくる」ことを表わし, кружо́к, се́кция, клуб「クラブ」, ку́рсы「コース」, о́бщество「会」, сту́дия「芸術学校, 養成所, 教習所, 劇団」, коми́ссия「委員会」と結びつく。организо́вывать という不完了体もある。

10)　составля́ть・соста́вить は要素・部分を集めて一体となるものを構成することを表わし, сло́во, фра́за, предложе́ние, лека́рство「薬」, кра́ска「塗料」, раство́р「溶液」と結びつく。

《注意》

1)　右欄にあげたような名詞は, 左欄にあげたような生成動詞と結びつく時, 対格に立つが, その対格は動作・作用を受ける対象を表わすわけではなく, つくり出されるものを表わすことに注目しよう。

2)　ここでは, つくり出されるものを対格にたてる生成動詞を扱ったが, つくり出されるものを主格にたてる生成動詞もある。後者は -ся をとり, 前者と対応する場合がある（一部は受動態の形態）。

第 2 部　文法編

стро́ить дом 家を建てる — дом стро́ится 家が建つ・建てられる

откры́ть шко́лу 学校を開く — шко́ла откро́ется 学校が開かれる

производи́ть автомоби́ли 自動車を生産する — автомоби́ли произво́дятся 自動車が生産される

роди́ть сы́на 男の子を生む — сын роди́тся 男の子が生まれる

《参考》

ある日突然ロシア人に日本語を教える立場にたたされる，ということがおこるかもしれない。日本語の生成動詞に対するきめこまかい指導がそれとなくできるなら，先生としての信頼は増すはず（授業で一番必要なのは「教育法」などではなく，この信頼かもしれない）。「かゆ・ごはん」は（вари́ть・свари́ть を背景にして出してくる「煮る」ではなく）「炊く」，「そば」は「うつ」，「すし」は「にぎる」，「テンプラ」は「あげる」，「刺身」は「切る・つくる」，「お湯」は「わかす」，「日本髪」は「ゆう」，「鶴」は「折る」，「やぐら」は「組む」，「設計図」は「ひく」，「雰囲気」は「醸す・つくる」。ロシア人も「むずかしい」と口走るはず。私達がロシア語の生成動詞の多様さに難渋するのも，けだし，当然である。ロシア語の勉強は自分の日本語を磨くよすがでもある。

練習問題 157

1)　意味をいいなさい。

　(1)　Я га́йки де́лаю, а ты для га́йки де́лаешь винты́. (Маяко́вский)

　(2)　Ребёнок у́чится составля́ть из букв сло́ги, а из слого́в — слова́.

　(3)　На́ша сту́дия была́ организо́вана три го́да тому́ наза́д.

　(4)　Всё, что здесь ви́дите, де́ти со́здали свои́ми рука́ми.

　(5)　[Брат] втыка́л за по́яс огро́мную са́блю, изгото́вленную мои́ми рука́ми из кро́вельного тёсу. (Короле́нко)

　(6)　[До́ктор] взял англи́йско-ру́сский слова́рь и, переводя́ слова́ и уга́дывая их значе́ние, ма́ло-пома́лу соста́вил таку́ю фра́зу : ... (Че́хов)

第28課　重要な動詞・副詞　慣用的な結びつき

単語　(1) га́йка ナット，雌ねじ，винт ボルト，ねじ　(2) бу́ква 文字，字母，слог 音節　(4) создава́ть・созда́ть 創る　(5) втыка́ть・воткну́ть さしこむ，突っこむ，по́яс ベルト，バンド，са́бля サーベル，огро́мный 巨大な，изготовля́ть・изгото́вить 作る，製造する，кро́вельный 屋根の，тёс 薄板（тёсуは第2生格。☞p.204），кро́вельный тёс 屋根板　(6) уга́дывать・угада́ть 推量する，推し量る，ма́ло-пома́лу 少しずつ，だんだんと

2) ロシア語で表わしなさい。

(1) 父は家を建てている。
(2) 母は息子のためにセーターを編んでいる。
(3) 実習に行く学生のリストをもうつくりましたか？
(4) ここでの自動車の生産台数は年間どのくらいですか？
(5) 私達はまる1週間テントで暮らし，食事はたきびをたいてつくった。
(6) そこまで（そこへ）鉄道を敷くことが最近きまった。

単語　(3) 実習に行く е́хать на пра́ктику　(4) ここでの（вы を主語にし，生成動詞を述語にし，生成物を目的語にする），年間 в год　(5) まる1週間 це́лую неде́лю，テント пала́тка，食事 обе́д，たきびをたいて на костре́　(6) проводи́ть・провести́ 敷設する，つくる（желе́зная доро́га「鉄道」，водопрово́д「水道」，шоссе́「自動車道路」などの生成動詞）

第2部　文法編

VI　強調語

о́чень	とても	весьма́	(文) 非常に
совсе́м	全く	соверше́нно	完全に
кра́йне	ごく	абсолю́тно	絶対的に

《例文》

(1)　У неё **о́чень** краси́вые глаза́. 彼女はとてもきれいな目をしている。

(2)　Э́то **совсе́м** друго́е де́ло. それはぜんぜんわけが違う。

(3)　Я **кра́йне** сожале́ю, что вы не приня́ли на́шего предложе́ния. 私たちの提案を受け入れてくださらなかったのは大変残念に思います。

(4)　Я **весьма́, весьма́** благода́рен вам. 心から心から感謝します。

(5)　Я с ва́ми **соверше́нно** согла́сен. 私はあなたと全く同意見です。

(6)　Э́то **абсолю́тно** невозмо́жно. それは絶対に不可能だ。

単語　(2) друго́е де́ло 違うこと, わけが違う　(3) сожале́ть (不完) 残念に思う, принима́ть・приня́ть (приму́, при́мешь；過去 при́нял, приняла́) 受ける, предложе́ние 提案, приня́ть предложе́ние 提案を受け入れる, благода́рный (-рен, -рна) 感謝している

《基本》

1) 強調的意味を示す副詞は多数ある。上記のものはほんの一部。

2) Thank you very much. というから о́чень спаси́бо といえるかというとそうではない。I very want to... といえないが, Я о́чень хочу́... といえる (☞p.161)。なんでも о́чень をつければ強調できると思ってはならないし, つけてはいけないと思われる語にも о́чень はつくのである。語にはそれぞれ結合特性というものがある。性質形容詞や形容語にはそれぞれよく結びつく強調語がある。それらに気を配っていくことがロシア語上達の極意の1つである。

第28課　重要な動詞・副詞　慣用的な結びつき

《説明》

　たとえば，безнадёжный「絶望的な」は óчень では不可。совершéнно, абсолю́тно がよい。о́пытный「経験豊かな」は óчень, весьмá はいいが, совсéм, совершéнно ではまずい。хóлодно「寒い」では óчень, ужáсно「恐ろしく」は使われるが, совсéм, весьмá ではなめらかさを欠く。

　たとえば，безгрáмотный「読み書きができない」を強調したい場合は, óчень も весьмá も適当でない。вопию́ще「(思わず大声を上げたくなるほど) ひどく」, пóлностью「完全に」, совсéм「全く」, совершéнно「完全に」, элементáрно「初歩的な」, абсолю́тно「完全に」, удиви́тельно「おどろくほど」, предéльно《口》「ぎりぎり」で強調する必要がある。これ以外に на рéдкость「稀に見るほど」, на удивлéние「おどろくほど」がある。

《注意》

　強調語は形容詞に対してだけでなく, 名詞に対しても動詞に対してもある。たとえば, молчáние「沈黙」に対しては абсолю́тное「絶対的な」, пóлное「完全な」, гробовóе「墓場のような」がある (гробовóе молчáние を「お通夜のような沈黙」と書いている辞書があるが, 何のことかわからなくなる。「墓場のようにシーンとしずまりかえった静けさ」とか「深い深い沈黙」のほうが事実に近い)。

　отчáяние「絶望」に対しては пóлное「完全な」, глубóкое「深い」, стрáшное「恐ろしい」, безмéрное「はかりしれない」, безграни́чное「際限のない」, безвы́ходное「出口のない」, беспросвéтное「前途に光明のない」, глухóе「全くの」が用いられる。

《参考》

1)　動詞の強調語の例を参考までにあげておく。

　(1)　спать　眠る：крéпко　強く, как уби́тый　死んだように, без зáдних ног　前後不覚になって, богаты́рским сном (直訳「豪傑の眠りをもって」)

　(2)　учи́ться　学ぶ：насто́йчиво　根気強く, упо́рно　我慢強く,

第2部　文法編

прилéжно　熱心に，системати́чески　体系的に

　(3)　боя́ться　恐れる：óчень, ужа́сно　恐ろしく，до́ смерти 《口》, безу́мно 《口》, жу́тко 《口》, как огня́ 《口》　火のように

　(4)　обеща́ть　約束する：твёрдо　固く

　(5)　дыми́ть (кури́ть)　たばこを吸う：как парово́з　SL（エス・エル）のように

2)　最上級は形容詞から文法的につくられる強調語である。☞ p.349 以下。

3)　造語手段でも強調は行なわれる。

свéрхмóщный　大出力の，предóбрый　とてもよい

また，反復によっても強調は行なわれる。

ма́ленький, ма́ленький　ちいさな，ちいさな

4)　何を強めるかによって強調語が異なるように，何をほめるかによって称讃語も異なる。ほめことばの結びつきの慣用的きまりの例は単語帳(9)を参照（☞ p.460）。

練習問題 158

1)　意味をいいなさい。

　(1)　Врач оказа́лся про́сто шарлата́ном, челове́ком, абсолю́тно безгра́мотным в медици́не.

　(2)　Либерализа́ция — проце́сс бесконе́чно до́лгий, как и путь к абсолю́тной и́стине.

　(3)　Ма́льчик безграни́чно доверя́ет свои́м но́вым друзья́м.

　(4)　Говори́ть об э́том безме́рно тяжело́.

　(5)　Еле́на Васи́льевна лю́бит нас си́льно.

　(6)　Он вёл себя́ кра́йне неосмотри́тельно.

　(7)　Э́то письмо́ пове́ргло его́ в глубо́кое отча́яние.

　(8)　Ко́ля у нас ужа́сный со́ня：как разоспи́тся, так его́ не добу́дишься；спит без за́дних ног, хоть из пу́шек стреля́й.

　(9)　В де́тстве он ужа́сно боя́лся отца́.

第28課　重要な動詞・副詞　慣用的な結びつき

(10)　Примите мои глубокие соболезнования.

(11)　Приношу вам свои искренние соболезнования.

(12)　Это лекарство совершенно безвредно.

単語　(1) просто 全く，ほんとに，шарлатан いかさま師，くわせ者，медицина 医学，оказаться の用法については☞ p.465, 466。(2) либерализация 自由化，бесконечно 限りなく（долгий の強調語の一つ）(3) безгранично 無限に（доверять の強調語の一つ），доверять（不完）A（与格）Aを信用する (4) безмерно 計り知れないくらい（тяжело の強調語の一つ）(6) крайне 極度に（неосмотрительный の強調語の一つ），неосмотрительный 軽率な (7) повергать・повергнуть（過去 -верг, -вергла）A（対格）в B（対格）AをBの状態におとしいれる (8) соня ねぼすけ，разоспаться（完）《口》ぐっすり眠り込む，добудиться（完）目をさまさせる，起こす（добудишься というかたちについては☞ p.476），пушка 大砲，стрелять（不完）発射する（стреляй はかたちとしては命令形だが，命令形は，хоть と結びつき譲歩を表わす。「たとえ大砲をぶっぱなそうが…」) (10) соболезнование 同情，哀悼の意，お悔やみの言葉，глубокий 深い（соболезнование の強調語），принимать・принять 受け入れる，примите соболезнование お悔み致します (11) искренний 心からの（同じく соболезнование の強調語），приносить・принести 表明する（соболезнование の動詞化動詞），приношу соболезнования. お悔み致します (12) безвредный 無害な

2)　ロシア語で表わしなさい。

(1)　両者の間には相当なひらきがある。

(2)　私は最近えらく太ってしまいました。

(3)　お金は今日返すとはっきり約束したじゃない。

(4)　彼はあなたのご親切にはいたく感動しています。

(5)　この職員はいつも極めてきちょうめんであった。

第 2 部　文法編

(6) 数分もしないうちにイヴァーンはぐっすり眠っていた。

単語　(1) ひらき ра́зница, 相当な (ра́зница の強調語は больша́я) (2) 太る полне́ть・пополне́ть (толсте́ть・потолсте́ть よりこちらを使う), えらく ужа́сно (стра́шно, порази́тельно も可), 最近 в после́нее вре́мя　(3) …と約束する обеща́ть (不完・完), что... ☞ p.498), はっきり (обеща́ть の強調語) твёрдо　(4) 親切 добрата́, 感動する тро́нут, -а, -о, -ы (☞ p.422), いたく (тро́нутый の強調語) си́льно, глубоко́　(5) 職員 сотру́дник, きちょうめん аккура́тный, 極めて (аккура́тный の強調語) преде́льно　(6) 数分もしないうちに через не́сколько мину́т

♣ 単語帳（9）
称賛語（ほめることばとほめるもの）

称賛語	称賛対象	意味
арома́тный かぐわしい	ко́фе コーヒー	香り高いコーヒー
благотво́рное 有益な	влия́ние 影響	好影響
живи́тельный 活気づける	дождь 雨	恵みの雨
зама́нчивое 魅力的な	предложе́ние 提案	魅力的な提案
комфорта́бельное 快適な	су́дно 船	豪華客船
отли́чная すばらしい	па́мять 記憶力	ずば抜けた記憶力
первокла́ссное 一級の	уче́бное заведе́ние 学校	一流校
све́жий 新鮮な	во́здух 空気	すがすがしい空気
ста́рая 古い	дру́жба 友情	変らぬ友情
це́нный 貴重な	о́пыт 経験	貴重な経験

第 29 課

文の構造・種類

I быть と являться

```
A（主格）+ ┌ (a) ゼロ      + B（主格） ┐ ─ A は B ┌ だ
          └ (b) являться + B（造格） ┘         └ である
```

《例文》

(1) (a) Он руководи́тель. 彼は指導者だ。

 (b) Он *явля́ется* руководи́телем. 彼はリーダーである。

(2) (a) Обма́н всегда́ обма́н. うそはうそにかわりない。

 (b) Обма́н всегда́ *явля́ется* обма́ном. 欺瞞(ぎまん)は常に欺瞞である。

単語 (1) руководи́тель 指導者 (2) обма́н うそ，ごまかし，嘘偽

《基本》

1) быть「だ」と являться「である」はほとんど同義。

2) быть は普通に用いられ，являться は書きことばであり，あらたまった述べ方で用いられる。

3) быть の現在（普通ゼロ）と結びつく述語名詞は通常主格〔(a)〕だが，являться と結びつく時，それはいかなる時制においても造格となる〔(b)〕。

《説明》

1) быть は不完了体。対応の完了体がない。それ自身の変化だけで，現在（ゼロ，есть），過去（был, бы́ло,...），未来（бу́ду, бу́дешь,...）の3つの時制を持つ。

2) явля́ться（不完）は яви́ться（完）の対を持つ。

461

第2部　文法編

3) 以上のように，быть と являться の差は意味ではなく，形態と文体にある。

《注意》

1) 造格にたつのは名詞だけではなく，形容詞もある。

Э́тот вопро́с явля́ется бо́лее ва́жным. この問題はより重要である。

2) являться を用いる場合，代名詞・固有名詞は述語名詞にすることはできない。主語とすること。

Президе́нтом э́той фи́рмы явля́ется господи́н Атака. この会社の社長は安宅さんです。

《参考》

быть（ゼロ）でも職業や一時的状態の場合，造格にたつことがある。

— Кем ты здесь? — Я тут уже́ давно́ председа́телем.「ここで何をやっているのだ?」「ずっと前から議長職さ」。

しかし，主格で十分通じる。

На войне́ я сапёр, а вообще́-то я пло́тник... 軍隊では工兵だが，しゃばでは大工さ。

造格は話しことばの感じ。

練習問題 159

1) 意味をいいなさい。

(1) Э́тот факт явля́ется убеди́тельным доказа́тельством его́ самостоя́тельности.

(2) Э́то яви́лось причи́ной его́ сме́рти.

(3) Вопро́с Ната́льи Заха́ровны яви́лся по́лной неожи́данностью для Торопы́гина.（Лаптев）

単語　(1) факт 事実, убеди́тельный 説得力のある, доказа́тельство 証明, самостоя́тельность 自立, 独立, 独自性　(2) причи́на 原因, смерть（女）死　(3) по́лный 完全な, まったくの（не-

第29課　文の構造・種類

ожи́данность の強調語），неожи́данность 意外なできごと

2) ロシア語で表わしなさい。
   (1) 彼女はこの本の著者である。
   (2) 彼は私の友人の1人である。
   (3) これは規則違反である。
   (4) А. С. プーシキンは偉大なロシアの詩人である。
   (5) 豆腐はとても栄養のある食べ物だ。

   単語　(1) 著者 а́втор　(3) 規則 пра́вило，違反 наруше́ние，(4) А. С.（Пу́шкин）はアー・エスではなく Алекса́ндр Серге́евич（Пу́шкин）と読むこと。偉大な вели́кий，詩人 поэ́т　(5) 豆腐 то́фу，栄養のある пита́тельный，食べ物 пи́ща.

II　был（-о, -á, -и）＋主格／造格

```
A（主格）＋ был（-о, -á, -и）＋ ┌ (a) B（主格）── 恒常的状態
                                └ (b) B（造格）── 一時的状態
```

《例文》
(1) Он *был* сын учи́теля. 彼は教師の息子だった。
(2) Он *был* учи́телем. 彼は教師をしていた。

《基本》
過去・未来において быть と結びつく述語名詞は，恒常的状態を示す場合は主格〔(1)〕，一時的状態を示す場合は造格〔(2)〕であるという傾向がみられる。

《説明》
原則ではなくあくまで傾向。

Он *был* ┌ (a) москви́ч. 彼はモスクワ生まれであった。
          └ (b) москвичо́м. 彼はモスクワっ子だった。

463

第 2 部　文法編

上掲の文は意味からして恒常的状態であるが，現代の話しことばでは(b)のほうがよく用いられるようである。

未来においても同様。

Ты бу́дешь { (a) профе́ссор. 君は教授となる。
(b) профе́ссором. 君は教授になる。

(b)が許容度が高く，(a)はやや古めかしい感じ。

《注意》

次の文のように быть が不定形で用いられていても述語名詞は造格となる。

Он хо́чет *быть* мои́м дру́гом. 彼は私の友達になりたがっている。

練習問題 160

1)　意味をいいなさい。

(1)　Тогда́ она́ ещё была́ студе́нткой.

(2)　Ра́ньше теа́тр 《Кабуки》 был популя́рным развлече́нием просто́го наро́да.

(3)　Оди́н из са́мых перспекти́вных пловцо́в в япо́нской кома́нде был Китадзима.

(4)　Они́ бу́дут пре́данными президе́нту компа́нии.

(5)　Я хочу́ быть актёром.

> 単語　(2) популя́рный 人気のある, развлече́ние 娯楽, просто́й наро́д 庶民　(3) перспекти́вный 有望な, пловец 水泳選手, кома́нда チーム　(4) пре́данный A（与格）Aに忠実である, президе́нт 大統領, 社長, компа́ния 会社　(5) актёр 役者, 俳優

2)　ロシア語で表わしなさい。

(1)　彼は技師であった。

(2)　彼は技師になる。

(3)　彼女は医者になりたいと思っている。

III　転化・発現を示す стать・оказа́ться などとともに用いられる造格

> A（主格）＋ стать ＋ B（造格） ― A は B になる

《例文》

(1) Он *стал* профе́ссором. 彼は教授になった。

(2) Он *сде́лался* знамени́тостью. 彼は有名人となった。

(3) Он *оказа́лся* знако́мым. 彼は知人であることがわかった。

(4) Его́ мне́ние *оказа́лось* оши́бочным. 彼の意見は誤りであった。

単語　(2) знамени́тость（女）有名人　(4) оши́бочный　間違った，誤りの

《基本》

стать「～になる」，сде́латься「～になる」，каза́ться「～に見える」，оказа́ться「～であるとわかる」，оста́ться「（ある状態に）陥る，～になる」など，転化，発現，判明を表わす動詞とともに用いられる名詞・形容詞は造格に立つ。

《説明》

Он стал профе́ссор. Он оказа́лся знако́мый. も間違いとはいえないが，現在よい文とされるのは造格。

《注意》

1)　造格に立つ形容詞の性の語尾には注意しよう。

Ива́н написа́л кни́гу, и сде́лался изве́стным. イヴァーンは本を著わし，有名になった。

А́нна написа́ла кни́гу, и сде́лалась изве́стной. アーンナは本を著わし，有名になった。

2)　男に使われたら男性名詞，女に使われたら女性名詞となる語がある。сирота́「みなし子」や p.128 であげた колле́га「同僚」などはその例

第 2 部　文法編

である（このような名詞は総性名詞と呼ばれる）。そのような語を修飾する形容詞には注意が必要である。

　Родители умерли, и Иван остался кру́глым сирото́й. 両親が死に、イヴァーンはまったく身寄のない孤児となった（сирота́ は男性名詞。形容詞はそれに合わせて男性・造格）。

　Родители умерли, и А́нна осталась кру́глой сирото́й. 両親が死に、アーンナはまったく身寄のない孤児となった（сирота́ は女性名詞。形容詞はそれに合わせて女性・造格）。

練習問題 161

1)　意味をいいなさい。

　(1)　— А́нна, кем ты хо́чешь стать? — Я хочу́ стать врачо́м.

　(2)　Э́тот челове́к ка́жется о́чень о́пытным и зна́ющим.

　(3)　Его́ мне́ние оказа́лось непра́вильным.

　(4)　Он оказа́лся прекра́сным адвока́том.

　(5)　А́фрика оказа́лась совсе́м не тако́й, како́й мы вообража́ли её себе́ по рома́нам.

　単語　(2) о́пытный 経験豊かな、зна́ющий 熟知した、知識を持った（< знать の能形現）　(4) прекра́сный すばらしい、адвока́т 弁護士　(5) вообража́ть・вообрази́ть 想像する、рома́н 長編小説、ロマン、…тако́й, како́й В. В であるような…

2)　ロシア語で表わしなさい。

　(1)　彼らは友達になった。

　(2)　アーンナは英語を勉強し、通訳になった。

　(3)　イヴァーンは日本語を勉強し、通訳になった。

　(4)　この本は面白そうだ。

　(5)　彼女は経験豊かな医者であることがわかった。

　(6)　彼女は知人であることがわかった。

　単語　(2) 通訳 перево́дчик（女性の通訳は перево́дчица）

IV 全体と部分（象は鼻が長い）

> у＋A（全体－生格）＋B（部分－主格）＋C（述語） ─ AはBがCだ

《例文》

(1) У слонá хóбот длúнный. 象は鼻が長い。

(2) У меня́ болúт головá. 私は頭が痛い。

(3) У мáтери дрожáл гóлос. 母は声が震えていた。

単語　(1) слон 象，хóбот（象の）鼻，длúнный 長い，(2) болéть（不完）痛む　(3) дрожáть（不完）(дрожý, дрожúшь) 震える

《基本》

слон と хóбот〔(1)〕，я と головá〔(2)〕，мать と гóлос〔(3)〕は全体と部分の関係にある。このような場合，у＋全体（生格）＋部分（主格）＋述語のかたちでロシア語文を構想しよう。

《説明》

ロシア語では全体と部分の関係が遠近法になっており，パースペクティブがよくきいている。日本語は全体が重要なもの（主題となるもの）として「ハ」をともなってまず先にポンと提示され，次に部分がでてくる仕組みをとる。

《注意》

1) Хóбот слонá длúнный. Моя́ головá болúт. というタイプの文も誤りではないが，普通使われるのは(1)(2)のほうである。

2) 「あの男はたちが悪い」は У негó харáктер плохóй. (Он харáктером плох. も可)。

練習問題 162

意味をいいなさい。

第 2 部　文法編

(1) У него дела обстоят неважно.
(2) У меня замёрзли руки.
(3) От бессонницы у меня болела голова.

> **単語**　(1) обстоять (-стоит)（不完）〜の状態にある，неважный《口》あまりよくない，かんばしくない　(2) замерзать・замёрзнуть（過去 -мёрз, -зла）凍る，寒さで硬くなる　(3) бессонница [- n'-] 不眠

V　不活動体を主語とする構文

不活動体名詞（主格）＋ 他動詞 ＋ 活動体名詞（対格）

《例文》

(1) **Успехи** радуют инженеров. 技師達は成功したので大喜びである。
(2) **Ложь** сына возмущает отца. 父は息子のうそで憤慨している。
(3) Зрителей восторгает **фильм**. 観客は映画を見て深く感動する。

> **単語**　(2) возмущать・возмутить (возмущу, возмутишь) А（対格）Аを憤慨させる，ложь うそ　(3) зритель 観客，восторгать（不完）А（対格）Аを感激させる

《基本》
モノやコト（不活動体）がヒトに動作をしかけたり，気持を引き起こさせたりするかたちの構文は日本語ではあまり用いられないが，ロシア語ではひろく使用される。

《説明》
日本人の発想からは，(1)に関して Инженеры рады успехам. (2)に関して Отец возмущается ложью сына. (3)に関して Зрители восторгаются фильмом. のようなヒトを主語とする構文を選びがちである。モノ・コトを主語とす

468

第29課　文の構造・種類

る構文の習熟はロシア語を書いたり話したりするうえで欠かせないステップである。

《類例》

(1) Но́вость порази́ла меня́. 私はニュースを聞いてひどくおどろいた。

(2) Твоё молча́ние меня́ удруча́ет. お前がむっつりしていると気落ちしてくるよ。

(3) Меня́ э́ти слова́ шоки́ровали. 私はこのような発言にショックを受けた。

(4) Его́ стихи́ пуга́ли тогда́шних прави́телей. 当時の支配者達は彼の詩に恐怖を感じていた。

(5) Нас там заста́ли ужа́сные холода́. 私たちはそこでひどい寒波に見舞われた。

単語　(1) поража́ть・порази́ть (поражу́, порази́шь) A (対格) A をひどくおどろかせる　(2) удруча́ть・удручи́ть A (対格) A を気落ちさせる, がっかりさせる　(3) шоки́ровать (不完) A (対格) A にショックを与える, 当惑させる　(4) пуга́ть (不完) A (対格) A をびっくりさせる, おどす, тогда́шний 当時の, прави́тель 支配者　(5) хо́лод 寒さ (холода́ は複数。複数は寒さの強調)

《注意》

ここで例に用いた他動詞も, 辞書では支配の仕方が кого́-что と記されるが, что が追加されるのは主に人がつくる組織やまとまり (不活動体) なども対格補語になるため。

《参考》

1) たとえば, позволя́ть・позво́лить 「許す」はヒトだけでなく, здоро́вье 「健康」, пого́да 「天気」, усло́вия (複) 「条件」, вре́мя 「時間」, пра́вила (複) 「規則」, зако́н 「法」, со́весть 「良心」などを主語にし, заставля́ть・заста́вить 「強いる」はヒトだけでなく, дождь 「雨」, жизнь 「人生」,

469

第 2 部　文法編

война「戦争」, необходи́мость「必要性」, боле́знь「病気」, страх「恐怖」, любо́вь「愛」などをよく主語にたてヒトに働きかける意味を示す。こういった結合の仕方についても習熟していこう。

　（1）**Обстоя́тельства** не позво́лили мне съе́здить к роди́телям. 事情がいろいろあって私は両親のところへ行ってこられなかった。

　（2）**Дождь** заста́вил нас верну́ться домо́й. 雨が降ったので家に帰らざるを得なかった。

　2）　モノやコトが主語にたち感情・感覚を経験するヒトが造格や与格にたつ例をおぎなう。

Больны́м овладе́ло **отча́яние**. 病人は絶望におそわれた。

Учёным э́тот **проце́сс** мы́слится совсе́м ина́че. 学者はこの過程に対しぜんぜん違った見方をしている。

Мне сня́тся стра́шные **сны**. 私はこわい夢をいろいろ見る。

Мне нра́вится э́та **карти́на**. この絵が好きです。

練習問題 163

1)　意味をいいなさい。

（1）Появле́ние ма́тери сра́зу его́ отрезви́ло.

（2）Его́ томя́т сомне́ния.

（3）Вас устра́ивают на́ши поря́дки?

（4）Доро́га привела́ нас к ста́рому полуразру́шенному до́му.

（5）Случа́йность помеша́ла мне уе́хать во́время.

（6）Ваш расска́з напо́мнил мне сейча́с оди́н слу́чай, кото́рый произошёл со мной не́сколько лет наза́д.

単語　（1）появле́ние 出現, сра́зу いっぺんに, отрезвля́ть・отрезви́ть（отрезвлю́, отрезви́шь）A（対格）Aの酔いをさます, （2）томи́ть（不完）（томлю́, томи́шь）A（対格）Aを疲れさせる, 苦しめる, сомне́ние 疑惑, 疑い　（3）устра́ивать・устро́ить 満足させる, поря́док 秩序, 規律, きまり　（4）приводи́ть・при-

470

第29課　文の構造・種類

вести 連れてゆく，полуразрушенный 半分こわれた　(5) случайность 偶然，мешать・помешать А（与格）Aのじゃまをする，вовремя ちょうどよい時刻に　(6) напоминать・напомнить А（与格）B（対格）AにBを思い出させる，происходить・произойти 発生する，起こる

2)　ロシア語で表わしなさい。
  (1)　アーンナは父の手紙を読んで悲しくなった。
  (2)　彼のぐうたらに両親は心を痛めている。
  (3)　イヴァーンは母の手紙を読んで喜んだ。
  (4)　日本の印象はいかがでしょうか。
  (5)　私達は彼女の美しさに驚いた。
  (6)　ご提案には全く賛成です。

  【単語】　(1)(2) 悲しくなる，心を痛める огорчать・огорчить　(2) ぐうたら лень　(4) 印象 впечатление，Aに印象を与える произвести впечатление на А（対格）(5) 美しさ красота　(6) 提案 предложение，全く вполне

VI　無人称文

（主語なし。主体あれば与格）＋ 無人称述語　─　無人称文

《例文》

  (1)　Хватит церемониться. かっこうつけるのはもう結構。
  (2)　Мне досадно. いまいましい。
  (3)　Нам идти пешком. 私達は歩いていかなければならない。
  (4)　Некому мне поручить эту работу. この仕事をまかせられる人がいない。
  (5)　Что мне делать? どうしたらよいのか。

471

第 2 部　文法編

単語　(1) хвáтит（完）無人動 A（与格）B（不定形）（A にとり）B することはもうたくさんだ，церемóниться・поцеремóниться 儀式ばる，しゃっちょこばる　(2) досáдно しゃくだ，いまいましい　(4) поручáть・поручи́ть まかせる

《基本》

無人称述語を持つ文を無人称文という。当然主格主語のない文である。

《説明》

1）　無人称述語の代表の1つは無人称動詞である〔(1)〕。無人称動詞を述語とする無人称文についてはすでに第 28 課 I で詳しく学んだ。

2）　もう一方の代表は述語副詞である〔(2)〕。述語副詞を述語とする無人称文については，15 課 III で学び始め IV を経て，第 28 課 II でまとめているので，相当詳しい知識をもち，全体像を把握していると思われる。

3）　不定形も無人称述語となる。それは命令を表わしたり（Молчáть! 黙るんだ），不可避性・必要性を示したり〔(3)〕，可能性を表現したりする（以下の例参照）。

Быть сегóдня над Петербýргом грозé, — сказáла онá убеди́тельным тóном. (Куприн)「今日ピチルブールク（ペテルブルグ）には雷雨があります」と彼女は自信たっぷりに言った。

4）　否定代名詞・副詞＋不定形によって構成される文〔(4)，☞ p.325-327〕，疑問代名詞・副詞＋不定形によって構成される文〔(5)，☞ p.167, 229〕も無人称文である。

《注意》

1）　否定代名詞・副詞＋不定形によって構成される文に対応する есть によって構成される文（☞ p.327）も，当然，無人称文である。

Тогдá мне бы́ло комý поручи́ть э́ту рабóту. この仕事をまかせられる人が当時私にはいた。

2）　存在の否定文（☞ p.124, 125）も主語が消え，無人称文に数えられる。

472

第 29 課　文の構造・種類

練習問題 164

意味をいいなさい。

(1) Мне к девяти́ часа́м идти́ на по́езд.

(2) Мне не сдава́ть экза́мены.

(3) Мне не сдать э́того экза́мена.

(4) До́лго ждать я́блоко с э́той я́блони.

(5) Ого́нь потуши́ть! — сказа́л Ха́джи Мура́т.（トルストイ）

単語　(2) сдава́ть (☞p.172)　(3) сдать (☞p.172)　(4) я́блоко リンゴ, я́блоня リンゴの木　(5) ого́нь (男) 火, туши́ть・потуши́ть 消す

VII　不定人称文

```
（主語なし）動詞複数三人称　—　不定人称文
```

《例文》

(1) В кио́ске **продаю́т** газе́ты. 新聞はキオスクで売っている。

(2) Окно́ **закры́ли**. 窓は閉まっていた。

単語　(1) продава́ть・прода́ть 売る　(2) закрыва́ть・закры́ть 閉じる

《基本》

1) 主語を表わさず, 述語動詞を複数形（現在変化の場合三人称）にたてると不定人称文がつくられる。

2) 不定人称文は, 誰（何）がするかは問題とせず, どんな事柄が行われるかをもっぱら示す。

《説明》

(1)では誰が売るかは問題ではなく, 新聞を売っている（新聞が売られている）という事柄だけを示す。(2)では1人の人が窓を閉めたかもしれないし, 複数の人が閉めたかもしれない。そういうことは問題にせ

473

ず，窓が閉めてあったという事柄だけを伝える。

《注意》

1) Тебе́ ｛(a) звони́ли. 電話があったよ（不定人称文）。
(b) кто́-то звони́л. 誰かが電話をかけてきたよ（-то による不定代名詞を主語とする人称文。☞p.316, 317）。

(b)は誰がかけてきたか話し手がいえない場合に，(a)は電話があった事実だけを伝えたい場合に用いられる。

2) 不定人称文は受動態文（☞p.416）のかわりにしばしば用いられる（そのような場合，受身に訳すとよい）。

Его́ ча́сто посыла́ют в командиро́вку. 彼はたびたび出張させられる。

Его́ посла́ли в командиро́вку. 彼は出張させられた。

3) 受動（受身）態文は受身であることをはっきりと表わし，文体としてはやや固い印象を伴い，話しことばでは避けられる傾向がある。それを一部で補うのが不定人称文である。

В на́шем го́роде стро́ится но́вая шко́ла. わが市では新しい学校が建設されつつある。（受動態文）

В го́роде стро́ят но́вую шко́лу. 町では新しい学校が建てられている。（不定人称文）

《参考》

1) 不定人称用法の情報伝達動詞 говори́ть/писа́ть ＋ что... は「～だそうだ（ということだ）」という意味を表わす。

Говоря́т, (что) он же́нится. 彼は結婚するそうだ（するんだって）。

В газе́те пи́шут, что он тяжело́ бо́лен. 彼は重病だと報じられている（新聞によると重病だそうだ）。

2) — Как вас зову́т? — Меня́ зову́т Ива́н. 「お名前は？」「イヴァーンです」のような複数三人称の用い方も不定人称文である。

練習問題 165

1) 構文に注意しながら，(a)(b)の意味をいいなさい。

第 29 課　文の構造・種類

(1) (a) Тебя зовут к телефону.　(b) Тебя кто-то зовёт.

(2) (a) Дверь открыли.　(b) Кто-то открыл дверь.

(3) (a) Идите скорее, вас ждут.　(b) Идите скорее, вас кто-то ждёт.

(4) (a) В нашем городе строят новый завод.

(b) В нашем городе строится новый завод.

単語 (1) звать（不完）(зову, зовёшь,... зовут) 呼ぶ　(2) открывать・открыть (-крою, -кроешь) 開ける　(3) скорее 早く (скорый の比較級)

2) 意味をいいなさい。

(1) В нашем городе будут строить высотное здание.

(2) Вот школа. Её недавно построили.

(3) Ему верили, его хорошо знали.

(4) В газетах пишут о последних событиях в России.

(5) Здесь продают билеты на поезда и самолёты.

(6) В этом ресторане неплохо кормят.

(7) Уйду туда, куда велят.

(8) Просят соблюдать тишину.

(9) Здесь уже провели дезинфекцию.

(10) У меня украли паспорт.

(11) В чужой монастырь со своим уставом не ходят.

(12) О вкусах не спорят.

単語 (1) высотный 高層の　(4) событие 事件, 出来事　(6) кормить (кормлю, кормишь) 食べさせる　(7) велеть 命じる　(8) соблюдать・соблюсти 守る, тишина 静けさ, проводить・провести 行う (дезинфекция などの動詞化動詞。☞p.446), дезинфекция 消毒　(10) красть (краду, крадёшь；過去 крал, -ла,)・украсть 盗む　(11) монастырь 修道院, устав 規則　(12) вкус 趣味, 好き嫌い。

3) ロシア語で表わしなさい。

第2部　文法編

(1) 教授会で彼女は激しく批判された。
(2) お先に失礼します（帰らせていただきます）。人が待っていますので。
(3) 私どものオフィスではたばこを吸わないことになっています。
(4) 緑茶は砂糖を入れずに飲むのです。
(5) コンサートのチケットはここで売っています。
(6) 彼はクレジットカードを盗まれた。
(7) この国では何でも箸で食べます。

単語　(1) 教授会 учёный совéт, 激しく рéзко, 批判する критиковáть　(3) オフィス контóра　(4) 緑茶 зелёный чай, 砂糖を入れずに без сáхара　(5) コンサートのチケット билéт на концéрт　(6) クレジットカード креди́тная кáрточка　(7) この国では у нас, 箸 пáлочки, 食べる есть

VIII　一般人称文

（主語なし）動詞単数二人称　―　一般人称文

《例文》

(1) Прóжитых лет не **воро́тишь** вспять. 過ぎし歳月を取り返すことはできない。
(2) На чужóй ротóк не **наки́нешь** платóк. 人の口に戸はたてられない。

単語　(1) прóжитый（прожи́тый）＜ прожи́ть　生き通す，вороти́ть（完）《口・旧》引き返させる（верну́ть），вспять《文》後へ
(2) ротóк 口，наки́нуть（完）投げてかぶせる，платóк ハンカチ

476

第 29 課　文の構造・種類

《基本》

1)　主語を表わさず，述語動詞を現在変化の単数二人称にたてると一般人称文がつくられる。

2)　一般人称文は，「一般に（人は）〜である」，「〜というものだ」，「〜ということがよくある」という意味を表わす。

《説明》

一般的真理やきまりを表現し，ことわざなどでよく用いられる〔(1)(2)〕が，ことわざに限られるわけではない。

На войне́ встреча́ешь ра́зных люде́й. 戦場ではいろんな人に出会うものだ。

《注意》

1)　主語があるのに略されたのではなく，主語を示さないことで一般人称文としての意味がつくり出されるのである。このことは不定人称文でも同様である。

2)　(1)の Про́житых лет は他動詞の否定生格。(2)の плато́к は他動詞が否定されている（не наки́нешь）にもかかわらず対格。このように他動詞の否定生格は規則的ではない（否定生格がおこると否定の強調があると考えておこう）。

《参考》

人称という観点からみた文の種類をまとめると第120表のようになる。

第 2 部　文法編

第 120 表　人称からみた文の種類

種類	例
人 称 文	Я люблю́ му́зыку.　私は音楽が好きだ。 Он сдал экза́мен.　彼は試験に受かった。
無人称文	Света́ет.　夜が明ける。 Мне хо́лоно.　私は寒い。 Нам идти́ пешко́м.　私達は歩いていかなければならない。
不定人称文	В кио́ске продаю́т газе́ты.　新聞はキオスクで売っている。
一般人称文	Про́житых лет не воро́тишь вспять.　過ぎし歳月を取り返すことはできない。

練習問題 166

意味を考えてみよう。

(1) Никогда́ не зна́ешь, где найдёшь настоя́щее сло́во.

(2) Ничего́ не поде́лаешь.

(3) Вре́мени не воро́тишь.

(4) Ви́дишь то, что си́льно хо́чешь ви́деть.

(5) Не откла́дывай на за́втра то, что мо́жешь сде́лать сего́дня.

(6) Лю́бишь ката́ться, люби́ и са́ночки вози́ть.

(7) Без труда́ не вы́нешь и ры́бки из пруда́.

(8) Ти́ше е́дешь, да́льше бу́дешь.

単語　(5) откла́дывать・отложи́ть 延ばす　(6) ката́ться（不完・不定）走り回る, са́ночки（са́ни「そり」の指小形・愛称形）　(7) ры́бка（小さな）魚, пруд 池, вынима́ть・вы́нуть 取りだす

478

IX 単文と複文，並列複文と従属複文

```
文 ┌ 1) 単文
   └ 2) 複文 ┌ (1) 並列複文
            └ (2) 従属複文
```

《例文》

1) 単文

(1) Надо всем стоя́ла тень лёгкой ту́чки. すべてのものの上に軽い雨雲が影を落としていた。

(2) Всё жда́ло ти́хого весе́ннего до́ждика. すべてのものが春の静かな小雨を待ち望んでいた。

(3) По́мните. おぼえておいてください。

(4) Нау́ка тре́бует от челове́ка всей его́ жи́зни. 学問は生身の人間から全生涯を要求する。

2) 複文

(1) 並列複文

Надо всем стоя́ла тень лёгкой ту́чки, и всё жда́ло ти́хого весе́ннего до́ждика. すべてのものの上に軽い雨雲が影を落とし，すべてのものが春の静かな小雨を待ち望んでいた。

(2) 従属複文

По́мните, что нау́ка тре́бует от челове́ка всей его́ жи́зни. 学問は生身の人間から全生涯を要求するということをおぼえておいてください。

単語 (1) надо（前置詞 над「の上に」は все の前で末尾に о をつける），ту́чка（ту́ча「雨雲」の指小形）小さな，軽い雨雲 (2) до́ждик（дождь の指小形）小雨 (3) по́мнить（不完）覚えている (4) нау́ка 学問，科学，тре́бовать A（対格／生格）от B（生格）B から A を要求する。

第2部　文法編

《基本》
　1)　文には単文と複文がある。
　2)　接続詞や接続語（☞p.497）によって単文を結びつけたものが複文である。
　3)　複文には並列複文と従属複文がある。
　4)　それぞれの単文が文法上対等の資格で結びつき，並ぶのが並列複文である。
　5)　一方の単文に他方の単文が構文上依存（従属）するように結びつき，一方が主文，他方が従属文となるのが従属複文である。

《説明》
　1)　《例文》1)の(1)(2)(3)(4)はすべて単文。
　2)　(1)と(2)が接続詞 и「そして」によって結びつけられたのが，2)(1)の並列複文。(1)と(2)は 2)(1)の中で対等の資格で並ぶ。
　3)　(3)と(4)が接続詞 что「ということ」によって結びつけられたのが，2)(2)の従属複文。
　4)　「…ということを」という訳でもわかるように，2)(2)の中で(4)は(3)の対象の役をはたし，(3)に依存する（(3)「おぼえておいてください」というが，「何をおぼえておいてください」というのかというと(4)であるという構成になる）。つまり，(4)は(3)の目的語のようになり，(3)に従属する。よって(4)は 2)(2)の中で従属文。(3)が主文。文の意図として，(4)は(3)の内容の説明となる。
　5)　並列複文は2つ（以上の）単文が単に並ぶ文。従属複文は主たる単文が従たる単文を入れ子にした文，と整理しておこう。

《注意》
　複文中の単文を節ということがある。このいい方に従うと，並列複文は前節と後節よりなり，従属複文は主節と従属節よりなることになる。ここでは不必要な用語の導入をさけ，並列複文は前文と後文よりなり，従属複文は主文と従属文よりなる，という言い方で通す。

第 30 課

並列複文

I 並べる並列複文（и —「そして」，да —「その上」）

①Ａ（不完了体の文），и Ｂ（不完了体の文） ― Ａして，（同時に）Ｂする（Ａ・Ｂ同時）

②Ａ（完了体の文），и Ｂ（完了体の文） ― ⓐＡした後，Ｂする（ＡにＢが後行）
 ― ⓑＡするので，Ｂする（Ａが原因，Ｂが結果）

③Ａ（文），да Ｂ（文） ― Ａして，（おまけに）Ｂする（累加）

《例文》

(1) За окно́м несли́сь облака́, и лета́л оби́льный пух от одува́нчиков. 窓の外に雲がどんどんと流れて行き，タンポポの綿毛がたくさん飛びかっていた。

(2) Ту́чи рассе́ялись, и показа́лась луна́. 雨雲は消え，月が出た。

(3) Ста́ло хо́лодно, и я наде́л пальто́. 寒くなったので，私はオーバーを着た。

(4) Сего́дня хо́лодно, да прито́м и ве́тер ду́ет. 今日は寒い。その上風も吹いている。

単語 (1) нести́сь（不完）（飛ぶように）流れ行く，оби́льный 多量の，пух 綿毛，одува́нчик タンポポ (4) дуть（不完）吹く，прито́м さらに

481

第２部　文法編

《基本》

1)　①前文 (A), 後文 (B)共に不完了体動詞を述語とすると, 普通, A・B同時。「Aして（同時に）Bする」。

2)　②共に完了体動詞を述語とすると, ⓐAにBが後行する場合と, ⓑAが原因（前提）, Bが結果（帰結）を表わす場合がある。ⓐの場合「Aした後, Bする」, ⓑの場合,「Aするので, Bする」「Aする。それゆえにBする」「Aする結果, Bする」。

3)　A（文), да B（文）はAにBが累加される（さらに加えられる）ことを表わす。③「Aして,（おまけに）Bする」,「Aする。それに加えてBする」。

《説明》

1)　(1)では,「雲が流れていく」(A) と「綿毛が飛びかう」(B) が同時平行的に行なわれる。

2)　(2)では「雨雲が消える」(A) が先に成立し,「月が出る」(B) が次に成立する。つまり, Aした後にBが起こる。

3)　(3)では「寒くなった」(A) が原因,「オーバーを着た」(B) が結果。

4)　(4)では「今日は寒い」(A) に「風が吹いている」(B) が上乗せされる。

《類例》

　(1)　Оркéстр игрáл, и все танцевáли.　バンドは音楽を奏で, 皆は（それにのって）ダンスをしていた。

　(2)　Дверь откры́лась, и вошёл мужчи́на высóкого рóста.　ドアが開いて, 背の高い男が入ってきた。

　(3)　Прозра́чен был вóздух, и очерта́ния далёких гор вы́ступили отчётливо и рéзко.　大気は澄んでおり, そのため, 遠くの山影がはっきりと際立って浮き出ていた。

　(4)　Я там чу́ть-чу́ть не у́мер с гóлоду, да ещё вдоба́вок меня хотéли утопи́ть.（Лермонтов）　私は, そこで, あやうく餓死しそうになり, お

482

第30課　並列複文

まけに水死させられそうになったのだ。

単語　(3) прозра́чный　透明な，очерта́ние　りんかく，отчётливый はっきりした，ре́зкий　際立っている，激しい　(4) вдоба́вок 《口》おまけに，чу́ть-чу́ть не ＋ А（動詞過去形）あやうくА するところであった，топи́ть・утопи́ть　水没させる

《注意》

1）《基本》に記したことはあくまで原則。はずれる文は当然ある。例えば，Пришла́ весна́, запе́ли пти́цы, и ста́ло тепло́.「春が来て，鳥が鳴き，暖かくなった」では完了体動詞が用いられているが，同時的である。

2）　主語が同一の場合，и の前をコンマ（,）によって切らないのが普通。

А́нна сиде́ла у окна́ и чита́ла кни́гу.　アーンナは窓辺にすわって本を読んでいた。

Ива́н око́нчил шко́лу и поступи́л в университе́т.　イヴァーンは高校を卒業し，大学へ入学した。

3）　и はいくつも重ねることができる。

Прозра́чный лес оди́н черне́ет, И ель сквозь и́ней зелене́ет, И ре́чка подо льдом блести́т.（Пушкин）　透けて見える森だけが黒味を帯び，えぞ松は樹氷の中で緑を増し，小川は氷の下で光っている（Иが大文字なのは韻文のため）。

4）　да には прито́м「その上」，ещё「また」のような語がよく付属するが（☞《例文》(4)，《類例》(4))，ない場合もある。Луна́ свети́ла на не́бе, да звёзды зага́дочно мерца́ли.　月は夜空にこうこうと輝いていた。その上星までが謎めいた光をぼうっと放ってまたいていた。

《参考》

日本語のテ形・連用形の「中止め」も，同時，継起，原因・結果を示す：脇見をして運転する（同時）；家に帰って（帰り），風呂にはいる（継起）；イスラエルが参加し（参加して），9か国になる（原因・結果）。А

483

第２部　文法編

（文），и В（文）も「中止め」で訳してみると意味がつかみやすくなる。
☞《例文》(1)(2),《類例》(1)(2)の訳文。

《発展》

1)　否定文を並べ連ねる時は ни А（文），ни В（文）「Ａもせず，Ｂも（また）しない」を用いる。

Ни сам никудá не éздил, ни у себя́ никогó не принимáл.　自分でもどこへもでかけず，家でも誰とも会うということをしませんでした。

Темнó вокрýг: ни лунá не свéтит, ни звёзд не ви́дно.　あたりは暗かった。月も出ておらず，星も見えなかった。

Всё бы́ло ти́хо: ни рекá не шумéла, ни голосá людéй не слы́шались.　（あたりは）まったく静かであった。川の水音も聞こえず，人声も聞こえてこなかった。

　単語　принимáть・приня́ть　面会する，шумéть　ざわめく

　上記の３例でわかるように，ни は前文，後文の文頭で反復され，必ず не による否定形と呼応する（☞p.321-323）。

2)　いくつかの単文を並べ，最後に и でしめくくることがある。

Пришлá веснá, запéли пти́цы, и стáло теплó.　（☞《注意》1)）

3)　コンマ (,) で切られる単文を並べるだけでも，前文が原因や前提，後文が結果や結論となることは十分あり得る。

Нé было никаки́х возмóжностей уйти́ незамéтно, я вы́шел откры́то.　こっそりこの場を離れる可能性は皆無であった。（そのため）私はこそこそせずに外に出た。

Дорóга шла по пескý, нáдо бы́ло идти́ шáгом.　砂道であり，（そのため）ゆっくり進む必要があった。

　単語　откры́то　隠さずに，おおっぴらに，шáгом　ゆっくりと，
　　　　　（馬が）並足で

4)　結果・結論であることを，и 以上にはっきりさせたい場合，поэ́тому「それゆえ，だから」を用いる。

Бы́ло óчень вéтрено, поэ́тому мы остáлись дóма.　風が強く吹いてい

484

第 30 課　並列複文

た。そのため我々は家から外に出なかった。

И самый сухопутный человек носит в своей крови море, **поэтому**, наверное, так тянет людей смотреть на прибой.　陸上生息動物たる人類も血液の中に海をかかえる。波打ち際に寄せるさざ波に心をそそられ, あかず眺めてしまうのはもしかしたらこのためなのかもしれない。

В пригородах Токио живёт много людей, **поэтому** очень развита сеть городского транспорта.　東京の近辺には人がたくさん住んでいます。そのため, 交通網が非常に発達しています。

У них одинаковые способности, но Анна не старается и **поэтому** она отстала.　彼らの能力は同じなのだが, アーンナは努力をしていない。そのため彼女は落伍してしまった。

　単語　ветрено（述語副詞）風のある, тянуть 引きつける, たまらなくそうさせる, прибой 岸に寄せる波

5)　後文が結果・結論であることを明示する手段は поэтому 以外にも多数ある。

Окна светятся, { (a) значит, (b) следовательно (c) стало быть, } хозяева дома.

窓辺には明りがともっている。(a) ということは, (b) それゆえ, 従って (書きことば), (c) つまり, 主人達は在宅だ。

　単語　светиться（不完）光る, 明りがついている, хозяева（☞ p.198）

6)　так что による従属文によっても結果を表わすことができる（☞ p.565）。

練習問題 167

1)　意味をいいなさい。

(1) Прозвенел звонок, и лекция кончилась.

(2) Я плеснул на дрова бензину, и огонь сразу разгорелся.

485

第2部 文法編

(3) Áнна допусти́ла оши́бку, и её наказа́ли.

(4) По́езд прихо́дит ро́вно в пять, и ты потора́пливайся.

(5) Челове́к он уме́лый, да ещё трудолюби́вый.

単語 (1) прозвене́ть（完） 鳴る (2) плеска́ть・плесну́ть 振りかける, дрова́ 薪, бензи́н ガソリン（бензи́ну というかたちは第2生格。意味は部分生格。容器から取りだして振りかける。☞p.202）。разгора́ться・разгоре́ться 燃え上がる, сра́зу ただちに (3) допусти́ть оши́бку 誤りをおかす (4) потора́пливаться（不完）《口》（少し）急ぐ (5) уме́лый 有能な, трудолюби́вый 勤勉な

2) ロシア語で表わしなさい。

(1) イヴァーンはインフルエンザにかかり, 職場に来なかった。

(2) 列車は止まり, 乗客がホームに降りた。

単語 (1) インフルエンザにかかる заболе́ть гри́ппом (2) 乗客 пассажи́р, ホーム перро́н, 降りる выходи́ть・вы́йти

II 選ぶ並列複文（то ─「ある時は」, и́ли ─「または」）

① То A （文）, то B （文） ─ ある時はAし, また, ある時はBする
② И́ли A （文）, и́ли B （文） ─ Aするか, または, Bするかだ
③ …ли A （文）, и́ли B （文） ─ Aなのだろうか, それともBなのだろうか

《例文》

(1) То дождь идёт, то проясня́ется. 降ったり, 晴れたりする（降っては晴れ, 晴れたかと思うとまた降る）。

(2) И́ли больша́я ры́ба пойма́лась, и́ли же у́дочка зацепи́лась. 大きな魚がかかったか, それとも針がひっかかったかだ。

第30課　並列複文

(3) Откуда он узнал о случившемся? Мать ли написала ему об этом, или товарищ рассказал при встрече?　事件を彼は誰から聞いたのだろう？　母が彼に手紙を書いたのだろうか，それとも同僚と会った時にその同僚から聞いたのだろうか。

単語　(1) проясняться・проясниться　晴れる，無人動　天気がよくなる　(2) рыба　魚，ловиться・пойматься　掛かる，捕まる，удочка　釣り道具（竿，糸，針などの総称），зацепляться・зацепиться　ひっかかる　(3) случившееся　事件，出来事 ＜ случиться　起こる，☞p.421，встреча　出会い，при А（前置格）Аの際に，☞p.79

《基本》

1) ①То А（文），то В（文）は前文（А）が示す事柄と後文（В）が示す事柄が交替して起こることを示す。А・Вは同時には両立しない。「ある時はАし，また，ある時はВする」「時にはАしたり，また，別の時にはВしたりする」「ある時はАすると思えば，またある時はВする」。

2) ②Или А（文），или В（文）は前文（А）が示す事柄が起これば，後文（В）が示す事柄は起こらない。また，その反対に，Вが起これば，Аは起こらない，という事態を示す。相互に排除し合う事柄の列挙に用いる。「Аするか，または，Вするかだ」。

3) ③…ли А，или Вは前文（А）が示す事柄が起こったのだろうか，それとも反対に後文（В）が起こったのだろうかと，逆の推定を行って，戸惑いを表わす。「Аなのだろうか，それともВなのだろうか」。疑問文のかたちでよく用いられる。лиは，とりたてられるべき重要語の後に位置し，文頭に来ることはない。

《説明》

1) (1)で，「雨が降る」と「晴れ間がでる」が交替的に起こることが表わされる。

2) (2)で「大魚がかかる」「針がひっかかる」が相互排除的関係で並べたてられる。

第 2 部　文法編

3)「母が手紙を彼に書いた」のか,「同僚が彼に話した」のか, 選択しかねることから起こる困惑を表わす。

《類例》

(1) Ну что́ у вас за край? То хо́лодно, то о́чень жа́рко, то со́лнце спря́чется, то све́тит о́чень я́рко. お国はどんな土地柄ですか。寒かったり, やけに暑かったり, お日様が顔を見せなかったり, 見せたと思うとぎらぎら照りつけたりするのです。

(2) Она́ и́ли зарыда́ет, и́ли закричи́т, и́ли в о́бморок упадёт. 彼女は泣き叫びだすか, 大声をあげだすか, 気絶するかだ。

(3) Действи́тельно ли она́ ви́дела всё э́то, и́ли э́то была́ про́сто мечта́, она́ о́чень испуга́лась. これらすべてを実際に目にしたのか, それともただの幻影であったのだろうか。彼女はただおろおろするばかりであった。

単語　(1) край　土地, 土地柄, пря́таться (-я́чусь, -я́чешься)・спря́таться　隠れる, свети́ть (-ечу́, -е́тишь)(不完) 光る　(2) зарыда́ть (完) 声をあげて泣き始める, закрича́ть (完) 叫び始める, упа́сть (упаду́, упадёшь) (完) 落ちる, упа́сть в о́бморок　気を失う　(3) мечта́　夢想, пуга́ться・испуга́ться　驚く

《注意》

1) 接続詞 то は必ず反復されるが, и́ли は単独でも使用される(「または」「それとも」「さもなければ」の意味を持つ)。

По утра́м я рисова́л о́зеро и́ли шёл гуля́ть. 毎朝湖の写生をするか, さもなければ, 散策に出かけた。

2) то や и́ли は二つと限らず三つ四つと使用できる(☞《類例》(1)(2))。

3) То A (文), то B (文), は交替し, 反復される事柄を示すため, A・Bの述語動詞は多く不完了体 (☞《例文》(1))。

第 30 課　並列複文

《参考》

1) или が副アクセントをとり得ることについて☞p.37。

2) 日本語の例示形（またの名をタリ形。例：食べたり，飲んだりする）も基本的に反復使用される点 то A（文），то B（文）に似る。☞《例文》(1)，《類例》(1)の訳文。

《発展》

ли́бо A（文），ли́бо B（文）は и́ли A（文），и́ли B（文）と同義。

Ли́бо мы зако́нчим рабо́ту, ли́бо её совсе́м оста́вим.　作業を終了するか，もしくは完全にやめてしまうかどちらかだ。

Ве́чером оте́ц ли́бо чита́л де́тям кни́гу, ли́бо расска́зывал ска́зки.　夜，父は子供達に本を読んで聞かせるか，そうでなければ，おとぎ話を話してやるかした。

練習問題 168

1) 意味をいいなさい。

(1) Он то ел, то пил, то заку́ривал сигаре́ту.

(2) Ло́дка то поя́вится среди́ волн, то сно́ва исче́знет.

(3) Слёзы са́ми лили́сь из глаз её, она́ утира́ла их уголко́м платка́, и́ли сма́хивала руко́й, и́ли обтира́ла ладо́нью.

(4) Винова́т ли был учи́тель и́ли винова́та была́ учени́ца, но ка́ждый день повторя́лось одно́ и то же.

単語　(1) заку́ривать・закури́ть　火をつけてすい始める，сигаре́та（紙巻の）タバコ　(2) появля́ться・появи́ться　姿を現わす，исчеза́ть・исче́знуть　消える，見えなくなる（ここでは поя́вится, исче́знет と完了体未来が用いられているが，現在における反復を表わす。これは完了体未来の特殊（要注意）用法である。詳しくは☞『現代ロシア語文法』中・上級編 p.144-146）　(3) ли́ться（不完）流れる，утира́ть・утере́ть（утру́, утрёшь；過去 утёр, -рла）ぬぐう，уголо́к (-лка́)

第2部　文法編

片隅，はし，платóк　スカーフ，ショール，ハンカチ，смáхивать・смахнýть　払いのける，обтирáть・обтерéть（оботрý，оботрёшь；過去　обтёр, -рла）拭く，ぬぐう，ладóнь（女）手のひら，たなごころ　(4) повторя́ться・повтори́ться　繰り返される，однó и то же　同じこと

2)　ロシア語で表わしなさい。

(1)　私がわからないのか，それとも君が私をわかりたくないのか，どちらかだ。

(2)　暑かったり寒かったりする。

(3)　季節により野菜は高くなったり，安くなったりする。

(4)　彼女は来るかどうかわからない。

単語　(3) 季節により в зави́симости от сезóна，高くなる дорожáть（不完），安くなる дешевéть（不完）

III　対比する並列複文（a ―「が」, но ―「それに反して」）

①A（文），а B（文）　―	ⓐAするが，Bする（軽い対比）
―	ⓑAするのに，Bする（不相応）
②A（文），но B（文）　―	Aするが，それに反してBする（対照）

《例文》

(1)　Больши́е ушли́, а де́ти оста́лись до́ма. 大人達は出かけたが，子供達は家に残った。

(2)　Де́ло к весне́, а моро́з всё жёстче. 春が近いというのに，寒さときたらますます激しい。

(3)　Ночь темна́, но ви́дно всю дере́вню. 闇夜ではあるが，しかし，村全体が見える。

単語　(2) де́ло …のこと，де́ло к весне́ 春が近い，де́ло к дождю́

490

第 30 課　並列複文

雨が近い，моро́з　ひどい寒さ，жёстче ＜ жёсткий　厳しい
(☞p.337)　(3) ви́дно（述語副詞）А（対格）　Ａが見える

《基本》

1)　①А（文），a В（文）は前文（Ａ）と後文（Ｂ）の内容を，ⓐ 軽い対比で並べる場合と，ⓑ 強い対比で並べる場合とがある。ⓐ の場合，「Ａするが，Ｂする」，ⓑ の場合,「Ａするのに，Ｂする」。

2)　②А（文），но В（文）は，Ａ・Ｂの内容が著しくかけはなれて，違いが際立つ時に用いられる。

《説明》

1)　(1)では「大人」と「子供」，「出かけた」と「居残った」の対比・対照はあるが，ＡとＢが矛盾する内容を持つわけではない。(1) は и で言いかえてもよい。

2)　接続詞 a にはＡ・Ｂの不相応に対する話し手の感情が込められることがある。(2)では「春が近い」のに反して「猛烈な寒さ」だということに対する話し手のなげきに近い驚きが感じ取られる。

3)　(3) のＡは「夜は暗い」。暗いから見えないのが普通だが，「村全体が見える」という相矛盾する事柄をＢとして導入する。

《類例》

(1)　Он молодо́й, а она́ ста́рая.　彼は若いが，彼女はもう歳(老年)だ。

(2)　Его́ руга́ют, а он ра́дуется.　あいつはけなされているのに，喜んでいるときた。

(3)　Она́ лю́бит ко́шек, но не лю́бит соба́к.　彼女は，猫は好きだが，犬は嫌いだ。

単語　(2) руга́ть（不完）ののしる，けなす，ра́доваться（不完）喜ぶ

《注意》

1)　不相応を示す а は，相手に対する非難をこめてよく用いられる。
Мать больна́, а ты её беспоко́ишь.　お母さんは病気よ。それなのに心配かけたりして。

第2部　文法編

Ты рыба́к, а ло́дка у тебя́ в тако́й неиспра́вности?　お前は漁師なのに、お前の舟ときたら使いものにならないのかい？

2)　話しことばでは、да が不相応を示す a、ないし、но の意味で用いられることがある。

Всё прохо́дит, да не всё забыва́ется.　すべてはすぎていくけど、すべてが忘れられていくわけではない。

Я хоте́л было позвони́ть тебе́, да забы́л.　電話しようと思ってたのだが、忘れてしまった（この было にはアクセントがない。動詞過去形にそえ、行為・状態がいったん開始されたが、何らかの理由で中断され、成果をおさめなかったことを示す。動詞は主に完了体を伴う。しかし、хоте́ть、ду́мать などの不完了体とも用いられる）。

3)　а より но の方が強い対比になる。

А́нна хо́чет, ｛① а　② но｝ я не хочу́.

①アーンナはやりたがっているけど、私はやりたくない。
②アーンナはやりたいのだけど、（一方）私の方はやりたくないのだ。

《参考》

а は и と но の間を行き来する存在で、и の意味に用いられたり、но の意味に用いられたりする。A・Bの内容を比較し、差が著しくない場合は、「が」とか「中止め」におきかえ、著しい場合は「…が、しかし…」「…のに、…」と訳して見ると適切な意味をつかむ手掛りが得られる。

《発展》

одна́ко は но に近い。付け加えて、留保をつけるというかまえがある。書きことば。

Мы встре́тились с многочи́сленными препя́тствиями, одна́ко доби́лись наме́ренной це́ли.　様々な困難に遭遇したが、所期の目標を達成した。

単語　добива́ться・доби́ться (-бью́сь, -бьёшься) A（生格）　Aを達成する、Aを獲得する、препя́тствие　障害、困難

第30課　並列複文

練習問題 169

1) 意味をいいなさい。

(1) Глеб — жесто́к, а жесто́кость никто́, никогда́, нигде́ не люби́л ещё.

(2) Прошло́ два́дцать лет, а я всё хорошо́ по́мню.

(3) Ты молода́, здоро́ва, краси́ва, жить хо́чешь, а я стари́к, почти́ труп.

(4) Я чита́ю кни́гу, а она́ смо́трит телеви́зор.

(5) Он вам наговори́л чепухи́, но он всё же па́рень хоро́ший.

(6) Здесь темно́, но я ви́жу блеск ва́ших глаз.

単語　(1) Глеб（人名）, жесто́кий　残酷な, жесто́кость　残酷さ（< жесто́кий）　(3) стари́к　老人, труп　死体　(5) нагова́ривать・наговори́ть А（生格）Аをたくさん話す, чепуха́　無意味なこと, ばかげた話し, па́рень（男）青年　(6) блеск　輝やき

2) ロシア語で表わしなさい。

(1) 列車は1時間後に出るというのにあなた達はまだ用意ができていない。

(2) アーンナは本を読んでいるが, イヴァーンは手紙を書いている。

(3) アーンナを見かけただけではない。ことばを交したのだ。

単語　(1) 出る　уходи́ть, 用意ができる　гото́в (-а, -ы)　(2) …だけではなく　не то́лько…, но и (да́же)

第31課

従属複文(1)

I 内容説明の従属文を持つ複文

1．что —伝達，認識，気持・感情の内容

> A（文），что B（文） — ⓐBする（Bだ）と，A（伝達する）
> — ⓑBする（Bだ）ということを／が，A（認識する／認識される）
> — ⓒBする（Bだ）ということで，A（気持・感情が起こる）

《例文》

(1) Он мне сказа́л, что вы за́втра уе́дете. あなたは明日出発なさると，彼は私に言いました。

(2) Я зна́ю, что вы за́втра уе́дете. あなたは明日出発なさることを，私は知っています。

(3) Она́ была́ сча́стлива, что вы́шла за́муж за врача́. 医者と結婚して，彼女は幸せだった。

《基本》

1) 主文（A）の述語は，伝達，認識，気持・感情を表わす。
2) 従属文（B）は，その内容を明らかにする（☞p.164）。
3) A・Bが合わさって，伝達，認識，感情の内容を説明する従属文を持つ複文を構成する。

第31課　従属複文(1)

《説明》

1)　ⓐ 伝達を表わす述語の場合，日本語の引用の「と」で解釈できる場合が多い〔(1)〕。

2)　ⓑ 認識を表わす述語の場合，「と」でもいいが，語によっては「ということ（の）を／が…」と解釈する必要が起こり得る〔(2)〕。

3)　ⓒ 気持・感情を表わす述語の場合，ＢはＡの気持・感情（内的状態）の内容を説明する。(3)においてＢ「医者と結婚した」というのがＡ「幸せ」の内容である。このタイプの複文ではＢをＡの原因・理由のように訳せる場合が多い。

Я о́чень рад, что встре́тил вас．お会いできてとても嬉しい。

《類例》(3)(4)参照。ただし，《類例》(5)の что などは原因のようには訳しにくい。

4)　что を「と」一本槍で解釈しようとするとしっくりこないことが起こる。что 以下は主文の内容説明であるという基本をしっかりとらえ，主文の述語の種類と個性に応じ，工夫をこらし，こなれた日本語を目指そう。

《類例》

(1)　Переда́й ма́ме, что я уезжа́ю из Москвы́．お母さんにぼくはモスクワを出発すると伝えてくれ。

(2)　В газе́те писа́ли, что гео́логи нашли́ но́вое месторожде́ние не́фти．地質学者の一行が，石油埋蔵地を新しく発見したと新聞は報じた。

(3)　Же́нщины волну́ются, что до́лго нет авто́буса．バスが長い間来ないので女達は気をもんでいる。

(4)　Ребя́та горди́лись, что их шко́ла — лу́чшая．生徒達は母校が最優秀校であるので鼻高々であった。

(5)　Стра́нно, что он не говори́т пра́вду．あの人が本当のことを言っていないのがおかしい。

単語　(2) гео́лог 地質学者，地質調査に従事する人，месторожде́ние 産地，埋蔵地　нефть（女）石油　(3) волнова́ться（不完）心配する，気をもむ　(4) горди́ться（不完）誇る，自慢す

第2部　文法編

る

《注意》

1) 主文の時制と従属文の現在・過去・未来形の関係をここでまとめる。

(1) 主文の時制は，発話時を基点にして決定される。つまり，普通の文と同じである（☞p.173-185）。

(2) 従属文で現在形が用いられると，主文の動詞が表わす事柄と同時に行なわれる（発生する）ことを示す。

Я { (a) думаю / (b) думал(а) / (c) буду думать }, что соседей нет дома.

隣人は家にいないと (a) 思う／(b) 思った／(c) 思うだろう。нет が現在であることについては☞p.125。

(3) 従属文で過去形が用いられると，主文の動詞が表わす事柄より以前に行なわれた（発生した）ことを示す。

Я { (a) думаю / (b) думал(а) / (c) буду думать }, что соседей не было дома.

隣人は家にいなかったと，(a) 思う／(b) 思った／(c) 思うだろう。

従属文で完了体過去が用いられると，当然，主文の動詞で表わされる事柄より前に完了されていることを表わす。

Я { (a) думаю / (b) думал(а) / (c) буду думать }, что Анна вернулась домой.

アーンナは（すでに）家に帰ったと，(a) 思う／(b) 思った／(c) 思うだろう。

(4) 従属文で未来形が用いられると，主文の動詞が表わす事柄よりも後に行なわれることを示す。

496

第31課　従属複文(1)

$$Я \begin{Bmatrix} \text{(a)} & \text{думаю} \\ \text{(b)} & \text{думал(а)} \\ \text{(c)} & \text{буду думать} \end{Bmatrix}, \text{что сосе́дей не бу́дет до́ма.}$$

隣人は家には居なくなるだろうと，(a) 思う／(b) 思った／(c) 思うだろう。(不完了体未来である бу́ду ду́мать の使用される状況は限られ，あまり用いられない。しかし，あり得るかたちである。☞p.185)

2) 疑問代名詞としての意味を保存しつつ，従属文をつくる что́ とは区別しなければならない。

(1) Я не зна́ю, что́ он сказа́л.　彼が何を言ったか私は知らない。

(2) А́нна понима́ла, что́ так си́льно заинтересова́ло Ива́на.　イヴァーンが何に対してかかる強い興味を抱いたのか，アーンナは理解した。

(1)の что́ は従属文で対格にたち，сказа́л の目的語，(2)の что́ は主格にたち，заинтересова́ло の主語。文中で構文論上の位置を占める。このような что́ は接続語という。当然，他の格にも立ち，従属文中で補語となる（以下の例では занима́ться の支配を受けて造格）。

Я тепе́рь по́нял, че́м я до́лжен занима́ться.　何をしたらいいか今わかった。

このような что́ にははっきりとしたアクセントがある。それに対し，接続詞の что は副アクセントをとる（☞p.37）か，アクセントがないかである。

3) 英語ではこのような場合 that を省略できるが，ロシア語の что は省略しない。

Я ду́маю, что его́ нет до́ма. ─ I think he is out.

《参考》

1) Аの述語としてよく用いられる重要語を掲げる。

(1) 伝達を示す動詞

говори́ть・сказа́ть 話す，передава́ть・переда́ть 伝える，сообща́ть・сообщи́ть 通知する，расска́зывать・рассказа́ть 物語る，писа́ть・на-

第2部　文法編

писа́ть　書く, добавля́ть・доба́вить　付け加える, повторя́ть・повтори́ть　繰り返す, отвеча́ть・отве́тить　答える, обеща́ть（不完・完）約束する

(2) 認識, 思考を示す動詞・形容詞短語尾・述語副詞

ду́мать（不完）考える, знать（不完）知っている, понима́ть・поня́ть　理解する, наде́яться（不完）期待する, よいと思う, по́мнить（不完）覚えている, ве́рить（不完）信じる, ви́деть・уви́деть　見る, слы́шать・услы́шать　聞く, чу́вствовать・почу́вствовать　感じる, узнава́ть・узна́ть　知る, забыва́ть・забы́ть　忘れる, реша́ть・реши́ть　決定する, сомнева́ться（不完）疑う, дока́зывать・доказа́ть　証明する, утвержда́ть（不完）断言する, 主張する, ка́жется（不完）…と思える, чу́вствуется（不完）感じられる; согла́сен　賛成だ; поня́тно　（よく）わかる, пло́хо　悪い, ва́жно　重要だ, хорошо́　よい, я́сно　あきらかだ, возмо́жно　あり得ることだ

(3) 気持・感情を表わす動詞・形容詞短語尾・述語副詞

ра́доваться（不完）喜ぶ, удивля́ться・удиви́ться　驚く, волнова́ться（不完）心配する, горди́ться（不完）誇りに思う, нра́виться・понра́виться　気に入る; рад　嬉しい, сча́стлив　幸せだ, дово́лен　満足だ; удиви́тельно　驚くべきことだ, стра́нно　変だ, оби́дно　くやしい, жаль　残念だ

2) (a) Он обеща́л, что бу́дет хорошо́ учи́ться.　よく勉強すると約束した。

　　(b) Он обеща́л хорошо́ учи́ться.　よく勉強することを約束した。

(a)(b)は大体同義。

《発展》

従属文(b)の内容が必ずしも現実的ではない（現実と不一致をきたす恐れがある）と感じられ, 一歩引いた姿勢で事を表現したい場合, чтоではなく, бу́дто「なんて, ような,（だ）とか」を用いる。

Она́ говори́т, { (a) что / (b) бу́дто } не она́ бро́сила его́, а он её.

第 31 課　従属複文 (1)

(a) 振ったのは，彼女ではなく，彼の方だと彼女はいう。(b) 振ったのは，彼女ではなく，彼の方だなんて彼女はいう。

Я слы́шал, бу́дто он верну́лся.　彼は帰ったとか私は聞いた。

Мне показа́лось, бу́дто где́-то скри́пнула дверь.　どこかでドアがギィッと音を立てたような気がした。

単語　броса́ть・бро́сить　捨てる, 振る　скри́пнуть（完）ギィッと（一回）音を立てる

бу́дто と副アクセントをとり得ることについては☞p.37.

練習問題 170

1) 意味をいいなさい。

(1) Он поду́мал, что ско́ро на э́том ме́сте вы́растет го́род.

(2) Он узна́л, что о́тпуск ему́ даду́т то́лько о́сенью.

(3) Вы мне сказа́ли, что вернётесь ве́чером.

(4) Я сказа́л ма́льчикам, что заблуди́лся.

(5) Говоря́т, что он в командиро́вке.

(6) О́чень жаль, что гла́вная конто́ра в Москве́ отказа́лась от ва́шего предложе́ния.

単語　(1) выраста́ть・вы́расти (-ту, -тешь；過去 -рос, -ла, -о) 成長する, できる, 出現する　(2) о́тпуск　休暇　(4) заблуди́ться（完）道に迷う　(6) гла́вная конто́ра　本社, отка́зываться・отказа́ться *от* A（生格）A を拒否する, A を受け入れがたいと言う

2) ロシア語で表わしなさい。

(1) 土曜日は忙がしいとアーンナは言った。

(2) もうすぐ雨になるような感じがする。

(3) 彼はもう家に帰ったと（私は）思う。

(4) 明日来るとアリョーシャは約束した。

(5) 娘が入学試験に受かったので母親は大変満足している。

499

第2部　文法編

(6) パリの女友達から贈物をもらい，アンドリェーイは喜んだ。
(7) アーンナが帰国するのが残念だ。
(8) あなたが日本に派遣されるとよいと思います。
(9) ロシア政府は正しくない方針をとったと私には思われます。

単語 (1) 忙しい　за́нятый（-ят, -á, -о）（短語尾を使う），土曜日（に）は ☞p.105, 289　(2) ような感じがする　чу́вствоваться　(4) アリョーシャ　Алёша　(5) 入学試験　вступи́тельные экза́мены，満足している　дово́лен, дово́льна, дово́льны　(6) パリの女友達 подру́га из Пари́жа，贈物　пода́рок，もらう　получа́ть・получи́ть　(8) 派遣する отправля́ть・отпра́вить　(9) 正しくない（誤った）непра́вильный，方針　курс，とる　выбира́ть・вы́брать，政府　прави́тельство

2．то, что — то　の内容

A（то を含む文），　B する（B である）ことが／を／に／
что B（文）　　　　で／から，A する（A だ）

《例文》

(1) Бо́льше всего́ А́нну удивля́ло то, что Ива́н во́все не знал об э́том.　なによりもアーンナを驚かせたのは，イヴァーンがそれについて全く無知であったことだ。

(2) Она́ начала́ с того́, что приве́тствовала госте́й.　彼女はお客に歓迎の言葉を振りまくことから始めた。

(3) Он привы́к к тому́, что его́ уважа́ют.　彼は尊敬されることに慣れていた。

(4) Она́ поняла́ то́лько то, что с ней не хотя́т говори́ть.　彼女が唯一わかったのは，皆は自分と口をききたくないということであった。

500

第31課　従属複文(1)

(5)　Она́ изве́стна тем, что переплыла́ проли́в Ла-Ма́нш.　彼女はイギリス海峡を泳いで横断したことで有名だ。

(6)　Его́ обвини́ли в том, что он укра́л часы́.　彼は時計を盗んだかどで起訴された。

単語　(1) удивля́ть・удиви́ть　驚かす　(2) приве́тствовать〔-tstv-〕（不完）　歓迎の辞を述べる　(3) привыка́ть・привы́кнуть（過去 -вы́к, -кла）к А（与格）А（すること）に慣れる　(5) переплыва́ть・переплы́ть　泳いで渡る, проли́в　海峡, Ла-Ма́нш　イギリス海峡　(6) красть（краду́, крадёшь；過去 крал, -ла）・укра́сть　盗む

《基本》

1)　что は主文中の то に内容を盛り込む。

2)　内容を盛り込まれる то は主文中でさまざまな格に立ち，主語になったり補語になったりする。前置詞の支配も当然受ける。

《説明》

1)　(1)を直訳すれば「イヴァーンがそのことについて全く知らなかったことがアーンナを最も驚かせた」。то は что 以下を受けて主文中主格に立ち主語となる。удивля́ло（中性）となるのは то が中性であるため。「アーンナが最も驚いたのは，イヴァーンがそれについて全く無知だったことだ」と意訳してもよい。

2)　(2)の нача́ть с А（生格）は「Аから始める」。то は что 以下を受け，前置詞 с「から」の要求に従い生格。☞p.126。

3)　(3)で то は что 以下を受けると共に，前置詞 к の要求に従い与格。привы́к は完了体過去。現在に続く状態なので「慣れている」と訳してもよい。

4)　(4)を直訳すれば「人々は彼女と口をききたくないということだけが彼女にはわかった」。то は что 以下を受けて，主文中で対格に立ち，поня́ть という他動詞の目的補語となる。

5)　(5)の изве́стный А（造格）「Аで有名である」は短語尾となり，

501

第2部　文法編

主語 она に合わせ女性形。изве́стный の支配を受けて то は тем（造格）となる。

6)　(6) の обвиня́ть・обвини́ть A（対格）в B（前置格）は「AをBのかどで起訴する」。то は что 以下の事柄「彼が時計を盗んだ」を受けると共に，前置詞 в の支配を受けて前置格に立つ。то の変化は☞p.304。

《注意》

1)　疑問代名詞としての意味を保存しつつ従属文をつくる что́（☞p.497）も то と呼応して用いられる。

Она́ сно́ва говори́ла им о том, что́ бы́ло но́во для неё и каза́лось ей о́чень ва́жным.　彼女にとり，何が新しく，何がとても重大に思えたかについて彼女はもう一度彼らに語った。

Ты по́нял то, чего́ не понима́ют поро́й да́же о́чень у́мные лю́ди.　とても頭のよい人達でさえ時に理解できないことをお前は理解できたのだ。

Ко́ля спроси́л о том, чём мы занима́лись на после́днем уро́ке.　前回の授業で何を勉強したのか，とコーリャは尋ねた。

このようなタイプの文でも то は上に記したように，主文の述語の支配に従いさまざまな格に立つ。что も同様従属文中の述語の支配を受け，さまざまな格に立つ。

2)　従属文は前にも後にも立ち得るが，前にくる時は話題の提示（旧情報），後に位置する時は新情報を担う（話題は日本語では「は」によって提示される）。

То, что она́ отыска́ла бра́та, бы́ло са́мой большо́й ра́достью.　弟を見つけ出したことは〔旧情報で話題の提示〕最大の喜びであった〔新情報〕。

Са́мой большо́й ра́достью бы́ло то, что она́ отыска́ла бра́та.　最大の喜びは〔話題の提示〕，弟を見つけ出したことである〔新情報〕。

3)　繰返しになるが，従属文を導く что には，(1) 接続詞の場合（☞p.494-503）もあれば，(2)疑問代名詞の意味を保存する接続語の場合（☞p.497）もあれば，(3)関係代名詞（☞p.383）の場合もある。

(1) 接続詞（что にアクセントがない）

第 31 課　従属複文 (1)

Я зна́ю, что вы сейча́с чита́ете рома́н《Война́ и мир》. 『戦争と平和』をお読みになっていらっしゃることを存じています。

　(2)　疑問代名詞の意味を保存する接続語（что にアクセントがある）

Я зна́ю, что́ вы чита́ете. 何をお読みになっていらっしゃるか存じています。

　(3)　関係代名詞（что にアクセントがない。あっても副アクセント）

Она́ сде́лала всё, что обеща́ла.　彼女は約束したことを全て果たした。
よってアクセントの置き方で意味が違ってくるので注意しよう。

Я не заме́тил, { (a)　что А́нна чита́ла.
　　　　　　　　 (b)　что́ А́нна чита́ла.

(a) アーンナが本を読んでいるのに私は気付かなかった（что は接続詞。アクセントがないか，あっても副アクセント）。

(b) アーンナが何を読んでいたのか私はわからなかった（что́ は疑問代名詞の意味を保存する接続語。アクセントがある）。

《発展》

　(1)　Де́ло в том, что... 「要するに…である」，(2)　состоя́ть（不完）в том, что... 「…にある，…ということだ」，(3) заключа́ться（不完）в том, что... 「…ということだ，…に帰する」　(4) ко́нчиться（完）тем, что... 「（という結果に）終わる」のような定まった言い方がある。

　(1)　**Де́ло в том, что** мне на́до верну́ть ему́ де́ньги.　実は私は彼に金を返さなければならないのです。

　(2)　Беда́ **состои́т в том, что** по́езд уже́ ушёл.　困ったことに列車はもう出てしまったのです。

　(3)　Сло́жность да́нного экспериме́нта **заключа́ется в том, что** он тре́бует дли́тельного вре́мени.　この実験の難点は，実験が長時間を要するという点にある。

　(4)　Разгово́р **ко́нчился тем, что** он согласи́лся.　話し合いの結果，彼は同意した。

単語　(2) сло́жность　複雑さ，問題点，難点

503

第2部　文法編

練習問題 171

1)　意味をいいなさい。

(1)　Внучка рассказа́ла и про цирк, и про то, что с ма́мой ходи́ть лу́чше, чем с па́пой, и про но́вое пальто́.

(2)　Ма́льчика наказа́ли за то, что разби́л окно́.

(3)　Я поздра́вил его́ с тем, что он сдал экза́мен.

(4)　Я чита́л о том, что са́мка ва́льдшнепа при опа́сности подхва́тывает птенца́ и лети́т с ним.

(5)　Я не зна́ю, что́ с ней случи́лось.

単語　(1) внучка 孫娘, цирк サーカス, про A（対格）Aについて, ☞p.140　(2) нака́зывать・наказа́ть за A（対格）Aしたことに対して罰を与える　(4) са́мка めす, ва́льдшнеп 〔-не-〕ヤマシギ（鳥）, подхва́тывать・подхвати́ть つかむ, つまみ上げる

2)　(1)(2)(3)(4)の文中で то はそれぞれ何格にたっているか、いいなさい。

3. что̀бы — 要求の内容

> A（文），что̀бы B（仮定法文）— Bすることを，A（要求する）

《例文》

(1)　Я хочу́, **что̀бы** вы меня́ пра́вильно по́няли.　私の言うことを正しく理解してほしい。

(2)　Я написа́л бра́ту, **что̀бы** он неме́дленно верну́лся из Росси́и.　ロシアから即刻帰国するよう私は弟に手紙を出した。

(3)　Оте́ц потре́бовал, **что̀бы** я е́хал с ним.　一緒に来いと父は私に要求した。

第31課　従属複文(1)

　(4) Желательно, **чтобы** он сам пришёл.　彼本人が来ることが望ましい。

単語　(1) правильный　正しい　(2) немедленный　即時の，(3) требовать・потребовать　要求する　(4) желательно　望ましい（述語副詞＜ желательный）

《基本》

1) 主文（A）の述語は，希望，願望，要請，命令，必要を表わす（これらを一括して「要求」という）。
2) 従属文（B）は，「要求」の内容を明らかにする。
3) Bの述語のかたちは必ず「過去形」。B全体は仮定法文。
4) A・Bが合わさって，要求の内容を説明する従属文を持つ複文を構成する。

《説明》

1) 例文の各主文（A）にはそれぞれ願望〔(1)〕，命令〔(2)〕，要求〔(3)〕，要請〔(4)〕が表現されている。чтобы 以下の従属文（B）はそれらの内容。
2) чтобы は接続詞であるが，-бы を含み，過去形と合わさって，導く従属文は仮定法の文となる。
3) 希望，願望，命令，必要など全ての要求はいまだ未実現の（現実と一致していない）事柄である。仮定法文となるのはこのため。
4) Bは未実現の事柄を表わす文，Aはその実現への要求を含む文，とまとめることができる。

《類例》

　(1) Скажи́ ей, **чтобы** она́ не уходи́ла.　待っているよう彼女に言ってください。

　(2) Она́ предупреди́ла его́, **чтобы** он не купа́лся в о́зере.　湖で泳がないように彼女は彼にあらかじめ注意した。

　(3) Она́ проси́ла, **чтобы** все вытира́ли но́ги у двери́.　玄関で靴の底のドロをきれいに取るように彼女は頼んだ。

単語　(3) вытира́ть・вы́тереть　ぬぐう

505

第 2 部　文法編

《注意》

1)　чтòбы は目的を示す従属文をつくる接続詞として働く場合がある（☞p.513-516)。

2)　目的を表わす場合，従属文の位置は自由だが（☞p.515)，要求の内容を示す従属文は主文の後に来る。☞《例文》。

《参考》

1)　Aの述語としてよく用いられる重要語を掲げる。

　(1)　動詞

желáть（不完）望む，предлагáть・предложи́ть　求める，提案する，запрещáть・запрети́ть　禁止する，разрешáть・разреши́ть　許可する，совéтовать・посовéтовать　助言する，заставля́ть・застáвить　強いる，старáться・постарáться　努力する，прикáзывать・приказáть　命令する，мечтáть（不完）夢想する，предупреждáть・предупреди́ть　前もって注意する，умоля́ть・умоли́ть　哀願する

　(2)　述語副詞

нáдо　必要である，ну́жно　必要である，необходи́мо　不可欠である，вáжно　重要である，хорошó　よい

2)　хочу́, чтòбы..., прошу́, чтòбы..., желáтельно, чтòбы... のように主文の述語とセットで覚えることをすすめたい。

3)　副アクセントをとることについては☞p.37。

《発展》

1)　伝達の動詞（сказáть　言う，написáть　書く，позвони́ть　電話する，など）では чтòбы と что では意味が著しく離れる。чтòбы では要求の内容〔《例文》(2)〕，что では単なる伝達内容。

Я написáл брáту, **что** отéц верну́лся из Росси́и.　父がロシアから帰国したと私は弟に手紙で知らせた。

2)　Bで伝えられる内容が事実に合致しないという疑念を持つ場合，чтòбы が用いられる。

Я сомневáюсь, **чтòбы** он овладéл языкóм зá год.　彼が１年で外国語に

第31課　従属複文(1)

習熟できるなんて私には信じられない。

このような場合，что も使われるが，чтóбы の方が，疑念が強く前面に押し出される。

Я сомневáюсь, что он овладéет языкóм зá год. 彼が1年で外国語をものにできるとは私には考えられない。

3) 次のような文でも чтóбы と что では意味が離れる。

(a) Глáвное для нас, чтóбы лес был рядом. 森が近くにあって欲しいものだ。そのことが私達には大切なのだ。

(b) Глáвное для нас, что лес рядом. 森が近くにあるということが重要なのだ。

(a)は希望，(b)は事実。

練習問題 172

1) 意味をいいなさい。

(1) Ивáну приказáли, чтóбы он с мéста не сдвигáлся.

(2) Лев Степáнович трéбовал, чтóбы племянник егó остáлся в Москвé.（Герцен）

(3) Скажите Áнне, чтóбы онá сдéлала доклáд послезáвтра.

(4) Желáтельно, чтóбы вáша фирма взялá расхóды за техобслуживание на себя.

(5) Глазá её умоляли, чтóбы я не прикасáлся к мёртвому.

(6) Мне хóчется, чтóбы ты исполнила мою мáленькую прóсьбу.

単語　(1) с мéста　その場所から，сдвигáться・сдвинуться　動く　(2) племянник　甥(おい)　(3) доклáд　報告　(4) фирма　会社，расхóды за A（対格）　Aに対する出費，経費，техобслуживание　保守，アフターサービス，брать・взять　取る，引き受ける　(5) прикасáться・прикоснуться к A（与格）　Aに触れる　(6) исполнять・испóлнить прóсьбу　願いを聞き届ける，☞p.450

507

第2部　文法編

2) ロシア語で表わしなさい
   (1) 私のことをわかって欲しいのです。
   (2) 私に水を持ってくるよう言ってください。
   (3) ミーシャに私の所に来てもらいたい。
   (4) 母は私が一緒に行くことを求めた。
   (5) この女子学生は，あなたに手伝ってもらいたいと頼んでいます。

   単語 (3) 私の所に来る　прийти́ ко мне　(5) 手伝う　помо́чь A（与格）

4. как ── 知覚の内容

A（文），как B（文）── Bするのを／が，A（知覚する／知覚される）

《例文》

(1) Она́ ви́дела, как заходи́ло со́лнце.　太陽の沈みゆくのが彼女に見えた。

(2) Они́ смо́трят, как танцу́ют балери́ны.　彼らはバレリーナが踊るのを眺めている。

(3) Мы не заме́тили, как прошло́ вре́мя.　私達は時の経つのに気づかなかった。

(4) Чу́вствуется, как приближа́ется зима́.　冬が近づいてくるのが感じられる。

   単語 (1) заходи́ть・зайти́　（太陽が）沈む　(2) балери́на　バレリーナ　(4) приближа́ться・прибли́зиться　近づく

《基本》
1) 主文（A）は知覚を表わす述語を持つ。
2) 従属文（B）は知覚される内容を明らかにする。
3) A・B合わさり，知覚の内容を説明する従属文を持つ複文を構成す

第31課　従属複文(1)

る。

《説明》

1) ви́деть　見える〔(1)〕，смотре́ть　眺める〔(2)〕，заме́тить　気づく〔(3)〕，чу́вствоваться　感じられる〔(4)〕はみな知覚を表わす。これらが主文を構成する。

2) как 以下はそれぞれの知覚の内容。

《類例》

(1) Мне до сих пор по́мнится, как мы с ва́ми встре́тились в Крыму́. クリミアでお会いしたのを今でも覚えています。

(2) Слы́шно бы́ло, как где́-то далеко́ в ро́ще пе́ли соловьи́. どこか遠くの林でナイチンゲールが鳴いているのが聞こえてきた。

(3) Ива́н не заме́тил, как А́нна вошла́. アーンナが入ってきたのにイヴァーンは気づかなかった。

単語　(1) до сих пор　今に至るまで，今なお，Крым　クリミア半島，в Крыму́ は第2前置格（☞p.149-150）(2) ро́ща　木立，小さな林，соловéй, -вья́　ナイチンゲール

《注意》

1) なんでもかんでも「Bするのを／が」と訳せるというのではない。(2) の танцу́ют（不完了体現在）は，進行する動作（☞p.175）を表わすので，「踊る姿を」とか「踊る様子を」（眺めていた）と訳をつける工夫もあってよい。次のような例では услы́шать「聞こえる」という動詞の意味にあわせて，「出ていく物音が聞こえた」という語句を補うことも考えられる。

Я услы́шал, как она́ вы́шла из свое́й ко́мнаты.　彼女が部屋から出ていく物音を耳にした。

2) 疑問副詞としての意味を保ちつつ，従属文をつくる ка́к と区別しなければならない。

Пе́тя рассказа́л мне, ка́к он отдыха́л ле́том в Суху́ми.　スフーミでどのように夏期休暇をすごしたか，ペーチャは私に話してくれた。

第２部　文法編

Ученик хорошо знал, как надо отвечать на этот вопрос. この質問に対しどのように答えるべきか生徒はよく知っていた。

Он спросил меня, как её зовут. 彼女の名前を彼は私に尋ねた。

Не помню, как я очутился в больнице. どうして病院なんかに入ってしまったのか覚えていない。

このような как「いかに，どのようにして」にはアクセントがはっきりとあり，導く従属文は主文の中にしっかり組み入れられ，目的語のような働きを持つ (как は文法では「接続語」と呼ばれ接続詞 как と区別される)。

《参考》

Aの述語としてよく用いられる重要語を掲げる。

（1）動詞

наблюдать（不完）見守る，観察する，слышать（不完）聞こえる，замечать・заметить　気づく，помнить（不完）覚えている，вспоминать・вспомнить　思い出す。また，рассказывать・рассказать　語る，сообщать・сообщить　伝える，など，伝達の動詞，думать（不完），забывать・забыть　忘れる，など思考の動詞

（2）述語副詞（形容詞，被動形動詞短語尾中性形）

видно　見える，заметно　気づかれる，目に見える，слышно　聞こえる，описано　記述される

《発展》

1）смотреть　（じっと）見る，слушать　聴く，наблюдать　観察する，следить　見守る，などが主文にあると通常 как が用いられる。

Я смотрел, как поезд медленно исчезает в дали. 列車がはるかかなたにゆっくりと消えてゆくのを見守った。

単語　даль　遠方，в дали　は第２前置格（アクセント語尾に注意），通常の前置格は о дали

2）видеть　見える，見る，слышать　聞こえる，заметить　気づく，почувствовать　感じる，видно　見える，などが主文にあると что も使えるが，как と что とでは微妙な意味の違いがでる。

第31課　従属複文(1)

Он почу́вствовал, {(a) как / (b) что} у него́ темне́ет в глаза́х.

(a) 眼の前が暗くなっていくのを感じた。(b) 眼の前が暗くなっていくことを感じた。

По вздра́гивающим куста́м мне ви́дно бы́ло, {(a) как / (b) что} он там продира́ется.

(a) 茂みがゆれていくので，彼が茂みをかきわけて通りぬける様子が見えた。

(b) 茂みがゆれていくので，彼がそこを通りぬけていくことは明らかだった。

一般化して言えば，как は動きの展開の様子を描出し，что は動きの成立の確認を行なう（2例共Bの述語動詞は不完了体であることに注目）。

> **単語** темне́ть・потемне́ть 暗くなる，вздра́гивать・вздро́гнуть 身震いする，ふるえる，куст 灌木，低木，茂み，小さな林，продира́ться・продра́ться やっと通りぬける。

3) 主文（A）で懸念，不安が示され，従属文（B）が как бы не …を持つ場合，B全体は仮定法の文となり，避けたいことの内容を表わす：「Вするのではないか」，「Вしなければよいのだが」

Ве́ра Ива́новна опаса́лась, как бы до́чка не увлекла́сь э́тим несерьёзным челове́ком. ヴェーラ・イヴァーナヴナは，娘がこのまじめな男に惚れ込んでしまうのではないかと危惧の念を抱いた。

Мать боя́лась, как бы её сын не попа́л в беду́. 母は，息子が災難に巻き込まれるのではないかと恐れた。

> **単語** опаса́ться（不完）警戒する，危惧する，увлека́ться・увле́чься A（造格）Aに惚れ込む，夢中になる，☞p.157，несерьёзный 不まじめな，軽薄な，取るに足りない，попада́ть・попа́сть (-паду́, -падёшь；過去 -а́л, -ла) 陥る, попа́сть в беду́ 災難に巻き込まれる

第2部　文法編

4) как бы не を что で言いかえることができるが，懸念・不安の念は弱化する（что を用いる場合，従属文の動詞は完了体未来）。

Человéчество опасáется, { (a) как бы / (b) что } потеплéние клúмата { (a) не оказáло / (b) окáжет } пáгубное влияние на жизнь на Землé.

温暖化が地球の生命に壊滅的影響を (a) あたえるのではないかと人類は危惧の念を抱いている／(b) あたえるかもしれないと人類は危惧している。

Крестьяне боялись, { (a) как бы / (b) что } чáстые дождú { (a) не помешáли / (b) помешáют } сбóру урожáя.

長雨が収穫を (a) 妨げやしないかと農民達は恐れていた／(b) 妨げるかもしれないと農民達は恐れていた。

> **単語**　человéчество　人類，потеплéние　温暖化，пáгубный　破滅的な，влияние　影響（окáзывать・оказáть は влияние の動詞化動詞，☞p.446），чáстый　間隔の短い，絶え間のない，мешáть・помешáть А（与格）А を邪魔する，сбор　収集，урожáй　取り入れ，сбор урожáя　刈り入れ，収穫

練習問題 173

1) 意味をいいなさい。

(1) Бы́ло слы́шно, как вдалú шумúт мóре.

(2) Ивáн лежáл в постéли и слýшал, как дождь стучáл по кры́ше.

(3) Сергéй услы́шал, как сестрá уговáривает отцá.

(4) Андрéй вúдел, как мать бéрежно уклáдывает вéщи в чемодáны.

(5) Я дóлго дýмал, как отнестúсь к э́тому вопрóсу.

> **単語**　(1) вдалú　遠くで，шумéть　ざわめく　(2) стучáть（不完）

第31課　従属複文(1)

(打って) 音をたてる，по кры́ше　屋根に当たって　(3) угова́ривать・уговори́ть　なだめる　(4) бе́режно　丁寧に，укла́дывать・уложи́ть　詰める，вещь (女)　荷物，чемода́н　スーツケース　(5) относи́ться・отнести́сь к A (与格)　Aに対応する，как＋不定形については☞p.167

2)　ロシア語で表わしなさい。
(1)　どこか遠くの森で鳥が歌っているのが聞こえた。
(2)　イヴァーンが川の方へ走っていくのが見えた。
(3)　セリョージャはアーンナが踊るのを見ている。
(4)　アンドリェーイは顔が赤らむのを感じた。
(5)　夏休みをどうすごしたか，アーンナは私達に話してくれた。

単語　(1) 鳥　пти́цы，歌う　петь　(4) 顔が赤らむ　красне́ть・покрасне́ть　(5) 夏休みをすごす　отдыха́ть ле́том

II　目的の従属文を持つ複文（что̀бы—「するために」）

A (文), что̀бы B (仮定法文)　—　Bするために，Aする

《例文》
(1)　Мы зашли́ к сосе́дке, что̀бы она́ не оби́делась.　気を悪くしないようにと，私達はお隣に立ち寄った。
(2)　Он рабо́тает, что̀бы она́ могла́ жить.　彼女が生きていけるようにと，彼は働いている。
(3)　Ива́н подде́рживал меня́ руко́й, что̀бы я не упа́л.　イヴァーンは片手を差しのべ，私が落ちないようにと支えてくれた。
(4)　Что̀бы А́нна не опозда́ла, я разбуди́л её в пять часо́в.　アーンナが遅刻しないように，私は5時に彼女を起こした。

単語　(1) сосе́дка　隣の女（сосе́д　隣人），обижа́ться・оби́деться

第2部　文法編

侮辱を感じる，気を悪くする　(3) поддéрживать・поддержáть　支える　(4) будúть・разбудúть　起こす

《基本》

1)　主文（A）は目的が設定できる前提的事柄を表わす。

2)　従属文（B）の述語のかたちは「過去形」。чтòбы の -бы と合わさって，B全体は仮定法文となり目的を表わす。

3)　A・B合わさって目的の従属文を持つ複文を構成する。

《説明》

1)　Bの述語動詞のかたちは「過去形」となっているが，「過去」という限定された時制を示すわけではない。主文で示される実際の「時」とは無関係。

2)　主文はどんな時制でもよい。

Доклáдчик { (a) говорúл (b) говорúт (c) бýдет говорúть } грóмко, чтòбы всем бы́ло хорошó слы́шно.

皆によく聞こえるよう，報告者は大声で (a) 話した／(b) 話している／(c) 話すだろう。

《注意》

1)　目的であることをはっきりさせる表現として для тогó, чтòбы ; с тем, чтòбы などがある。書きことばで改まった感じになる。

Я говорю́ { (a) для тогó, (b) , } чтòбы вы предстáвили себé все опáсности.

(a)　(はらむ) 危険の全てをご理解いただきたいがため申し上げているのです。

(b)　危険を余さずわかっていただくために言っているのです。

2)　Мы зашли́ к сосéдке, чтòбы { (a) онá не оби́делась. (b) отдáть ей ключи́. }

(b)　鍵を渡すために私達はお隣に立ち寄った。

「過去形」は主文と従属文の主語が異なる場合に用いられ〔(a)〕，一致す

514

第31課　従属複文(1)

る場合不定形にしなければならない〔(b)〕。(b)に関してはさらに☞3)。

3) Я пришёл ┤(a) , чтòбы сообщи́ть вам об э́том.
　　　　　　 │(b) сообщи́ть вам об э́том.

(a)あなたにこのことを伝えるために来た。

(b)あなたにこのことを伝えようとして来た。

(a)(b)は同義。ただし, (a)は, сообщи́ть が「来る」という行為の目的であることを強調的に示す。このように, A・B2つの行為の主体が一致し, かつ, Aが場所的移動の動詞を述語とする場合, Bは чтòбы＋不定形でも表わされるが, чтòбы なしにただ不定形だけでも表現できる。このような чтòбы なしに用いられる不定形は目的を表わす不定形と呼ばれる。

4) чтòбы に導かれる従属文(B)は, 要求の内容を説明する場合には, 通常, 主文(A)の後に位置されるが (☞p.506), 目的を示す場合, 主文(A)の前に位置されることもある。このような場合, 主文の方に重要な情報がある〔(4)〕(多くの場合, 従属文は主文の後に来る〔(1)(2)(3)〕。なぜなら目的に関する情報は普通重要であるためである)。

5) чтòбы は чтоб と短縮されることがある。

《類例》

(1) Я взял ведро́, чтòбы набра́ть в родни́ке воды́.　私は泉で水を汲んでこようとバケツを手に取った。

(2) Я дал ей ведро́, чтòбы она́ могла́ набра́ть в родни́ке воды́.　泉で水を汲んで来られるように, 私は彼女にバケツを渡した。

(3) Он написа́л э́ту кни́гу для того́, чтòбы все хорошо́ понима́ли его́ иде́и.　世間の人々皆に自分の考えをよく理解してもらうために彼はこの本を書いたのである。

(4) Сего́дня мы собрали́сь для того́, чтòбы отме́тить день рожде́ния А́нны Ива́новны.　アーンナ・イヴァーナヴナのお誕生日を祝うため本日我々はここに集まりました。

(5) Он им дал де́ньги, чтòбы они́ могли́ купи́ть но́вый дом.　彼らに新居が買えるようにと彼は金を渡した (彼が彼らに金を渡したのは彼ら

第２部　文法編

に新居が買えるようにするためである）。

(6)　Он им дал де́ньги, что̀бы купи́ть дом за́ городом.　彼は郊外に家を買うために彼らに金を渡した（彼が彼らに金を渡したのは郊外に家を買うためである）。

単語　(1) ведро́　バケツ, родни́к, -ка́　泉　(3) иде́я　思想, 考え

《参考》

что̀бы が副アクセントをとることについて☞p.37。

《発展》

目的の表現に習熟するためには，что̀бы や場所的移動の動詞＋不定形のみならず，前置詞 (1) за, (2) на, (3) для や(4) с це́лью, в це́лях などの使用法に目配りをきかせておく必要がある。

(1)　動詞＋за Ａ（人工物や生き物を示す名詞の造格）「Ａを取りに，買いに，もらいに」

Я е́здил на вокза́л за биле́том.　切符を買いに駅へ行ってきた。

Я пойду́ вниз за газе́тами.　新聞を取りに階下へおりる。

(2)　動詞＋на Ａ（目的たり得る動作・事柄を示す名詞の対格）「Ａの／するために」

Ива́н лёг в больни́це на обсле́дование.　イヴァーンは検査を受けるため入院した。

Я пойду́ в парк на прогу́лку.　散歩するため公園に行く。

Нас зову́т на обе́д.　私達を昼御飯に呼んでくれている。

Магази́н закры́ли на ремо́нт.　改修のため閉店した。

(3)　動詞／形容詞短語尾＋для Ａ（目的たり得る動作・事柄を示す名詞の生格）「Ａの／するために」

Мы прие́хали для перегово́ров.　交渉するために我々はやって来た。

Мы встре́тились для обсужде́ния пробле́м разоруже́ния.　軍縮問題の討議のために会合を持った。

Для э́той рабо́ты ну́жно вре́мя.　この仕事をやるには時間がかかる（必要だ）。

第31課　従属複文(1)

(4) *с це́лью / в це́лях* + А（目的たり得る動作・事柄を示す名詞の生格）
「Аするために」

Мы устро́или э́ту встре́чу с це́лью обме́на мне́ниями.　意見を交わすために会談を行った。

с це́лью { сокраще́ния расхо́дов / сократи́ть расхо́дов } 経費削減のため

в це́лях эконо́мии вре́мени（во вре́мени）　時間の節約のために

練習問題 174

1) 意味をいいなさい。
  (1) Он пошёл, что̀бы получи́ть письмо́.
  (2) Он пошёл получи́ть письмо́.
  (3) Мать даст мне де́ньги, что̀бы я купи́л всё, что мне на́до.
  (4) Я вы́шел из ко́мнаты, что̀бы не разбуди́ть ребёнка.
  (5) Она́ подошла́ к нему́, что̀бы прошепта́ть ему́ что́-то на́ ухо.
  (6) Что̀бы узна́ть челове́ка, на́до с ним пуд со́ли съесть.

  単語　(5) прошепта́ть на́ ухо（ささやき声で）耳打ちする　(6) пуд（ロシアの古い重量単位。1 プードは約 16 キロ）

2) ロシア語で表わしなさい。
  (1) お前が忘れては困るので彼の住所を書いておいた。
  (2) 忘れないために彼の住所を書きつけた。
  (3) 私たちは本を買いに昨日モスクワに行ってきた。
  (4) 私はロシアについて話すため友人の所に立ち寄った。
  (5) ロシアの話しを聞こうと友人の所に立ち寄った（私が友人の所に立ち寄ったのは，彼にロシアについて話してもらうためである）。
  (6) 正夫は切符を手に入れるために 2 時間も並んだ。

  単語　(5) 話す　расска́зывать・рассказа́ть　(6)（苦労して）手に入れる　достава́ть・доста́ть, 切符　биле́т,（行列して）並ぶ　стоя́ть в о́череди

第32課

従属複文(2)

I 時の従属文を持つ複文

1．когда́ — 事柄の発生時

①A（不完了体の文），когда́ B（不完了体の文）	Bする時（すると），Aする
②A（不完了体の文），когда́ B（完了体の文）	Bする時，Aしつつある（A・Bは部分的に一致）
③A（完了体の文），когда́ B（不完了体の文）	Bしつつある時，Aする（A・Bは部分的に一致）
④A（完了体の文），когда́ B（完了体の文）	ⓐBして（から），Aする（AがBに後行） ⓑBする時，すでにAしている（AがBに先行）

《例文》

(1) Когда́ я шёл по у́лице, я́рко свети́ло со́лнце. 街を歩いていた時，太陽は明るく輝やいていた。

(2) Когда́ я вы́шел из до́ма, я́рко свети́ло со́лнце. 家を出た時，太陽は明るく輝いていた。

(3) Когда́ мы подъезжа́ли к Москве́, пошёл си́льный дождь. モス

クワに近づいてきた頃にすごい雨になった。

(4) Когда́ он лёг и усну́л, мать осторо́жно вста́ла со свое́й посте́ли и ти́хо подошла́ к нему́. (Горький)　彼が横になって眠り込むと，母はそっとベッドから起きて，静かに彼の枕元にやって来た。

(5) Когда́ она́ вороти́лась, он уже́ засну́л. (Горький)　彼女が帰って来た時，彼はすでに眠り込んでいた。

単語　(1) свети́ть（不完）　輝く　(3) си́льный дождь　強い雨，大雨，　подъезжа́ть [-зʼзʼ-]・подъе́хать（乗って）近づく　(4) усну́ть（完）　寝入る，眠り込む　(5) вороти́ться（完）《口》帰る（＝ возврати́ться），засыпа́ть・засну́ть 寝つく

《基本》
1)　主文（A）の動作，状態がいつ起こったのかを示す従属文（B）を持つ複文である。

2)　①A・B共に不完了体の文である場合，事柄によってはAとBが同時に進行する。事柄によってはAがBの後に続く。「Bする時（すると），Aする」「Bしている時，Aしている」。

3)　②Aが不完了体の文，Bが完了体の文である場合，「Bする時，Aしつつある」。A・Bは部分的に一致する

4)　③Aが完了体の文，Bが不完了体の文である場合，「Bしつつある時，Aする」。A・Bは部分的に一致する。

②③のようにA・Bで異なるアスペクトが用いられると，不完了体の幅のある動きの一部分に完了体の点的動きが並行することになり，A・Bが部分的に一致する。

5)　④A・Bが共に完了体の文である時，ⓐAがBの後に行なわれる場合と，ⓑAがBに先行する場合がある。ⓐの場合「Bして（から），Aする」，ⓑの場合，「Bする時，すでにAしている」。

《類例》

(1) Когда́ пу́шки умолка́ют, прихо́дят диплома́ты.　大砲が鳴りやむと外交官がやって来る。

第 2 部　文法編

(2) Вы э́то поймёте, когда́ проживёте здесь ещё не́которое вре́мя. ここでしばらく暮らしてみれば、おわかりになりますよ。

(3) Когда́ он придёт, мы поговори́м об э́том. 彼が来てからその話しをしましょう。

単語　(2) прожива́ть・прожи́ть （ある期間）生活する、生きる、прийти́〔pr'ɪt't'í〕あるいは〔pr'ɪjt'í〕（приду́, придёшь；過去пришёл, -шла́, -шло́）到着する

《説明》

1)　(1)でＡの述語動詞は свети́ло、Ｂのそれは шёл。共に不完了体過去。《類例》(1) のＡでは прихо́дят、Ｂでは умолка́ют。共に不完了体現在。(1)ではＡ・Ｂは共に過去の持続ある事柄を表わし、同時的に進行する。《類例》(1)で はＢの後にＡが行なわれる。反復的、恒常的事柄が表わされている。

2)　(2) のＡでは свети́ло (不完了体過去)、Ｂでは вы́шел (完了体過去)。「出た時、輝いていた」。Ａの一部にＢが一致する。

3)　(3) のＡでは пошёл дождь (完了体過去)、Ｂでは подъезжа́л (不完了体過去)。「近づきつつあった時、雨が降り出した」。Ｂの一部にＡが一致する。

4)　(4) のＡでは вста́ла, подошла́ (完了体過去)、Ｂでは лёг, усну́л (完了体過去)。「彼が横になり眠り込むと（眠り込んでから）、母は起きて、彼の枕元にやって来た」となり、ＡはＢの後に行なわれる。

《類例》(2) のＡでは поймёте (完了体未来)、Ｂでは проживёте (完了体未来)。「しばらく暮らしてみれば（暮らしてみてからならば）、わかる」でＡはＢの後に行なわれる。

《類例》(3) のＡでは поговори́м (完了体未来)、Ｂでは придёт (完了体未来)。「話し合うのは彼が来てからにしましょう」という訳も可能。

5)　(5) のＡでは засну́л (完了体過去)、Ｂでは вороти́лась (完了体過去)。「彼女が帰ってきた時、彼はすでに眠っていた」。ＡはＢの前に行なわれる。уже́ に注意。

520

第 32 課　従属複文(2)

《注意》

 1)　когда́ による従属複文の解釈の鍵は主文，従属文の核となる動詞のアスペクトであることを理解していただきたいがため，やや理屈っぽく書いた。はみだす所もあるが，以上が基本である。

 2)　はみ出す例の1つをあげれば，Когда́ вы ко́нчите, бу́дем чай пить. 「終わったらお茶にしよう」は内容からして④のタイプの文であるが，Ａで不完了体勧誘形が用いられている。このような文の解釈は④をおさえていればすぐできるので，かこみ内の定式化（☞ p.518）には書き加えない。

 3)　従属文は前にも後にも立ち得る。後に立つ場合，重要な情報がそこにあると見てよい（☞《類例》(2)）。

 4)　主文と従属文の主語が同一である場合，副動詞で言いかえることができる。

 Когда́ я возвраща́лся домо́й, я встре́тил своего́ бы́вшего учи́теля.　帰宅途中私は以前習った先生に出会った。→ Возвраща́ясь домо́й, я встре́тил своего́ бы́вшего учи́теля.

 5)　「Вする時はいつも，Аする」ことを表わす場合，Ａの中で ка́ждый (вся́кий) раз「…時はそのたびごとに，いつも」，всегда́「…時は常に，いつも」のような副詞が用いられる。

 Ка́ждый раз, когда́ маши́на остана́вливается, ребёнок просыпа́ется. 車が止まるたびに赤ん坊は目を覚ます。

 Всегда́, когда́ у меня́ конча́лась одна́ полоса́ жи́зни и подходи́ла друга́я, в се́рдце начина́ла забира́ться тоска́.　人生の一時期が終り，次の時期が訪れてくる時，いつも深い憂いの気持が私の心の中に忍び込み始めるのだった。

 6)　Вの頭に立つ когда́ に，Аの末尾で тогда́ が呼応する場合がある（末尾とは限らないが，例のように末尾が典型的）。

 А́нна ушла́ с перро́на то́лько тогда́, когда́ по́езд совсе́м исче́з вдали́. 列車が遥かかなたへと走り去り，全く見えなくなって始めてアーンナはプ

521

第 2 部　文法編

ラットホームを後にした。

Он не пришёл да́же **тогда́**, **когда́** ему́ нужна́ была́ моя́ по́мощь.　私の手助けが必要なときでさえ彼は来なかった。

7)　день「日」, вре́мя「時」などの名詞を修飾する関係副詞としての когда́ についてはすでに学んだ（☞p.389）。

8)　接続詞の когда́ と疑問副詞としての意味（「いつ？」）を保つ接続語としての когда́ とは区別しなければならない。

Я не зна́ю, **когда́** Ива́н придёт.　いつイヴァーンが来るかわからない。

Я спроси́л, **когда́** А́нна вернётся.　アーンナはいつ帰ってくるか私は尋ねた。

9)　когда́ によって導かれる従属文が主文の目的語のように使われる場合がある。

Я ждал, **когда́** А́нна вернётся.　アーンナが帰るのを待った。

Ива́н не люби́л, **когда́** его́ трево́жили у́тром.　朝方邪魔されるのをイヴァーンは嫌っていた。

А́нна с трудо́м переноси́ла, **когда́** её в глаза́ хвали́ли.　アーンナは面と向ってほめられるのをなんとか我慢した。

10)　主文（無人称文）の主語のように用いられる場合がある。

Пло́хо, **когда́** идёшь без проводника́.　案内人なしに行くのはまずい。

До чего́ же смешно́, **когда́** он с акваланго́м под водо́й хо́дит.　彼がアクアラングをつけて水中歩行を行なう姿はふきだしたくなるくらい珍妙であった。

9) や 10) のような場合,「時に」では解釈できない。

《参考》

1)　接続詞 когда が副アクセントをとることがある。

2)　事柄 A・B の前後関係や同時関係を示す文法用語として相対的テンス（relative tense）, 順序（order）, タクシス（taxis）があるが, この諸関係は日本語においてもロシア語においてもいまだ体系的に研究されていない分野である。副動詞はこの諸関係の動詞の語尾による表現手段であり,

接続詞・接続語は文の水準における表現手段である。

　3）　副動詞がA・Bの同時（☞p.391），先行（☞p.395）関係のみならず，様態や原因，条件，付帯的状況，譲歩を表わす（☞p.392, 397）ように，従属複文をつくる接続詞も同時・先行（когда́, пока́,...），様態（как, как бу́дто,...），原因（потому́ что, та́к как），条件（е́сли），譲歩（хотя́,...）などを表わすものがある。副動詞と接続詞の平行的な関係を念頭に入れておきたい。

　4）　日本語でも「書キナガラ」（ナガラ形）「書イテ」（テ形）は動詞の語形の水準にあって，A・Bの同時関係や前後関係を表わす。一方，「ケレドモ」「カラ」などは接続助詞としてA・Bの併存や原因，結果の関係を表わす。

《発展》

1）　(1)мѐжду тем как と(2)тогда́ как は，A・Bが同時併存するが，両者に著しい相違があることを表わす。A・Bの対比・対照に用いられる。

　（1）　Он смути́лся, мѐжду тем как она́ остава́лась соверше́нно споко́йной. 彼の方はうろたえたが，彼女の方は顔色一つ変えなかった。

　（2）　Она́ за но́вый режи́м, тогда́ как я реши́тельно про́тив.　彼女の方は新体制賛成。一方私は大反対。

　単語　(1) смуща́ться・смути́ться　うろたえる　остава́ться・оста́ться A（形容詞造格）　Aのままで留まる　(2) за A（対格）Aに賛成である，про́тив　反対である，режи́м　体制，реши́тельно　断固として

2）　接続詞　в то вре́мя как は，(1)A・Bの同時性を表わす場合と，(2)部分的同時性を表わす場合とがある。

　（1）　В то вре́мя как докла́дчик говори́л, я де́лал за́писи.　スピーカーが語っている間，私はノートを取り続けた。

　（2）　В то вре́мя как она́ говори́ла, я по́днял глаза́.　彼女が話している時，私は目を上げた。

(1)の場合，A・Bの述語動詞は共に不完了体，(2)の場合，Aが完了体，

第2部　文法編

Bが不完了体であるのが通例。

単語　(1) докла́дчик　報告者，スピーカー　(2) поднима́ть・подня́ть 上げる，持ち上げる

3)　接続詞 по ме́ре того́ как は同時性のみならずBの進展につれて，Aもだんだんと進展することを表わす従属複文をつくる。述語動詞は，通常A・B共に不完了体。

По ме́ре того́ как поднима́лось со́лнце, день тепле́л.　日が高くなるにつれ，暖かくなってきた。

По ме́ре того́ как ве́тер стано́вится сильне́е, сильне́е шумя́т верху́шки со́сен.　風が強まるにつれ，松のこずえのざわめきはますます激しくなっていった。

単語　тепле́ть・потепле́ть　暖かくなる，сосна́ (複 со́сны, со́сен, со́снам) 松，верху́шка　てっぺん

4)　AがBに後行することを示す接続詞として по́сле того́ как がある。「Bしてから（したあとで）Aする」。

По́сле того́ как вы́глянуло со́лнце, мы отпра́вились гуля́ть.　お日様が顔を見せてから私達は散歩に出かけた。

По́сле того́ как де́ти легли́ спать, она́ поста́вила самова́р.　子供達が寝たあと彼女はサモワールでお湯をわかした。

単語　выгля́дывать・вы́глянуть　姿を見せる，現れる，ста́вить・поста́вить самова́р　サモワールでお湯をわかす，お茶の用意をする

この接続詞は，完了体副動詞を使って言い換えることができる。

По́сле того́ как она́ сдала́ приёмные экза́мены, она́ поступи́ла в МГУ.　入学試験に合格して，彼女はモスクワ大学に入学した。 → **Сдав** приёмные экза́мены, она́ поступи́ла в МГУ.

5)　AがBの直後に後行することを示すその他の複合的接続詞の例をあげる。

Как то́лько ко́нчили поко́с, подоспе́ла рожь.　草刈が終わるやいなや，

第32課　従属複文(2)

ライムギの収穫期となった。

Как то́лько ко́нчились экза́мены, Ива́н пое́хал за грани́цу. 試験が終わるとすぐにイヴァーンは外国へ行った。

Едва́ ко́нчили поко́с, **как** подоспе́ла рожь. 草刈が終わったと思ったら，もうライムギの収穫期となった。

(単語)　поко́с 草刈, рожь（女）ライムギ, подоспева́ть・подоспе́ть 迫る，近づく，刈り頃になる

6)　с тех пор как は直後の後行というよりAの開始がBに重なることを表わす：「…して以来」。

С тех пор как сын уе́хал, стару́шка живёт одна́. 息子が出ていってから，老婆は一人で暮らしている。

Я не ви́дел её, **с тех пор как** верну́лся из Япо́нии. 日本から帰って以来，私は彼女に会っていない（до того́, как；пе́ред тем, как のように как の前にコンマ(,)がおかれる場合については p.533, 534 を参照）。

(単語)　стару́шка 老婆，年寄りの女性

7)　AがBに先行する（BがAに後行する）ことを示す複合的接続詞として(1) до того́ как, (2) пе́ред тем как, (3) пре́жде чем などがある。(1)は単なる先行を示すに過ぎないが，(2)は「直前に」という感じになる。(3)は「AがBを追い越し，先立って」というニュアンスがある。

(1)　Марико рабо́тала перево́дчиком **до того́, как** ста́ла журнали́стом. 真理子はジャーナリストになる前は通訳をやっていた。

(2)　Ива́н пришёл **пе́ред тем, как** часы́ проби́ли шесть часо́в. 時計が6時を打つ直前にやって来た。

(3)　**Пре́жде чем** студе́нты начина́ли рабо́ту по анке́те, их совме́стно гото́вили к ней. アンケート調査を開始するに先立ち，学生達は一同に集められて，調査業務の訓練を受けた。

(単語)　(3) рабо́та по анке́те アンケート調査, совме́стно [-sn-] 共同で，一緒に，гото́вить・подгото́вить A（対格）к B（与格）B（作業）に向けて A に訓練をほどこす

第2部　文法編

練習問題 175

1) 意味をいいなさい。

(1) Тóнко позвя́кивали подве́ски абажу́ра, когда́ проезжа́л грузови́к.

(2) Сóлнце уже́ бы́ло высокó, когда́ я откры́л глаза́. (Гаршин)

(3) Когда́ Ива́н пришёл домо́й, он сра́зу же лёг спать.

(4) Когда́ все уже уе́хали, я верну́лся из теа́тра.

(5) Дóждик захвати́л нас, когда́ мы уже́ поверну́ли в берёзовую алле́ю, веду́щую к да́че. (Л. Толстой)

> **単語**　(1) позвя́кивать（不完）（時々）かすかな音を立てる，подве́ска 下げ飾り，吊り具，абажу́ра（スタンドの）笠，シェード
> (5) дóждик 小雨，захва́тывать・захвати́ть A（対格）Aに及ぶ，かかる　повора́чивать・поверну́ть 方向を変える，曲がる　берёзовый 白樺の，алле́я 並木道，веду́щий < вести́

2) ロシア語で表わしなさい。

(1) 暇な時には将棋を指した。

(2) 家を出た時，すごい雨が降っていた。

(3) イヴァーンが部屋にはいると，アーンナはすぐに立ち上がった。

(4) 仕事が終ったら，私のところに寄ってくれ。

(5) 私が大学から帰ってきた時には，皆はもう出てしまっていた。

(6) 暇になったら電話します。

> **単語**　(1) 将棋　япóнские ша́хматы (ша́хматы「チェス」だけでもよい)，チェス（将棋）を指す　игра́ть в (япóнские) ша́хматы，暇がある　есть свобóдное вре́мя (「ある」という意味で，быть は不完了体) (2) すごい雨　си́льный дождь (6) 暇になる　освобожда́ться・освободи́ться

526

2. пока —事柄の時間的規模

① A（不完了体の文），пока B（不完了体の文）	— ⓐ Bしている間じゅう，ずっとAする
	— ⓑ Bしている間に，Aする
② A（完了体の文），пока B（不完了体の文）	— ⓐ Bしている間じゅう（かかって），Aが完了する
	— ⓑ Bしている間，Aする
③ A（完了体の文），пока B（完了体の文）	— Bするまでに，Aしてしまう
④ A（不完了体の文），пока B（не＋完了体の文）	— Bするまで（Bしないうちは），ずっとAする
⑤ A（完了体の文），пока B（не＋完了体の文）	— Bする前に（Bしないうちに），Aする

《例文》

(1) Пока он полз, пушки продолжали посылать снаряды через его голову.　彼が匍匐前進している間中ずっと，大砲の砲弾は彼の頭ごしに撃ち続けられていた。

(2) Пока жена готовила ужин, он смотрел телевизор.　奥さんが夕食の支度をしている間に，彼はテレビを見ていた。

(3) Пока стороны договаривались, ситуация вышла из-под контроля.　双方が話し合いをしている間に，状況は統御がきかないような状態に陥ってしまった。

(4) Пока сидели за чаем, он обратился к сёстрам только раз.　皆でお茶を飲んでいる間で彼が姉妹達に言葉をかけたのはたったの一回で

あった。

(5) Прошло́ не́сколько дней, пока́ я пришёл к вы́воду. 私が結論を得るまでに数日が経ってしまった（結論を得たのは数日後だった）。

(6) Но пока́ мы дойдём, начнётся друго́е отделе́ние. しかし、私達が着く前に、第2部は始まってしまうよ。

(7) Лек до́лго лез по камня́м, пока́ не забра́лся на са́мую верши́ну мы́са. リェークは長い間岩また岩に手をかけて登っていき、やっとの思いで岬の山頂部に這い上がった。

(8) Они́ до́лго стоя́ли на высо́ком берегу́, пока́ парохо́д не скры́лся за поворо́том реки́.（Паустовский） 汽船が川の蛇行の角に隠れて姿を消すまで、彼らは岸辺の断崖にずっと立ち続けた。

(9) Вернёмся, пока́ не стемне́ет. 暗くならないうちに帰ろう。

(10) Я сде́лаю э́то сейча́с, пока́ я не забу́ду. 忘れてしまわないうちにやってしまおう。

単語 (1) ползти́ (-зу́, -зёшь；過去 полз, -зла́)（不完）（定動詞。不定動詞は☞p.153） 這う，пу́шка 大砲（不活動体を主語とする構文については☞p.468），посыла́ть・посла́ть 送る，（砲弾などを）撃ち込む，снаря́д 弾丸，砲弾，*через* А（対格）Aを越えて（上部通過） (3) сторона́ 側，догова́риваться・договори́ться 交渉する，ситуа́ция 状況，контро́ль（男）コントロール，制御 (4) обраща́ться・обрати́ться к А（与格）Aに振り向く，話しかける (5) вы́вод 結論 (6) отделе́ние 部，друго́й 他の，次の，2番目の (7) лезть (ле́зу, ле́зешь；過去 лез, ле́зла)（不完）（定動詞。不定動詞は☞p.153） よじ登る (7) ка́мень 石，岩，забира́ться・забра́ться よじ登る，這い上がる (8) парохо́д 汽船，поворо́т カーブ，曲り角，湾曲部 (9) темне́ть・стемне́ть 無人動 日が暮れる，夕暮が迫る

第32課　従属複文(2)

《基本》

1)　主文（A）の動作・状態がどのように展開するのか，その時間の規模を明らかにする従属文（B）を持つ複文である。

2)　①A・Bの述語動詞（ないし中核となる動詞）が共に不完了体である場合，A・Bは同時的。そうであっても，ⓐ「Bしている間じゅう，ずっとAする」という，Aが「どのくらい長く」行なわれたかを示す場合と，ⓑ「Bしている間，Aする（している）」というAの動作が「いつ」行なわれたか，つまり，Aの発生時の規定を行なう場合とがある。ⓐⓑを区別する手掛りは文中の語のかたちには見出しがたい。文脈で区別するほかない。

3)　②Aが完了体，Bが不完了体の文の場合，A・Bが同時的な場合もあり，部分的に一致する場合もある。ⓐ「Bしている間じゅう（かかって），Aが完了する」という場合はA・Bは同時的である。ⓑ「Bしている間に，Aする」という場合はAはBに部分的に一致する。ⓑは単にAの発生時を規定するに過ぎない。両者は文脈で区別するはかない。

4)　③A・Bが共に完了体の文である場合，「Bするまでに，Aしてしまう（Bする時には，Aしてしまう）」。

5)　④Aが不完了体，Bがне＋完了体の文である場合，「Bするまで（Bしないうちは），ずっとAする」。

6)　⑤Aが完了体，Bがне＋完了体の文である場合，「Bする前に（Bしないうちに），Aする」。

《類例》

(1)　Пока́ он реша́л зада́чу, я чита́л кни́гу.　彼が問題を解こうと取組んでいる間中，私は本を読んでいた。

(2)　Пока́ он спал, два́жды приходи́ли сосе́ди.　彼が眠っている間に，2回もお隣りの人達がやって来た。

(3)　Пока́ А́нна сдава́ла экза́мен, я пригото́вил всё необходи́мое для на́шего путеше́ствия.　アーンナが試験を受けている間中かかって，私は旅行の準備万端を整えた。

529

第 2 部　文法編

(4)　Пока́ мы спа́ли, вы́пал пе́рвый снег．私達が眠っている間に，初雪が降った。

(5)　Пока́ я собра́л материа́л к курсово́й рабо́те, прошло́ два ме́сяца．レポートの資料を集め終わった時はすでに 2 カ月が経っていた。

(6)　Пока́ мы собрали́сь, они́ уже́ уе́хали．私達が出かける用意ができた時には，彼らはもう出発してしまっていた。

(7)　Мы сиде́ли до́ма, пока́ бу́ря не ко́нчилась．嵐が収まるまで，ずっと家でじっとしていた。

(8)　Он ходи́л по перро́ну, пока́ не пришёл по́езд．列車が到着するまで，彼はずっとプラットホームを行ったり来たりしていた。

(9)　До тех пор, пока́ мы не зако́нчим, домо́й не уйдём．終わらないうちは，家には帰らない。

(10)　Пока́ он не согласи́тся, ничего́ не вы́йдет．彼がうんといわない限り，どうにもならない。

単語　(1) реша́ть（☞p.177, 178）　(2) сосе́д（複 -и, -ей, -ям）隣人　(3) сдава́ть（☞p.172），приготовля́ть・пригото́вить　準備する，необходи́мое　必要なもの（☞p.261）＜ необходи́мый 不可欠の，путеше́ствие　旅行　(4) выпада́ть・вы́пасть（-паду́, -падешь；過去 -пал, -пала）（雨，雪が）降る　(5) курсова́я рабо́та　学年論文，レポート　(7) бу́ря　嵐　(8) перро́н　プラットホーム　(10) выходи́ть・вы́йти　起こる，出てくる，ничего́ не вы́йдет　どうにもならない

《説明》

1)　(1)(2)と《類例》(1)(2)では，A・B共に不完了体。A・Bは同時的に進行する。しかし，(1)では「這っている間中ずっと，大砲は砲弾を送り続けていた」というように，「送り続ける」のは「どのくらいの間なのか」ということを言わんとする文。《類例》(1)も同様，「本を読んだ」時間がどのくらいの間であったかというと，「彼が問題を解こう」と努めている間であるという心持でつくられた文。

第32課　従属複文(2)

　2)　(2)では「彼がテレビを見た」のは「いつ」なのか,《類例》(2)は「隣人が2回やって来た」のは「いつ」のことなのか,を表わす。例えば,(2)と《類例》(1)はかたちの上で全く同じであり,ⓐの意なのかⓑの意なのかは,文そのものを見ただけではわからない。両者を区別するのは話者の意図。文脈で解釈し分ける。

　3)　(3)(4)と《類例》(3)(4)では,Aが完了体,Bが不完了体。(3)のA「状況が制御不可能な状態に陥っていき,遂に陥った」のはB「双方が話し合いを続けていた間」であるという主旨の文。《類例》(3)も同様,A「旅行の準備を整えていき,それを完了させた」のはB「アーンナが(試験勉強を含めて)試験を受けていた間」のことであることを述べる。よって,A・Bは同時的に行なわれたと考えられる。それに対し,(4)ではA「彼が姉妹達に話しかける」という一回の行為は,B「お茶を飲む」という長時間の間に行なわれたこと,《類例》(4)ではA「初雪が降った」のはいつのことかというとB「我々が眠っていた間」のことであるというのが主旨。それゆえ,A・Bは部分的に一致すると考えられる。《類例》(4)は「初雪が降ったのは私達が寝ていた間のことである」と訳してもよい。

　4)　(5)(6)と《類例》(5)(6)では,A・B共に完了体。Bが完了する時点で,すでにAが完了していること,つまり,AがBに先行することを表わす。(5)は「結論を得た時には,もう数日が経過してしまっていた」,(6)は「着いた時には,もう,第2部は始まっているよ」,《類例》(6)は「我々の用意ができる前に,彼らは出発してしまった」の訳もあり得る。

　5)　(7)(8)と《類例》(7)(8)では,Aが不完了体,Bがне＋完了体。AがBに先行するが,持続ある行為Aは,(неをとった)Bが起こると終結することを基本的に表わす。(7)は「リェークは岬の絶頂によじ登るまで,長い間岩に手をかけて這うように進んでいった」,(8)は「汽船の姿が見えるうちは,彼等は岸辺の断崖に立ち続けた」,《類例》(7)は「嵐が収まらないうちは,家にとじこもっていた」,(8)は「列車が到着しないうちは,ずっとプラットホームを歩き回っていた」という訳も(文脈によっては)あり得る。

6) (9) (10)と《類例》(9) (10)では，Aが完了体，Bが не＋完了体。(9) は「暗くならないうちに帰ろう」，(10) は「忘れる前に今やっておこう」，《類例》(9) は「終わる前に家に帰るなんてことはしない」，(10) は「彼が同意するまでは，どうにもならない」という訳もあり得る。

《注意》

1) ④ ⑤のBにおける не は否定の意味を失っているともいえる。пока не という複合的接続詞と考えればよい。ただし，не は述語動詞の直前に立つ。

2) Aの中核たる動詞が，ждать（不完）待っている，подожда́ть（完）しばらくの間待つ，ожида́ть（不完）（予期して）待ち受ける，であり，Bの述語動詞が完了体未来の場合，не を省略することができる。意味は変らない。

Мы реши́ли подожда́ть, пока́ Ива́н придёт. イヴァーンが来るまでしばらく待つことにした（この例では подожда́ть は不定形であることに注意）。

3) Bの述語動詞が完了体過去の場合でも не が省略されることがある。つまり，Я подожда́л, пока́ не пришла́ мать. と Я подожда́л, пока́ пришла́ мать. は同義である。

「母が来るまでしばらく待った（母が来るのをしばらく待った）」

4) А́нна ждала́, пока́ мы пришли́ домо́й. のような文は，пришли́ の前の не が省略されたものである。よって，④のタイプの文として解釈する。「私達が帰宅するまで，アーンナはずっと待っていてくれた」。

5) (9) では (не) стемне́ет, (10) では (не) забу́ду と完了体未来が用いられているが，стемне́ло, забы́л と完了体過去にしてもよい。文体的には話しことばとなる（このような「過去形」は主文（A）の事柄より「以前」という意識から起こる。このような現象は日本語でも起こる：注射した人は帰っていい）。

6) ここでやや単純にまとめた《基本》には様々な例外を見出すことができる。例えば，Мы ча́сто до́лго игра́ли в те́ннис, пока́ не темне́ло.「私たちはしばしば，暗くなるまで長い間テニスをやった」では，пока́ не の

第32課　従属複文(2)

後に不完了体 темне́ло が使われている。繰り返し行なわれる事柄であるためである。このような注記を一つ一つに付け加えていくと長くなる。まず,《基本》を覚え,後から,少々の修正・調整を加えていただきたい。基本を覚えていれば,はみ出す部分は理解できる範囲にある。

《参考》
　ロシア人にとり пока́ は一つの пока́ であっても,日本語でぴたりと一致する語は見出しにくい。その場その場でいろいろな訳語を繰り出して対応するほかない。когда́ はそうむずかしくないが,пока́ は難物。訳をつける場合には,表わされる事柄を見極め,文脈に応じて工夫をこらす必要がある。例えば,А́нна чита́ла, пока́ не засну́ла. は,④の構成をとるので「眠り込むまで読み続けた」と訳せるが,もう一工夫して「読んでいるうちに,眠ってしまった」としたい。

《発展》
　(1)до тех пор пока́ не ＋完了体, (2)до той поры́ пока́ не ＋完了体, はAが先行し,Bが後行することを強調的に表わす。

　(1)　Жди, **до тех пор пока́** я (не) верну́сь.　私が帰ってくるまで,ずっと待っていてくれ。

　(2)　Ива́н пообеща́л никому́ ничего́ не говори́ть **до той поры́, пока́** всё и так не ста́нет я́сно.　全てがおのずから明らかになるまで,誰にも何も言わないようにするとイヴァーンは約束した。

до тех пор пока́ と分離しない場合〔(1)〕と пока́ の前にポーズをおき,コンマ (,) で切る場合とがある。

　А́нна повторя́ла стихи́ **до тех пор, пока́** не запо́мнила их наизу́сть.　アーンナは暗唱できるようになるまで,その詩を繰り返し唱えた。

　ポーズをおいて分離する場合,пор の所でイントネーションは急上昇する。この場合,Aの先行,Bの後行がより強調される。
　до той поры́, пока́ と分離される場合と,до той поры́ пока́ と分離されない場合もあるが,同様の現象である。(2)としてあげた例は分離された場合である。

533

第 2 部　文法編

потому́ что と потому́, что があることについては☞p.559。от того́ что と от того́, что；ввиду́ того́ что と ввиду́ того́, что についてはは☞p.561。

また，до того́ как と до того́, как；пе́ред тем как と пе́ред тем, как がある。☞p.525。

練習問題 176

1) 意味をいいなさい。

(1) Пока́ я занима́юсь, де́ти игра́ют в саду́.

(2) Пока́ Масао жил в Москве́, он овладе́л ру́сским языко́м.

(3) Пока́ ты е́здил на стадио́н, я написа́л письмо́.

(4) Пока́ есть жизнь, есть наде́жда.

(5) Куй желе́зо, пока́ горячо́.

(6) Пока́ я жив, э́того не бу́дет.

(7) Мы продолжа́ли рабо́тать, пока́ не око́нчили де́ло.

(8) Пройдёт мно́го лет, пока́ мы сно́ва уви́димся.

単語　(2) овладева́ть・овладе́ть A（造格）A を習得する，マスターする　(4) наде́жда 希望，кова́ть（кую́, куёшь）（不完）たたいて鍛える

2) 次の 2 文の意味の違いをいいなさい。

(1) Инфля́ция в стране́ росла́, пока́ продолжа́лся спад эконо́мики.

(2) Инфля́ция в стране́ росла́, когда́ был спад эконо́мики.

単語　инфля́ция インフレーション，спад 低下

3) ロシア語で表わしなさい。

(1) 雪が降っている間中，アーンナとイヴァーンは家でじっとしていた。

(2) オーリガは疲れるまで，公園を歩き回った。

(3) 救急車が来た時には，もう半時間もたっていた。

(4) 社長が帰るまで，私は待ちます。

(5) イヴァーンが来るまで，私達はテレビを見ています。

534

第32課　従属複文(2)

単語　(1) 家でじっとしている　сидéть дóма　(2) 疲れる　устáть (完)，オーリガ　Óльга　(3) 救急車　машúна скóрой пóмощи (話しことばでは単に скóрая пóмощь）　(4) 社長　президéнт

4) …の部分に когдá ないし покá を入れて文を完成させなさい。その上で，全文の意味を言いなさい。

(1) … существýет я́дерное орýжие, человéчество не мóжет быть спокóйно за своё бýдущее.

(2) … лю́ди дóлго живýт вмéсте, онú начинáют понимáть друг дрýга с полуслóва.

(3) … мы говорúм о расцвéте нáций, то имéем в видý не тóлько развúтие национáльной специ́фики, но и увеличéние объектúвного значéния интернационáльных черт.

(4) … существýет угрóза мúру, борьбá за мир не прекратúтся.

単語　(1) я́дерный　核の，орýжие　兵器，бýдущее　将来　(2) с полуслóва　ほんの一言聞いただけで，すぐに　(3) расцвéт 開花，繁栄，興隆，нáция　国民，民族，чертá　特徴　(4) угрóза А (与格)　Aに対する脅威

II　条件の従属文を持つ複文

1．éсли ―現実的条件

> А（文），éсли В（叙実法の文）― もし，Вすれば／するなら／したら／すると／する時，Аする

《例文》

(1) Éсли вы́едем пéрвой электрúчкой, то успéем. 朝一番の電車で行くなら間に合う。

535

第2部　文法編

(2) Éсли не бу́дешь учи́ться, не овладе́ешь э́тим ме́тодом.　勉強しなければ，このやり方を身につけることはできない。

(3) Бу́дет о́чень пло́хо, е́сли мы не суме́ем э́то сде́лать.　大変だぞ。もし，これを仕上げられなかったら。

(4) Éсли он приезжа́л в Токио, то приходи́л к нам.　彼は東京に来た時は，私達の家に寄ってくれた。

(5) Éсли с ним загова́ривают, то он отвеча́ет односло́жно.　話しかけられると，彼は簡潔に答える。

(6) Ви́димо, э́то хоро́ший челове́к, е́сли о нём все так восто́рженно отзыва́ются.　どうやらいい人なのだろうな。こんなに皆にほめちぎられているのだから。

(7) Éсли вы хоти́те, мы пока́жем наш заво́д.　お望みなら，工場をお見せします。

単語　(1) электри́чка　電車　(2) овладева́ть・овладе́ть A（造格）Aを身につける，マスターする，ме́тод　手法，方法　(5) загова́ривать（不完）話しかける，односло́жно　簡潔に，言葉少なに　(6) восто́рженно　熱狂的に，отзыва́ться・отозва́ться　評価を与える，ви́димо（挿入語）たぶん，どうやら

《基本》

1)　従属文（B）は現実的条件を設定し，主文（A）はその条件から生じたり，生じ得る事柄を表わす。

2)　現実的条件とは，現在・過去においてあり，現在・未来において（十分）あり得る条件をいう。

3)　B・Aの順が普通。A・Bの順の場合，Bの方をとりたてる（聞き手の注意をひく）かまえになる。

《説明》

1)　Bの述語動詞は，(1)では вы́едем（完了体未来），(2)では не бу́дешь учи́тья（不完了体未来），(3)では не суме́ем（完了体未来）であり，全て未来形である。従属文全体はあり得る条件を示す。

第32課　従属複文(2)

2)　Aの述語動詞も，(1)では успéем（完了体未来），(2)では не овладéешь（完了体未来），(3)で述語は бу́дет пло́хо（быть の未来）と，未来形が用いられ，各条件のもとに起こり得る事柄を表わす。

3)　Bの述語動詞は，(4)では приезжа́л（不完了体過去）であり，従属文は過去において反復された事態を条件として示す。述語動詞が приходи́л（不完了体過去）である主文（A）はその条件のもとに成立した慣例的事柄を表わす。

4)　Bの述語動詞は，(5)では загова́ривают（不完了体現在）であり，従属文は現在において反復される事態を条件として提示する。述語動詞が отвеча́ет（不完了体現在）である主文（A）はその条件のもとに習慣的となっている彼（он）の反応を表わす。

5)　Bの述語動詞は，(6)では отзыва́ются（不完体現在）であり，従属文は現在皆（все）が行なう行為を条件としてあげ，主文（A）はその条件から導き出される推定・推論を表わす。過去のことを表わしたい場合は，過去形にすればよい。

Ви́димо, э́то был хоро́ший челове́к, éсли о нём все так восто́рженно отзыва́лись. どうやらいい人だったのだろうな。そんなに皆にほめちぎられていたのだから。

6)　Bの述語動詞は，(7)では хоти́те（不完了体現在）であり，従属文は未確定ながら十分あり得る事態を条件としてあげ，主文はその条件が満たされる場合，未来において行なわれる個別的行為を表わす。

《類例》

(1)　É́сли не бу́дешь трениров́аться, успéха не добьёшься. トレーニングをしなければ，成果はおぼつかない。

(2)　É́сли никого́ нé было до́ма, то я остава́лся и ждал, разгова́ривал с ня́ней, игра́л с ребёнком.（Чехов）　家に誰もいない時には，そこに居残り，（家の人の帰りを）待ち，乳母とおしゃべりをしたり，幼児をあやしたりした。

単語　(1) трениро́ваться（不完）トレーニングをする　(2) ня́ня 乳

第2部　文法編

《注意》

1)　A・B共に叙実法（☞p.361）の文が基本である。《例文》としてもそれを掲げた。しかし，Aが命令法（☞p.361）の文である例もある。Bであり得る条件を設定し，その条件のもとにAで話し手が聞き手に命令する仕組みになる。

Если меня не будет, оставьте посылку соседке.　私がいなければ，小包は隣のおばさんに預けておいてください。

Если вас не устраивают условия работы, скажите об этом прямо.　仕事の条件が気に入らなければ，はっきり言ってください。

2)　Aが仮定法の文であることもある。Bで，ある，ないし，あり得る条件を述べ，その上でAにおいて話し手が願望や反現実的想定を表わし，勧誘や勧告を行なう仕組みになる。

Если он придёт, то хоть бы починил телевизор.　彼が来てくれるなら，テレビを直してくれるぐらいのことはやってほしいな。

Если он пришёл, то хоть бы починил телевизор.　彼が来てくれたのなら，テレビを直すことぐらいやってくれたっていいのだが。

Если ты устал, так отдохни, а если нет, так помог бы мне ужин приготовить.　疲れているのなら，ひとやすみして。だけど疲れていないのなら，夕食の用意を手伝ってくれていいでしょ。

3)　если に呼応する то や тогда が主文の頭にくるものがある。то の例は《例文》(1)(4)(5)，《類例》(2) および《注意》2)。тогда の例を掲げる。

Если мы вернёмся рано, тогда зайдём к вам.　早く帰れたら，その時はお寄りします。

4)　если に呼応して主文の末尾に в том случае, при том условии が用いられることがある。条件を限定，明確化する働きを持つ。

Мы придём в том случае / при том условии, если они нас пригласят.　行きますよ。招待していただけるならばね。

5)　従属複文の多くがそうであるように，会話や文章の流れの中で，主

第32課　従属複文(2)

文の省略がよく起こる。

— Ты согла́сен?　賛成？— Е́сли усло́вия не бу́дут меня́ться.　条件が変らなければね。

《参考》

1)　èсли については副アクセント（☞p.37）。

2)　日本語の「もし」は「まだ現実になっていないことを仮に想定する」時に用いられる。éсли を「もし」とだけ覚えていると，可能な条件や反現実的条件ならいいが，ある，ないし，あった条件を表わす文になると解釈がしにくくなる。「…する時には／する限り／するからには／するので」なども覚えておこう。

《発展》

1)　あり得る条件（ないし一般的な条件）は不定形でも表わすことができる。例えば，《例文》(1)は，Е́сли вы́ехать пе́рвой электри́чкой, то успе́ем. と言い換えられる。また，《類例》(1)と以下の文は同義。

Е́сли не тренирова́ться, успе́ха не добьёшься.

2)　раз は個別的な確定的条件を表わすためによく用いられる：「…からには」「…である以上」。Bの述語は通常過去形か現在形。

Раз так получи́лось, ничего́ не поде́лаешь.　こうなった以上，もうどうしようもない。

Раз все пошли́, то и я иду́.　皆が行ったのだから，私も行く。

Раз не зна́ешь, не говори́.　知らないのなら，黙っていろ。

Раз ты согла́сен, пойдём к ней и возьмём твои́ де́ньги обра́тно.　いいと言ったんだから，彼女の所に出かけてお前の金を取り戻すことにしよう。

単語　получа́ться・получи́ться　（結果として）起こる，生じる

3)　когда́ によっても条件を表わすことができる。

Когда́ цветы́ не полива́ют, они́ вя́нут.　水をやらなければ，花は枯れる。

Когда́ прово́дишь о́пыт, будь внима́телен!　実験を行なう時は，慎重でなければならない。

Когда́ ты уви́дишь А́нну, переда́й приве́т от меня́.　アーンナに会った

第 2 部　文法編

ら，よろしく言ってね。

4)　ко̀ли（ко̀ль）は話しことば。俗語的。

Смотри́, ко̀ли обма́нешь, пло́хо тебе́ бу́дет.　いいか，人をだましたら，えらいことになるぞ。

練習問題 177

1) 意味をいいなさい。

(1)　Éсли он придёт, то почини́т телеви́зор.

(2)　Éсли он пришёл, то пусть почини́т телеви́зор.

(3)　Éсли Ива́н разбу́дит А́нну, она́ рассе́рдится.

(4)　Éсли ты бро́сишь университе́т, твоя́ карье́ра не бу́дет уда́чной.

(5)　Éсли вы регуля́рно занима́етесь спо́ртом, то у вас бу́дет прекра́сное здоро́вье.

(6)　Éсли Масао придёт во́время, я о́чень удивлю́сь.

単語　(4) карье́ра　出世，昇進，броса́ть・бро́сить　やめる，中退する，уда́чный　成功した，うまくいった　(6) во́время　間に合って

2)　ロシア語で表わしなさい。

(1)　この本を読めば，全部わかりますよ。

(2)　起こしたら，かみさん怒るだろう。

(3)　行けたら，行きます。

(4)　あそこに行ったら，必ずフクダさんに会えますよ。

(5)　いやなら，来なくていいよ。

(6)　わからなければ，説明します。

単語　(4) 必ず　непреме́нно　(6) 説明する　объясня́ть・объясни́ть

2. éсли бы — 非現実的条件

> А (仮定法の文), если В (仮定法の文) — もし, Вするとしたら, Аするのだが

《例文》

(1) Éсли бы я знал, я сказа́л бы вам. 知っていたなら, お話ししたはずです。

(2) Я пошёл бы, éсли бы меня́ пригласи́ли. 行きましたよ。もし, 招待されていたなら。

《基本》

1) 従属文 (В) は事実に反する条件を設定し, 主文 (А) はその条件から発生する事柄を表わす。

2) В・Аの順が普通。А・Вの順の場合, Вの方をとりたてる (聞き手の注意をひく) かまえになる。

《説明》

1) 仮定法を理解するためには, この構文の理解が不可欠である。そのため, すでに第23課で一通り学んだ。

2) (1)は普通の順序。(2)は「招待されていなかった」という背景をとりたてて表わす言い方。

3) 話しことばでの仮定法文の頻出については☞p.365。

《注意》

1) А・Вに見出される бы は仮定法のしるし。

2) бы は, Вにおいては éсли の直後, Аでは伝達意図の中核をなす語の後に位置する (☞p.363)。強調したい部分がАの文頭に来て, その後に бы が来るのが通例と考えてよい。

3) 主文で то が呼応することがある。

Éсли бы она́ родила́сь в на́ше вре́мя, то ста́ла бы арти́сткой, и́ли ди́ктором, и́ли стюарде́ссой．もし彼女が我々の時代に生れていたなら，女優になったかもしれない。あるいはニュースキャスターか，ステュワーデスになったかもしれない。

4) 過去とか現在の現実に反する仮定は叙実法では示せず，仮定法を用いるほかないが，いまだ現実となっていない未来の予想上の仮定は叙実法によっても，仮定法によっても示すことができる。

(a) Éсли мать пришлёт мне де́ньги, я куплю́ э́ту маши́ну．もし，母がお金を送ってきてくれたら，この車買うつもりです。

(b) Éсли бы мать присла́ла мне де́ньги, я бы купи́л э́ту маши́ну．もし，母がお金を送ってきてくれたなら，この車買うつもりですが。

(b)は仮定法の文で，仮定される事柄の実現に対し話し手の疑いの気持が込められているが，(a)の叙実法の文と内容的にさほどの違いはない。

《参考》

1) 「もし，Aがいなかったら／なかったら」という，Aの非現実的な不在の仮定の場合，е́сли бы не A（主格）というかたちがとられる。

Éсли бы не я, ты поги́б бы．おれがいなかったら，お前はおだぶつだった。

Éсли бы не дождь, я пошёл бы гуля́ть．雨が降っていなかったら，散歩に行くのだが。

2) е́сли бы + 不定形によっても非現実的条件を示すことができる。

Éсли бы встать пора́ньше, мо́жно бы́ло бы успе́ть на заня́тие．もう少し早く起きていたなら，授業に間に合ったのだが。

3) 命令形によっても非現実的条件を示すことができる。

Не приди́ я туда́, случи́лось бы несча́стье．私がそこに行っていなかったなら，大変なことが起こっていたに違いない。

4) 名詞を核とする語結合が条件を示す場合については☞p.363。

5) 非現実的条件の従属文が単独に用いられると話し手の強い願望が示される。

Éсли бы мать была́ жива́! 母が生きていてくれたらなあ。

第 32 課　従属複文(2)

単独の仮定法文による願望の表現については☞p.364, 365。

《発展》

(1) éжели, (2) когда́, ко́ли, ка́бы でも非現実的条件を示すことができる。

(1) Éжели бы была́ кака́я-нибудь возмо́жность поменя́ть э́ту жизнь хоть на жизнь са́мую по́шлую и бе́дную, то́лько без опа́сностей и слу́жбы, я бы ни мину́ту не заду́мался. (Л. Толсто́й)　今の生活を変えることができるというなら、私は一瞬たりともちゅうちょすることはないだろう。この危険と任務がないとならば、もう最下級・極貧の生活だってかまいはしない。

(2) Когда́ б име́л я сто оче́й, то все бы сто на вас гляде́ли. (Пу́шкин)　私に眼（まなこ）が百あったとしても、その百の眼全部はあなたを眺めるに違いありません。

単語　(1) меня́ть・поменя́ть A（対格）*на* B（対格）　A を B にかえる、по́шлый　低俗な、слу́жба　勤めること、兵役に服すること、勤め、заду́мываться・заду́маться　ためらう　(2) óко（複 о́чи, оче́й, оча́м）目、眼、б（＝бы）☞p.361

練習問題 178

1) 意味をいいなさい。

(1) Éсли бы он разбуди́л жену́, она́ рассерди́лась бы.

(2) Éсли бы у меня́ бы́ли мно́го де́нег, я тебе́ дал бы.

(3) По́мните, что нау́ка тре́бует от челове́ка всей его́ жи́зни. И éсли у вас бы́ло бы две жи́зни, то их не хвати́ло бы вам. (Павлов)

(4) Éсли бы она́ могла́ тогда́ измени́ть свои́ представле́ния о жи́зни, ей бы́ло бы ле́гче обраща́ться с людьми́.

(5) Éсли бы я сде́лал одно́ неосторо́жное движе́ние, я мог бы навсегда́ исче́знуть в про́пасти.

(6) Éсли бы она́ сде́лала всего́ оди́н пра́вильный вы́вод из ситуа́ции,

第 2 部　文法編

мы согласи́лись бы с тем, что она́ не так глупа́.

単語　(3) хвата́ть・хвати́ть 無人動 A（生格）Aが十分ある，Aで足りる，間に合う　(4) изменя́ть・измени́ть 変える，представле́ние 理解, 認識, обраща́ться・обрати́ться с A（造格）Aに対処する，接する　(5) неостро́жный うかつな，движе́ние 動き，動作，исчеза́ть・исче́знуть [-ʃʃ'- | -ʃ'tʃ'-] 消える，про́пасть（女）深淵　(6) вы́вод 結論，де́лать・сде́лать 行う（движе́ние や вы́вод の動詞化動詞．☞p.446），всего́ わずか，たった，соглаша́ться・согласи́ться с A（造格）Aに賛成する，同意する，глу́пый（глуп, глупа́）愚かな

2) ロシア語で表わしなさい．
(1) これができたら，私は世界一の幸せものだ．
(2) 言ってくれたら，手伝ったのに．
(3) 知っていたら，皆に話しましたよ．
(4) 私がそこにいたならば，こんなことはさせなかったのですが．
(5) ちょっと時間の余裕があれば，もう少し賢明な決定ができたのだが．
(6) もし兄がひまだったら，やってくれるのだが．

単語　(1) できる уда́ться, (2) 言う попроси́ть, сказа́ть (5) 賢明な му́дрый, 決定 реше́ние, 決定をする приня́ть реше́ние

III　譲歩の従属文を持つ複文（хотя́—「とはいえ」）

> A（文），хотя́ B（文）— Bする（だ）とはいえ，Aする（だ）

《例文》

(1) Ночь была́ тиха́ и светла́, хотя́ луны́ не́ было. 夜はひっそりと静まり，月はなかったとはいえ，明るかった．

第32課　従属複文(2)

(2) Мы купи́ли мно́го книг, хотя́ для э́того ну́жно бы́ло брать де́ньги в долг.　借金しなければならなかったのに、我々は多量の本を買い込んだ。

(3) Хотя́ пого́да плоха́я, они́ как раз сейча́с переезжа́ют на да́чу.　天気が悪いのに、よりによって今彼らは別荘に出かけるというのだ。

単語　(2) брать・взять де́ньги в долг　借金をする　(3) да́ча　別荘, переезжа́ть・перее́хать　移り住む、引っ越す

《基本》
1)　AとBは内容上へだたりがあり、通常並存しないが、それにもかかわらず並存する、というのが譲歩（逆接）の基本的意味である。
2)　譲歩の従属文をつくるには хотя́ が最もよく用いられる。文体的にも中立。

《注意》
　Bが先行する場合、Aの頭にしばしば но, а, одна́ко, тем не ме́нее　が立つ。

Хотя́ я сама́ была́ молода́, но име́ла твёрдые поня́тия о жи́зни.　私自身は若かったとはいえ、人生について確固たる考えを持っていた。

《参考》
хотя́ については副アクセント（☞p.37）。

《発展》
1)　хоть は話しことば。

Фёдор хоть и нача́льник, но всё-таки сосе́д.　フョーダルは上役だけどやはりお隣りさんでもあるんだ。

2)　несмотря́ на то́ что 「にもかかわらず」によっても譲歩を表わすことができる。ただし、やや固い感じを伴う（主文の頭に а, но, одна́ко が立つことはない）。

Никто́ не опозда́л, несмотря́ на то́ что на у́лицах бы́ли про́бки.　渋滞があったにもかかわらず、遅れてきたものは誰もいなかった。

単語　про́бка　コルク、渋滞

545

第2部　文法編

3)　(1) пусть，(2) как ни，(3) сколько ни なども譲歩を示す。

(1) **Пусть** нам будет трудно, мы не отступим．困難になろうとも，退却はするまい。

(2) **Как ни** медленно я шёл, я всё-таки продвигался вперёд．どんなにゆっくり歩いても，やはり前へ前へと進んでしまった。

(3) **Сколько** его **ни** звали, он не пришёл．何度呼んでも，彼は来なかった。

単語　(1) отступать・отступить　退却する，尻込みする　(2) продвигаться・продвинуться　進む

練習問題 179

1)　意味をいいなさい。

(1) Я всё-таки зашёл в институт, хотя и устал с дороги.

(2) Часов в восемь вечера дождь перестал, хотя небо было по-прежнему хмурое．(Арсеньев)

(3) Хотя он и согласился, но остался недоволен.

(4) Хотя был сильный мороз в Москве, японские туристы поехали на экскурсию.

(5) Хотя русский язык труден для иностранцев, многие бизнесмены, работающие в России, стремятся изучать его.

(6) Хотя континент Америка назван в честь мореплавателя Америго Веспуччи, первооткрывателем континента считается Колумб.

単語　(1) устать с дороги　旅行で疲れる　(2) хмурый　陰気な，どんよりとした，по-прежнему　以前のように　(3) недовольный　不満の　(5) стремиться (不完) A (不定形)　Aしようと努力する，бизнесмен　ビジネスマン　(6) мореплаватель　航海者，континент　大陸

2)　ロシア語で表わしなさい。

(1) 時計はもう7時を指していたが，外はまだ明るかった。

第32課　従属複文(2)

(2)　まだ明るいのに彼女は明りをともした。
(3)　イヴァーンはとても疲れていたのに招待を断わらなかった。
(4)　正夫はよくなまけたが，成績はよかった。
(5)　イヴァーンは手紙を出したのだが，アーンナは返事をくれない。
(6)　読むには読んだが，正直なところ何もわからなかった。

単語　　(1) 外は　на дворе́, на у́лице，時計は7時を指す　часы́ пока́зывают семь часо́в　(2) 明りをともす　зажéчь (-жгу́, -жжёшь, … -жгу́т；過去 -жёг, -жгла́) свет　(4) なまける　лени́ться，よく　ча́сто，成績がよい　хорошо́ учи́ться　(6) 正直なところ　открове́нно говоря́

547

第33課

従属複文(3)

I 様態の従属文を持つ複文

1．так, как ― 様態の規定

> A (так を含む文), как B (文) ― B するように，A する

《例文》

(1) Больно́й вёл себя́ **так, как** рекомендова́л врач. (Акса́ков) 病人は医者に勧められた通りの生活をした。

(2) Он бу́дет де́лать всё **так, как** вы ему́ ска́жете. なんでもあなたがおっしゃるように彼はいたします。

(3) Писа́тель изобража́ет действи́тельность, **как** она́ есть. 小説家は現実をあるがままに描きだす。

(4) Живи́, **как** тебе́ нра́вится. 好きなように生きろ。

単語 (1) вести́ себя́ 振る舞う，行動する，рекомендова́ть (不完) 忠告する，勧める，врач 医者 (3) изобража́ть・изобрази́ть 描く，действи́тельность 現実

《基本》

1) 従属文 (B) の頭の как は，主文 (A) 中の так と呼応して様態を規定する従属文をつくる接続詞である。

2) B は，描写，見立て，なぞり，たとえを行ない，主文が示す動作・状態が行なわれる様態を規定する。

548

第 33 課　従属複文 (3)

3) 主文に так がない場合がある。
《説明》
1) (1)(2)は，как に導かれる従属文を主文の так が受けとめる例。
2) (3)(4)は主文に так のない例。
《注意》
1) 主文 (A) と従属文 (B) の述語動詞が同一であり，かつ，時制 (☞p.173) と法 (☞p.361) が一致する場合，B の述語動詞を省略することができる。

Ива́н написа́л э́то так, как э́то я написа́л.　イヴァーンは私が書いたように書いた。→ Ива́н написа́л э́то так, как я.　イヴァーンは私と同じように書いた。
省略されれば，как 以下は文として不完全になる。

2) 以下の2文は「たとえ」や「見立て」の例。
Во́здух чист, как роднико́вая вода́. (Паусто́вский)　空気は，泉の水のように澄んでいる。(как 以下は形容詞に修飾される名詞主格)
Верши́ны колыха́лись, как гре́бни волн.　頂上は波頭のように揺れた。(как 以下は生格の名詞に修飾される名詞主格)
以下の例で，как 以下は副詞。構文としては никогда́ не を伴い，強調を行なう。
Я никогда́ так не удивля́лся, как вчера́.　昨日程驚いたことはない。

3) как бу́дто は，描出，見立て，たとえが事実と合致しないことを表わす(「まるで，あたかも，みたいに」)。
Он перецелова́лся со все́ми, как бу́дто уезжа́л на не́сколько лет.　あたかも数年の間よそへ旅するかのように彼は（おおげさに）全員とキスをし合った。
Мы на́чали бесе́довать, как бу́дто век бы́ли знако́мы.　まるで長年の友であるかのように私達は語り合い始めた。
Здесь бы́ло так жа́рко, как бу́дто мы попа́ли в А́фрику.　ここはすごく暑いな。まるでアフリカに来たみたいだ。

549

第 2 部　文法編

《発展》

1)　тóчно, слóвно は通常 как бýдто とだいたい同じ意味。

Он меня́ встре́тил так тепло́, **тóчно** я был его́ ста́рым дру́гом．彼は私をまるで長年の友ででもあるかのように暖かく迎えてくれた。

Он при́нял меня́ тепло́, **слóвно** мы знако́мы с ним де́сять лет．彼は私をまるで十年の知己ででもあるかのように暖かく迎えてくれた。

2)　А（文）, так же как В（文）は「Вするのと同じようにАする」。

Их на́до обуча́ть э́тому, **так же как** их у́чат чита́ть и писа́ть．読み書きを教えるのと同じように，あの子たちにこのことを教えこむ必要がある。

　単語　обуча́ть・обучи́ть А（対格）В（与格）　АにВを教えこむ

練習問題 180

1)　意味をいいなさい。

(1) Де́лайте так, как вам сказа́ли.

(2) Всё случи́лось так, как нам хоте́лось бы.

(3) Он говори́т так, как говоря́т ма́ленькие де́ти.

(4) Она́ ведёт себя́ так, как бу́дто слы́шит э́то впервы́е.

　単語　(2) случа́ться・случи́ться　起こる，生じる　(4) впервы́е　初めて

2)　ロシア語で表わしなさい。

(1) 彼女は私がやったようにやった。

(2) 彼はプロのカメラマンのように写真をとった。

(3) 私はあなたが助言してくれた通りの行動をとった。

　単語　(2) プロのカメラマン　фото́граф-профессиона́л, профессиона́льный фото́граф，写真をとる　снима́ть　(3) 助言をする　посове́товать，行動をとる，ふるまう　вести́ себя́

550

第33課　従属複文(3)

2. так, что ── 結果・効果による様態の描出

A(так を含む文), что B(文) ── (結果・効果として)Bするように, Aする

《例文》

(1) Он расска́зывал так, что все смея́лись.　彼は皆が笑うように話すのだった。

(2) Расписа́ние постро́или так, что у студе́нтов бы́ло три свобо́дных дня в неде́лю.　時間割は，週3日の休みが学生に確保されるように組まれていた。

(3) Де́вушка была́ оде́та так, что все на неё огля́дывались.　若い女は，皆がじろじろ眺め回すような服装をしていた。

単語　(2) свобо́дных (☞p.268), расписа́ние 時間割, стро́ить・постро́ить (時間割などを) 組む, (案を) 立てる　(3) оде́тый (＜оде́ть(完))　身なりをする, огля́дываться・огляде́ться　眺め回す

《基本》

1) 従属文 (B) は，主文 (A) の示す事柄の結果・効果を表わす。
2) 強調を行なうのではなく，結果・効果に言及しての様子の描出である。
3) Bは必ずAの後に位置する。

《説明》

強調はないが，効果・結果を示すことにおいて，次に学ぶ強調構文と同じである。両者の差は紙一重。　例えば，(3)の так の後に стра́нно「おかしな」を補ってみればわかる。「若い女は非常におかしなかっこうをしていたので，皆はその姿をじろじろ眺めるのであった」。

《注意》

1) Aに на́до「必要だ」, жела́ть (不完)「望む」, стреми́ться (不完)

551

第2部　文法編

「…しようと努める」, прика́зывать・приказа́ть「命令する」などの動詞があったり, 命令形が用いられていたりするとBでは（что ではなく）что́бы が用いられる。

　На́до так говори́ть, что́бы все по́няли.　皆がわかるように話すことが大切だ。

　Худо́жник стреми́лся писа́ть так, что́бы на карти́нах его́ был ощути́м во́здух.　画家は, 自分の絵の中に大気が感じられるように懸命に描いた。

　2)　Bが望ましい結果, ないし, 目的である場合にも что́бы が用いられる。

　Мать уме́ет по ко́мнате ходи́ть так, что́бы никто́ не просну́лся (никого́ не разбуди́ть).　母は誰も目をさまさない（誰も起こさない）ように, 部屋を歩くことができる。

　Пе́сню пе́ли так ти́хо, что́бы на у́лице не́ было слы́шно.　外にもれないようにと静かに歌った。

　3)　так がない場合もある。

　Ты чита́й, что́бы всем бы́ло слы́шно.　皆に聞こえるように, 君, 読んでくれよ。

　4)　BをAの名詞にかける場合, тако́й が用いられる。

　Рабо́ту организова́ли таки́м о́бразом, что все бы́ли одина́ково за́няты.　皆が平等に忙しくなるように仕事の割振りを行なった。

　Он смотре́л на неё таки́ми глаза́ми, что она́ смути́лась.　彼は, 彼女がどぎまぎするような眼差しで彼女を見た。

3. так, что ― 結果・効果による様態の強調

> A (так を含む文), что B (文) ― BするほどAである (非常に
> 　　　　　　　　　　　　　　　　　 Aなので, BするほどAである)

552

第33課　従属複文(3)

《例文》

(1) Лес на гребне горы выделялся **так** резко, **что** можно было рассмотреть каждое отдельное дерево.（Арсеньев）　山頂の森はくっきりと際だっており，木々が一本一本はっきりと見えるほどであった。

(2) Анна пела **так** хорошо, **что** все были тронуты.　皆が心を打たれるほど，アーンナはみごとに歌った。

(3) Я **так** привык к одиночеству, **что** появление другого человека меня испугало.　人が現われるとうろたえるくらい，私は孤独な生活に慣れてしまった。

単語　(1) гребень（男）頂上，上端，выделяться・выделиться 際立つ，резко ひどく，はっきり，рассмотреть（完）見分ける　(2) тронутый < тронуть 感動させる　(3) одиночество 孤独，пугать・испугать 驚かせる

《基本》

1) 従属文（B）が主文（A）の示す事柄の結果・効果を表わすことにより，Aの事柄の程度が非常に高いことを表現する。

2) Bは必ずAの後に位置する。

《説明》

1) (1)「木々が一本一本はっきりと見えるくらいに，森はくっきりと際立っていた」のようにBからAに到る訳し方もある。(2)「アーンナはみごとに歌ったので，皆は感動した」，(3)「孤独な生活にひたりきっていたので，人が現われるとうろたえた」というように，AからBに到る訳し方もある。

2) 2で記したものを含め，英語の so ... that の構文に対応する。

3) (1)(2)では副詞（резко, хорошо）の前，(3)では述語動詞（привык）の前に так がおかれている。いずれも，程度が設定できる意味を持つ。

《注意》

1) так は形容詞長語尾の前では用いられない。такой にする。

第 2 部　文法編

Ве́чер был { тако́й прозра́чный / так прозра́чен }, что и́здали видны́ бы́ли чётко очёрченные ли́стья дере́вьев.

夕刻（の大気）は非常に透んでおり，遠くからでも木々の葉のかたちがはっきり見えるくらいであった。

2)　名詞の前でも тако́й を用いる。

Стоя́ла така́я те́мень, что в ко́мнате не́ было ви́дно о́кон. まっくら闇だったので，部屋の中でも窓がどこだかわからなかった。

Кто́-то то́пал сапога́ми с тако́й си́лой, что в се́нях шевели́лись полови́цы. 誰かが長靴をすごい勢いで踏み鳴らしたので，玄関口の床板がミシミシ鳴ったくらいであった。

《発展》

так の代りに(1) насто́лько とか(2) столь（古めかしい）あるいは(3) до того́ などが主文で用いられることがある。

(1)　Он был насто́лько поглощён чте́нием, что ничего́ не слы́шал. 彼は本を読むのに熱中したあまり，何も耳に入ってこなかった。

(2)　После́дующий уда́р гро́ма был столь си́лен, что ло́шадь Кошево́го присе́ла.（Шолохов）　続いて起こった雷鳴は非常に強烈で，カシヴォーイの馬は腰をぬかして動けなくなった。

(3)　Я уста́л до того́, что но́ги подка́шиваются. 足がへなへなになるくらい疲れた。

単語　(1) поглощённый ＜　поглоти́ть（完）（頭の中を）いっぱいにする　(2) уда́р гро́ма　雷鳴, ло́шадь（女）馬, приседа́ть・присе́сть　坐り込む, しゃがみこむ　(3) подка́шиваться・подкоси́ться　足が立たない, へなへなになる

練習問題 181

1)　意味をいいなさい。

(1)　Пассажи́р пе́рвого кла́сса так увлёкся, что вы́ронил изо рта́ сига́ру

第 33 課　従属複文 (3)

и приподня́лся. (Чехов)
(2)　Маши́на сползла́ так глубоко́, что втроём её нельзя́ бы́ло вы́тащить.
(3)　А́нна так ходи́ла, что уста́ла.
(4)　Тюльпа́ны расцвели́ так я́рко, что их мо́жно бы́ло уподо́бить кро́ви.

単語　(1) увлека́ться・увле́чься　夢中になる, 興奮する, 我を忘れる, вы́ронить (完) 落とす, приподнима́ться・приподня́ться ちょろと腰をあげる　(2) сполза́ть・сползти́ (-зу́, -зёшь ; 過去 -олз, -ла́) 陥る, はまり込む, выта́скивать・вы́тащить 引き出す　(4) тюльпа́н　チューリップ, расцвета́ть・расцвести́ (-цвету́, -цветёшь ; 過去 -цвёл, -цвела́) 咲く, уподобля́ть・уподо́бить А (対格) В (与格)　АをВになぞらえる, たとえる, кровь (女) 血

2)　ロシア語で表わしなさい。
(1)　市電は超満員だったので, 歩くことにした。
(2)　とても疲れたので, ホテルではすぐに眠り込んだ。
(3)　イヴァーンは見違えるほど (彼だとわからないくらいに) 変わってしまった。
(4)　裕子さんは, 一同がうっとりするほどうまく通訳した。
(5)　彼は大声で話したので, 誰にでも彼のいうことが聞こえた。

単語　(1) 満員　перепо́лненный < перепо́лнить　あふれさせる, 市電　трамва́й (来る市電も次に来る市電も, という感じで, 複数形を使おう), …することにする　предпочита́ть・предпоче́сть (-чту́, -чтёшь ; 過去 -чёл, -чла́)「…のほうを選ぶ」が原義　(2) すぐに　тотча́с　(3) 見違えるほど (彼だとわからない) тру́дно узна́ть его́　(4) 一同がうっとりする　все в восто́рге　(5) 大声で話す говори́ть гро́мко, 聞こえる слы́шать

555

4. сто́лько, ско́лько ── 同量・同程度

> А (сто́лько を含む文), ско́лько В (文) ── В する (である) と同じくらい А する (である)

《例文》

(1) Мать дала́ мне де́нег сто́лько, ско́лько я проси́л.　母は，私が欲しいといっただけの金をくれた。

(2) Дед прорабо́тал в торго́вой фи́рме ро́вно сто́лько, ско́лько сама́ фи́рма существова́ла.　祖父はその商社が存在したと同じ年月，そこで働き続けた。

(3) Им сейча́с сто́лько лет, ско́лько бы́ло нам в нача́ле войны́.　今の彼らの年令は戦争が始まった頃の我々の年令と同じだ。

単語 (1) прорабо́тать (完)　働いてすごす，торго́вая фи́рма　商社

《基本》
主文 (А) で示される量・程度は従属文 (В) で示されるそれと同じであることを示す。

《注意》
сто́лько が省略される場合がある。
Возьми́те (сто́лько), ско́лько уго́дно.　必要なだけ持って行ってください。

《発展》
А (насто́лько を含む文), наско́лько В (文) も「В であると同じくらい А である」という意味を示す。
Я отстаю́ ро́вно насто́лько, наско́лько и все други́е.　私は遅れをとっているが，それは皆と全く同じ程度だ。
Насто́лько ле́гче ста́ло тепе́рь мне, наско́лько тяжеле́е остальны́м.　他の人が苦しくなった分，今の私は楽になった。

第33課　従属複文(3)

単語 отстава́ть (-стаю́, -стаёшь)・отста́ть (-ста́ну, -ста́нешь) 遅れる, 遅れをとる

練習問題 182

1) 意味をいいなさい。

(1) Ско́лько раз мы с тобо́й встреча́лись, сто́лько раз спо́рили на э́ту те́му.

(2) В маши́ну се́ло сто́лько челове́к, ско́лько могло́ помести́ться. Остальны́е пошли́ пешко́м.

(3) Он дал мне сто́лько книг, ско́лько я проси́л.

単語 (1) спо́рить・поспо́рить 議論する　(2) помеща́ться・помести́ться 入る, остально́й それ以外のもの

2) ロシア語で表わしなさい。

(1) 必要なだけ払います。

(2) アーンナは取った分だけ返してくれた。

単語 (1) 払う заллати́ть, 必要だ понадоби́ться　(2) 返す отдава́ть・отда́ть.

II 原因・理由の従属文を持つ複文 (потому́ что・так как ―「なぜならば」)

```
            ⎧ (a) потому́ что ⎫              Bであるので, Aする (Aす
A(文), ⎨                   ⎬ B(文) ―
            ⎩ (b) так как      ⎭              る。なぜならBであるから)
```

《例文》

(1) Мы не пое́дем на конце́рт, { (a) потому́ что / (b) так как } мы за́няты.

忙しいので，私達はコンサートへ行きません。

(2) Я остáлся дóма одѝн, тáк как у меня́ болéла головá．私は一人で家にいた。頭が痛かったからである。

(3) Тáк как у меня́ болéла головá, я остáлся дóма одѝн．私は頭が痛かったので，一人で家にいた。

単語 (2) оставáться・остáться одѝн（однá）дóма 一人で家に残る

《基本》
1) 原因・理由を示す従属文をつくる接続詞中最もよく使われるのはпотомý что と тáк как である。
2) 共に主文（A）は事柄を表わし，従属文（B）はその原因・理由・根拠・論拠などを示して，理由付けを行なう。
3) потомý что が導く従属文（B）は必ず主文（A）の後。тáк как が導く従属文は主文（A）の前にも後にも位置できる。

《説明》
1) потомý что(a)を тáк как(b)で言い換えることができる〔(1)〕((b)には書きことばという感じがなくはない)。
2) (2)は тáк как が導くBがAの後にくる例。(3)はAの前にくる例。
3) 原因・理由をとりたてて述べたい場合，文頭に立てる〔(3)〕。

《類例》

(1) Не придý, потомý что нéкогда．忙しいので来られません。

(2) Тáк как егó речь былá корóткой, я запóмнил её всю．彼のスピーチは短かったので，全部覚えられた。

(3) Не удалóсь достѝгнуть пóлного согласия, тáк как тóчки зрéния обéих сторóн слѝшком расходѝлись．双方の見解に隔たりがありすぎたため，完全合意には到らなかった。

単語 (1) нéкогда 暇がない（☞p.325）　(3) достигáть・достѝгнуть（достѝчь）A（生格）Aに到達する，Aを達成する，расходѝться・разойтѝсь 分かれる，意見を異にする，обéих обе（☞p.428）の複・生

第 33 課　従属複文 (3)

《注意》

1) потому́ что／та́к как を持つ複文は поэ́тому ないし та́к что を持つ複文で言い換えることができる。当然逆も可能である。

Я был свобо́ден сего́дня весь день, потому́ что вчера́ вы́полнил все дома́шние зада́ния. 昨日宿題を全部やっておいたので, 今日は一日中のんびりできた。→ Вчера́ я вы́полнил все дома́шние зада́ния, поэ́тому я был свобо́ден сего́дня весь день. 昨日宿題を全部やっておいた。そのため今日は一日中のんびりできた。

поэ́тому については☞p.484, 485。

Та́к как я о́чень устаю́ за день, то я не рабо́таю ве́чером. ひなか一日働くととても疲れるので, 夕刻も働くなどということはしない。→ Я о́чень устаю́ за́ день, так что не рабо́таю ве́чером. ひなか一日働くととても疲れる。そのため夕刻も働くなどということはしない。

та́к что については☞p.565, 566。

2) 副動詞でも言い換えができる。

Я торопи́лся, та́к как боя́лся опозда́ть. 遅れてはいけないので急いだ。→ Я торопи́лся, боя́сь опозда́ть. ☞p.392。

Он заме́тно укрепи́л своё здоро́вье, потому́ что пробы́л в санато́рии два ме́сяца. 保養施設に2カ月いたので彼の健康は目に見えて増進した。→ Пробы́в в санато́рии два ме́сяца, он заме́тно укрепи́л своё здоро́вье. ☞p.397。

《参考》

1) потому́, что とコンマで切られる場合がある。「理由・原因」がとりたてられている文である (読む場合, потому́ でイントネーションを急上昇させ, (,)の所で, ポーズをおく)。

Я пошёл в теа́тр потому́, что А́нна отдала́ мне свой биле́т. 私が芝居に行けたのは, アーンナが私にチケットを譲ってくれたからである。

2) так как は19世紀には使用が少なく, 勢いを増したのは20世紀になってから。

559

第2部　文法編

3) 会話などでは主文が省略され，従属文だけで用いられることがある。例えば，Почему́ ты не предупреди́л о своём прие́зде?「来ることをどうして前もって知らせてくれなかったの?」といわれた時の通常の返答は，Та́к как бы́ло не́когда.「暇がなかったので」。あるいは，Потому́ что я был о́чень за́нят.「とても忙しくて」。

《発展》

1) и́бо も同義。ただし，書きことば。古めかしい。потому́ что と同じく，BはAの後におかれる。

Ма́рья Ива́новна си́льно была́ встрево́жена, но молча́ла, и́бо в вы́сшей сте́пени была́ одарена́ скро́мностью и осторо́жностью.（Пу́шкин）　マーリヤ・イヴァーナヴナはひどく不安にかられたが，黙っていた。ひかえめと慎重さが彼女の身上だったのだ。

単語　встрево́женный 不安にさせられた＜ встрево́жить　うろたえさせる，одарённый ＜ одари́ть　授ける，скро́мность　ひかえめな性質

2) поско́льку も同じく原因・理由を示す従属文をつくる。書きことば。

Поско́льку уча́сток оказа́лся си́льно заболо́ченным, пришло́сь сро́чно приня́ться за осу́шку его́.　用地はひどく沼地化していたため，急いで干拓に着手しなければならなかった。

単語　уча́сток 用地，敷地，заболо́ченный ＜ заболоти́ть 沼地にする，осу́шка 干拓，сро́чно とり急ぎ，緊急に

3) 理由・原因・根拠を示す従属文を導く複合的接続詞は多数ある。みな書きことば。論説の文体での使用が目立つ。

(1) И соба́ки прити́хли, **отто́го что** никто́ посторо́нний не трево́жил их поко́я.（Фа́деев）　犬どももおとなしくなった。落着きを乱すものが誰もいなかったからである。

(2) **Благодаря́ тому́ что** ле́то о́чень жа́ркое и сухо́е, пона́добилось полива́ть ка́ждое де́рево.　夏期は非常に暑くかつ乾燥するので，樹木は一本一本灌水してやらねばならなかった。

第33課　従属複文(3)

(3) На Луне́ нет ни ве́тра, ни зву́ков, **из-за того́ что** там отсу́тствует во́здух.　空気が存在しないため，月には風もなければ音もしない。

(4) Я реши́л оста́ться здесь и рабо́тать, **ввиду́ того́ что** оте́ц мно́го затра́тил на моё образова́ние. (Чехов)　父が私の教育に多大の費用を使ったことを考え，私は当地に残って働こうと決意した。

(5) **Всле́дствие того́ что** не все усло́вия бы́ли учтены́, о́пыт не уда́лся.　条件の一部が考慮に入れられていなかったことにより，実験は不成功に終わった。

単語　(1) притиха́ть・прити́хнуть（過去 -ти́х, -хла）おとなしくなる，поко́й 落着き，平静　(2) пона́добиться（完）必要になる　полива́ть・поли́ть 水を注ぎかける　(3) отсу́тствовать（不完）欠席する，存在しない　(4) затра́чивать・затра́тить 支出する，образова́ние 教育　(5) учтённый (-ён, -ена́, -о́) ＜ уче́сть 考慮する，удава́ться・уда́ться 成功する（過去 удался́ もある）

これら複合的接続詞も потому́, что（☞p.559）や до тех пор, пока́（☞p.533）と同じように что の前にコンマ(,)がおかれて，区切られることがある。

Станови́лось прохла́дно **оттого́, что** наступи́л ве́чер.　夕方になったので涼しくなってきた。

Ввиду́ того́, что я во вре́мя о́тпуска был бо́лен, прошу́ продли́ть мне о́тпуск.　休暇中病気にかかりましたので，休暇の延長を申請致します。

意味は特に変らない。理由をとりたて，強調するものと考えればよい。

4) 主文の述語が感情を表わす場合，что によって導かれる従属文は，感情の原因を説明する。

Мне бы́ло оби́дно, что пре́мию да́ли друго́му.　賞をもらったのが私じゃないのがしゃくだ。☞p.495, 498。

5) Пого́да испо́ртилась, и экску́рсия не состоя́лась.　天気が悪くなり，

第 2 部　文法編

遠足は中止された。

Погóда испóртилась, поэ́тому экскýрсия не состоя́лась.　天気が悪くなった。そのため遠足は中止された。

Экскýрсия не состоя́лась, та́к как (потомý что) погóда испóртилась.　遠足は中止された。天気が悪くなったことによる。

各文が伝える事柄は同一。伝え方に違いがある。

6) (1) (a) Студéнт отсýтствовал на заня́тиях, та́к как был бóлен.

学生は病気だったので欠席した。

(b) Студéнт отсýтствовал на заня́тиях по болéзни.　学生は病気のため欠席した。

(2) (a) Он отказáлся от дополни́тельной рабóты, та́к как не имéл свобóдного врéмени.　彼は残業を断わった。多忙だったためである。

(b) Он отказáлся от дополни́тельной рабóты за неимéнием свобóдного врéмени.　彼は多忙のため残業を断わった。

(1) の (a) (b), (2) の (a) (b) は同じ事柄の異なる表現方法である。このように，原因・理由を示す前置詞＋名詞を含む単文によっても複文と同じ事柄が表わし得る。

ここで原因・理由・根拠を表わす代表的前置詞をまとめておく。

(a)　*из-за* A（生格）— Aのせいで（…という悪いことが起こる）

И́з-за плохóй погóды дéти не пошли́ гуля́ть.　天気が悪かったので子供達は遊びに行かなかった。

(b)　*благодаря́* A（与格）— Aのおかげで（…というよいことが起こる）

Благодаря́ успéхам произвóдства вы́росло благосостоя́ние масс.　生産の発展の成果により一般大衆の生活程度は向上した。

(c)　*из* A（生格）— Aという心情があるので（…する）

Из любопы́тства я поинтересовáлся рабóтой своегó дрýга.　好奇心から友人の仕事をちょっとのぞいて見たくなった。

(d)　*от* A（生格）— Aが原因で（自然に…となる）

第 33 課　従属複文 (3)

Он позеленéл от зáвисти.　彼は嫉妬で心が疼き，顔面蒼白となった。

(e)　*с* A（生格）— Aのあまり（思わず…する）

Умерéть мóжно со стрáху.　恐ろしくて死にそうだ。

(f)　*по* A（与格）— Aという性質があるがゆえに（…する）

Сказáть по глýпости.　馬鹿だからつい口に出してしまう。

(g)　*по причи́не* A（生格）— Aが原因で（…する）

По причи́не болéзни отéц не вы́шел на рабóту.　病気のため父は仕事に出なかった。

(h)　*вслéдствие* A（生格）— Aが原因で，その結果（…となる）

Вслéдствие дождя́ я́рмарка не состоя́лась.　雨天のため定期市は行なわれなかった。

(i)　*в результáте* A（生格）— Aが原因で，その結果（…となる）

И стóит ли удивля́ться томý, что в результáте《обмéна мнéниями》в Тбили́си стáли перебрáсываться войскá.　トビリシにおける「意見交換」の結果，軍隊の急派が開始されたことは驚くに足らない。

(j)　*ввидý* A（生格）— Aのため（…と決める）

Ввидý невáжного здорóвья прошý, чтóбы меня́ сопровождáла женá.　健康問題を抱えているため，妻に同伴してもらえるようお取り計らいください。

(k)　*в си́лу* A（生格）— Aのため（不可避的に…する）

Дед мой — был потóмком тех безымённых армя́н, котóрые в си́лу слóжного истори́ческого процéсса в среди́не восемнáдцатого вéка оказáлись на ю́жном берегý Кры́ма в крáйне бéдственном положéнии.　私の祖父は，18世紀中葉の複雑な歴史の荒波にもまれて，クリミア半島南岸に流れつき，極貧の生活に甘んじなければならなかった無名のアルメニア人の末裔であった。

(l)　*в связи́ с* A（造格）— Aのために（…と決定する）

В связи́ с юбилéйной дáтой организóван торжéственный ми́тинг.　記念日に当たるため祝賀のための集会が開催される運びとなった。

563

第2部　文法編

単語　(b) произво́дство　生産，успе́х　成果，進歩，благосостоя́ние　福祉，生活の豊かさ，выраста́ть・вы́расти（-рос, -ла）伸びる　(c) любопы́тство　好奇心，せんさく好き，поинтересова́ться A（造格）　A にいくらか興味を示す　(d) зелене́ть・позелене́ть　緑色になる　(h) я́рмарка　定期市，состоя́ться（完）成立する，行なわれる　(i) во́йско（複 -á）軍隊，перебра́сывать・перебро́сить　急派する，移動する　(j) нева́жный　かんばしくない　(k) пото́мок　子孫，безымённый　名のない，無名の　(l) юбиле́йная да́та　記念祭の日付（年月日）торже́ственный　祝賀のための，式典の，ми́тинг　集会

練習問題 183

1) 意味をいいなさい。

（1）Я уби́л двух птиц, но есть их бы́ло нельзя́, потому́ что мя́со си́льно па́хло ры́бой.（Арсеньев）

（2）Я бегу́ бего́м, потому́ что ина́че опозда́ю на по́езд.

（3）Студе́нтам пришло́сь иска́ть информа́цию самостоя́тельно, так как они́ пропусти́ли две ле́кции.

（4）Так как отря́д вы́ступил дово́льно по́здно, то пришло́сь идти́ почти́ до су́мерек.（Арсеньев）

単語　па́хнуть（過去　пах/па́хнул, па́хла/па́хнула）（不完）A（造格）A のにおいがする　(2) бего́м　駆け足で，ина́че　さもないと　(3) пропуска́ть・пропусти́ть　さぼる　(4) отря́д　隊，班，су́мерки　夕暮，たそがれ

2) ロシア語で表わしなさい。

（1）すごく暑かったので，皆はくたくたに疲れた。

（2）女の子は泣いていた。疲れていたからである。

（3）風邪を引いたので，授業に出なかった。

（4）とても忙しかったので，お電話できませんでした。

564

【単語】 (1) くたくたに疲れる си́льно уста́ть (3) 風邪を引く простуди́ться（熱が出るような風邪は заболе́ть гри́ппом。схвати́ть грипп ともいう），授業 заня́тие（複数を用いる）(4) 忙しい за́нят, занята́, за́нято

III 帰結の従属文を持つ複文（та́к что ―「それゆえ」）

Ａ(文)，та́к что Ｂ(文) ― Ａする，それゆえＢする

《例文》

(1) И он сейча́с же засну́л, та́к что в отве́т на мой сле́дующий вопро́с я услы́шал то́лько его́ ро́вное и споко́йное дыха́ние.（Гаршин）　彼もまたすぐに眠り込んでしまった。そのため，私の次の質問の答として聞こえてきたのは，ただ規則正しいおだやかな寝息の音であった。

(2) У меня́ уже́ начало́сь лихора́дочное ожида́ние ле́та, та́к что я то и де́ло рассчи́тываю дни и часы́.（Чайковский）　夏の到来を待ち望む気持が熱病のように激しく高まり始めた。そんなわけで私はひっきりなしに日を数え，時間を勘定するということをやっている。

【単語】 (1) в отве́т 答として，ро́вный リズミカルな，おだやかな，дыха́ние 呼吸 (2) лихора́дочный 熱病のような，то и де́ло ひっきりなしに，рассчи́тывать・рассчита́ть 数える

《基本》
1) 主文（Ａ）は事柄を，従属文（Ｂ）は広くその帰結（結果・効果・結論）を示す。
2) Ｂは必ずＡの後に位置する。

《説明》
事柄Ａを受けて，その現実的結果や効果あるいは論理的結論をＢとして表現する複文である（「従って」「そのため」「それゆえ」「よって」「そのあげく」）。

第2部　文法編

《注意》

1) 帰結であるため、A・Bは同時か、Aが先行（前提）、Bが後行する。

Мне пришло́сь в э́тот ве́чер уе́хать, **так что** де́ло (a) расстро́илось／(b) расстра́ивается／(c) расстро́ится. その夜私は出かけざるを得なかった。そのため、ことは、(a) おじゃんになってしまった／(b) うまくいっていない／(c) おじゃんになりそうだ。

2) ☞p.559。

《発展》

1) (1) всле́дствие чего́「その結果」、(2) в си́лу чего́「それゆえ」も帰結（結果・効果）を示す従属文を導く。ただし、書きことば。固い文章に用いられる。

(1) В э́то вре́мя пове́рхность по́чвы та́кже замерза́ет, **всле́дствие чего́** прекраща́ется её осе́нняя обрабо́тка. この時期になると地表は凍結する。その結果秋期耕作は打ち切られる。

(2) Ме́тод буре́ния сква́жин оказа́лся устаре́вшим, **в си́лу чего́** был заменён бо́лее прогресси́вным. 穿孔掘削法(せんこうくっさく)は古くなり、そのため、一段と進んだ方法にとってかわられた。

〖単語〗(1) пове́рхность　表面、по́чва　土壌、土地、замерза́ть・замёрзнуть　凍結する、обрабо́тка　耕作、прекраща́ться・прекрати́ться　終わる、中止される　(2) сква́жина（穿孔機で掘られた）井戸、буре́ние　ボーリング、устаре́вший ＜ устаре́ть　古くなる、заменённый ＜ замени́ть（完）　換える

2) , и；поэ́тому；зна́чит；сле́довательно による帰結（結果）の表現については☞p.484, 485。

練習問題 184

1) 意味をいいなさい。

(1) Он пое́л, вы́пил со старико́м, так что ему́ ста́ло тепло́ и ве́село.

566

第33課　従属複文(3)

(2) Дождь лил как из ведра́, та́к что на крыльцо́ нельзя́ бы́ло вы́йти. (Акса́ков)

(3) Я провали́лся, та́к что мне пришло́сь пересдава́ть экза́мен.

単語 (1) стари́к 老人 (2) ведро́ バケツ, крыльцо́ 玄関 (3) прова́ливаться・провали́ться на экза́мене 落第する，試験に落ちる，пересдава́ть・пересда́ть 再試験を受ける

2) ロシア語で表わしなさい。

(1) 車が故障した。そのため私は授業に遅れてしまった。

(2) 私は厚着してきたので，寒さはこわくない。

(3) 私は明日出発します。というわけで，長い間お目にかかれないでしょう。

単語 (1) (車が) 故障する лома́ться・слома́ться，授業に遅れる опа́здывать・опозда́ть на уро́ки (заня́тия) (2) 厚着する одева́ться・оде́ться тепло́，寒さ моро́з (3) 出発する уезжа́ть，長い間 до́лго

3) потому́ что, та́к как を持つ複文 (1)(2)を поэ́тому, та́к что を持つ複文に転換しなさい。かつ，(1)(2)とそれを転換した結果できた文の意味をいいなさい。

(1) Мне пришло́сь ждать дире́ктора почти́ час, потому́ что он задержа́лся.

(2) Идёт си́льное сопротивле́ние арме́йской рефо́рме, та́к как сейча́с вы́сшие команди́ры име́ют пра́во тра́тить госуда́рственные де́ньги по своему́ усмотре́нию.

単語 (1) дире́ктор 所長，支配人，заде́рживаться・задержа́ться 遅れる (2) сопротивле́ние А (与格) Аに対する抵抗，арме́йский 軍隊の, рефо́рма 改革, команди́р 司令官, вы́сший 最高の (☞p.354), тра́тить (不完) 使う, усмотре́ние 裁量, по своему́ усмотре́нию 一存で

567

練習問題解答

第 1 部　発音編

―― 第 3 課 ――

I　練習問題 1
（解答なし）
IX　練習問題 2
（解答なし）

―― 第 4 課 ――

III
1. 練習問題 3
1) [straná] [kart'ínə] [spas'íbə] [slavár'] [maskvá] [nagá] [daská] [aná] [aknó]
2) [étə] [naprávə] [kómnətə] [slóvə] [kártə] [l'étə] [dəktará] [ʃəkalát] [prəstatá]
3) [agrənam'ítʃ'ɪsk'ɪj] [apazdát']
2. 練習問題 4
1) [v'ɪsná] [m'ɪn'á] [ʃ'ʃ'ɪká] [k'ɪras'ín] [s'év'ɪr] [z'ɪml'á] [s'ɪstrá] [dal'ɪkó] [jɪʃ'ʃ'ó] [jɪs't'éstv'ɪnnə]
2) [p'ɪtatʃ'ók] [jɪjtsó] [ʃéjə] [d'ád'ə] [t'ót'ə] [n'ɪd'él'ə]

―― 第 5 課 ――

II
1. 練習問題 5
[xl'ép] [slóf] [s'át] [grús] [s'l'és'] [vdrúk] [klúp] [k'íjɪf] [zavót] [óstrəf] [gn'éf] [kapr'ís]

2. 練習問題 6

[naxótkə] [vótkə] [xabárəfsk] [skáskə] [rípkə] [krúʃkə] [ísp] [tr'ésf] [zv'óst]

III 練習問題 7

[addát'] [zgar'ét'] [b'ítvə] [tsv'ét] [e(ɪ)gzám'ɪn]

IV 練習問題 8

[s't'ɪná] [ad'd'él] [at'n'át] [s't'ɪnút'] [bal'éz'n'] [bán't'ɪk] [kən'd'ɪdát]

VII 練習問題 9

（解答なし）

VIII 練習問題 10

（解答なし）

第2部　文法編

―― 第1課 ――

I 練習問題 11

1) (1) これは部屋です。 (2) これは机です。 (3) これはいすです。(4) この人は学生です。 (5) この人は女子学生です。 (6) 私の弟は学生です。 (7) 私の父は医者です。 (8) 兄は私の先生です。 (9) 時は金なり。

2) (1) Это стол. (2) Это стул. (3) Это журнáл. (4) Это собáка. (5) Это кóшка. (6) Это учи́тель. (7) Это инженéр. (8) Ивáн Ивáнович — рýсский. (9) Лéна — рýсская. (10) Окада-сан — инженéр. (11) Такаги-сан — мой учи́тель.

II 練習問題 12

1) (1)「この人は誰ですか」「アンドリェーイです」「アンドリェーイって何をしている人ですか」「先生をしています」(2)「これは何ですか」「辞書です」

569

2) (1) — Кто э́то? — Э́то Ни́на. — Кто она́? — Она́ студе́нтка. (2) — Что э́то? — Э́то стол и стул.

III 練習問題 13

1) (1) ここに本があります。 (2) あそこに雑誌があります。 (3) ここに本と雑誌があります。 (4) ここにヴラヂーミルとヴァリンチーナがいます。ヴラヂーミルは学生で，ヴァリンチーナは大学院生です。 (5) 父は家にいます。 (6) 「前のほうにいるのは誰ですか」「イヴァーンとニーナです」 (7) 「これは何ですか」「これは辞書です」「ではそのそばにあるのは何ですか」「本です」

2) (1) Здесь соба́ка. (2) Здесь ко́шка. (3) Здесь соба́ка и ко́шка. (4) Там университе́т. (5) Там шко́ла. (6) Там университе́т и парк. (7) Мать до́ма.

IV 練習問題 14

1) (1) 「どこにヴラヂーミルはいますか」「あそこにいます」 (2) 「ヴァリンチーナはどこにいますか」「ここにいます」 (3) 「どこに本がありますか」「本はすぐそばにあります」 (4) (大きな地図を見ながら)「モスクワとタシケントはどこにありますか」「モスクワはここですが，タシケントはあそこです」

2) (1) — Где Ива́н? — Он здесь. (2) — Где А́нна? — Она́ там. (3) — Где университе́т? — Университе́т здесь. (4) — Где шко́ла? — Шко́ла там.

V 練習問題 15

1) (1) 「これはいすですか」「はい，いすです」 (2) 「これはギターですか」「いいえ，ギターではありません」 (3) 「この人はイヴァーンですか」「いいえ，イヴァーンではありません。ヴラヂーミルです」 (4) 「彼はロシア人ですか」「いいえ，ウクライナ人です」

2) (1) — Э́то университе́т? — Да, э́то университе́т. (2) Э́то река́? — Нет, э́то не река́. (3) — Он студе́нт? — Нет, он не студе́нт, а слу́жащий (4) — Писа́тель Аку́нин — япо́нец? — Нет, он ру́сский.

VI 練習問題 16

（解答なし）

── 第2課 ──

I 練習問題17

(1) 女 (2) 女 (3) 男 (4) 中 (5) 中 (6) 女 (7) 中 (8) 女 (9) 女 (10) 女 (11) 女 (12) 男 (13) 男 (14) 女 (15) 男 (16) 女 (17) 中 (18) 男 (19) 男 (20) 男 (21) 男 (22) 中 (23) 中 (24) 女 (25) 中 (26) 女 (27) 女 (28) 女 (29) 中 (30) 中

II 練習問題18

(1) журна́лы (2) сёстры (3) слова́ (4) столи́цы (5) автомоби́ли (6) тёти (7) университе́ты (8) институ́ты (9) гита́ры (10) зе́мли (11) зда́ния (12) поля́ (13) ученики́ (14) оши́бки.

III 練習問題19

1) (1)「君は学生ですか」「いいえ，私は学生ではありません。教師をしています」 (2)「彼は教授ですか」「はい，教授です」 (3)「彼女はロシア人ですか」「いいえ，グルジア人です」(Она́ ру́сский? Она́ грузи́н. は正しくない) (4)「あなたは技師ですか」「いいえ，私は医者です」 (5)「君はいつ家にいますか」「朝方と夕方，私はいつも家にいます」

2) (1) Я писа́тель. (2) — Вы ру́сский? — Нет, я не ру́сский. Я япо́нец. (女性だったら，— Вы ру́сская? — Нет, я не ру́сская. Я япо́нка.) (3) — Ты студе́нт? — Нет, я не студе́нт. Я аспира́нт. (女性だったら，— Ты студе́нтка? — Нет, я не студе́нтка. Я аспира́нтка.) (4) Он преподава́тель. (5) Она́ студе́нтка. (6) Мы инжене́ры. (7) Вы аспира́нты. (8) Они́ преподава́тели.

IV 練習問題20

(1) он (2) он (3) он (4) он (5) она́ (6) она́ (7) она́ (8) оно́ (9) оно́ (10) оно́ (11) они́ (12) они́ (13) они́ (14) они́

── 第3課 ──

I 練習問題21

1) (1)「これは誰の家ですか」「これはあなたの家です」 (2)「これは誰の

ペンですか」「これは彼のペンです」(3)「これは誰のワンピースですか」「これは彼女のワンピースです」(4)「これは誰のギター（複）ですか」「これは彼等のギターです」(5)「これは誰ですか」「僕の友達のイヴァーンです」「隣りにいるのは誰ですか」「彼（イヴァーン）の妹のニーナです」(6) こちらは私の婚約者のさくらです。

2) (1) — Эта де́вочка твоя́ сестра́? — Да, э́то моя́ сестра́. (2) Э́то мой брат Тэцуо. А э́то моя́ подру́га Ханако. (3) — Ива́н Ива́нович, где ваш портфе́ль? — Он (мой портфе́ль) там. (4) — Ни́на, где твоя́ су́мка? — Она́ (моя́ су́мка) здесь. (5) Э́то мой жени́х Масао.

II 練習問題 22

1) (1)「これはどんな（色の）鉛筆ですか」「黒い（色の）鉛筆です」(2)「これはどんな（色の）ペンですか」「赤い（色の）ペンです」(3)「鉛筆（の色）は青ですか」「いいえ，青ではありません。鉛筆（の色）は赤です」(4)「今日は何曜日ですか」「土曜日です」(5)「これはどんな雑誌ですか」「子供向けの雑誌です」(6)「これはどんな（色の）ワンピースですか」「ブルーのワンピースです」(7)「私の冬服（複数）はどこにありますか」「あそこにあります」(8) あの男はここでは邪魔だ（いない方がいい）。

2) (1) — Э́то тетра́дь? — Нет, э́то не тетра́дь. Э́то кни́га. — Кни́га кра́сная? — Нет, кни́га не кра́сная. Кни́га чёрная.

(2) — Како́й э́то слова́рь? — Э́то ру́сско-япо́нский слова́рь.

(3) — Кака́я сего́дня пого́да? — Сего́дня па́смурная пого́да.

(4) — Како́й сего́дня день? — Сего́дня воскресе́нье.

(5) — Како́е э́то зда́ние? — Э́то но́вое зда́ние.

(6) — Каки́е э́то костю́мы? — Э́то ле́тние костю́мы.

(7) То́фу — о́чень пита́тельная пи́ща.

(8) — Э́та це́рковь правосла́вная? — Нет, э́та це́рковь не правосла́вная. Э́та це́рковь католи́ческая.

(9) Он скро́мный челове́к.

III 練習問題 23

1) (1) — (Э́та) ко́мната (хоро́шая) и́ли (плоха́я)? — Она́ (хоро́шая).
「この部屋はよい部屋ですか，それとも悪い部屋ですか」「よい部屋です」

(2) — (Э́то) пла́тье (хоро́шее) и́ли (плохо́е)? — Оно́ (хоро́шее).「このワンピースはものがよいですか，それとも悪いですか」「ものがよいです」

(3) — (Э́тот) слова́рь (хоро́ший) и́ли (плохо́й)? — Он (хоро́ший).
「よい辞書ですか，それとも悪い辞書ですか」「よい辞書です」

(4) — (Э́ти) ко́мнаты (хоро́шие) и́ли (плохи́е)? — Они́ (хоро́шие).
「これらはよい部屋ですか，それとも悪い部屋ですか」「よい部屋です」

2) (1)「これはフランス製のハンドバッグ（複）ですか」「はい，フランス製です」「じゃ，あそこにあるハンドバッグ（複）もやはりフランス製ですか」「いいえ，日本製です」 (2)「イヴァーン，あの鉛筆は君のかい」「いや，僕のではない」「じゃ，君の鉛筆はどこにあるのだい」「僕の鉛筆はここにあるよ」 (3) このイギリスの方（男性）はトム・バールトン（バートン）さんで，こちらのイギリスの方（女性）はマギー・アートキンス（アトキンズ）さんです。

IV 練習問題 24

1) (1)「どちらのカバンが新しいですか。あちらのですか，こちらのですか」「右にあるカバンが新しいです」

(2)「イヴァーン，どの車が君のだい」「向こう側にある車が僕のだよ」

(3)「アーンナ，どちらのワンピースが新しい？ あれ，それともこれ」「左にあるワンピースが新しいのよ」

(4)「ニーナ，どちらのメガネが君のだい。これ，それともあれ」「私のメガネは右にある方」「じゃ，左にあるメガネは誰のだろう」「左にあるのはあんたのよ」

2) (1) — Скажи́те, пожа́луйста, кото́рая кни́га интере́сная : та и́ли э́та? — Кни́га сле́ва интере́сная.

(2) — Скажи́те, пожа́луйста, кото́рый журна́л интере́сный : тот и́ли э́тот? — Журна́л спра́ва интере́сный.

(3) — Кото́рая су́мка францу́зская : э́та и́ли та? — Су́мка спра́ва францу́зская.

(4) — Кото́рое пла́тье япо́нское : э́то и́ли то? — Пла́тье сле́ва япо́нское.

—— 第 4 課 ——

I 練習問題 25

1) (1) この雑誌は面白い。 (2) これらの雑誌は面白い。 (3) この本は面白い。 (4) この湖は美しい。 (5) この服は古い。 (6) イヴァーンは今忙しい。 (7) アーンナは今忙しい。 (8) イヴァーンとアーンナは今忙しい。 (9) 僕はひまだ（手があいている）。 (10) 私はひまです（女性）。 (11) 君は好きなようにしていい（帰っていい）。 (12) あなたは好きなようにしていい（女性）。 (13) 彼らは好きなようにしていい（複数）。 (14) 彼は感じがいい。 (15) 彼女は感じがいい。 (16) 彼らは感じがいい。 (17) イヴァーンは病気だ。 (18) アーンナは病気だ。 (19) イヴァーンとアーンナは病気だ。 (20) 私達はすでに知り合いです。 (21) 彼女は妊娠している。

2) (1) Я согла́сна. 私は賛成ですわ。 (2) Ты согла́сен. 君は賛成だ。 (3) Ты согла́сна. あなたは賛成です。 (4) Вы согла́сны. あなたは賛成です。 (5) Мы согла́сны. 私たちは賛成です。 (6) Он согла́сен. 彼は賛成だ。 (7) Она́ согла́сна. 彼女は賛成だ。 (8) Они́ согла́сны. 彼らは賛成です。

IV 練習問題 26

1) Я сейча́с в Росси́и (Япо́нии, А́нглии, Аме́рике, Кита́е, Пари́же, Ло́ндоне, Ри́ме, Сиби́ри, универма́ге, санато́рии)

2) Он сейча́с на факульте́те (заво́де, по́чте, конце́рте, за́паде, самолёте, у́лице, собра́нии, вы́ставке, Украи́не).

3) (1) — Где словарь? — Он на столе́. — А кни́га то́же на столе́? — Нет, она́ не на столе́. Она́ в столе́. (2) — Где ру́чка? — Она́ в карма́не.

―― 第5課 ――

I 練習問題 27

1) (1) гуля́ю, гуля́ешь, гуля́ет, гуля́ем, гуля́ете, гуля́ют. 以下省略。

2) (1)「お父さんはどこにいますか」「家にいます」「お母さんは？」「お母さんもやはり家にいます」「2人は何をしていますか」「ラジオを聞いています」

(2) 毎年私の両親は南のほうで休養をとります（休暇をすごします）。

(3)「バイオリンを弾きますか」「はい，私はバイオリンを弾きます」

(4)「ビュッフェで朝食をとりますか」「ええ，ビュッフェで朝食をとります」

(5)「アーンナ，今はどこで働いているの？」「デパートで働いているのよ」

(6)「このあたりでレストランはどこにあるかご存知ですか」「レストランは遠くありません。ほらあそこです」

(7)「あなたは日本語を勉強していますか」「はい，私は日本語を勉強しています」

3) (1) Я рабо́таю в фи́рме (компа́нии, предприя́тии).

(2) Мой оте́ц рабо́тает в ба́нке.

(3) Моя́ жена́ не рабо́тает. Она́ дома́шняя хозя́йка (домохозя́йка).

(4) Мно́гие студе́нты подраба́тывают.

II 練習問題 28

1) (1) курю́, ку́ришь, ку́рит, ку́рим, ку́рите, ку́рят

(2) стро́ю, стро́ишь, стро́ит, стро́им, стро́ите, стро́ят

(3) ве́рю, ве́ришь, ве́рит, ве́рим, ве́рите, ве́рят

(4) учу́, у́чишь, у́чит, у́чим, у́чите, у́чат

(5) молчу́, молчи́шь, молчи́т, молчи́м, молчи́те, молча́т

(6) спешу́, спеши́шь, спеши́т, спеши́м, спеши́те, спеша́т

(7) держу́, де́ржишь, де́ржит, де́ржим, де́ржите, де́ржат

2) (1)「いかがおすごしですか」「ありがとう，元気です。あなたのほうはいかがですか」「私もまずまずです（悪くありません）」「どうぞ，たばこです。お吸いになることを知っています」「はい，少し，吸います。ありがとうございます」

(2)「日本語わかる？」「うん，わかる。日本語を勉強しているからね。君はロシア語話せる？」「いいや，僕は話せない。だけど，姉の花子はロシア語を勉強している。彼女はよくわかるし，話せるよ」

—— 第6課 ——

I 練習問題 29

1) (1) 彼女の弟は絵が上手だ。

(2)「ごきげんいかがですか（いかに自分を感じていますか）」「元気です（自分をよいと感じている）」（себя́ の用法については後に学ぶ）

(3) アーニャはワルツを踊っている。

(4) 学生達は楽しそうにダンスをしている。

2) (1) чу́вствую, чу́вствуешь, чу́вствует, чу́вствуем, чу́вствуете, чу́вствуют

(2) конкури́рую, конкури́руешь, конкури́рует, конкури́руем, конкури́руете, конкури́руют

(3) путеше́ствую, путеше́ствуешь, путеше́ствует, путеше́ствуем, путеше́ствуете, путеше́ствуют

(4) ночу́ю, ночу́ешь, ночу́ет, ночу́ем, ночу́ете, ночу́ют

II 練習問題 30

1) (1) 彼はパンを切っている。

(2) 私はしばしば箱の中に鍵をかくしておく。

(3) アーンナはセーターを編んでいる。

2) (1)（第 28 表参照） (2) ма́жу, ма́жешь, ма́жет, ма́жем, ма́жете, ма́жут

(3) вяжу́, вя́жешь, вя́жет, вя́жем, вя́жете, вя́жут

IV 練習問題 31

1) (1)「今日，学生達は何をしていますか」「今日彼らは翻訳をしていま

す」「アーニャの翻訳の様子はどうですか」「彼女はゆっくり訳します」「正確に訳しますか」「はい，正確です」「君も翻訳をしていますか」「いいえ，翻訳はしていません。注意深く聞いています」

  (2) 冗談ですよ，もちろん。

2) (1) прошу́, про́сишь, про́сит, про́сим, про́сите, про́сят

  (2) вожу́, во́дишь, во́дит, во́дим, во́дите, во́дят

  (3) хожу́, хо́дишь, хо́дит, хо́дим, хо́дите, хо́дят

V 練習問題 32

1) (1) 彼は部屋の長いすの上で眠っている。

  (2) まる1カ月私たちはテントで生活し，昼食はたきびの火を使ってつくっている。

2) (1) терплю́, те́рпишь, те́рпит, те́рпим, те́рпите, те́рпят

  (2) сплю, спишь, спит, спим, спи́те, спят

  (3) гото́влю, гото́вишь, гото́вит, гото́вим, гото́вите, гото́вят

  (4) ловлю́, ло́вишь, ло́вит, ло́вим, ло́вите, ло́вят

VII 練習問題 33

1) (1) сто́й(те) (2) иди́(те) (3) кури́(те) (4) слу́шай(те) (5) неси́(те)

  (6) ся́дь(те)

2) (1) 前へ行ってください（前進してください）。

  (2) コートをかけてください。

  (3) そんなにたくさんたばこを吸ってはいけません。

  (4) 大声で話さないでください。皆が仕事をしています。

——第7課——

I 練習問題 34

1) (1) 「昨日は何曜日でしたか」「昨日は月曜日でした」

  (2) 「あなたはきのうどこにいましたか（行きましたか）」「私はきのう東京にいました（行きました）」

  (3) 「アーンナは家にいた？」「いや，いなかった」

  (4) 「イヴァーンは家にいた？」「いや，いなかった」

2) (1) Вчера́ мой оте́ц был до́ма.

(2) — Како́й день был вчера́? — Вчера́ бы́ло воскресе́нье.

(3) — Кака́я пого́да была́ вчера́? — Вчера́ была́ хоро́шая пого́да.

II 練習問題 35

1) (1) おとといぼくは忙しかった。

(2) おととい君（女性）は忙しかった。

(3) 一昨日彼は忙しかった。

(4) 一昨日あなたはお忙しかったですね。

(5) 一昨日彼等は忙しかった。

(6) きのうは日曜日でしたので私たちはひまでした。

2) (1) Я был согла́сен.

(2) Я была́ согла́сна.

(3) Мы бы́ли согла́сны.

(4) Она́ была́ симпати́чна.

(5) Он был симпати́чен.

(6) Они́ бы́ли симпати́чны.

(7) Э́то зда́ние бы́ло краси́во.

(8) Учи́тель был стар.

III 練習問題 36

1) (1) 「あなたのお父さんはどこで働いていましたか」「彼は学校で働いていました」

(2) 「きのうの晩あなたは何をしていましたか」「私はテレビを観ていました」

(3) 彼の両親は以前ここに住んでいた。

(4) 昨日雨が降っていた。子供たちは家で遊んでいた。

2) (1) пел, пе́ла, пе́ло, пе́ли

(2) изуча́л, изуча́ла, изуча́ло, изуча́ли

(3) обе́дал, обе́дала, обе́дало, обе́дали

(4) лежа́л, лежа́ла, лежа́ло, лежа́ли

(5) организова́л, организова́ла, организова́ло, организова́ли

(6) стро́ил, стро́ила, стро́ило, стро́или

3) (1) Вчера́ мы обе́дали в рестора́не.

(2) В университе́те он изуча́л ру́сский язы́к.

(3) Вчера́ я чита́л (чита́ла) рома́н 《Война́ и мир》.

IV 練習問題 37

(1) 私たちはもうすぐモスクワに行きます（着きます）。

(2) 私は大学へ今日の夕刻に行きます。

(3) 私たちのコンサートは大変面白いものになる。

(4) 明日はよい天気になります。

(5) 雨になります。

(6) 二人の結婚式はホテル『モスクワ』で行われます。

V 練習問題 38

1) (1) 「サーシャ，いつテレビを見るの？」「晩に見るよ」

(2) 「ナターシャ，いつ宿題をやるの？」「昼間よ」「夜は何をするの？」「夜は絵をかくの」

(3) ミーシャは英語を相当上手に話す。

(4) 「ごきげんいかがですか」「ありがとう。アンナさん。元気です。あなたはお元気ですか」

(5) とてもおいしいですね。料理がお上手ですね。

2) (1) — Как говори́т по-ру́сски А́нна? — Она́ говори́т по-ру́сски хорошо́.

(2) — Как пи́шет по-ру́сски Ива́н? — Он пи́шет ме́дленно, аккура́тно и краси́во.

(3) — Вы хорошо́ танцу́ете. — Спаси́бо.

(4) — Вы давно́ живёте в Москве́? — Да, я живу́ давно́.

—— 第8課 ——

I 練習問題 39

(1) 活 (2) 活 (3) 不活 (4) 不活 (5) 活 (6) 活 (7) 不活 (8) 不活

(9) 不活 (10) 不活 (11) 不活 (12) 不活 (13) 活 (14) 活

II
1. 練習問題 40

    (1) заво́д, заво́да, заво́ду, заво́д, заво́дом, заво́де

    (2) парк, па́рка, па́рку, парк, па́рком, па́рке

    (3) журна́л, журна́ла, журна́лу, журна́л, жруна́лом, журна́ле

    (4) гриб, гриба́, грибу́, гриб, грибо́м, грибе́

    (5) бык, быка́, быку́, быка́, быко́м, быке́

    (6) кот, кота́, коту́, кота́, кото́м, коте́

    (7) принц, при́нца, при́нцу, при́нца, при́нцем, при́нце

    (8) нож, ножа́, ножу́, нож, ножо́м, ноже́

    (9) мяч, мяча́, мячу́, мяч, мячо́м, мяче́

    (10) сон, сна, сну, сон, сном, сне

    (11) рот, рта, рту, рот, ртом, рте

    (12) песо́к, песка́, песку́, песо́к, песко́м, песке́

    (13) посо́л, посла́, послу́, посла́, посло́м, после́

    (14) не́мец, не́мца, не́мцу, не́мца, не́мцем, не́мце

2. 練習問題 41

    (1) трамва́й, трамва́я, трамва́ю, трамва́й, трамва́ем, трамва́е

    (2) слой, слоя, слою, слой, слоем, слое

    (3) сара́й, сара́я, сара́ю, сара́й, сара́ем, сара́е

    (4) слу́чай, слу́чая, слу́чаю, слу́чай, слу́чаем, слу́чае

    (5) жи́тель, жи́теля, жи́телю, жи́теля, жи́телем, жи́теле

    (6) преподава́тель, преподава́теля, преподава́телю, преподава́теля, преподава́телем, преподава́теле

    (7) автомоби́ль, автомоби́ля, автомоби́лю, автомоби́ль, автомоби́лем, автомоби́ле

    (8) дождь, дождя́, дождю́, дождь, дождём, дожде́

    (9) календа́рь, календаря́, календарю́, календа́рь, календарём, календаре́

(10) корáбль, корабля́, кораблю́, корáбль, кораблём, корабле́

(11) янвáрь, января́, январю́, янвáрь, январём, январе́

(12) царь, царя́, царю́, царя́, царём, царе́

(13) ýголь, ýгля, ýглю, ýголь, ýглем, ýгле

(14) нóготь, нóгтя, нóгтю, нóготь, нóгтем, нóгте

(15) алюми́ний, алюми́ния, ... алюми́нии

(16) жрéбий, жрéбия, ... жрéбии

(17) Дми́трий, Дми́трия, ... Дми́трии

IV 練習問題 42

(1) óзеро, óзера, óзеру, óзеро, óзером, óзере

(2) прáвило, прáвила, прáвилу, прáвило, прáвилом, прáвиле

(3) веществó, веществá, веществý, веществó, веществóм, веществé

(4) винó, винá, винý, винó, винóм, винé

(5) мéсто, мéста, мéсту, мéсто, мéстом, мéсте

(6) пóле, пóля, пóлю, пóле, пóлем, пóле

(7) гóре, гóря, гóрю, гóре, гóрем, гóре

(8) сознáние, сознáния, сознáнию, сознáние, сознáнием, сознáнии

(9) свидáние, свидáния, свидáнию, свидáние, свидáнием, свидáнии

(10) объяснéние, объяснéния, объяснéнию, объяснéние, объяснéнием, объяснéнии

(11) чудóвище, чудóвища, чудóвищу, чудóвище, чудóвищем, чудóвище

(12) сокрóвище, сокрóвища, сокрóвищу, сокрóвище, сокрóвищем, сокрóвище

(13) сóлнце, сóлнца, сóлнцу, сóлнце, сóлнцем, сóлнце

V 練習問題 43

(以下名詞変化 − 単数 − に関する問題は特別の場合を除き語尾のみ)。

(1), (2), (3) -а, -ы, -е, -у, -ой, -е

(4), (5) -á, -ы́, -é, -ý, -óй, -é

(6), (7), (8) -á, -ы́, -é, -у, -óй, -é

(9), (10) -я, -и, -е, -ю, -ей, -е

(11), (12), (13) -(и)я, -(и)и, -(и)и, -(и)ю, -(и)ей, -(и)и

(14), (15), (16) -а, -ы, -е, -у, -ей, -е

(17) -а, -и, -е, -у, -ей, -е (18) -á, -и́, -é, -ý, -óй, -é

VI 練習問題 44

(1), (2), (3), (4) -ь, -и, -и, -ь, -ью, -и

—— 第9課 ——

II 練習問題 45

1) (1) Это кни́га студе́нта. これは学生の本です〔(2) врача́ 医者の, (3) отца́ 父の, (4) профе́ссора 教授の, (5) посла́ 大使の, (6) Ива́на イヴァーンの, (7) Михаи́ла ミハイールの, (8) Влади́мира ヴラヂーミルの, (9) Алекса́ндра アリクサーンドルの, (10) преподава́теля 教師の, (11) прия́теля 友人の, (12) Дми́трия ドミートリーの, (13) Алексе́я アリクセーイの, (14) жены́ 妻の, (15) де́душки おじいさんの, (16) ба́бушки おばあさんの, (17) студе́нтки 女子学生の, (18) учени́цы 女生徒の, (19) тёти おばさんの, (20) А́нны アーンナの, (21) Елизаве́ты イリザヴィエータの, (22) Ва́ни ヴァーニャの, (23) А́ни アーニャの, (24) Алёши アリョーシャの, (25) Са́ши サーシャの, (26) Воло́ди ヴァローヂャの〕

2) (1) Это центр Москвы́. これはモスクワの中心（街）です。〔(2) Са̀нкт-Петербу́рга サンクト・ピチルブールク（ペテルブルグ）の, (3) Ки́ева キーイフの, (4) Нью-Йо́рка ニューヨークの, (5) Пари́жа パリの, (6) Ло́ндона ロンドンの〕。

3) (1) — Чей э́то стул? — Э́то стул А́нны.

(2) — Чей э́то портфе́ль? — Э́то портфе́ль преподава́теля.

(3) — Чья э́то кни́га? — Э́то кни́га Ва́ни.

(4) — Чьё э́то пальто́? — Э́то пальто́ студе́нта.

(5) — Чьи э́то журна́лы? — Э́то журна́лы Алекса́ндра.

(6) Э́то друг (подру́га) сестры́.

(7) Э́то жена́ инжене́ра Соколо́ва.

IV 練習問題 46

1) (1) ここに雑誌がある。ここに雑誌がない。ここに雑誌があった。ここに雑誌がなかった。ここで雑誌が出る（出版される）ことになるだろう。ここでは雑誌がなくなる。−以下解答省略−

2) (1) Ивáна нет дóма.　Ивáна нé было дóма.

   (2) В гóроде нет университéта.　В гóроде нé было университéта.　В гóроде не бýдет университéта.

   (3) В столé нет карандашá.　В столé нé было карандашá.　В столé не бýдет карандашá.

V 練習問題 47

1) (1) アーニャはおじさんのところに住んでいる。

   (2) アーンナ・イヴァーナヴナは駅の近くに住んでいる。

   (3) 学生たちは講義室から出てくる（ところだ）。

   (4) 最近私は日本の（から来た）同僚から手紙を受け取った。

   (5) 彼は帽子をかぶらずに散歩している。

   (6) これをするのは弟のためだけだ（弟のためだけにこれをする）。

   (7) 部屋のまん中にテーブルがある。

   (8) アーンナはイヴァーンのためにさまざまなごちそうを料理している。

   (9) 私は日本の留学生です。　(10) 新鮮な空気は健康によい。

2) (1) — Откýда вы приéхали? — Я приéхал (приéхала) из Россńи.

   (2) Я студéнт (студéнтка) из Россńи.

   (3) — До цéнтра гóрода ещё далекó? — Нет, óчень блńзко.

   (4) Мы купńли подáрок для брáта.

VII 練習問題 48

1) (1) 母は幼児に薬を与えている。

   (2) アーニャは店長に手紙を書いている。

   (3) 父は定期的に息子に金を送っている。

   (4) 昨日私は息子に車を買ってやった。

(5) 私は妹に兄の手紙を見せてあげた。

(6) アーンナはイヴァーンに雑誌を持ってきてあげた。

2) (1) Мы ча́сто пи́шем (письмо́) отцу́.

(2) Брат чита́ет журна́л сестре́.

(3) Я посыла́ю А́нне кни́гу.

(4) Вчера́ А́нна купи́ла Ива́ну кни́гу.

VIII　練習問題 49

1) (1) ボートは岸に着いた。

(2) パイロットは機首を町のほうに向けて飛んでいる。

(3) 私は医者に行くところだ。

(4) 私は通りを歩いていった。

(5) 黒雲は空を飛来し，樽は海にただよう……。（プーシキン）

(6) 彼らはロームチフ教授の教科書でロシア語を勉強している。

(7) アーンナのおかげでイヴァーンはすてきなネクタイが買えた。

(8) 民族でいえば私はカルムイク人です（《発展》(6)の質問に対する答えとしてこのようなものがある）。

2) (1) Мы гуля́ли по бе́регу реки́.

(2) Сейча́с я иду́ к бра́ту.

(3) Мы путеше́ствовали по Фра́нции.

(4) Благодаря́ по́мощи отца́ я успе́шно зако́нчил рабо́ту.

────第10課────

I　練習問題 50

1) (1) 私たちはピトゥローフ教授の講義をきいていた。

(2) 私たちは春が大好きです。

(3) 母は息子を愛している。

(4) （私は）君の端正なすらりとした姿を愛する……。（プーシキン）

(5) 彼女の弟は絵が上手だ。とても繊細に色彩を感じ取っている。

(6) アーニャはブラウスを着ている。

2) (1) Мы купи́ли тетра́дь. (共通同一物の場合，複数でなくてよい)

584

(2) Плóтник стрóит дом.

(3) Сестрá читáет кни́гу.

(4) В шкóле мы изучáем англи́йский язы́к.

II 練習問題 51

1) 弟は大学へ，私は工場へ行く。彼は大学でロシア語を勉強し，私は工場で働く。夕刻彼は大学から，私は工場から帰ってくる。

2) (1) Кни́га лежи́т на столé.

(2) Я кладý кни́гу на стол.

(3) Я берý кни́гу со столá.

(4) — Где вы рабóтаете? — Я рабóтаю в институ́те.

(5) — Кудá идёт вáша сестрá? — Онá идёт в кинотеáтр.

(6) Я идý в магази́н.

(7) Áнна рабóтает в магази́не.

III 練習問題 52

(1) 戸棚の後ろにノートをおきなさい（かくしなさい）。

(2) 私たちはヴォールガ（ボルガ）河を越えてその向こうに行く。

(3) 私たちは郊外へ（ピクニックに）行く。

(4) テーブルの下に絵をおいたのは誰だ。

(5) 兵士達はそっと（音もなく）森を通りぬけた。

(6) 市電は広場を横切ってそこへ行くのだ（交通手段が動くことを表わすのに идти́ を用いることに注意。Автóбус идёт.「バスが来る」）。

(7) 私は通りを横切った。

(8) 私たちは川に橋をかけた。

(9) 私たちは通訳を通じて対談を行った。

(10) 「絵がお上手ですね」「ほめてくださりありがとう」

(11) すべての道はローマに通じる。

V 練習問題 53

1) (1) 私はスプーンでご飯を食べる。

(2) 私はペンで手紙を書く。

585

(3) ママは下着をせっけんで洗う。

(4) 私は木を斧で切る。

(5) 画家は厚紙の一枚にペンで若い女性の横顔を手早くさっと書きあげた。

(6) 彼女は医者になった。

2) (1) Отéц пи́шет запи́ску карандашо́м.

(2) Мать вытира́ет пол тря́пкой.

(3) Сестра́ ре́жет хлеб ножо́м.

(4) Я очи́стил (очи́стила) ко́мнату пылесо́сом.

(5) Он рабо́тает учи́телем.

VI 練習問題 54

1) (1) 彼は兄と働いている。

(2) 私は辞書を使えばロシア語が読める。

(3) この部屋にバルコニーがあるが，あの部屋はバルコニーがない。

(4) 棚の上の壁には時計がある。

(5) ひじかけいすはテーブルと戸棚の間にある。

(6) 私はレモンティーが好きだ。

(7) アーンナはイヴァーンと議論した（言い争った）。

2) (1) Отéц рабо́тает в институ́те с бра́том.

(2) Мы разгова́ривали с преподава́телем.

(3) Я слу́шал (слу́шала) ле́кцию с интере́сом.

(4) Мы сиде́ли за столо́м.

(5) Я живу́ за́ городом.

(6) Я е́ду за́ город.

(7) Самолёт лета́ет над ле́сом.

(8) Студе́нты сиде́ли под де́ревом.

(9) Стол стои́т ме́жду окно́м и посте́лью.

VIII 練習問題 55

1) (1) 彼らは橋の上に立っていた。

- (2) 学生たちは森の中で夜を過ごした。
- (3) 私たちは庭でバレーボールをした。
- (4) アーンナは氷の上でステンところんだ。
- (5) アーンナは全身汗びっしょりだ。

2) (1) Мы гуля́ли в лесу́.

(2) В саду́ большо́е де́рево.

(3) Ива́н весь в поту́.

—— 第11課 ——

I 練習問題 56

1) 解答省略（第49表参照）
2) (1) 飛行機は今東に向かって飛んでゆく。
   - (2) 飛行機は定期的に飛んでいる（就航している）。
   - (3) 飛行機（複数）はモスクワの上空を飛び回っている。
   - (4) 私は遠くに住んでおり，毎日大学にバスで通っています。しかし，今日は車で行きます。
   - (5) 子供たちは中庭で走りまわっている。
   - (6) こちらに少年が走ってくる。
   - (7) アーンナは眼鏡をかけている。
3) (1) — Куда́ ты идёшь? — Я иду́ в поликли́нику.
   - (2) Та́ня хо́дит в шко́лу.
   - (3) Я ча́сто е́зжу в библиоте́ку.
   - (4) А́нна лю́бит о́перу и ча́сто хо́дит в о́перный теа́тр.
   - (5) Ива́н но́сит пиджа́к. (Ива́н хо́дит в пиджаке́. も可)

II 練習問題 57

1) (1) 「あなたの姓はロシア語でどう書きますか（書かれますか）」「私の姓はロシア語でФукудаと書きます（書かれます）」
   - (2) この本はあまり読まれない（少なく読まれている）。
   - (3) （単科）大学では英語その他の外国語が学習されている。
   - (4) 講義は6時に始まる。

(5) 妹はいつもゆっくり服を着る。

(6) 私たちは仕事を終えると（仕事の後）家に帰り休息したものだ。

(7) 私は人生において（努力のすえ）成功をおさめた。

(8) ボーリャ（Борис の愛称），体育を一生懸命やりなさい。

(9) どうぞテーブルにおつきください。

(10) イヴァーンはアーンナと結婚した。

(11) 雨季はどのくらい長く続きますか。

(12) この道具は何といわれますか。

2) (1) Студéнты изучáют рýсский язы́к в университéте. Рýсский язы́к изучáется в университéте.

(2) Сейчáс мы нахóдимся на плóщади.

(3) — Где нахóдится вáша фи́рма? — Онá нахóдится на Сибуя（в райóне Сибуя）.

(4) Э́та мýзыка пóльзуется популя́рностью и сейчáс.

III 練習問題 58

1) (1) 「君はスポーツが好き？」「うん，サッカーをするのが好きだ」「僕は水泳（泳ぐの）とランニング（走るの）が好きだ」

(2) 彼はロシア語を話し始めている。

(3) 自分を抑制することを学びなさい。

(4) 「夏はどこで休暇をすごすつもり？」「海辺へ行って休暇をすごすつもりだ」

2) (1) Я люблю́ рабóтать ýтром.

(2) Мой брат лю́бит читáть кни́гу вéчером.

(3) Студéнты лю́бят петь.

(4) В университéте моя́ сестрá начинáет изучáть рýсский язы́к.

IV 練習問題 59

1) (1) 「彼女は今日劇場に行きたくない（といっている）のですが，あなたは行く気がありますか」「ええ，行きたいですね」

(2) 彼らは田舎でくらしたがっている。

   (3) 学生たちは山崎教授の教科書で英語を勉強したいと言っている。

   (4) 今日私はダンスをしたくない。

   (5) 確認のため質問させてください（質問したく思います）。

   (6) 私の妹はダンスができます。

   (7) 「泳げますか」「ええ，泳げます」

2) (1) Студе́нты хотя́т изуча́ть францу́зский язы́к.

   (2) Я могу́ чита́ть по-ру́сски то́лько с по́мощью словаря́.

   (3) Мой оте́ц мо́жет говори́ть по-ру́сски.

   (4) — Вы уме́ете води́ть маши́ну? — Да, я уме́ю.

   (5) — Ты уме́ешь утю́жить руба́шку? — Да, я уме́ю.

V　練習問題 60

1) (1) 私は彼女が病気であることを知っている。

   (2) あなたが正しいとマーシャは手紙に書いています。

   (3) 父は病気だと私は思う。

   (4) 君が正しいとぼくは思う（ぼくはわかる）。

   (5) 彼はずっと以前に出発したと私は耳にした。

2) (1) Я зна́ю, что она́ рабо́тает в рестора́не.

   (2) — Что говори́т А́нна? — Она́ говори́т, что за́втра в шко́ле не бу́дет заня́тия.

   (3) Мы ду́маем, что за́втра бу́дет о́чень хоро́шая пого́да.

   (4) Я не знал, что ты уже́ хо́дишь в шко́лу.

VI　練習問題 61

1) (1) あなたは今日お父さんに手紙を書かなければいけない。

   (2) 私は学生のレポートを読まなければならない。

   (3) 私の夫は6時に着くはずだ。

2) (1) Я до́лжен (должна́) извини́ться.

   (2) Ты до́лжен (должна́) возврати́ться домо́й неме́дленно.

   (3) Собра́ние должно́ быть сего́дня.

VII　練習問題 62

(1) 「劇場に行く（乗り物で到着する）のはどうしたらいいのですか」
「このバスに乗り『劇場広場』という停留所で降りて下さい」

(2) ゲルツェン通りに行く（通りを見つける）のはどうしたらよいのですか。

(3) どう答えたらいいかわからない。

―― 第12課 ――

IV 練習問題 63

1) (1) 「何をしているのですか」「橋の絵をかいているのです」

(2) 「毎日何をしていますか」「劇場（複）に行ったり，博物館（複）や展覧会（複）を訪れたりしています」

(3) 彼は上手に泳げる。

(4) アーンナは今身づくろいをしている。

(5) 若者の間ではディスコが人気です。

2) (1) Мой брат сейча́с пи́шет кни́гу.

(2) Мы получа́ем ру́сские газе́ты и журна́лы.

(3) А́нна хорошо́ говори́т по-англи́йски.

(4) — Что вы де́лаете в свобо́дное вре́мя? — Я чита́ю, смотрю́ телеви́зор, а иногда́ хожу́ в магази́н.

(5) Лю́ба сейча́с переодева́ется.

V 練習問題 64

1) (1) (a) 夏には私はたくさん読書をし，学位論文の執筆に取組んだ。
(b) 夏には私は『戦争と平和』を読破し，学位論文を書き上げた。

(2) (a) 私はロシア語を学習したことがある。(b) 私は彼女の性格を研究しつくした（よく知っている）。

(3) ［カズローフ］は，はじめ神学校で，次いで中学校と家でギリシア語とラテン語をとことん勉強した。(ガンチローフ)

(4) (a) 彼は死にかけていた（瀕死の状態であった）。(b) 彼は死んでいる（もう生きてはいない）。

(5) (a) 私は試験を受けた。(b) 私は試験に受かった（受かっている）。

(6) 私は家の鍵をなくしてしまった。

(7) 「話しは（これで）つきましたね」「はい，つきました」（約束の確認のために交される表現）

2) (1) Вчера́ я написа́л (написа́ла) письмо́ учи́телю.

(2) Мы ка́ждый день покупа́ли газе́ты в кио́ске.

(3) Мы купи́ли э́тот журна́л вчера́ ве́чером.

(4) Он ка́ждый день чита́л газе́ты.

(5) Он прочита́л э́тот журна́л.

(6) Я потеря́л (потеря́ла) де́ньги.

(7) То́карев получи́л япо́нское гражда́нство.

VI 練習問題 65

1) (1) 何をご注文なさいますか（ご注文をうけたまわります－レストランなどでウェイター，ウェイトレスがよく用いる。予定をきく不完了体未来）。

(2) お茶にしますかそれともコーヒーですか（これも予定を聞く不完了体未来）。

(3) 彼はお前が（これから）する誤りをなおしていってくれるだろう（これからおこるであろう反復される動作を示す不完了体未来）。

(4) 鉛筆を探しているのだけど，どうしても見つけられない（не と共に用いられる不可能を示す完了体未来）。

(5) 今日モスクワへ出発します（個別的動作が未来において起こることを示す完了体未来）。

(6) 彼はロシア語の学習をこれからする（未来における動作の存在を示す不完了体未来）。

(7) 彼は彼女の性格の特質をすみからすみまでしっかりとらえるだろう（限界の達成を示す完了体未来）。

2) (1) Я не отве́чу на э́тот вопро́с. (もちろん Я не могу́ отве́тить на э́тот вопро́с. でもよい)

(2) Сего́дня мы пое́дем в Япо́нию.

(3) — Ты бу́дешь за́втра обе́дать в рестора́не? — Да, бу́ду.

—— 第13課 ——

I 練習問題 66

1) (1) стол, стола́, столу́, стол, столо́м, столе́ ; столы́, столо́в, стола́м, столы́, стола́ми, стола́х

    (2) гость, го́стя, го́стю, го́стя, го́стем, го́сте ; го́сти, госте́й, гостя́м, госте́й, гостя́ми, гостя́х

    (3) конь, коня́, коню́, коня́, конём, коне́ ; ко́ни, коне́й, коня́м, коне́й, коня́ми, коня́х

    (4) писа́тель, писа́теля, писа́телю, писа́теля, писа́телем, писа́теле ; писа́тели, писа́телей, писа́телям, писа́телей, писа́телями, писа́телях

    (5) учени́к, ученика́, ученику́, ученика́, ученико́м, ученике́ ; ученики́, ученико́в, ученика́м, ученико́в, ученика́ми, ученика́х

    (6) това́рищ, това́рища, това́рищу, това́рища, това́рищем, това́рище ; това́рищи, това́рищей, това́рищам, това́рищей, това́рищами, това́рищах

    (7) коне́ц, конца́, концу́, коне́ц, концо́м, конце́ ; концы́, концо́в, конца́м, концы́, конца́ми, конца́х

    (8) ме́сяц, ме́сяца, ме́сяцу, ме́сяц, ме́сяцем, ме́сяце ; ме́сяцы, ме́сяцев, ме́сяцам, ме́сяцы, ме́сяцами, ме́сяцах

2) (1) 雨期（梅雨）はどのくらい続きますか。

    (2) 訪問者（ご来館の皆様）のご配慮に感謝します。

II 練習問題 67

1) (1) сло́во, сло́ва, сло́ву, сло́во, сло́вом, сло́ве ; слова́, слов, слова́м, слова́, слова́ми, слова́х

    (2) по́ле, по́ля, по́лю, по́ле, по́лем, по́ле ; поля́, поле́й, поля́м, поля́, поля́ми, поля́х

    (3) село́, села́, селу́, село́, село́м, селе́ ; сёла, сёл, сёлам, сёла, сёлами, сёлах

(4) созна́ние, созна́ния, созна́нию, созна́ние, созна́нием, созна́нии ; созна́ния, созна́ний, созна́ниям, созна́ния, созна́ниями, созна́ниях

(5) кре́сло, кре́сла, кре́слу, кре́сло, кре́слом, кре́сле ; кре́сла, кре́сел, кре́слам, кре́сла, кре́слами, кре́слах

(6) стекло́, стекла́, стеклу́, стекло́, стекло́м, стекле́ ; стёкла, стёкол, стёклам, стёкла, стёклами, стёклах

(7) кольцо́, кольца́, кольцу́, кольцо́, кольцо́м, кольце́ ; ко́льца, коле́ц, ко́льцам, ко́льца, ко́льцами, ко́льцах

2) (1)「近頃いかがですか」(Как живёте? と同じ。近況のきき方の一つ)「ありがとうございます。イヴァーン・イヴァーナヴィチさん。元気です」 (2) アーンナは授業をさぼっている。

III 練習問題 68

1) (1) студе́нтка, студе́нтки, студе́нтке, студе́нтку, студе́нткой, студе́нтке ; студе́нтки, студе́нток, студе́нткам, студе́нток, студе́нтками, студе́нтках

(2) кры́ша, кры́ши, кры́ше, кры́шу, кры́шей, кры́ше ; кры́ши, крыш, кры́шам, кры́ши, кры́шами, кры́шах

(3) тётя, тёти, тёте, тётю, тётей, тёте ; тёти, тётей, тётям, тётей, тётями, тётях (тёть という複・生 / 複・対もある)

(4) дере́вня, дере́вни, дере́вне, дере́вню, дере́вней, дере́вне ; дере́вни, дереве́нь, деревня́м, дере́вни, деревня́ми, деревня́х

(5) судьба́, судьбы́, судьбе́, судьбу́, судьбо́й, судьбе́ ; су́дьбы, су́деб, су́дьбам, су́дьбы, су́дьбами, су́дьбах

(6) фами́лия, фами́лии, фами́лии, фами́лию, фами́лией, фами́лии ; фами́лии, фами́лий, фами́лиям, фами́лии, фами́лиями, фами́лиях

(7) голова́, головы́, голове́, го́лову, голово́й, голове́ ; го́ловы, голо́в, голова́м, го́ловы, голова́ми, голова́х

2) (1) アーンナはスーパーに買物に出かけた。

(2) 物価（商品の値段）は急速に上昇する。

(3) この道は車の交通量が多い（車の多量の動きがある）。

IV 練習問題 69

(1) дверь, двéри, двéри, дверь, двéрью, двéри ; двéри, дверéй, дверя́м, двéри, дверя́ми, дверя́х

(2) óбласть, óбласти, óбласти, óбласть, óбластью, óбласти ; óбласти, областéй, областя́м, óбласти, областя́ми, областя́х

(3) ложь, лжи, лжи, ложь, лóжью, лжи ; лжи, лжей, лжам, лжи, лжа́ми, лжах

(4) мышь, мы́ши, мы́ши, мышь, мы́шью, мы́ши ; мы́ши, мышéй, мыша́м, мышéй, мыша́ми, мыша́х

(5) мать, мáтери, мáтери, мать, мáтерью, мáтери ; мáтери, матерéй, матеря́м, матерéй, матеря́ми, матеря́х

(6) путь, пути́, пути́, путь, путём, пути́ ; пути́, путéй, путя́м, пути́, путя́ми, путя́х

V 練習問題 70

1) (1) друг, дрýга, дрýгу, дрýга, дрýгом, дрýге ; друзья́, друзéй, друзья́м, друзéй, друзья́ми, друзья́х

(2) профéссор, профéссора, профéссору, ... ; профессорá, профессорóв, профессорáм,...

(3) граждани́н, граждани́на, граждани́ну, ... ; грáждане, грáждан, грáжданам,...

(4) стул, стýла, стýлу,... ; стýлья стýльев, стýльям,...

2) (1) 木々から黄色くなった葉（複）が落ちてゆく。
(2) 父は彼の兄弟について手紙に書いた。
(3) 私の息子たちはモスクワに住んでいる。
(4) （真の）友は困った時に分かる。
(5) モスクワで私たちは友達に会った。
(6) 列車は定時に到着している。

VI 練習問題 71

(1) врéмя, врéмени, врéмени, врéмя, врéменем, врéмени ; временá, времён, временáм, временá, временáми, временáх

(2) знáмя, знáмени, знáмени, знáмя, знáменем, знáмени ; знамёна, знамён, знамёнам, знамёна, знамёнами, знамёнах

—— 第14課 ——

I 練習問題 72

1) (1)「棚には本がどのくらいありますか」「本はたくさんあります」

(2)教室には今少ししか学生がいません。

(3)ウェイトレスはコップ1杯のジュースを持ってきた。

(4)母はミルクを1ビン買った。

(5)一日何時間仕事をしますか（何時間労働ですか）。

2) (1) Скóлько в шкóле преподавáтелей? В шкóле мáло преподавáтелей.

(2) В библиотéке мнóго журнáлов.

(3) Официáнт принёс бутылку винá.

(4) В Киото мнóго достопримечáтельностей.

II 練習問題 73

1) (1) 水が飲みたい。水をついでください。

(2) 彼はパンを（ある程度の量）食べて立ち去った。

(3) 薪(まき)を（適当量）持って来てください。

2) (1) Мы выпили винá.

(2) Дáй(те) хлéба.

(3) Купи́(те) молокá, мя́са, сóли.

V 練習問題 74

(1) 現在，日本人は着物をあまり着ません。着るのは祭日の時ぐらいです。

(2) 乗車券は自動販売機で売っています。

VI 練習問題 75

1) (1) часы́, часóв, часáм, часы́, часáми, часáх

(2) роди́тели, роди́телей, роди́телям, роди́телей, роди́телями, роди́телях

595

(3) де́ньги, де́нег, деньга́м, де́ньги, деньга́ми, деньга́х

2)　(1)　学費は両親が払います。

　　(2)　「夏の休暇はどうすごしますか」「私は田舎で両親とすごします」

　　(3)　私はスキーが好きだ。

　　(4)　アーンナはスケートが好きだ。

3)　(1) Я хочу́ купи́ть да́мские часы́.

　　(2) Начали́сь зи́мние кани́кулы.

　　(3) Я живу́ с роди́телями.

VII　練習問題 76

1)　(1)　「どんなカフェですか」「新しいカフェです」

　　(2)　「学生たちはどこにいますか」「彼らは今カフェにいます」

　　(3)　コーヒーを一杯ください。

　　(4)　私たちはタクシーで大学に到着した。

　　(5)　彼はコートを着ずに散歩している。

2)　(1) — Где студе́нты? — Они́ сейча́с в кино́.

　　(2) Да́йте, пожа́луйста, меню́.

　　(3) — Скажи́те, пожа́луйста, мо́жно прое́хать туда́ на метро́? — Да, мо́жно.

VIII　練習問題 77

1)　(1)　この町は何が知られていますか（何で有名ですか）。

　　(2)　「何に凝っていますか」「コンピューターに凝っています」

　　(3)　「誰に手紙を書いていますか」「父に書いています」

2)　(1) — Кого́ вы хоти́те ви́деть? — Я хочу́ ви́деть профе́ссора Ивано́ва.

　　(2) — С кем вы рабо́таете? — Я рабо́таю со студе́нтами.

　　(3) — О ком вы говори́те? — Об учи́теле Ива́на.

　　(4) — О чём вы ду́маете? — О судьбе́ (су́дьбах) Росси́и.

　　(5) — Чем вы пи́шете письмо́? — Ру́чкой.

　　(6) — Чем увлека́ется Са́ша? — Он увлека́ется собира́нием ма́рок.

― 第15課 ―

I
1. **練習問題 78**
解答省略（第 65 表参照）　　2. **練習問題 79**　解答省略（第 66 表参照）

II
1. **練習問題 80**
1) У тебя́ есть велосипе́д.（У него́... У неё... У нас... У вас... У них...）（訳文省略）
2) (1) イヴァーンには妹がいる。
　 (2) 彼には弟がいる。
　 (3) 私は釣道具を持っている。
　 (4) 彼はきれいなスーツを持っていた。
　 (5) 彼女はフランス製のハンドバッグを持っていた。
　 (6) 「イヴァーン・イヴァーナヴィチ（イヴァーヌィチ）の部屋はどんな部屋ですか」「小さいけど，日当りがよく，使いがってのよい部屋です」
　 (7) 恋人いますか。
　 (8) 「彼はどんな性格ですか」「彼はひかえめな人です」
　 (9) 顔色が悪いですね。
　 (10) 彼は顔が黒い。
　 (11) 身分証明書をお持ちですか。
3) (1) У меня́ есть сестра́.
　 (2) У тебя́ есть ру́сский журна́л.
　 (3) У него́ есть но́вый костю́м.
　 (4) У неё был хоро́ший слова́рь.
　 (5) У тебя́ есть (люби́мая) де́вушка?
　 (6) У меня́ ожо́г.
　 (7) У тебя́ хоро́ший вкус.

2. **練習問題 81**

597

1) (1) アーンナには妹がない。

(2) 彼女には弟がない。

(3) イヴァーンは辞書を持っていない。

(4) 彼はペンを持っていない。

(5) 彼らには住居がなかった。

(6) あす私たちは授業がない。

(7) ここにはテーブルがなかった。

(8) テーブルはここではなく，あそこにあった。

2) (1) У неё нет велосипе́да.

(2) У него́ нет роди́телей.

(3) У меня́ нет словаря́.

(4) У нас не́ было словаре́й.

(5) У меня́ нет аппети́та.

III 練習問題 82

1) (1) ここでたばこを吸っていいですか。

(2) 私はたばこを吸ってもいいですか。

(3) このことを知る必要がある。

(4) あなたはこのことを知る必要がある。

(5) 電話で彼女と話しがしたい（話しをする必要がある）。

(6) あの人と話しをつけなければならないね。

(7) 家に電話をかけたい（かける必要がある）。

(8) 部屋の中に入ってはいけない。

(9) 部屋の中に入れない。

2) (1) Мо́жно здесь чита́ть кни́гу?

(2) Здесь мне ну́жно рабо́тать.

(3) Ты до́лжен (должна́) писа́ть письмо́.

(4) Вы должны́ знать пра́вду.

(5) Ей нельзя́ кури́ть так мно́го.

(6) — Мо́жно здесь фотографи́ровать? — Нет, нельзя́.

598

IV 練習問題 83

1) (1) ご一緒に仕事ができて嬉しいです。
   (2) あくびをしてはいけません。失礼になります。
   (3) ここは仕事がしやすい。
   (4) この作家を私たちはよく知っている。
   (5) あなたの講義は彼らにはとても面白いのです。
   (6) 私は大学に行かなければならなかった。なぜならば，イヴァノーフ教授に会う必要があったからだ。

2) (1) Мне удо́бно е́хать на по́езде.
   (2) Нам тру́дно поня́ть её письмо́.
   (3) Мне бы́ло о́чень прия́тно с ва́ми рабо́тать.
   (4) Тако́й ма́ленький стул о́чень удо́бен для сы́на. (для сы́на のかわりに сы́ну も可)
   (5) Ва́ша статья́ мне о́чень интере́сна.

V 練習問題 84

1) (1) меня́, вас 「あなたは私のいうことがわかりますか」「はい，私はあなたのいうことがよくわかります」
   (2) тебя́　お父さんはお前のことを怒っている。何をやらかしたんだ。
   (3) тебе́　私はいつも君のことを考えている。
   (4) ему́, о ней　私は彼に彼女のことについて手紙を書いた。
   (5) ни́ми　君は彼らと話し合っていた。
   (6) их　私は彼らをよく知っている。
   (7) вас　あなたたちの夏休みはいつ始まりますか。
   (8) вам　私たちはあなたの家に行くところです。
   (9) ним　川岸には大きな木が1本はえていた。私たちはその根元でひと休みした。
   (10) неё　あすクラブでは講演がある。それが終わったらコンサートがある。

2) (1) 彼は私の友人です。

(2) ご同情いたします。

(3) 君がうらやましい。

(4) 彼女の夢を見た（彼女を夢で見た）。

(5) 空港までお送りします。

(6) これ持っていってもいいですか。

(7) 「どこが痛みますか」「胃が痛いのです」

(8) 我が国では麻薬に対しては厳しく取締られています。

(9) この靴はお前には大きすぎる。

(10) この靴は私には小さすぎる。

3) (1) С нáми живёт дéдушка.

(2) Я не хочý расставáться с тобóй.

(3) Я угощý тебя́ обéдом.

(4) Мы с ним чáсто общáемся.

(5) Мы с ней однокýрсники.

VI 練習問題 85

1) Я/Ты/Онá/Мы/Вы/Они́ не щади́л(а/и) себя́ на рабóте.（訳文省略）

2) (1) 彼女はときどき自分自身を憎むことがある。

(2) 彼は自分のことをしゃべりすぎる。

(3) いつものあなたらしくありませんね（あなたは自分に似ていない）。

(4) 自分に満足しているの？

(5) あなたはいつも自分のことばかり考えている。

(6) 彼は自分のことをヒーローだと思っている。

(7) アンドリェーイは（自分の）足を折った（骨折した）。

3) (1) — Как ты себя́ чýвствуешь? — Я чýвствую себя́ плóхо.

(2) Он сдéлал э́то для себя́.

(3) — Вы взя́ли с собóй зóнтик? — Нет, я не взял (взялá).

(4) Я купи́л всё э́то для себя́.

―― 第16課 ――

I 練習問題 86

1) 解答省略（第68表参照）
2) (1) нóвом　私は新しい家に住んでいます。
   (2) нóвую　私たちは新刊書を読んでいます。
   (3) тени́стым　春だ。明るい太陽。私たちは影の濃い木の下で休んでいる。
   (4) зелёном　緑の草原では色々な花が咲いていた。
   (5) дождли́вой　雨の多い天候が終わると明るい日射しの日々が始まった（やって来た）。
   (6) рóвной　車は平垣な道を走っていく。
   (7) весёлыми　若者は仕事をおえると陽気な歌を歌いながら（歌とともに）帰途につく。
   (8) твёрдым　私は固い鉛筆で書いている。

II 練習問題 87

1) 解答省略（第69表参照）
2) (1) рáннего, пóзднего　畑では早朝から夕方遅くまで農作業が行われている。
   (2) тёплому осéннему　皆は暖かい秋の太陽が嬉しかった（に喜んでいる）。
   (3) вчерáшнюю　彼は昨日の新聞を読んでいる。
   (4) вчерáшних, извéстных　昨日の（諸）新聞には有名なバイオリニストたちについての記事があった。писáли の訳し方については☞29課、Ⅶ不定人称文（p.473, 474）。
   (5) вечéрнем　私は工業大学の夜間部で学んでいます。

III

1. 練習問題 88

1) 解答省略（第70表参照）
2) (1) жáрких　夏には暑い日がたくさんあった。

(2) интере́сную, япо́нского 私の妹は面白い論文を日本語からロシア語に訳した。

(3) но́вую ру́сскую 私は新刊のロシア（語）の本を読んでいる。

(4) Но́вых ру́сских 新刊のロシア（語）の本はここにはない。

(5) япо́нских, ру́сскому 「彼は日本人の学生を教えています」「何を教えているのですか」「ロシア語を教えています」

(6) ма́ленькому, ма́ленькой 私は本（複数）を弟と妹に送っている（「（自分の）弟」の場合 мла́дший брат（мла́дшему бра́ту），「（自分の）妹」の場合 мла́дшая сестра́（мла́дшей сестре́）が普通用いられる）。

(7) после́дних францу́зских 彼は新しいフランスの映画（複）について話している。

(8) како́м, ру́сском 「この本は何語ですか（何語で書かれているか）」「この本はロシア語です」

2. 練習問題89

1) 解答省略（第71表参照）

2) (1) большо́й хоро́ший, большо́го хоро́шего 通りには大きなよいレストランがありますが，ここには大きなよいレストランはありません。

(2) больша́я хоро́шая, большо́й хоро́шей 広場には大きなよいホテルがありますが，ここには大きなよいホテルはありません。

(3) но́вые больши́е 広場には新しい大きな家（建物）があります。

(4) большо́м 集会は大ホールで行なわれる。

(5) большо́й 講義は大教室で行なわれる。

(6) но́вых больши́х, хоро́шие 新しい大きな建物にはよいフラット（複数）があります。

(7) больши́м 私は彼の手紙を読んでとても嬉しかった（大いなる満足をもって読んだ）。

(8) больши́х а́томных ウクライナでは大きな原子力発電所が少なからず稼動している。

3) (1) （ことばの）文字通りの意味で,困難な状況に陥っています。

(2) ある意味で，イヴァーンは成功裏に仕事を完了しました。

(3) ご提案は書面で出してください。

(4) パソコンを買うぐらいなら金額は十分あります。

(5) 新年あけましておめでとうございます。

(6) （ご列席の）皆さん。本日のゲストを紹介させていただきます。益川教授です。ご存知のように，益川教授はノーベル賞受賞者として有名です。

(7) 給料はどのくらいですか（どのくらいもらっていますか）。

(8) どのサークルに入っているの。

(9) マーシャはよくハイヒールを履いています。

(10) 正夫はロシア語の成績がよい。

(11) 日本の家屋では履物は脱がなければいけない。

(12) 名古屋は他の都市には見られない独特の魅力をそなえている。

4) (1) Э́то ве́щи ли́чного по́льзования.

(2) Я хочу́ заплати́ть нали́чными деньга́ми.

(3) У нас мно́го свѐрхуро́чной рабо́ты.

(4) Мой сын у́чится в ча́стном университе́те.

(5) Её дочь у́чится в госуда́рственном университе́те.

(6) Его́ брат у́чится на экономи́ческом факульте́те.

(7) Я хочу́ рабо́тать в о́бласти вне́шней торго́вли.

(8) А́нна слу́шает по ра́дио после́дние изве́стия.

(9) Ханако не сдала́ экза́мена по ру́сскому языку́.

(10) На вы́борах я проголосова́л(а) за Либера̀льно-демократи́ческую па́ртию.

IV 練習問題 90

(1) 彼女は中年（の女性）である。

(2) 中年の人が私を迎えた。

(3) これは大きな意義を持つ要因である。

(4) 私は大変珍しい本を持っている。

603

V 練習問題91

1) (1) この世には不可解なものがたくさんある。

   (2) 女性の患者は歩き始めた。彼女はもうすぐ全快する。

   (3) ホールには新婚夫婦が数組いた。

   (4) 我が国ではテレビでスポーツの試合を見るのを好む人が多い。

2) (1) У неё мно́го хоро́шего.

   (2) Он мой знако́мый.

   (3) Я помога́ю глухонемы́м, и изуча́ю дактилоло́гию.

   (4) Я хочу́ сходи́ть в парикма́херскую.

―― 第17課 ――

I
1. 練習問題92

1)・2) 解答省略（第74表参照）

2. 練習問題93

1) 36, 41, 59, 68, 87, 93, 111

2) девятна́дцать, два́дцать два, три́дцать пять, со́рок шесть, сто двена́дцать, сто два́дцать четы́ре, сто пятьдеся́т во́семь, сто девяно́сто семь

II 練習問題94

1) (1) 机の上には2冊の本がある。

   (2) 私はチェーハフ（チェーホフ）の戯曲『三人姉妹』をみた。

   (3) 4月は30日あり，5月は31日ある。

   (4) 部屋には長いす，書棚，テーブルが1つずつあるが，あちらには長いすが2つ，書棚が3つ，テーブルが4つある。(4つのうち) 2つは大きく，2つは小さい。

   (5) 私は年3回ボーナスをもらう。

   (6) ロシア語の授業は週6回あります。

   (7) 「今日の気温は何度ですか」「今日はプラス15度です」

   (8) 「ご家族は？」「5人です。父，母，兄，姉，それに私」

   (9) 「手荷物は何個ですか」（空港などできかれる質問の一つ）「全部

で4個です」

2) (1)（оди́н）каранда́ш, два каранда́ша, три каранда́ша, четы́ре каранда́ша, пять карандаше́й, трина́дцать карандаше́й, два́дцать карандаше́й, два́дцать оди́н каранда́ш, три́дцать два каранда́ша, три́дцать пять карандаше́й

(2)（одна́）мину́та, две мину́ты, три мину́ты, четы́ре мину́ты, пять мину́т, шесть мину́т, четы́рнадцать мину́т, два́дцать мину́т, со́рок одна́ мину́та, со́рок две мину́ты, со́рок четы́ре мину́ты, со́рок шесть мину́т

(3) У меня́ есть две маши́ны.

(4) У моего́ бра́та есть сто два́дцать пять рубле́й.

(5) В аудито́рии (есть) сто шестьдеся́т три студе́нта.

(6) Принима́йте э́то лека́рство три ра́за в день по́сле еды́.

(7) В кварти́ре четы́ре больши́х (больши́е) ко́мнаты.

(8) — Кака́я температу́ра сего́дня? — Сего́дня пять гра́дусов моро́за.

III

1. 練習問題95

1)・2) 解答省略（第77表参照）

3) (1) 私は東京外国語大学ロシア語科の3年生です。

(2) 1年生, 2年生の時には必修科目が毎日あります。

(3)「血液型は何型ですか」「O型です」（ロシアでは血液型による性格判断の話題はない）

4) (1) Он у́чится на второ́м ку́рсе.

(2) Я живу́ на девя́том этаже́.

(3) А́нна сиди́т в восьмо́м ряду́.

(4) Ива́н получи́л на ко́нкурсе пе́рвую пре́мию.

(5) — Кака́я у вас гру́ппа кро́ви? (Како́й у вас гру́ппы кровь?) — У меня́ тре́тья гру́ппа кро́ви. (У меня́ кровь тре́тьей гру́ппы.)

2. 練習問題96

1) 23番目の，31番目の，95番目の，147番目の，189番目の
2) се́мьдесят седьмо́й, сто три́дцать четвёртый, сто со́рок восьмо́й, сто пятьдеся́т тре́тий, сто девя́носто девя́тый

IV

1. 練習問題97

1) 解答省略（第80表参照）
2) (1) моего́, твоего́「私の先生を知っている？」「うん，君の先生を知っている」 (2) мое́й 私のうちには電話がある。 (3) твоём 君の書斎には色々な雑誌がある。 (4) моего́ これは私の知っている学生の辞書だ。 (5) твое́й 君の妹は面白い本を持っている。 (6) мои́х 私の両親はとても古いパソコンを持っている。
3) (1) あなたは私の甥を知っている。
   (2) 支配人は私の父と話しをしている。
   (3) 私の両親のところに泊ろう。
   (4) 明日弟さんを連れて来てね。
   (5) 妹さんによろしく。
4) (1) Вы зна́ете мою́ племя́нницу.
   (2) Сосе́д разгова́ривает с мое́й сестро́й.
   (3) А́нна взяла́ мою́ су́мочку.
   (4) Остано́вимся у моего́ бра́та.
   (5) Переда́й приве́т твои́м роди́телям.

2. 練習問題98

1) 解答省略（第81表参照）
2) (1) ва́шем「イヴァーン・イヴァーナヴィチ（イヴァーヌィチ）さんあなたがお住いの区域にスタジアムがありますか」「スタジアムはありますが，あまり近くではありません」
   (2) ва́шей 彼はあなたの妹についてたずねている。
   (3) на́шей 私たちの部屋には絵（複）がかかっている。
   (4) ва́шего あなたのおじさんの車は路上で駐車している。

(5) нашего 私たちの家のそばには立派なデパートがある。

(6) вашу 喜んであなたの要請に応じます（要請に対する返事）。

3) (1) ご自宅の電話番号を教えてください。

(2) お立場を詳しく説明してください。

(3) 私共の基準からすれば許容できます（まあ合格です）。

(4) もしよろしければ帰らせていただきます。

(5) 実験の結果はご推測と一致しました。

4) (1) Я хорошо́ зна́ю ва́ших роди́телей.

(2) Переда́йте приве́т ва́шим роди́телям.

(3) Президе́нт недово́лен ва́шим предложе́нием.

(4) С ва́шего разреше́ния я возьму́ э́тот слова́рь.

(5) В на́шем университе́те преподаю́т ру́сские преподава́тели.

── 第18課 ──

I 練習問題 99

1) 解答省略

2) (1) 「おいくつですか」「私は29歳です」

(2) 私の知人のおじいさんは98歳，おばあさんは92歳です。

(3) 私たちがここに引越してきたとき，アーンナは3歳でした。今や彼女は26歳になろうとしているのです。

(4) この年でサッカーをやると息が切れる。

3) (1) — Ско́лько лет ва́шей ма́тери? — Мое́й ма́тери 50 (пятьдеся́т) лет.

(2) Мое́й сестре́ ско́ро бу́дет 22 (два́дцать два) го́да.

(3) — Ско́лько лет на́шему учи́телю? — Ему́ ско́ро бу́дет 56 (пятьдеся́т шесть) лет.

(4) Ему́ лет со́рок пять.

II 練習問題 100

1) (1) 「あのう，何時でしょうか」「9時です」

(2) 「君の時計では（今）何時？」「6時半だ」（話しことばでは часа́х はしばしば省略）

607

(3) 今ちょうど7時です。私の時計が合っていればの話ですが（もし、私の時計が正しく動いているなら）。

(4) 私たちは9時過ぎになってやっと目がさめた。

(5) もう2時を過ぎた。あんたと私は3時間すわっておしゃべりをしているわけだね。

(6) 列車は19時15分に発車する。

(7) 私の時計は3分（だけ）進んで（遅れて）いる。

(8) 午前10時頃私のところに来てください。

(9) 列車は3時12分発です。

(10) 飛行機は22時45分に到着します。

2) (1) — Сколько сейчас времени на твоих (часах)? — На моих (часах) половина восьмого.

(2) — Который теперь час на ваших часах? — На моих часах четверть четвёртого.

(3) Вчера я лёг (легла) спать часов в десять вечера.

(4) Спектакль начнётся ровно в шесть часов.

(5) Зайдите (заходите) к нам в четыре часа.

(6) — Во сколько вы придёте ко мне? — Я приду к вам десять минут третьего.

(7) Я вернулся (вернулась) домой двадцать минут двенадцатого.

(8) Сегодня я встал (встала) в половине седьмого.

(9) Собрание кончилось без пяти пять.

(10) Заседание начнётся в половине седьмого.

III 練習問題 101

1) (1) 「何月生まれ？」「10月だ」「何日？」「7日」「つまり10月7日ということ？」

(2) 7月25日私たちは別荘に出かけます。

(3) 昨日は7日でした。

(4) コンサートは何日にあるのですか。コンサートは13日です。

(5) 日本では学年度は4月に始まり，3月に終わります。

2) (1) Ханако родила́сь два́дцать пя́того ноября́.

(2) А́нна прие́дет в Япо́нию пятна́дцатого ма́я.

IV 練習問題 102

1) (1) 413 (2) 1544 (3) 1998 (4) 2312 (5) 12831

2) (1) 236 две́сти три́дцать шесть

(2) 512 пятьсо́т двена́дцать

(3) 1048 ты́сяча со́рок во́семь

(4) 1966 ты́сяча девятьсо́т шестьдеся́т шесть

(5) 2873 две ты́сячи восемьсо́т се́мьдесят три

(6) 5937 пять ты́сяч девятьсо́т три́дцать семь

V 練習問題 103

1) (1) 「この本はいくらですか」「3950円です」

(2) 「このカメラはいくらですか」「5万2千円です」

(3) 私は銀行から300万円借りました。

2) (1) — Ско́лько сто́ит э́та кни́га? — Она́ сто́ит три́ста се́мьдесят оди́н рубль.

(2) — Ско́лько стоя́т э́ти брю́ки? — Они́ стоя́т ты́сячу восемьсо́т девяно́сто пять рубле́й.

VI 練習問題 104

(1) 254-й две́сти пятьдеся́т четвёртый

(2) 489-й четы́реста во́семьдесят девя́тый

(3) 895-й восемьсо́т девяно́сто пя́тый

(4) 1993-й ты́сяча девятьсо́т девяно́сто тре́тий

(5) 2011-й две ты́сячи оди́ннадцатый

VII 練習問題 105

1) (1) Два́дцать шесто́го апре́ля ты́сяча девятьсо́т во́семьдесят шесто́го го́да... 1986年4月26日チルノーベリ（チェルノブィリ）原子力発電所において事故が発生した。

(2) ... восьмо́го февраля́ ты́сяча семьсо́т два́дцать пя́того го́да. ピョートル大帝は 1725 年 2 月 8 日に永眠された。

(3) ... два́дцать шесто́го ма́я ты́сяча семьсо́т девяно́сто девя́того го́да. アリクサーンドゥル・スィルギェーヴィチ・プーシキンは 1799 年 5 月 26 日にモスクワで生まれた。

(4) Ты́сяча девятьсо́т се́мьдесят четвёртого го́да.「あなたは何年のお生れですか」「1974 年です」

2) (1) — Когда́ она́ родила́сь? — Она́ родила́сь тридца́того ноября́ 1972-го (ты́сяча девятьсо́т се́мьдесят второ́го) го́да.

(2) — Когда́ вы родили́сь? — Я роди́лся (родила́сь) деся́того а́вгуста.

(3) В про́шлом году́ э́тот го́род пострада́л от землетрясе́ния.

VIII 練習問題 106

(1) 彼女は 2 人の子持だ。
(2) キエフに 3 日間滞在した。
(3) 「何名様ですか」「5 人です」
(4) 相手は 4 人，こちらは 6 人だったので怖くなかった。
(5) 1 人が犁(すき)を持ち，7 人が匙(さじ)を持つ（一人が働き大勢が食べる）。

―― 第19課 ――

I 練習問題 107

1) (1) 彼らは自分達の論文を読んでいる。
(2) 彼らはあの人達の論文を読んでいる。
(3) そんな話は家で，ご自分の奥さんにでもしてください。会議でやっては困りますよ。
(4) 「アンドゥリェーイ・アンドゥリェーヴィチ，ご自分のかつての教え子をおぼえておいででしょうか」「ええ，もちろん。私のかつての教え子であるアンドゥリェーイフは今有名な俳優ですし，ニキーチンはモスクワ大学の教授です」
(5) アーンナは身支度の最中だ。
(6) 自分の力に応じて働いていただきたい（できるだけの努力をし

てほしい)。

(7) 自分のものを使え。私のものはさわるな。

2) (1) А́нна говори́т о своём бра́те.

(2) А́нна говори́т о её бра́те.

(3) Я принесу́ свою́ кни́гу.

(4) Ива́н беспоко́ится о свое́й сестре́.

(5) Я горжу́сь свои́м отцо́м.

II 練習問題 108

1) (1) э́того　私はあなたと相談したいことがある（相談する必要がある）。そのためにここに来たのだ。

(2) э́той　私たちはこの本でロシア語を勉強している。

(3) э́тому　私はしょっちゅうこの学生に自分の本を与えている。

(4) э́том　私はこの問題については知っている。

(5) э́том　今年，私は仕事をたくさんかかえ込んでいる。

(6) э́том　イヴァノーフ教授はこの大学で働いている。

(7) э́той, той　「すみませんが，この通りには書店があるでしょうか」「ありません。書店はもう少し先へ行ったところの広場にあります」

(8) том, том　ノートはあのテーブルの上にあります。本も同じところにあります。(つまり) 本も同じテーブルの上にあるということです。

2) (1) 大学は川のこちら側にあり，(市の) 中心街は反対側です。

(2) 入口は建物（ビル）の向こう（反対）側です。

(3) 今週中，ここ（この店）では全商品，値下げして販売中です。

(4) 「これについてはどうお考えですか」(Как вы ду́маете об э́том? Как вы смо́трите на э́то? とだいたい同じ意味)「私は大変悲観的です」

3) (1) Я изуча́ю англи́йский язы́к по э́той кни́ге.

(2) Не ду́майте об э́том.

(3) У э́того прое́кта име́ется большо́е преиму́щество.

(4) В э́том магази́не идёт распрода́жа.

(5) Ива́н реши́л э́ту зада́чу эффекти́вным спо́собом.

III 練習問題 109

1) (1) все　これらの手紙全部に返事は出せない。

   (2) все　博物館の陳列室を一つ残らず見学したいのです。

   (3) Вся　私たちの家族全員は今東京に住んでいます。

   (4) Всем　皆は私の論文に目を通す必要がある。

   (5) всех　これらすべての建物にはわが社のブルーカラーとホワイトカラーの職員が住んでいる。

2) (1) ご結婚おめでとう。心からお祝いいたします。

   (2) 全国的に雨になるでしょう。

   (3) ヴァルヴァーラ・ヂミートリイヴナは間違いなくまだ生きています。

   (4) 色々なことがおこります（よくあることです）（人を慰めたり，安心させたりする時の言い方）。

   (5) 全てには（それぞれの）時がある。

IV 練習問題 110

1) (1) 私たち自身でもわからない（知らない）のだ。

   (2) 彼らは何でも自分の手でやっている。

   (3) 彼自身がまだ来ていない。

   (4) 私は彼ら自身に会ったのだ。

   (5) 私たちは彼女その人について話した。

   (6) 「どちらから来ましたか」「私は日本から来ました」

2) (1) Я сам (самá) сдéлаю.

   (2) Мы всё дéлаем сáми.

   (3) — Вы сáми стирáете? — Да, я сам (самá) стирáю. У меня́ есть стирáльная маши́на.

   (4) Я пéредал (передалá) письмó ей самóй.

   (5) Я говори́л (говори́ла) с ним сами́м.

────── 第20課 ──────

I 練習問題 111

1) (1) 私はイヴァーンの姿を見かけた。彼は（誰かわからないが）誰かと立ち話をしていた。
(2) 子供達は（何だかわからないが）何かについて言い争っている。
(3) この部屋で（誰だか知らないが）誰かが（たしかに）たばこを吸ったようだ。
(4) （誰だか知らないが）誰かがあなたに電話してきた。
(5) 私は（誰のだか知らないが）誰かの声が窓の外でするのを耳にした。
(6) 彼女はなぜだか知らないが黙っていた。
(7) 私の兄は今南方のどこかにいる。
(8) 姉は（どこだかわからないが）どこかへ出かけてここにはいない。

2) (1) Сегодня он почему-то сюда не приходил.
(2) Он мне сказал что-то по-японски, но я не понял (поняла).
(3) Кто-то стучит в дверь.
(4) Я читал (читала) об этом в каком-то журнале.

II 練習問題 112

1) (1)「誰か電話かけてきた？」「うん，誰かが電話してきたよ。だけど，名前を言わなかった」
(2) もし，誰かから電話があったら，私は1時間したら帰ると言ってください。
(3) このことについて誰かと話したの？
(4) ちょっとお時間をいただけませんか。

2) (1) Я хочу куда-нибудь пойти сегодня вечером.
(2) Расскажите нам что-нибудь интересное.

III 練習問題 113

(1) 私は二，三知っていることがある（いいこと知っている）。
(2) 彼は（何かわからないが）何かを知っている（に違いない）。
(3) この問題については多少は読んだことがある。

613

(4) 私たちは二，三の知人に会った。

IV　練習問題 114

1) (1) ホールには誰もいなかった。
   (2) 誰もこの雑誌を持っていない。
   (3) 私たちはまだ誰とも知りあいになってはいない。
   (4) 彼女は何に対しても興味を持たない（何も彼女の興味をひかない）。
   (5) 私は彼に何も尋ねなかった。
   (6) 私たちは誰の援助も必要としていない（ничьéй пóмощи は，не нýжно があるため否定生格）。

2) (1) Дóма, крòме сестры́, никогó нé было.
   (2) Здесь никогó я не знáю.
   (3) Ни у когó нé было э́той кни́ги.
   (4) Он ничегó не знáет.
   (5) Я никогó ни о чём не спрáшивал（спрáшивала）.
   (6) Никудá я не пойдý.
   (7) Отéц никогдá не пи́шет пи́сем.
   (8) Мать никогдá не читáет газéт.

V　練習問題 115

1) (1) (a) 彼は何もいわなかった。(b) 彼はいうべきことがなかった（емý は主体として理解しよう）。
   (2) (a) 私はこれについて誰にも話さなかった。(b) これについて話すべき相手を私は持っていなかった。

2) (1) 私には尋ねるべき人がいない。
   (2) 彼女には読むべきものがなかった。
   (3) 私には相談すべき相手がいない。
   (4) 日曜日には私は何もすることがないだろう。

3) (1) (a) 当時，私にはこの仕事を任せられる人がいなかったのです。
   (b) 当時，私にはこの仕事を任せられる人がいたのです。

(2) (a) 私達はもうこれ以上話すことがありませんね。(b) 私達には話すことがあります。

(3) (a) イヴァーンには付き合う相手がいなかった。(b) イヴァーンには付き合う相手がいた。

4) (1) Мне нéкогда читáть кни́ги.

(2) Мне бы́ло нéкогда читáть кни́ги.

(3) Нам（Мне）нéчем бы́ло заня́ться в тот вéчер.

(4) Нам бы́ло нéгде сесть.

—— 第21課 ——

II
1. 練習問題 116
(1) 私にはもっと切れるナイフが必要である。

(2) このような温度は大気圏のより低い層に特有のものである。

(3) この問題はより重要である。

(4) 私はこんな面白い本を読んだことがない（より面白い本を読んだことがない）。

(5) 私たちは一段と高級なホテルに宿泊した。

2. 練習問題 117
(1) 冬の氷は春よりも厚い。

(2) 常設用水路のほうが潅漑には便利である。

III
1. 練習問題 118
1) (1) спосóбнее (2) краснéе (3) быстрéе (4) яснéе (5) светлéе (6) привéтливее

2) (1) イヴァーンの報告も面白かったが，アーンナの報告はもっと面白かった。

(2) 彼に比べると私は弱い。

(3) 日に日に暖かくなっていく。

(4) 早くよくなってください（病気の人に向かってよく使う）。

615

(5)　できるだけ早くこちらに来てください。

2.　練習問題 119

1)　(1) про́ще　(2) бо́льше　(3) ме́ньше　(4) вы́ше　(5) по́зже [pо́ʒʒʼɪ]
　　(6) ши́ре

2)　(1)　この本のほうが高い。
　　(2)　この商品のほうがよい。
　　(3)　この肉のほうが安い。
　　(4)　河はあの場所がより深い。
　　(5)　聞こえません。どうか，もっと大きな声で話してください。
　　(6)　今日はお元気そうですよ。
　　(7)　「以前ロシアに来たことあるのですか」「いいえ，はじめてです」
　　(8)　ご存知の通り，私達はもうこの事業をこれ以上続けないことにきめました。
　　(9)　アーンナはこの上なくみごとに全てを語った。
　　(10)　自分のシャツの方が体にしっくりくる（「わが身ほどかわいいものはない」『研究社露和辞典』p.1995)。
　　(11)　一人の知恵より，二人の知恵（「三人よれば文珠の知恵」）。

IV　練習問題 120

1)　(1)　それより面白い雑誌を見せてくれ。
　　(2)　彼の課題は私のより困難である（彼には私のより困難な課題がある）。
　　(3)　今年私は去年より多く働いた。
　　(4)　今日は昨日より天気が悪い。
　　(5)　私は君より数学をよく知っている。
　　(6)　きょうの芝居は昨日のより面白い。
　　(7)　おじいさんは，以前，にわとりはもっと大きかったし，その上おいしかったといっている。
　　(8)　彼は文学をなおいっそうの興味を持って勉強している（бо́льший が長語尾比較級であることに注意）。

(9) 事態は予想より（予期できた以上に）好転している（лу́чший は長語尾比較級）。

(10) 空飛ぶ鶴より手中のシジュウカラの方がよい。

(11) 遅くてもしないよりはまし。

(12) 小さな仕事でも大きな無為よりはまし。

2) (1) Э́та ва́за краси́вее, чем та.

(2) Э́тот студе́нт спосо́бнее, чем тот.

(3) Э́та зада́ча трудне́е, чем та.

(4) Э́та конфе́та вкусне́е той конфе́ты. (... вкусне́е, чем та (конфе́та). も可)

(5) Наш преподава́тель моло́же и краси́вее ва́шего преподава́теля. (... краси́вее, чем ваш преподава́тель. も可)

(6) Самолёт быстре́е по́езда. (... быстре́е, чем по́езд. も可)

(7) Э́та кни́га интере́снее той кни́ги. (... интере́снее, чем та. も可)

(8) Она́ моло́же меня́.

VI 練習問題 121

1) (1) なおいっそうの努力を必要とする。

(2) 今朝ははるかに寒い。

(3) 私は卒業論文を書いているのだが、なるべく早く書き上げたい。

(4) 病人は少しよくなった。

(5) よく聞こえません。もう少し大きな声で話して下さい。

(6) 「もしもし。アーンナ・イヴァーナヴナさんいらっしゃいますか（電話までお願いできないでしょうか）」「今いません。もう少しあとで電話してください」

2) (1) Она́ гора́здо моло́же вас.

(2) А́нна немно́го моло́же Ива́на.

(3) Са́ша гора́здо ста́рше Лю́бы.

(4) Говори́те поме́дленнее.

VII 練習問題 122

1) (1) 私は彼女より2歳年上だ。彼女は私より2年年下だ。

(2) トゥルギェーニフ（トゥルゲーネフ）はタルストーイ（トルストイ）より10歳年上だ。

(3) 私は彼より2倍も年上だ。

2) (1) Сестра́ ста́рше меня́ на четы́ре го́да.

(2) Мать моло́же отца́ на пять лет.

(3) Масао в два ра́за ста́рше её.

VIII 練習問題 123

(1) もう少し安いのはないですか（買い物での言い方）。

(2) もう少し安いのを見せてください（買い物での言い方）。

(3) もう少し簡単な仕事をさがしている。

(4) もう少しきれいなテーブルクロスをください。

(5) 「もう少し甘い紅茶が好きかい？それともあまり甘くないのがいい？」「私は紅茶は砂糖を入れないのが好き」

IX 練習問題 124

1) (1) 僕は彼女がますます好きになっていく。

(2) 今やますますたまにしか会わないようになってきているではないか。

(3) イヴァーンはますます勉強しなくなってきている。

(4) まわりが陽気であればあるほど私たちはますます悲しくなった。

(5) 君を知れば知るほど，わからなくなる。

2) (1) Дождь идёт всё сильне́е (и сильне́е).

(2) Ива́ну станови́лось всё ху́же (и ху́же).

(3) Чем бли́же я подходи́л(а) к зда́нию, тем гро́мче слы́шался стра́нный звук.

(4) Чем бо́льше я изуча́ю ру́сский язы́к, тем бо́льше я увлека́юсь им.

—— 第22課 ——

I 練習問題 125

1) (1) これは私たちの町で一番大きなビルである。

(2)　私たちはこの町の一番面白い区域に住んでいる。
　　(3)　バイカール湖は世界で最も深い湖の1つである。
　　(4)　彼女が両親と別れを告げるにあたっては見るも痛々しい愁嘆場が演じられた（сáмый による最上級は「他と較べて一番」という意味を表わすのが原則であるが，文学作品などでは時に強調的意味あいで用いられることがある。これはその例の1つ）。
2)　(1)　Эта кóмната сáмая хорóшая во всём дóме.
　　(2)　Эти конфéты сáмые вкýсные.

II　練習問題 126
1)　(1)　これは最も簡単な方法である。
　　(2)　彼は最も勤勉な生徒である。
　　(3)　彼女は一番立派に仕事をこなした。
　　(4)　彼が自己の思想を最も詳細に述べたのはこの論文である。
　　(5)　ミスキャストといったら彼が一番だ（наибóлее, наимéнее が単なる強調的意味で用いられることはない）。
2)　(1)　Это наибóлее интерéсная кни́га.
　　(2)　Этот урóк наибóлее трýдный.

III　練習問題 127
1)　(1)　ルジニキーのスタジアムは最良最大である。
　　(2)　これは最高に面白い考えである。
　　(3)　プーシキンはロシアの大詩人中の大詩人である。
　　(4)　一番近い書店は駅のかたわらにある。
　　(5)　直線とは2点間の最短距離である。
　　(6)　富士山は日本の山の中で一番高い山である。
2)　(1)　Óзеро Байкáл — сáмое глубóкое (глубочáйшее) в ми́ре.
　　(2)　Они́ зáдали мне глупéйший вопрóс.
　　(3)　Где ближáйшая стáнция метрó?

IV　練習問題 128
1)　(1)　この友人は私にとり誰よりも大切だ。

(2) 君はいつも誰よりもよく働く。

(3) このお菓子がどんなお菓子よりもおいしい。

(4) 一番好きなのは働くことだ。

(5) それが一番いい。

2) (1) Этот друг ему дороже всех.

(2) Он способнее всех.

(3) Он способнее всех студентов.

(4) Она красивее всех.

(5) Мне больше всего понравился «сад камней».

── 第23課 ──

I 練習問題 129

1) (1) 昨日来てくれたら私と家で会えたのに。

(2) こんなに遅くなかったら，彼女のところに出かけるのだが（遅いので出かけられない）。

(3) この事件を知っていたなら，君に話したのだが。

(4) お金がいると昨日いってくれたら，きょう持ってきてあげたのに（いってくれなかったのは残念だ）。

2) (1) Если бы вчера была хорошая погода, мы поехали бы за город.

(2) Если бы у меня было время сегодня, я пошёл (пошла) бы в кинотеатр.

(3) Если бы у меня было много денег, мне не нужно было бы работать.

III 練習問題 130

1) (1) (a) あなたとちょっとお話がしたい。(b) あなたとちょっとお話ができたらと思うんですが。

(2) (a) 私のところに寄ってください。(b) できたら私のところにお寄りいただけたらと思うんですが（私のところに寄ることを頼めるなら頼みたい）。

2) (1) 何か（ちょっと）食べていただきたいんですが。

(2) 私たちのところに寄っていただけたらありがたいのですが。

(3) 戦争が終わってくれたらなあ。

(4) 自由な鳥となってあなた方みんなから飛び去ることができたらなあ。

(5) いらっしゃってくださったら，大変うれしいのですが。

IV 練習問題 131

1) (1) (a) 本を図書館に持っていって返しなさい。
    (b) いつもこの図書館で本を借りなさい。期限までに返すんですよ。
   (2) (a) 窓を開けなさい。
    (b) 窓を開けてはいけません。
   (3) (a) 列車に乗り遅れないようにしてください。
    (b) 授業に遅れるようなことをしてはいけません。
   (4) (a) 忘れてしまえ，夢など忘れてしまえ…。
    (b) 私達のこと忘れないでくださいね。

2) (1) 必ず書面にて回答をお寄せください。さもなければ品物をお送りしかねます。
   (2) 座席ベルトをお締めください。たばこはお控えください（飛行機内のアナウンスの1つ）。
   (3) （ここで）買うのはよしなさい。高すぎます。
   (4) 火事の際にはエレベーターを使用しないでください。
   (5) 一度裁つのに七度は測れ（石橋を叩いて渡る）。

V 練習問題 132

1) (1) 夕立だ。さあ，走って帰ろう。早く。
   (2) タクシーに乗りましょう。
   (3) すべての敵意を捨て去ろう。
   (4) 何かもっと楽しいことを話しましょう。
   (5) 「言い争うのはよそう」「そうだ，よそう」
   (6) 本題に移りましょう。
   (7) 「はじめまして。高木と申します」「はじめまして，よろしく

(8) 話し合いで共通の理解に達するようにしましょう（妥協点を見いだすようにいたしましょう）。

2) (1) Давай посмо́трим э́тот фильм.

(2) Давай говори́ть то́лько по-ру́сски.

(3) Ну, начнём рабо́тать.

(4) Ну, дава́йте начина́ть заседа́ние.

(5) Ся́дем в такси́ (Возьмём такси́).

IX 練習問題 133

(1) 彼にもう一度読ませなさい。

(2) イヴァーンが自分でするよういってください（イヴァーン自身にそれをやらせなさい）。

(3) 高齢期がくるならくるでかまわない。

(4) 誰も火遊びをしてはならない（Никто́ не до́лжен игра́ть с огнём. とほとんど同義）。

—— 第24課 ——

II 練習問題 134

1) (1) кото́рый　ここにいるのがモスクワに住んでいた私の兄です。

(2) кото́рая　あなたが興味を持っている本をあなたにあげます。

(3) кото́рая　アーンナはいろいろな電気器具を生産する会社で働いている。

(4) кото́рые　イヴァーンはビデオ店から借りてきた様々なレンタルビデオの映画を家で見ている。

(5) кото́рой　私の妹は今家にいませんが，すぐ（帰って）きます。

(6) кото́ром　私があなたにいろいろと話した人は明日私のところにやってきます。

(7) кото́рых　彼は大変面白い論説が掲載されている雑誌（複）を読んだ。

2) (1) 学者たちは収穫量の多い小麦を開発した。

(2) これは原因がいまだはっきりしない現象である。

(3)　かつて聞いたことがあるような名の駅に私達は到着した。

(4)　朝駅で会った当の人が入ってきた（先行詞が тот によって指示されていることに注意）。

(5)　彼は女に気に入られる頭の持ち主だった（先行詞が тот によって指示されていることに注意）。

(6)　そのとき私が味わった感覚をことばで表わすのは非常に困難である（先行詞が то によって指示されていることに注意）。

3)　(1) Я хорошо́ зна́ю студе́нта, кото́рый там сиди́т и чита́ет кни́гу.

(2) Твоё письмо́, кото́рое я получи́л (получи́ла) вчера́, меня́ о́чень обра́довало.

(3) Вчера́ мы посети́ли шко́лу, кото́рую мы око́нчили 20 (два́дцать) лет тому́ наза́д.

(4) Сего́дня в То́кио прие́дет друг, кото́рого я давно́ не ви́дел (ви́дела).

(5) Кварти́ра, в кото́рой мы жи́ли в Москве́, была́ о́чень больша́я.

III　練習問題 135

(1)　私が頼んだ本をください。

(2)　その後二度と経験したことのないそんな夜だった。

(3)　あなたが必要としているような辞書はここにはありません。

(4)　私が探していたのはまさに彼のような人だ。

(5)　昨日のような彼女を私達は今まで見たことがない。

IV　練習問題 136

(1)　創造者とは新しい現実をつくり出すもののことである。

(2)　キーイフ（キエフ）の秋を見たことのないものはこの時期が持つ人の心をなごませる美しさを決してわかりはしないだろう（о́сени は他動詞の否定生格）。

(3)　私は，あなたがそう思った人ではありません（人違いです）。

(4)　働かざるものは食うべからず。

(5)　早く起きる者に神は与える（早起きは三文の徳）。

(6)　何もしないものは誤りをおかさない。

(7) 最後に笑う者がよく笑う（послéдним は造格）。

V 練習問題 137

1) (1) われわれには人間の内的世界を豊かにするものが必要である。
   (2) 私達ができることは何でもします。
   (3) 彼が話してくれたことはみな私たちはすでに知っていた。
   (4) 終わりよければすべてよし。
   (5) 頭にあることは口に出る。
   (6) あったものはなくなったものだ。

2) (1) что　彼が説明してくれたことをすべて私たちはいつも理解した。
   (2) чемý　私が教えたことのすべてを彼はすでに忘れてしまっている。
   (3) что　あなたが話していることの多くは正しい。
   (4) кто　この絵を見た人は誰でもこの絵が気に入った（вúдел のかたちに注目）。
   (5) когó　私たちが通りで会ったすべての人たちは一人残らずクラブの集会へと行くのであった。

VI 練習問題 138

(1) 手紙に住所が書いてある人はもうそこに住んでいなかった（Человéк, áдрес котóрого был на письмé, жил уже в другóм мéсте. と同義）。
(2) これら英雄の功績は国中が誇りとしており、その名は永遠に記憶されよう（Герóи, пóдвигами котóрых гордúтся вся странá, навéк остáнутся в нáшей пáмяти. と同義）。

VII 練習問題 139

1) (1) ナイチンゲールの鳴いている茂みのかたわらを通りすぎた。
   (2) この駅からほど遠からぬところに私が生まれ育った村がある。
   (3) 誰も私を知るものがいないところへ行く。
   (4) しあわせあれば、喜びあり。
   (5) 勇気ある所に勝利あり。
   (6) 薄い所は破れる。
   (7) 針の行く所糸は従う（息の合った間柄）。

(8) 行きたい所に行け（どこでも好きな所へ行け）。

(9) 子供たちが遊んでいるところからは楽しげな叫びと笑い声が聞こえてきた。

(10) 音楽（の音）が聞こえてきたその場所に私達は行こうときめた。

(11) あなたが来た所と同じ所から彼は来た。

2) (1) Недалеко́ отсю́да нахо́дится ую́тный рестора́н, куда́ я ча́сто хожу́.

(2) — Как называ́ется райо́н, где я нахожу́сь? — Сэтагая.

VIII 練習問題 140

(1) 生まれた家を出た朝を私はよくおぼえている。

(2) それは戦争が始まった年の春のことであった。

(3) それは私が妹を見た最後の日だった。

―― 第25課 ――

I 練習問題 141

1) (1) Разгова́ривая… （私たちの）祖国について話しあいながら，私たちは長い間暗いホールにすわっていた。

(2) Ду́мая… 子供のときのことを考えると，私はいつもおばあさんのことを思い出す。

(3) Начина́я… この仕事を開始したときに，彼は仕事がこんなに困難なものになるとは予想もしなかった。

(4) жела́я… このことについて話したくなかったので，私は黙り込んだ。

2) (1) 学校から帰る途中，私たちは通りでイヴァーン・イヴァーヌィチに出会った。

(2) 明日，散歩から帰る途中，私はイヴァーン・イヴァーヌィチのところに寄ろうと思う。

(3) 早く帰りたいので，彼は仕事を早く終えようといそいでいる。

(4) 新聞を読みながら，私はロシアの運命について考える。

(5) たくさん時間があったので，私たちは大学に歩いていくことにきめた。

(6) たとえていえば，彼は私達にとり希望の光のようなものだった。

(7) ここだけの話しだけど，あいつはばかだよ。

(8) この機会を利用してあなたの住む町を一目見ることにした。

3) (1) Áнна читáла газéту, си́дя у окнá.

(2) Читáя письмó брáта, я дýмал（дýмала）о свои́х роди́телях.

(3) Разговáривая о судьбах своéй рóдины, рýсские дóлго сидéли в тёмном зáле.

II 練習問題 142

1) (1) Поýжинав,… 夕食をすませてから私は劇場へ出かけた。

(2) Окóнчив… 私の弟は，工科大学を卒業し，技師になる。

(3) Придя́… 彼女は，家に帰ると，テーブルの上に手紙があるのを見つけた。

(4) Уéхав… 東京を昨日出発したので，あなたをお訪ねすることができませんでした。

2) (1) 私たちのところへ来れば新しい日本の週刊誌がもらえるよ。

(2) 教授は重要な問題をこまかく説明し，掘りさげながらすばらしい講義を行った。すべてを説明しつくした上で新しいテーマに移るのであった。

(3) 外国から帰ってからも彼は教育活動と研究活動を続けている。

(4) 若い女性は，にっこりほほえみ，われわれに腰掛けるようにすすめてくれた。

3) (1) Улыбнýвшись, я пригласи́л（пригласи́ла）мáльчика.

(2) Узнáв э́ту нóвость, я сейчáс же позвони́л（позвони́ла）отцý.

(3) Окóнчив рабóту, я пошёл（пошлá）гуля́ть.

―― 第26課 ――

II 練習問題 143

1) (1) читáющая 窓のそばで新聞を読んでいる女子学生はイタリア語をよく知っている。

(2) изучáющие ロシア語を勉強している学生たちが昨日私のところ

にやってきた。

(3) знающего　フランス語をよく知っているおじさんにこの論文を私たちのために訳してくれるように頼んだ（дядя は男性名詞）。

(4) находя́щейся　観光客たちはモスクワの中心に位置する「赤い広場」を訪れた。

(5) стоя́щему　私たちは２番線に停車中の列車に近づいた。

2) (1) ... сестре́, живу́щей...

(2) Студе́нты, жела́ющие...

(3) ... студе́нтам, изуча́ющим...

(4) ... гости́ницы, находя́щейся...

(5) слу́шателям, посеща́ющим...

3) (1) ... ма́льчика, кото́рый хорошо́ игра́ет на роя́ле.

(2) ... сы́ну, кото́рый живёт на Кавка́зе.

(3) ... для люде́й, кото́рые ждут до́ктора.

4) (1) 最も人気の高い空路を利用する（利用して出発する）旅客に対しても運賃は値上げされた。

(2) 災害（不幸な出来事）予防のための展示会はいつも大変な関心を呼び起こす。

III　練習問題 144

1) (1) игра́вший　ハムレット役を演じていた俳優は大変な才能の持主だ。

(2) прочита́вшая　本を１冊読み上げた女子学生は閲覧室から出ていった。

(3) лежа́вшее　彼はテーブルの上にある手紙に気づいた。

(4) написа́вшую　アンドリェーイはこの論説を書いた女性記者を知っている。

(5) око́нчившему　私は大学を卒業した親友に手紙を出した。

2) (1) ... студе́нтов, спо́ривших...

(2) Докла́дчик, вы́ступивший...

627

(3) Студе́нты, сда́вшие...

(4) ... сы́на, роди́вшегося...

(5) Студе́нты-иностра́нцы, занима́вшиеся япо́нским языко́м...

3) (1) ... спроси́ть старика́, кото́рый проезжа́л ми́мо их до́ма.

(2) ... с почтальо́ном, кото́рый принёс...

(3) ... студе́нтов, кото́рые написа́ли...

4) (1) 問題を解いている女子学生は黒板のところに立っている。

(2) 問題を解いていた女子学生は黒板のところで立って書いていた。

(3) 問題を解き終えた女子学生はいすに腰掛け，書き始めた。

(4) 彼はそれを死にかけていた父親に約束したのであった。

(5) 新聞を読み終えた学生たちは新聞を机の上に残していった。

(6) 飛行機がおそろしかった子供たちは泣き出した（самолёта は боя́ться の支配により生格であることに注意）。

IV 練習問題 145

1) (1) (a) освеща́емое 月光に照らされる海はなんと美しいことか。(b) освеща́ющая 海を照らしている月は海上に高くかかっている。

(2) (a) собира́ющий 雨雲を呼び集める強い風が本日は吹いている。

(b) собира́емые 風によって呼び集められた雨雲は大空をおおいつくしていく。

2) (1) 私たちはあなた（がた）から提案されている案には賛成できません。

(2) 書物……それは休息におもむく歩哨から次に来る（かわりにその場所に立つ）歩哨に対して渡される命令である。（ゲルツェン）

(3) 彼は全生徒により学ばれている教科について論文を書きます。

(4) 皆に好かれている女の子です。

V 練習問題 146

1) (1) 兄は約束していた（約束されていた）本を持ってきた。

(2) 私たちはあなたに教えてもらった道を進んでいった。

(3) 子供たちはテーブルの上に残してあった食事（昼食）を食べて

しまった。

(4) 女子学生によって解かれた（答えが出された）問題はとてもむずかしかった。

(5) 私たちの教授によってロシア語から訳された本を私はたった今読み終えたところだ。

(6) 彼は閉じられたドアの向こうで誰かの声がするのを耳にした。

(7) 彼女は窓を開け放したまま寝ている。

2) (1) Оте́ц принёс сестре́ слова́рь, кото́рый он купи́л для неё в Москве́.

(2) Де́вушка, кото́рую мы встре́тили на у́лице, показа́лась мне знако́мой.

(3) Мы верну́ли в библиоте́ку все журна́лы, кото́рые мы прочита́ли.

(4) Я уви́дел на столе́ кни́гу, кото́рую забы́л мой знако́мый.

VI 練習問題 147

1) (1) (a) 市の周辺には新しい家々が（もう）建ててある。(b) 市の周辺には新しい家々が建てられた。(c) 市の周辺には新しい家々が建てられる。

(2) (a) この本は数回版を重ねている。(b) この本は数回版を重ねた。(c) この本は数回版を重ねることになろう。(d) この本は同じ出版社で出版されている。

2) (1) 黒板のこれらことばは何語で書かれているのか？

(2) 昨日私の妹が公園で見つけた本にはイヴァノーフという姓が書いてある。

(3) 集会では重要な決議が採択された。

(4) インフルエンザ流行に対する必要な予防対策が講じられた。

(5) 去年大学で行われたロームチフ教授の講義は『ナウーカ』出版社から出版された。

(6) 車両は満員だが，彼等の席はリザーブされている。

(7) この料理の素材は何ですか。

(8) 全部やっておきます。

(9) 動輪は水力によって動かされている。

(10) プランは着々と遂行されていった。

(11) プロジェクトは大臣によって検討された。

(12) （それら）プロジェクトは国からの融資を受けている。

(13) モスクワ発カザン行き第142便で出発されるお客様の搭乗手続きと手荷物の受付けが行なわれております。

(14) キエフ発モスクワ行き第28便の搭乗開始をお知らせします。

3) (1) Дверь была́ откры́та.

(2) Письмо́, наконе́ц, напи́сано сего́дня у́тром.

(3) Мой дом постро́ен в про́шлом году́.

(4) Ва́ша кни́га бу́дет напеча́тана в сле́дующем году́.

(5) Э́тот рома́н был напи́сан в 1850 (ты́сяча восемьсо́т пятидеся́том) году́.

(6) Я был (была́) удивлён (удивлена́) её поведе́нием.

(7) И в Япо́нии была́ организо́вана ли́га профессиона́льных футбо́льных кома́нд.

(8) За́мок был разру́шен в конце́ 19 (девятна́дцатого) ве́ка.

(9) Э́тот будди́йский храм был постро́ен в 12 (двена́дцатом) ве́ке.

(10) Э́тот тру́дный вопро́с разрешён япо́нским учёным.

VII 練習問題 148

1) (1) 私は勤め人です（働いています）。

(2) フクダさんは我が社の広告部長です。

(3) 希望者はいますか。

(4) 次の世紀には環境汚染問題は益々深刻になるだろう。

(5) 喫煙は喫煙者本人のみならず、周囲の人にも有害である。

(6) この店には適合する部品がなかった（подходя́щей дета́ли は否定生格）。

(7) 私達のパーティーは乾杯に始まり、皆の好きな歌を歌うことでおひらきとなった。

(8) あそこの電話はいつも話し中だ。

(9) 彼女はがっかりした。

(10) サーシャは発表を前にして落ち着きを失なっている。

(11) 食事の用意ができました。食卓の方へどうぞ。

(12) 入場禁止。

(13) 日本では風呂の中で体を洗わないことになっている（洗ってはいけない）。

2) (1) Я госудáрственный служащий.

(2) — Какóе вáше люби́мое блю́до, Ивáн Ивáнович? — Я люблю́ жáреное мя́со.

(3) Вы так тепло́ при́няли нас. Мы глубокó трóнуты.

(4) — В понедéльник музéй откры́т? — Да, откры́т.

(5) Сегóдня магази́н закры́т.

(6) А́нна всегдá занятá.

──── 第27課 ────

I 練習問題 149

1) (1) 私はあなたのクラスのとても美しいある女の子を知っています。

(2) 私たちはある名医について話していた。

(3) 私たちはあなた方と同意見である（одногó мнéния は生格。述語的に用いられている）。

(4) 勉強する生徒もいたが、ブラブラ遊んでいる生徒もいた。

(5) この通りには一軒も古い家がない。

(6) 新しい本がある書棚もあれば、古い本のある書棚もある。

(7) ある場所へ行く必要があるのですが（トイレに行きたいのですが、どこでしょうか）。

(8) 悪いことは重なる（不幸は一人ではやってこない）。

(9) 戦場では一人で戦えない（戦場の一人は戦士ではない）。

(10) 一人遅れても大勢は待たない（七人は一人を待たない）。

2) (1) Ивáн был (остáлся) дóма оди́н.

(2) Сётю — оди́н из ви́дов япóнской вóдки.

(3) В зале не осталось ни одного человека.

(4) Мы с ним работали в одной фирме.

(5) Мы с ней учимся на одном факультете.

II 練習問題 150

1) (1) 生 (2) 与 (3) 対 (4) 造 (5) 前。　два, четыре の変化は☞第113表。

2) (1) 私は2カ国語を知っている。英語とロシア語だ。

   (2) 私はここで2人の学生を知っている。

   (3) 古い友達は一人でも新しい友達二人にまさる。

3) (1) Я купи́л (купи́ла) два ли́тра молока́.

   (2) Вчера́ за обе́дом я вы́пил (вы́пила) три буты́лки пи́ва.

   (3) Я пригласи́л (пригласи́ла) четырёх знако́мых де́вушек.

   (4) Я прие́хал (прие́хала) в Япо́нию на четы́ре ме́сяца.

III 練習問題 151

(1) 生 (2) 生 (3) 生 (4) 造 (5) 生

VII 練習問題 152

1) (1) 100 ルーブルより 100 人の友。

   (2) 鎌倉は東京の南方 50 キロのところにある。

   (3) キャビア（ないしイクラ）200 グラムもらおう（注文しよう）。

   (4) サラミソーセージ 600 グラムください。

   (5) 東京都の人口は 1200 万人です。

2) (1) Населе́ние э́того го́рода составля́ет четы́реста ты́сяч челове́к.

   (2) Сре́дняя зарпла́та рабо́тников на́шей фи́рмы составля́ет пять миллио́нов девятьсо́т ты́сяч иен в год.

   (3) В э́том музе́е име́ется бо́льше ста кита́йских скульпту́р.

   (4) Э́тот стадио́н вмеща́ет приме́рно шесть ты́сяч зри́телей.

―― 第28課 ――

I 練習問題 153

1) (1) 夏は夜明けが早い。

(2) 私はベッドに入っていたが，眠れなかった。

(3) 波はごうごうと鳴る。

(4) 私は耳鳴りがする。

(5) 風が顔にふきつける。

(6) すき間から風が入ってくる。

2) (1) Здесь прия́тно па́хнет ро́зами.

(2) Мне не сиди́тся до́ма.

(3) Мне стра́шно хо́чется есть.

(4) Э́ту статью́ сле́довало написа́ть подро́бнее.

(5) Вам повезло́.

II 練習問題 154

1) (1) あのひとの邪魔をしてはいけない。

(2) お仲間に加えていただけますか（会話の輪に入ろうとする時）。

(3) 用紙に記入しなければなりません。

(4) そんな悲惨な事件の事を聞くとぞっとしますね。

(5) そんなことまったくありえませんよ。

2) (1) Бы́ло светло́ в ко́мнате.

(2) Мо́жно поговори́ть с ва́ми?

(3) Мо́жно здесь фотографи́ровать?

(4) Глу́по про́сто стоя́ть и ничего́ не де́лать.

(5) Ску́чно сиде́ть до́ма.

III 練習問題 155

1) (1) (a) 医者は病人に転地をすすめた（気候を変えることをすすめた）。
(b) 夏田舎へ行くようにすすめたのはイヴァーン・イヴァーナヴィチですか。
(2) (a) アリョーシャはコルホーズ（集団農場）全体を考えることはうまくできたが，自分のことに配慮することはうまくできなかった。
(b) 病人の看病すべてを引き受けたのは女性の看護師であった。
(3) (a) 彼女は私たちの仕事にはあまり関心がなかった。(b) 彼女は私

たちの仕事には全然関心を示さない。

(4) (a) 何で彼をそんなに憎むのだ。(b) 何でそんなに強い憎しみを彼に対して抱くのだ。

(5) (a) この事件を全面的に調査する必要がある。(b) この事件の全面的調査を行うことが必要である。

(6) (a) 最近私は超音速旅客機の試験飛行に参加した。(b) 彼はむずかしい話には加わらなかった。

2) (1) Áнна регуля́рно де́лает заря́дку.

(2) Регуля́рно де́лайте масса́ж.

(3) Ива́н сде́лал Áнне предложе́ние.

(4) Я хоте́л бы соверши́ть экску́рсию по го́роду.

IV 練習問題 156

(1) 今日アーニャは一張羅(いっちょうら)を着ていた。

(2) 彼は遠視であり，そのため，たえまなく眼鏡をはずしたり，かけたりしていた。

(3) 「まだブーツもはいていないのか…」シュトーリツは驚いて言った。

(4) アリョーシャはジャンパーを着た。

(5) 彼は毎日少しスキーをするために外に出た。

(6) 私たちはグルジア号でオデッサに渡った。

(7) バスで行こう。

V 練習問題 157

1) (1) ぼくはナットをつくり，君はナットのためのボルトをつくる。

(2) 幼児は字母から音節をつくり，音節から単語をつくることを学んでいく。

(3) この養成所は3年前に設立された。

(4) ここでご覧になられるものはみな子供達が自分の手でつくったものです。

(5) [兄は]私が屋根板を切ってこしらえた大きなサーベルを腰のベ

ルトにたばさんだ。

(6) ［ドクターは］英露辞典を片手に，単語を訳して，意味を推し量りながら，次のようなフレーズをゆっくりとつくりあげた。

2) (1) Отец строит дом.

(2) Мать вяжет свитер для сына.

(3) Вы уже составили список студентов, которые едут на практику?

(4) Сколько автомобилей вы производите в год?

(5) Целую неделю мы жили в палатке и готовили обед на костре.

(6) Недавно туда решили провести железную дорогу.

VI 練習問題 158

1) (1) 医者はいかさま師そのものであった。医術のイの字も知らない男であった。

(2) 自由化（自由にする／なること）とは絶対の真理への道と同じく，限り無く長い道程(みちのり)である。

(3) 少年は新しい友達に無限の信頼をおいている。

(4) これについて語ることは極めてつらい。

(5) イリェーナ・ヴァスィーリイヴナの私達への愛は非常に深いものがある。

(6) 彼の行動は極めて軽率であった。

(7) この手紙は彼を深い絶望におとしいれた。

(8) うちのコーリャはすごいねぼすけなんですよ。眠り込んだら最後，どうしたって起こすことはできないんです。そばで大砲をぶっぱなしたって，死んだように眠りこくっているんです。

(9) 子供のころ彼は父をひどくこわがっていた。

(10) 心よりお悔やみ申し上げます。

(11) 衷(ちゅう)心よりお悔やみする次第です〔(10) (11) 共に，故人の逝去を悲しみ，弔う時に用いる〕。

(12) この薬は全く害がありません。

2) (1) Между ними есть большая разница.

635

(2) Я в после́днее вре́мя ужа́сно пополне́л (пополне́ла).

(3) Ты твёрдо обеща́л (обеща́ла) мне, что вернёшь де́ньги сего́дня.

(4) Он си́льно тро́нут ва́шей добрато́й.

(5) Э́тот сотру́дник был всегда́ преде́льно аккура́тен.

(6) Че́рез не́сколько мину́т Ива́н кре́пко спал.

—— 第29課 ——

I 練習問題 159

1) (1) この事実は彼が自立していることのみごとな証明である。

(2) これが彼の死因であった。

(3) ナターリヤ・ザハーラヴナの質問はタラプィギンにとっては全く予期せぬものであった。

2) (1) Она́ явля́ется а́втором э́той кни́ги.

(2) Он явля́ется одни́м из мои́х друзе́й.

(3) Э́то явля́ется наруше́нием пра́вил.

(4) А. С. Пу́шкин явля́ется вели́ким ру́сским поэ́том.

(5) То́фу о́чень пита́тельная пи́ща.

II 練習問題 160

1) (1) そのとき彼女はまだ学生であった。

(2) 歌舞伎は以前, 人気のある庶民の娯楽であった（庶民に人気のあった娯楽である）。

(3) 日本チームの最も有望な水泳選手の一人は北島であった。

(4) 彼らは会社の社長に忠誠をつくすようになるだろう。

(5) 私は俳優になりたい。

2) (1) Он был инжене́ром.

(2) Он бу́дет инжене́ром.

(3) Она́ хо́чет быть врачо́м.

III 練習問題 161

1) (1) 「アーンナ, 何になりたいと思っているの？」「医者になりたい」

(2) この人は非常に経験豊かで物事に精通しているようだ。

(3) 彼の意見は正しくなかった（正しくないことが後でわかった）。

(4) 彼はすばらしい弁護士であることがわかった。

(5) アフリカは我々が小説を読んで想像する姿とは全く違っていた。

2) (1) Они стали друзьями.

(2) А́нна изуча́ла англи́йский язы́к и ста́ла перево́дчицей.

(3) Ива́н изуча́л япо́нский язы́к и стал перево́дчиком.

(4) Э́та кни́га ка́жется интере́сной.

(5) Она́ оказа́лась о́пытным врачо́м.

(6) Она́ оказа́лась знако́мой.

IV 練習問題 162

(1) 彼は仕事のぐあいがあまりよくない（うまくいっていない）。

(2) 私は両手がかじかんだ。

(3) 不眠症のため私は頭痛がしていた。

V 練習問題 163

1) (1) 母の姿を見ると彼は一気に酔がさめた。

(2) 彼は疑念にさいなまれている。

(3) ここではこういうきまりなのですが，よろしいでしょうか。

(4) その道を行くと半分こわれた古い家にぶつかった。

(5) 偶然じゃまが入り，時間どおりには出発できなくなった。

(6) あなたの話を聞いて，数年前に起こったことを思い出した。

2) (1) Письмо́ от отца́ огорчи́ло А́нну.

(2) Его́ лень огорча́ет роди́телей.

(3) Письмо́ от ма́тери обра́довало Ива́на.

(4) Како́е впечатле́ние произвела́ на вас Япо́ния?

(5) Нас порази́ла её красота́.

(6) Меня́ вполне́ устра́ивает ва́ше предложе́ние.

VI 練習問題 164

(1) 列車に乗れるよう9時までに行かなければならない。

(2) 私は（これらの）試験を受ける必要はない（Мне не нýжно сдавáть экзáмены. とほとんど同義）。

(3) 私はこの試験は受からない。

(4) このリンゴの木からはなかなか実がとれそうもない（直訳「このリンゴの木からのリンゴは長く待つ必要がある」）。

(5) 「火を消せ！」ハジ・ムラートは言った。

VII 練習問題 165

1) (1) (a) 電話だよ。(b) 誰かがお前を呼んでいるよ。

(2) (a) ドアは開けられていた。(b) 誰かがドアを開けた。

(3) (a) 早く行きなさい。あなたは人を待たせているのですよ。(b) 早く行きなさい。誰かがあなたを待っています。

(4) (a) 私たちの町では新しい工場が建てられている。(b) 私たちの町では新工場が建設されている。

2) (1) わが町に高層ビルが建設されることになっている。

(2) これが学校です。最近建てられたのです。

(3) 人は彼をよく知っており，彼は信頼されていた。

(4) 新聞ではロシアでの最近のできごとが報じられている。

(5) 列車の乗車券と航空券はここで売っています。

(6) このレストランの料理は悪くありません。

(7) 命令された所へ行く。

(8) 静粛に願います。

(9) ここは消毒ずみです。

(10) 私はパスポートを盗まれてしまった。

(11) 郷に入れば郷に従え（よその修道院に自分の修道院の規則を持ち込まない）。

(12) 好き嫌いでは争わない。

3) (1) В учёном совéте её рéзко критиковáли.

(2) Разрешúте уйти. Меня ждут.

(3) У нас в контóре не кýрят.

(4) Зелёный чай пьют без сáхара.

(5) Здесь продаю́т биле́ты на конце́рты.

(6) У него́ укра́ли креди́тную ка́рточку.

(7) У нас всё едя́т па́лочками.

VIII 練習問題 166

(1) 本当のことばはどこで出会えるかわからないものだ。

(2) どうしようもない（仕方がない）。

(3) 時間は再び帰らない。

(4) 見たいと強く思うものは見える。

(5) 今日できることは明日まで延ばすな。

(6) そりですべるのが好きなら，そりを運ぶことも好きになれ。

(7) 懐（ふところ）に手を入れていては何事もできない（働くことなしには池から魚も取り出せない）。

(8) 急がば回れ（より静かに行けば，より遠くへ行ける）。

── 第30課 ──

I 練習問題 167

1) (1) ベルが鳴り，講義は終了した。

(2) 薪にガソリンをかけた。（そのため）炎がぱっと燃え上がった。

(3) アーンナは間違いをおかしたので罰を受けた。

(4) 列車は5時丁度に来るのだから，少しは急いでくれなくては。

(5) 彼は有能であり，その上勤勉である。

2) (1) Ива́н заболе́л гри́ппом и не прие́хал на рабо́ту.

(2) По́езд останови́лся, и пассажи́ры вы́шли на перро́н.

II 練習問題 168

1) (1) 彼は食べたり，飲んだり，タバコをすったりしていた。

(2) ボートは波間に見えたと思うとまた消え，消えたと思うとまた見えたりする。

(3) 涙は，おのずから，彼女の目から流れ出た。彼女はスカーフのはしで拭いたり，片手で払ったり，手の平でぬぐったりした。

(4)　先生が悪かったのだろうか，それとも女子生徒だろうか。とはいえ，同じことが毎日繰返されるのだった。

2)　(1) Или я не понима́ю, и́ли же ты не хо́чешь меня́ поня́ть.

　　(2) То жа́рко, то хо́лодно.

　　(3) В зави́симости от сезо́на о́вощи то дорожа́ют, то дешеве́ют.

　　(4) Не зна́ю, придёт ли она́ и́ли не придёт.

III　練習問題 169

1)　(1)　グリェープは残酷であったが，残酷さというものはどんな人間からも，いつの時代でも，いかなる場所でも，嫌われるものだった。

　　(2)　20年も昔のことだが（20年が過ぎたが），みなよく覚えている。

　　(3)　君は若くて健康。美貌の持主。存分に生きたいという思いに満ちあふれている。一方，私の方は老耄(おいぼれ)。しかばねもいいところだ。

　　(4)　私は本を読んでいるのに，彼女はテレビを見ているんだ。

　　(5)　彼はあなたに馬鹿げたことをいやというほど言ったけど，実は好青年なのですよ。

　　(6)　ここは暗いけど，あなたの目の輝きが見えます。

2)　(1) По́езд ухо́дит через час, а вы ещё не гото́вы.

　　(2) А́нна чита́ет кни́гу, а Ива́н пи́шет письмо́.

　　(3) Я не то́лько ви́дел А́нну, но да́же говори́л с ней.

―― 第31課 ――

I

1．練習問題 170

1)　(1)　この場所にもうすぐ町が出現するのだと彼は思った。

　　(2)　秋にならなければ休暇はもらえないことが彼にはわかった。

　　(3)　夕方帰るとあなたはおっしゃいました。

　　(4)　私は道に迷ったと少年達に言った。

　　(5)　彼は出張中だそうだ。

　　(6)　モスクワの本社がそちらのご提案は受入れがたいと言ってきたのは大変残念です。

2) (1) Áнна сказáла, что в суббóту онá бýдет занятá.

(2) Чýвствуется, что скóро пойдёт дождь.

(3) Я дýмаю, что он уже вернýлся домóй.

(4) Алёша обещáл, что он придёт зáвтра.（Алёша обещáл прийти́ зáвтра.)

(5) Мать óчень довóльна, что дочь сдалá вступи́тельные экзáмены.

(6) Андрéй был рад, что получи́л подáрок от подрýги из Пари́жа.

(7) Жаль, что Áнна ужé возвращáется домóй.（この現在形については☞p.176)

(8) Я надéюсь, что вас отпрáвят в Япóнию.

(9) Мне кáжется, что прави́тельство Росси́и вы́брало непрáвильный курс.

２．練習問題171

1) (1) 孫娘はサーカスのこと，パパと行くよりママと一緒に行った方がよいこと，また，新しいコートについてまで話してくれた。

(2) 男の子は窓ガラスを割ったことでいたく叱られた。

(3) 彼が試験に受かったので私はおめでとうと言った。

(4) ヤマシギのめすは危険を感じるとひなをくわえて飛ぶということを私は読んだことがある。

(5) 彼女に何がおこったか私は知らない。

2) (1) 対格　(2) 対格　(3) 造格　(4) 前置格

３．練習問題172

1) (1) そこを動くなとイヴァーンは命令された。

(2) リェーフ・スティパーナヴィチは甥がモスクワに残ることを要求した。

(3) あさって報告をするようアーンナに言ってください。

(4) 貴社にメンテナンスの費用を負担して頂けると幸甚です。

(5) 彼女の目は，死人に触(さわ)らないようにしてくれと，私に懇願していた。

(6) ちょっと私のお願いきいてもらえないかしら（☞p.450)。

2) (1) Я хочу́, что́бы вы по́няли меня́.

(2) Скажи́те, что́бы мне да́ли воды́.

(3) Я хочу́, что́бы Ми́ша пришёл ко мне́.

(4) Мать потре́бовала, что́бы я е́хал с ней.

(5) Э́та студе́нтка про́сит, что́бы вы помогли́ ей.

4．練習問題 173

1) (1) 遠くで海がざわめくのが聞こえた。

(2) イヴァーンはベットに横たわり、屋根に雨があたって音をたてるのを聞いていた。

(3) スィルギェーイは、姉が父をなだめている声を耳にした。

(4) アンドリェーイは、母が丁寧に荷物をスーツケースに詰めているのを見た。

(5) この問題にどのように対処したらいいのか私は長い間考えた。

2) (1) Бы́ло слы́шно, как где́-то далеко́ в лесу́ пе́ли пти́цы.

(2) Я ви́дел (ви́дела), как Ива́н бежа́л к реке́.

(3) Серёжа смо́трит, как А́нна танцу́ет.

(4) Андре́й чу́вствовал, как красне́ет.

(5) А́нна рассказа́ла нам, как она́ отдыха́ла ле́том.

II 練習問題 174

1) (1) 手紙を受け取るために彼は出かけた。

(2) 手紙を受け取りに彼は出かけた。

(3) 母は私に必要な品すべてが買えるだけのお金をくれるだろう。

(4) 赤ん坊が目をさまさないように（目をさましてはいけない）と私は部屋を出た。

(5) 何かを(彼に)耳うちしようと彼女は彼のところにやって来た。

(6) 人を知るためには一緒に何斗もの塩を食わねばならない。

2) (1) Я записа́л (записа́ла) его́ а́дрес, что́бы ты не забы́л (забы́ла).

(2) Я записа́л (записа́ла) его́ а́дрес, что́бы не забы́ть.

(3) Вчера́ мы е́здили в Москву́, что́бы купи́ть кни́ги. (Вчера́ мы

е́здили покупа́ть кни́ги в Москву́.)
(4) Я зашёл (зашла́) к дру́гу, что́бы рассказа́ть ему́ о Росси́и.
(5) Я зашёл (зашла́) к дру́гу, что́бы он рассказа́л мне о Росси́и.
(6) Масао стоя́л два часа́ в о́череди, что́бы доста́ть биле́ты.

—— 第32課 ——

I
1. 練習問題 175
1)　(1)　トラックが通りをすぎると，そのたびごとにスタンドのシェードについている下げ飾りがふれあってかすかな音をたてた。
　　(2)　私が目を開けると，日はすでに高かった。
　　(3)　イヴァーンは家に帰りつくとすぐに寝た。
　　(4)　皆がいなくなった後に，私は劇場から帰ってきた。
　　(5)　別荘に向かう白樺の並木道に曲がった時，私達は小雨に見舞われた。

2)　(1) Когда́ у нас бы́ло свобо́дное вре́мя, мы игра́ли в япо́нские ша́хматы.
　　(2) Когда́ я вы́шел (вы́шла) (мы вы́шли) из до́ма, шёл си́льный дождь.
　　(3) Когда́ Ива́н вошёл в ко́мнату, А́нна сра́зу вста́ла.
　　(4) Когда́ ко́нчишь рабо́ту, зайди́ ко мне.
　　(5) Когда́ я верну́лся (верну́лась) из университе́та, все уже́ ушли́ (уе́хали).
　　(6) Я вам (тебе́) позвоню́, когда́ освобожу́сь.

2. 練習問題 176
1)　(1)　ⓐ 私が仕事をしている間，子供達はずっと庭で遊んでいる。ⓑ 私が仕事をしている時は，子供達は庭で遊ぶ。
　　(2)　モスクワに住んでいる間に，正夫はロシア語をものにした。
　　(3)　ⓐ お前がスタジアムに行っている間じゅうかけて，手紙を一通書き上げた。ⓑ お前がスタジアムに行って帰ってくる間に，手紙を一通書いた。

643

(4) 生きている限り，希望はある。

(5) 鉄は熱いうちに打て。

(6) 私が生きている限り，それはない。

(7) 結末をつけるまで，仕事をやり続けた。

(8) またお目にかかれるでしょうが，随分先のことになりますね。

2) (1) 経済の凋落が続いている間中，国内のインフレは勢いを増していった（インフレ増大がどのくらい長く続いたかを示す文）。

(2) 経済の凋落が見られると，国内のインフレは勢いを増していった（インフレの増大がいつ行なわれたかを示す文）。

3) (1) Пока́ шёл снег, А́нна и И́ван сиде́ли до́ма.

(2) О́льга ходи́ла по па́рку, пока́ не уста́ла.

(3) Прошло́ три́дцать мину́т (полчаса́), пока́ прие́хала ско́рая по́мощь.

(4) Я подожду́, пока́ президе́нт не вернётся.

(5) Посмо́трим телеви́зор, пока́ Ива́н не придёт.

4) (1) пока́　核兵器が存在する限り，人類は将来に対し平静としてはいられない。

(2) когда́　長く一緒に生活していると人はほんのちょっとした言葉で互いに理解するようになる。

(3) когда́　我々は民族の興隆というが，それを言う時，念頭にあるのは民族の特殊性の発展ということだけではない。国際的特徴の客観的意義の増大ということもまたあるのである。

(4) пока́　平和に対する脅威が存在する間，平和を守る戦いは止むことはない。

II

1. 練習問題 177

1) (1) 彼が来れば，テレビを直してくれるだろう。

(2) 彼が来ているなら，テレビを直すように言ってください。

(3) イヴァーンが（アーンナを）起こしたら，彼女は怒るだろう。

(4) 大学をやめてしまったら，出世はおぼつかないよ。

(5) 規則正しく運動すれば，人も羨む健康に恵まれます。

(6) 正夫が遅れずにやって来たら，驚きだ。

2) (1) Если вы прочитаете эту книгу, вы всё поймёте.

(2) Если я разбужу жену, она рассердится.

(3) Если смогу, то приду.

(4) Если пойдёте туда, то непременно встретите господина Фукуда.

(5) Если ты не хочешь, можешь не приходить.

(6) Если вы не понимаете, я объясню.

2．練習問題178

1) (1) 彼がかみさんを起こしたとしたら，かみさんかんかんになったに違いない。

(2) 金がふんだんにあるのだったら，お前にやるさ。

(3) 学問は生身の人間から全生涯を要求するということをおぼえておいてください。(☞p.479)。それで，もし（一生ではなく）二生があったとしても，二生ではまだ足りないのです。

(4) もし，人生に対する見方をその時変えることができていたら，彼女はもっと楽に人に接することができたはずだ。

(5) もし，うかつな素振りを一つでも見せていたら，私は深淵に呑み込まれ，永久に浮かび上がることはできなかったに違いない。

(6) もし，彼女が状況から正しい結論を一つでも出していたなら，彼女はさほどばかではないということに同意できるのですが。

2) (1) Если бы мне удалось это сделать, я был (была) бы самым счастливым человеком в мире.

(2) Если бы вы меня попросили, я бы помог (помогла) вам.

(3) Если бы я знал (знала), я сказал (сказала) бы всем.

(4) Если бы я был (была) там, я не допустил (допустила) бы этого.

(5) Если бы у нас было немного времени, мы смогли бы принять более мудрое решение.

(6) Если бы брат был свободен, он сделал бы это.

III 練習問題 179

1) (1) 旅行から帰ったばかりで疲れてはいたが，私はやはり研究所に立ち寄った。

   (2) 空は依然どんよりとしていたとはいえ，午後8時頃になると雨はやんだ。

   (3) 彼は賛成したとはいえ，やはり不満だった。

   (4) モスクワはひどい寒さであったのに，日本の観光客は遊覧に出かけた。

   (5) ロシア語は外国人にとりむずかしいとはいえ，ロシアで働く多くのビジネスマン達はロシア語を懸命になって勉強している。

   (6) アメリカ大陸は海洋探検家アメリゴ・ベスプッチの名にちなんで命名されたとはいえ，大陸の第一発見者はやはりコロンブスとされる。

2) (1) На у́лице (дворе́) бы́ло ещё светло́, хотя́ часы́ пока́зывали уже́ семь часо́в.

   (2) Она́ зажгла́ свет, хотя́ ещё бы́ло светло́.

   (3) Ива́н не отказа́лся от приглаше́ния, хотя́ он о́чень уста́л.

   (4) Масао учи́лся хорошо́, хотя́ ча́сто лени́лся.

   (5) Хотя́ Ива́н и написа́л, А́нна не отвеча́ет.

   (6) Хотя́ я чита́л (чита́ла), но, открове́нно говоря́, ничего́ не по́нял (поняла́).

—— 第33課 ——

I

1．練習問題 180

1) (1) 言われたようにしなさい。

   (2) 願ってもないようかたちですべてははこんだ。

   (3) 彼は子供のような話し方をする。

   (4) 彼女は初めて聞いたかのような顔をしている。

2) (1) Она́ сде́лала э́то так, как э́то сде́лал (сде́лала) я. (Она́ сде́лала э́то

так, как я.)

(2) Он снима́л так, как снима́ет фото́граф-профессиона́л.

(3) Я вёл（вела́）себя́ так, как вы мне посове́товали.

3．練習問題 181

1) (1) 一等の乗客は無我夢中になり，（口をポカンと開け，）葉巻を口から落とし，腰を浮かす仕末であった。

(2) 車は深くはまり込み，3人がかりでも引き出すことはできなかった。

(3) アーンナはさんざん歩いて，疲れてしまった。

(4) チューリップの花開いた時の色鮮やかさは血の色にたとえてもいいほどのものがあった。

2) (1) Трамва́и бы́ли так перепо́лнены, что я предпочёл（предпочла́）идти́ пешко́м.

(2) Я так уста́л（уста́ла）, что в гости́нице тотча́с усну́л（усну́ла）.

(3) Ива́н так измени́лся, что его́ тру́дно узна́ть.

(4) Юко так хорошо́ переводи́ла, что все бы́ли в восто́рге.

(5) Он говори́л так гро́мко, что его́ слы́шали все.

4．練習問題 182

1) (1) 会うたびごとに君と僕はこの問題で論争を繰り返した。

(2) 車には乗れるだけ乗り，乗れなかったものは歩いていった。

(3) 彼は，私が頼んだだけの本を私に貸してくれた。

2) (1) Я заплачу́ сто́лько, ско́лько пона́добится.

(2) А́нна ско́лько взяла́, сто́лько и отдала́.

II 練習問題 183

1) (1) 鳥を2羽仕留めたが，食べられるしろものではなかった。肉が魚のにおいでぷんぷんしていたからである。

(2) 走って行きます。でないと列車に乗り遅れてしまうからです。

(3) 講義を二回さぼったので学生数人は自力で情報を探すはめに陥った。

(4) 一隊はかなり遅れて出発したため，夕暮れ迫る時刻になるまで歩き続ける事態になってしまった。

2)　(1) Все си́льно уста́ли, потому́ что бы́ло о́чень жа́рко.

　　(2) Де́вочка пла́кала , потому́ что она́ уста́ла.

　　(3) Я не пошёл（пошла́）на заня́тия, та́к как я простуди́лся（простуди́лась）.

　　(4) Та́к как я был（была́）о́чень за́нят（занята́）, я не мог（могла́）вам позвони́ть.

III　練習問題 184

1)　(1) 彼は老人と一緒に食べ，一杯飲んだ。そんなわけで，体も暖まり，気分も陽気になった。

　　(2) バケツをひっくりかえしたような雨であった。そのため，玄関に出ることはできなかった。

　　(3) 私は試験に落ちてしまった。そのため，再試験を受けなければならなくなった。

2)　(1) Маши́на слома́лась, та́к что я опозда́л（опозда́ла）на уро́ки（на заня́тия）.

　　(2) Я оде́лся（оде́лась）тепло́, та́к что моро́з мне не стра́шен.

　　(3) Я уезжа́ю за́втра, та́к что мы до́лго не уви́димся.

3)　(1) Дире́ктор задержа́лся, поэ́тому мне пришло́сь ждать его́ почти́ час.
　　　約一時間待たされました。所長が遅れてきたからです。
　　　所長が遅れてきたため，約一時間待たされました。

　　(2) Сейча́с вы́сшие команди́ры име́ют пра́во тра́тить госуда́рственные де́ньги по своему́ усмотре́нию, та́к что（поэ́тому）идёт си́льное сопротивле́ние арме́йской рефо́рме.
　　　軍隊の改革は激しい抵抗にさらされている。というのも，現在，最高司令官は自分の一存で国庫の金を使う権利があるからである。
　　　現在，最高司令官は自分の一存で国庫の金を使う権利がある。そのため，軍隊の改革は激しい抵抗にさらされている。

参 考 文 献

Академия Наук СССР, Институт русского языка. Грамматика современного русского литературного языка. Москва, 1970.

Академия Наук СССР, Институт русского языка. Русская грамматика. Ⅰ, Ⅱ. Москва, 1980.

Академия Наук СССР, Институт русского языка. Орфоэпический словарь русского языка. Под редакцией Р. И. Аванесова. Москва, 1983.

М. Н. Аникина, Н. В. Кутукова, Л. Н. Ольхова, А. К. Перевозникова, М. О. Чичина. Русский язык. Синтаксис сложноподчиненного предложения. Москва, 2000.

Ю. Д. Апресян, О. Ю. Богуславская, И. Б. Левонтина, Е. В. Урысон, М. Я. Гловинская, Т. В. Крылова. Новый объяснительный словарь синонимов русского языка. Первый выпуск. Под общим руководством академика Ю. Д. Апресяна. Москва, 1997.

Ю. Д. Апресян, О. Ю. Богуславская, Т. В. Крылова, И. Б. Левонтина, Е. В. Урысон, В. Ю. Апресян, Е. Э. Бабаева, М. Я. Гловинская, С. А. Григорьева, А. В. Птенцова. Новый объяснительный словарь синонимов русского языка. Второй выпуск. Под общим руководством академика Ю. Д. Апресяна. Москва, 2000. Третий выпуск. Под общим руководством академика Ю. Д. Апресяна. Москва, 2003.

V. Barnetová, H. Běličová-Křížkova, O. Leška, Z. Skoumalová, V. Straková. Русская грамматика. 2. Praha, 1979.

J. Bauer, R. Mrázek, S. Žaža. Příruční mluvnice ruštiny pro Čechy. Ⅱ. Skladba. Praha, 1960.

Terence Wade. A Comprehensive Russian Grammer. BLACKWELL, 1992.

和久利誓一・飯田規和・新田実　岩波ロシア語辞典　東京 1992.

Igor Wu-Jot. Вы говорите по-русски? Warszawa, 1961.

井桁貞敏　標準ロシア語文法　三省堂　東京 1961.

Институт русского языка АН СССР. Русский язык, Энциклопедия. Москва, 1979.

除村吉太郎　露文解釈から和文露訳へ（改訂版）　白水社　東京 1967.

ザルービン／ロジェーツキン　露和辞典　ロシア語出版所／ナウカ　モスクワ／東京 1988.

Н. В. Кузьмина. Функциональная грамматика русского языка（Русский язык как иностранный）. Москва, 1996.

Б. П. Лаврентьев, С. В. Неверов. Русско-японский разговорник. Москва, 1975.

И. А. Мельчук и А. К. Жолковский. Толково-комбинаторный словарь современного русского языка. Bene, Wiener Slawistischer Almanach, Sonderband 14, 1984.

アンドレイ・ナコルチェフスキー　金沢大東　白い金　―推理小説によるロシア語中級コース　慶応義塾大学出版会　東京 2002.

Derek Offord. Using Russian. Cambridge University Press, 1996.

Д. Э. Розенталь. Практическая стилистика русского языка. Москва, 1965.

城田俊　ロシア語発音の基礎　研究社　東京 1988.

城田俊　現代ロシア語文法　中・上級編　東洋書店　東京 2003.

東郷正延・染谷茂・磯谷孝・石山正三　研究社露和辞典　東京 1988.

宇多文雄・吉住エレーナ　新ロシア語会話教本　研究社　東京 1996.

宇多文雄・原ダリア　ロシア語通訳教本　東洋書店　東京 2007.

八杉貞利　新版ロシア語階梯　第一出版　東京 1947.

八杉貞利　木村彰一　ロシヤ文法　岩波書店　東京 1953.

あ と が き

　1993 年に第 1 刷が刊行された旧版『現代ロシア語文法』のあとがきに記したことだが，旧版の構成や記述方法には，友人小沼利英氏と長年楽しみながら交わされた，ロシア語学習書はいかに書くべきか，という討論の成果が多いに反映されている。このように，本書のもといとなった旧版の誕生にも関わった小沼氏が，研究社退職後，当著出版元である東洋書店に編集者として迎えられたのはいかなる偶然のなせるわざであろうか。刊行後 17 年が経過したが，この 20 年足らずの年月は，ロシア語にとっても，また，それを記述し，解説する一冊の本にとっても，重く流れ，双方にそれなりの波跡を残したことは否定できない。小沼氏は，旧版に散見される語彙・用例・文体の時代との微妙なずれを早くも鋭敏に感じ取り，改訂の企画を綿密に立て，書店・著者双方に申し出てくれた。新しい命が吹き込まれ，新しいよそおいのもとに本書が生き続けられるようになったのも正に小沼氏のおかげである。

　改訂に当っての基本方針は，会話でよく用いられる慣用的表現を例文・類例に豊富に取り入れ，説明を刷新し，ロシア語の実践的習得に資する練習問題を増加し，多様化するというものであった。また，旧版では触れることの少なかった複文に関する解説を新たに書き加えることであった。意図した目的が十分にはたされたかどうか，読者の判断を待つしかない。

　本書にでてくるすべてのロシア語はウラディーミル・ミグダリスキー氏の校閲を頂いた。氏の協力により本書は一段と時代に則するものになった。編集の段階で猪塚元氏の協力を得た。猪塚氏は原稿の骨子となる部分の入力をまずはたし，変更や加筆を容易にしてくれた。今回東洋書店新社によって新版『現代ロシア語文法』を刊行するにあたり，岩田悟氏，阪東良三氏にひとかたならぬお世話を頂いた。

　以上を記し，厚い感謝を献げたい。

　　2016 年 3 月 1 日

城田　　俊

索　　引

I　事項索引

あ

愛称　49
アクセント　3, 4
アスペクト（体）　169-186
新しい（重要な）情報　378, 515, 521

い

意志動詞　243
一時的な性質［状態］　75, 462, 463
一般人称文　476-478
イントネーション（の型）　54, 365, 424

う

受身→受動態
運動の動詞→定動詞・不定動詞

え

選ぶ並列複文　486-489
遠近法　467
遠慮がちな物腰　365

か

回数（助数詞）　280
格，格助詞　77
過去（形）　100-104, 177-181
過去語幹　395, 396
可算名詞　201
家畜数　280
活動体　109, 110, 112, 117, 119
仮定形　360, 361, 365
仮定の実現に対する話し手の疑い　542
仮定法　360-364, 541, 542
仮定法が単独で用いられる例　363, 364
仮定法文による願望の表現　363, 364, 542

からだの特徴，性質，病気　223
軽い対比で並べる場合　491
関係代名詞・副詞　375-389
　関係代名詞 какóй　380, 381
　関係代名詞 котóрый　375-378
　関係代名詞 кто　381, 382
　関係代名詞 чей　385, 386
　関係代名詞 что　383, 384
　関係副詞 где・кудá・откýда　386, 387
　関係副詞 когдá　388, 389
勧告　364
間接目的を示す与格　130
感嘆文　66, 424
願望　364, 373, 542
願望や勧誘，勧告を表わす他の手段　364, 365
勧誘　364
勧誘形　370, 371
慣用的な結びつき　435, 445-460
完了体　169-185
完了体過去　174, 177-181
完了体勧誘形　370, 371
完了体現在　185
完了体副動詞　394-397, 524
完了体未来　174, 182-185
完了体未来の特殊用法　489
関連形容詞　74, 75

き

祈願　373
帰結（結果・効果・結論）の従属文　565, 566
機能発揮動詞　448-450
規範変化　96
基本個数詞　265-269, （200 以上）290, 291
基本順序数詞　270, 271, （200-й 以上）293
疑問代名詞・疑問副詞　46, 47, 70, 215-217

652

疑問代名詞・疑問副詞に導かれる疑問文　46,
　　47, 50, 54
疑問代名詞・副詞＋不定形　167, 229, 472
疑問代名詞，疑問副詞に導かれない疑問文　54
疑問代名詞の質を持ち，従属文をつくる что
　　497
疑問副詞の質を持ち，従属文をつくる как　509
旧情報　502
強調語　424, 456-460

け

形動詞　399-418
形動詞のかたちを持つ形容詞・名詞　420-422
形容詞の変化
　　硬変化　244-247
　　軟変化　248-250
　　混合変化　251-256
形容詞が表わす状態を感じる主体　231
形容詞短語尾中性形　107, 231, 441
形容詞短語尾　72-75, 102
形容詞的代名詞　62
形容詞と個数詞の結合　268
形容詞に по- をつけてつくる副詞　108
形容詞のかたちを持つ名詞　260
形容詞の最後の -й を落としてつくる副詞　107
形容詞の最上級　349-359
形容詞の比較級　329-347
結果・効果による様態の描出・強調　551, 552
結果・状態動詞　186
原因・理由の従属文を持つ複文　557-562
原因・理由　392, 396, 482, 495, 562, 563
原形が -ий, -ие, -ия で終わるものの語尾　79
現在語幹　82, 98
現在変化形　82
現在（不完了体）　96, 173-176
現実的条件　535-539
現実となっていない未来の予想上の仮定　542
現実に反する仮定　542
限定代名詞　311

こ

硬音符 ъ　3, 25

口蓋　13
硬子音　17
硬子音だけの子音　24
恒常的性質［状態］　75, 463, 464
合成形（比較級・最上級の）　329
合成個数詞　266
合成順序数詞　273
合成未来　174
後文が結果・結論であることを示す手段　485
硬変化形容詞　65, 246
硬母音字　15, 16
語義に要求が込められている名詞　449
語結合が条件を示す場合　363, 542
個数詞と名詞の結びつき　267
事柄の時間的規模［発生時］　518, 527
混合変化（形容詞の）　66

さ

再帰所有代名詞 свой　299
再帰代名詞 себя　240-242
最上級　349-359
　　-ee・-e による比較級 +всего/всех　355, 356
　　-ейший・-айший による　352-354
　　наи- -ейший・-айший による　358
　　наиболее による　350, 351
　　наименее による　351, 352
　　самый による　349, 350
　　самый + -ейший・-айший による　359
避けたいことの内容　511
誘いかけ　370, 371
三人称の命令形　373

し

子音で終わる男性名詞　110
子音の同化　33
歯（子）音の交替　90
歯（子）音変化　96
歯（子）音　36, 90, 93
時刻に関する質問，表現　283, 286
指示代名詞　68, 304-307
指示代名詞 тот　304-306
指示代名詞 этот　302-304

653

事実に反する条件　541
歯軟子音　36
主アクセント　37
集合数詞　296, 297
従属複文［節］　164, 479, 480
従属文　164, 480
集団語　298
修得能力（уме́ть）　162
重要な情報　521
週　289
主格　120, 123, 461, 463
主語　44, 120, 472, 473, 477
主語と述語を結びつける語　45
主語のない文　472
主体を示す与格　365, 436, 441, 471
手段を示す造格　143
首長語　434
述語　44
述語として用いられる比較級　342
述語副詞　231, 232, 440-444, 472
述語副詞としての形容詞短語尾中性　230
出没母音　73, 110, 112, 119, 190, 193
受動形動詞　400
受動態　416, 417
受動態文　416, 474
主文　164, 480
主文と従属文の時制　496
順序数詞　270-273, 293-295
条件（副動詞が示す）　392, 397
条件の従属文を持つ複文　535-543
条件を示す接続詞　360, 535-543
称讃語　458, 460
譲歩（副動詞が示す）　397
譲歩の従属文（を持つ複文）　544, 545
叙実法　361, 538, 542
助数詞　280
女性変化　116, 117
女性変化（複数）　192
女性名詞　55, 56
　（-ьで終わる）女性名詞　118, 195
所有・所属を示す生格　121, 305
所有形容詞　263

所有代名詞　63, 221, 278
所有代名詞 мой・наш の変化　274, 277, 278
所有の否定　225, 226
所有の表現（所有構文）　222
唇音　92, 95
唇音変化　91, 96
新情報　502

す

数詞　265-273, 290-297
数詞の変化　425-433
数量生格　200, 201, 205

せ

姓
　-ый, -о́й, -кий, -ко́й で終わる　261
　-(ен)ко で終わるウクライナ人の　262
　-ов/-ев, -ин/-ын で終わる　262
生格と結びつく前置詞　126, 127
生格　121-129
性質形容詞　74, 75
性質生格　259
正書法の規則　32
生成動詞　451-455
姓の変化　261, 262
性の見分け方　55
接続語　480, 497, 510, 522
接続詞　164, 480-567
接続詞の когда́ と接続語としての когда́　522
絶対最上級　353, 354
接頭辞 по-（やわらげ）　343
ゼロ　123
先行詞　375, 376, 382-385, 387, 389
全体と部分　467
前置格　77-79

そ

造格　143-148, 461-465
造格と結びつく前置詞　145, 146
総称語　335, 398
総性名詞　466
相対最上級　354, 358

654

挿入語　393
象は鼻が長い　467
存在の否定生格　124, 303, 305

た

第1特殊変化　89
第1変化　81, 82, 96
第1変化と第2変化の語尾　85
第1変化の歯音・唇音変化　90-92
対格　135, 136, 311
対格と結びつく前置詞　139, 140
だいたい，約　269
第2生格　204, 205
第2前置格　149, 150
第2変化　84, 85, 96
第2変化の歯音・唇音変化　92, 94
対比する並列複文　490-492
他動詞　135
他動詞の否定生格　303, 323, 477
単一形（比較級・最上級の）　329
短語尾比較級　332
短語尾（形容詞の）　72-75
単純未来　174
単数生格のかたち　129
単数前置格　78
単数造格のかたち　148
単数対格のかたち　142
単数と複数　57
単数与格のかたち　134
男性硬変化　110
男性硬変化（複数）　187
男性軟変化　112
男性軟変化（複数）　188
男性名詞　55, 56
(-й, -ь で終わる) 男性名詞　112
断定文　44
断定を避ける慎み深い態度　365
単文　479, 480

ち

知覚の内容を説明する従属文を持つ複文　508
忠告　364

(-ость/-есть に終わる) 抽象名詞　119
中性硬変化，中性軟変化　115
中性変化（複数）　190
中性名詞　55, 115
(-мя で終わる) 中性名詞　199
長語尾（形容詞の）　72-75
長語尾比較級　330
直接目的を示す対格　135

つ

対に（2部分より）なるもの　211, 280
～月を副詞的に用いる　288

て

"で・へ・から"の関係にたつ場所の副詞　168
提案　364
定代名詞　309-314
定代名詞 весь の変化　309
定代名詞 сам の変化　312
定動詞　151-153, 170, 371
程度の低さからみた最上級　351
丁寧さ　49, 59, 82, 365
転化・発現を示す стать・оказа́ться その他　465
転化の結果　143
天候・気分・状態を表わす短語尾中性形　233
伝達，認識，感情の内容の従属文　494
伝達の動詞　165, 497

と

動作動詞　186
動作の主体　228, 436
動詞化動詞　360, 420, 445, 446, 452, 475
動詞と不定形の結びつき　159, 160
動詞過去形＋было　492
同量・同程度　556
時の従属文を持つ複文　518
時を表わす副詞　107
特殊変化　96

な

名　49
内容説明の従属文を持つ複文　494

655

中止め　492
並べる並列複文　481
軟音符 ь　3, 17, 25
軟子音だけの子音　24
軟変化形容詞　65, 248, 249
軟母音字　15, 16, 18

に

荷物数（助数詞）　280
認識・思考の動詞　165, 498
人称からみた文の種類　478
人称語尾　82
人称代名詞　219-221
人称動詞　436, 437
人称文　478
人数（助数詞）　280

ね

値段の表現　292
年・月・日の表現　294
年数　280
年齢の表現　281, 282

の

能動形動詞　399-406
能動形動詞過去　404-406
能動形動詞現在　400, 401
能動形動詞の格支配　406
能動態　417

は

破擦音　14
場所を表わす副詞　107, 147
反義語　76
反現実的想定　360-363, 538, 541-543
反復や回数を表わす副詞　173

ひ

比較級　329-347
　　бо́лее による　329-332
　　-ee・-e による　334-347
　　-e による不規則なかたち　337

ме́нее による　333
-ший による　331
比較級をともなう表現　347
比較の差　345
比較の対象　339, 340, 357
非可算名詞　201
非現実条件の従属文を持つ複文　360, 541-543
日づけの表現　288
否定代名詞・副詞　321-327
否定とアスペクト（体）の関係　179
被動形動詞　399, 408-418
票数（助数詞）　280

ふ

不活動体　109
不活動体を主語とする構文　468-470
不完了体　169-172
不完了体過去　173, 177-180
不完了体勧誘形　370, 371
不完了体副動詞　390-392
不完了体未来　174, 182-184
不完了体命令形　367
不規則な過去形　104
不規則な複数　196
不規則な命令形　98, 99
不規則変化　96
複・主で特殊な語尾 -á, -я́　197
副アクセント　37, 220, 489, 503, 506, 539, 545
副詞　86, 107, 108, 263
副詞の比較級　337
複数形　57, 58, 196-198
複数主格・生格・対格のかたち　206, 207
複数のみの名詞　210, 211, 426
複数与格・造格・前置格のかたち　208, 209
副動詞　390-397, 521-523, 559
副動詞と接続詞の平行的な関係　523
複文　479, 480
不在の生格　124
父称　49
不相応を示す a　491, 492
付帯的状況　392, 397

656

物質名詞 203
物品数（助数詞） 280
不定形 159-161, 166, 167, 228, 231, 472, 515, 539
不定形 + бы 364
不定代名詞・副詞 316-321
　　кое- による 320, 321
　　-либо による 319
　　-нибудь による 317-319
　　-то による 316, 317
不定動詞 151-153
不定人称文 473, 474, 478
不定人称用法の情報伝達動詞 474
部分生格 202, 203
不変化名詞 212, 213
文体の差 74

へ
平叙文 54
並列複文 479-481

ほ
母音字で終わる外国人の姓 214
法 361

み
充たし動詞 450
未来 105, 106, 182-185

む
無アクセント母音 26-30, 40, 41
無意志動詞 243
無声化 33-35
無声子音 33
無声子音の前の有声子音 34
無人称述語 440, 442, 472
無人称動詞 436-438, 472
無人称文 125, 232, 326, 471, 472, 478

め
名詞（主格）+ бы 365
(-а, -я で終わる) 名詞 116

(-о, -е で終わる) 名詞 115
名詞を動詞化する動詞 445
命令形 97-99, 361, 366, 542
命令形とアスペクト 366
命令形は хоть と結び譲歩を表わす 459
命令形 + бы 365
命令法 361, 538

も
目的の従属文を持つ複文 513-516

や
やわらげ 343
やわらげられた命令 364

ゆ
有声子音 33
有声子音の前の無声子音（有声化） 35

よ
要求允足動詞 362, 363, 450
要求の内容を示す従属文 504, 505
様態の従属文を持つ複文 548
与格と結びつく前置詞 131, 132
与格 130-133, 228, 229, 231, 435-441
呼びかけ 120

れ
例示形（タリ形） 489
歴史的現在 176

わ
話題 502

II 文法・語法上の重要語句索引

А

а 50, 490-492, 545
англича́нин 198
-а́нин 197
атташе́ 214

Б

б 361
Баку́ 214
без 126, 286
бензи́н 205
бе́рег 197
благодаря́ A（与格） 132, 562
Благодаря́ тому́ что 560
блю́дце 129, 148
бок 197
болга́рин 198
бо́лее 329-332, 342
бо́льше 338
бо́льший 331, 358
большинство́ 201
большо́й 256
борт 197
брат 196
брю́ки 211
бу́дем(те) 371
бу́дто 498
бу́дучи 392
будь(те) 106
буты́лка 201
бы 360, 361, 363, 541
был, была́, бы́ло, бы́ли 101
быть 45, 48, 100, 105, 106, 123, 461-464

В

в A（対格）（前置格） 79, 138, 140, 149
в/на A（対格）（前置格） 106, 138, 146
в + 数詞 + раз(а) + 比較級 345

-в(-вши) 395
ваш 62, 63, 277, 278
ввиду́ A（生格） 563
ввиду́ того́, что 534, 561
везде́ 311
век 295
весь 69, 309-312, 324, 382
ве́чер 197, 284
ве́чером 107
вещь 195
-ви́дный 263
во второ́м часу́ 286
во́зле A（生格） 213
вокза́л 128
во́лчий 262, 263
вон 83
вообще́ говоря́ 393
воронко́ 56
воро́та 211
во́сьмеро 296
вот 83
в пе́рвом часу́ 285
в пе́рвый день 289
впереди́ 50, 107
в после́днее вре́мя 143
в после́дние дни, в после́дний день 289
врач 188
в результа́те A（生格） 563
вре́мя 56, 199, 389
в связи́ с A（造格） 563
всё + A（比較級）+（и + A（比較級）） 347
всё вре́мя 184
всегда́ 311, 521
всего́ 356
всех 355-358
в си́лу A（生格） 563
в си́лу чего́ 566
всле́дствие A（生格） 563
Всле́дствие того́ что 561

вследствие чего 566
в сравнении с A（造格） 335
всякий 382
в то время как 523
в том случае 538
в час 284
вчера вечером 105
в четыре часа 284
-вши, -вшись 396
-вший 405
вы 49, 59, 219, 220, 237
выборы 211
высший 354, 358
выше 338

Г

где 50, 51, 167, 168, 386, 387
где-нибудь 318
где-то 316
гений 112
героиня 192
герой 112
глаз 197, 209
глубже 338
говорить（現在）84；（過去）103
говоря откровенно 393
говоря по правде 393
год 149, 201, 280, 294
голова 118, 280
голос 197, 280
гораздо 342, 343
город 196
гость 189
гражданин 198
грубо говоря 393
Гюго 214

Д

да 52, 481, 483, 492
да + 動詞現在・未来形（三人称）373
давай 98, 370
давай(те) будем 371

давайте 371
дай 99
далеко 343
дальше 338
два 427, 428
двадцать 429
две 427, 428
двести 432
двое 296
двойка 297
девушка 120, 225, 287
девяносто 431, 432
девятеро 296
дедушка 117
дело в том, что 307, 503
день 112, 284, 389
деньги 211
день ото дня 335
деревня 193
дерево 180, 196
десятеро 296
десять 430
дети 154, 281
директор 197
для A（生格）126, 231, 516
для того, чтобы 514
днём 107
до A（生格）126
доктор 197
должен 166, 228
дольше 338
доля 193
дом 65, 197
дома 50
Дон 150
до тех пор, пока 561
до тех пор пока не + 完了体 533
до того 554
до того, как 525, 534
до той поры пока 533
до той поры пока не + 完了体 533
дочь 119, 195

659

дрóжжи 211
друг 196, 198
друг（дрýга/дрýгу/с дрýгом/о дрýге...）407
духи́ 211
душ 148
душá 280
дя́дя 56, 193

Е

-евич, -евна 49
егó 62, 63, 221
Éдем（те）371
едини́ца 297
её 62, 63, 221
éжели 543
-ей 334
-емый 409
-енный, -ённый 413
-ёнок 198
éсли 287, 360, 363, 365, 535, 538, 541
éсли бы 541
éсли бы + 不定形 542
éсли бы не А（主格）542
есть（ある）123, 127, 222, 223, 327
есть（食べる）144, 203
ещё 343, 483

Ж

жéмчуг 197
жили́ще 115, 191

З

за А（対格）（造格）139, 140, 145, 146
зáвтра 105-107
зá город, зá городом 147
задáча 117, 129, 193
заключáться в том, что... 503
заря́ 117
здáние 115, 191
здесь 48, 83, 107, 168
земля́ 117, 118
зимá 117

знáмя 56, 199
знáчит 485, 566
значи́тельная часть 252

И

и 48, 50, 103, 480, 481-484, 491, 492, 566
и́бо 560
Ивáнов, Ивáнова, Ивáновы 262
игрáть в А〔スポーツの種目名（対格）〕160
игрáть на А（前置格）83, 160
из А（生格）126, 138, 357, 562
из-за А（生格）146, 304, 562
из-за тогó что 561
из-под А（生格）146
из/с А（生格）146
Ик-1 〜 Ик-5 54, 424
и́ли 69, 486-489
имéть 223
-имый 409
и́мя 49, 56, 199
и́мя и óтчество 49
интервью́ 213
истóрия 117
их 62, 63, 221

К

к А（与格）132, 138
кáбы 543
кáждый 382
кáждый год 83
кáждый раз 521
казáться 465
как 167, 508-511, 548, 549
как бýдто 549, 550
как бы не 511, 512
как ни 546
какóй 65, 66, 252, 380, 381
какóй-нибудь 318
Как тóлько 524, 525
кани́кулы 211
карандáш 111, 188
кафé 213

кимо́но   213
кино́, кинотеа́тр   139, 213
кит   111
кита́ец   209
кни́га   129, 193
когда́   389, 518, 521, 522, 533, 539, 543
когда́-нибудь   318
когда́-то   316
ко́е-кто́, ко́е-что́   320, 321
ко́ли (ко́ль)   540, 543
колле́га   128, 465
ко́локол   197
ко́лос   197
ко́мната   116, 117, 192
коне́чно   393
конферансье́   214
ко́нчиться (完) тем, что...   503
коньки́   211
кора́бль   246
коре́ец   209
коро́ва   192
кото́рый   71, 375-378
ко́фе   214
край   197
крестья́нин   198
крыло́   197
Крым   150
кры́ша   129, 193
К себе́   241
к сожале́нию   133, 393
к сча́стью   133, 393
кто   46, 47, 82, 215, 381-383
кто́-нибудь   318
кто́-то   316, 382
куда́   168, 343, 387
куда́-нибудь   318
куда́-то   316
к удивле́нию   133, 393
ку́пол   197

Л

лань   119, 195

лес   149
лет   201, 280-282
лёд   149
ли́бо   489
лист   180, 197
лицо́   194
лишь   365
лоб   110
ложь   119, 120
луг   197, 247
лу́чше   338, 341
лу́чший   331, 354, 358, 359
лы́жи   211
люби́мая де́вушка, люби́мый   225
люби́ть   94, 95
любо́вник, любо́вница   225
любо́вь   119
Любо́вь   281
любо́й   246

М

ма́ло   200
ма́ло бензи́на, ма́ло бензи́ну   205
ма́сса   201
ма́стер   197
мать   119, 195
мёд   204
ме́жду А (造格)   145, 357
ме́жду на́ми говоря́   394
ме́жду тем как   523
ме́нее   333
ме́ньше   338
ме́ньший   331, 358
меню́   213
ме́сто   115, 191, 269, 280
ме́сяц   111, 148, 189
метро́   213
миллиа́рдный   293
миллио́н   290, 433
миллио́нный   293
ми́мо А (生格)   408
мину́та   283

661

младший 331
мно́го 200, 343
мно́гое 261
мо́жно 227-229, 281
мой, моя́, моё, мои́ 62, 63, 274, 275, 301
молодо́й 246
мо́ре 115
мост 149
Мо́царт 214
муж 197
музе́й 112, 188
мы 219, 220, 237
мы с ва́ми, мы с ним, мы с ни́ми, мы с тобо́й 236

Н

на A（前置格）（対格）79, 138, 140, 149, 345
на вы 59
над A（造格）92, 145, 146
на́до 229
на друго́й день 289
наи- 358
наибо́лее, наиме́нее 351
наклоне́ние 361
намно́го 343
напро́тив A（生格）71, 107, 275
наро́д 109
наско́лько 556
на сле́дующий день, на сле́дующей неде́ле 289
насто́лько 554
на ты 59
национа́льность 119
на часа́х 285
наш, на́ша, на́ше, на́ши 62, 63, 277, 278
не 52
не бу́дет + A（名詞生格）125
не́ был, не была́, не́ было, не́ были 101
не́ было A（名詞生格）125
не́где 325
неде́ля 116, 117, 192, 193
не́жели 339
не́когда 325
не́кого 325, 326

не́куда 325
нельзя́ 228
нельзя́ + B（不完了体不定形）, B（完了体不定形）228
немно́го 343
не на́до 444
непоня́тное 261
не́сколько 200, 201, 343
несмотря́ на то́ что 545
несмотря́ на э́то 307
несравне́нно, несравни́мо 343
нет 52, 123
не так 97
не то́лько... , но и (да́же) 493
не тот (то, та) 306
не́ту 123
не́чего 325, 326
не́что 327
не́что вро́де A（生格）327
ни 426, 484
нигде́ 321
ника́к 321
никако́й 321, 323
никогда́ 321
никто́ 321, 323, 324, 382
никуда́ 321
ни оди́н 323
ниче́й 321, 323
ничто́ 321, 323, 324
-нный 412
но 490, 492, 545
но́вость 119, 195
но́вый 244
но́жницы 211
но́мер 197
ночь 284
но́чью 107
ну́жно 227-229, 232
ну́жный 232

О

о A（前置格）79

о́ба, о́бе   428
обе́дать   81
о́браз   197
-обра́зный   263
обра́тно   107
-ова́тый   263
-ович, -овна   49
о́вощи   211
овца́   117
ого́нь   112
оди́н   425
одна́ко   492, 545
одни́   211, 426
о́зеро   191
оказа́ться   465
окно́   129, 190
о́ко (複 о́чи, оче́й, оча́м)   543
о́коло A（生格）   126, 127, 278
он, она́, оно́, они́   61, 220
о нём, о ней, о них   221
-онок   198
о́рден   197
осёл   111
оста́ться   465
о́стров   197
от A（生格）   126, 562
отве́тить   183
оте́ц   111, 189
открове́нно говоря́   547
отку́да   127, 168, 387
отовсю́ду   311
От себя́   241
отсюда   168
от того́ что   534
оттого́ что   560, 561
отту́да   168
о́тчество   49
о́чень   456–458
очки́   71, 211
оши́бка   193

П

пальто́   213
па́ра   280
па́рус   197
па́спорт   197
пе́рвый час   285
перед A（造格）   145, 146
передо мной   220
перед тем как   525, 534
пе́рец   205
перо́   197
писа́ть   90
письмо́   190
пле́мя   199
плохо́й   252
по A（与格）   88, 106, 131, 132, 209, 252, 563
по-   343, 346
по-англи́йски, по-неме́цки, по-ру́сски, по-францу́зски, по япо́нски   86, 108
по́вар   197
по всей вероя́тности   312, 393
под   140, 145, 146
подмасте́рье   56
по-друго́му, по-но́вому, по-своему   263
по́езд   197
пожа́луйста   70, 99
позавчера́   103, 107
по́зже   338
пока́   527, 533
пока́ не   532
по́лностью   457
полови́на   285
по ме́ре A（生格）   301
по ме́ре того́ как   524
по-мо́ему   275
по моему́ мне́нию   275
по о́череди   133
по причи́не A（生格）   563
пора́   389
портфе́ль   112, 188

663

поря́док   110
поско́льку   560
по́сле A（生格）   106, 127
по́сле того́ как   524
по сравне́нию с A（造格）   335
посреди́ A（生格）   126
пот   150
поти́ше   343
потому́, что   534, 559, 561
потому́ что   298, 534, 558-560
пото́м   107
поумне́е, поча́ще   343
по часа́м   285
почему́-то   316
поэ́тому   484, 485, 559, 566
по э́тому по́воду   307
по́яс   197
пре́жде чем   525
при A（前置格）   79
при всём том   307
прито́м   483
при том усло́вии   538
прия́тель   112
про́пуск   197
профе́ссор   197, 198
пруд   150
пря́мо говоря́   393
пусть   373, 546
путь   119, 196
пятёрка   297
пя́теро   296
пять   429
пятьдеся́т   431
пятьсо́т   432

Р

ра́дио   213
раз   268, 280, 369, 539
ра́ньше   107, 338
ребёнок   154, 370
ребя́та   370
ре́же   336

резюме́   213
река́   193
роди́тель   211
Розента́ль   262
рот   150
руба́шка   193
рубль   113
ряд   272
ря́дом   50, 107

С

с A（生格）（造格）   126, 138, 145, 563
сад   149
Салье́ри   214
сам   312-314
самоё   314
саму́   314
са́мый   314, 329, 349-351, 354, 359
санато́рий   112
са́ни   211
све́жесть   119
свеча́   193
свида́ние   115
своё   301
свой   299, 300
свой челове́к   300
сего́дня   65, 107
сего́дня у́тром   105, 162
сезо́н   289
сельдь   119, 195
семе́ро   296
семе́стр   289
се́мьдесят   431
семья́   193
сестра́   117, 193
се́мя   56, 199
се́рдце   191
сза́ди   107
си́ний, си́няя, си́нее, си́ние   248
сирота́   466
системати́чески   458
с ка́ждым днём   335

сколько   200
сколько лет A（与格）?   281
сколько ни   546
сколько-нибудь   320
слева   71, 107
следовательно   485, 566
словарь   112
словно   550
слово   191
смотря где・как・когда・кто   393
сначала   107
снег   149, 197
совсем   456, 457
солнце   115
со мной   219
сорок   431
сорт   197
сосед（複 -и, -ей, -ям）   530
состоять（不完）в том, что…   503
спасибо   76, 236
справа   71, 107
среди   357
стакан   110, 187, 201
стало быть   485
станция   193
старуха   117
старший   45, 331
стать   465
статья   193
с тем, чтобы   514
стена   129
с тех пор как   525
сто   431
стол   111, 189
столь   554
столько, сколько   556
страна   193
студент   110, 187
студентка   117, 129, 193
стул   197
судно   246
судьба   193

сумерки   211
сутки   211
существо   115
с целью / в целях A（生格）   517
сын   197
сюда   107, 168
-ся 動詞   155-158

Т

таблица   117
так   549, 552, 553
также   305
так же как   550
так как   558, 559
так, как   548
такой   552-554
такой…,（какой）   381
такси   213
так что   485, 559, 565
так, что   551, 552
там   48, 83, 107, 168, 387
твой, твоя, твоё, твои   62, 63, 274, 275
телёнок   198
-тель   56
тем не менее   307, 545
тетрадь   118, 195
тётя   117
тире   44
то   69, 306, 383, 486, 488, 500, 501, 538, 541
то, что   500
То A（文）, то B（文）   486-489
товарищ   111, 148, 188
тогда   521, 538
тогда как   523
тоже   51
Толстой, Толстая, Толстые   262
тот, та, то, те   69, 304-306, 381-383
тот же (самый)   306, 314
точно   550
тошнить   438
третий, третья, третье, третьи   271

665

три 427, 428
три́дцать 429
три́ста 432
тро́е 296
тро́йка 193, 297
туда́ 107, 168, 387
ты 59, 219, 220
-тый 413
ты́сяча 291, 433
тюрьма́ 193

У

у А（生格）126, 138
-у́ 149
-у́емый 410
у́же 338
у́лица 148
уме́ть + А（不定形）162
у нас 237
у него́, у неё, у них 221
у себя́ 241
у́тро 284
у́тром 107
учи́тель 196, 197, 374
-ущий 401

Ф

фами́лия 193
фило́лог 188

Х

хозя́ин 198
хоро́ший, хоро́шая, хоро́шее, хоро́шие 254, 261
хоте́ть 161, 162
хоте́ться 436
хоть 365, 545
хотя́ 544, 545
ху́дший 331, 354, 358

Ц

цвето́к 210

Ч

час 283
часа́ в два, часа́ два 286
часы́ 211
часы́ иду́т 287
чей, чья, чьё, чьи 62, 63, 275, 385
чей-нибу́дь 318
чей-то 316
челове́к 268, 280
чем 339, 340
чем + А（比較級）, тем + В（比較級）347
через А（対格）140
через него́, через неё, через них 221
черни́ла 211
чёрный 225
че́стно говоря́ 393
четвёрка 297
че́тверо 296
че́тверть 285
четы́ре 427, 428
Чика́го 214
число́ 190, 288
что 46, 47, 164, 167, 215, 383, 480, 494–498, 501, 507, 511, 512
что 497
чтоб 515
что́бы 504–507, 513, 515, 516, 552
что за 66
что́-нибудь 318
что́-то 316
чудо́вище 116
чуть 343

Ш, Щ

-ше́дший 406
шёлк 204
шестёрка 297
ше́стеро 296
шестьдеся́т 431
-ши, -шись 395, 396
-ший, -шийся 405, 406

шкаф 150
шко́ла 117
шоссе́ 213
Шостако́вич 262
шту́ка 280
-щий, -щийся 401

Э, Ю, Я

экза́мен по А（与格） 252
э́то 44, 69, 303, 306
э́тот, э́та, э́то, э́ти 69, 302, 303, 306

-ю 149
юг 83
ю́ноша 193
-ющий 401
я 59, 219, 220
яви́ться・явля́ться 461, 462
язы́к 188
-янин 197
-ящий 401
Я́кобсон, Якобсо́н 262

城田　俊（しろた　しゅん）
1936年生まれ。1959年東京外国語大学卒業。1964年モスクワ大学大学院修了。
北海道大学・広島大学・獨協大学教授を経て，現在，獨協大学名誉教授。
主な著書『ロシア語の音声―音声学と音韻論』1979年，風間書房
　　　　『中古漢語音韻論』1981年，風間書房
　　　　『ことばの道―もう一つのシルクロード』1987年，大修館書店
　　　　『研究社露和辞典』（編集協力）1988年，研究社
　　　　『ロシア語発音の基礎』1988年，研究社
　　　　『ことばの縁―構造語彙論の試み』1991年，リベルタ出版
　　　　（韓国語訳　2001年）
　　　　『現代ロシア語文法』1993年，東洋書店
　　　　『日本語の音―音声学と音韻論』1993年，ひつじ書房
　　　　『日本語形態論』1998年，ひつじ書房（韓国語訳　2003年）
　　　　『現代ロシア語文法　中・上級編』2003年，東洋書店
　　　　『現代ロシア語文法』（改訂新版）2010年，東洋書店
　　　　『明快ロシア語入門―会話で学ぶ』（共著）2012年，東洋書店
　　　　『現代ロシア語文法　中・上級編』（改訂新版）（共著）2014年，東洋書店
　　　　『ことばの結びつきかた―新日本語語彙論』（共著）2015年，ひつじ書房

新版 現代ロシア語文法

定価はカバーに表示してあります。

2016年4月1日　新版第1刷発行©

著　者　城　田　　俊
発行者　揖　斐　　憲
発　行　東 洋 書 店 新 社
〒150-0043　東京都渋谷区道玄坂1丁目19番11号
　　　　　　寿道玄坂ビル4階
　　　　　　電　話　03-6416-0170
　　　　　　FAX　03-3461-7141

発　売　垣内出版株式会社
〒158-0098　東京都世田谷区上用賀6丁目16番17号
　　　　　　電　話　03-3428-7623
　　　　　　FAX　03-3428-7625

装　幀　クリエイティブ・コンセプト（松田晴夫）

落丁，乱丁はお取替えいたします。　　　　ISBN978-4-7734-2003-6

東洋書店新社の好評関連書

新版 一冊目のロシア語 CD付き
中澤英彦 著
A5・256頁・本体2,000円

- ロシア語のエッセンスを反復練習し、初心者も論理的に学べる構成。
- 全20課のうち、最初の5課ではすべての例文にルビを振り、ロシア語の発音に徐々に慣れることができる。
- 練習問題も充実し、CDの活用で「会話」「練習」を通じた発信型の学習が進められる。

新版 ロシア語文法便覧
宇多文雄 著
A5・484頁・本体4,200円

- ロシア語のあらゆるレベルの学習者に贈る、辞書のように使い込むうちに自然とロシア語の力を高めることができる実用的文法書。
- 音声学・音韻論から形態論、統語論までこの一冊にすべて収録。
- 豊富なロシア語教授の経験にもとづいて執筆された、ロシア語学習者必携の参考書。

新版 時事ロシア語
加藤栄一 著
A5・320頁・本体2,800円

- BBC等の実際のニュース報道を素材にして、最新の「時事ロシア語」を政治、経済から文化に至るまで詳細に解説。
- 豊富な索引もつき、一冊で新聞・雑誌からネットまでロシアの今がわかる！

新版 ロシア語使える文型80 CD付き
佐山豪太 著
A5・192頁・本体2,800円

- 「初級を終えたけれど、その先が…」「読めるけれど、しゃべれない…」という人に。
- 単語とあわせて「文型」＝表現の型を覚えることで、言いたかったことが形になる！
- 実践的な会話のために、使える文型を80厳選し、用法が身につくよう例文を豊富に用意。

新版 ロシア語で読む星の王子さま CD付き
八島雅彦 訳注
A5・176頁・本体2,800円

- サンテグジュペリの名作をロシア語で。楽しんでロシア語が身につく。
- 読解力をつけたい初級を終えた読者におすすめ。
- 耳でも楽しめる朗読CD付き。

新版 一冊目の韓国語 CD付き
五十嵐孔一 著
A5・328頁・本体2,800円

- 基礎固めから中級レベルまで。本当に身になる韓国語。
- 日本語話者のつまづきやすいポイントに配慮。学びなおしたい人にも最適。
- 圧倒的分量の練習問題で、「一皮剥けたい」学習者に！

発売：垣内出版